Karl-Ernst Jeismann
Geschichte und Bildung

Karl-Ernst Jeismann

Geschichte und Bildung

Beiträge zur Geschichtsdidaktik
und zur Historischen Bildungsforschung

Herausgegeben und eingeleitet von
Wolfgang Jacobmeyer und Bernd Schönemann

Ferdinand Schöningh

Paderborn · München · Wien · Zürich

Titelbild: *Klio*. Punktierstich von A. Bourgeois, gezeichnet von Gédéon Reverdin (1772-1828) nach der antiken Skulptur im Vatikanischen Museum. Aus einer Gruppe „Apoll und die neun Musen", Paris, Bibliothèque Nationale. Photo: Archiv für Kunst und Geschichte Berlin.

Die Deutsche Bibliothek – CIP-Einheitsaufnahme

Jeismann, Karl-Ernst:
Geschichte und Bildung: Beiträge zur Geschichtsdidaktik und zur Historischen Bildungsforschung / Karl-Ernst Jeismann. Hrsg. und eingel. von Wolfgang Jacobmeyer und Bernd Schönemann. –
Paderborn; München; Wien; Zürich: Schöningh, 2000
ISBN 3-506-74119-5

Umschlaggestaltung: INNOVA GmbH, D-33178 Borchen

Gedruckt auf umweltfreundlichem, chlorfrei gebleichtem
und alterungsbeständigem Papier ⊗ ISO 9706

© 2000 Ferdinand Schöningh, Paderborn
(Verlag Ferdinand Schöningh GmbH, Jühenplatz 1, D-33098 Paderborn)

Printed in Germany. Herstellung: Ferdinand Schöningh, Paderborn

ISBN 3-506-74119-5

INHALTSVERZEICHNIS

Tabula gratulatoria VII

Einleitung und Zueignung 1

I. GESCHICHTSDIDAKTIK

GRUNDFRAGEN

„Lux Veritatis" oder „Filia Temporis"?
Zur Frage nach der Wahrheit in der Historie [1990] 7

Rem tene – verba sequentur! Grundfragen historischen Lehrens [2000] . 28

„Geschichtsbewußtsein" als zentrale Kategorie der
Didaktik des Geschichtsunterrichts [neu] 46

Zum Verhältnis von Fachwissenschaft und Fachdidaktik -
Geschichtswissenschaft und historisches Lernen [neu] 73

Geschichtsbewußtsein oder Geschichtsgefühl?
Thesen zu einer überflüssigen Kontroverse [neu] 87

BEFUNDE

Der Geschichtslehrer im Spannungsfeld von
Politik, Erziehung und Wissenschaft [1989] 101

„Identität" statt „Emanzipation"?
Zum Geschichtsbewußtsein in der Bundesrepublik [1986] 123

Die deutsche Geschichte als Instrument im politischen Streit [1987] . . . 147

Die Einheit der Nation im Geschichtsbild der DDR [1983] 159

II. BILDUNGSGESCHICHTE

BILDUNG ALS HISTORISCHE „POTENZ"

„Bildungsgeschichte". Aspekte der Geschichte der
Bildung und der historischen Bildungsforschung [1991] 183

Bildungsbewegungen und Bildungspolitik seit der Mitte des
18. Jahrhunderts im Reich und im Deutschen Bund.
Wechselwirkungen, Übereinstimmungen und Abweichungen
zwischen den deutschen Staaten [1992] 204

IDEEN UND INSTITUTIONEN

Preußische Bildungspolitik vom ausgehenden 18.
bis zur Mitte des 19. Jahrhunderts. Thesen und Probleme [1988] 225

Friedrich der Große und das Bildungswesen im
Staat des aufgeklärten Absolutismus [1987] 247

Ludwig Natorps Beitrag zur Bildungsreform 1804-1840 [1997] 270

Internationale Schulbuchforschung oder nationale Staatsräson?
Gedanken zum 10jährigen Bestehen des Georg-Eckert-Institus [1985] .. 285

GESELLSCHAFT UND WIRKUNG

Das preußische Gymnasium in sozialgeschichtlicher Perspektive [1998]   303

Zur Professionalisierung der Gymnasiallehrer im 19. Jahrhundert [neu] .   327

Die Hauptstadt als Bildungszentrum [1995] 346

American Observations Concerning the
Prussian Educational System in the Nineteenth Century [1995] 360

Geschichtsunterricht als „historische Biologie" und
„Mythos der völkischen Art"? Bemerkungen zur
„Anklage gegen den heutigen Geschichtsunterricht" durch die
,neue Rechte' [1991] 380

Verzeichnis der Schriften Karl-Ernst Jeismanns
(erstellt von Ulrich Pramme) 398

Die Herausgeber danken den Verlagen für die freundliche Erteilung der Abdruckgenehmigung. Der Ort der Erstveröffentlichung ist am Ende eines Beitrags nachgewiesen.

Tabula Gratulatoria

Bettina ALAVI, Berlin
Lothar ALBERTIN, Horn-Bad Meinberg
Stefan ALBRECHT, Berlin
Ruth ALTHEIM-STIEHL, Münster
Gerd ALTHOFF, Münster
Tobias ARAND, Münster
Karl OTMAR VON ARETIN, München
Udo ARNOLD, Bonn
Helmut ARNTZEN, Senden

Rolf BALLOF, Seesen
Otto BARDONG, Worms
Theodor BARTMANN, Münster
Lydia BÄUERLE, Oldenburg
Christa BAUMANN, Oldenburg
Peter BAUMGART, Würzburg
Ulrich BAUMGÄRTNER, Puchheim
Ursula A. BECHER, Braunschweig
Wolfgang BECK, München
Josef BECKER, Neusäß-Westheim
Friedrich BECKS, Münster
Christel BEHR, Münster
Hans-Joachim BEHR, Münster
Günter C. BEHRMANN, Potsdam
Helmut BEILNER, Regensburg
Helmut BERDING, Wettenberg
Christa BERG, Köln
Klaus BERGMANN, Bielefeld
Lioba BEYER, Münster
Josef BILLEN, Münster
Werner K. BLESSING, Erlangen
Wolfgang BOBKE, Wiesbaden
Heinrich BODENSIECK, Hagen
Günther BÖHM, Münster
Hans-Peter BOER, Nottuln
Werner BOLDT, Oldenburg
Sigrid BORMANN-HEISCHKEIL, Mülheim
Bodo von BORRIES, Hamburg

Christina BÖTTCHER, Halle
Manfred BOTZENHART, Havixbeck
Wilfried BREHM, Emskirchen
Michael BROCKE, Duisburg
Rüdiger VOM BRUCH, Berlin
Anke BRUNN, Köln
Rolf BRÜTTING, Dortmund
Hermann DE BUHR, Wuppertal
Jürgen BÜNSTORF, Münster
Peter BURG, Münster
Herbert BÜSCHENFELD, Münster
Klaus BUßMANN, Münster
Margit BUTTIG, Weinheim

Helmut CASTRITIUS, Braunschweig
Dieter CZECZATKA, Lübeck

Hauke DANKER, Oldenburg
Otto DANN, Köln
Ottfried DASCHER, Düsseldorf
Marko DEMANTOWSKY, Leipzig
Gisela DRESKORNFELD, Münster
Peter DREWEK, Mannheim
Heinz DUCHHARDT, Mainz

Hans-Wilhelm ECKHARDT, Hameln
Heinz-Ulrich EGGERT, Münster
Wilfried EHBRECHT, Münster
Ulrich EHRHARDT, Münster
Kaspar ELM, Berlin
Karl ENGELHARD, Münster
Michael ERBE, Mannheim
Elisabeth ERDMANN, Erlangen
Ulrich ERNST, Potsdam
Arnold ESCH, Rom

Wolfgang FEIGE, Münster
Martin FELL, Münster
Karl FILSER, Augsburg

Andreas FLITNER, Tübingen
Susanne FREUND, Münster
Corinna FRITSCH, Köln
Dieter FUCHS, Münster
Christoph FÜHR, Stadtprozelten
Peter FUNKE, Münster
Walter FÜRNROHR, Gauting
Peter FURTH, Münster

Peter GAUTSCHI, Aarau
Friedrich GEISLER-KNICKMANN, Lilienthal
Imanuel GEISS, Bremen
Hans GEULEN, Münster
Renate GEULEN, Münster
Janbernd GEUTING, Münster
Horst GIES, Berlin
Albin GLADEN, Greven
Gerald GLAUBITZ, Oldenburg
Dietrich GLAUNER, Münster
Klaus GOEBEL, Wuppertal/Dortmund
Siegfried GRAßMANN, Ammersbek
Gerald GRIMM, Klagenfurt
Norbert GROß, Havixbeck
Hans-Georg GROßE-JÄGER, Telgte
Wolfgang GÜNTHER, Freiburg
Hilke GÜNTHER-ARNDT, Oldenburg

Hans Henning HAHN, Augustfehn
Dieter HALLEK, Niederndodeleben
Hans Dietrich HAMM, Münster
Saskia HANDRO, Leipzig
Alwin HANSCHMIDT, Vechta
Elisabeth HARDER-GERSDORFF, Bielefeld
Hans-Peter HARSTICK, Braunschweig
Alfred HARTLIEB VON WALLTHOR, Detmold
Wolfgang HASBERG, Augsburg
Karl HAUCK, Münster
Ulrich VON HEHL, Leipzig

Manfred HEINEMANN, Hannover
Horst W. HEITZER, Passau
Gerhard HENKE-BOCKSCHATZ, Kassel
Roderich HENRÿ, Braunschweig
Hans-Georg HERRLITZ, Göttingen
Ulrich HERRMANN, Tübingen
Thomas HERTFELDER, Stuttgart
Reinhard HILDEBRAND, Münster
Elfriede A. HILLERS-DEUSS, Baden-Baden
Ernst HINRICHS, Oldenburg
Walter HIRCHE, Hannover
Christian HODLER, Hannover
Andrea HOFMEISTER, Göttingen
Anja HOGREVE, Lauda-Königshofen
Gerda HOHENWARTER, Graz
Karl HOLL, Bremen
Wilhelm HOLTMEIER, Mainz
Klaus HÜFNER, Berlin
Wolfgang HUG, Freiburg

Reinhard ITTERMANN, Münster

Eberhard JÄCKEL, Stuttgart
Jutta JACOBMEYER, Münster
Wolfgang JACOBMEYER, Münster
Hans-Adolf JACOBSEN, Bonn
Elisabeth JAKOBI, Münster
Franz-Josef JAKOBI, Münster
Rudolf JAWORSKI, Kiel
Ingeborg JOHANEK, Münster
Peter JOHANEK, Münster
Horst-Theodor JOHANN, Münster

Frank KÄMPFER, Münster
Hagen KELLER, Münster
Alfons KENKMANN, Münster
Adel KHOURY, Altenberge
Hans Georg KIRCHHOFF, Dortmund
Karl-Heinz KIRCHHOFF, Münster
Thomas KLEINKNECHT, Münster
Dietmar KLENKE, Paderborn
Dagmar KLOSE, Potsdam

Edeltraud KLUETING, Münster
Harm KLUETING, Köln
Manfred KNAPP, Bargteheide
Alfred KNEPPE, Münster
Cornelia KNEPPE, Münster
Herbert KNEPPER, Mettmann
Jürgen KOCKA, Berlin
Wilhelm KOHL, Münster
Eberhard KOLB, Köln
Axel KOPPETSCH, Düsseldorf
Hans-Michael KÖRNER, München
Günter KOSCHE, Rostock
Reinhart KOSELLECK, Bielefeld
Erich KOSTHORST, Münster
Gabriele KOSTHORST, Münster
Eugen KOTTE, Posen
Gerhard KRATZSCH, Münster
Margret KRAUL, Koblenz
Ulrich KRÖLL, Münster
Karl Heinrich KRÜGER, Münster
Joachim KUROPKA, Vechta
Horst KUSS, Göttingen
Herbert KÜTTING, Münster
Luise Charlotte KÜTTING, Münster

Hannelore LACHNER, München
Horst LADEMACHER, Ostbevern
Susanne LÄHNEMANN, Nürnberg
Helmut LAHRKAMP, Münster
Thomas LANGE, Darmstadt
Karin LANGE-HERBST, Göttingen
Martina LANGER-PLÄN, Regensburg
Dieter LANGEWIESCHE, Tübingen
Hanna-Luise LASS, Braunschweig
Günter LASSALLE, Münster
Ernst LAUBACH, Münster
Manfred LAUBIG, Bielefeld
Hanna-Renate LAURIEN, Berlin
Elmar LECHNER, Klagenfurt
Widar LEHNEMANN, Lünen
Dorit LEHNERT, Braunschweig
Paul LEIDINGER, Warendorf
Jürgen LETHMATE, Münster
Volkmar LEUTE, Münster
Roswitha LINK, Münster

Manfred LISSEK, Fuldatal
Ulrich LITTMANN, Bonn
Carl-August LÜCKERATH, Köln
Peter LUNDGREEN, Bielefeld
Bea LUNDT, Flensburg

Hanna Maria MAIER, Kochel am See
Lothar MAIER, Münster
Robert MAIER, Braunschweig
Udo MARGEDANT, St. Augustin
Wolfgang MARIENFELD, Hannover
Hubert MARKER, Münster
Michael MARKER, Droyßig
Władysław MARKIEWICZ, Warschau
Heike Christina MÄTZING, Braunschweig
Ulrich MAYER, Kassel
Dieter METZLER, Münster
Peter MEYERS, Rheinbach
Andreas MICHLER, Würzburg
Ruth-Elisabeth MOHRMANN, Altenberge
Wolfgang J. MOMMSEN, Berlin
Rudolf MORSEY, Speyer
Hans-Peter MÜLLER, Münster
Michael G. MÜLLER, Halle
Markus MÜLLER-HENNING, Oestrich
Gustav MUTHMANN, Bochum
Bernd MÜTTER, Oldenburg

Jürgen NEIß, Münster
Niedersächsische Landeszentrale für Politische Bildung
Christa NOSE, Braunschweig

Erwin OBERLÄNDER, Mainz
Rudolfine VON OER, Legden
Claus-Hinrich OFFEN, Lübeck
Georg-Berndt OSCHATZ, Bonn
Vadim OSWALT, Weingarten
Karl-Heinz OTTO, Münster
Manfred OVERESCH, Hildesheim

Thomas PÉKARY, Münster
Karl PELLENS, Weingarten
Falk PINGEL, Braunschweig
Heinrich PINGEL-ROLLMANN, Herford
Wilhelm POHLKAMP, Münster
Klaus Erich POLLMANN, Magdeburg
Susanne POPP, München
Rainer PÖPPINGHEGE, Münster
Hans Helmut PÖSCHKO, Remseck

Siegfried QUANDT, Gießen
Hermann QUECKENSTEDT, Osnabrück

Herbert RAISCH, Kusterdingen
Dietmar VON REEKEN, Oldenburg
Heinz REICHLING, Münster
Jürgen REULECKE, Essen
Erika RICHTER, Meschede
Rainer RIEMENSCHNEIDER, Braunschweig
Gerhard A. RITTER, Berg
Günther ROHDENBURG, Bremen
Karl ROHE, Essen
Joachim ROHLFES, Bielefeld
Barbara ROMMÉ, Münster
Hans Ulrich RUDOLF, Weingarten
Reinhard RÜRUP, Berlin
Jörn RÜSEN, Bochum

Almuth SALOMON, Münster
Uwe SANDFUCHS, Dresden
Bernd SCHÄFER, Münster
Bernhard SCHLÖDER, Greven
Rainer SCHLUNDT, Erfurt
Heinz Dieter SCHMID, Reutlingen
Hans-Ludwig SCHMIDT, Königsstein
Rainer F. SCHMIDT, Würzburg
Hanno SCHMITT, Potsdam
Bernd SCHÖNEMANN, Leipzig
Elke SCHÖNEMANN, Leipzig
Rolf SCHÖRKEN, Düsseldorf
Hermann SCHRAND, Münster

Waltraud SCHREIBER, Eichstätt
Otto SCHRÖER, Münster
Klaus SCHUBRING, Hausen
Schülerwettbewerb Deutsche Geschichte um den Preis des Bundespräsidenten, Hamburg
Wilhelm SCHULZE-MARMELING, Kamen
Gisela SCHWARZE, Münster
Elmar SCHWERTHEIM, Münster
Martin SEFFNER, Leipzig
Manfred SEIDENFUß, Regensburg
Julius SEITERS, Hildesheim
Bernhard SICKEN, Münster
Andreas SOHN, Münster
Wilhelm SOMMER, Hannover
Bernd SÖSEMANN, Berlin
Klaus-Dieter SPERLING, Münster
Walter SPERLING, Trier
Christoph SPIEKER, Greven
Heinz SPROLL, Ludwigsburg
Winfried STADTMÜLLER, Würzburg
Gerd STEIN, Duisburg
Lothar STEINBACH, Potsdam
Ludwig STEINDORFF, Kiel
Freya STEPHAN-KÜHN, Mönchengladbach
Barbara STOLLBERG-RILINGER, Münster
Ulrike STRAUß, Braunschweig
Heinz STÜBIG, Marburg
Christoph STURM, Paderborn
Hans SÜSSMUTH, Düsseldorf
Wulfhild SYDOW, Berlin

Gisela TEISTLER, Braunschweig
Heinz-Elmar TENORTH, Berlin
Karl TEPPE, Münster
Michael TERBECK, Münster
Hans-Jürgen TEUTEBERG, Münster
Rudolf VON THADDEN, Göttingen
Hans-Ulrich THAMER, Havixbeck
Rüdiger THOMAS, Bergisch Gladbach

Dietrich THRÄNHARDT, Münster
Dieter TIEMANN, Tours
Michael TOEPFER, Berlin
Frank TOSCH, Potsdam
Manfred TREML, Rosenheim
Klaus TRIEBOLD, Münster

Uwe UFFELMANN, Heidelberg

Rudolf VIERHAUS, Göttingen
Arnold VOGT, Leipzig
Hartmut VOIT, Dresden
Hanna VOLLRATH, Bochum

Bernd WALTER, Coesfeld
Hans-Hubert WALTER, Münster
Maria WASNA, Senden
Maria WAWRYKOWA, Warschau
Georg WEBER, Münster
Katharina WEIGAND, München

Bernd Jürgen WENDT, Hamburg
Michael WERNER, Paderborn
Rolf WESTHEIDER, Bad Laer
Irmgard WILHARM, Hannover
Clemens WISCHERMANN, Konstanz
Renate WIßUWA, Chemnitz
Heribert WOESTMANN, Münster
Marian WOJCIECHOWSKI, Warschau
Joachim WOLLASCH, Freiburg
Dieter WUNDER, Bad Nauheim
Heide WUNDER, Bad Nauheim
Maria WÜRFEL, Schwäbisch Gmünd

Maria ZENNER, Regensburg
Klaus ZERNACK, Berlin
Moshe ZIMMERMANN, Jerusalem
Bernd ZYMEK, Münster

Karl-Ernst Jeismann

Einleitung und Zueignung

Am 11. August dieses Jahres vollendet Karl-Ernst Jeismann sein 75. Lebensjahr. Zu diesem Anlaß legen die Herausgeber einen Band mit zwanzig Beiträgen zur Geschichtsdidaktik und zur Bildungsgeschichte vor, die der Jubilar überwiegend im Jahrzehnt nach seiner Emeritierung verfaßt hat. Teils unveröffentlicht, teils aufgrund verstreuter Publikation nur sehr schwer zugänglich, dokumentieren sie in ihrer Ganzheit einmal mehr die außerordentliche Produktivität und Schaffenskraft Jeismanns, der bereits 1996 seine – mittlerweile als Klassiker der modernen historischen Bildungsforschung geltende – Geschichte des preußischen Gymnasiums fortsetzen und abrunden konnte.[1] In gewisser Hinsicht ist auch der vorliegende Band als Fortsetzung zu verstehen; denn er knüpft an die – inzwischen vergriffene – Aufsatzsammlung „Geschichte als Horizont der Gegenwart"[2] an, die Erich Kosthorst und Wolfgang Jacobmeyer vor 15 Jahren zu Jeismanns 60. Geburtstag ediert haben.

Es ist keine Frage, daß das Leben des Historikers seine Arbeitsinteressen formt. Bei den hier abgedruckten Beiträgen Karl-Ernst Jeismanns zur Didaktik der Geschichte und zur Historischen Bildungsforschung ist das besonders evident. Jeismann hat als Gymnasiallehrer und Leiter eines Studienseminars, als Professor und Rektor der Pädagogischen Hochschule, als Direktor des Georg-Eckert-Instituts für internationale Schulbuchforschung und wieder als Professor an der Westfälischen Wilhelms-Universität in Münster reichlich Gelegenheit gehabt, die Gegenstände seiner Forschungen lebensgeschichtlich zu sehen und zugleich seine dienstlichen Interessen als wissenschaftliche Fragestellungen zu begreifen. Daß wissenschaftliche Arbeit sich jedoch nicht mit der dienstlichen Veranlassung erschöpft, sondern weit über sie hinausreicht, darf mit Fug und Recht als eine Erscheinung gelten, die der Welt der Wissenschaft Glanz und Reichtum verleiht – rätselhaft für alle diejenigen, die Forschungspolitik nach dem Reiz-Reaktions-Schema gestalten und auf das Ökonomisch-Fiskalische reduzieren wollen, theoretisch erklärbar immerhin solchen Zeitgenossen, die Begriffe wie „Ethos", „Habitus" und „geistige Lebensform" noch nicht aus ihrem Vokabular gestrichen haben, wirklich erfahrbar jedoch nur für jeman-

---

[1] Karl-Ernst Jeismann: Das preußische Gymnasium in Staat und Gesellschaft. 2 Bde. (Industrielle Welt. Bd. 15 u. 56). Stuttgart. Bd. 1. Die Entstehung des Gymnasiums als Schule des Staates und der Gebildeten 1787 – 1817. Vollst. überarb. Aufl. 1996. Bd. 2. Höhere Bildung zwischen Reform und Reaktion 1817 - 1859. 1996.

[2] Karl-Ernst Jeismann: Geschichte als Horizont der Gegenwart. Über den Zusammenhang von Vergangenheitsdeutung, Gegenwartsverständnis und Zukunftsperspektive. Hrsg. u. eingeleitet von Wolfgang Jacobmeyer und Erich Kosthorst. Paderborn 1985.

den, der das Glück hat, die Synthese von Leben und Wissenschaft aus
der Nähe zu verfolgen. Für diese Erfahrung sind wir Karl-Ernst Jeismann dankbar.

Ihm zum Glückwunsche erscheint dieser Band, aber auch zum Nutzen der „Zunft". Die Herausgeber sind jedenfalls der Meinung, daß es
im robusten Eigeninteresse des Faches liegt, einen leichteren Zugriff
auf das Jeismannsche Oeuvre zu haben und die Ideenfluchten besser erkennen zu können, an denen entlang sich seine Einzelbeiträge bewegen.
Deshalb der Titel „Geschichte und Bildung", deshalb die Gliederung in
die beiden Hauptabschnitte „*Geschichtsdidaktik*" und „*Bildungsgeschichte*", deshalb die Feinunterteilung, welche allerdings weniger die
Gegenstände selbst als die sie zutage fördernden Fragestellungen und
Forschungsoperationen betonen möchte.

Die „*Grundfragen*" des ersten Hauptabschnitts präsentieren das er-
kenntnistheoretische Fundament, auf dem sich der Historiker und Didaktiker Karl-Ernst Jeismann bewegt. Die hier versammelten Beiträge
diskutieren zunächst Kardinalprobleme des Faches in Forschung und
Lehre. Im Anschluß daran erfolgt eine Reflexion der Zentralkategorie
„Geschichtsbewußtsein", eine Klärung des Verhältnisses von Fachwissenschaft und Fachdidaktik sowie eine Erörterung der Valeur von Emotionen in Prozessen historischen Lernens. Die „*Befunde*" beginnen mit
den klassischen Orientierungsfragen des Geschichtslehrers, der – oftmals konkurrierenden – politischen, wissenschaftlichen und pädagogischen Ansprüchen zu genügen hat. Danach konzentriert sich die
Betrachtung auf die historische Deutungskultur der „alten" Bundesrepublik und der DDR. Die exemplarischen Analysen, die sich mit der
Identitätsdebatte, dem Historikerstreit und der deutschen Frage befassen, untermauern dabei erneut den Anspruch und die Kompetenz der
Geschichtsdidaktik, mehr zu sein als eine bloße Methodenlehre des
Schulfaches „Geschichte" – nämlich Wissenschaft vom „Geschichtsbewußtsein in der Gesellschaft".

Der Hauptabschnitt zur Bildungsgeschichte ist dreigeteilt. „*Bildung
als historische Potenz*" besteht aus zwei Forschungsüberblicken. Der
erste ist sektoral-systematisch gegliedert und schlägt einen weiten Bogen von 1750 bis zur Gegenwart, während der zweite stärker kompara-
tistisch verfährt und den mitteleuropäischen Sonderweg in der Sequenz
der drei Revolutionen von Politik, Industrie und Bildung herausarbei-
tet. Unter „*Ideen und Institutionen*" findet der Leser eine Reihe von
Beiträgen, die den Zusammenhang von Bildungstheorie und staatlichem Verwaltungshandeln in den Mittelpunkt rücken. Am Anfang steht
ein Überblick über die preußische Entwicklung vom ausgehenden 18.
bis zur Mitte des 19. Jahrhunderts. Dann folgen drei thematische Eng-
führungen: eine systematische Betrachtung der bildungspolitischen
Handlungsgrenzen des aufgeklärt-absolutistischen Staates; eine biogra-
phische Skizze, welche auf personelle Kontinuitäten reformerischen
Handelns jenseits der für gewöhnlich sehr stark betonten Zäsuren und

Kammerungen der Bildungsgeschichte verweist; schließlich die Bilanz des Wirkens einer modernen wissenschaftlichen Einrichtung – des Georg-Eckert-Instituts, das sich der Aufgabe der internationalen Schulbuchforschung verschrieben hat. Der dritte und letzte Unterabschnitt über „Gesellschaft und Wirkung" lenkt den Blick auf die sozialen Voraussetzungen und Folgen von Bildung: auf die soziale Herkunft und Zukunft der Schüler, auf die Professionalisierung der Gymnasiallehrer, auf die Dislozierung von Bildungsanstalten nach Maßgabe ihrer räumlichen Nähe oder Ferne zu Herrschaft und Administration. Die beiden Schlußbeiträge sind auf sehr unterschiedliche Weise außenorientiert. Die Analyse der Berichte dreier amerikanischer „Bildungsreisender" erhellt die bezeichnende Ambivalenz von erzieherischer Modernität und politischer Rückständigkeit im Deutschland des 19. Jahrhunderts. Rückständigkeiten ganz anderer Art machen sich auch in unserer Gegenwart geltend: Daß die Wissenschaft in solchen Extremfällen Farbe bekennen und mit den ihr eigenen Mitteln nach außen wirken kann und muß, zeigt der letzte Aufsatz.

Die Herausgeber danken dem Verlag, dem der Verfasser dieser Beiträge seit langem verbunden ist, für die Aufnahme des Bandes in sein Programm. Sie danken auch Frau Anne Ritter vom Institut für Didaktik der Geschichte in Münster, ohne deren Umsicht und virtuose Technikkenntnis der Band vermutlich nicht fertig geworden wäre. Vor allem aber möchten wir Karl-Ernst Jeismann gratulieren und ihm alles erdenkliche Gute wünschen: ad multos annos!

im April 2000

Wolfgang Jacobmeyer und Bernd Schönemann

Münster und Dortmund

I. GESCHICHTSDIDAKTIK

GRUNDFRAGEN

„Lux Veritatis" oder „Filia Temporis"?

Zur Frage nach der Wahrheit in der Historie

1.

Das Rahmenthema des „Studium generale" in diesem Semester steht im Kontext eines Wissenschaftsverständnisses, das sich im Laufe der imponierenden Entwicklung der exakten und der empirischen Naturwissenschaften im 19. Jahrhundert herausgebildet hat. Die Geschichtswissenschaft, von solchem Wissenschaftsverständnis herausgefordert, steht in einer ganz anderen Tradition und in einem anderen Lebenszusammenhang als jene Erkenntnisweisen, deren Objektivität durch Messen und Zählen begründete Gesetze zu finden sucht, die für Erscheinungen der unbelebten oder belebten Natur für jedermann und jederzeit einsichtig sind. Wissenschaften, die sich i.w.S. mit der Kultur, der gesellschaftlichen und geistigen Welt beschäftigen, stehen nicht nur vor einem anders strukturierten Objekt der Betrachtung, sondern auch in einem anderen Verhältnis zwischen dem Beobachter und dem Gegenstand. Er steht ihm nicht gegenüber, sondern ist auf direkte oder auf sehr vermittelte Weise ein Teil der Welt, die er erforscht. Zumal in der Geschichtswissenschaft stellt sich daher die übergreifende Frage dieser Veranstaltungsreihe in einer besonderen Weise dar.[1]

Klio ist eine der neun Musen; die Geschichtsschreibung galt den Alten als Kunst. Als die Sieben Freien Künste als der Inbegriff des Studium generale an die Stelle der Musen traten, galt die Historie als ein Teil der Rhetorik. Der Redner erst bringt die Geschichte zum Sprechen durch seine Kunst der Darstellung – ist sie also nicht notwendig subjektiv?

Daß erst der Geschichtsschreiber die „Geschichte macht", indem er sie erzählt, daß er uns eine „Fiktion des Faktischen"[2] vorsetzt, ist ungeachtet

---

[1] Vortrag, gehalten am 9. November 1989 im „Studium generale" der Westfälischen Wilhelms-Universität Münster. Die Vortragsform wurde beibehalten. Die komprimierte Zusammenfassung der Problematik erlaubt nicht, auch nur entfernt die Literatur aufzuführen, welcher der Gedankengang verpflichtet ist. Ich weise im folgenden daher nur die Zitate oder unmittelbare Anlehnungen nach.

[2] So der Titel des Werkes von Hayden White, Auch Klio dichtet oder die Fiktion des Faktischen. Studien zur Tropologie des historischen Diskurses, deutsch mit einer Einführung von Reinhart Koselleck, Stuttgart 1986.

des Verwissenschaftlichungsprozesses der Historie eine der auch heute noch mit Nachdruck vertretenen Ansichten. Was kann also Objektivität heißen? Warum verlassen wir uns nicht lieber gleich auf den Roman, auf die fiktionale Erzählung, mit der die Imagination und Sprachkraft des Dichters uns die Seele des Menschen, sein Tun und Leiden in der Welt nahebringt? Hat man doch oft gesagt, daß die Poesie „philosophischer" – d.h. wahrer – sei als die Geschichte. Weil sie das nicht mehr Vorhandene mühsam aus seinen Resten im Dunkel der Vergangenheit suchen muß, ist Historie bestenfalls Kunde vom Wahrscheinlichen und stellt uns lediglich Bruchstücke, Einzelheiten, Zerstreutes vor Augen. Diderot hat 1761 in seiner Eloge auf Richardson diese Ansicht formuliert: Die Historie zeigt einzelne Menschen, aber Du schilderst die Menschheit; die Geschichte ist voller Fabelei, Dein Roman ist voller Wahrheit![3]

Warum also gibt es durch die Zeiten hindurch ungebrochen, wenn auch mit wechselnden Vorlieben, das Interesse an der Geschichte? Wo entspringt, worauf gründet sich und wozu dient die ständige Hereinholung der Vergangenheit in die Gegenwart durch dieses Interesse, das wir als eine Gegebenheit im Gesamtbild der menschlichen Kultur wahrnehmen? Die Vielzahl der Antworten auf diese alte Frage fasse ich in der hier verlangten abstrakten Kürze knapp zusammen: Ursprung des Interesses an der Geschichte als historia rerum gestarum, als Bericht vom Geschehenen, ist das Bedürfnis der Menschen als Einzelne wie in der Vergesellschaftung, Zeiterfahrung zu verarbeiten. Eigene Erfahrung und Kunde von der Veränderung der Welt im Laufe der Zeit, in deren Folgen und Weiterwirken man sich selbst hineingestellt sieht, ist deshalb begehrt, weil der Mensch in seiner Zeit nicht aus Instinkt, sondern mit Absichten, mit Zielen, Interessen, Wertsetzungen lebt und handelt. Er bedarf begründeter Orientierungen in seiner Zeit, um solche bewußten Absichten fassen und entwickeln zu können. Wir alle folgen im persönlichen wie im öffentlichen Bereich unseres Daseins solchen unser Handeln mitbestimmenden Deutungen und Prägungen, die wir entweder übernommen oder selbst aus Erfahrung und Kunde entwickelt haben. Wir müssen sie rechtfertigen vor uns selbst, aber auch gegenüber abweichenden Absichten und deren Begründungen. Dies verursacht das Begehren nach Sinndeutungen in der Gegenwart in Form der Bestimmung ihres Zeithorizonts, d.h. der Erklärung von Vergangenheit und der Formulierung von Erwartungen und Perspektiven für die Zukunft. Historie ist notwendig geforderte Deutung von Zeiterfahrung. Das ist der Grund des ständigen Interesses an der Geschichte.[4]

---

[3] Verkürzt zitiert nach Horst Günther, Historisches Denken in der frühen Neuzeit, „Geschichte" IV, in: Otto Brunner, Werner Conze, Reinhart Koselleck (Hg.), Geschichtliche Grundbegriffe. Historisches Lexikon zur politisch-sozialen Sprache in Deutschland, Bd. 2, Stuttgart 1975, S. 638.

[4] Zu dieser immer wieder erörterten Frage des Lebensbezuges von Geschichte s. Jörn Rüsen, Historische Vernunft. Grundzüge einer Historik 1: Die Grundlagen der Geschichtswissenschaft, Göttingen 1983, Kap. 2, S. 45 ff.

Diese Deutung aber, soll sie nicht nur unseren Geist und unser Gefühl unterhalten oder erweitern fürs Menschliche allgemein, sondern für Urteilen und Handeln in der Gegenwart dienlich sein, beansprucht, Wahrheit über vergangene Wirklichkeit zu geben. Die Wirklichkeit der Zeitverhältnisse und ihres Wandels ist aber stets etwas Konkretes und Vielfältiges. Ihre Erfassung zielt also gerade in die umgekehrte Richtung wie die Schilderung der fiktionalen Literatur. Nicht der Entwurf des noch so menschenkundigen und deutungsfähigen Autors, mag er noch so viel Welt- und Zeiterfahrung verarbeiten, sondern der Bericht des Tatsächlichen und wirklich Gewordenen ist es, der uns zu dieser praktischen Bildung von Absichten im Leben nötig ist. Wir wollen wissen, wer wir heute sind, in welchen Verhältnissen wir leben, wie sie entstanden sind, welche Kräfte sich in ihnen ausdrücken und wie sie zu bewerten sind, was wir vom Fortgang zu erwarten haben oder hoffen können, was wir selber in dieser konkreten Welt tun können, um solche Erwartungen im Hinblick auf die gedeuteten Erfahrungen urteilend und handelnd aufzunehmen. Die Historie ist es also, die die vergangene Zeit nicht zur verlorenen Zeit, sondern zum Element des Orientierungsbedürfnisses und der Orientierungsfähigkeit jeder Gegenwart macht. Sie gehört zum Ensemble der Faktoren, aus denen sich unser Selbstverständnis im Zeitfluß zwischen gestern und morgen bildet. Sie ist deshalb immer konkret und begrenzt; und sie steht immer in der Spannung, gegenwärtige Absichten, Interessen, Orientierungswünsche befriedigen und zugleich „wahr" oder wenigstens „richtig" und glaubwürdig sein zu müssen.

Dieses Interesse an der Geschichte bindet gedeutete Vergangenheit auf die vielfältigste Weise in unser persönliches und öffentliches Leben ein. Am augenfälligsten ist es in der Politik: Der Kanzler ist heute nach Polen gefahren. Würde er, wie bei der Vorbereitung des Programms vorgeschlagen, die Messe in Annaberg feiern, wäre das ein ganz anderes Symbol historischer Zeitdeutung, das wir in unsere Gegenwart und vielleicht auch in unsere Zukunftserwartung hereinholen, als wenn er die Messe, wie nun vereinbart, in Kreisau feiert. Nach Kreisau kann ihn der polnische Ministerpräsident begleiten – nach Annaberg mitzukommen, wäre ihm wohl unmöglich gewesen, weil die Deutung dieser Zeiterfahrung in diesem Zusammenhang des Kanzlerbesuches dem politischen Orientierungsmuster in seinem Land kraß widersprochen hätte. Wirft man also die Frage nach der Wahrheit in der Historie und damit im Zusammenhang nach den Objektivitätschancen der Geschichtswissenschaft auf, muß man von diesem elementaren Spannungsfeld ausgehen, das sich aufbaut, wenn wir gedeutete Vergangenheit in unseren gegenwärtigen Lebensbezug hereinholen. Es ist dieser Lebensbezug, aus dem Historie entspringt und auf den sie zurückwirkt in den unterschiedlichsten Formen – die Geschichtswissenschaft ist nur eine von ihnen.

2.

Angesichts der generellen und theoretischen Erwägungen, die das Thema erzwingt, dürstet es den Historiker nach Konkretion. Ich möchte deshalb das Gemeinte an einem zeitlich naheliegenden Beispiel darlegen. Heute ist der 9. November. Unsere Zeiterfahrung hat seine Bedeutung verblassen lassen – mir wurde dieser Tag von meinem Geschichtslehrer noch mit großer Trauer in der Stimme als der „dies ater", der schwarze Tag der deutschen Geschichte, nahegebracht. Heute vor 71 Jahren, am 9. November 1918, brach für viele Deutsche eine Welt von Gewohnheiten und Erwartungen zusammen, eine nationale, politische Sinnwelt, als der Reichskanzler Prinz Max von Baden die Abdankung des Kaisers bekanntgab und das Ende der Monarchie folgte. Dieser Tag schien den 18. Januar 1871, den Reichsgründungstag, zu widerlegen, so, wie der Waffenstillstand am 11. November 1918 den 2. September 1870 – den Sedanstag. Mehr noch: Dieser Tag schien die gesamte nationale Geschichtsdeutung in Frage zu stellen, die den „Aufstieg des Reichs" als die eigentliche Sinngebung der Vergangenheit seit dem Beginn des 19. Jahrhunderts darstellte. Damit waren das Selbstgefühl und die Geschichtssicherheit verloren, in der sich seit dem raschen industriellen Aufschwung, seit dem politischen Einigungsprozeß des Reiches so viele geborgen fühlten – ungeachtet aller konkreten Kritik und Spannungen, welche die Zeit bestimmten. Abstrakt gesprochen: Die Zeiterfahrung zerbrach die Zeiterwartung vieler Menschen – und zwar plötzlich.

Die Bewertung dieses Erfahrungsbruchs lernten wir in den späten 3Oer Jahren im Geschichtsunterricht, der der jungen Generation die Zeitdeutung und die historische Orientierung mindestens im politischen Sinne übermittelte, als die Wahrheit der deutschen Geschichte kennen. Es war, ohne daß wir das durchschauen konnten, abgemildert ein Produkt jener Zeitdeutung, die aus völkisch-nationalistischem und nationalkonservativem Bewertungssystem entstanden war. Es gab konkurrierende Deutungen, aber diese hatte sich durchgesetzt. Der 9. November 1923, der Marsch auf die Feldherrnhalle, wurde durch Hitler als ein Versuch legitimiert, die deutsche Geschichte wieder in ihr altes Bett der „Macht und Größe, der Freiheit und der Herrlichkeit" zurückzuführen und „die Novemberverbrecher zu Boden zu werfen" – „als Deutscher, der das Beste wollte für sein Volk". Eine Rechtfertigung durch historische Deutung, in der die Richter ein akzeptables Motiv sahen.[5]

Was 1923 als Aktion und Vision eines exaltierten Außenseiters erschien, erwies sich nach dem 30. Januar 1933 – so Joachim Fest in seiner Hitler-Biographie – „als der entscheidende Durchgang Hitlers zur Macht".[6] Der 9. November 1918 war nun in eine andere Zeitorientie-

---

[5] Vgl. Joachim Fest, Hitler. Eine Karriere, Frankfurt a. M. 2. Aufl. 1973, S. 278.
[6] Ibid., S. 259.

rung einzustellen. Nicht als das Ende Deutschlands, sondern als ein
bloßer Durchgang durch die Erniedrigung zu neuer Höhe. Jetzt zog eine Ehrenwache auf an der Feldherrnhalle.

Nach unserer Zeiterfahrung sehen wir die historische Wahrheit anders. Hans Mommsen hat seiner in diesem Jahr erschienenen Darstellung der Weimarer Republik den Titel „Die verspielte Freiheit" gegeben.[7] Was vielen Menschen in den 20er Jahren als richtige, wenn auch
schmerzliche historische Deutung erschien, die ihre Urteile und nicht
zuletzt ihr Verhalten mit steuerte, erwies sich in der kommenden Geschichte als Täuschung, als fehlgeleitete Deutung von Zeiterfahrung,
als Befangenheit des Selbstverständnisses und damit als eine Ursache
der „deutschen Katastrophe". Die Republik von Weimar, aus unserer
Erfahrung betrachtet, war vielmehr die Chance der deutschen Geschichte im 20. Jahrhundert. Daß sie nur von wenigen erkannt, von der
Mehrheit nicht gesehen wurde, hat viele zeitgeschichtliche Gründe; einer von ihnen war die unangemessene Deutung dieses geschichtlichen
Augenblicks.

3.

Verallgemeinert man, was dieses Beispiel an Formen des Umgangs mit
Geschichte und für die Rolle von Historie im Leben zeigt, kann man
folgende Schlüsse ziehen:

Die Beurteilung eines Faktums erweist sich als richtig oder falsch
erst in der Zukunft, die einer Vergangenheit bevorsteht. Sie ist nicht
eindeutig kalkulierbar. Welche Deutung würde der Politik Hitlers heute zuteil, wäre nicht am Vorabend des 9. November 1939 bei jenem eigentümlichen Attentat im Bürgerbräukeller in München die Bombe erst
explodiert, nachdem Hitler bereits den Saal verlassen hatte, wenn seine
„Karriere" im Höhepunkt außenpolitischer Erfolge, vor den maßlosen
Greueln der späteren Kriegsjahre zu Ende gewesen wäre? Der Zufall,
die dem gesetzförmigen Erklären entzogene Kontingenz der historischen Ereignisse, spottet dem strengen Objektivitätsanspruch. Zwar
weiß der Spätere, der Historiker, mehr als der Zeitgenosse. Seine Deu-
tungsfähigkeit steigt mit der Distanz; aber sie bleibt zugleich begrenzt
und widerlegbar durch die kommende Geschichte, ist nie endgültig, ehe
nicht aller Tage Abend ist. Von einer intertemporalen Objektivität, die
über die Feststellung von Fakten und Daten zur deutenden Erklärung
und wertenden Gewichtung historischer Phänomene reicht, wird man
nicht sprechen dürfen.

– Unsere Aussagen von Geschichte müssen aber nicht nur immer die
   Zeiterfahrungen vergangener Zukunft verarbeiten; sie können auch

---

[7] Hans Mommsen, Die verspielte Freiheit. 1918-1933, Berlin 1989.

nie bei gleicher Experimentieranordnung vonstatten gehen. Nur selten gehen veränderte Erkenntnisse aus neuen Quellenfunden hervor. Das gibt es wohl, im Bereich der wissenschaftlichen Forschung vor allem, wenn neue Fragestellungen ganz neue Quellengattungen interessant machen oder wenn neue Funde eintreten, wie offenbar gerade jetzt in der Umdeutung des Prozesses gegen Galilei durch Pietro Redondi, die geeignet sein könnte, die Rolle des Papsttums und der Inquisition in ein neues Licht zu rücken.[8] In der Regel aber ist es der Gang der Realgeschichte selbst, der unsere Beobachtungsanordnung verschiebt und andere Deutungen produziert. Dies geschieht nun aber nicht so, daß die alten Anordnungen und Bedeutungen einfach für immer abgeräumt würden. Es ist vertrackt: Unsere jeweils veränderten Erfahrungen und Perspektiven werden zu Fragen an die Geschichte nicht auf einer tabula rasa, sondern immer im Zusammenhang und in Verbindung mit einem tief gestaffelten Deutungshorizont, der selbst Geschichte hat. So hängt die Deutungsgeschichte den historischen Urteilen an wie eine nicht abzustreifende Schleppe. Vielleicht hätte man es ohne sie viel leichter: Wenn wir z.B. bei der Beurteilung der „Deutschen Frage", die immer wieder neue Aspekte und Beurteilungen der Möglichkeit oder Wünschbarkeit der deutschen Einheit aufwirft, für unsere künftigen Verhaltensweisen es nur mit den Instrumenten systematischer Sozialwissenschaften zu tun hätten: mit einer politischen Systemtheorie, einer systematisch-ökonomischen oder finanzwissenschaftlichen Analyse, die uns prüfen ließe, ob eine deutsche Einheit machbar, bezahlbar, wünschbar ist, also von einem rein gegenwärtigen Kosten-Nutzen-Kalkül. Offenbar aber, wie wir gerade wieder erleben, reicht solche emotionslose nüchterne Zeitdeutung nicht hin, um unsere Urteile und Absichten zu fundieren. Es gibt immer einen geschichtlich gewordenen Überschuß in unseren Intentionen. Ohne die Aufarbeitung der historischen Dimension, in der solche Intentionen im europäischen Nationsbildungsprozeß entstanden sind, ist eine Einstellung zu dieser Frage nicht angemessen zu begreifen, weder bei uns noch bei unseren Nachbarn. In die „objektive" Beurteilung einer historischen Situation – und das gilt natürlich für vergangene Situationen ähnlicher Entscheidungsweite nicht anders – ist im vollen Ausmaß die Zeitgebundenheit der Deutungshorizonte mit einzubeziehen. Das gilt auch für die politische Urteilsbildung der Deutschen am Ende des Ersten Weltkrieges und am Beginn der Weimarer Republik. Die Möglichkeit der „Objektivität" war durch den historischen Sinndeutungshorizont anders strukturiert als die unsere.

– Die Einbeziehung von Historie in die Lebenswelt geht offenbar nicht so vor sich, daß, von einer Gegenwartsfrage ausgehend, zunächst die

---

[8] Pietro Redondi, Galilei der Ketzer, dt. München 1989 (ital. Erstausgabe Turin 1983).

Sicherstellung und Prüfung aller Quellen erfolgte, sich daraus ein Sachurteil bildete und dann auf dieser Basis ein Werturteil, eine Stellungnahme, eine verhaltenssteuernde Maxime erarbeitet würde. Umgekehrt wird ein Schuh daraus. Unser Wertsystem, der zwecksetzende Wille, steuert die Deutungszuweisung an die Vergangenheit. Sachurteile fällen wir in diesem Rahmen: „Meuterei" statt „Revolution"; „Diktat" statt „Friedensvertrag"; „Erfüllungspolitik" statt „Wiederaufbau internationaler Wirtschaftsräume" – um bei Beispielen aus der Weimarer Republik zu bleiben. Die Daten und Fakten werden selektiert dem Urteil eingepaßt oder passend gewichtet. Im Extremfall entstehen dann Weiß- oder Braunbücher, Geschichtsagitation. Das gilt nicht nur für zeitgeschichtliche Deutungen. Solche Agitationen sind aber nur die mißbräuchliche Überspitzung der Form, in der in aller Regel im Alltag in der politischen Auseinandersetzung und der Publizistik Geschichte nutzbar gemacht wird. Mehr noch: Selbst beim besten Willen zur „Objektivität" und mit bedeutenden Unterschieden der Zuverlässigkeit fahren wir mit dem Magneten unseres spezifischen Deutungswillens gleichsam über die Eisenspäne, die uns die Vergangenheit an Überresten überlassen hat, und so ordnen sie sich zu dem Muster, das wir ihnen geben.

Hier liegen die Gründe der Fehlorientierung durch Vergangenheitsdeutung. Angewiesen auf Vergewisserung über den Wandel der Zeit, sind wir doch keineswegs sicher vor Mißdeutungen, wenn es aus der Geschichte so herausschallt, wie wir in sie hineinrufen. Lassen sich solche Fehlinformationen der Zeitdeutung vermeiden? Ist nicht vielmehr Historie ein Sammelbecken solcher Selbstbestätigungen der Gegenwart durch historische Unterfütterung? Bleiben wir einen Moment bei dem gewiß schiefen Bild: Es gibt viele und unterschiedliche Magnete der Sinnstiftung. Anders deuteten die Franzosen den 9. November als die Deutschen, anders die linken Parteien der Republik als die rechten und, im historischen Horizont, den Lauf der Geschichte, der dahin geführt hatte. Vergangenheitsdeutungen differieren je nach Zeitinteresse und Wertsystem innerhalb der Gesellschaft, konkurrieren miteinander bis zum scharfen Streit. Der jüngst vergangene Historikerstreit hat die Wissenschaftler mit ergriffen, aber in Wirklichkeit handelte es sich um einen Streit zwischen verschiedenen Lagern gegenwärtiger politischer Orientierungen um die Deutung der Interdependenz zwischen Nationalsozialismus und Bolschewismus.

Diese Feststellung heißt aber: Interpersonale Objektivität können wir nicht erwarten, wenn es um die Einbeziehung der Historie in den Lebenszusammenhang geht. Will man gegen den Strich unserer Selbstdeutung unsere Geschichtsurteile verändern, wird bald die Schmerzgrenze erreicht, weil nicht eine beliebige historische Erkenntnis verändert, sondern unser gegenwärtiges Selbstverständnis tangiert wird. Die Wissenssoziologie hat es drastisch ausgedrückt: Interessenlose Gelehrte mögen sich ohne massivere Bekehrungsmittel vielleicht verständigen; für Gesellschaften mit unterschiedlichen Sinnwelten gilt: „Wer den derberen Stock hat, hat die besseren Chancen."[9]

4.

Diese Befunde machen nun die Frage dringlich, die mir als Anwendung des generellen Themas auf die Geschichtswissenschaft zentral zu sein scheint: Ist die fortwährende Integration von Geschichte ins Leben offenbar ein notwendiger und immer wirksamer, keineswegs aber notwendig immer vernünftiger Vorgang – ist dann die Geschichtswissenschaft in der Lage, ihm Vernunft zuzuführen, ihn zu objektivieren? Als institutionalisierter, also auf Dauer gestellter, systematisch und methodisch arbeitender Großbetrieb wäre sie dann die Revisionsinstanz für die alltägliche Geschichtsverwendung von der großen Politik bis in die engeren Lebensbezüge. Sie hätte das Geschichtsbegehren mit haltbaren Antworten zu versehen, die Zeitorientierung zu schützen vor den schnellen Legitimationsbedürfnissen, den Identifikationswünschen, vor der Gefahr, aus der Geschichte keine Aufklärung, sondern bloß Echo der eigenen Ansichten zu entnehmen. Geschichtswissenschaft würde zwar aus der elementaren gesellschaftlichen Notwendigkeit hervorgehen, der Gegenwart über Vergangenheitsdeutung eine Orientierung zu geben: Sie würde es aber auf eine Weise tun, welche nicht den lebensweltlichen Mechanismen bloßer Sinnbestätigung unterliegt, sondern sie prüft und verläßlich macht. Worin sonst könnte ihr Anspruch auf Lehre bestehen, die Prüfungsberechtigung der Wissenschaftler für Geschichtslehrer, ihre Autorität im publizistischen Streit, die Bedeutung ihrer Werke, der Sinn ihrer Forschung?

Ich meine dies nicht in einem verengten Sinne unmittelbarer Relevanzforderungen für gerade jeweils gängige Themen – so, als ob die Geschichtswissenschaft sich nun insgesamt auf die Fragen der Gegenwart: die historische Ökologie, die historische Frauen- oder Geschlechterforschung, werfen solle und die vor einiger Zeit gerade begonnene historische Friedensforschung deshalb wieder, dem Aktualitätsdruck folgend, verlassen müsse. So vielfältig und von solcher Langzeitwirkung ist das lebensweltliche Interesse an Zeitdeutung, so wenig auch eingegrenzt auf nur politisch-gesellschaftliche Fragen, daß der Forschung aus den Gegenwartsinteressen keine thematischen Grenzen zu ziehen sind. Meine Frage ist vielmehr prinzipiell gemeint. Kann die Geschichtswissenschaft dies leisten, nicht im Hinblick auf die Wahl ihrer Themen, aber im Hinblick auf ihre Erkenntnisinstrumente und -möglichkeiten? Der Historiker unterliegt, ungeachtet seiner erweiterten

---

9   Peter L. Berger, Thomas Luckmann, Die gesellschaftliche Konstruktion der Wirklichkeit. Eine Theorie der Wissenssoziologie, Frankfurt a. M. 1989, S. 117.

und verfeinerten wissenschaftlichen Zugriffe auf die Zeugnisse der Vergangenheit, den gleichen Lebensbindungen, Deutungshorizonten, Wertsystemen wie sein Leser oder Hörer – mehr noch, er muß gerade für diese Leser oder Hörer, für die spezifischen zeit- und interessegebundenen Gruppen sprechen, will er sie in ihrer Lebenswelt erreichen. Allgemein gültige Wahrheiten wären dafür belanglos und wichen der Schwierigkeit aus, konkrete Zeitqualität zu beschreiben und zu erklären. Der Satz: „Alles fließt" mag für die Physik eine brisante Feststellung sein – als historische Aussage ist er trivial, ein Seufzer nur, keine Aussage. Je allgemeingültiger und in diesem Sinne objektiver historische Aussagen sind, um so leerer sind sie. Je mehr sie von allen Wertsystemen abstrahieren, um so wertloser ist ihre Orientierungskraft. Je wertvoller aber ihre Aussagen für die Hörer sind, um so niedriger ist ihr Objektivitätsgrad. Am belanglosesten für die konkrete Zeitorientierung wäre eine historische Weltformel. Die Frage ist also: Wie können die Ergebnisse der Geschichtswissenschaft belangvoll für bestimmte Menschen in einer bestimmten Zeit und zugleich wahr sein?

Man könnte nun entgegnen: Dieser Anforderung ist sie noch nie voll gerecht geworden. Dies ist ein Urteil, das jede Historikergeneration für die Werke der vorhergehenden, selten aber nur für ihre eigenen gelten läßt. Man könnte eine fast endlose Kette von Beispielen dafür aufführen, welche die Geschichtswissenschaft eingebunden zeigen in die politischen, kulturellen, religiösen Kämpfe ihrer Zeit. Oft stand der Historiker nahe beim Hof, wie der Sänger alter Zeit, wie der Kronjurist des Monarchen – faktisch oder geistig beim Zentrum der Macht; oft finden wir ihn im Dienste einer Gegenpartei kritisch, aber durchaus einseitig, eingebunden in ein Sinnsystem wie sein wertgestützter und machtgeschützter Kontrahent. Die freiwillige Einbindung in ein Sinnsystem, dem die Geschichtsschreibung dient, ist nicht eben selten. Ein seriöses Beispiel: 1903 lehnte eine Gruppe hochangesehener Berliner Historiker den Vorschlag des preußischen Kultusministers ab, eine internationale Konferenz über wissenschaftlich strittige Fragen zu veranstalten mit dem Ziel, ein besseres Verständnis zwischen den zivilisierten Nationen angesichts schon zunehmender politischer Spannungen anzustreben. Die Begründung: Das Haupt- und Kernstück der Geschichte seien nun einmal die Macht- und Völkerkämpfe, deren wissenschaftliche Behandlung in einem solchen Maße durch nationale Rivalitäten bedingt würde, daß die Bemühung um ein international einvernehmliches Urteil vergebens sein werde. In diesen Zusammenhang gehört der etwas maliziöse Satz des Reichskanzlers Fürst Bülow, der 1904 die Möglichkeit einer entente cordiale zwischen Deutschland und Frankreich für denkbar hielt – „wenn es die Historiker nicht gäbe".[10]

---

[10] Karl Dietrich Erdmann, Internationale Schulbuchrevision zwischen Politik und Wissenschaft, in: Internationale Schulbuchforschung 4 (1982), S. 252.

Dennoch gibt die Aufzählung solcher Beispiele einen falschen Eindruck. Die ältere Historie wie auch die Geschichtswissenschaft haben, wohl wissend um die Versuchung, das historische Argument als Waffe im politischen Kampf einzusetzen, immer nach Mitteln gesucht und nach Möglichkeiten gegriffen, dieser Versuchung zu widerstehen. Um die Wahrheit oder Objektivität ist es ihr immer zu tun gewesen – auf verschiedenen Wegen. Ich skizziere im folgenden in fast schon unerlaubter Vereinfachung zwei Grundpositionen, von denen aus verschiedene Antworten auf unsere Frage gesucht wurden: Wie kann die Historie wahr sein und wie kann diese Wahrheit den Menschen etwas bedeuten?

5.

Die erste Position sucht eine Antwort auf die Frage in der Qualifikation des Geschichtsschreibers. Eine Fülle besonderer Fähigkeiten verlangte schon Herodot von ihm: Geschäftskunde, Scharfsinn, Fleiß und was der intellektuellen Tugenden mehr sind. In allen Forderungen seit jener Zeit taucht als zentraler Punkt immer wieder das Postulat der Unparteilichkeit auf. Der Historiker muß gerecht sein. Es ist interessant, daß der Gegenbegriff zur Objektivität in diesem Argumentationszusammenhang nicht die Subjektivität ist – also die persönliche, individuelle Zufälligkeit oder Beliebigkeit – sondern die „Parteilichkeit", d.h. gerade die Eingebundenheit des Individuums in einen sozial-politischen Wert- und Wirkungszusammenhang, sein Eintreten für einen überindividuellen, aber nicht allgemeinen Standpunkt. Der Historiker kann und soll diese Einbeziehung durchbrechen durch disziplinierte und umsichtige, prüfende Urteile und durch ungetrübte Wahrnehmung der Vergangenheit. Nichts darf er übersehen an Quellen, nichts verschweigen, nichts hinzufügen. Er müsse gleichsam keiner „Stadt" angehören, sagte man in der Antike, sich frei machen von der Sucht nach Lob und der Furcht vor Tadel. Gelingt ihm dies, dann wird Historie im Munde des Redners, was Cicero ihr zuschrieb: „Die Zeugin der Zeiten, das Licht der Wahrheit, lebendige Erinnerung, Lehrmeisterin des Lebens ...". Lukian, der Syrer, hat im 2. Jahrhundert n. Chr. das bis heute lebendige Bild geprägt, das die vorurteilsfreie, unparteiische Arbeit des Historikers kennzeichnet: Die Seele des Geschichtsschreibers sei immer einem reinen, hell polierten und getreuen Spiegel ähnlich, der die Bilder der Gegenstände so zurückgibt, wie er sie aufgefaßt hat, ohne das geringste an ihrer Gestalt und Farbe zu verändern.[11] Dergestalt gespiegelt, als „lux veritatis", kann Historie dann „magistra vitae" sein. Sie zeigt, wie und

---

[11] M. T. Cicero, De oratore, 2, 36; Lukian, Wie man Geschichte schreiben soll. Griech. u. deutsch, hg., übers. u. eingel. v. Helene Homeyer, München 1965, S. 155, s. auch S. 265.

warum die Reiche entstanden und wieder verdarben durch die Handlungen der Menschen; sie zeigt den Kreislauf der Verfassungen, sie erklärt die Konstellation von Situationen, deren Kenntnis auch für künftige Zeiten das Eintreten bestimmter Ereignisse und Abläufe zu erwarten berechtigt, sie liefert dem Fürsten ein Regelwerk der Herrschaftstechnik auf Grund subsumierter Erfahrung, gibt dem Weisen Stoff zur Erkenntnis des menschlichen Wesens, dem Frommen Kunde von Gottes Güte, wie sie in der Welt sich auswirkt. Vor allem gibt sie Beispiele menschlichen Lebens, Vorbilder oder Schreckbilder von hohem belehrendem Wert für die Nachfolgenden. Dies ist eine Sinndeutung der Zeit über die Exempel, beruhend auf der Voraussetzung einer immer gleichen menschlichen Natur. Aber diese Historie gibt auch eine Zeitdeutung durch Aufweis von Traditionskontinuitäten, von zugewachsenen, historisch gewordenen Aufgaben, die mit solcher aus zielgerichteten Prozessen sich herleitenden Geschichtsdeutung verbunden sind. Livius beschreibt einen solchen Prozeß „ab urbe condita", Vergil in der Weissagung, wie den Römern aus der Geschichte ihre zivilisatorisch-politische Pflicht zugewachsen ist: die Welt zu regieren, Gesetze, Gesittung, Frieden zu verbreiten.

Diese Zuweisung der Fähigkeit an die Historie, objektive, historisch begründete, das Leben leitende Erkenntnisse zu liefern, ist keine abgetane Sache antiker Schlichtheit; man findet sie mutatis mutandis bis in unsere Zeit. Wer die Geschichtsbücher für den Schulunterricht jener Nationen aufschlägt, die auf eine ungebrochene Kontinuität ihrer Nationalgeschichte zurückblicken, wird gerade diese Deutungsmuster der Geschichte in frappierender Eindeutigkeit und Holzschnittartigkeit zur Belehrung des Nachwuchses ausgebreitet finden. Seeleys Buch über die Ausbreitung Englands – um das Beispiel einer außerordentlich wirksamen Geschichtsdeutung vom Ende des 19. Jahrhunderts zu bringen – steht an Sicherheit der historisch begründeten Aufgabenzuweisung für die Engländer Livius' oder Vergils Botschaft an die Römer in nichts nach.

Allerdings: Die Instrumente der Erkenntnis wurden über die Jahrhunderte hin verfeinert. In einem langen Prozeß entwickelte sich die kritische Quellenforschung, aus der am Ende des 18., zu Beginn des 19. Jahrhunderts die Geschichtsschreibung als Wissenschaft entstand und einem eigenen Berufsstand anvertraut wurde. Rankes bekannte Maximen greifen aber, nun auf kritischem Niveau, die Spiegelmetapher wieder auf und bleiben im Bereiche der Hoffnung, durch die objektivierende Disziplin des Forschers historische Wahrheit erfassen zu können: nur kein Erdichten ... keine philosophischen Spekulationen, nur zeigen „wie es eigentlich gewesen" – ohne jede Parteinahme: „Ich wünschte mein Selbst gleichsam auszulöschen und nur die Dinge reden, die mächtigen Kräfte erscheinen zu lassen." Das so gewonnene Ergebnis der Forschung wird dann in der Darstellung zur Literatur, zur Kunst, deren Ziel es ist, der Erkenntnis den angemessenen Ausdruck zu geben. Die gelungene Form ist das Siegel der historischen Wahrheit.[12]

Der Objektivitätsanspruch der Geschichtswissenschaft auf kritischer Basis hatte sich erweitert. Nicht mehr einzelne Geschichten als Exempel oder als Traditionslinien soll die Wissenschaft geben, sondern „die Geschichte" soll als ein großer, zusammenhängender Entwicklungsprozeß gespiegelt werden. Der Singular – „die Geschichte"[13] –, die einzelne Geschichten in sich begreift und ihnen einen Platz zuweist, ermöglicht als heuristischer Begriff den Versuch, alle großen Mächte und Tendenzen der Zeitalter zusammen und hintereinander in ihrem Ursachen- und Wirkungsgeflecht zu erfassen, die Entwicklung der Gegenwart aus der Vergangenheit zu zeigen. Diese „genetische Sinndeutung" der Zeit greift weit über die Zufälligkeit der exemplarischen oder über die Einlinigkeit der traditionsbildenden Sinndeutung hinaus. Indem der Historiker selbst ganz zurücktritt, kann er, so die Hoffnung, die Geschichte als gerichteten, sinnvollen, zusammenhängenden Prozeß des ideellen und des materiellen, des politischen und des kulturellen Daseins des Menschen im Ablauf der Epochen begreifen, die jede für sich eine besondere und eigenständige Ausfaltung der Möglichkeiten des Daseins zeigen. In dieser Auffassung hat Ranke seinem königlichen Schüler Maximilian von Bayern aus den Epochen der neueren Geschichte die Gegenwart gedeutet, damit das Handeln des Königs nicht nur dem Tag verpflichtet, sondern weitsichtig im Zusammenhang des historischen Gesamtgefüges der Zeit, wie sie geworden war, eingebettet sein möchte.[14]

In dieser Aufassung wurde die historische Sinnbildung gelöst von der schnellen oder gar vorschnellen Urteilssucht aus dem eigenen, zeitgebundenen Werthorizont; dem Historiker und seinem Leser wurde vielmehr die Kraft abverlangt, in objektivierender Distanz vom eigenen Standpunkt die Vergangenheit aus ihren eigenen Bedingungen und Werten als eine eigentümliche Lebensform des Menschen anzusehen. Geschichtsschreibung hatte nicht zu richten, sondern den engen Hori-

---

12 Über unterschiedliche Formen von Sinnbildung durch exemplarische, traditionale, kritische und genetische Zeitdeutung s. Jörn Rüsen, Lebendige Geschichte. Grundzüge einer Historik III, Göttingen 1989, S. 39-60. Die Ranke-Zitate in „Geschichten der romanischen und germanischen Völker von 1494-1514". Sämtl. Werke, Bd. 33/34, Leipzig 1879, S. VII (1. Ausgabe, Einleitung, 1824); Englische Geschichte, Berlin 1860, Bd. 2, S. 3; vgl. Rudolf Vierhaus, Rankes Begriff der historischen Objektivität, in: Objektivität und Parteilichkeit in der Geschichtswissenschaft, hg. v. Reinhart Koselleck, Wolfgang Justin Mommsen, Jörn Rüsen, München 1977 (= Theorie der Geschichte. Beiträge zur Historik, Bd. 1), S. 63-76; ders., Leopold von Ranke. Geschichtsschreibung zwischen Wissenschaft und Kunst, in: Hist. Ztschr. (1987), S. 285-298.
13 Dazu Reinhart Koselleck, „Geschichte" (V – VII), in: Geschichtliche Grundbegriffe (Anm. 4), S. 647 ff.
14 Leopold von Ranke, Über die Epochen der neueren Geschichte. Vorträge, dem König Maximilian II. von Bayern gehalten (1854), Historisch-kritische Ausgabe, hg. v. Theodor Schieder und Helmut Berding (Leopold v. Ranke. Aus Werk und Nachlaß. Hg. v. Walther Peter Fuchs u. Theodor Schieder, Bd. II) München- Wien 1971.

zont der Zeit durch das Verständnis anderer Zeiten zu erweitern und damit eher indirekt als durch das direkte Urteil auch die eigene Zeit tiefer erfassen zu lehren.

Ich halte dieses Grundaxiom des Historismus für ein unaufgebbares Element des Objektivitätsanspruchs der Historie: Es ist ein Heilmittel gegen die Scheinwahrheit, die vorschnellen Analogien, die Selbstgerechtigkeit und die Scharfrichtergebärde, die der Historie eigen sein können und ihr einen penetrant subjektiven Charakter geben. Es enthält zudem die Verpflichtung der exakten Vergegenwärtigung vergangener Bedingungen und genauer Reflexion auf das, was man wissen kann und was nicht. Dieses Axiom, das den Historiker auf sorgfältige kritische und verstehende Quellenforschung verpflichtet, ist der Antrieb einer ausgedehnten Forschung geworden, die uns ein gewaltiges Arsenal aufbereiteter Zeugnisse der Vergangenheit bereitgestellt hat, das für jeweils zeitbezogene Rückfragen der Gegenwart an die Vergangenheit, auch für künftige Fragen, die wir noch gar nicht kennen können, unverzichtbares Material bereitstellt. Lux veritatis – das Licht der Wahrheit zu sein, nun nicht mehr bloß an die Person des einzelnen Geschichtsschreibers gebunden, sondern als Gesamtfähigkeit der Geschichtswissenschaft zugeschrieben – das ist der Anspruch, der aus dieser Position bis heute hin als Möglichkeit zur Objektivität der Geschichtswissenschaft behauptet wird. Man kann es auch so formulieren: Was immer die Gegenwartsbindungen und die Motive der Forschung sein mögen, wie immer auch ihre Ergebnisse funktional in den gesellschaftlichen Zusammenhang des Lebens zurückwirken – die Forschung selbst folgt von Motivation und Wirkung unabhängig ihrer eigenen Logik und Methode. Das sind die Garanten der Wissenschaftlichkeit, der Rationalität, der intersubjektiven Überprüfbarkeit ihrer Ergebnisse und also, in diesem Verstande, ihrer Objektivität. Dies ist das herrschende Credo der historischen Wissenschaft, welcher Richtung auch immer.

Es ist allerdings nicht unbestritten. Die Objektivitätsbehauptung, sagen Kritiker, verdecke oft nur eine bewußte oder unvermerkte Parteilichkeit. Die Spiegelmetapher verhülle, daß auch der, der sein Selbst auslöschen möchte, dies nicht kann und mit Deutungsvorgaben an die Quellen herantreten muß. Der Begriff des Verstehens, mit dem Dilthey dieser Position eine philosophisch-psychologische Begründung nachgeliefert hat, löst die Erkenntnisproblematik auf eine nicht akzeptable Weise, indem er das Subjekt mit dem Objekt eins werden, es gleichsam in das Objekt hineinschlüpfen und von innen her behaupten läßt: Ich kann gar nicht anders als objektgemäß, das heißt aber, wahr „nachzubilden", was ich verstehend nacherlebe.[15]

Dabei lag es ja auf der Hand, daß selbst der zurückhaltende Ranke in die Vergangenheit seine Themen hineingesehen und als das Eigentliche

---

[15] Herta Nagl-Docekal, Objektivität in der Geschichtswissenschaft, Wien, München 1982, Kap III; Wilhelm Dilthey, Der Aufbau der geschichtlichen Welt in den Geschichtswissenschaften. Einl. v. Manfred Riedel, Frankfurt a. M. 1981, S. 263 ff.

der Geschichte ausgegeben hat: Die Prozesse der Nationalstaatsbildung, das Mit- und Gegeneinander der großen Mächte als „Gedanken Gottes", dem er einen noch theologisch begründeten Bezugsrahmen unterstellte. Auch die borussische Geschichtsschreibung berief sich auf diese Objektivität, weil sie ihre deutliche Parteinahme für die Unterstützung des objektiven Ganges einer historisch notwendigen Entwicklung hielt. Nach dem Zusammenbruch von 1918, erst recht nach 1945 wurde diese objektivistische Position brüchig – trotz der vielfältigen erkenntnistheoretischen Überlegungen zur Eigenart geisteswissenschaftlicher Erkenntnisse der ersten Jahrhunderthälfte. Friedrich Meinecke, der um diese Brüchigkeit wußte und unter ihr litt, hat seine geschichtstheoretischen Überlegungen zwischen der Forderung nach strengster Objektivität der Forschung und der Einsicht in die Notwendigkeit, Wertsysteme als Deutungskriterien an die Vergangenheit heranzutragen, in einer unerträglichen Spannung gesehen. Sein Bild vom „schaffenden Spiegel" war ein Versuch zur symbolischen Vereinbarung der Gegensätze. Aber nach 1945, als er sein Buch über „Die deutsche Katastrophe" schrieb, sah er für die Zeitorientierung nur den Weg aus der Geschichte hinaus zu überzeitlichen Werten und Menschenbildern als Rettung. Es war das Scheitern der geschichtswissenschaftlichen Erklärungs- und Deutungskompetenz. Das Licht der lebendigen Wahrheit leuchtete für den Historiker nicht mehr in der Zeit.[16]

Das zweite Denkmuster, mit dem man das Problem der Objektivität der Historie anging, reicht ebenfalls zurück in die Antike. Die Wahrheit, sagte man, sei eine Tochter der Zeit – filia temporis.[17] Das konnte vielerlei heißen, etwa, daß die Zeit die Wahrheit erst ans Licht bringe, aber auch, darauf kommt es mir hier an, daß es die begrenzte Einsicht der Zeit, der Epoche sei, die sich als objektive Wahrheit verstehe. Goethe hat die Spiegelmetapher umgedreht, als er Faust seinem quellenbesessenen Famulus entgegenhalten ließ:

> „Mein Freund, die Zeiten der Vergangenheit
> Sind uns ein Buch mit sieben Siegeln.
> Was man den Geist der Zeiten heißt,
> Das ist im Grund der Herren eigener Geist,
> in dem die Zeiten sich bespiegeln."

Seitdem im 18. Jahrhundert die Perspektive als notwendige Bedingung geschichtlicher Erkenntnis definiert wurde, konnte Objektivität nicht mehr allein durch die Bemühung des Historikers, unparteilich zu bleiben, als garantiert gedacht werden. Historische Aussagen sind bedingt durch den Standpunkt des Betrachters. Sollen sie objektiv sein, kommt es da-

---

[16] Friedrich Meinecke, Die deutsche Katastrophe, Wiesbaden 1946, über die „Goethegemeinden", S. 174 ff.; ders., Kausalitäten und Werte in der Geschichte, Hist. Ztschr. Bd. 137 (1928); Wiederabdruck in: Werke, Bd. V, Zur Theorie und Philosophie der Geschichte, hg. v. E. Kessel, Stuttgart 1965, S. 61-89.

[17] S. dazu Günther (Anm. 3), S. 646.

rauf an, daß er den weitest möglichen Standpunkt einnimmt. Man muß die Perspektive so ausweiten, daß sie die ganze Geschichte umfaßt, dann hat der Geschichtsschreiber den Rahmen konstruiert, der es erlaubt, die Bedeutung von Fakten und Prozessen innerhalb des Ganzen, also „objektiv" zu bestimmen. Diese „subjektivistische" Bedingung für objektive historische Aussagen hat die Geschichtsphilosophie im 18. Jahrhundert zu erfüllen gesucht.[18] So hat Voltaire in einem weltgeschichtlichen Fortschrittskonzept der Kultur sagen zu können geglaubt, welches die bedeutenden, wesentlichen Zeitalter im Entwicklungsgang der Menschheit gewesen seien. Die Geschichtsschreibung der Aufklärung bis zu Gervinus hin folgte ähnlichen Fortschrittsentwürfen der Gesamtgeschichte. Das war zugleich Parteinahme und Ausdruck des Selbstbewußtseins und politischen Anspruchs des aufsteigenden Bürgertums. Diese Parteinahme für den historischen „Fortschritt" brachte Gervinus bekanntlich den Hochverratsprozeß ein. Wenn er in seiner „Einleitung in die Geschichte des 19. Jahrhunderts" dem Gang der Geschichte eine Entwicklung der Herrschaftsform und von der Macht des Einen über die Macht der Wenigen zur Macht der Vielen, also zur Demokratie, unterlegte, wurde dies als ein Anschlag gegen die bestehende monarchische Verfassung des Großherzogtums Baden verstanden und, wenn auch schließlich ergebnislos, zum Anlaß einer Anklage genommen.[19]

Die unterschiedlichen geschichtsphilosophischen Systeme sind bekannt – hier interessiert nur ihr methodischer Zugriff: Sie machen die Geschichte zu einer philosophischen oder theoretischen Wissenschaft, indem sie den Perspektivenbezug methodisieren und universalisieren. Damit heben sie die prinzipielle Zeitgebundenheit der Erkenntnis theoretisch wieder auf und können vom als bekannt angenommenen Fluchtpunkt aller Geschichte her deren einzelne Erscheinungen interpersonal für alle die „objektiv" deuten, die ihre Prämissen teilen. Diese Vorstellung läßt nicht das Subjekt verstehend im Objekt verschwinden, den Historiker in den Objektivationen des menschlichen Geistes untertauchen, sondern stellt umgekehrt das Objekt in die Verfügung des Subjekts und hebt auf genau entgegengesetztem Wege die Spannung der Distanz auf, die entsteht, wenn ein zeitgebundenes Subjekt ein in der Zeit verschwundenes Objekt wahrheitsgemäß erkennen will.

In der Folge entwickelten sich aus dieser subjektivistischen Position unterschiedliche Modelle, die ich kurz zusammenfasse.

Die Kompetenz, die man der philosphischen Vernunft beim Erkennen des wahren Verlaufs der Geschichte zuschrieb, konnte sich verengen.

[18] Vgl. dazu Reinhart Koselleck, Standortbindung und Zeitlichkeit. Ein Beitrag zur historiographischen Erschließung der geschichtlichen Welt, in: Objektivität und Parteilichkeit (Anm. 12), S. 17-46; ders., Geschichte, Geschichten und formale Zeitstrukturen, in: Reinhart Koselleck, Wolf-Dieter Stempel (Hg.), Geschichte. Ereignis und Erzählung, München 1973, S. 211-222.
[19] S. dazu Walter Boehlich (Hg.), Der Hochverratsprozeß gegen Gervinus, Frankfurt a.M. 1967.

Man nahm dann einen Teil fürs Ganze und setzte ihn selbst absolut: so im 19. Jahrhundert die Nationalstaatsbildung. Dann wird Nationalgeschichte zur eigentlichen Geschichte, an der sich Bedeutsamkeit und „Objektivität" der Fakten messen lassen. Neben solcher Verengung steht die Möglichkeit der Entgrenzung. Sie führt zur Anerkennung beliebiger Perspektiven und damit zum Agnostizismus. Dann kann, wie Theodor Lessing sein Buch nannte, „Geschichte als Sinngebung des Sinnlosen" (1916) erscheinen. Wenn die philosophische Vernunft sich materialisierte, indem Hegel vom Kopf auf die Füße gestellt und, konsequent, der philosophische Entwurf als Abbildung der Realgeschichte verstanden wurde, konnte die Historie nicht nur deuten, sondern auch handlungsanleitend und prognostizierend zum Eingriff im Sinne der ihr einwohnenden Gesetze animieren. Der historische Materialismus beantwortet die Frage nach der Wahrheit dadurch, daß die Perspektive der fortgeschrittensten Klasse und ihrer Avantgarde, der Partei, als die objektive verstanden, ihre Parteilichkeit also zur Garantie der Objektivität erklärt wird. Das politisch-philosophische Subjekt fühlt sich als Träger des Geschichtsgesetzes, kann also nur wahre Erkenntnis produzieren – mit den bekannten politisch-wissenschaftlichen Folgen dort, wo dieser Anspruch machtgestützt sich absolut setzen konnte.

Als letztes Modell dieser Position nenne ich die „analytische Philosophie der Geschichte", die in den 70er Jahren eine rege Diskussion über die Art historischer Erkenntnis angefacht hat.[20] Hier wird, konsequent zu Ende gedacht, alle Historie Konstruktion des Autors. Insofern wird ihr das Element der Willkür als wesentlich zugeschrieben. Allein noch im Hinblick auf die geforderte Richtigkeit der einfachen Daten und Fakten besteht die schwache Anbindung dieser narrativen, d.h. durch Erzählung konstituierten Historie, an die vergangene Realität. Die Fragen an die Historie verkürzen sich, indem sie sich auf die Texte des Historikers beschränken und die in ihnen erfaßte oder behauptete Realität der Vergangenheit nicht mehr ernst nehmen. Die Frage der Objektivität richtet sich allein an die narrative Triftigkeit und Stimmigkeit, an die Konstruktion des Textes, wird also zu einer ästhetischen Kategorie. Historie wird wieder zur literarischen Gattung, zur Rhetorik als Kunst der Weltaneignung.

Diese Sicht produziert scharfsinnige Betrachtungen. Wenn es bei Baumgartner heißt: „Die Kontinuität des wirklichen Lebens lösen wir auf in der Geschichte und stiften unter Wert- und Deutungsgesichtspunkten in der Form der Erzählung eine neue Sinnkontinuität" – so mag das stringent sein im Hinblick auf eine Analyse historischer Texte, rückt aber den Historiker an die Seite des Dichters, der „stiftet", was bleibt.[21] Der Geschichtswissenschaftler fragt sich allerdings, ob diese

---

[20] Arthur C. Danto, Analytische Philosophie der Geschichte, Frankfurt 1974 (engl. Originalausgabe Cambridge 1965).
[21] Michael Baumgartner, Kontinuität und Geschichte. Zur Kritik und Metakritik historischer Vernunft, Frankfurt a.M. 1972; ders., Thesen zur Grundlegung einer transzenden-

Beschreibung das Ergebnis seiner Arbeit trifft, windet sie ihm doch sein Objekt aus den Händen. Hatte der Historismus verdrängt, daß Geschichtsschreibung und Forschung ohne theoretischen Entwurfscharakter nicht zu denken sind, so wird hier der Wirklichkeitsbezug der Historie negiert.

Also führt uns ein schneller Überblick über die Lösungsversuche unserer Frage nur tiefer ins Gedränge. Die Theoriedebatte unter Historikern, die sich damit nicht abfinden will, bietet, pragmatisch auf objektgebundener Ebene des Denkens, jedoch Auswege. Ich will sie abschließend in sechs Thesen zusammenfassen.

6.

These 1: Wir müssen von der Tatsache ausgehen, daß wir es bei der Historie sowohl mit Tatsachen wie mit Deutungen zu tun haben. Geschichtswissenschaft ist eine empirische und zugleich eine theoretische Wissenschaft. Soll sie mehr sein als eine gegenwärtige Komposition von Fakten, die ebenso gut oder besser res fictae sein könnten, müssen wir ernst nehmen, daß Zusammenhänge zwischen Ursachen und Wirkungen, Strukturen und Prozessen, Absichten und Veränderungen nicht von uns in die Geschichte hineingetragene plots sind, sondern in ihr selbst wirksam waren und erfaßt werden können – so wie wir selbst in der Gegenwart zeitgeschichtliche, nicht bloß erzählte Ursachen und Wirkungen bemerken. Daß wir notwendig bestimmte Fragen, Hypothesen, Deutungsmuster und Wertungen an die uns zugänglichen Überreste vergangener Realität herantragen, um Themen und Sinneinheiten zu erkennen, kann den Anspruch, reale Vergangenheit wiederzugeben, nicht beeinträchtigen.

These 2: Die Deutungsmuster, die wir an die Geschichte herantragen, stecken schon in den Begriffen, die wir benutzen, und darin, was die Historiker „objektgebundene Theorien" nennen. Es handelt sich dabei nicht um Theorien des historischen Erkennens an sich, sondern Theorien über den Charakter der Gegenstände dieses Erkennens selbst.[22] Begriffe und Theorien sind nicht beliebig in die Vergangenheit hineinzutragen. Sie müssen sich ausweisen, indem sie ihre Erklärungs- und Beschreibungskraft in der Ordnung der Zeugnisse der Vergangenheit zeigen. So richtig es ist, daß die Quellen erst durch an sie herangetragene Fragen und Begrifflichkeiten zum Reden gebracht werden, so stecken andererseits in den Quellen immer Überschüsse über unsere

talen Historik, in: Seminar: Geschichte und Theorie, hg. v. Michael Baumgartner und Jörn Rüsen, Frankfurt a.M. 1976, S. 280. Dazu Nagl-Docekal (Anm. 15), Kap. IV u. V
22 Vgl. dazu Theodor Schieder, Kurt Gräubig, Theorieprobleme der Geschichtswissenschaft, Darmstadt 1977; Jürgen Kocka (Hg.), Theorien in der Praxis des Historikers. Gesch. und Ges. Ztschr. für Hist. Sozialwiss., Sonderheft 3 (1977); ders., Sozialgeschichte, Göttingen 2. erw. Aufl. 1986, S. 99.

Fragen und über unsere Begriffe. Je besser Begriffe diesem Überschuß gerecht werden, um so „objektiver", erkenntnisträchtiger sind sie. Dieser Zusammenhang von Deutungsmustern und Quellenerschließung ist kein Zirkel, sondern ein Forschungsprozeß. Wenn z.B. der Begriff des „aufgeklärten Absolutismus" zunächst als Epochenbezeichnung für ein bestimmtes Phänomen benutzt wurde, die Arbeit der Forschung anregte und im Prozeß dieser Arbeit schließlich abgelöst wurde durch den Begriff des „Reformabsolutismus", so faßt dieser von uns an die Quellen herangetragene, nicht in ihnen selbst steckende Begriff die vergangene Wirklichkeit nachweisbar treffender als der erste. Er bezeichnet nicht, wie Max Weber gesagt hat, einen allein subjektiv erklärbaren „Idealtypus", sondern einen „Realtypus", dessen deutende Kraft vergangene Realität sichtbar macht. Ähnliches gilt für die Begriffe übergreifenden Theorien oder theoretischen Erklärungsmodelle, die zweifellos subjektive, d.h. zeitgebundene Entwürfe des Historikers sind. Mit ihnen lassen sich Zeitstrukturen ordnen und in verlaufserklärende Zusammenhänge bringen. So ist die „Modernisierungstheorie" ein Zugriff, die Entstehung und Entwicklung der industrialisierten Gesellschaften als einen Zusammenhang von technischen, wissenschaftlichen, ökonomischen und politischen, sozialen und mentalen Faktoren zu begreifen und also Zusammenhang darzustellen und zu deuten. Gewiß enthält diese Theorie eine zeitgebundene, erst von heute her denkbare Hypothese, deren Problematik gegenüber den Ländern, die aus dieser Sicht als „Entwicklungsländer" defizitär erscheinen, zu reflektieren ist. Wird eine solche Theorie aber bewußt als Entwurf gebraucht, nicht als objektive Realgeschichte selbst mißverstanden, kann sie als Erklärungskonstrukt tatsächliche historische Zusammenhänge prüfbar und sichtbar machen.

These 3: Solche theoretischen Vorannahmen, welche die Ordnung und Deutung der Fakten steuern, sind ausweispflichtig und gehören als explizite Elemente in die historische Darstellung, wenn deren Erklärungsreichweite einsehbar sein soll. Zugleich sind zeitgebundene Perspektiven einer solchen Ausweispflicht zugänglich. Denn der Standpunkt des Historikers ist nicht einfach Reflex seiner zeit- und ortgebundenen Situation, wie man häufig meint. Sein Standpunkt ist vielmehr ein gedanklicher, reflektierter Standort, der nicht voluntativ interessengebundene Meinungen, sondern reflektierte Auseinandersetzung mit früheren und gleichzeitigen objektgebundenen Theorien umgreift. Diese Tatsache ist die Voraussetzung für die Möglichkeit rationaler und begründeter, der diskursiven Auseinandersetzung fähiger Theoriebildung.

These 4: So ausgewiesene Begriffe und Theorien müssen forschungskonsistent und durch Forschung veränderbar sein – sich also als Hypothesen oder heuristische Instrumente, nicht als vorweggesetzte Erzählmuster verstehen. Der höhere oder geringere Grad ihrer Tauglichkeit erweist sich, wie gesagt, an der Fähigkeit, den Quellen nicht nur standzuhalten, sondern sie möglichst weitgreifend zu erklären. Der Fortgang der Forschung besteht in der Verfeinerung, Verbesserung oder Veränderung solcher theoretischer Deutungszugriffe durch deren Prüfung an den Zeugnissen der Vergangenheit. In diesem Verfahren liegt die Möglichkeit der „Begründungsobjektivität" historischer Aussagen.[23] Diese Art der Objektivität garantiert noch nicht die Wahrheit der Historie – aber sie deckt Unwahrheiten auf und umgrenzt den Kreis des historisch Richtigen durch Nachweis des offensichtlich Falschen. Die „Dolchstoßlegende" z.B., eine Theorie des deutschen Zusammenbruchs von 1918, ist eine solche an den Quellen nachweisbare falsche Erklärung – deshalb taugt sie weder zur Deutung der Geschichte noch als Orientierung für die Fragen der Gegenwart. Ein weniger plattes Beispiel: Max Webers Theorie, mit der er die industrielle Revolution aus dem Zusammenhang zwischen dem Geist des Kapitalismus und der protestantischen Ethik erklärte, hatte eine faszinierende Hypothese geliefert, die ein Element im Gesamtprozeß zum entscheidenden erklärte. Der dadurch angestoßene Fortgang der Forschung hat die Grenzen dieser Theorie deutlich gemacht, die Theorie selbst erweitert, modifiziert, schließlich Überholt und zu komplexeren Erklärungsmodellen geführt. Solche Modelle spiegeln keineswegs „der Herren eigenen Geist", sondern sind empirisch gefestigte Re-Konstruktionen der Vergangenheit unter bestimmten Fragestellungen. Sie beanspruchen nicht, objektive Spiegelung der englischen Vergangenheit des 18. Jahrhunderts insgesamt zu sein, wohl aber unter Kenntnis der dem 18. Jahrhundert noch unbekannten Zukunft aus unserem Interesse am Fortgang der Zeit akzentuierte Aspekte und gedeutete, aber reale Zusammenhänge zu erschließen.

These 5: Vergangenheitsdeutung zielt auf Orientierung für eine bestimmte Gruppe von Menschen mit gemeinsamem Erfahrungs- und Erwartungshorizont, gehört also zu ihrer „symbolischen Sinnwelt". Das schließt aber nicht aus, daß solche Orientierungen mit anderen in Verbindung gesetzt, auf sie bezogen werden, weil die Denkfähigkeit des Menschen ihm erlaubt, den eigenen Standpunkt zu übersteigen, ohne ihn verleugnen zu müssen. Die Geschichte der Arbeiterbewegung z.B. wird vom Standpunkt der sozialistischen Forschung anders akzentuiert als von der sog. bürgerlichen Geschichtsschreibung – was an der kontroversen Deutung der Rolle der Sozialdemokratie besonders deutlich wird. Dennoch lassen sich beide Perspektiven auf eine übergreifende beziehen, wenn man nur will: Nämlich auf die Entwicklung des demokratischen Sozialstaates mit sich erweiternder Partizipation und einem Netz gesellschaftlicher Verbindungen und Interessenkonglomerationen, die, miteinander konfligierend, zum Ausgleich gebracht werden müssen. Entwickelt man eine solche übergreifende Perspektive, entsteht

---

[23] Hermann Lübbe, Geschichtsbegriff und Geschichtsinteresse, Basel, Stuttgart 1977, S. 173ff.; s. dazu Rüsen (Anm. 4), S. 178.

das, was man „Konsensobjektivität" genannt hat.[24] Ein anderes Beispiel: Die Ostkolonisation des Mittelalters wird vom deutschen und
vom polnischen Standpunkt als Faktor der Nationsbildung unterschiedlich bewertet. Schon die Begründungsobjektivität verlangt, einseitige
Erklärungen und selektive Quellenauswertung zu vermeiden. Man kann
nicht als das Ganze der Erscheinung die kulturelle und wirtschaftliche
Überlegenheit hier, die Anklage kriegerischer Unterdrückung dort formulieren, wenn man der Forderung nach objektiver Begründung des
Urteils gerecht werden will. Bezieht man über diese Begründungsobjektivität hinaus beide nationale Standpunkte aufeinander durch Historisierung der Betrachtung der Ostkolonisation als übergreifendes Phänomen ihrer Zeit, als Kultursymbiose und Neubildungsprozeß sozialer
und politischer Strukturen, als Vorgang der Entstehung einer verflochtenen Kommunikation im ostmitteleuropäischen Raum, dann gewinnt
Historie durch Perspektivenerweiterung einen umfassenderen Erklärungswert für den historischen Vorgang selbst und eine verläßliche-
re Orientierung für die Gegenwart. Die national bedingten Perspektiven
werden dadurch nicht falsch, aber in ihrem partiellen, begrenzten Erklärungswert erkennbar und überschreitbar.
  Perspektiven und Theorien, die solche Erweiterung nicht zulassen,
die sich sperren gegen die Abgleichung mit anderen Perpektiven, haben
einen begrenzteren Erklärungswert und also einen schwächeren Objek-
tivierungsgrad.[25]
  Begründungsobjektivität und Konsensobjektivität, abgesichert durch
eine explizite Begriffs- und Theoriediskussion einerseits, durch empirische Quellenforschung andererseits sind die – zugegebenermaßen immer nur annäherungsweise zu erreichenden – Objektivitätsgarantien,
welche die Geschichtswissenschaft ihrem Angebot an das historische
Orientierungsbedürfnis der Gegenwart beilegen kann. Sie können den
didaktischen, fundamentalen Lehranspruch aller Historie rechtfertigen.
  These 6: Hinter allem liegt ein Einwand, der wenigstens formuliert
werden soll: Kann sich die Geschichtswissenschaft durch noch so aus-
gefächerte Operationen, wie ich sie andeutete, den hinter der Begrün-
dungs- und Konsensobjektivität liegenden Wertfragen entziehen, die
uns drängen, Vergangenheit nicht nur empirisch triftig, theoretisch
schlüssig und perspektivisch umfassend zu erzählen, sondern feste Urteile über richtig und falsch, gut und böse, zustimmungsfähig oder ver-
werflich abzugeben? Können wir Normen angeben, die es erlauben,
über die sich selbst ergänzenden Perspektiven hinaus die Sinndeutung
historischer Forschung einem allgemeingültigen Maßstab zu unterwerfen? Die Geschichtswissenschaft wird einen solchen übergreifenden,
zeitunabhängigen, universalen Bezugswert, der historische Aussagen

---

[24] Hermann Lübbe, ebd., S. 129 u. Jörn Rüsen, ebd.
[25] Vgl. Jürgen Kocka, Sozialgeschichte, 2. erw. Aufl. Göttingen 1986, S. 40ff. zu einer
   gradualistischen Bestimmung von Objektivitätskriterien in der Geschichtswissenschaft.

ihrer Zeitgebundenheit gänzlich entziehen würde, nicht formulieren können. Der Forderung nach einer in dieser Weise generellen Objektivität ihrer Äußerungen im Sinne interpersonaler und intertemporaler Gültigkeit liegt jenseits ihrer Grenzen. Diese Frage führt in das Wertproblem. Sie ist nicht inhaltlich, d.h. immer auch dogmatisch, zu beantworten.

Aber sie findet eine ganz einfache Antwort, wenn man innerhalb der regulativen Prinzipien bleibt, die Wissenschaft möglich machen, und diese Regulative, die uns überhaupt erst zu begründeten Aussagen über die Vergangenheit führen, als prinzipienabwägende Kriterien nimmt. Wissenschaft ist gebunden an Rationalität, setzt Geltung der Vernunft voraus – und zwar universal. Ihre regulative Idee ist es, daß nicht der „derbere Stock", sondern die Qualität der Argumente entscheidet und daß der Kontrahent die gleiche Vernunftfähigkeit beanspruchen darf wie wir. Historische Phänomene, welche diesem Prinzip verpflichtet waren, dürfen mit einer höheren geschichtlichen Qualität versehen werden als gegenteilige; Aussagen des Historikers, welche die prinzipielle Ungewißheit der Erkenntnis anerkennen, für die Diskussion mit der Gegenposition offen bleiben und nicht auf die Unbedingtheit ihrer Geltung pochen, haben einen höheren Objektivitätsgrad, weil sie der regulativen Idee der Wissenschaft entsprechen. Durch Dogmatisierung dem Gespräch und der Verbesserung entzogene Aussagen über Vergangenheit sind, im Sinne der regulativen Idee der Wissenschaft, unvernünftig. Solche Antworten haben geringeren Wert für die Erklärung historischer Phänomene und für die Orientierung der Gegenwart durch Vergangenheitsdeutung.[26] Sie leiten irre – früher oder später: Dies ist aber schon nicht mehr eine geschichtswissenschaftliche Aussage, sondern eine durch Erfahrung begründete Vermutung, mit der diese Überlegungen abgeschlossen werden sollen.

---

[26] Dazu s. Ralf Dahrendorf, Ungewißheit, Wissenschaft und Demokratie, in: Argumentationen. Festschrift für Josef König, hg. v. Harald Delius und Günter Patzig, Göttingen 1964; wieder abgedruckt in Ralf Dahrendorf, Konflikt und Freiheit. Auf dem Weg zur Dienstklassengesellschaft, München 1972, S. 292-315.

Erstveröffentlichung in: Volkmar Leute (Hg.), Subjektivität und Objektivität in den Wissenschaften. Vorträge des Studium generale im Wintersemester 1989/90, Münster 1990 (= Akademische Reden und Beiträge, Bd. 7).

Rem tene – verba sequentur!

Grundfragen historischen Lehrens[1]

Der Titel des Vortrags ist der einzige Satz, der aus einem verlorenen Lehrbuch des älteren Cato auf uns gekommen ist.[2] Er enthält einen anscheinend ganz einfachen Rat an den antiken Redner; uns erinnert er daran, daß die Didaktik, obgleich an unseren Universitäten eine junge Disziplin, eine lange Geschichte hat. Sie ist eine Tochter der Katechetik und Homiletik: der Predigtlehre – vor allem aber eine genuine Fortsetzung der Rhetorik, die aus der Antike durch das Mittelalter bis in die frühe Neuzeit eine bedeutende Funktion im Bildungsgeschäft einnahm. Als eine der sieben freien Künste trug die Rhetorik das Wissen von den menschlichen Dingen durch das Mittelalter bis in die frühe Neuzeit, ist also ein Hauptstrang europäischer Bildungsgeschichte.

Ich habe Catos Satz als Leitmotiv gewählt, weil einem Seminar über heutige didaktische Positionen eine Besinnung auf Grundfragen historischer Lehre nicht unwillkommen sein könnte. Anhand weniger Beispiele lade ich Sie ein, einigen Überlegungen zu folgen, die in ein Feld führen, auf dem sich, bewußt oder unbewußt, bewegt, wer, an welcher Stelle auch immer, Geschichte lehrt. Es geht also um das Lehren. Das Lernen von Geschichte, die Kehrseite der Medaille, berührt es nicht. Lernvorgänge sind das schwierigere, weil nicht normativ und intentional, sondern nur empirisch und funktional zu erschließende Forschungsgebiet der Geschichtsdidaktik – aber man muß die Hoffnung bewahren, daß ein sich seiner Voraussetzungen und Ziele bewußtes Lehren der Geschichte nicht ohne Bedeutung für das historische Lernen bleibt, mag es auch von vielen anderen, oft schwer zu fassenden Einflüssen abhängig sein.

Daß ich Catos Satz als Motto wähle, soll ankündigen, daß wir uns zeitlich und begrifflich in die vorcurriculare Sphäre begeben. Dort ist der didaktische Zugriff noch nicht in der technisch-operationalen Sprach- und Denkweise erfolgt, deren wir uns heute bedienen in der Hoffnung, durch bis auf die unterste Ebene hierarchisch strukturierte Lehrziele, methodisch variantenreich abgestimmte Lehrweisen und planvollen Medieneinsatz, schließlich durch Perfektionierung der Evalution Lernerfolge zu programmieren und zu kontrollieren. Auf diese pragmatisch-technische Ebene – wenngleich sie seit dem Barockzeitalter bereits im Horizont der Pädagogen auftauchte, wenngleich in Catos

---

[1] Vortrag an der Universität München im Rahmen eines Seminars über „Geschichtsdidaktische Positionen" am 14. Januar 1998.
[2] S. Werner Eisenhut, Einführung in die antike Rhetorik und ihre Geschichte, Darmstadt 5. Aufl. 1994, S. 56.

Satz selbst schon die Abwehr solcher Künste ihr Dasein bezeugt – lagen die Denkmuster historischen Lehrens seit der Entstehung eines eigenen Geschichtsunterrichts nicht. Vergegenwärtigen wir uns ihre Grundzüge, kann uns unsere curriculare Technik nützlich sein – ohne das bleibt sie leer.

2.

„Rem tene – verba sequentur!" Was hat Cato gemeint? Gewiß nicht, daß rhetorische Kunst überflüssig ist, wenn man weiß, wovon man spricht. Dagegen sprechen seine eigenen Reden und die geschliffene Formulierung dieser Sentenz selbst. Es war eine Wendung gegen jene Fehlform der Rhetorik, die meinte, alles durch rednerische Kunst bewirken zu können, und darum den Gegenstand äußerlichen Darstellungseffekten unterwarf, anstatt aus dem Geist der Sache zu sprechen. Als sich die Historie aus einer beiläufigen Lehre im Dienst anderer Fächer – der Theologie und der Juristerei – löste, aus dem propädeutischen Vorhof der Artistenfakultät heraustrat und sich als eigenständige Wissenschaft fundierte,[3] um die Wende vom 18. zum 19. Jahrhundert, fand Catos Wort klassisch gewordene Aufnahme in der ersten Szene des „Faust". Sein Famulus, Wagner, ist noch in der alten Vorstellung befangen, die rhetorische Kunst sei es, mit deren Hilfe man „durch Überredung" die Menschen leiten könne: „Allein der Vortrag macht des Redners Glück." Das trug ihm den berühmten groben Verweis ein: „Sei er kein schellenlauter Tor! Es trägt Verstand und rechter Sinn mit wenig Kunst sich selber vor. Und wenn's Euch ernst ist, was zu sagen, ist's nötig, Worten nachzujagen?" Wagner, als Rhetoriker, wir könnten getrost sagen als Didaktiker, möchte die Menschen „zu guten Dingen hinbringen". Aber seine Mittel sind äußerlicher Art: Schulgerechte Eloquenz, die, wie Faust spottet, „der Menschheit Schnitzel kräuselt", die Außenseite einer Sache gefällig macht und wie ein Narr durch das Klingeln mit Schellen Aufmerksamkeit erregt, also extrinsische Motivation bemüht. Das Produkt ist dann „ein Ragout von anderer Schmaus". Dem so ironisch Abgekanzelten hält Faust eine verinnerlichte Interpretation des catonischen Wortes vor: nur, wer aus unmittelbarem Ergriffensein von der Sache spricht, zwingt die Herzen der Hörer. Authentisches Erfülltsein, Echtheit des Gefühls und Klarheit des Begriffs von der Sache entbinden die wirkende Kraft der Rede, nicht bloße methodische Lehrkunst, ein Ragout von Lernsequenzen, mundgerechte Häppchen.

---

3 S. neben der älteren Literatur zur Geschichte der Geschichtswissenschaft Horst Werner Blanke, Jörn Rüsen (Hg.), Von der Aufklärung zum Historismus. Zum Strukturwandel des historischen Denkens, Paderborn u.a. 1984 und Hans-Jürgen Pandel, Historik und Didaktik. Das Problem der Distribution historiographisch erzeugten Wissens in der

Wem wäre diese Sicht nicht sympathisch? Aber auch sie hat ihre Kehrseite. Catos Sentenz wurde im 19. Jahrhundert oft von gelehrten Schulmännern, Philologen, bemüht, um Vorwürfe gegen mangelnde Methodik ihres Unterrichts zu entkräften. Ihre Methodik, so wurde argumentiert, sei durch den Gegenstand vorgegeben, den man in wissenschaftlichem Studium erkannt hatte. Eine solche Auffassung nahm als „Sache" historischen Lehrens die „Tatsache". Gegenstand historischer Lehre ist die möglichst unverfälscht erkannte Vergangenheit selbst. Wenn der Unterricht über die Vermittlung von Kenntnissen hinausging, folgte er dem alten Topos „Historia magistra vitae": Aus der richtig erkannten Geschichte ist zu lernen – nicht nur was gewesen war, sondern auch, wie man sich, durch solche Erfahrung belehrt, zu verhalten hat.

Diese Ansicht hatte berühmte Vertreter. So wollte Thukydides durch sein Werk künftige Generationen lehren, wie Kriege entstehen und verlaufen, wollte Macchiavelli den Fürsten zeigen, wie man Macht erreicht und erhält, pries Luther die Geschichtsschreiber als würdige Leute, weil sie zeigten, wie Gott mit Menschen und Völkern nach Verdienst verfährt. Solche Vorstellung vom exemplarischen und pragmatischen Lehren durchzog auch noch das 19. Jahrhundert: So drang z.B. die Behandlung der Zeit der Gracchen in den Lehrplänen der Gymnasien in der zweiten Jahrhunderthälfte vor, damit angesichts der Ausbreitung der Arbeiterbewegung den Schülern die Gefahren sozialer Revolutionen deutlich würden.[4]

Geschichtslehre, verstanden als möglichst genaues Abbild vergangener Zeit, galt als Arsenal anwendbarer Erfahrung, eben als „Lehrmeisterin des Lebens" im Großen wie im Kleinen.

3.

Nun war diese Vorstellung von der Sache historischen Lehrens hinter den Einsichten zurückgeblieben, die schon gegen Ende des 18. Jahrhunderts über das Wesen historischer Kenntnis entwickelt wurden: nämlich, daß Historie kein Abbild der Vergangenheit, sondern eine Rekonstruktion aus der Perspektive des Gegenwärtigen ist, in die Standpunkte, Absichten, Interessen, Erkenntnisbedingungen eingehen. Eine Verwechslung von tatsächlicher Geschichte und Historie führte zu Trugschlüssen. So konnte Hegel in seiner „Philosophie der Geschichte" sagen, daß die Geschichte nur lehre, daß „Völker und Regierungen niemals etwas aus der Geschichte gelernt ... haben."[5] Die Selbsttäu-

---

deutschen Geschichtswissenschaft von der Spätaufklärung zum Frühhistorismus (1765-1830), Stuttgart, Bad Cannstatt 1990.

4   S. Karl-Ernst Jeismann, Das preußische Gymnasium und das Geschichtsbewußtsein im 19. Jahrhundert, in: Geschichte und Geschichtsbewußtsein, hg. v. Oswald Hauser, Göttingen, Zürich 1981, S. 88f. Eine frühe andere Position s. bei Kohlrausch (Anm. 8).

5   Georg Wilhelm Friedrich Hegel, Vorlesungen über die Philosophie der Geschichte. Theorie – Werkausgabe, Bd. 12, Frankfurt a.M. 1970, S. 17.

schung, die entsteht, wenn man nach Bestätigung eigener Vorstellungen durch Geschichte sucht und also auf vermeintliche historische Lehren setzt, wenn es paßt, und sie in den Wind schlägt, wenn es nicht paßt, ist ein vorherrschender Zug sog. historischen Lernens: Hitler schlug Napoleons Erfahrung in den Wind, klammerte sich aber an das Bild Friedrichs des Großen und berief sich noch im Dezember 1944 vor der Ardennenoffensive auf die glückliche Wende am Ende des Siebenjährigen Krieges.[6]

Der Schub erkenntnistheoretischer Diskussion um die Wende vom 19. zum 20. Jahrhundert ließ diese Ansicht in der Wissenschaft endgültig obsolet werden. Seit Diltheys Abhandlung „Über den Aufbau der geschichtlichen Welt in den Geisteswissenschaften" (1883) über die Wissenssoziologie bis zu dem Essay von Berger und Luckmann „Die Konstruktion der gesellschaftlichen Wirklichkeit" (1969) zieht sich eine intensive Auseinandersetzung über die Voraussetzungen und die Bedeutung historischer Erkenntnis durch die Wissenschaftsgeschichte – im Zentrum stand von Max Weber bis zu Karl Popper und Jürgen Habermas der Werturteilsstreit. Das ist bekannt, muß aber als theoriegeschichtlicher Hintergrund moderner Didaktikpositionen und ihrer Gegensätze nachdrücklich in Erinnerung gerufen werden.[7]

Hier ist nicht die Zeit, die Stufen zu verfolgen, in denen diese Wendung in der Auffassung von der „Sache" des historischen Lehrens in die Didaktik eindrang – eine solche Untersuchung wäre ein wichtiges Seitenstück zu Reinhart Kosellecks Darlegung über die Auflösung des Lehrsatzes von der Geschichte als „Magistra Vitae". Es ist aber gut, sich klarzumachen, daß der vorgebliche Vertreter einer „objektiven" Geschichtsschreibung am Anfang der Entwicklung der modernen Geschichtswissenschaft Forschung und rhetorische Kunst, Wissenschaft und Didaktik noch zusammenhielt und keineswegs – wie oft leichtfertig behauptet wird – die gegenwärtige Perspektive als Strukturelement historischer Erkenntnis und Lehre leugnete. Man kann sich schnell davon überzeugen, wenn man die Lehrstunden nachliest, die der Professor und ehemalige Gymnasiallehrer Leopold Ranke vor dem bayerischen König über „Die Epochen der neueren Geschichte" hielt. Geschichte erscheint hier weder als angehäufter Stoff noch als Beispielsammlung noch als Anleitung zu pragmatischem Handeln für den Herrscher, sondern als ein aus der Gegenwart befragtes und in ihrem Licht verstande-

---

6 Adolf Hitler, Reden und Proklamationen 1932-1945, hg. v. Max Domarus, Bd. II: Untergang, Würzburg 1963, S. 2172.
7 Wilhelm Dilthey, Gesammelte Schriften, Bd. VII, unveränd. Ausgabe Frankfurt a.M. 1970; Peter L. Berger, Thomas Luckmann, The Social Construction of Reality, New York 1969 (dt. Die gesellschaftliche Konstruktion der Wirklichkeit. Eine Theorie der Wissenssoziologie, Frankfurt a.M. 1969); s. den Überblick bei Christian von Ferber, Der Werturteilsstreit 1909/1959. Versuch einer wissenschaftsgeschichtlichen Interpretation, in: Logik der Sozialwissenschaften, hg. v. Ernst Topitsch, Köln, Berlin 1971, S. 165-180.

nes Medium zur Orientierung in der Zeit zwischen Revolution und Restauration. Nicht Lehren fürs Handeln, sondern Einsicht in die bewe-
genden Kräfte der Gegenwart und ihr Gewordensein – Einsicht, die
kein Handeln aufzwingt, sondern Entscheidungsfelder klärt: die genetische Ansicht der Geschichte.[8]

4.

Nur an zwei Beispielen will ich verdeutlichen, wie der didaktische Paradigmawechsel im 19. Jahrhundert vorbereitet und genauer bestimmt
wurde.

Am Beginn einer Gesamtkonzeption für das neue Schulfach Geschichte stand ein Entwurf, der als Empfehlung um 1830 offizielle Anerkennung des preußischen Kultusministeriums fand. In Friedrich
Kohlrauschs Plan des Geschichtsunterrichtes an Gymnasien war mit
dem Begriff der „Teilnahme" die Herstellung einer bewußten Verbindung der Heranwachsenden mit der Vergangenheit bezeichnet. Ziel des
von ihm projektierten dreischrittigen Durchgangs durch die Geschichte
– biographisch, staats- und völkergeschichtlich, universalgeschichtlich
– sollte sein: ein Wissen, welches „abgesehen von jedem Zweck seiner
selbst wegen sein soll" als das „das ganze Leben der Menschheit begleitende Bewußtsein dieses Lebens".[9] Die Sache geschichtlichen Unterrichts sei es, den Heranwachsenden „zum Bewußtsein der Menschheit in sich selbst" zu führen: dieses Bewußtsein konstituiert sich durch
Beziehung der Gegenwart auf ihre Herkunft und ihre Zukunft.

Damit ist das Stichwort gegeben: Historische Lehre hat zum Gegenstand
das Bewußtsein der Lebenden von der Vergangenheit, also ein Konstrukt,
und zum Ziel, den Lernenden über seine Stellung in der geschichtlich gewordenen Gegenwart zu orientieren; denn der Mensch hat nicht nur Geschichte, sondern er versteht sich selbst nur in geschichtlichem Kontext.

Wenige Jahrzehnte später hat dies Johann Gustav Droysen in seinen
Vorlesungen zur Enzyklopädie und Methodologie der Geschichtsforschung genauer ausgeführt. Wie Ranke war er Gymnasiallehrer, ehe er
einen Ruf an die Universität erhielt.[10] In seiner „Historik" handelt er

---

[8] Reinhart Koselleck, Historia magistra vitae. Über die Auflösung des Topos im Horizont
     neuzeitlich bewegter Geschichte, in: ders., Vergangene Zukunft. Zur Semantik ge-
     schichtlicher Zeiten, Frankfurt a.M. 1979, S. 38-66. Zu einer Würdigung der oft ver-
     kannten „impliziten" Historik Rankes s. jetzt Siegfried Baur, Versuch über die Historik
     des jungen Ranke, Berlin 1998 (= Historische Forschungen, Bd. 62).

[9] Friedrich Kohlrausch, Bemerkungen über die Stufenfolge des Geschichtsunterrichts an
     den höheren Schulen, Halle, Berlin 1818, S. 1; s. dazu Karl-Ernst Jeismann, Friedrich
     Kohlrausch, in: Siegried Quandt (Hg), Deutsche Geschichtsdidaktiker des 19. und 20.
     Jahrhunderts, Paderborn u.a. 1978, S. 63f.

[10] S. Otto Hintze, Johann Gustav Droysen, in: Gesammelte Abhandlungen, Bd. II, Göttin-
     gen 1964, S. 435ff. und Friedrich Meinecke, Johann Gustav Droysen. Sein Briefwech-
     sel und seine Geschichtsschreibung, in: HZ 141 (1929), S. 249-287; Jörn Rüsen, Johann

auch von der „didaktischen Darstellung". In klassischer Klarheit sagt er, was die „Sache" ist, um die es geschichtliche Lehre zu tun sein muß: nicht dieses oder jenes historische Ereignis, dieser oder jener einzelne Zusammenhang lokaler, nationaler oder sonstiger Art, auch nicht die „exempla maiorum" oder pragmatische Lehren aus der Geschichte. Die Sache des historischen Lehrens hinter aller „unabsehbaren Masse von Mühe und Arbeit, welche die Durchforschung der Geschichte verlangt", ist „das gegenwärtige Bewußtsein der Menschheit von sich selbst, das sie nur gewinnt, wenn sie die Geschichte als einen Vorrat von Ideen, Vorstellungen, gleichsam Denkformen" durcharbeitet, als ein „Material, das der Mensch in den Schmelztigel seines eigenen Urteils tun muß, um es zu läutern."[11] Der archimedische Punkt aller Didaktik ist dieses Zusammentreffen wissenschaftlich gewonnener, empirischer Kenntnis mit dem Urteil über ihre Bedeutung. Das eigentlich didaktische Geschäft ist die „Läuterung" des ungeheuren Materials, ein Bild, das die Scheidung des Bedeutenden vom Marginalen, die Gewinnung der Substanz der Weltgeschichte meint. „Didaktische Reduktion", um den modernen Terminus zu nehmen, ist danach also nicht Verdünnung oder Verarmung, sondern Konzentrierung. Erst diese Läuterung des „unendlich Faktischen" macht Geschichte lehrbar und zur „Bildungsmacht" (G. Ritter). Diese Arbeit der „Läuterung des Urteils", so Droysen, nimmt den Menschen in den Zusammenhang und Gang der Geschichte hinein, soll „seinen Geist reinigen, spannen, steigern, beflügeln ... er erhebt sich damit über seine kleine und verlorene Besonderheit zu der großen Kontinuität, in der er selbst nur ein Punkt ist, aber ein tätiger, wirksamer, weiterarbeitender sein soll."[12]

Damit hat Droysen die Einsicht vertieft, daß historisches Lehren kein bloßes Abbild der Vergangenheit zum Gegenstand hat. Bildung heißt für ihn das Bemühen, sich „das große ethische Kapital durchlebter Ver-

Gustav Droysen, in: Deutsche Historiker II, hg. v. Hans-Ulrich Wehler, Göttingen 1971, S. 7-23. Weitere Literatur zur Aufnahme der „Historik" Droysens in Fritz Wagner, Geschichtswissenschaft, Freiburg 2. Aufl. 1966, S. 434; Jörn Rüsen, Begriffene Geschichte. Genesis und Begründung der Geschichtstheorie J. G. Droysens, Paderborn 1969.

[11] Johann Gustav Droysen, Historik. Vorlesungen über Enzyklopädie und Methodologie der Geschichte, hg. v. Rudolf Hübner, München 4. Aufl. 1960, § 92, S. 300. Ich verwende hier und im folgenden, Droysens Sprachgebrauch folgend, die Begriffe „Urteil" und „Wertung" ohne nähere Unterscheidung. Diese findet sich in dem in Anm. 35 zitierten Aufsatz. Vgl. dazu auch Jörn Rüsen, Werturteile im Geschichtsunterricht, in: Klaus Bergmann u.a. (Hg.), Handbuch für den Geschichtsunterricht, Seelze-Velber 5. Aufl. 1997, S. 304ff.

[12] Ebd., S. 301, 304. Nach Grad und Umfang ist diese Bildung durch Geschichte im „historischen Unterricht der Jugend" verschieden, nicht aber dem Wesen nach; sie ist nicht an den „intellektuellen Ergebnissen, welche die Menschen klüger, aber nicht besser" machen, zu messen. (S. 304) „Und auch der geringste und Ärmste soll, soweit irgend möglich, mit in diesen Zusammenhang gezogen und damit gehoben und geadelt werden." (S. 301) Die knappen Hinweise Droysens über die richtige Form der didaktischen Darstellung im Unterricht berühren bis heute diskutierte Fragen zum Gesamt- oder Fachunterricht und zur Verfrühung.

gangenheiten" anzueignen. Der Geschichtsschreiber ist nicht, wie Lukian der Syrer, im 2. Jahrhundert in einer der frühesten didaktischen Abhandlungen schrieb, wie ein klarer, hellpolierter Spiegel, der das Bild der Vergangenheit rein zurückwerfen soll.[13] Er schafft vielmehr eine eigene Vorstellung von Geschichte und macht ihre Lehre dadurch in der Gegenwart bedeutsam.

Aber führt diese Position nicht zu einem historischen Agnostizismus? Um noch einmal Goethes Faust zu bemühen:

> „Mein Freund, die Zeiten der Vergangenheit
> sind uns ein Buch mit sieben Siegeln.
> Und was man so den Geist der Zeiten heißt,
> Das ist im Grund der Herren eigner Geist,
> in dem die Zeiten sich bespiegeln."

Ist Geschichte als Historie also, wie es später mit dem bekannten Buchtitel gesagt wurde, nur „Eine Sinngebung des Sinnlosen"[14], also beliebige Manipuliermasse? Ist dann nicht der didaktische Anspruch, das Individuum durch Begegnung mit der Geschichte zu bilden, per se eine Fälschung statt einer Läuterung der Sache und eine Täuschung – wie gehabt?

Das sah Droysen nicht so. Er wendete die Gebundenheit aller historischen Lehre an Perspektive und Urteil ins Positive. Weder Forschung noch Urteil sind beliebig. Die Forschung ist an Quellen und Methode gebunden, ihre Ergebnisse sind überprüfbar und erweisen willkürliche Urteile oder Lehren als Irrtümer. Die Zuweisung von Bedeutung und Urteil muß sich vor dem Erkenntnisstand der Forschung halten lassen. Ausdrücklich weist Droysen alle Geschichtsdeutungen zurück, die sich in den Dienst bestimmter Absichten stellen und Geschichte zur Legitimation heranziehen oder als Argument, als „Waffe"[15], wie Ranke sagte, mißbrauchen. „Wo solche Ansichten aufgetreten sind, ... sei es aus politischen Rücksichten oder aus kirchlicher Anmaßung, da ist es ein sicheres Zeichen des Absterbens der Bildung."[16] Denn das die Kenntnis der Geschichte erst zur Bildungskraft machende Urteil der Gegenwart kann nichts Endgültiges oder dogmatisch Festes sein. Es ist immer tentativ, muß sich der stets wachsenden Erkenntnis vergewissern. Ferner: Solche Urteile sind komplex. Sie haben eine Spannweite vom historischen Sachurteil über die Bedeutung des historischen Faktums in seiner Zeit, über seine Ursachen und Folgen bis hin zu der gegenwärtigen normativ geprägten Wertung. Sie sind zudem selbst historisch. Es

---

[13] Lukian, Wie man Geschichte schreiben soll (griech. u. dt.), hg., übers. u. eingel. v. Helene Homeyer, München 1965, S. 155.

[14] So der Titel des 1916 erschienenen Buches von Theodor Lessing. Nach der 4. Aufl. von 1927 mit einem Nachwort hg. von Christian Gneuss, Hamburg 1962.

[15] Leopold von Ranke, Sämtliche Werke, Bd. 40/41, S. 452, hier zit. nach Wagner (Anm. 9), S. 208.

[16] Droysen (Anm. 10), S. 305f.

schieben sich Urteilsvarianten im Lauf der Zeit übereinander. Das macht für die Lehre, will sie im vollen Bewußtsein ihrer Sache stehen, die Kenntnis der Urteils- und Deutungsgeschichte nötig. Denken Sie an das gerade aktuelle Beispiel des Westfälischen Friedens, dessen Jubiläum bevorsteht: Vom Preis dieses Friedens im 17. Jahrhundert, seiner Bedeutungszuweisung als verfassungsgebendem Grundgesetz für das Alte Reich und seine Ordnung, über seine Verurteilung als Element dauernder Spaltung Deutschlands und ständiger Intervention des europäischen Auslandes bis hin zu der heute vordringenden Ansicht, es handele sich um ein Modell europäischer Friedensordnung, eine Art Vorläufer der EU, zieht sich eine Kette verschiedener Sachurteile und Wertungen durch die Tradition historischer Lehre. Keines ist per se unsinnig, jedes hebt bestimmte Aspekte hervor, jedes spiegelt Interessen und Erfahrungen der Zeit, zu der es gehört.[17] Allerdings: Daß die Weltgeschichte unter dem Prinzip fortschreitender Freiheit stehe – ungeachtet aller Rückschläge –, stand für Droysen außer Zweifel.

Der Hegel-Schüler wertete den geschichtlichen Stoff unter dem Kriterium des „weltgeschichtlichen Gedankens der Erziehung des Menschengeschlechts".[18] Er stand damit in der universalgeschichtlichen Tradition, an deren Varianten sich das didaktische Problem historischen Lehrens bis in die gegenwärtigen Positionen verdeutlichen ließe. Aufklärung und deutscher Idealismus sahen, in Säkularisierung der Heilsgeschichte, die Menschheit auf dem Weg zu Freiheit, Selbstbestimmung, Mündigkeit, kurz, zur Realisierung der in ihr angelegten Vernunft. Kant hatte es als Frage des vernunftgemäßen Erkenntniswillens formuliert, „ob man annehmen solle, die Natur verfolge hier einen regelmäßigen Gang unserer Gattung von der untersten Stufe der Tierheit an allmählich bis zur höchsten Stufe der Menschheit ... oder ob man lieber will, daß aus allen diesen Wirkungen und Gegenwirkungen ... überall nichts, wenigstens nichts Kluges herauskomme, daß es bleiben werde, wie es von jeher gewesen ist und man daher nicht sagen könne, ob nicht die Zwietracht am Ende für uns eine Hölle von Übeln, in einem noch so gesitteten Zustand vorbereite." Unter der ersten Perspektive, der sittlich moralischen Setzung, so Kant, können die einzelnen Begebenheiten der Geschichte geordnet und gedeutet werden – freilich fordert er genaue Kontrolle durch die Forschung, damit, wie er sagte, daraus kein „Roman" entstehe.[19] Als objektive Gesetzmäßigkeit hat dann Hegel den vom subjektiven Willen unabhängigen, mit Vernunft und Notwendigkeit wirkenden Geist am Werke gesehen, so daß es für ihn letztlich in der Geschichte „vernünftig zu-

---

[17] S. dazu jetzt Heinz Duchhardt, Das Feiern des Friedens. Der Westfälische Friede im kollektiven Gedächtnis der Friedensstadt Münster, Münster 1997 (= Kleine Schriften aus dem Stadtarchiv Münster, Bd. 1).

[18] Droysen (Anm. 10), S. 305f.

[19] Immanuel Kant, Idee zu einer allgemeinen Geschichte in weltbürgerlicher Absicht, Werke Bd. 9, hg. v. Wilhelm Weischedel, Darmstadt 1964, S. 43, 48.

gegangen" sei.[20] Droysen stützte seine Überzeugung, daß es einen Fortschritt der Vernunft gebe, indessen nicht mehr auf das moralische Gesetz oder auf die philosophische Prämisse von der Selbstverwirklichung des Geistes, sondern auf die Methodologie und Theorie historischer Forschung und suchte empirisch die Gegensätze von Fortschritt und Rückschritt, von Retardierung und Emanzipation durch die Vermittlung von Tradition und Reform nachzuweisen.

Das war eine fundamentale Wende innerhalb des Systems universalgeschichtlicher Deutungsmuster. Nach ihr konnte es keine a priori begründbare Gewißheit über den Lauf der kommenden, auch keine letzte Sicherheit über die Richtung der bisherigen Geschichte geben, sondern nur die immer weiterschreitende Erkenntnis durch Forschung und die Verpflichtung auf den methodisch gesicherten, aber nie endgültigen Erkenntnisstand. Man kann zweifeln, ob Droysen in seiner Geschichtsschreibung diesen hohen Anspruch an historische Urteilsbildung und Wertung hat einlösen können.[21] Unbestreitbar aber ist, daß seither für die didaktische Energie historischen Lehrens die Frage nach dem Urteil und der Wertung, also nach der Beziehung der Vergangenheit auf die Gegenwart und damit nach der Art der „historischen Bildung", zur Grundfrage historischen Lehrens geworden ist – und zwar auf eine Weise, die Forschung und Lehre, Theorie, Methodologie und Didaktik der Geschichte in ein enges Verhältnis gesetzt hat.

Dieser Blick auf Droysens Kapitel über die didaktische Darstellung erlaubt eine erste Zusammenfassung und gibt ein Grundkriterium, nach dem die späteren didaktischen Ansätze zu ordnen und zu vergleichen sind:

1. Die Vorstellung und Zielsetzung historischer Lehre als Nutzanwendung sekundärer Erfahrung oder Überlieferung, die Verwendung der Geschichte als Exempel, Legitimation oder Argument für unmittelbare, gegenwärtige Zwecke ist nicht haltbar. Das didaktische Modell des pragmatischen Nutzens als Ziel historischer Lehre hat keine Basis mehr in historischer Erkenntnis. Dem widerspricht nicht, daß es gleichwohl – auch im Unterricht – noch lange gegenwärtig blieb.
2. Historische Lehre als geschichtlicher Nachweis eines vorweg gesetzten Sinnes oder Zieles der Weltgeschichte ist nicht begründbar.
3. Begründbar sind hinfort nur didaktische Positionen, die Vergangenheit und Gegenwart durch die Wechselbeziehung von Forschung und Urteil in Zusammenhänge setzen und beides als grundsätzlich tentativ und nicht abschließbar anerkennen. Noch einmal Droysens Antwort: Historische „Bildung, d.h. die didaktische Bedeutung der Geschichte ist ohne stetes Weiterarbeiten und Fortschreiben ihrer Erkenntnis sinnlos."[22]

---

[20] Hegel (Anm. 4), S. 20.
[21] S. dazu Rüsen (Anm. 9), S. 15.
[22] Droysen (Anm. 10), S. 307.

Das heißt nicht, daß wir – mangels endgültiger Gewißheiten – in der Geschichte keine Bewegungen oder Entwicklungen entdecken könnten, deren Verbreitung und Vordringen wir als Vorläufer eines besseren Zustandes der menschlichen Verhältnisse deuten möchten. Die Entwicklung von Rechtsstaat und Demokratie, die Durchsetzung der Menschenrechte, die Entfaltung von Wirtschaft und Technik zur Überwindung der materiellen Not, die Schaffung von Friedensordnungen über Staatsgrenzen hinweg – darin kann man eine geschichtliche Zielrichtung vermuten und sie an die Ereignisse der Vergangenheit und Gegenwart als positive Urteilskriterien herantragen und also zu didaktischen Prinzipien für Auswahl und Erschließung der Geschichte als Lehrstoff machen. Die Frage ist jedoch, wie man das tut – genauer, wie historische Erkenntnis, also die Analyse des Vergangenen, Bedeutungszuweisung und gegenwärtiges Urteil sich in der historischen Lehre zueinander verhalten. Der Imperativ „rem tene" ist heute als Forderung zu verstehen, einen klaren Begriff dieses Verhältnisses zu entwickeln – denn es bezeichnet die Sache, um die es geht.

Gewiß ist, daß in großen Kontinuitätszusammenhängen sich Ereignisse und Zustände ergaben und einander folgten, die auf das gegenwärtig Wünschbare vorwegdeuteten oder es vorbereiteten, also einem positiv besetzten Urteil zugänglich sind und daher als Grundlinien didaktischer Vermittlung angesehen werden können; ebenso gewiß ist aber auch, daß die Vergangenheit in solchen Vorläuferperspektiven nicht aufgeht, keine „Pappelallee" ist, die auf uns zuläuft. Sie so zu betrachten, hieße ihre Vielfalt und Widersprüchlichkeit und zugleich die Möglichkeiten der Gegenwart und Zukunft im Positiven wie im Negativen zu verkennen. Das gegenwärtige Urteil setzt sich dann über die Geschichte und verfehlt ihre genuine didaktische Potenz, benutzt sie vielmehr als – fragwürdiges – Versatzstück für andere Lehrziele. Das Gegenbild ist die Abwehr jeder gegenwärtigen Perspektive und Wertung mit Hinweis auf die Eigenart jeder Epoche, die Einmaligkeit und Unvergleichbarkeit von Situationen, also die Isolierung der historischen Erkenntnis vom gegenwärtigen Zustand und Interesse. Hier setzt sich die Vergangenheit über die Gegenwart und wird zum bloßen Stoff. Diese Art der Austreibung didaktischer Energie aus der historischen Lehre ist eher als eine verbreitete Praxis „langweiligen" Geschichtsunterrichts bekannt denn als durchdachte didaktische Position. Aber die geisteswissenschaftliche Didaktik, obgleich in ihrer theoretischen Begründung durchaus auf Befähigung zur gegenwärtigen „Verantwortung" abhebend,[23] hat in der Praxis doch durch eine verengte Auffassung der Verstehenslehre und den individualisierenden Zugriff die Scheu vor der

---

[23] Vor allem bei Erich Weniger, Neue Wege im Geschichtsunterricht, Frankfurt a.M. 1949, S. 27ff. Ähnlich, aber mit starkem Akzent auf Erleben und Verstehen Hermann Nohl; s. den Aufsatz „Die Geschichte in der Schule", in: Pädagogik aus dreißig Jahren, Frankfurt a.M. 1949.

Beziehung historischer Erkenntnis auf ein Urteil gefördert und sich,
vermeintlich im Rankeschen Sinne, mit dem Nacherleben und Verstehen des Gewesenen begnügt.

Zwischen diesen beiden Extremen der Dominanz und der Marginalisierung der Komponente des Urteils liegt das Spektrum der didaktischen Positionen unseres Jahrhunderts. Es zeigt sich die Spannweite zwischen einer unbedingten Geschichtsgewißheit einerseits und einer historischen Ungewißheit oder Verunsicherung andererseits. Die extremste Position der Geschichtsgewißheit, also der Dominanz des Urteils über die Stellung der Gegenwart in der vergangenen und kommenden Geschichte, äußerte sich im Histomat und seiner Entsprechung im Geschichtsunterricht. Aber ungeachtet der mit staatlicher Macht verordneten dogmatischen Geschichtsdeutung verstand sich auch diese Position als Ergebnis von historischer Erkenntnis und gegenwärtigem Urteil, also als wissenschaftlich fundierte Urteilsbildung, nicht als Geschichtsphilosophie. Allerdings war bei der Verschmelzung von Erkenntnis und Urteil keine eigenständige Didaktik nötig, die sich um das Verhältnis von Erkenntnis und Urteil bemühte; es genügte eine ausgefeilte Methodik zur möglichst sicheren Erreichung der Lernziele kognitiver und emotionaler Art. Eine solche historische Lehre, die nur ein Urteils- und Wertungsmuster als Konsequenz historischer Erkenntnis zuläßt, zielt immer auch auf Konditionierung des politischen Verhaltens und Handelns, das sie zugleich legitimiert. Immer, wenn „handlungsorientierter Geschichtsunterricht" gefordert wird, wird man eine Dominanz des Urteils über die Komponente der Erkenntnis, der Analyse des historischen Sachverhalts finden.[24]

Der Dominanzanspruch gegenwärtiger Wertsetzungen über die Deutung der Vergangenheit war jedoch kein Privileg einer machtgeschützten marxistischen Geschichtslehre. Er wurde nicht nur im universalgeschichtlichen Rahmen erhoben, sondern war und ist vielfältig wirksam angesichts des Urteils über kürzere Verläufe und partielle historische Einheiten. Am deutlichsten trat er in der Rechtfertigung nationalstaatlicher Bewegungen und Ziele im 19. und 20. Jahrhundert hervor. Der nationalstaatlich gerichtete Zukunftswille brachte in Deutschland schon vor der Reichsgründung historische Lehrkonzeptionen hervor, die als Ziel der deutschen Geschichte schon in frühen Jahrhunderten gegen Widerstände und Rückschläge ein einiges Reich sahen, und nach der

---

[24] S. als knappe Einführung in staatlich verordnete Erziehung das Stichwort „Erziehung. Politisch-ideologische bzw. staatsbürgerliche", in die auch der Geschichtsunterricht sich einfügte, in: DDR-Handbuch, Bd. 1, Köln 3. Aufl. 1985, S. 365ff. Eingehender mit Literaturverweisen Hans-Dieter Schmid, Die marxistisch-leninistische Geschichtswissenschaft und der Geschichtsunterricht in der DDR, in: Geschichtswissenschaft in der DDR, Bd. 1: Historische Entwicklung, Theoriediskussion und Geschichtsdidaktik, hg. v. Alexander Fischer u. Günther Heydemann, Berlin 1988, S. 435-458; sowie ders., Geschichtsunterricht in der DDR. Eine Einführung, Stuttgart 1979 (= Anmerkungen und Argumente, Bd. 25).

Reichsgründung waren Versuchung und Versuche stark, das Kaiserreich als konsequent aus preußischer Wurzel erwachsene Frucht teleologisch verstandener Geschichtsprozesse zu feiern und den Geschichtsunterricht energisch auf die Legitimation dieses nun erreichten Zieles auszurichten. Solche nationalpolitische Urteilsdominanz über die Vergangenheit ist keine deutsche Eigenart, sondern ein gängiges Muster in den Nationalstaaten Europas, das Geschichtsvergewisserung zur Festlegung des gewonnenen oder erstrebten Zusammenhalts und des politischen Zukunftswillens einsetzte. Das Bild z.B., das Robert Seeley von der Ausbreitung des britischen Empires entwarf, war eine aus politischem Willen und Interesse lebende Geschichtsdeutung, die nicht den Nationalstaat, sondern das von einer Nation gebildete und beherrschte Weltreich als Ziel der Geschichte Englands und als künftig zu erhaltendes geschichtsnotwendiges Ereignis beschrieb.[25] Allen zukunftsgewissen oder -beherrschten Geschichtsrekonstruktionen seit Vergils Aeneis eignet diese Herrschaft der Wertung über die Analyse, wird der Geschichte eine Prophetie, ein Gesetz, eine teleologische Struktur unterlegt und der historischen Lehre die Aufgabe zugewiesen, den vorbestimmten Gang der Geschichte zu befördern.

Aber solche Formen und Ziele historischer Lehre mußten nun alle in Anspruch nehmen, auf wissenschaftlichem Grund zu stehen, ihr Urteil durch Erkenntnis historischer Verhältnisse und Ereignisse zu legitimieren. Das machte sie kritikanfällig und fragwürdig, und, wo nicht politische Macht den Widerspruch erstickte, nur begrenzt wirksam. Ein Beispiel dafür war der Widerspruch, den die vom Kaiser unterstützte Forderung nach Nationalisierung des Geschichtsunterrichts auf der Schulkonferenz im Sommer 1900 fand. Oskar Jägers Diktum gegen die Beherrschung des historischen Lehrens durch vorgegebene Werturteile sollte in Erinnerung bleiben: „Wenn man fragt, wie sich unser Unterricht national, nationaler, am nationalsten, deutsch, deutscher, am deutschesten gestalten lasse, so antworten wir einfach – indem man sich in allen Stufen, in allen Fächern bemüht, ihn immer wahrer zu gestalten."[26]

Dieser Einspruch gegen die Herrschaft der Wertung über die Erkenntnis gilt grundsätzlich und richtet sich nicht nur gegen bestimmte

---

[25] John Robert Seeley beginnt seine Vorlesungen aus dem Jahr 1883 „The Expansion of England" mit dem Satz: „Es ist einer meiner Lieblingssätze, daß die Geschichtsschreibung bei aller Wissenschaftlichkeit der Methode doch ein praktisches Ziel verfolgen muß. Das heißt, sie sollte dem Leser nicht nur die Kenntnis der Vergangenheit vermitteln, sondern gleichzeitig seine Gedanken über die Gegenwart und seine Vorstellungen von der Zukunft bestimmen." Zit. nach Die Ausbreitung Englands. Bis zur Gegenwart fortgef. v. Michael Freund, dt. v. Dora Schöll-Regenbogen, Berlin, Frankfurt a.M. 1954, S. 9.

[26] S. Ernst Weymar, Das Selbstbewußtsein der Deutschen. Ein Bericht über den Geist des Geschichtsunterrichts der höheren Schulen im 19. Jahrhundert, Stuttgart 1961, S. 222, und: Verhandlungen über Fragen des höheren Unterrichts, Berlin, 6.-8. Juni 1900, Halle 1902, insbesondere die Beiträge S. 355ff., 368ff.

Wertungskonzepte. Wertung will Eindeutigkeit, historische Erkenntnis aber ist vielschichtig, mehrdeutig, vorläufig. Die moderne Variante der Dominanz der Wertung – die emanzipatorische Geschichtsdidaktik – erkennt zwar deutlich die Interessen– und Ideologiegebundenheit historischer Urteile und Deutungen, die ihr nicht ins Konzept passen; das eigene, die Geschichtsdeutung bestimmende Werturteil, nun wieder universalgeschichtlich perspektiviert, gewinnt hingegen den Rang einer inneren geschichtlichen Wahrheit und uneingeschränkte Macht über die didaktische Zubereitung des Unterrichts.[27] Die auf dieser didaktischen Grundposition aufbauenden Lehrsequenzen wandten sich vornehmlich den großen Revolutionen zu und deuteten sie als eine Kette aufsteigender Bewegung politischer Emanzipation – in deutlich urteilender Einseitigkeit. Der Streit um die Wertung der englischen „Leveller", einer ebenso auf Gleichheit aller wie auf totalitäre Einbindung des einzelnen fixierten Bewegung, zeigte die Herrschaft des Urteils über die Analyse in dieser Didaktik und zugleich, wie solche Urteilsdogmatik blind macht für Ambivalenzen: die in der revolutionären Theorie und Praxis neben den Befreiungstendenzen angelegten Herrschaftsansprüche werden übergangen; die alte Einsicht in die Widersprüche, die zwischen Gleichheits- und Freiheitsforderungen, zwischen religiös begründetem Fundamentenalismus und Mündigkeit bestehen, wird verstellt. Die Fährtensuche nach historischen Vorfahren führt in die Irre – ein Umgang mit Geschichte, der gerade, wenn man auf Demokratisierung, Aufklärung, Emanzipation in der kommenden Geschichte hofft, durch Bewußtseinsverengung und Fehldeutung die Orientierung trübt und die Widersprüchlichkeit und Gefährdungen, die auch in demokratischen Bewegungen stecken, unsichtbar macht.[28]

Um Mißverständnissen vorzubeugen: Nicht die politischen Normen der Gegenwart, die Forderung nach Befreiung aus überflüssiger Vormundschaft, nach sozialer Gerechtigkeit usw. sind fragwürdig. Politisch können Verfechter der „kritischen Geschichtsdidaktik" und ihre Gegner über diese allgemeinsten Maximen gesellschaftlicher Ordnung einer Meinung sein. Fragwürdig ist die induktive Beweisführung der Gültigkeit solcher Postulate historischer Empirie und als Mittel des Sinns von Geschichte und als allein gültige Maßstäbe zur Beurteilung der Vergangenheit. Fragwürdig wird dann die Rekonstruktion des historischen Sachverhalts.

---

[27] Am ausgeprägtesten bei Annette Kuhn, Einführung in die Didaktik der Geschichte, München 1974. Geschichte wird gelehrt, um zu erkennen, was zur „Realisierung der demokratischen Utopie fehlt" (S. 24), ist also Defizitkunde unter dem Diktat einer Gesellschaftstheorie; s. zu den Positionen der Didaktik seit dem Versuch einer Neubestimmung ihrer Prinzipien Hans Süssmuth (Hg.), Geschichtsdidaktische Positionen, Paderborn u.a. 1980, und die Analyse dieser Positionen bei Waltraud Schreiber, Neuere geschichtsdidaktische Positionen und ihr Lebensweltbegriff, Bochum 1995.

[28] S. Annette Kuhn, Die englische Revolution, München 1974, und die sich daran anschließende Auseinandersetzung mit Stephan Skalweit, in: GWU 26 (1975), S. 629-634 u. 696-702.

Angesichts der Vielfältigkeit und Widersprüchlichkeit, auch der Unsicherheiten historischer Rekonstruktion, sind die hohen und obersten Werte, der man sie unterordnet, wenig taugliche, weil höchst abstrakte Kriterien für die Analyse und das Urteil über die Vergangenheit. Didaktisch verführerisch und doppelt gefährlich sind sie in der Praxis der Lehre ohnehin, weil sie sich als Patentrezepte für die im Unterricht unumgängliche Verkürzung anbieten und Gewißheiten versprechen, wo die Mühe des Nachdenkens und Abwägens angebracht wäre.

5.

Um 1900 trat der Zielkonflikt historischer Lehre im Unterricht klar hervor: Gegen den Anspruch der Konditionierung der Schüler unter einer national zentrierten Wertungsdominanz erhob sich Widerspruch: zum „historischen Verständnis" anhand wissenschaftlich gesicherter Erkenntnis gelte es zu erziehen; erst in diesem Kontext sei das historische Urteil legitim. Es wäre eine wichtige Untersuchung, die Auseinandersetzung zwischen den Positionen der Geschichtsdogmatik und des Geschichtsverständnisses genauer seit dem späten 19. Jahrhundert und ihre Überschneidungen im 20. Jahrhundert zu verfolgen. Ich kann hier zur Verdeutlichung nur auf ein besonders schwieriges, aber didaktisch fruchtbares Gebiet verweisen, auf dem es unmittelbar notwendig wurde, Forschung und Lehre, historische Analyse und Werturteile in Verbindung zu setzen.

Das Zeitalter der Virulenz nationaler Bestrebungen nach den napoleonischen Kriegen hatte zu einer Zentrierung der historischen Lehre in Schule und Öffentlichkeit auf die Nationalgeschichte und damit nicht nur zu Verengungen, sondern auch zu Verzerrungen der Geschichtsvorstellung geführt – bis hin zu Feindbildstereotypen im Blick auf die Nachbarn. Schon früh – in der Mitte des 19. Jahrhunderts – hatten sich dagegen Einwände erhoben, die um die Jahrhundertwende zu pragmatischen Vorschlägen führten, durch nationübergreifende Gespräche der Fachleute solcher politisch gefährlichen Indoktrination vorzubeugen.[29] Aber vor dem Ersten Weltkrieg hielten sonst streng auf historische Objektivität verpflichtete deutsche Historiker solche Gespräche für zwecklos, weil sie an der Unvermittelbarkeit der Perspektiven festhielten.[30] Nach dem Kriege wandte sich noch die Mehrheit der Geschichtslehrer gegen die Anfänge der internationalen Schulbuchrevision in der Ansicht, die deutschen Bücher seien Rankescher Objektivität verpflichtet, die der ehemaligen Kriegsgegner hingegen voller Verzerrungen; so fest

---

[29] S. zur Geschichte internationaler Schulbuchrevision Carl August Schröder, Die Schulbuchverbesserung durch internationale geistige Zusammenarbeit. Geschichte, Arbeitsformen, Rechtsprobleme, Braunschweig 1961.

[30] Karl Dietrich Erdmann, Internationale Schulbuchrevision zwischen Politik und Wissenschaft, in: Internationale Schulbuchforschung 4 (1982), S. 249-260.

saß, bedingt durch das Trauma der Niederlage und den Kampf gegen den Kriegsschuldartikel, die Vorstellung von der Identität des eigenen Urteils mit der historischen Wahrheit.[31] Dennoch begannen in Europa in der Zwischenkriegszeit internationale Schulbuchgespräche. Sie dienten politisch der Friedenssicherung – aber sie waren zugleich zentrale Beiträge zu einem geschichtsdidaktischen Positionswandel: Versuche nämlich, die Herrschaft einseitiger, als „Wahrheit" mißverstandener Urteile aufzubrechen, durch Austausch und Prüfung verzerrende Perspektiven aufzulösen und einen Diskurs über Geschichte in verschiedener Erfahrung und Wertung zu beginnen, d.h., auch die Sicht des anderen zur Kenntnis zu nehmen und mit der eigenen abzuprüfen: ein schwieriges Unterfangen, möglich nur in einem internationalen Gefüge, das auf Verständigung angelegt war.

Die Erfahrungen und Reflexionen im Zusammenhang mit der internationalen Schulbuchforschung nach dem Zweiten Weltkrieg stehen exemplarisch für jene didaktische Position, die aus der Tatsache der Bedingtheit historischer Lehre durch das gegenwärtige Urteil nicht die Herrschaft solcher Urteile über die geschichtliche Lehre folgert oder – andererseits – Urteile überhaupt ablehnt, sondern deren Überprüfung an den eigenen Voraussetzungen und an den Forschungsergebnissen verlangt.[32] Dies zielt ab auf Bildung von Geschichtsbewußtsein, das nicht ein „Geschichtsbild" verabsolutiert, sondern den Umgang mit der Darstellung und Deutung von Geschichte durchschaut – im kleinen und engen wie im umfassenden thematischen Bereich. Sie ist widerständig nicht nur gegen feste Geschichtsbilder, sondern auch gegen das neuerdings sogenannte „Geschichtsbegehren" als die Sehnsucht nach Selbstbestätigung durch Vergangenheitsdeutung und Bestätigung des eigenen „Gefühls" – eine ambivalente Position jüngster Geschichtsdidaktik.[33]

Hier entwickelte sich eine Vorstellung von historischem Lehren, die grundsätzlich die Ungewißheit und begrenzte Reichweite der Perspektive wie die Unausschöpfbarkeit der Geschichte akzeptiert, für das historische Lernen jenseits der bloßen Kenntnisse eine begründete

---

[31] Beispielhaft für das Scheitern der Bemühungen Siegfried Kaweraus zu Beginn der Weimarer Republik s. Jochen Huhn, Georg Siegfried Kawerau, in: Quandt (Anm. 8), S. 280-303.

[32] Der Ertrag dieser Arbeit ist in dem 1951/52 zuerst erschienenen Periodikum „Internationales Jahrbuch für Geschichtsunterricht" (18 Bände) und in dessen Fortsetzung, der Zeitschrift „Internationale Schulbuchforschung" – seit 1979 –, sowie in der Reihe „Studien zur internationalen Schulbuchforschung", hg. v. Georg-Eckert-Institut für internationale Schulbuchforschung in Braunschweig, versammelt – Beiträge, die unabhängig von der Vielfalt ihrer Themen eine Fülle grundsätzlicher Aspekte für die Didaktik und Methodik des Geschichtsunterrichts bereitstellen.

[33] Zur Diskussion um die Bedeutung der Begriffe „Geschichtsbewußtsein", „Geschichtsbild", „Geschichtsbegehren", „Geschichtserleben" s. Karl-Ernst Jeismann, Geschichtsbewußtsein als zentrale Kategorie der Geschichtsdidaktik, in: Gerhard Schneider (Hg.), Geschichtsbewußtsein und historisch-politisches Lernen, Pfaffenweiler 1988 (= Jahrbuch für Geschichtsdidaktik, Bd. 1), S. 1-24 und im übrigen die einschlägigen Artikel im Handbuch für Geschichtsdidaktik (Anm. 10).

Urteilspluralität zuläßt und damit zur Vermeidung der Dogmatisierung von Irrtümern beitragen möchte.

Wenn wir Geschichte nicht als Resonanzboden für das Echo unserer eigenen Ansichten, sondern als Medium ihrer Prüfung, Klärung, Veränderung oder auch Sicherung betrachten, ist sie nicht im engen Sinne zu „lernen", sondern Grundlage und Widerpart unseres Selbstverständnisses in der Zeit. Solche historische Lehre muß deshalb zugleich und im Wechselspiel auf die verschiedenen Wertungen eingehen, die sie strukturieren, verschiedene Perspektiven und ihre Folgen für die Deutung von Ereignissen bewußt machen, kurz, einen Prozeß der Oszillation des Denkens zwischen der Analyse der Quellen und den Kriterien der Urteile in Gang setzen, die diese Analyse lenken und zu einer geschichtlichen Aussage verdichten. Gelingt das, wird dem manipulativen Mißbrauch von Geschichte ein Riegel vorgeschoben, die Verführbarkeit durch historische Suggestion vermindert.

Ralf Dahrendorf hat in seinem fundamentalen Aufsatz über „Wissenschaft, Ungewißheit und Demokratie"[34] die Parallele aufgezeigt, die zwischen einem solchen Umgang mit der Ungewißheit sozial- oder geschichtswissenschaftlicher Aussagen und der politischen Kultur einer Auseinandersetzung, Argument und Diskurs, Einsicht in die Ambivalenz von Urteil und Entscheidung und also Revidierbarkeit erkannter Irrtümer besteht. Ein solcher Umgang mit politischen wie mit wissenschaftlichen Kontrahenten und Kontroversen bringt nicht die Wahrheit der Geschichte und Deutungsharmonie in der Gegenwart hervor, aber er fördert die Einsicht in die Bedingungen von Erkenntnis und die Bereitschaft, Gegensätze der historischen Urteile – Anzeichen kontroverser Gegenwartspositionen – auf argumentative Weise auszutragen und dabei klüger zu werden; nicht, wie das bekannte Diktum Jakob Burckhardts sagte, für das Handeln, wohl aber in Hinsicht auf die Wahrnehmung der Welt um uns herum. Nicht unmittelbare Handlungsorientierung, sondern Umsicht und Besonnenheit sind Ziele einer solchen historischen Lehre. Zwar kann man der Ansicht sein, ein solches Verfahren möge im kleinen Kreis von Wissenschaftlern gelingen, für die Völker gelte nach wie vor; wer den „derberen Stock" hat, bestimmt über die Wahrheit.[35] Das mag gelten oder nicht: Historische Lehre kann sich nicht auf die „Wahrheit" des derberen Stockes stützen, sondern muß auf die Möglichkeit eines Umgangs mit Geschichte setzen, der ihren Mißbrauch, ihre Verführungskraft und ihre Legitimationssuggestionen meidet und auch in demokratischen Gesellschaften eine „Geschichtskultur" stiftet, die intersubjektive und internationale Verständigung ohne Verlust der Eigentümlichkeiten fördert.

Freilich ist das kein leichtes Geschäft, und der Unterricht allein kann es ohne eine gleichgesinnte Öffentlichkeit schwerlich fördern. Parolen

---

34 In: ders., Konflikt und Freiheit. Auf dem Weg zur Dienstklassengesellschaft, München 1972, S. 292-315.
35 So Bergmann, Luckmann (Anm. 6), S. 117.

verkaufen sich besser als Gedanken, Gefühle lassen sich leichter mobilisieren als Einsichten, Bestätigung ist erwünschter als Reflexion. Das politische Umfeld, auch in der Demokratie, drängt eher auf historische Legitimation als auf kritisches Urteil. Davon darf sich historisches Lehren, wo immer es stattfindet, nicht vereinnahmen lassen. Es ist auch kein äußerer Grund dafür vorhanden, solange eine durch Institutionen gesicherte Meinungsvielfalt herrscht. Insofern ist wiederum die Frage nach der Lehrbarkeit der Geschichte als des Mediums der Selbstvergewisserung der Gegenwart ohne dogmatische Überwältigung an die funktionsfähige politische und kulturelle Ordnung pluralistischer, rechtsstaatlicher und partizipatorischer Gesellschaften oder Staaten gebunden.

Das „verba sequentur" können wir uns allerdings nicht mehr allein als eine Aufgabe des dozierenden Lehrers vorstellen, wie es Droysen noch nach der gängigen Praxis des Geschichtsunterrichts in der Mitte des 19. Jahrhunderts tat.[36] In einem auf die wie immer begrenzte Aktivität des Schülers, auf seine eigene Erkenntnisschritte anhand ausgewählter Materialien und auf die Diskursivität des Lernens angelegten Unterricht sind die methodischen Folgerungen aus der hier umrissenen Sache historischen Lehrens komplizierter. Da sich Urteil und Wertung je nach dem historischen Gegenstand immer anders darstellen, die Beziehung der Vergangenheit zur Gegenwart vielfältig ist, lassen sich auch keine allgemein anwendbaren Regeln für die methodische Verbindung von Erkenntnis und Wertung historischer Vorgänge aufstellen, sondern nur Kategorien zum Auffinden solcher Verbindungen geben.[37] Wie konkret am historischen Gegenstand die Erschließung, die Diskussion und schließlich die Begründung urteilender Stellungnahmen oder Wertungen im Unterricht sich vollzieht – das obliegt der „Kunst" des Lehrers, seiner Fähigkeit, mit Schülern umzugehen, sie anzuregen, ihre Meinungen und Urteile als Schritte zum Weltverständnis ernst zu nehmen und ihre Klärung, Vertiefung oder Erweiterung zu fördern. Die schwierige Aufgabe, junge Menschen sowohl zum Verständnis unterschiedlicher Wertungen wie zu einer eigenen, wie immer vorläufigen, aber begründbaren Urteilsbildung zu bringen, ist so auf die individuelle Situation bezogen, daß keine generelle didaktische oder methodische Anweisung die persönliche Leistung des Lehrers vorprägen oder gar als Rezept verstanden werden kann. Hier gilt wie anderswo das Postulat der Methodenvielfalt und -freiheit. Wenn die

---

36 „Die richtige Form der didaktischen Darstellung, so scheint mir, ist der historische Unterricht der Jugend, und zwar in der Hand eines Lehrers, der sich frei und mit voller Einsicht in den historischen Bereichen bewegt, sie beherrscht, unterrichtend in immer neuen Fassungen und Wendungen von deren weltgeschichtlicher Bedeutung Zeugnis gibt." (Droysen [Anm. 10], S. 307).

37 Einen schematischen Versuch dazu s. bei Karl-Ernst Jeismann, „Geschichtsbewußtsein". Überlegungen zur zentralen Kategorie eines neuen Ansatzes der Geschichtsdidaktik, in: Süssmuth (Hg.) (Anm. 27), S. 208, 213. Anders setzt Hans-Jürgen Pandel an: Dimensionen des Geschichtsbewußtseins. Ein Versuch, seine Struktur für Empirie und Pragmatik diskutierbar zu machen, in: Geschichtsdidaktik 12 (1987), S. 130-142.

Sache und das Ziel des Lehrens verstanden sind, kann man wohl das eine oder andere, nicht aber das ganze falsch machen.

6.

„Rem tene – verba sequentur": Wir können jetzt Catos Satz Wort für Wort für unsere didaktische Urteilsbildung auslegen:

res: Die Sache, unser geschichtliches Wissen um Zustände und Vorgänge, ist gedeutete Perspektive der Vergangenheit, zwar wissenschaftlich methodisch fundiert, aber Urteilen, Wertungen, Fragebedürfnissen der Gegenwart unterworfen, oft in mehreren Schichten von Perspektiven vergangener Gegenwarten verschmolzenes Deutungskonstrukt – „wahr" nur unter den Bedingungen dieser Perspektiven.

tene: Dieser Imperativ heißt, das Zusammentreffen von Wissen und Perspektive, von ausgewählter, methodisch geprüfter Überlieferung und Urteil in der historischen Lehre bewußt zu halten und zum Schlüssel des Begreifens zu machen durch wechselseitige, sich abklärende Beziehung von Wertung und Urteil einerseits, Forschung andererseits.

verba sequentur: Aus solcher Art, Geschichte zu begreifen, folgt die Methode des Lehrens. Das Wichtigste ist dabei das Wissen des Lehrers um die Art seines Gegenstandes und seine Faßbarkeit durch den vom Lernenden selbst zu vollziehenden Akt der immer erneuten Verbindung von Wissen und Urteil.

Methode, Stoffauswahl, curricularer Aufbau, Lernzielbestimmungen und Medieneinsatz: das und andere wichtige Organisationsmittel sind nicht Bauteile einer Brücke, die vom Ufer gesicherter historischer Forschung zum anderen Ufer, der historischen Vorstellung des Schülers, gezimmert wird. Die Brückenbaumetapher für das didaktische Tun ist zwar auf den ersten Blick einleuchtend, aber irreführend. Sache historischer Lehre ist nicht die Vermittlung eines außer uns feststehenden Wissens, sondern Hilfe zum Verständnis dessen, worin wir selbst schon immer mitten inne stehen. Geschichtswissenschaft, Geschichtskultur, Geschichtslehre schwimmen im gleichen Strom der Zeit – er hat keine für uns erkennbaren Ufer. Wir haben nur Lotungen, Markierungen, Bojen – Zeichen seines bisherigen Verlaufs. Es bleibt nur, uns und andere über seine Strömungen, Untiefen, Strudel, mögliche Richtungen und unsere Position darin so gut es geht zu vergewissern – ohne Sicherheit, aber auch ohne Blindheit oder Verblendung.

Erstveröffentlichung in: Waltraud Schreiber u. Ulrich Baumgärtner (Hg.), Museumskonzeptionen. Präsentationsformen und Lernmöglichkeiten. München 1999 [erschienen 2000], S. 9-31.

„Geschichtsbewußtsein" als zentrale Kategorie der Didaktik des Geschichtsunterrichts[1]

Vorbemerkung

Joachim Rohlfes hat schon 1986 von einem „Siegeszug" des Begriffes Geschichtsbewußtsein „auf dem Markt der Geschichtsdidaktik" gesprochen. Man kann weiter gehen. Dieser Begriff, der in der geschichtsdidaktischen Diskussion in der ersten Hälfte der 70er Jahre in den Rang eines Schlüsselwortes aufgerückt ist, wird seither sowohl in der Geschichtswissenschaft wie in der allgemeinen politischen, auch bildungspolitischen Diskussion fast inflationär verwendet. Der „Historikerstreit" der vergangenen beiden Jahre hat ihn weit über den didaktischen oder wissenschaftlichen Raum hinaus politisch zu einem brisanten Schlagwort gemacht, und das schnelle Tempo der Geschichte, das sie seit der Mitte der 80er Jahre zunächst in der Sowjetunion, dann in Polen und, in immer größerer Beschleunigung, schließlich in Ungarn, der DDR und der Tschechoslowakei angenommen hat, gab der Rede vom „Bewußtsein" der Ursachen und Bedeutung solchen geschichtlichen Prozesses einen weiteren Auftrieb.

Als griffige Kurzformel ist ein Begriff von solcher Abstraktionshöhe, vor allem im publizistischen Gebrauch, in der Regel nichts weiter als ein Signalwort oder auch eine Leerformel, unter die man sehr diffuse Vorstellungen subsumieren kann. Für die Geschichtswissenschaft und insbesondere für die Disziplin der Geschichtsdidaktik jedoch geht es darum, den Begriff nicht als Leerformel zu verwenden, sondern zu fragen, ob er als „Fundamentalkategorie" für historisches Lernen im weitesten Sinne brauchbar ist.[2]

Eine wesentliche Ursache für die schnelle und breite Anerkennung, die dieser Begriff im Bereich der Geschichtsdidaktik gefunden hat, ist seine Leistungsfähigkeit im Hinblick auf die Einordnung und Ortsbestimmung des Geschichtsunterrichts in den umfassenden gesellschaftlichen Vorgang der Herstellung und Veränderung von Geschichtsvorstel-

---

[1] Diese Textfassung lag dem Referat auf der Tagung „Bestandsaufnahme Geschichtsunterricht" am 5. März 1990 in Burg Liebenzell zugrunde. Sie enthält keine neuen Forschungsergebnisse, sondern ist der Versuch einer konzentrierten Zusammenfassung einer bestimmten didaktischen Position. Anmerkungen und Literaturauswahl können nicht beanspruchen, der breiten Diskussionsstand, dem der Text verpflichtet ist, auch nur annähernd vollständig zu erfassen. Ihr Zweck ist es vielmehr, Hinweise auf weiterführende Befassung mit der Thematik bereitzustellen.

[2] S. in Joachim Rohlfes, Geschichte und ihre Didaktik, Göttingen 1986, den einführenden kurzen Überblick in Kap.1, S. 9-22; und ders., Geschichtsbewußtsein: Leerformel oder Fundamentalkategorie?, in: Ursula A. J. Becher, Klaus Bergmann (Hg.), Geschichte – Nutzen oder Nachteil für das Leben? Düsseldorf 1986, S. 92-95.

lungen im öffentlichen Bewußtsein. Der Begriff erlaubt es, die Geschichtsdidaktik über den engen und verengenden Bezug hinaus zu erweitern, den sie in einer sekundären Ableitungsdefinition erfährt, welche die Didaktik an Unterrichtsprozesse bindet. Für die Geschichtsdidaktik war dies ein „Emanzipationsprozeß" sowohl von der Unterrichtsmethodik im engeren Sinne wie von der allgemeinen Didaktik als Schulwissenschaft. Die Aufnahme und Ausdeutung dieses Begriffes ließ vielmehr den Geschichtsunterricht in der Schule als einen wichtigen, keineswegs aber den einzigen Bereich der Bildung des öffentlichen, gesellschaftlichen Geschichtsdenkens erscheinen und zeigte dessen enge Verflechtung mit allgemeineren Bewußtseinsvorgängen der Zeit. Eine Geschichtsdidaktik, die sich auf diesen Begriff stützte, konte ihren Erkenntnisgegenstand jetzt zugleich präzise und umfassend definieren und sich als Wissenschaft von Aufbau und Wandel des Geschichtsbewußtseins in der Gesellschaft, den Ursachen, Normen und Funktionen dieses Prozesses begreifen. Eine Didaktik und Methodik des Geschichtsunterrichtes konnte in diesem umfassenden Zugriff sowohl in ihrer Besonderheit wie in ihrer Verbindung mit anderen Instanzen und Formen der Bildung von Geschichtsbewußtsein begriffen werden. Als Aufgabe einer Geschichtsdidaktik stellte sich unter den Perspektiven des Begriffes „Geschichtsbewußtsein" die empirische Erforschung des Zustandes und des Wandels, der Inhalte und der Formen, der Träger und Funktionen bestimmter Geschichtsvorstellungen in der Gesellschaft – eine Kenntnis, die wesentliche Voraussetzungen auch für den Geschichtsunterricht bereitstellen könnte. In gleicher Weise stellte sich die Aufgabe der Feststellung, Definition und Abwägung der unterschiedlichen Normen, die solchen Geschichtsvorstellungen innewohnen und deutlich machen, wie die Vorstellung von Vergangenheit mit gegenwärtigem Selbstverständnis verknüpft ist. Schließlich stellte sich drittens die Aufgabe für die Geschichtsdidaktik in pragmatischer Hinsicht; es galt, die Vermittlungsprozesse auf den verschiedensten Gebieten – nicht nur im Geschichtsunterricht der Schule, aber natürlich auch dort – nach Zielen, Verfahren, Medien und Lernkontrollen so zu entwickeln und erproben, daß der Anspruch des Begriffes „Geschichtsbewußtsein" sich in intentionaler Lehre erweisen konnte: die gegenwärtige Gesellschaft in ein „bewußtes" Verhältnis zu ihrer Vergangenheit zu setzen.

Diese Aufgaben, weit davon entfernt, in hinreichendem Maße bereits angegangen oder gar bewältigt zu sein, haben in den vergangenen 15 Jahren dennoch ein breites Spektrum fachdidaktischer Untersuchungen angeregt, deren Inhalte und Probleme zu skizzieren den Rahmen eines solchen Referates weit übersteigen würde. Ihre Kenntnis muß dennoch als Voraussetzung oder als Ausfüllung der folgenden kurzen Skizzierung angefordert werden, wenn verstanden werden soll, warum der Begriff „Geschichtsbewußtsein" als eine Fundamentalkategorie der Geschichtsdidaktik und als ein Leitbegriff des Geschichtsunterrichtes für tauglich gehalten werden kann.

In den folgenden Darlegungen soll in thesenhafter Verkürzung in drei Abschnitten versucht werden, Verständnis anzubahnen für den Anspruch und die Bedeutung einer geschichtsdidaktischen Position, die ihre Aufgabenstellung unter den Begriff des „Geschichtsbewußtseins" subsumiert.

1. „Geschichte" als Element des Selbstverständnisses der Gegenwart

Die Erweiterung der geschichtsdidaktischen Perspektive, die sich nicht mehr allein auf Vermittlungsprozesse im Unterricht richtet, ist im Begriff des Geschichtsbewußtseins angelegt. Die den Unterricht steuernden Instanzen – Richtlinien, Lehrbücher, Lehrer – und die Adressaten, die Schüler, stehen in einem weiteren, mit Geschichtsvorstellungen ihrer Zeit besetzten gesellschaftlichen Umfeld, dessen Kraftlinien Inhalte und Ziele des Geschichtsunterrichtes mitbestimmen. Geschichtsunterricht ist nichts Autonomes, er baut nicht beim Schüler eine Geschichtsvorstellung aus didaktisch reduzierter wissenschaftlicher Erkenntnis auf; er ist vielmehr Teil einer „gesellschaftlichen Konstruktion der Wirklichkeit"[3], in die ständig historische Deutungen eingehen. Diese triviale Erkenntnis, auf den Geschichtsunterricht angewandt, hat gleichwohl eine wesentliche und neue Konsequenz: Geschichtsunterricht kann im gesellschaftlichen Kontext der Geschichtsvergewisserung sich nicht verstehen als eine Veranstaltung, in der unabhängig von diesem Kontext ein „richtiges" und allgemeingültiges Geschichtsbild aufgebaut werden könnte. Er hat sich vielmehr zu begreifen als einen Teil dieser allgemeinen Arbeit der Auseinandersetzung mit der Vergangenheit und muß sich das Ziel setzen, die Heranwachsenden zu befähigen, mit den unterschiedlichen und in Zukunft sich stets wandelnden Angeboten historischer Deutung im Horizont ihrer Gegenwart sich auseinanderzusetzen und selber in wichtigen Fragen zu einer begründeten geschichtlichen Vorstellung zu finden – d.h., fähig zu werden zur „Geschichtsbewußtheit". Geschichte ist, so betrachtet, nicht in erster Linie „Bildungsmacht", die den einzelnen durch Erweiterung und Vertiefung seines historischen Wissens und Verständnisses bereichert; Geschichte ist auf eine bestimmte Weise Teil des gegenwärtigen Selbstverständnisses sowohl des einzelnen wie von Gruppen und der gesamten Gesellschaft, in dem ihre Werte, Interessen, Erwartungen und schließlich auch Handlungen gründen. Geschichtsbewußtsein ist zunächst das Wissen um diese Bedeutung geschichtlicher Vorstellungen, Urteile, Wertungen, die

---

[3] S. Peter L. Berger, Thomas Luckmann, Die gesellschaftliche Konstruktion der Wirklichkeit. Eine Theorie der Wissenssoziologie, Frankfurt a.M. 1984 (Fischer-TB 662); unveränd. Abdruck d. englischen Originals, The Social Construction of Reality, New York 1966 (5. Aufl. 1977).

Erkenntnis, daß es, wenn wir Aussagen über Geschichte hören oder Urteile über historische Vorgänge oder Personen fällen, es in einer unmittelbaren oder mittelbaren Weise mit uns selbst zu tun haben. Geschichtliche „Bildung" – im Sinne der bildungstheoretischen Didaktik – ist damit nicht als Ziel historischen Unterrichts abgeschrieben, aber sie erweist ihren Wert und ihre Bedeutung erst, wenn sie der Klärung des historischen Selbstverständnisses der Gegenwart dient.

Was damit gemeint ist, wenn man sagt, daß „Geschichte" ein Element des Selbstverständnisses jeder Gegenwart sei, kann ich hier nur durch einige Andeutungen verständlich machen; es handelt sich dabei um einen außerordentlich breitgefächerten und tiefgestaffelten Zusammenhang von historischen Vorstellungen unterschiedlichster Art mit gegenwärtigen Orientierungen. Am deutlichsten tritt die Berufung auf „Geschichte" in der Öffentlichkeit bei politischem Meinungsstreit hervor. Wirkliche oder vermeintliche historische Sachverhalte werden zur Legitimation von Ansprüchen oder Positionen beschworen. Argumentation mit Geschichte zu politischen Zwecken ist ein wiederholt untersuchtes Phänomen, das uns täglich in verschiedensten Formen entgegentritt.[4] Politisch bewegte Zeiten wie die unsere produzieren immer wieder solche engen Verknüpfungen von Vergangenheitsdeutung und Gegenwartsinteressen. Ich erinnere nur an die gegensätzlichen Positionen zur Deutschen Frage. Die Wiedervereinigungsthese stützt sich historisch nicht nur auf die Präambel des Grundgesetzes, sondern auf die staatsrechtliche Deklaration, das Deutsche Reich sei 1945 nicht untergegangen, sondern existiere virtuell auf dem Boden der Bundesrepublik weiter. Die eigentliche, wahre deutsche Geschichte hat also danach ihre gültige Gestalt immer noch im Bismarckreich bzw. in der Weimarer Republik, vor der die Ereignisse seit 1933 als seltsam blaß und prinzipiell wirkungslos erscheinen, die die Rückkehr der deutschen Geschichte in ihre echte Bahn nicht aufhalten können. Nicht minder selbstherrlich im Umgang mit der Geschichte ist die gegensätzliche Position. Sie bilanziert die Teilung Deutschlands als Folge seiner eigentlichen, nämlich negativen Geschichte, eines Irrweges, der mit der Gründung des deutschen Nationalstaates begonnen habe. Die Wiedererweckung „der Leiche des 1945 endgültig gescheiterten Bismarckreiches" (Hans-Ulrich Wehler) verkenne die geschichtliche Beweisführung, die einen gesamtdeutschen Staat ad absurdum geführt habe.[5]

---

4 S. Karl-Georg Faber, Die Funktion historischen Wissens und historischer Erkenntnis in der Gegenwart. Thesen und Perspektiven (mit anschließender Diskussion), in: GWU 24 (1973), S. 393-403; ders., Zum Einsatz historischer Aussagen als politisches Argument, in: HZ 221 (1975), S. 265-303; Wolfgang Bach, Geschichte als politisches Argument. Eine Untersuchung an ausgewählten Debatten des Deutschen Bundestages, Stuttgart 1977.

5 Als jüngstes Beispiel eines solchen instrumentalen Umgangs mit historischen Deutungen, wie sie uns ständig in Leitartikeln oder im Feuilleton begegnen: Reinhard Merkel, Wahnbild Nation, DIE ZEIT 11 (9.3.1990), S. 52.

Man könnte fortfahren und eine schier unendliche Kette von Beispielen aus anderen Zeiten und anderen Völkern und zu anderen Themen aufführen. Ist man einmal darauf aufmerksam geworden, erkennt man auf Schritt und Tritt diese Verflechtung historischer Deutung mit gegenwärtiger Orientierung. Offenbar bedarf die kognitive, aber auch emotionale Gegenwartsorientierung immer wieder der Integration wirklicher oder vorgeblicher historischer Erfahrungen und Überlieferungen. Ein solcher Drang zur normativen Materialisierung von Geschichte führt zu einem ständigen historischen Beweissicherungsverfahren für die Richtigkeit der eigenen Vorstellung. Das gilt im alltäglichen und sehr oft willkürlichen, punktuellen Umgang mit Geschichte; es gilt für politische Konzeptionen; es gilt aber oft genug für die Funktion wissenschaftlicher Werke, deren Quintessenz die historische Rationalisierung gegenwärtiger Wertungen und Meinungen ist. Diese Einbeziehung der Geschichte in die Lebenswelt vollzieht sich dabei nicht nur angesichts konkreter Phänomene oder Probleme, die gegenwärtig oder in Zukunft zu bewältigen sind; sie vollzieht sich auch in Gesamtentwürfen, welche die Geschichte als Koordinatensystem der Betrachtung und Perspektive der Gegenwart benutzen. Ein faszinierendes Beispiel dafür bietet die Arbeit des Georg-Eckert-Instituts für internationale Schulbuchforschung, welche die Konzeptionen unterschiedlicher Geschichtsvorstellungen für den Unterricht der verschiedenen Nationen miteinander vergleicht und die im einzelnen die konkrete wie die generelle Bedeutung solcher historischer, weitgreifender Vorannahmen als Strukturierungen des Geschichtsbildes herausgearbeitet hat.[6] Das gilt nicht nur für die am Tage liegenden Geschichtskonstruktionen aus Zukunftsgewißheit, wie sie im Geschichtsbild der kommunistischen Staatenwelt der Jugend vermittelt wurden – wobei diese generell geschichtsphilosophisch-politischen Theoreme in sehr unterschiedlicher Stärke die älteren nationalstaatlichen Geschichtsbilder überformten oder nur leicht berührten. Man darf gespannt sein, wie sich die Geschichtsbücher der DDR nach den politischen Ereignissen des letzten halben Jahres nun bei der Konstruktion ihrer Gesamtdeutung der deutschen Geschichte, aber auch bei der Deutung von Einzelheiten wie dem Bau der Mauer von 1961 oder dem

---

6 S. aus den zahlreichen Beispielen in der Schriftenreihe des Instituts (Studien zur internationalen Schulbuchforschung) z.B. Bd. 37: Geschichte als Legitimation. Internationale Schulbuchforschung unter den Ansprüchen von Politik, Geschichtswissenschaft und Geschichtsbedürfnis, Braunschweig 1984; und Bd. 33: Englische und deutsche Geschichte in den Schulbüchern beider Länder, Braunschweig 1982.

7 S. dazu Karl-Ernst Jeismann, Erich Kosthorst, Deutschlandbild und Deutsche Frage in den geschichtlichen Unterrichtswerken der Deutschen Demokratischen Republik, in: Wolfgang Jacobmeyer (Hg.), Deutschlandbild und Deutsche Frage in den historischen, geographischen und sozialwissenschaftlichen Unterrichtswerken der Bundesrepublik Deutschland und der Deutschen Demokratischen Republik von 1949 bis in die 80er Jahre, Braunschweig 1986 (= Studien zur internationalen Schulbuchforschung, Bd. 43).

Einmarsch in die Tschechoslowakei von 1968 verhalten werden –
wenn es solche Umarbeitungen geben sollte.[7] Man erläge aber einer
Selbsttäuschung, würde man solche „parteilichen" Geschichtsdeutungen zur Legitimation gegenwärtiger politischer Systeme allein bei den
totalitären Staaten mit verordneter Meinungsbildung vermuten. Dort
sind sie geschlossener und massiver, politisch-administrativ monopo-
lisiert. In anderen Gesellschaften gibt es die gleiche Figur des Umgangs mit Geschichte, und sie kann bei einzelnen wie bei Gruppen
nicht weniger dogmatisch auftreten – nur ihre Pluralität und die rechtlichen Sicherungen eines demokratischen Systems vermindern oder
verhindern die Gefahr, die eine monopolisierte Geschichtsdeutung für
eine freie, gegenwärtige Selbstbestimmung allemal bedeutet.

Man kann aus diesen Andeutungen ein Fazit ziehen: „Geschichte"
tritt uns entgegen als ein auf Überreste und Tradition gestützter Vor-
stellungskomplex von Vergangenheit, der durch das gegenwärtige
Selbstverständnis und durch Zukunftserwartungen strukturiert und gedeutet wird. Nur in dieser Form haben wir Geschichte in unserer Vorstellung; sie ist eben nicht die reale Vergangenheit selbst oder ihr Abbild, sondern ein Bewußtseinskonstrukt, das von einfachen Slogans bis
zu elaborierten, mit wissenschaftlichen Methoden gestützten Rekonstruktionen reicht. Wir „haben" Geschichte in der Form solcher Vorstellungen, die Auslegung von Auslegungen sind – Auslegungen, die
bereits konstitutiv in den Quellen stecken und nicht etwa nur Unvoll-
kommenheiten späterer Erkenntnis sind. „Geschichte" erfassen wir
nicht – das wird in Öffentlichkeit und Unterricht, außerhalb der professionellen Zirkel, meist nicht bedacht – als eine „richtige" Widerspiege-
lung von Vergangenheit, sondern nur als eine immer auch von gegenwärtigen Erfahrungen und Wertungen, von zukünftigen Perspektiven
mitbestimmte Deutung – eine Deutung allerdings, mit der sich Ansprüche, Verpflichtungen, Appelle an unser Fühlen, Urteilen und Verhalten bisweilen aufs Engste verbinden.[8]

Der Begriff „Geschichtsbewußtsein" bezeichnet in einer noch unspe-
zifizierten Form zunächst nur diese Art, wie uns Geschichte in unendlich vielen Variationen entgegentritt, wie sie auch dem Schüler in seinem späteren Leben entgegentreten wird. Wir müssen also davon
ausgehen, daß er in der Gegenwart und in der Zukunft mit einer Vielzahl konkurrierender Geschichtsdeutungen enger oder weiterer Art konfrontiert wird – Deutungen, die mit Ansprüchen an ihn verbunden sind:

---

8 Auf die umfangreiche geschichtstheoretische Literatur zum historischen Erkenntnis-
   problem soll hier nur durch Hinweis auf ausgewählte Werke Jörn Rüsens aufmerksam
   gemacht werden: Historische Vernunft – Rekonstruktion der Vergangenheit – Lebendige Geschichte. Grundzüge einer Historik I-III, Göttingen 1983-89; Ansätze zu einer
   Theorie des historischen Lernens, I/II, in: GD 10 (1985), S. 249-266 u. 12 (1987), S.
   15-27; Zum Verhältnis von Theorie und Didaktik der Geschichte, in: ders., Für eine erneuerte Historik. Studien zur Theorie der Geschichtswissenschaft, Stuttgart 1976, S.
   165-181.

sei es mit tiefgreifenden Identifikationsforderungen oder mit kurzfristigen Legitimationsbehauptungen. Sie treten in der Regel mit der Gewißheit auf, bewiesene Wahrheiten zu enthalten. Die Frage an den Geschichtsunterricht ist, ob er die Schüler in hinreichendem Maße fähig macht, mit solchen gegenwärtigen und künftigen, mit historischer Autorität daherkommenden Ansprüchen auf eine vernünftige, d.h. eigenes Urteil ermöglichenden Weise umzugehen. Das wird wohl kaum der Fall sein, wenn das im Geschichtsunterricht durch Richtlinien, Medien, Lehrer vermittelte Geschichtsverständnis sich strukturell von solchen Geschichtsbeschwörungen nicht unterscheidet, die überall in der Gesellschaft produziert werden. Es ist nicht schwer nachzuweisen, daß auch in den trockensten, sich objektiv gebenden Lehrbüchern zur Geschichte – von Lehrplänen ganz zu schweigen – sich durch gegenwärtige Perspektiven, Wertpräferenzen, politische Erziehungsabsichten geprägte Vorstellungskomplexe von Geschichte präsentieren, die sich selbst aber als Reproduktion historischer Wahrheit mißverstehen. Ein davon gesteuerter Geschichtsunterricht macht aber blind für das eigentümliche Verhältnis von Vergangenheitsdeutung und Gegenwartsorientierung, fixiert entweder auf eine einmal in der Schule gelernte, oft noch viel älteren Vorstellungen verpflichtete Geschichtsauffassung, und das heißt, er mumifiziert die Geschichte im Bewußtsein der Menschen; oder er legt Grund zu einer Denkfigur, mit der Geschichte, mit welcher Wertung auch immer, als Bestätigung der Gegenwart aufgefaßt wird. Geschichte wird auf diese Weise nicht zu einem Phänomen, mit dem sich das „Bewußtsein" befassen kann, sondern zu einer Macht des Vor- oder Unbewußten, die ohne Kontrolle prägende Muster über Gefühle und Urteile legt.

Der Begriff „Geschichtsbewußtsein" als didaktische Kategorie meint also ferner, daß der Unterricht nicht nur auf die Art, wie uns „Geschichte" entgegentritt, reflektieren müsse, sondern darüber hinaus Fähigkeiten zu entwickeln habe, mit diesen Vergangenheitsdeutungen prüfend umzugehen.

Nun kann man sagen, daß Forderungen dieser Art – nach einem „kritischen" Umgang mit Geschichte, nach „Selbsttätigkeit" der Schüler im Umgang mit historischen Zeugnissen, nach „Multiperspektivität" der Betrachtung historischer Phänomene, nach Verständnis für kontroverse Auslegung von Geschichte – zum Repertoire geschichtsdidaktischer Postulate gehören. Das ist richtig; allerdings handelt es sich um eine relativ junge und im internationalen Kontext keineswegs vorherrschende und auch bei uns nicht unumstrittene Erscheinung. Solche Forderungen entstanden über vereinzelte Vorläufer hinaus in breiterer Front erst in den 60er Jahren, und es ist nützlich, will man sich die didaktische Bedeutung des Begriffs „Geschichtsbewußtsein" näher vor Augen führen, dies disziplinhistorisch im Rückgriff auf die Geschichte des Unterrichts und der Didaktik der Geschichte in den späten 60er und frühen 70er Jahren zu tun.

2. Die Entfaltung des Begriffs „Geschichtsbewußtsein" während der Krise des Geschichtsunterrichts

Als der Begriff „Geschichtsbewußtsein" in der geschichtsdidaktischen Diskussion der frühen 70er Jahre zunehmend gebraucht und ausgefächert wurde, standen Geschichtsunterricht und Geschichtsdidaktik unter erheblichem Legitimationszwang.[9] Er war, vereinfacht ausgedrückt, Folge der historischen Verspätung, der administrativ verordneter Geschichtsunterricht im öffentlichen Schulwesen offenbar immer unterliegt. Das alte, nationalhistorische Paradigma der Deutung der Geschichte für die Konzeption von Unterricht, das sich nach der Reichsgründung entwickelte und verfestigte, nach 1918 mit Variationen eher noch verstärkte, hatte zwar nach 1945 erhebliche Modifikationen und eine deutliche Entemotionalisierung durchgemacht, sich in seinem Grundgerüst aber erhalten. Das Muster der Geschichtsvorstellung war auf diesem wichtigen Sektor historischer Vergewisserung weit hinter der Realgeschichte zurückgeblieben, hatte aber auch die scharfen Kontroversen um Geschichtsdeutung und Selbstbestimmung, wie sie in der Publizistik und öffentlichen Meinung in Deutschland nach dem Kriege durchaus lebendig waren, weitgehend negiert. Was Alfred Heuß (1959) als „Verlust der Geschichte" konstatiert hatte, war die steigende Unfähigkeit, mit den im Geschichtsunterricht, aber weithin auch in der Geschichtswissenschaft vorherrschenden Deutungs- und Fragemustern die Gegenwart mit der Vergangenheit in eine orientierende Verbindung zu setzen. Eine Geschichte, die so ins Bewußtsein gebracht wurde, schien für die Gegenwart untauglich zu sein. Eine orientierende und bildende Bedeutung des Geschichtsunterrichtes war nicht mehr einsichtig zu machen. In dieser Situation gab es Stimmen, die nicht allein eine selbst historisch gewordene Geschichtsdeutung, die das Wesentliche der Geschichte in der Entstehung und Entwicklung der Nationalstaaten sah, als obsolet zu betrachten, sondern Geschichte überhaupt als eine für Gegenwart und Zukunft nicht mehr relevante Betrachtungsweise der Gesellschaft anzusehen. Die moderne Welt mit der Ausfaltung gewaltiger zivilisatorischer und industrieller Apparate schien nur noch mit den systematischen Sozialwissenschaften adäquat erfaßbar zu sein. Das heißt, es mußte darauf ankommen, nicht mehr die Gesamtbewegung der Menschheit in ihren unterschiedlichen Formationen auf eine ungewisse Zukunft hin aus der Vergangenheit zu erklären, wie die Geschichte es versuchte, sondern die inneren Zirkulationen gesellschaftlicher Systeme, die selber aber festgefügt und also unhistorisch geworden waren, zu ermitteln, um sie in der bestmöglichen Weise steuern zu können. Man glaubte, ins „posthistoire" eingetreten zu sein.[10]

---

[9] Für die Reflexion auf die Diskussion der damaligen Zeit s. beispielhaft Willi Oelmüller (Hg.), Wozu noch Geschichte? München 1977.

[10] S. dazu jetzt Lutz Niethammer, Posthistoire – ist die Geschichte zu Ende? Reinbek 1989.

Der Geschichtsunterricht geriet in den Lehrplänen in Gefahr. Soziologen und Politologen, in größerer Zahl ausgebildet, schienen in Bälde die Geschichtslehrer ersetzen zu sollen. In den neuen Lehrplänen, vor allem in den Hessischen Rahmenrichtlinien für Gesellschaftslehre, war Geschichte nur noch der jeweils perspektivisch und partiell eingeblendete historische Informationsbedarf, der einen Nachweis für die Notwendigkeit der Kritik oder Vervollkommnung gegenwärtiger politischer und sozialer Systeme bot.

Gegen diese Vorstellungen kamen Proteste von links wie von rechts. Von rechts wurde die alte nationalgeschichtliche Betrachtungsweise wieder eingeklagt – und seit der politischen Auseinandersetzung um die hessischen Rahmenrichtlinien hat sich gegen die Versuche einer Neuorientierung des Geschichtsbewußtseins immer die national-konservative Linie der Geschichtsdeutung in der Diskussion durchgehalten –, freilich ohne daß sie zu einer neuen Konzeption führte.[11]

In deutlicher Distanz von der Tendenz, den Geschichtsunterricht sozialwissenschaftlich zu majorisieren, erhob sich, kräftig unterstützt vom damaligen Bundespräsidenten Heinemann, die Forderung, dem alten nationalgeschichtlich zentrierten Unterricht eine „demokratische" Version entgegenzusetzen, die jene Linie zu verdeutlichen hätte, von der man glaubte, sie führe in unsere eigene demokratisch-republikanische Ordnung. Selbstvergewisserung der neuen deutschen Republik durch Besinnung auf die demokratischen Traditionen der deutschen Geschichte seit dem frühen 19. Jahrhundert: Das war nicht nur eine Forderung nach Gerechtigkeit der historischen Betrachtung gegenüber den im 19. Jahrhundert gescheiterten oder abgedrängten Kräften vom frühen Liberalismus bis zur Arbeiterbewegung und ihrer politischen Organisationen; es war auch der Versuch, durch historische Deutung der politischen Kultur und der politischen Herkunft der Bundesrepublik das demokratische Element stärker zu aktivieren, als es in der „restaurativen" Periode der Adenauer-Zeit spürbar wurde. Insofern schlug sich in der Auseinandersetzung um den Geschichtsunterricht der Wechsel der politischen Kraftfelder am Ende der 60er Jahre nieder. Diese neue Deutung oder besser, das Aufgreifen einer schon längst vorhandenen, aber marginalen Position der deutschen Geschichtsschreibung, ist bis heute lebendig, etwa, wenn Helga Grebing mit ausdrücklichem Hinweis auf die didaktische Nützlichkeit empfahl, die „weiße" von der „schwarzen" Linie der deutschen Geschichte zu unterscheiden. Die „schwarze" sei die konservativ-monarchisch-autoritäre, die im Bismarckreich zur Herrschaft kam, im Wilhelminismus hybrid wurde, in der Weimarer Republik die wahre Demokratisierung verhinderte, um schließlich im Dritten Reich zur Perversion aufzugipfeln; die „weiße" sei die demokratische Linie, die früh auf Volkssouveränität, Partizipati-

---

[11] S. zusammenfassend Erich Kosthorst, Von der „Umerziehung" über den Geschichtsunterricht zur „Tendenzwende", in: GWU 29 (1978), S. 566-584.

on, Bürgerrechte und soziale Gerechtigkeit gedrängt habe und schließlich in der Sozialdemokratie ihre breiteste und stärkste Ausfaltung erhielt, bis sie nach 1945 zur leitenden, wenngleich nicht ungefährdeten und immer wieder zu verteidigenden oder auszuweitenden Signatur der Bundesrepublik wurde. Die Problematik dieser Schwarz-Weiß-Zeichnung, bei der etwa der scharfe, aggressive Nationalismus liberaler, aber auch demokratischer Provenienz ebenso weggefiltert wird wie die wohltuend vornationalen oder antinationalen Kräfte des alten Konservativismus, hat Helga Grebing natürlich erkannt, aber eben didaktisch, d.h. letztlich aus Wertgesichtspunkten gerechtfertigt, welche die Erziehung bestimmen sollen: didaktische Reduktion in Absicht einer bestimmten politischen Bildung.[12]

Neben dieser Konzeption regte sich eine nicht sehr breite, aber heftig vorgetragene neomarxistische Geschichtsdeutung, die, wenn auch nicht unabhängig vom dogmatischen Staatsmarxismus, so doch mit unorthodoxen Beweisführungen die Bundesrepublik als einen kapitalistischen Irrweg der deutschen Geschichte, als ein Diktat der Sieger und des Kapitals, zu deuten versuchte und die Schüler in eine historische Linie hineinzustellen beabsichtigte, die der künftigen Überwindung des Kapitalismus dient. Das waren Jahre, in denen Kopien von DDR-Geschichtsschulbüchern von Hochschulgruppen den Studenten, aber auch den Lehrern als Muster nahegebracht wurden.

Tiefer und breiter fundiert als alle diese Alternativen zum alten Geschichtsunterricht war die insbesondere auf die Gesellschaftstheorie und politische Philosophie der Frankfurter Schule zurückgreifende didaktische Position, der es darum ging, daß im Geschichtsunterricht durch Einsicht in den Gang der Geschichte die Schüler in ihrem eigenen, aber auch im generellen gesellschaftlichen, ja, welthistorischen Interesse zur Fähigkeit der individuellen und kollektiven Emanzipierung geführt wurden. In dieser, die Geschichtsphilosophie der Aufklärung in moderner Form aufnehmenden Vorstellung erschien die vergangene Geschichte als das von Siegen und Niederlagen begleitete Ringen um Abbau von Herrschaft, um Selbstverwirklichung des Individuums, um Partizipation, kurz, um das „gute Leben" im aristotelischen, politischen Sinne. Vergangene Geschichte ist in dieser Sicht stets defizitäre Geschichte, künftige Geschichte ist die fortschreitende Aufhebung solcher Defizite. Die emanzipatorische Geschichtsdidaktik hob insbesondere solche Vorgänge als Lehrpotential hervor, in denen sich Herrschaftsabbau konkretisierte – etwa die großen Revolutionen –, in der Absicht,

---

12 Helga Grebing, Bismarck und Bebel – Zweierlei Kontinuität? Die „schwarze" und die „weiße" Linie in der deutschen Geschichte, in: Landeszentrale f. Pol. Bildung NRW (Hg.), Streitfall deutsche Geschichte. Geschichts- und Gegenwartsbewußtsein in den 80er Jahren, Essen 1988, S. 71-86. Es muß auf die differenzierende Einschränkung dieser Sicht verwiesen werden, die die Verfasserin selbst vornimmt: „Zuordnungen sind generell Entscheidungen, die der Historiker ex post trifft ... [Es] bleibt ein unvermeidbarer Rest an historiographischem Voluntarismus" (S. 86).

durch eine solche historische Lehre die Schüler zu motivieren, ihre eigenen Interessen zu erkennen und vor allen Dingen politisch handelnd wahrzunehmen und sich damit auf die Seite des Fortschritts in der Geschichte zu stellen. Auch hier werden, in einem umfassenderen Rahmen als der nationalgeschichtlich konstruierte Geschichtsunterricht es je tun konnte, Vergangenheitsdeutung, Gegenwartsorientierung und Zukunftserwartung zusammengefügt.[13]

Indem diese „emanzipatorische" Geschichtsdeutung sich gegen alte, aber weitverbreitete Sinnmuster wendete – sie war anti-national, anti-hierarchisch, anti-personalistisch, anti-etatistisch und darüber hinaus „anti" im Hinblick auf jede herrschaftsverdächtige Organisationsform der Gesellschaft –, mußte sie auf Förderung „kritischen" Denkens Wert legen, auf das „Hinterfragen" als gültig hingenommener Geschichtsbilder. Zugleich war diese Konzeption geeignet, die gesellschaftliche Verflochtenheit aller Geschichtsvorstellungen deutlich zu machen und deren Objektivitätsansprüche zu problematisieren. Indem sie zugleich Fragen der Gegenwart und Zukunft in ihrem historischen Kontext thematisierte und in eine umfassende Geschichtsdeutung einstellte, gewann sie wieder den Kontakt mit der Gegenwart. Zwar konnte dies bisweilen als ein etwas kurzatmiges Aufgreifen jeweils gängiger politischer Themen verstanden werden: Nacheinander wurden die Friedens-, Frauen-, Ökologie-, Alltags- und Selbstidentitätsproblematik als das für den Geschichtsunterricht Relevante ergriffen; aber dies sind doch nur Überspitzungen prinzipiell notwendiger und richtiger thematischer Orientierungen einer Didaktik, der es um die Verbindung von Geschichte und Leben im Sinne einer Erziehung der kommenden Generation zur Lebenstüchtigkeit geht.

So hat gerade die emanzipatorische Didaktik ein kritisches Potential mobilisiert, von dem auch didaktische Konzeptionen, die sich auf den Begriff des „Geschichtsbewußtseins" berufen, angeregt sind.

Allerdings, und das unterscheidet nun diese didaktischen Positionen grundlegend von der „emanzipatorischen" Geschichtsdidaktik und hat zu Kontroversen Anlaß gegeben, unterliegt diese Konzeption formal der gleichen Struktur, die, bei anderen Wertsetzungen und Inhalten, auch die alte nationalgeschichtliche, die noch ältere dynastische und partikularstaatliche oder auch die „demokratische" oder „neomarxistische" Konzeption kennzeichnete: Alle sind sie unfähig dazu, die Kritik gegen ihre eigenen Voraussetzungen zu wenden, alle erheben sie den Anspruch auf Lehre der historischen Wahrheit, geben sie die eigenen, selbst historisch bedingten und immer nur partiell berechtigten Normen als die allgemeingültigen aus. Je universaler ihr Anspruch dabei ist –

---

[13] Als deutlichstes Beispiel dieser Position s. Annette Kuhn, Einführung in die Didaktik der Geschichte, München 1974; und dies., Geschichtsdidaktik in emanzipatorischer Absicht. Versuch einer kritischen Überprüfung, in: Hans Süssmuth (Hg.), Geschichtsdidaktische Positionen. Bestandsaufnahme und Neuorientierung, Paderborn 1980, S. 49-81.

wie in der „emanzipatorischen" Geschichtsdidaktik –, um so umfassender, grundsätzlicher, anmaßender treten sie auf, um so schärfer erscheinen Gegenpositionen als nicht nur falsch, sondern auch als gefährlich
oder gar, im Rückblick auf ältere, durchschimmernde teleologische
Muster, als Abfall von der Vernunft, als inhuman.

So lag gerade in der „emanzipatorischen" Geschichtsdidaktik und
ihren Ansprüchen eine Überzeugungsabsolutheit, die sich weder im
ganzen, was ohnehin schwierig ist, aber auch nicht im einzelnen, was
möglich wäre, anhand empirischer, geschichtswissenschaftlicher Untersuchungen von der Haltbarkeit ihrer Aussagen in Frage stellen lassen will.

So schien es am Ende der 60er und am Anfang der 70er Jahre, als ob
durch die verschiedensten Angebote einer neuen Fundierung der Geschichtsdidaktik nichts weiter geschehen sei als ein Austausch der historischen Sinnunterstellungen. Auch die neuen Deutungen erhoben absoluten Geltungsanspruch, der Kontroversen nur innerhalb fester
Prämissen zuließ. Didaktische Positionen, die den Begriff Geschichtsbewußtsein als Zentralkategorie nehmen – und die sich im übrigen in
sehr unterschiedlichen Richtungen und mit variierenden Werten und
Urteilen entwickelten –, unterscheiden sich an diesem zentralen Punkt
von den anderen geschichtsdidaktischen Konzeptionen seit den frühen
70er Jahren. Sie gehen nicht aus von der Vorstellung, man könnte mit
Anspruch auf intertemporale und interpersonale Gültigkeit „der Geschichte" eine weitere oder engere Teleologie unterlegen, in deren
Richtung es die jungen Menschen unmittelbar handlungsfähig zu machen gelte. Nicht eine vorgebliche Wahrheit oder ein Ziel des Ge-
schichtsverlaufes wird als unstreitig oder richtig dem Geschichtsunterricht zugrunde gelegt, sondern die Frage, wie man angesichts unserer
Möglichkeit, Vergangenheit zu erkennen, in der Gegenwart mit Geschichte umgehen kann, ohne sich und andere zu täuschen. Die Didaktik, der es um „Geschichtsbewußtsein" geht, tritt also einen Schritt
zurück hinter die materiellen, dinglichen Voraussetzungen der anderen
Positionen und fragt, auf welche Weise man sich selbst und die Schüler
mit ihrer langen Zukunft durch historische Orientierung so in den Prozeß der Selbstvergewisserung durch Zeitdeutung einführen kann, daß
sie nicht durch ein vorgegebenes oder übermächtiges Geschichtsbild
majorisiert, durch Geschichtsbehauptungen von außen überwältigt oder
durch eigenes Geschichtsbegehren von innen besinnungslos gemacht
werden. Denn das gehört zu der Grundlage dieser Position: Aussagen
über Vergangenheit sind mehr oder weniger weitgreifende, mehr oder
weniger fundierte Deutungen, in die unsere eigenen Wertungen, Perspektiven, Erfahrungen und Interessen auf komplizierte Weise eingehen, und die also keine evidenten historischen und allgemeinen Wahrheiten sind, sondern mehr oder weniger gut begründete Ansichten,
denen notwendig andere, nicht weniger gut fundierte Deutungen zur
Seite oder gegenüberzustellen sind. Wer bestimmte Deutungsangebote

der Vergangenheit als generelle, verpflichtende und das heißt handlungsleitende Aussagen betrachtet oder weitergibt, der wird um so eher nicht nur über die Vergangenheit, sondern auch über die Möglichkeiten der Zukunft sich täuschen, je absoluter und unverbrüchlicher die Richtigkeit seiner Geschichtsdeutung behauptet wird. Was die Erkenntnis der Vergangenheit dogmatisiert, macht in der Gegenwart intolerant und für die Zukunft blind. Man braucht sich nur vor Augen zu führen, wie oft im letzten Jahrhundert geschichtliche „Gewißheiten" widerrufen werden mußten, aber auch, wie tyrannisch jene Systeme nicht nur über die Geister ihrer Bürger, sondern auch über die eigenen Orientierungsmöglichkeiten herrschten, welche ihre Macht ausnutzten, um zu verordnen, welche Geschichte und wie die Geschichte insgesamt in der Öffentlichkeit und im Unterricht erzählt werden durfte. Der Zusammenbruch des real existierenden Sozialismus ist auch der Zusammenbruch seines fiktionalen Geschichtsbildes – aber deshalb wird noch nicht jene andere historische Deutung gültig, die der Präsident der Vereinigten Staaten kürzlich im Hinblick auf die Auflösung der politischen und geistigen Diktatur in Osteuropa geäußert hat, als er die Geschichte der USA und der westlichen Welt als die Inkarnation des Zweckes der Geschichte, die Verwirklichung der Freiheit pries.

Alle solche selbstgewissen Behauptungen sind nicht Sinnbilder zur Internalisierung durch historisches Lernen, sondern sind Material, an dem zu erkennen ist, wie in einer vorrationalen oder manipulativen Weise Geschichte benutzt wird, um Identifikationen und Legitimationen aufzubauen, vermeintliche Sicherheiten zu gewinnen – Sicherheiten, die notwendig auch immer historische Gegenbilder oder gar Feindbilder produzieren, die sich durch die Abschließung verschiedener historischer Perspektiven gegeneinander als unvermittelbar zeigen.

Von diesem Denken versucht eine Didaktik, die sich auf den Begriff des Geschichtsbewußtseins stützt, den Unterricht und die Schüler zu emanzipieren. Sie gründet sich nicht auf eine Gesellschaftstheorie oder auf eine sonstige Doktrin, d.h. auf eine materielle Deutung von Geschichtsinhalten, sondern auf einen solche Deutungen durchschauenden Umgang mit historischen Rekonstruktionen. Dazu braucht sie den Rückgriff auf die geschichtstheoretische Diskussion der Historik generell und auf die geschichtswissenschaftliche Forschung jeweils im einzelnen – nicht, als ob diese Didaktik ein Abbild der Geschichtswissenschaft sei, wie ihr bisweilen fälschlich unterstellt wird, wohl aber in der Weise, daß die Methoden der Forschung, historische Rekonstruktion bis zur Grenze der Überprüfbarkeit zu leisten, und der Historik, Erkenntnisbedingungen und -formen bewußt zu machen, für die Lehre und den Unterricht von Geschichte unverzichtbare Kontrollinstanzen sind. Im Terminus „Geschichtsbewußtsein" verbirgt sich nicht nur die in didaktisches Handeln umzusetzende Erkenntnis, daß Geschichte in unserem Bewußtsein konstruiert ist nach unseren Werten, Vorstellungen, Fragen und Interessen, sondern in gleicher Weise, daß es eben

„Geschichte" ist, die hier erzählt wird und nicht Fiktion; und das verlangt, als eine vergangene Realität aufgrund der uns noch zugänglichen Zeugnisse und mit den Methoden der Forschung, so weit unsere Erkenntnis reicht, methodisch überprüfbar rekonstruiert zu werden. Diese Doppelpoligkeit der subjektiven, zeitgebundenen Wertungen einerseits, der methodischen Erkenntnisannäherung andererseits hält in diesem Terminus zusammen, was in der allgemeinen Vorstellung auseinanderzustreben pflegt: Objektivität und Subjektivität, Interesse und Erkenntnis. Deshalb verlangt diese didaktische Position einerseits eine Distanz von den Zumutungen verdinglichter Historie, die mit Wahrheitsautorität beansprucht, Menschen mit einer Gruppe, einem Schicksal, einem Auftrag zu identifizieren, vergangene oder gegenwärtige Handlungen, Daseinsweisen oder Zukunftsentwürfe zu legitimieren; sie verlangt andererseits, solche Ansprüche auf ihren Geltungsbereich hin, d.h. auf ihre geschichtswissenschaftliche Verifizierbarkeit, zu prüfen in der Annahme, daß die prinzipielle Ablehnung ihres Absolutheitsanspruches nicht besagt, daß ihnen nicht Berechtigung zugesprochen werden könnte. Eine solche Didaktik verlangt die Einübung in einen Umgang mit Geschichte, der diese weder als willkürlich, fiktional, als Ausdruck bloßer Interessengebundenheiten abtut, noch als feststehende Wahrheit mißversteht, sondern als ebendieses Konstrukt von interesse- und wertgebundenem Geschichtssuchen einerseits, methodengebundener Geschichtserkenntnis andererseits begriffen und in den Grenzen seiner Bedeutung erkannt wird. Diese Didaktik löst also die Gegenwart einerseits vom Banne der Geschichte und ihrer vorgeblichen Autorität und sieht in Geschichtsaussagen immer eine begrenzte, selektierte, perspektivische Rekonstruktion der Vergangenheit im gegenwärtigen Bewußtsein; auf der anderen Seite verlangt sie, daß sich das Hineinfragen in die Geschichte von bestimmten Wertungen aus dem methodisch kontrollierbaren Erkenntnisprozeß unterwerfen muß.

Damit ist man bei der schwer zu erklärenden und alle jene, die eine schnelle Gewißheit suchen, wenig befriedigenden Grundstruktur dieser Didaktik. Sie erkennt die Gebundenheit und „Relativität" aller historischer Aussagen, Urteile und Wertungen an; sie läßt sie zugleich hinter sich, indem sie die prägenden Vorannahmen bewußt zu machen fordert und ihre für die historische Rekonstruktion bedeutsamen Konsequenzen an strengen Kriterien mißt – so weit, wie methodisch gewonnene Erkenntnis reichen kann.

Sie verlangt also, einfach gesprochen, daß sich die Träger unterschiedlicher Geschichtsvorstellungen oder Urteile ihrer Voraussetzungen und Wertungen bewußt werden und sie formulieren. Das führt sie auf gemeinsamen Boden der Auseinandersetzung darüber, ob und wieweit methodische Aufarbeitung der Quellen eine Bestätigung dieser oder jener Geschichtsauffassung gibt oder deren Modifizierung, vielleicht gar ihre Aufgabe, nahelegt. Anders ausgedrückt, diese Didaktik verlangt, daß über die Geschichtssicht zwischen verschiedenen Positio-

nen oder Wertsystemen auf eine wissenschaftlich fundierte, vernünftige
Weise verhandelt werden kann. Dabei wird nicht, platte Geschichtsfäl-
schungen oder Lügen natürlich ausgenommen, die „Wahrheit" festgestellt durch die Aufgabe der einen Position zugunsten einer anderen,
sondern in aller Regel erfolgt eine Erweiterung beider Positionen in der
Weise, daß sie die Perspektiven ihrer Gegner aufnehmen, begreifen, unterschiedlich gewichten und in einem offenbleibenden Diskurs ihre
Deutungen gesprächsfähig halten. Da diese Deutungen eben von gegenwärtigen Wertsystemen, Normen, Zielen und Interessen mitbestimmt sind, heißt das zugleich, daß die verschiedenen politischen „Lager", die miteinander in einer Gesellschaft leben müssen, auf diese
Weise sich nicht nur hinsichtlich der Geschichtsdeutung, sondern auch
der politischen Normsetzungen gesprächsfähig halten und sich nicht,
mit Hilfe der Geschichte, eine hermetische „symbolische Sinnwelt"
bauen, in der es nur Freund oder Feind gibt.[14]
Eine solche Didaktik wird auch über die Forderung, der Geschichtsunterricht solle „handlungsorientiert" sein, differenzierter denken. Er
wird die Fundierung gegenwärtigen Handelns und Verhaltens im gesellschaftlichen Raum viel eher auf politische Moral und politische
Pragmatik gründen wollen als auf historische Herleitungen. Aus geschichtlicher Einsicht sind Handlungsmaximen schwerlich abzuleiten,
weil diese Einsicht uns immer wieder vor Ambivalenzen führt. Wir
brauchen für politisches Verhalten und Handeln nicht das Sicherheits-
netz eines festen Geschichtsbildes; wir brauchen historische Kenntnis
und geschichtliches Bewußtsein, um die Komplexität der Bedingungen, die Variabilität der Möglichkeiten und auch die Gewißheit der Folgen unserer Handlungen nicht zu vergessen: Wen die Geschichte „beflügelt", der ist meist schlechter beraten als der, den sie in seinen
eigenen Handlungen vorsichtig, im Sinne des Wortes „um-sichtig"
macht. Wer vorgibt, Handlungsmaximen nur mittelbar aus geschichtlicher Erkenntnis ableiten oder gar, durch Unterricht, anderen als richtig
nahebringen zu können, beansprucht indirekt, die Wahrheit der Ge-

---

[14] Skeptisch urteilen über diese Möglichkeit Berger, Luckmann (Anm. 3), S. 116f: „In der
Geschichte haben bessere Waffen, nicht bessere Argumente über den Aufstieg und Fall
von Göttern entschieden. Dasselbe gilt natürlich von innergesellschaftlichen Konflikten.
Wer den derberen Stock hat, hat die besseren Chancen, seine Wirklichkeitsbestimmung
durchzusetzen ..., was freilich nicht ausschließt, daß politisch uninteressierte Theoretiker einander überzeugen, ohne zu massiveren Bekehrungsmitteln zu greifen." Wäre dieses ein historisches „Naturgesetz", müßten Geschichtswissenschaft und Geschichtsunterricht durch Rationalisierung die kontroversen „symbolischen Sinnwelten" normativ
und kognitiv stützen und nicht – vergeblich – zu vermitteln suchen. Der Ausweg aus
diesem Dilemma zwischen Erfahrung und Erwartung liegt darin, daß durch den Gang
der Geschichte unsere lebensweltlichen „Sinnwelten" immer nachdrücklicher nicht
nach dem Überleben mit Hilfe des „derberen Stocks", sondern nach gemeinsamen vernünftigen Anstrengungen der Menschheit auf dem eng gewordenen Globus verlangen
und auf diese Weise eine Koinzidenz zwischen den Methoden des wissenschaftlichen
Diskurses und den politischen Handlungsmaximen möglich wird.

schichte, auch der kommenden Geschichte, zu kennen; er gibt Falschgeld aus und überzieht das Konto unserer Erkenntnisfähigkeit im Hinblick auf die Vergangenheit. Das Eigentümliche ist nun, daß jedermann diese Aussage nachdrücklich unterstützt, wenn sie sich gegen Geschichtsvorstellungen richtet, die ihm nicht passen, aber sie auf die eigenen Geschichtsdeutung anzuwenden sich entschieden weigert.

Diese Einsicht, als Erfahrung aus der geschichtsdidaktischen Situation der 60er und 70er Jahre, vertieft durch Einsetzen der Studien zur Geschichte der Geschichtsdidaktik, war der Anlaß, jeder materialen, dinglichen Grundlegung einer Geschichtsdidaktik die zweifellos kompliziertere These entgegenzustellen, daß es im Unterricht nicht darum gehen könne, ein Geschichtsbild als „Abbild" der Vergangenheit zu vermitteln, auch nicht, bloßes „Verständnis" für vergangene Zeiten zu entwickeln, sondern Geschichte als gegenwärtigen Bewußtseinszustand zum Gegenstand der Geschichtsdidaktik zu machen.

Eine solche Position stößt natürlich sogleich auf den Relativismusvorwurf. Wenn gegenwärtige Wertsysteme, Normen, Interessen oder Perspektiven als konstituierende Faktoren der Geschichtsvorstellung anerkannt werden – welches ist dann das „richtige" Geschichtsbild? Anders gefragt, welche Wertsysteme und Interessen konstituieren das „wahre" Geschichtsbild, das der Unterricht vermitteln soll? Diese Fragen sind falsch gestellt. Sie provozieren Antworten, die entweder zum Agnostizismus führen oder eine gegenwärtige Wertsetzung oder Interessenkonstellation voluntativ verabsolutiert und als normativ für die Bestimmung des „richtigen" Geschichtsbildes ausgibt. Dies aber führt zur Beliebigkeit oder zur Dogmatik der Geschichtsvorstellungen. Der andere Ausweg aus dem Relativismusproblem ist nicht minder eine Selbsttäuschung: Zu behaupten nämlich, man gebe durch strenge methodische Disziplinierung und Objektivierung seine Erkenntnis eine von gegenwärtigen Vorgaben freie, reine Form, die unabhängig von Perspektiven der Lebenswelt gültig sei. Dies würde, wenn es denn möglich wäre, jede Bedeutung der Geschichte für das Leben abschaffen oder bestenfalls privatisieren. Der Wertgebundenheit historischer Rekonstruktionen entgeht man weder durch die Dogmatisierung einer Norm noch durch die Illusion ihrer gänzlichen Überwindung durch Methode. Dem „Relativismus" begegnet man allein durch Thematisierung und Prüfung, nicht durch Tabuisierung oder Verdrängung der Erkenntnisbedingtheiten.

Eine Didaktik, die den Begriff des Geschichtsbewußtseins ernst nimmt, muß den Eskapismus, mit dem diese Positionen dem Relativismusproblem voluntativ zu entkommen versuchen, überwinden. Der „Fehler" liegt nicht in der Wertgebundenheit gegenwärtiger politischer, sozialer, ideologischer Perspektiven beim Blick auf die Geschichte, also in Fragestellungen, die aus Entscheidungszwängen der Gegenwart folgen, sondern entsteht dann, wenn der geschichtliche Rückblick allein zur Bestätigung solcher Wertungen und zur Abwehr anderer führt, wenn mit Hilfe historischer Konstruktionen gegenwärtige Positionen sakrosankt gemacht werden sollen. Umgang mit Geschichte, wie ihn eine Didaktik des Geschichtsbewußtseins lehren will, muß beides zugleich ernst nehmen und auf die Probe stellen: die gegenwärtigen Perspektiven, Wertungen und Interessen, mit denen wir in die Geschichte hineinfragen und die uns verschiedene historische Wahrnehmungen und Urteile nahelegen auf der einen Seite, die methodische Prüfung solcher Geschichtsvorstellungen, wie die Geschichtsforschung sie vornimmt, auf der anderen Seite. Das heißt, historische Erzählungen, Feststellungen, Urteile, Wertungen in ihrer Funktionalität zu begreifen und die Grenzen ihrer Geltung abzustecken.

In der Auseinandersetzung einer Neufundierung der Geschichtsdidaktik will also die Position, die auf das Geschichtsbewußtsein abhebt, nicht ein historisches Erklärungsmuster durch das andere ersetzen; sie hat vielmehr den Aufbau von Geschichtsbewußtsein zu ihrem Gegenstand erklärt, die Bedingtheit historischer Erklärungen und Urteile einerseits, die methodische historische Fundierung gegenwärtiger Wertvorstellungen in ihren Grenzen andererseits als den fundamentalen Zugriff des Geschichtsunterrichts gesehen. In der Vielfalt der mentalen Prozesse, in denen sich die Menschen in ein Verhältnis zur Vergangenheit setzen, trägt der Geschichtsunterricht als auf Dauer gestellte, institutionalisierte und methodische Veranstaltung eine besondere Verantwortung. Diese Position ist nicht auf eine bestimmte politische, ideologische, wissenschaftstheoretische Richtung festgelegt; sie muß alle Gegenwartsperspektiven, mit denen die Geschichte in unsere Lebenswelt hineingeholt wird, als gegeben ernst nehmen, auch und gerade die problematischen. Sie muß sie zwingen, ihre historischen Rekonstruktionen an methodisch-fachlichen Standards zu prüfen, sich Falsifikationsansprüchen zu stellen und im Hinblick auf die den geschichtlichen Rückblick konstituierenden gegenwärtigen Interessen und Werten keinen intertemporalen, interpersonalen Absolutheitsanspruch zu erheben. Damit sind die „Standpunkte" nicht relativiert, im Gegenteil, ihre konstitutive Rolle auch für das Geschichtsdenken wird ausdrücklich anerkannt und ernstgenommen; sie sind als relative und partiell gültige, aber notwendige Elemente historischer Rekonstruktion für die Geschichtsvorstellung überhaupt erst thematisierbar erkennbar und auch im Hinblick auf ihre Normsysteme, die „underlying assumptions", ausweispflichtig geworden.

Diese recht abstrakt und in kurzen Zügen dargelegte Grundposition, die sich in den 70er Jahren entwickelt hat, ist nun vielfältig und im einzelnen, an Beispielen und modellhaft, fortentwickelt worden. Der Begriff „Geschichtsbewußtsein" hat sich insofern bereits als Fundamentalkategorie und nicht als Leerformel erwiesen, als er sowohl theoretische Fundierungen wie empirische Erkundungen von Geschichtsbewußtsein bei verschiedenen gesellschaftlichen Gruppen, an verschiedenen Gegenständen, in verschiedenen Medien angeregt hat.

Ohne daß damit das durch diesen Begriff erschlossene Forschungsfeld auch nur entfernt abgeschritten wäre, konnte sich der so konkretisierte Begriff nicht nur in der nationalen Geschichtsdidaktik, sondern auch im internationalen Gespräch eine beachtete und über die Grenzen hinaus wirkende Stellung erringen.[15] Im folgenden soll nur in kurzen Thesen das Interesse des Geschichtslehrers nach den Möglichkeiten einer unterrichtlichen Realisierung eines solchen fundamentalen Zugriffs angesprochen werden.[16]

3. „Geschichtsbewußtsein" als Maßstab für Lernziele und Denkformen im Unterricht

Ich kann hier unter Verweis auf die breite Literatur meine Hinweise auf zwei grundsätzliche Überlegungen konzentrieren, die es erlauben, aus der Fundamentalkategorie nicht nur Anstöße für empirische Untersuchungen und theoretische Grundlegung der Didaktik, sondern auch für konkretes Planen und Handeln im Unterricht zu entwickeln.

Die erste Bemerkung: Um den Umgang mit Geschichte aus der Blindheit zu lösen, die ihn gewöhnlich im gesellschaftlichen und politischen Alltag charakterisiert, ist es notwendig, methodisch verschiedene Operationen oder Dimensionen des Denkens und Urteilens zu trennen, die in historischen Vorstellungen sich gewöhnlich ununterscheidbar miteinander verbinden. Notwendig ist eine solche, Distanz zu eigenen Geschichtsvorstellungen schaffende methodische Trennung, weil sie die Selbstreflexion auf die naiven Gewißheiten ermöglicht und die Voraussetzungen unserer historischen Vorstellungen auf eine sehr elementare Weise zu klären erlaubt. Es verbinden sich in allen historischen Vorstellungen subtil oder massiv drei methodisch zu unterscheidende Operationen:

— die Beschreibung oder Analyse eines aus historischen Zeugnissen rekonstruierten Faktums, sei es ein Zustand oder ein Vorgang, also die Klärung des historischen Sachverhaltes, die Sachanalyse;
— die historische Bedeutungszuweisung, d.h. die Einordnung dieses Faktums in einen größeren Zusammenhang von Ursachen und Wirkungen und die Zumessung einer historischen Kraft – also ein Urteil

---

[15] S. die Mitteilungen der Internationalen Gesellschaft für Geschichtsdidaktik, hg. v. Karl Pellens, Nr. 6ff. (1985ff.).
[16] Die Intensität, aber auch die Schwierigkeit empirischer Untersuchungen von Geschichtsbewußtsein s. vor allem bei Bodo v. Borries, Geschichtslernen und Geschichtsbewußtsein. Empirische Erkundungen zu Erwerb und Gebrauch von Historie, Stuttgart 1988 (mit ausführlichem Literaturverzeichnis). Zur theoretischen Diskussion s. Jörn Rüsen, Ansätze zu einer Theorie, und Karl-Ernst Jeismann, Geschichtsbewußtsein. Überlegungen zur zentralen Kategorie eines neuen Ansatzes der Geschichtsdidaktik, in: Süssmuth (Hg.) (Anm. 13), S. 50-108.

über die Stellung dieses Faktums im Zusammenhang der Epoche oder der aufeinanderfolgenden Perioden der Geschichte, das über die bloße Erhellung und Deskription des Sachverhaltes hinausgreift und nicht allein aus den Quellen abzuleiten ist, die sich auf diesen Sachverhalt beziehen. Dieses historische Sachurteil erlaubt und erzwingt eine erheblich größere Bandbreite der Deutungsmöglichkeiten, weil unterschiedlich tiefe oder breite Verknüpfungen, Ursachen und Folgen gesehen werden können, verschiedenartige Zusammenhänge herstellbar sind und schließlich deshalb, weil die weitergehende Geschichte immer neues Licht auf vergangene Zustände und Vorgänge wirft – erschöpfende historische Sachurteile wären erst am Ende der Geschichte möglich;

– die Herstellung einer Beziehung zwischen dem historischen Faktum und seiner geschichtlichen Bedeutung einerseits, einer persönlichen oder sozialen Betroffenheit andererseits ist die dritte Operation, die den unmittelbaren Lebensbezug historischer Erscheinungen betrifft. Bei dieser Operation fließen die Aussagen über Sachverhalte und das historische Urteil im Selbstverständnis zusammen zu einem historischen Werturteil, das je nach Art der Betroffenheit des Betrachters unterschiedlich ausfallen kann.

Offenbar wird das Miteinander dieser drei Dimensionen am deutlichsten in der Zelebrierung von Gedenktagen. Zur Erinnerung an die Reformation, an die Erstürmung der Bastille, an die Reichsgründung, an den 8. Mai 1945 werden in den verschiedenen Nationen oder Konfessionen, den verschiedenen Parteien sehr unterschiedliche Beziehungen zwischen Sachverhalt, Sachurteil und Werturteil hergestellt. Wenn in der gegenwärtigen Diskussion um die Vereinigung der Bundesrepublik und der DDR, wie Günter Grass es kürzlich tat[17], mit historischen Argumenten ein sogenannter deutscher „Einheitsstaat" als nicht wünschbar erklärt wird – weil eben Deutschlands historischer Weg immer eine politische Vielfalt aufgewiesen habe und der Versuch, sie zu einem Nationalstaat zusammenzufassen, in die Katastrophe geführt habe und also wieder führen könne – so verbinden sich in dieser pauschalen, aber durchaus handlungsleitenden Argumentationskette der Anspruch, eine zutreffende Analyse eines historischen Sachverhalts zu geben, ein eindeutiges Sachurteil über dessen Bedeutung im Zusammenhang der letzten 100 Jahre im europäischen Kontext und eine gegenwartsbezogene Wertung, aus der eine Nutzanwendung, also das Plädoyer für eine deutsche „Konföderation" anstelle eines Bundesstaates, abgeleitet wird. Auf diese Weise wird mit Geschichte als Legitimationsmaterial für eine gegenwärtige politische Wertentscheidung operiert. In dem Moment, wo man die drei Operationen, die sich in dieser Darlegung miteinander verbinden, methodisch voneinander trennt, wird eine solche Aussage prüf-

---

[17] Die ZEIT 7 (7.2.1990), S .61.

bar und diskutierbar – sowohl von einer anderen politischen Wertpräferenz her wie auch im Hinblick auf die Analyse von Sachverhalten oder die Konstruktion von Sachurteilen. Es wären dann eine Reihe von Fragen an die historische Argumentation zu stellen: Etwa die, ob es an der Größe oder nicht vielmehr an der Verfassung des Zweiten Reiches gelegen habe, an seinen sozialen und politischen Widersprüchen, die – und dies wiederum nicht ohne Mitverursachung der umgebenden Mächte – in den Ersten Weltkrieg führten; ob eine Konföderation zwischen Bundesrepublik und DDR auch nur entfernt vergleichbar wäre mit der Struktur des alten Reiches oder des Deutschen Bundes; warum gerade die liberalen und demokratischen, auch die sozialdemokratischen und kommunistischen Parteien so engagiert gegen die konservativen für den nationalen Verfassungsstaat eintraten – also jene Parteien, in deren Nachfolge sich durchaus die Grass'sche Argumentation sieht usw. Die Suche nach Sachverhalten, die Erwägung von Sachurteilen, die der politischen gegenwärtigen Wertung nicht entsprechen, macht die historische Vergewisserung solide, nimmt dem gegenwärtigen politischen Wollen die Scheinsicherheit historischer Herleitung und zwingt es, sich zunächst aus sich selbst, aus den gegenwärtigen Verhältnissen und den zukünftigen Erwartungen und den politischen Normen zu legitimieren, macht es diskussionsfähig etwa mit der Position, die auf eine gesamtdeutsche Bundesrepublik hinzielt, und setzt auf diese Weise die Gesellschaft mit ihren unterschiedlichen Standpunkten sowohl zur Vergangenheit wie zwischen den „Parteien" in ein der Reflexion fähiges, also rationales Verhältnis.

Diese am Beispiel angedeutete Dreidimensionalität, die das historische Element unserer Orientierung in der Zeit in den Zusammenhang von Vergangenheitsdeutung, Gegenwartsverständnis und Zukunftserwartung rückt, findet sich im kleinen wie im größten Maßstab immer wieder, von naiven bis zu hochkomplizierten Verflechtungen. Sobald es in die Reflexion und die Selbstreflexion gehoben wird, können wir von „Geschichtsbewußtsein" sprechen.[18]

Das Wechselverhältnis der drei Operationen, die sich auf den Sachverhalt, auf das Sachurteil und auf die Wertung von Vergangenheit beziehen, ist unaufhebbar. Man entkommt ihm nicht durch Leugnung oder Abkehr. Es geht darum, es aufzudecken und beherrschbar zu machen. Beherrschbar: Das heißt im weitesten Sinne, den Zusammenhang zwischen interessengebundenen Rückfragen und Wertungen, historischer Vergewisserung und historischer Urteilsbildung kenntlich zu machen. Nun ist es nicht so, daß sich die Geschichtsvorstellungen von der Analyse des Sachverhaltes ausgehend über eine weit ausgreifende Prü-

---

[18] Nähere Ausführungen dazu s. Karl-Ernst Jeismann, Didaktik der Geschichte: Das spezifische Bedingungsfeld des Geschichtsunterrichts; Grundfragen des Geschichtsunterrichts, in: Günther C. Behrmann, Karl-Ernst Jeismann, Hans Süssmuth, Geschichte und Politik. Didaktische Grundlegung eines kooperativen Geschichtsunterrichts, Paderborn 1978, S. 50-108. Ebenso: ders., Geschichtsbewußtsein (Anm. 16)

fung der Sachurteile bis zu einer darauf aufbauenden Wertung entfalte-
ten; vielmehr ist es in aller Regel umgekehrt: Die Betroffenheit in der
Gegenwart, die Wertung – meist selbst schon aus historischen Gründen
übernommen, oft aber auch aus einer gegenwärtigen Selbstbestimmung
abgeleitet – greifen auf das Sachurteil zurück und führen von daher zu
einer bereits selektiv vorgenommenen Wahrnehmung des historischen
Sachverhaltes. Die Stellung im Leben bestimmt die Deutung der Geschichte: Das Lutherbild in der katholischen Geschichtsschreibung am
Ende des 19. Jahrhunderts ist nur eins von vielen Beispielen; auch Helga Grebings „schwarze" und „weiße" Linie der deutschen Geschichte
als sachurteilhafte Deutung kommt von der gegenwärtigen, freilich in
historische Dimensionen eingebetteten Wertung zu der Einordnung und
Analyse von Sachverhalten, die in dieses Urteil passen; ich will gar
nicht hinweisen auf das Geschichtsbild der neuen Rechten, das diese
wertgesteuerte Sachurteilsbildung und Sachverhaltsinterpretation in einer Weise präsentiert, deren Normsetzung sich im historischen Rückgriff selbst widerlegt und, konsequenterweise, ihre gegenwärtigen
Wertsysteme der Diskussion entzieht. Innerhalb dieses vielfältigen Vorganges gibt es die unterschiedlichsten Facetten und Schwerpunktset-
zungen. Formen historischen Lernens können in dieser Weise aufgefaßt
werden als Formen historischer Rekonstruktion mit ganz bestimmten,
unterschiedlichen Funktionen und Lernzwecken. So entstehen im Zusammenwirken dieser drei Dimensionen bestimmte Traditionslinien,
Exempla-Reservoire, kritische Potentiale oder Entwicklungskonstrukte:
vier Formen, auf die Jörn Rüsen nachdrücklich aufmerksam gemacht
hat und die man kennen muß, um zu wissen, was man tut, wenn man
Geschichte unterrichtet.[19]

Nochmals: Es kann dabei nicht darum gehen, von den Stellungnahmen und gegenwärtigen Wertungen, also von der Betroffenheit durch
Geschichte wegzukommen, sondern die Spannung zu verdeutlichen
und auszuhalten, in der solche Wertungen mit der historischen Erfahrung stehen. Die Ambivalenz, besser, die Multivalenz historischer Erkenntnis als Erkenntnischance zu nützen, ist die Grundregel eines Geschichtsunterrichtes, der auf dieser Position steht.

Werden unterschiedliche Geschichtsdeutungen auf diese Weise diskutierbar gemacht, wächst die Chance, auch differenzierende Gegenwartspositionen miteinander ins Verhältnis zu setzen in Abgrenzung
und prüfender Distanz. Bei solcher Diskussion historischer Sachverhalte unter der Anerkennung der Möglichkeit verschiedener Wertorientie-
rungen in der Gegenwart könnte dann das entstehen, was Hermann

---

[19] Jörn Rüsen, Ansätze zu einer Theorie des historischen Lernens I, II, in: Geschichtsdidaktik 10 (1985), S. 249-266, 12 (1987), S. 15-27, und der Versuch einer Zuordnung
dieser Formen historischen Erzählens und historischen Bewußtseins mit den drei Dimensionen des Geschichtsdenkens bei Karl-Ernst Jeismann, Geschichtsbewußtsein als
zentrale Kategorie der Geschichtsdidaktik, in: Gerhard Schneider (Hg.), Geschichtsbewußtsein und historisch-politisches Lernen, Pfaffenweiler 1988, S. 1-24.

Lübbe als „Konsensobjektivität" bezeichnet hat: Also keine Aufhebung oder Überwältigung des einen oder anderen Standpunktes, sondern eine Bereicherung und Modifizierung der Standpunkte selbst und eine vielfältigere, mehrdimensionale historische Wahrnehmung, von der im Hinblick auf die Orientierung der Gegenwart mehr zu erwarten ist als von einlinigen historischen Rekonstruktionen.[20]

Aus dieser Überlegung ergibt sich als Postulat für den Unterricht: Eine Unterrichtssequenz sollte methodisch diese drei Operationen reflektiert durchlaufen. Wie das geschehen kann, hängt nun vom Gegenstand und von der Klassenstufe ab, kann von der Erarbeitung einfacher Formen historischer Argumentation bis zur Einführung in geschichtsphilosophische Entwürfe gehen. Die Entwicklung der Fähigkeit, Geschichte auf eine reflektierte Art ins Gegenwartsbewußtsein zu holen, steht jenseits einer Identifikations- oder Emanzipationsdidaktik, wehrt sich gegen Legitimationszugriffe auf den Geschichtsunterricht, toleriert andererseits unterschiedliche Wertpositionen der Gegenwart und verschiedene Sachurteile und Sachanalysen unter der Bedingung, daß die Wertsteuerungen bewußt gemacht werden und die Sachurteile und die Sachanalyse methodischen Kriterien verpflichtet sind.

Der zweite Hinweis: Aus dieser Formulierung des Hauptzieles jeden Geschichtsunterrichtes sind die wesentlichen Denk- und Erkenntnisverfahren zu begründen, die für die konkrete Unterrichtsplanung und die Unterrichtsdurchführung die Operationalisierung dieser Grundforderung ermöglichen und handhabbar machen. Aus solcher Aufschlüsselung können formale Lernziele gewonnen werden, die in Adäquanz zu der Grundaufgabe des Geschichtsunterrichtes stehen und sich jeweils an bestimmten Gegenständen und bestimmten Adressatengruppen konkretisieren lassen. Ich habe früher ausgeführt und dargestellt, wie für den Bereich der Sachanalyse und des Sachurteils und der Wertung im Hinblick auf verschiedene Lernzielebenen kognitiver, operativer und emotionaler Art Denkweisen und Frageperspektiven, Begriffe und Denkfiguren entwickelt werden können, die es erlauben, die drei Dimensionen der Geschichtswahrnehmung mit Schülern methodisch zu erarbeiten und eine genauere Lernzielplanung für den konkreten Unterricht zu entwickeln. Solche Instrumente sind weder erschöpfend darzulegen noch sind sie dogmatisch zu handhaben: Sie sind erst verständlich aus dem Gesamtzusammenhang, der oben entwickelt wurde, und stehen der Erweiterung und Schärfung immer offen.[21]

---

[20] Hermann Lübbe, Wer kann sich historische Aufklärung leisten? in: Oelmüller (Anm. 9), S. 31ff.

[21] S. den Versuch, solche pragmatischen Instrumente der Unterrichtsplanung und -praxis zu entwickeln in: Karl-Ernst Jeismann, Didaktik der Geschichte, wieder aufgenommen in ders., Geschichtsbewußtsein, und die Anwendung dieser Instrumente in flexibler Form in den von Günther C. Behrmann hg. Unterrichtsmodellen „Geschichte/Politik, Unterrichtseinheiten für ein Curriculum, Paderborn 1976ff.

Ein Unterricht, der in Planung und Verlauf solchem Prinzip folgt, hat
es immer damit zu tun, stets vorhandenes, wenn auch bisweilen ver-
stecktes „Geschichtsbegehren" und das elementare Bedürfnis nach einem festen „Geschichtsbild" nicht als „irrational" zurückzuweisen, sondern als motivierenden Antrieb aufzugreifen und, über das bloße,
historistische „Verstehen" hinaus in gegenwartsbezogenes Geschichtsbewußtsein zu transformieren. „Geschichtsbewußtheit" zu entwickeln,
heißt nicht, wie man mißverstehend gemeint hat, in kognitiver Abgeho-
benheit „akademisch" zu verfahren[22], es heißt vielmehr, Emotionen
durch Rationalität zu klären und das Denken und Erkennen mit Interessen und Wertgefühlen zu verbinden.

Eine solche Zielsetzung bedarf keiner anderen als der bisher bekannten und angewendeten Unterrichtsverfahren. Daß die bloße, auf Tradi-
tionsvermittlung gezielte Lehrererzählung, die neuerdings in einer selt-
samen Verwechslung der „narrativen Struktur" aller Geschichte mit der
Unterrichtsform der darbietenden Erzählung favorisiert wurde, nicht
ausreicht, um die Reflexionsprozesse in Gang zu setzen, die zu Geschichtsbewußtsein führen, braucht nicht eigens erwähnt zu werden.
Wesentlich ist lediglich, daß in die unterschiedlichen Verfahrensweisen
von der Erzählung bis zum quellenorientierten, „entdeckenden" Lernen
von Geschichte immer die Rückwendung auf das Erkennen der jeweils
gegenwärtigen, lebensweltlichen Erkenntnisinteressen und Wertsysteme eingebracht wird – sowohl fremder und vergangener wie eigener –,
durch welche geschichtliche Rekonstruktionen ihre jeweilige „Relevanz" gewinnen. Dies ist nicht mißzuverstehen als schiere „Ideologie-
kritik", die in der Regel lediglich an fremden Positionen geübt wird,
sondern als Aufforderung, die Bedingtheit historischer Rekonstruktionen wahrzunehmen und in Beziehung zu den historischen Erkenntnismöglichkeiten einerseits, zu differierenden Urteilen und Wertungen andererseits zu setzen.

---

22 So bei Klaus Remus, Nationalbewußtsein und Geschichtsbewußtsein. Eine empirische
   Untersuchung, in: Gerd Schneider (Hg.), Geschichtsbewußtsein, S. 103ff. Hier wird infolge unvollständiger Lektüre die Position der Didaktik, die ich zu entwickeln versuchte
   (so bei der Identifizierung dieser Vorstellung mit Theodor Schieders wichtigen, aber in
   ganz anderen Kontext stehenden Definitionen des Geschichtsbewußtseins), ebenso Verwirrung gestiftet wie durch die Vermischung empirischer und pragmatisch-normativer
   Perspektiven. Daß Geschichtsvorstellungen, wie sie vorfindbar sind, keineswegs kognitiv
   überprüfte Konstrukte sind, sondern Identifikations- und Legitimationsfunktionen dienen
   und emotional bzw. affektiv grundiert sind, ist ein längst, auch und gerade von der Didaktik des Geschichtsbewußtseins aufgegriffenes Phänomen und kann nicht als Einwand
   gegen sie angeführt werden; daß auf der anderen Seite der Geschichtsunterricht in seiner
   Zielsetzung und Methode allerdings – was denn sonst? – ein „kognitiv-edukatives" System sein muß, will er nicht bloß Identifikationen oder Legitimationen affektiv verstärken
   (was er häufig genug tat und tut), widerspricht dem nicht, sondern folgt daraus. Zu dem in
   diesem Beitrag nicht berücksichtigten Versuch der begrifflichen Abgrenzung und Zuordnung von affektiven und rationalen Elementen durch Klärung der Begriffe „Geschichtsbegehren", „Geschichtsbild", „Geschichtsverständnis" und „Geschichtsbewußtsein" s.
   Karl-Ernst Jeismann, Geschichtsbewußtsein (Anm. 16), S. 12ff.

Vergegenwärtigt man sich, welchem Wechsel der historischen Interpretation, welchem Austausch historischer Interpretationen jene Jahrgänge ausgesetzt waren, deren Geschichtsbild während der Weimarer Republik durch den Unterricht geprägt wurde, wird man auch ohne exakte empirische Untersuchung sagen dürfen, daß die abwechselnden Zumutungen von Geschichtsbeschwörungen, Traditionsansprüchen, kritischer Revision solcher Ansprüche und abermaliger Widerlegung solcher Kritik in Antagonismen verschiedener „Historikerstreite" verwirrend, destabilisierend oder resignativ wirken mußten, wenn nicht die Fähigkeit und der Wille bestand, sich selbst in der Spannung zwischen Vergangenheitsdeutung und Gegenwartsverständnis bei wechselnden oder gar sich überstürzenden Erfahrungen der Realgeschichte zu orientieren. Solche Fähigkeit zu entwickeln, wird aller Wahrscheinlichkeit nach auch den heutigen Schülern besser helfen, sich in den künftigen Wechselfällen des kommenden Jahrtausends orientierungsfähiger zu verhalten als die Vermittlung eines festen „Geschichtsbildes" oder eines statischen Wissensgerüstes am chronologischen Leitfaden, der wiederum schon die verkürzte und erstarrte Form perspektivischer und also einseitiger Rückblicke darstellt.

4. Entwicklung von Geschichtsbewußtsein im Unterricht. Utopie oder Maxime der Praxis?

Es gibt Stimmen, die den didaktischen Ansatz, der mit dem Begriff „Geschichtsbewußtsein" umschrieben wird, als bloß theoretisch, vielleicht gar als utopisch bewerten und in die Rubrik der sog. Sonntagsdidaktik einordnen. Das läßt sich unschwer erklären. In der Tat verlangt diese didaktische Maxime zunächst vom Lehrer eine nicht überall selbstverständliche Reflexion auf die Bedingungsfaktoren historischer Erkenntnis, verlangt, über die bloße Einführung in die positive, empirische Geschichtsforschung, die ja den Löwenanteil des Geschichtsstudiums ausmacht, eine Vertiefung in die erkenntnistheoretischen Dimensionen der Geschichtswissenschaft, in die Historik, eine Befassung mit verschiedenen Positionen der Geschichtstheorie und eine Kenntnis der Denkformen, durch welche historische Rekonstruktionen gesteuert werden. In diesen Bereich gehört auch eine Berührung mit der Wissenssoziologie, der Geschichtsphilosophie und vor allem mit der Geschichte der Historiographie und wenigstens einiger bedeutenden Geschichtsdeutungen jenseits unseres eigenen nationalgeschichtlichen Horizonts. Eine Sensibilität für historische Elemente, die unser gegenwärtiges Selbstverständnis bestimmen und, ist man erst einmal darauf aufmerksam geworden, einem jeden Tag in den Medien entgegentreten, gehört sicher zu den Voraussetzungen eines Geschichtsunterrichtes, der sich der Anforderung stellt, Geschichtsbewußtsein zu entwickeln. Aber auch von den Schülern verlangt ein solcher Geschichtsunterricht wenn nicht besonders schwierige, so doch besonders ungewöhnliche Anstrengungen, weil er sie daran gewöhnen muß, gleichsam gegen den Strich gewohnter oder lieb gewordener, mit Engagement ergriffener Vorstellungen von Geschichte zu denken, die historischen Wertungen und Deutungen, die ihm von überall her angeboten werden und mit der Kraft mentaler Tendenzen und Wertansprüche auftreten, sich distanzierend auseinanderzusetzen. Wer im Geschichtsunterricht mit den Wölfen heult, von weither kommende oder aktuell gängige Identifikationsmechanismen durch historische Unterfütterung vertieft und bestärkt, Angebote sicherer und unreflektierter Orientierung in die Klasse trägt, der hat es leicht, Geschichte zu unterrichten, weil er vorgegebene Wertungen bestätigt. Empirische Untersuchungen mit einem Unterricht, der nach dem von mir vorgelegten Prinzip angelegt war, zeigen, daß die Schüler im Bereich der Sachanalyse eine ganze Menge lernen können, im Bereich der Wertung, der eigenen Stellungnahme zu historischen Phänomenen, die sich mit gegenwärtigen verbinden, jedoch nur schwer zur Veränderung von Einstellungen zu bewegen sind.[23] Die generelle Schwierigkeit, Vorurteile, Stereotypen, Wertprägungen durch Aufklärung, d.h. durch genaueres Wissen und schärferes Denken zu verändern, zeigt sich auch und gerade bei einem solchen Geschichtsunterricht, der den Willen und die Fähigkeit zur Kritik eigener Positionen entwickeln will. Der archimedische Punkt, an dem ein solcher Unterricht ansetzen kann, ist dabei das Sachurteil – also die mittlere Dimension, die zwischen der gegenwartsbestimmten Stellungnahme und Wertung einerseits, zwischen der rationalen Analyse der Zeugnisse der Vergangenheit andererseits vermittelt. Hier eröffnet sich dem Unterricht ein weites Spektrum der Einübung in den Umgang mit geschichtlichen Aussagen vom einfachen Bezug bis zu komplexen Zusammenhängen. Bei der Diskussion um das Sachurteil können sich Geschichtslehrer als Experten nicht zurückziehen auf die bloße Sachanalyse; sie können andererseits ebensowenig wie die Schüler, bei denen diese Neigung ausgeprägt ist, in lebensweltlich vorgegebenen, oft emotional fundierten Wertungen verharren. Vielmehr wird die Wertung unter Beweiszwang gesetzt und das bloße historische Faktum unter die Bedeutungsfrage gerückt. Selbst wenn sich bei solcher Einübung gegenwartsorientierte, wert- und interessenbestimmte Deutungen nicht verändern lassen, so erhalten sie eine andere Qualität, wenn sie sich diskursiv in Auseinandersetzung mit anderen Perspektiven ausweisen müssen.

Solche Diskussionen sind keine utopischen, in der Praxis des Unterrichts nicht zu realisierende Vorgänge. Sie sind durchaus zu planen und zu „veranstalten"; multiperspektivische oder kontroverse Materialien

---

[23] S. dazu die empirische Untersuchung von Geschichtsunterricht: Karl-Ernst Jeismann u.a. (Hg.), Die Teilung Deutschlands als Problem des Geschichtsbewußtseins. Eine empirische Untersuchung über Wirkungen von Geschichtsunterricht auf historische Vorstellungen und politische Urteile, Paderborn 2. Aufl. 1988 (= Geschichte, Politik, Bd. 4), S. 86ff.

als Übungsgegenstände sind ebenso zugänglich wie die immer wieder neu produzierten Wertungen und Sachurteile zu historischen Themen in den Medien, die Anlaß zu kritischen Rückfragen auf die historische Sachanalyse und die Werturteile geben, die unsere geschichtlichen Vorstellungen mitbestimmen. Ein Unterricht freilich, der unter Zeitdruck eines erdrückenden Wissenspostulates an der Zeitleiste entlang hetzen muß, dem die Gelegenheit, verschiedene Zugriffe auf die Geschichte einzuüben oder vertiefend bei Kontroversen zu verweilen, nicht gegeben wird, wird es schwer haben, „Geschichtsbewußtsein" in dem hier ausgeführten Sinne zu entwickeln.[24]

Dies wäre nicht nur bedauerlich im Hinblick auf die Fähigkeit der Gesellschaft, sich in ein „vernünftiges", d.h. von Einsicht und Reflexion gesteuertes Verhältnis zur Vergangenheit zu setzen; es wäre auch bedauerlich für die politische Kultur und den Stil der Auseinandersetzung um gegenwärtige Streitfragen. Ich habe oben Günter Grass in seinem Artikel in der ZEIT vom 7. Februar zitiert, in dem er mit historischen Argumenten gegen die Vereinigung der beiden deutschen Staaten in einem Bundesstaat plädiert und eine deutsche Konföderation zweier selbständiger Staaten vorzieht. Ich halte seine historischen Argumente im Lichte einer Sachanalyse nicht für stichhaltig, sondern für Zeugnisse der Legitimation einer von politisch-moralischen, vielleicht auch von pragmatischen Erwägungen her gesteuerten gegenwärtigen Position. Aber Günter Grass legt seine Argumente und Wertungen dar, man kann über seine Sachurteile diskutieren und bei einem solchen Streit die Bereiche von Konsens und Dissens im politischen Zukunftsentwurf abstecken. Soweit es dabei den Umgang mit Geschichte angeht, ist es nicht so wichtig, daß die eine oder die andere Position Recht behält – so eindeutig lassen sich historische Sachurteile in der Regel nur bei exzeptionellen Vorgängen fällen –, sondern daß die unterschiedlichen politischen Positionen in der Gesellschaft sich mit Hilfe eines diskursfähigen Geschichtsbewußtseins in einem wechselseitig aufklärenden Gespräch halten – daß eben nicht, wie Grass es berichtet, der Vertreter einer abweichenden Position als „Vaterlandsverräter" beschimpft, bedroht und verbal bereits zur Liquidation freigegeben wird. In dem Schimpfwort hat sich ein emotional tief eingegrabenes Werturteil unge-

---

[24] Angesichts der empirischen Untersuchung (s. Anm. 23) wird deutlich, daß unser historisches Lernen und das Geschichtsbewußtsein in der Wertdimension durch den Fortgang der Realgeschichte weit tiefer beeinflußt werden als durch Unterricht – woraus aber gerade bei der Ambivalenz solcher Beeinflussung durch die „Lebenswelt" zu fordern ist, dem Geschichtsunterricht mehr Möglichkeiten zu verschaffen, als sie ihm heute eingeräumt sind. Bei intensiveren Formen des Geschichtslernens, wie etwa beim „Schülerwettbewerb Deutsche Geschichte", kann sich natürlich die Fruchtbarkeit dieses didaktischen Ansatzes durch breite Selbsttätigkeit ungleich besser zeigen als im Unterricht; aber auch in der Normalsituation lassen sich Lehrpläne denken und wünschen, die bessere Bedingungen für eine Didaktik bieten, der es auf Entwicklung von Geschichtsbewußtsein ankommt. S. Karl-Ernst Jeismann, Bernd Schönemann, Geschichte amtlich, Braunschweig 1989 (= Studien zur internationalen Schulbuchforschung, Bd. 65).

zügelt sowohl zum Herrn über die Deutung der Gegenwart wie der Vergangenheit gemacht.

Mit diesem Hinweis wird die normative Rückbindung einer Didaktik deutlich, die sich um Entwicklung von Geschichtsbewußtsein bemüht: Sie bedarf eines rechtsstaatlichen, demokratisch-pluralistischen politischen Systems, das mit seinen Sicherungen einen kontroversen Umgang mit Geschichte verträgt oder geradezu verlangt und die dogmatische Monopolisierung der Geschichtsdeutung, wie sie monolithischen und totalitären Systemen eigen ist, bereits institutionell verhindert. Aber auch in demokratischen und rechtsstaatlichen Systemen haben Machthaber die Neigung, zu Rechthabern zu werden, brauchen die administrativen und rechtlichen Sicherungen die Basis einer politischen Kultur und einer intellektuellen, zivilisatorischen, urbanen Mentalität, wenn sie nicht auf schwankendem Grunde ruhen sollen. Ein solches Fundament schaffen zu helfen, meine ich, könnte nicht zuletzt ein wichtiger Beitrag des Geschichtsunterrichts zum Selbstverständnis unserer Gegenwart durch Beschäftigung mit der Vergangenheit sein.

Zum Verhältnis von Fachwissenschaft und Fachdidaktik

*Geschichtswissenschaft und historisches Lernen**

1.

Auf den ersten Blick liegt mein Referat insofern neben der Thematik der Veranstaltung, als ich nicht über das Verhältnis der Fachdidaktik zur Erziehungswissenschaft, sondern zu ihrem fachlichen Bezugsfeld, der Fachwissenschaft, sprechen werde. Es liegt auf der Hand, daß man diese Frage nur im Hinblick auf die Wissenschaft und das in ihrem Gegenstand liegende Lernpotential erörtern kann, von der man etwas zu verstehen glaubt. Wie weit die hier zu entwickelnden Positionen auf das Verhältnis anderer Fachdidaktiken und Fachwissenschaften zu übertragen sind, wie weit ich also exemplarisch sprechen kann, entzieht sich meinem Urteil – wohl aber gibt es plausible Gründe für die Vermutung, daß spezifische Adäquanzen bestehen und mutatis mutandis die Erörterung eines spezifischen Falles generelle Bedeutung hat. Es wird sich zeigen, daß auf einem Umweg diese Fragestellung doch implizit wiederum in das Problem der Beziehungen zwischen Erziehungswissenschaft und Fachdidaktiken hineinführt, weil sich im Verhältnis der Fachdidaktik zu ihrer Bezugswissenschaft die alte Frage des Bildungswertes spezifischer Erkenntnis auf eine neue Weise stellt.

2.

Nur in Stichworten erinnere ich an jene Didaktikvorstellungen der Erziehungswissenschaft, die eine besondere Affinität zur historischen und politisch-gesellschaftlichen Bildung aufweisen. Der Didaktikbegriff bildungstheoretischer Provenienz, der sich auf eine Theorie der Bildsamkeit und der Bildungsinhalte stützte, mußte, seinem Anspruch gemäß, die

---

* Der dem Referat zugrundeliegende Text wurde unverändert beibehalten. Auf Nachweise wurde verzichtet, weil die komprimierte Form der Aussagen Hinweise auf nahezu die gesamte geschichtsdidaktische Literatur der letzten 10 Jahre verlangen würde, der sie verpflichtet sind. Statt dessen verweise ich auf drei zur Anregung für Interessierte nützliche Titel, die in die Diskussion der Fachdidaktik Geschichte einzuführen geeignet sind: Karl Pellens, Siegfried Quandt, Hans Süssmuth (Hg.), Geschichtskultur – Geschichtsdidaktik. Internationale Bibliographie, in: Geschichte/Politik. Studien zur Didaktik, hg. v. Günther C. Behrmann u.a., Bd. 3, Paderborn 1989; Hans Süßmuth (Hg.), Geschichtsdidaktische Positionen. Bestandsaufnahme und Neuorientierung, Paderborn u.a. 1980 (UTB 954); Joachim Rohlfes, Geschichte und ihre Didaktik, Göttingen 1986.

durch Wissenschaft konstituierten Erkenntnisbereiche, die in der Schule als Fächer erschienen, auf ihr Bildungspotential hin befragen, Stoffe in Bildungsgüter verwandeln. Der für die Geisteswissenschaften entwickelte Begriff des „Verstehens" wurde im Grunde auch zum didaktischen Leitbegriff: Es galt, Objektivationen des Geistes in Geschichte, Literatur, Kunst ins subjektive Bildungsgefüge einzubringen, „Begegnung" zwischen Bildungsgut und Educandus zu vermitteln. Diese, stark auf den individuellen Bildungsbegriff fixierte, geisteswissenschaftliche Didaktik wurde dadurch erweitert, daß Unterricht als soziale Interaktion vor dem lebensweltlichen Hintergrund der Lerngruppe und als Interdependenzverhältnis eines veranstalteten Vorganges betrachtet und analysiert wurde, in dem Intentionen, Verfahren, Themen und Medien einander bedingen und fördern. Mit genereller politischer Zielsetzung betrachtet die „kommunikative Didaktik" Unterricht und Schule selbst als einen sozialen Interaktionsprozeß, der sich nach Situationsbestimmung und Zielsetzung gesellschaftstheoretischer Analysen und gesellschaftlicher Konzeptionen bestimmt. Eine sich so definierende Didaktik ist Teil einer die sozialen Voraussetzungen, Vorgänge und Folgen des individuellen und gesellschaftlichen Lernens analysierenden Erziehungswissenschaft, die ihren Gegenstand selbst als einen Sektor des gesellschaftlichen Gesamtprozesses begreift. In einem weiteren Sinne sind diese Didaktikvorstellungen und die hinter ihnen liegenden Konzeptionen der Erziehungswissenschaft „historisch" – nicht a priori normativ oder technizistisch wie andere Didaktikbegriffe – weil sie den Bildungsprozeß individuell wie gesellschaftlich mit der jeweiligen geschichtlichen Situation, dem Zustand und dem Prozeß der Gesellschaft eng vermitteln.

Von der Fachwissenschaft her gesehen haben diese Ansätze eine Grenze dort, wo sie durch die Fixierung auf den Bildungsprozeß, auf die Interaktionen des Unterrichts, auf die „Kommunikation" die Inhalte, die eigentlichen Sachverhalte des Lernens mediatisieren. Das „Was" des Lernens tritt gegenüber dem „Wie" und dem „Wozu" in den Hintergrund – in der kommunikativen Didaktik noch weit stärker als in der geisteswissenschaftlichen. Die Gefahr, die daraus erwächst, ist die Entrationalisierung des Gegenstands. Seine Spezifik wird nicht mehr beachtet; die Inhalte erscheinen verfügbar. Konkret: Geschichte wird im Sinne des erzieherischen, und das heißt zugleich des gesellschaftspolitischen Zieles manipulierbar; unter einem sich selbst die Priorität zusprechenden gesellschaftspolitischen Erziehungszweck, der auch den individuellen Bildungsvorgang sich unterordnet, wird der Gebrauch des Lerngegenstands damit der Kritik durch die Wissenschaft entzogen und beliebig abrufbar je nach dem Ziel des Lernvorganges. Allenfalls gesteht man der Wissenschaft noch eine äußerliche Kontrolle von Richtigkeiten zu: Die Hessischen Rahmenrichtlinien für die Gesellschaftslehre sind ein deutliches Zeichen dieses didaktischen Denkens gewesen. Der Gegenstand selbst, hier „die Geschichte", hat weder als fachliche noch als bildende Potenz einen Eigenwert.

Der Versuch, Fachdidaktik vom Fach her zu denken, geht in deutlicher Reaktion auf diese Blindstelle der erziehungswissenschaftlich konzipierten Didaktik von der These aus, daß es nicht beliebig ist, worüber eine bildungstheoretische oder gar eine kommunikative Didaktik im Unterricht kommunizieren läßt. Vom Gegenstand werden dem Erziehungskonzept, der Unterrichtstheorie, dem Bildungswillen (der in diesem Fach meist ein politischer Wille ist) bestimmte Grenzen und Vorgaben gesetzt, die nicht ohne Korruption des Erziehungsprozesses zu mißachten sind. Wieder vom Blickwinkel der Geschichte her gesprochen, stellt sich das Problem so, daß gegenwärtiger Erziehungswille, gegenwärtige erziehungswissenschaftliche und didaktische Definition von veranstalteten Bildungsprozessen sich die Geschichte nicht nach ihrem Maßstab verfügbar machen können, daß sie vielmehr selbst historische Vorstellungen mit Fixierungen und Grenzen widerspiegeln, die von der Geschichtswissenschaft wie von der Geschichtsdidaktik her als bestimmte und partielle historische Möglichkeiten mit ihren konkreten Bedingungen, Chancen und Gefahren deutbar und befragbar werden. Der Historiker tritt also gleichsam einen Schritt zurück hinter die allgemein-didaktischen Konzeptionen und kritisiert sie aus dem historischen Begreifen ihrer Zeitgebundenheit.

Sobald sich die Geschichtswissenschaft dem Erziehungswesen als historische Bildungsforschung zuwendet, entdeckt sie schnell, daß spätestens seit der Entstehung des modernen Unterrichtswesens und der modernen Wissenschaft der Bildungsprozeß und die Sachstruktur der Wissenschaftsgebiete, die Logik der Forschung, theoretisch und praktisch nicht zur Deckung zu bringen waren. Zwei Auswege wurden gesucht: Der erste, theoretische, postulierte die Harmonie von Wissenschaftsstruktur und Lernstruktur, suchte das Dilemma, das zwischen Wissenschaft und Schule besteht, durch prinzipielle Gleichsetzung zu beheben. Die „Wissenschaftsschule", wie sie Theodor Wilhelm gemeint hat, stößt jedoch als ein allgemeiner öffentlicher Unterricht schnell an die Grenzen ihrer Konzeption. Bildung ist ein Lebensprozeß; Wissenschaft ist ein unter methodischer Rationalisierung und systematisierender Auflösung der Ganzheiten des Lebens notwendig abstrahierendes Erkenntnisgeschäft. Viel robuster und praktisch wirksamer war und ist die andere Lösung des Problems: Ohne theoretische Anstrengung werden Ergebnisse der Wissenschaft in Form „didaktischer Reduktion" für den Lernprozeß nach den Kriterien der Faßbarkeit und der Wichtigkeit der Stoffe für die Lerngruppe pragmatisch hergerichtet – ohne den anstrengenden Umweg über die schwierig zu beantwortende Frage nach ihrer Bildungsqualität. So entsteht die bekannte „Abbilddidaktik" als ein nicht weiter reflektiertes Konstrukt des praktischen Verhältnisses, wie es sich auch als soziales Modell relativ reibungslos und deshalb angenehm praktizieren läßt: Wissenschaft ist der Bezugspunkt der Lehre; es besteht das didaktische Gefälle zwischen Professor und Lehrer, zwischen Forschung und

Unterricht. In der Kompetenz des Lehrers liegt die Zubereitung der Forschungsergebnisse ad usum delphini, und, wenn er fachlich „gut" ist, folgt er dem Forschungsstand, um sich bei dieser Zubereitung nicht zu irren oder thematisch zu veralten. So senkt sich von der Höhe der Wissenschaft, gefiltert durch die didaktische Reduzierungskompetenz, die in Lehrplänen und Schulbüchern ihren amtlichen oder halbamtlichen Ausdruck findet, der Gegenstand des Lernens, vermittelt durch die Methode des Lehrers, auf die Schüler herab. Die geschichtswissenschaftliche, die geschichtstheoretische und auch die bildungshistorische Forschung haben zur Genüge nachgewiesen, daß dieses vor allem in den höheren Schulen weithin einst gepflegte Vorstellungsmodell groben Irrtümern unterworfen ist. Die Fachwissenschaften haben keine wissenschaftlichen, wohl aber massive lebensweltliche Gründe, an dieser Vorstellung weithin festzuhalten. In Wahrheit aber werden dabei weder Methoden noch Ergebnisse der historischen Wissenschaft in didaktischer Reduktion den Schülern nahegebracht, sondern die außerwissenschaftlichen, den Erkenntnisgegenstand „Vergangenheit" ihren Zwecken dienstbar machenden politischen Interpretationen von Geschichte gehen sublimiert oder ganz massiv als Leitfaktoren in den didaktischen Reduktionsprozeß ein. Unter dem Schein eines wissenschaftsorientierten Unterrichts wirken unmittelbare, lebensweltliche Bedürfnisse – in unserem Falle elementar politischer Art – als Leitfaktoren und praktische Lernziele des Unterrichts. Diese, dem Historiker triviale, den Didaktiker alarmierende, empirisch breit belegte Feststellung war die Motivation für die intensive geschichtsdidaktische Diskussion der letzten beiden Jahrzehnte. Sie bemühte sich, das Verhältnis von historischer Wissenschaft und historischem Lernen genauer zu bedenken, den Gegenstand: die Vergegenwärtigung von Vergangenheit als Bildungsfaktor genauer zu bedenken und die Fachdidaktik, unbeschadet der Bedeutung erziehungswissenschaftlicher und gesellschaftswissenschaftlicher Einschläge, vom Fach her zu begründen. Sie geht von der Frage aus, was „Geschichte" im Bewußtsein der Gegenwart ist, auf welche Weise sie dorthin vermittelt wird, was diese Vermittlung für das gegenwärtige Selbstverständnis bedeutet, auf welche Weise sich Vorstellungen von Vergangenheit mit Selbstvorstellungen verbinden, von diesen her bestimmt werden oder rückwärts diese selbst mit bestimmen und schließlich, wie dies auf eine verantwortlich und pragmatisch wirksame Weise unter welchen normativen Entscheidungen durch Unterricht zu beeinflussen ist.

3.

Die erste Frage einer vom Fach her ansetzenden Geschichtsdidaktik ist zugleich die Grundfrage der Historik, der „Theorie" historischen Erkennens: Was ist Geschichte? Womit geht man um, wenn man, wie es so unbefangen heißt, „Geschichte lernt" oder, anspruchsvoller, gar „aus der Geschichte" zu lernen hofft oder zu diesem Zwecke zu lehren sich anschickt? Die zweite Frage geht dann auf die Verwendung, den Gebrauch oder die Funktion von Geschichte im Bewußtsein der Gegenwart. Neben die Frage „Was ist Geschichte" tritt die andere Frage „Wozu wird Geschichte gelehrt und gelernt?" Schiller hat mit dem Thema seiner Antrittsvorlesung in Jena diese beiden didaktischen Grundfragen allen Umgangs mit der Geschichte ohne große theoretische Erörterungen instinktiv sicher formuliert: „Was heißt und zu welchem Ende studiert man Universalgeschichte?" Sie werden nicht erwarten, daß ich auf solche komplexen Fragen einfache Antworten gebe, die sich vielleicht gar in didaktische Anweisungen transferieren ließen. Was ist Geschichte? Für die Didaktik ist es wichtiger, als eine knappe Antwort zu geben, diese Frage überhaupt zu stellen und als ständige Unruhe des didaktischen Denkens offen zu halten. Offensichtlich ist, daß die Frage nach dem Gegenstand des historischen Lernens die Didaktik in engste Verbindung setzt sowohl mit der Geschichtsphilosophie wie mit der Historik. Was „die Geschichte" ist, als reales und universales Geschehen, wissen wir nicht. Ursprung und Ziel der Geschichte und der größte Teil des Prozesses selbst sind für unser Erkennen im Dunkeln. Die geschichtsphilosophischen Deutungen unterschiedlicher Art sind allesamt Versuche, hypothetische Geschichtsprozesse zur Deutung und Selbstorientierung der Gegenwart zu entwerfen und sagen mehr aus über diese Gegenwart als über die Geschichte. Aus der Geschichte als den res gestae wird in philosophischem oder empirischem Zugriff Geschichte als historia rerum gestarum, und das ist allemal der Versuch einer Selbstvergewisserung der Gegenwart im Rückgriff auf Vergangenheitsdeutung. Das heißt, was wir Geschichte nennen, ist als Historie eine immer bruchstückhafte und notwendig perspektivische Rekonstruktion ausgewählter vergangener Zustände oder Verläufe in der Vorstellung der Gegenwart. „Geschichte" als Vergangenheit selbst ist unzugänglich, Geschichte als Historie ist geprüfte Gegenwartsvorstellung, Wissen, oder besser, als Wissen ausgegebenes Bewußtsein von Vergangenheit. Dieses Bewußtsein wird in der auf Überreste sich stützenden synthetischen Darstellung erzeugt. Lehre von Geschichte oder Geschichtsunterricht sind mithin nicht die Vermittlung zwischen einem objektiv vorgegebenen und wissenschaftlich unzweifelhaft festgestellten Objekt und dem Schüler, es ist vielmehr die Erzeugung einer Vorstellung von Vorstellungen, ist der Aufbau historischer Kenntnisse, Zusammenhänge, Urteile und Wertungen im Diskurs. Der Gegenstand der Geschichtsdidaktik ist also das „Geschichtsbewußtsein". Die Frage nach dem historischen Lernen zielt auf den Aufbau dieses Geschichtsbewußtseins als eines vielfältigen, häufig kontroversen Komplexes, mit dem die Gegenwart sich selbst in ein Verhältnis zur Vergangenheit setzt.

Ich brauche nicht auszuführen, daß mit dieser Feststellung ein unerschöpfbares Problemfeld angeschnitten ist, das Geschichtswissenschaft und Geschichtsunterricht in gleicher Weise umgreift: das Problem der „Wahrheit" in der geschichtlichen Erkenntnis. Die Vergegenwärtigung dieser Problematik ist für die Geschichtsdidaktik eine zentrale Forderung und verlangt von dem, der historisches Lernen in Gang setzen will, eine intensive Befassung mit der Theorie historischer Rekonstruktionen, will er nicht dem objektivistischen Irrtum aufsitzen und das, was in den Geschichtsbüchern steht, mit der Geschichte selbst verwechseln und also, mag er noch so wirksam mit seinen Schülern kommunizieren, gerade das verfehlen, was allein Geschichtsunterricht lehren kann und lehren sollte: Den Umgang mit Vorstellungen von Geschichte und das Wissen darum, wie solche Vorstellungen entstehen, welche Funktionen sie erfüllen und wie man sich selbst mit ihnen auseinandersetzt und zu ihnen verhält.

Damit komme ich zur zweiten Grundfrage. Was ist die Funktion der immer neuen Bildung von Geschichtsvorstellungen in der Gesellschaft? Der Geschichtsunterricht in der Schule ist ja nur ein methodisch besonders aufwendig betriebener und auf Dauer gestellter, institutionalisierter Teil eines viel breiteren Prozesses, in dem in der Gesellschaft ständig „historisches Lernen" stattfindet, Geschichtsvorstellungen erzeugt und verbreitet, verändert, neu gestaltet und wiederum in Frage gestellt werden. Geschichtsunterricht ist also nichts Autonomes, Schule und Klasse sind keine „tabula rasa", das Feld der Schule ist in diesem Fach nicht abzuzäunen gegen das Bewußtsein der Gesellschaft; vielmehr läßt sich umgekehrt zeigen, daß die Geschichtsvorstellungen, die in den verschiedensten Institutionen und Medien erzeugt und verbreitet werden, sich in Lehrplänen und Schulbüchern weitgehend wiederfinden. Empirisch ist der Geschichtsunterricht also vom Unterricht allein her nicht zu erklären. Kurz zusammengefaßt, die historische wie die empirische Geschichtsdidaktik, die Geschichtswissenschaft als historische Bildungsforschung und Mentalitätsgeschichte, die historisch arbeitende Sozialpsychologie, die Stereotypenforschung haben in grundsätzlicher Übereinstimmung an den verschiedensten Beispielen dargelegt, daß der Aufbau von Geschichtsvorstellungen in der Gesellschaft gezielt oder „naturwüchsig" bestimmten generellen Mustern folgt, die wechselnd aufs engste mit den realen Zuständen und den Denkweisen, Erwartungen, Befürchtungen einer Gesellschaft zu tun haben. Die späte Erscheinung, daß Geschichte als Schulfach gelehrt wird, ist ein Sonderfall zur Erreichung dieses Zweckes und selbst die Wissenschaft, obgleich sie sich in der modernen positivistischen Hochspezialisierung sehr weit von dieser Lebensbezogenheit entfernen und der Meinung unterliegen kann, nur ihrer eigenen Logik zu folgen, ist in ihren wesentlichen Produkten nicht anders eingebunden in die Bedürfnisse der Zeit. Diese Bedürfnisse verlangen nach Orientierung der Gegenwart im Hinblick auf ihre Zukunftserwartung mit Hilfe von Vergangenheitsdeutung. In den privaten Sphären der Gesellschaft sind Gegenstände und Formen der Beschäftigung mit der Vergangenheit außerordentlich vielfältig; im öffentlichen Gebrauch der Geschichte, und dazu gehört der Unterricht an exponierter Stelle, ist die Funktion dieser Deutung, mit einem juristischen Ausdruck vereinfacht bezeichnet, ein „Beweissicherungsverfahren". Vergangenheitsdarstellung hat Gegenwartsdeutung zu beweisen. Sie kann dies auf verschiedenen Ebenen in emotional-affektiver, moralischer und kognitiver Weise und auf der ganzen Skala von plakativen bis hochdifferenzierten Aussagen. Die unbewußt-kreative Bedeutung ist die Erzeugung von Identifikation einer gesellschaftlichen Gruppe mit sich selbst. Sie findet sich als historisch erkennbares Subjekt von ihrer Geschichte her definiert und darum in der Gegenwart von anderen Gruppen abhebbar, kann sich in Verbindung zu ihnen und in ihrer eigenen Art deuten und als sozialer Körper handlungsfähig werden. Identifikationsprozesse durch Geschichtserkenntnis, Geschichtserfahrung, Geschichtserlebnis sind naturwüchsiger Art. Bei Heranwachsenden wie bei Erwachsenen hat man diesen Drang als „Geschichtsbegehren" bezeichnet. In der Tat findet sich die Sucht nach Bestätigung der eigenen Meinung über politische und gesellschaftliche Verhältnisse durch unterschiedliche Formen historischen Argumentierens vom Stammtisch bis zur Wissenschaft. Instrumentaler als dieses Grundbedürfnis, auch kurzfristiger und wechselnd wirkt Geschichte als unmittelbare Legitimationszulieferung für ganz bestimmte Zustände oder Programme. Sie beweist oder fundiert Rechtmäßigkeit oder Zweckmäßigkeit von Handlungen; deshalb wirkt eine Umschreibung von Geschichte, welche geltende Legitimationsfaktoren umwertet, unmittelbar politisch destabilisierend, wie umgekehrt politische Veränderungen Umdeutungen der Geschichte notwendig nach sich ziehen. Während die Identifikationsfunktion des Aufbaus von Geschichtsbewußtsein täglich eher über emotionale Vermittlungen oder Bestätigungen läuft, eher über Wiederholungs- als über Innovationsprozesse, durch Symbole, Lieder, Bilder, Zeichen, Literatur und Kunst vermittelt wird, braucht die Legitimationsfunktion historischer Argumentation, Geschichtsdarstellungen, Geschichtslehre, Geschichtsunterricht. Die Geschichtsschreibung bietet eine Fülle von Beispielen dafür, daß sie sich diesem Dienst nicht entzieht. Über längere Zeiträume betrachtet sind diese Identifikations- und Legitimationsprozesse in Inhalt und Form mit dem Wechsel der realgeschichtlichen Begebenheiten einem – obgleich häufig zeitversetzten – Wandel unterworfen, sind in ständigem Auf- und Umbau begriffen und stellen keine einheitlichen, sondern spannungsvolle, kontroverse Bewußtseinsbestände innerhalb jener Bereiche der Gesellschaft dar, die nicht Reglementierungen unterworfen sind. Unterricht aber ist auch in pluralistischen Systemen amtlicher Regulierung ausgesetzt, und so konzentriert sich in den verordneten Lehrplänen oder zugelassenen Geschichtsbüchern ein je nach politischem System mehr oder weniger homogenes historisches Selbstverständnis einer Zelt. Auch die Geschichtswissenschaft ist Teil dieses gesellschaftlichen Bewußtseinsprozesses, keineswegs eine Provinz reiner Erkenntnis, abgehoben von den

Deutungskämpfen außerhalb ihrer Mauern – mag auch in hochspezialisierte Forschungsprozesse der Anspruch der Gesellschaft an die Geschichtswissenschaft nur vermittelt eindringen. Die großen und gesamtgesellschaftlich wichtigen geschichtswissenschaftlichen Erscheinungen haben immer unmittelbar in das gesellschaftliche Bewußtsein eingegriffen und eingreifen wollen. Eine der bedeutendsten geschichtswissenschaftlichen Unternehmungen, die „Monumenta Germaniae historica", wurde 1819 vom Freiherrn vom Stein zu dem Zwecke ins Leben gerufen, die künftige Einigung des Deutschen Reiches durch fundierten Rückgriff auf die Geschichte des Mittelalters zu unterstützen. An den jüngst ausgefochtenen sog. Historikerstreit in der Bundesrepublik um die historische Deutung des Nationalsozialismus, an die Auseinandersetzungen um die Gründung historischer Museen brauche ich nur zu erinnern, ebenso wie ein Hinweis auf den jüngsten Historikerstreit in der Sowjetunion über die Ära Stalin genügt, um elementare Lebensfunktionen, in die auch die Geschichtswissenschaft eingebettet ist, zu verdeutlichen.

Ich übergehe das Bündel von Fragen und Problemen, die sich aus diesen Feststellungen im einzelnen ergeben. Als für Wissenschaft und Fachdidaktik grundlegend ergibt sich daraus jedoch die Erkenntnis, daß Geschichte als Historie, als Forschung über wie als Darstellung von Vergangenheit auf allen Ebenen von vornherein und unabweisbar ein didaktisches Geschäft ist. Ohne Zuhörer ist der Historiker nicht denkbar, ohne generelle, auf Vergangenheit gerichtete Fragebedürfnisse nicht die Geschichtswissenschaft und nicht der Geschichtsunterricht. Das Studium der Geschichte wäre ein beliebiges und uninteressantes Hobby seltsamer Käuze, gründete es sich nicht im Versuch einer Antwort auf die Grundfragen einer Zeit nach ihrem eigenen Zustand und Fortbestehen, wäre es nicht notwendig für die Selbstdeutung, für die Identifikation, die Legitimation sozialer Gruppen, aber auch für die Aufklärung der Lebenden in der Gegenwart über die Bedingungen und Möglichkeiten ihres Daseins.

Mit diesem letzten Stichwort kommt nun das Gegengewicht gegen die bloße, vitale Funktionalisierung von Geschichte im Dienste bestimmter Gegenwartsinteressen in den Blick. Sobald Vergangenes nicht mehr nur als Tradition überliefert, sondern durch Forschung in geprüfte Distanz von Identifikations- und Legitimationsbedürfnissen gebracht wird, entzieht sich der Aufbau des Geschichtsbewußtseins der beliebigen Rekonstruktion nützlicher oder erwünschter Vergangenheitsdeutungen. Vergangenheiten sind bezeugt; Identifizierungs- und Legitimierungsfunktionen werden nicht selten konträr zu den erwünschten historischen Bestätigungen durch Rückgriff auf die Überreste der Vergangenheit, durch die Auswertung der Quellen auf die Probe gestellt. Geschichte als Aufklärung kann auf diese Weise gegenwärtiges Selbstverständnis durch historische Konterkarierung in Frage stellen, verändern, berichtigen. In dieser Spannung zwischen dem „Geschichtsbegehren", das nach Selbstbestätigung lechzt, und der Forderung nach „objektiver", d.h. methodisch überprüfbarer Aussage über vergangene Zustände und Prozesse, steht in besonderer Weise die Geschichtswissenschaft. Indem sie die Methoden der historischen Erkenntnis anwendet, Vergangenheit nicht zur beliebigen Rekonstruktion freigibt, entwächst sie nicht den lebensweltlichen Zusammenhängen, in die das Geschichtsbewußtsein sich einfügt, sie bringt aber in das Verhältnis von Gegenwart und Geschichte ein intersubjektives, rationales, methodisch objektivierendes Moment und kann jene erkennende Distanz schaffen, welche den gesellschaftlichen Streit um das „richtige" Geschichtsbewußtsein, um die richtigen Identifizierungs- und Legitimationsnachweise aus einem bloßen Kampf konträrer Selbstdeutungen zu einem rationalen Diskurs umgestalten kann. Die Grenzen der Wirksamkeit solcher Rationalität in bewegten Zeiten sind uns wohl bekannt; aber schon die Möglichkeit einer rationalen Selbstvergewisserung und Orientierung der Gesellschaft über die Deutung ihrer Vergangenheit, schon die Ansätze zur historischen Aufklärung unterbrechen den gefährlichen Kurzschluß des naiven Geschichtsbegehrens – deshalb sind die Historiker, die dem Ethos der Forschung folgen, bei Politikern selten beliebt. In totalitären Staaten bleibt ihnen außer dem Rückzug ins Private nur der Weg in die Propagandamaschine oder in die Gefängnisse. Das heißt aber, Geschichtswissenschaft ist selbst ein spezifischer, mit besonderen Möglichkeiten versehener Faktor der Bildung und Umbildung von Geschichtsbewußtsein in der Gesellschaft, ist eine mit besonderen Kriterien und daher mit besonderer Verantwortung versehene Instanz der „Didaktik" der Geschichte. Wie weit ihre Wirkung reicht, darüber kann man spekulieren; man tut gut daran, sie für die allgemeinen Geschichtsvorstellungen in den Köpfen der Menschen nicht zu hoch zu veranschlagen. Gleichsam unter ihr hindurch geht der mächtigere und massivere Strom unreflektierter historischer Bewußtseinsbildung, die Befriedigung von Geschichtsbedürfnissen im Alltag und in der öffentlichen Auseinandersetzung. Dennoch ist nur die Existenz der Geschichtswissenschaft, wenn schon nicht Garantie, so doch Bedingung der Möglichkeit, in das öffentliche Geschichtsbedürfnis Rationalität und Diskursivität einzubauen und die Suggestion seiner Selbstbestätigungskraft abzuschütteln oder zu mindern.

Zusammengefaßt: Der Gegenstand der Fachdidaktik der Geschichte ist das Geschichtsbewußtsein und das historische Lernen in diesem umfassenden Sinne einer komplexen, gesamtgesellschaftlichen Erscheinung. Sie muß sich ihres Gegenstandes auf der ganzen Skala von den historischen Versatzstücken der täglichen Kommunikation bis zur Wissenschaft vergewissern. Deshalb ist die Fachdidaktik der Geschichte nicht von der Schule und nicht vom Schulfach her zu begründen; der Geschichtsunterricht ist in diesem Gesamtprozeß des Auf- und Umbaus von Geschichtsbewußtsein ein wichtiger, aber eben nur ein Sektor. Didaktik des Geschichtsunterrichts im engeren Sinne ist vielmehr umgekehrt nur im Zusammenhang mit einer umfassenden Didaktik der Geschichte als ihr spezifischer und bedeutsamer Sonderfall zu entwickeln.

Nach diesen Darlegungen sind zwei Aufgabenbeschreibungen der Fachdidaktik der Geschichte zurückzuweisen. Die erste, die diese Aufgabe nur in der fachspezifischen Konkretisierung einer allgemeinen Didaktik sieht, die zweite, welche die Geschichtswissenschaft als „Forschung" von der Didaktik als „Vermittlung" kategorial getrennt sieht. Die erste Auffassung verengt die Vermittlung von Geschichtsbewußtsein auf den Rahmen des Unterrichts; die zweite dispensiert die Geschichtswissenschaft von den Antrieben, den Bedingungen und den Wirkungen ihrer Arbeit. Beide Vorstellungen verkennen die Sachstruktur dessen, was wir Geschichte nennen: Eine gesellschaftlich vermittelte, funktionale Bewußtseinsstruktur der Gegenwart, die sich ihrer Vergangenheit vergewissert.

So betrachtet erscheint die Didaktik der Geschichte wieder als das, was sie bis zum Beginn des 19. Jahrhunderts zweifelsfrei gewesen ist: Eine von den drei weder theoretisch noch praktisch wegzudenkenden Grundperspektiven wissenschaftlicher Befassung mit der Vergangenheit. Erst in der positivistischen Explosion der empirischen historischen Erfahrungswissenschaften ist die didaktische Funktion aller Geschichtsdarstellung, die der Aufklärungshistorie noch selbstverständlich war, in den Bereich des sich gewaltig ausdehnenden öffentlichen Schulwesens verlagert worden. Im späten 18. Jahrhundert wußten die Historiker noch sehr genau, daß die Forschung, die auf Erweiterung der belegbaren und methodisch überprüfbaren Vergangenheitsrekonstruktion aus ist, die didaktische Perspektive unmittelbar in sich trägt, sobald sie über die Sicherung des Quellenbestandes, über die bloße Faktizität hinaus zur Darstellung wird, Ursachen und Wirkungen abwägen, Bedeutungszuweisungen vornehmen muß, Zusammenhänge konstruiert und bewertet. Jede wissenschaftliche Synthese hat diese deutende, weisende, erklärende und notwendig hypothetische Qualität der Selbstverständigung der Gegenwart über die Vergangenheit, ist also in Motivation und Wirkung didaktischer Natur. Notwendig stoßen deshalb Geschichtsforschung und Geschichtsdarstellung auf die Fragen, die seit dem Entstehen einer Geschichtsphilosophie im 18. Jahrhundert und einer reflektierten Historik im 19. Jahrhundert zur Geschichtstheorie gehören, auch dort, wo sie sich in der spekulativen Geschichtsdarstellung dieser aufklärenden und belehrenden Intention entziehen. Wenn der in diesem Zusammenhang immer wieder zitierte Leopold Ranke gegen Hegel gesagt hat, er unterfange sich nicht so hoher Ziele, wie es die Erklärung des Ganges der Weltgeschichte sei, sondern wolle nur sagen, „wie es eigentlich gewesen" – so liegt der Anspruch der Deutungskompetenz und der Prägung von Geschichtsbewußtsein, d.h. also der didaktische Impetus, auf diesem Worte „eigentlich".

Inzwischen ist die Formulierung Reinhart Kosellecks nicht mehr bestritten, daß „in der inneren Struktur historischer Forschung fundamental didaktische Faktoren" stecken. Das Problem ist, auf welche Weise der Lebensweltbezug allen Geschichtsbewußtseins und die Wissenschaftlichkeit historischer Arbeit und Darstellung zusammenhängen und welche Konsequenzen daraus generell für die Vermittlung von Geschichtsvorstellungen in die Gesellschaft hinein, speziell aber auch für die Bedingungen, Möglichkeiten, Ziele und Methoden des Geschichtsunterrichts zu ziehen sind.

Diese Andeutungen müssen hier genügen, um den Zusammenhang von Forschung, Theorie und Didaktik in der Geschichtswissenschaft zu benennen; sie genügen, um zu zeigen, daß die Didaktik der Geschichte wissenschaftstheoretisch sich nicht außerhalb der Geschichtswissenschaft ansiedeln läßt.

Dies wäre nicht nur die Folge einer Verkennung des Gegenstandes der Fachdidaktik; es wäre auch eine Verkürzung der Geschichtswissenschaft und ihres eigenen Selbstverständnisses. Eine Verkürzung, von der Alfred Heuss schon vor 30 Jahren gesagt hat, allerdings in bis in die Gegenwart fortgesetzter Verkennung der Didaktik, daß aus einer solchen Isolierung der Geschichtswissenschaft von der Vermittlung in die Lebenswelt der „Verlust der Geschichte" resultiere.

Der so breit begründeten Geschichtsdidaktik sind drei grundsätzliche Aufgabenfelder zugewiesen: Sie hat (1.) mit empirischen Methoden zu untersuchen, wie das „Geschichtsbewußtsein" der Gesellschaft beschaffen ist hinsichtlich seiner Inhalte, Formen, der in ihm enthaltenen Urteils- und Vorurteilsstrukturen und stellt sich die Frage nach der Genese dieser Vorstellungen von Geschichte. Die Wege und die Mittel der Entstehung und Veränderung des Geschichtsbewußtseins, die daran arbeitenden Kräfte oder Instanzen, die Rolle der eingesetzten Methoden und Medien usw. sind genuine Fragen der Geschichtsdidaktik. Geschichtsdidaktik fragt (2.) nach den Funktionen solchen Geschichtsbewußtseins für das Selbstverständnis der Gegenwart. Diese Fragen stoßen notwendig auf die verschiedenen lebensweltlichen Bedingtheiten, Zielsetzungen, Behauptungsbedürfnisse, Argumentationsformen – führen also in das Kampffeld unterschiedlicher Geschichtsauslegungen, in die Kontroversen der historischen Deutungen im Zusammenhang mit den kulturellen und politischen Gegensätzen in der Gesellschaft der Gegenwart. Schließlich fällt der Didaktik der Geschichte (3.) zu, eine Pragmatik des historischen Lernens auf verschiedenen Feldern zu entwickeln. Dies kann nur im Zusammenhang mit den beiden eben genannten Aufgaben gesehen werden. Die Didaktik der Geschichte sucht, wenn sie konkrete Vermittlungsprozesse begründet und plant, die Lernprozesse im Rückgriff auf geschichtstheoretische Erkenntnisse über die Struktur des historischen Wissens zu bedenken, nicht aber in abgeleiteter und reduzierter Übertragung, sondern im Hinblick auf die oben genannten vorfindlichen Formen und Funktionen des Geschichtsbewußtseins in der Gesellschaft und im Hinblick auf unterschiedliche Lern- und Interessentengruppen. Deshalb ist es ihr, wie eingangs gesagt, als

Ziel historischen Lernens mehr um einen verantwortbaren, angemessenen Umgang mit Geschichtsvorstellungen zu tun, die uns allenthalben angeboten, aufgezwungen oder suggeriert werden, als auf einen positivistisch und objektivistisch mißverstandenen Stoff an Daten und Fakten. Die Methoden der Vermittlung von „Geschichte" zu diesem Ziel kann ich hier nicht ausfalten; sie sind Gegenstand intensiver Auseinandersetzungen im Bereich der Fachdidaktik. Organisationsformen und Materialien dieser bewußt veranstalteten Unterweisung, Belehrung oder Unterhaltung, deren Zielsetzungen und Verfahrensweisen sind ihr Gegenstand in pragmatischen Entwürfen und in der Kritik. In diesem Zusammenhang erhebt die Didaktik der Geschichte den Anspruch, die normative Frage zu stellen, was unter den Bedingungen unserer Zeit und unserer Erkenntnismöglichkeiten begründet als Sinn und Ziel historischen Lernens ausgegeben werden kann und was nicht. Der innere Bezirk solcher Normfindung ist im Rationalitätsanspruch der Wissenschaft, hier insbesondere der Geschichtswissenschaft, gegeben; darüber hinaus aber ist die Didaktik bei dieser Frage verwiesen auf die Auseinandersetzung mit anderen Bereichen der Wert- und Urteilsbildung in Wissenschaft und Gesellschaft. Auch dieses schwierige und komplexe Problemfeld kann ich hier nur nennen und als Anmerkung hinzufügen, daß Geschichtsdidaktik in einer pluralistischen Gesellschaft und einem weltanschaulich neutralen Staat nicht die Aufgabe der Begründung einer historischen Dogmatik haben kann, sondern vielmehr anstreben muß, die Normen und Wertungen, die hinter historischen Urteilen stehen, aufzudecken, begründbar und diskutierbar zu machen, also Hilfe zur eigenen Urteilsbildung und zum Verständnis anderer Wertsetzungen zu geben.

Daß sich schließlich die Didaktik der Geschichte als ein Sektor der Geschichtswissenschaft insbesondere dafür interessiert, wie alle diese Aufgabenbereiche sich historisch entwickeln und dargestellt haben, wie sie in der Vergangenheit theoretisch und praktisch angegangen wurden und wie die Geschichtsvorstellungen in der Vergangenheit mit dem jeweiligen Signum der Zeit zusammenhängen, ist naheliegend. Auf diese Weise wird die Didaktik der Geschichte selbst zu einem Zweig der Geschichtsforschung, sowie sie andererseits ihre eigene Genese durch die Erhellung unterschiedlicher geschichtlicher Formen historischen Lernens erschließt und sich damit in eine heilsame Distanz zu Verabsolutierungstendenzen ihrer gegenwärtigen Entscheidungen bringt.

4.

Diese in der verlangten Kürze sehr pauschalen Grundvorstellungen prägen heute das Selbstverständnis der Fachdidaktik Geschichte in der Bundesrepublik, und es ist nicht verwunderlich, daß die aus solchen Grundzügen sich entwickelnden detaillierten Vorstellungen umstritten sind. Die Konzentration auf das mir gestellte Thema hat nun bewirkt, daß ich nicht darauf eingegangen bin, in welchem weiteren wissenschaftlichen Bezugsrahmen eine so verstandene Didaktik der Geschichte steht. Ich verweise, um Mißverständnissen zu begegnen, auf die für jede Didaktik unerläßlichen Dienste, welche die Erziehungswissenschaft in ihren verschiedenen Zweigen, die Sozialpsychologie wie die Individualpsychologie und die Lernpsychologie, Anthropologie und Soziologie sowie bestimmte Sektoren der Philosophie als Erkenntnislehre und Normkritik insbesondere, aber nicht nur für den dritten Aufgabenbereich der pragmatischen Arbeit der Geschichtsdidaktik leisten. Es handelt sich um unverzichtbare Bezugswissenschaften, also, wie in jedem anderen Wissenschaftsbereich auch, um Hilfswissenschaften. Darin liegt die Absage an irgendeine der Geschichtsdidaktik im weitesten Sinne vorgeordnete, normgebende Instanz für den Geschichtsunterricht. Das ist eine weniger selbstverständliche Feststellung, als es in diesem Kontext scheinen mag. Daß die Religion, daß die Philosophie sich als solche vorgeordneten Urteils- und Wertstrukturen der Deutung der Vergangenheit setzenden Instanzen betrachten und nicht selbst als historisch bedingte und also der historischen Reflexion unterworfene Vorstellungsbereiche, mag heute eher einleuchten als in früheren Jahrhunderten; daß aber auch die Politik, die ihr zugrundeliegenden Theorien und Normsetzungen, immer soweit dies das historische Lernen angeht, diese vorgeordnete Rolle nicht beanspruchen können, ist keineswegs unumstritten. Die Auseinandersetzung der hier entwickelten didaktischen Konzeption mit einer sog. emanzipatorischen Geschichtsdidaktik, deren Basis die kritische Gesellschaftstheorie ist, entspringt dieser fundamentalen Differenz. Um es noch einmal klarzustellen: Diese geschichtsdidaktische Konzeption ist keine Absage an religiöse, philosophische, politische Fundierung einer Wertordnung, nach der wir unser individuelles und soziales Leben heute und in Zukunft ausrichten; aber sie ist eine Absage an die Verkürzung und Dogmatisierung der Wahrnehmung der Vergangenheit und der Zielsetzung historischer Erkenntnis und Urteilsfindung mit öffentlich verbindlichem Anspruch nach der Maßgabe einer solcher Ordnung. Es geht ihr vielmehr darum, historische Urteile und Wertungen im Lichte solcher Ordnungen verständlich zu machen, Vertreter divergierender Wahrnehmungsmuster dadurch zu einem methodisch und rational geführten Dialog zu befähigen, indem sie sich gegenseitig anregen, erweitern und auch ihres Geltungsanspruches vergewissern. Denn nicht in der Erzeugung eines festen Geschichtsbildes, um auf den Anfang zurückzukommen, sondern im Beitrag zur Entwicklung eines komplexen, lernfähigen und reflektierten Geschichtsbewußtseins in der Gesellschaft besteht die Aufgabe der Geschichtsdidaktik, insofern sie sich dem Geschichtsunterricht zuwendet.

Daß ein solches wissenschaftstheoretisches Selbstverständnis, wie es hier skizziert wurde, auch für die Ausbildung von Historikern und zumal von Geschichtslehrern selbst inhaltliche und organisatorische Bedeutung hat, liegt auf der Hand. Für die Stellung der Fachdidaktik in der Universitätsorganisation, im Zusammenhang der Fachwissenschaften, in der Verbindung zu den erziehungswissenschaftlichen Disziplinen, für die Organisation von Studienordnungen lassen sich daraus bestimmte Konsequenzen ziehen. Dies zu tun, liegt nicht mehr im Rahmen des Themas und der zur Verfügung stehenden Zeit.

Geschichtsbewußtsein oder Geschichtsgefühl?

Thesen zu einer überflüssigen Kontroverse

Soll der Geschichtsunterricht den Verstand belehren, unser Wissen fördern, oder soll er unser Gefühl bereichern, unsere Teilnahme erregen? Bei solcher Frage fällt mir immer eine Stelle aus den Briefen Bettina von Arnims ein über den Geschichtsunterricht, den ihr Privatlehrer ihr erteilte. Es handelte sich um die Geschichte der alten orientalischen Reiche:

„Menes ist der erste König, er erbaute Memphis ... Möris grub den See Möris, um die schädlichen Überschwemmungen des Nils zu hindern, dann folgte Sesostris der Eroberer, der sich selbst entleibte? ‚Warum'? unterbricht sie den Lehrer, ‚war er schön?, hatte er geliebt?, war er jung?, war er melancholisch'? Auf diese Fragen erfolgte keine Antwort, sondern eine weitere Belehrung über den Ablauf der Reiche: Nebukadnezar erobert Ägypten, Babylonien, Assyrer, Meder führen Krieg – bis Cyrus, der Perser, alle Reiche wieder erobert. Babylonische Geschichte umfaßt 1600 Jahr, hat um 11.00 Uhr angefangen und ist Glockenschlag 12.00 Uhr aus – ich spring in Garten."

Was sucht Bettina in der Geschichte? Sie sucht sich selbst: Ein junges Mädchen mit Interesse an anderen Menschen, an Leidenschaften, an Liebe, Schönheit, Melancholie, an den Hintergründen eines rätselhaften Selbstmordes. Der Geschichtsunterricht ihres Hauslehrers mit seiner trockenen Faktenauflistung erscheint ihr dagegen so öde wie die Sandwüsten des Vorderen Orients, und der Sprung in den Garten wie eine Flucht aus dieser Wüste in eine Oase des Lebens.

Muß also nicht die Vermittlung zwischen Gegenwart und Geschichte über das Gefühl, die Teilnahme laufen, statt über Belehrung und Wissen? Wir haben alle erlebt, wie die Personalisierung und Dramatisierung des Holocaust in dem gleichnamigen Film, dem man auch als Seifenoper bezeichnet hat, Millionen von Menschen erreicht und erschüttert hat – obwohl doch wahrlich genug Aufklärung in Schrift und Bild, auch in Dokumentarfilmen des Fernsehens in den Jahrzehnten zuvor als eine breite und authentische Information bereitgestellt wurde. Wer älter ist, kann sich erinnern, daß mit umgekehrtem Vorzeichen Veit Harlans Film „Jud Süß" mit Christina Söderbaum das negative Judenbild viel stärker aufgebaut hat als alle Versuche einer rassenbiologischen Indoktrination.

Aber genau ein solches Gegenbeispiel ist es, das vor einer allzu schnellen Schlußfolgerung warnt, die man aus der Beobachtung der starken Wirkung emotional ansetzender Geschichtsvermittlung ziehen könnte. Natürlich nehmen wir Partei für Bettina angesichts der Karikatur eines kognitiven Geschichtsunterrichts, den sie mit spitzer Feder skizziert. Aber ihre Teilnahmebereitschaft am Schicksal des Sesostris führt sie nicht an die Eigentümlichkeit und Bedeutung der ägyptischen Geschichte heran, ebensowenig wie unsere Teilnahme für die Familie Weiß im Film Holocaust uns begreifen oder wenigstens ansatzweise erklären hilft, warum und wie mitten in Deutschland und Europa der Völkermord plötzlich zum historischen Großereignis wurde. Furcht und Schrecken, wie sie das Drama erzeugt, so wissen wir schon seit Lessing, sind das auf uns selbst zurückgewendete Mitleid. Das Mitgefühl, die Teilnahme läßt uns nicht das Fremde, das Andere verstehen, sondern in diesem Anderen und Fremden immer nur uns selbst mit unseren Grundempfindungen und Gefühlen wie Stolz und Trauer, Liebe und Haß, Mitleid und Verachtung: Sie liegen in uns bereit und können durch die Art der Darstellung gleichsam abgerufen und, wie an gegenwärtigen, so an vergangenen Menschen und Ereignissen geweckt werden. Das Unwandelbare, das „immer Menschliche" erregt unsere Gefühle. Ihre Umittelbarkeit und Stärke entzieht sie der rationalen Kontrolle: denn sie verhindern gerade das Verständnis des historisch-Besonderen, die Suche nach genauerer Aufklärung des Fernen oder Fremden. Sesostris wird zum jungen Werther! Emotionen, Leidenschaften, Identifikationen, die Wahrnehmung und bisweilen auch das Handeln steuern, sind ihrem Gegenstand gegenüber blind, liegen jenseits von Kriterien der Erkenntnis, oft auch der Moral.

Deshalb ist es fragwürdig, ob – wie Peter Knoch an zunächst eindrucksvollen Beispielen versucht hat – durch den Einstieg über Gefühl und Mitgefühl, durch Identifikation Motivation für kognitive Operationen zu erzeugen ist – der Lerneffekt zielt auf Selbst-, nicht auf Fremderfahrung. Hierfür ist, wie wir seit Aristoteles wissen, weit eher die Poesie als die Historie zuständig: jene schafft „auf sich selbst bezogene Furcht", also Mitleid, hebt die Distanz auf, diese hingegen muß auf Wahrnehmung des Anderen, auf Zeitversetztes zielen. Jene gibt Exempla, die unabhängig von ihrem Ort in der Geschichte Geltung beanspruchen, diese zeigt Eigentümliches, Fremdes.

Nun sind nicht nur die Gedanken, wie es heißt, sondern viel mehr die Gefühle frei, und jeder hat das Recht, seine Gefühle im Angesicht der Vergangenheit zu haben. Aber es sind seine Gefühle, es ist vielleicht auch sein Mitgefühl – aber eben darum sind es nicht die Gefühle, die die Menschen in der Vergangenheit, die die Toten bewegt haben – es sei denn, wir begeben uns auf die Ebene der allgemein-menschlichen Todesangst. Wenn es dagegen um überindividuelle, kollektive Gefühle geht, geraten wir an jenen dunklen Untergrund der Geschichte, wo sich die eine Gruppe gegen die andere im Recht fühlt, alle Wahrheit sich selbst zuschreibt, sich ihre Geschichte in identifikatorischer Emotion aneignet. Diese kollektiven Selbstgefühle – wir kennen sie aus Religionskriegen, Nationalitätenkonflikten, Stammesfehden, Ideologiebessenheiten – verlängern die gegenwärtigen Feindbilder und Haßgefühle in die Geschichte – ebenso wie die Zugehörigkeitsgefühle. Sie sind in hohem Maße handlungsbestimmend. Das kollektive Geschichtsgefühl kann zur Geschichtsobsession werden – nicht mehr aufklärbar durch Belehrungen: Mit den Worten Pascals: „Irrtümer lassen sich widerlegen – Leidenschaften nicht." Ein solches Geschichtsgefühl ist nicht verhandelbar, weil es zur Existenz eines Trägers, zu seiner Sinnwelt gehört. Wie beim individuellen Geschichtsgefühl spricht hier das Kollektiv – das Volk, die Religionsgemeinschaft – nur mit sich selbst über die Geschichte, läßt sich bestätigen durch scheinbar richtige, wahre Erzählungen oder Urteile, die doch nur das Selbstgefühl legitimieren. Es konkretisiert sich in Symbolen, in Zeichen und Gesten, die unmittelbar das Gefühl ansprechen und Erkenntnissignale der Gemeinschaft sind. Korrektur bringt nur elementar-historischer Umbruch, Zerstörung des Selbstverständnisses bis in den Alltag – am ehesten, wenn es mit einem neuen Sinnangebot verbunden ist.

Gegen das Beispiel aus dem Brief Bettina von Arnims, die vergeblich in dem jungen, schönen, melancholischen Sesostris einen Mitfühlenden ihrer eigenen Seele suchte, läßt sich eine Maxime setzen, die Hegel als Gymnasialdirektor in Nürnberg formuliert hat: „Das Geschwätz zurückzuhalten, ist eine wesentliche Bedingung für jede Bildung und jedes Lernen. Man muß damit anfangen, Gedanken anderer auffassen zu können und auf eigene Vorstellungen Verzicht zu leisten." Worauf Hegel abzielt, das wissen wir alle, ist „der Begriff" in seiner objektiven Kraft: nicht in den fremden Sesostris das Innenleben eines Menschen des 19. Jahrhunderts hineinzulesen, sondern die eigenartige Lebenswelt und Mentalität längst vergangener Menschen verstehend zu rekonstruieren – das erst erweitert das eigene Ich und das Weltverständnis. „Das Geschwätz" im Hegelschen Sinne wäre auch jede Art von isolierter Nationalgeschichte als kollektiver Selbstbespiegelung, die für andere Völker und Kulturen empfindungs- und gedankenlos macht. Geschichte ist nicht – so Hegel – als Biographie eines Volkes oder einer wie immer besonderen Gruppe, sondern als Entwicklungszusammenhang der Menschheit zu begreifen: Wie sich in den antiken Großreichen der Gang der menschlichen Kultur entfaltete, in uns sehr fremden Formen der Religion, der Herrschaft und der Wirtschaft, der Schrift, der Architektur, der Beherrschung der Natur – wie also der Mensch damals sein geistiges und materielles Leben organisierte und wie im Laufe der Geschichte neue Elemente und Gegensätze auftraten, andere Lebensformen schufen und unser Zeitalter als das spannungsvolle Ergebnis einer solchen Entwicklung zu begreifen ist, in der die Substanz der Vergangenheit verwandelt und „aufgehoben" ist. Das wäre dann ein Bewußtsein von Geschichte, in dessen weiten Räumen Emotionen persönlicher oder kollektiver Art zugelassen, aber, von der erkennenden Vernunft beherrscht, nicht zu Obsessionen werden, die Weltgeschichte nicht auf eine bezeugte Palette von Gefühlen reduziert wird.

Es sei denn, und damit kommen wir auf den vertrackten Zusammenhang von Emotion und Begriff, von Gefühl und Erkenntnis, daß diese Gesamtsicht von Geschichte als einer fortlaufenden Bewegung der Menschheit zu höheren Formen ihrer selbst und schließlich zur Vollendung ihrer Anlagen – daß diese Idee von der Geschichte selbst nur die Rationalisierung eines optimistischen Lebensgefühles ist, letztlich also nicht Erkenntnis, sondern Bekenntnis zu einem vollendeten Bilde der Menschheit, dem sie sich nähern soll. Daß Gedanken Ausdruck emotional verankerter Visionen sein können, daß umgekehrt Postulate der Vernunft Gefühle spiegeln oder wecken, daß ein Gedanke uns erregt, eine rationale Kombination uns erschreckt oder begeistert: das mag als Hinweis zur Rechtfertigung meiner Behauptung dienen, daß Geschichtsgefühl und Geschichtsbewußtsein nur bei einseitiger und eher vordergründiger Betrachtung, nur im Vorhof der Annäherung an Geschichte als Gegensätze aufzufassen sind und darum eine Kontroverse zwischen beiden überflüssig und für die historische Didaktik irreführend ist.

2.

Aber dennoch ist dieser Streit im Gange. Zunächst sieht man auf dem Gebiet unserer engeren Fachdisziplin, der Geschichtswissenschaft und der Geschichtsdidaktik, wie sich ein Wechsel von der rationalen Distanz, die mit aufwendiger Methodik die Fundamente historischer Programme, Zustände und Entwicklung zu fassen versuchte: sei es zunächst in der Politikgeschichte, in der Geistesgeschichte, in der Wirtschaftsgeschichte und dann schließlich auch in der Sozialgeschichte – eine Verschiebung des Interesses hin zum Unmittelbaren vollzieht, zur „Lebenswelt" zu dem direkt auch Nachfühlbaren: in der Alltagsgeschichte, in der Geschichte der kleinen Räume, der Gefühle und Mentalitäten, der lebensweltlichen und nahen, unmittelbaren Daseinsverhältnisse. Das ist bekannt. In der Geschichtsdidaktik entspricht dem eine Wendung zur Subjektivität des Rezipienten wie des Vermittlers von Geschichte. Ich nenne nur einige Beispiele. Volker Knigges Buch von 1988 mit dem Titel „Triviales Geschichtsbewußtsein und verstehender Geschichtsunterricht" meint mit dem Begriff des Verstehens nicht, wie Dilthey, den Versuch, andere Menschen und fremde Zeiten durch Einfühlung und Nachdenken im herkömmlichen Sinne zu verstehen, sondern plädiert für das Verstehen der Träume, Gefühle, Mythen und Sehnsüchte der Schüler, mit denen sie den Figuren der Vergangenheit entgegentreten. Dies nämlich, die subjektive psychische Befindlichkeit des Rezipienten, sei die Hälfte der Wahrnehmung der Geschichte. Nicht ein allen Schülern gleiches, schwer nachprüfbares Denkvermögen, sondern die spezifischen Emotionen oder Gefühlsdispositionen müsse der Geschichtsunterricht ansprechen. Das, wie er sagt, „Geschichtsbegehren" des einzelnen sei zu erkennen und zu befriedigen – Geschichte als Stoff zur Selbstbestätigung. Im vorigen Jahr erschien eine Geschichtsdidaktik mit dem bezeichnenden Titel: „... und was hat das mit mir zu tun?" Die Verfasserin radikalisiert ihre Subjektivität als den einzig möglichen Zugang zur Geschichte. Ihre Generation, ihr Geschlecht, ihre besondere Biographie, die auch ausführlich erzählt wird, ist der Prüfstein für das, was an Geschichte wichtig ist. Es ist die Suche eines Identifikationsbedürfnisses, die schließlich in der Vergangenheit ihre Objekte findet und es zum Kern aller relevanten Geschichte erklärt mit der Neigung, dies auch für Schüler und Schülerinnen als das Verbindliche, als die wahre Geschichte zu reklamieren. Auf dem Leipziger Historikertag konnte man in einer Sektion ein Referat hören, in dem es mehr um die Gefühle und Empfindungen des Forschenden angesichts seines Gegenstandes als um diesen Gegenstand selbst ging. Dies ist kein Einzelfall. Der Erkennende nimmt sich zunehmend wichtig – nicht mit den allgemein nachvollziehbaren Voraussetzungen seiner Fragestellung, den Methoden seiner Untersuchung und der Zurschaustellung seiner Ergebnisse, sondern als Person mit seinen eigenen Dispositionen und Gefühlen. Das wahrnehmende Subjekt wird zum Kriterium für die „Wahrheit" der Geschichte – d.h., für die radikale Subjektivierung der Beziehung zum Vergangenen.

Aber auch wo diese radikale Subjektivierung nicht stattfindet, schieben sich die Emotionen in den Vordergrund der Rezeption. Rolf Schörken hat auf eine sehr besonnene Weise in seinem Buch „Historische Imagination und Geschichtsdidaktik" darauf aufmerksam gemacht, daß historische Erkenntnisse nicht am Ende eines Lernprozesses stehen, sondern vorgegebene Vorstellungen, Imaginationen, von vornherein diesen Prozeß und sein Ergebnis prägen. Viel zu wenig wissen wir über diese Bedeutung der gefühlsgeladenen Imagination, an der wir mit einem Unterricht der rationalen Quellenanalyse stets vorbeigehen; kommen wir ihr entgegen mit einem erzählenden Unterricht, der es erlaubt, an vorhandene Gefühle anzuknüpfen? Steht eine Rückkehr zum erzählenden Geschichtsunterricht ins Haus?

Und als letztes Beispiel: Vor zwei Jahren erschien in der Schriftenreihe des Georg-Eckert-Instituts ein Band mit dem Titel „Emotionen und historisches Lernen", der Ertrag einer Tagung vom Jahre zuvor. Schon 1994 war eine zweite Auflage nötig – was den anderen Bänden dieser Reihe nur selten widerfährt.

Offenbar sind Geschichtslehrer und der Geschichtsdidaktiker des trockenen Tons nun satt, verlangen nach Unmittelbarkeit, Authentizität, Spontaneität, Betroffenheit, Gefühlsbewegung beim Umgang mit Geschichte anstelle theoriegeleiteter Erkenntnis, rationaler Analyse genereller Prozesse, mühsamer Rekonstruktion komplexer Vergangenheit. Die Distanz schaffende Reflexion des Geschichtsbewußtseins muß der Unmittelbarkeit des Geschichtsgefühls weichen, will man den Adressaten noch erreichen – so die Botschaft zwischen oder gar in den Zeilen.

Die Frage ist, ob wir es hier mit einem Paradigmawechsel zu tun haben. Viel spricht dafür, denn dieser Vorgang in der Geschichtswissenschaft und -didaktik ist nur der Reflex einer viel breiteren Bewegung. Die hochgradige Rationalität der Curriculumtheorie und -praxis mit ihrem intellektuellen Anspruch, der jedes Lernziel definierbar, operationalisierbar und evaluierbar machen und den Lernprozeß selbst wie eine moderne Fertigungsstraße in kleinste Teilabschnitte zerlegen und beherrschbar machen wollte, forderte einen solchen Protest geradezu heraus, nicht nur im Fach Geschichte. Aber der Hintergrund dieser neuen Emotionalität ist tiefer. Der französische Philosoph und Soziologe Alain Finkielkraut hat vor einigen Jahren in einem Essay mit dem Titel „Die Niederlage des Denkens" den Prozeß der Auflösung universaler Postulate beschrieben, auf welchen die Möglichkeit rationaler Verständigung zwischen verschieden geprägten Kulturen beruht. Am Beispiel der Programme und Auseinandersetzungen der Unesco konstatiert er die Emanzipierung der kollektiven Gefühlswelten vom Anspruch einer universalen, menschheitlichen Vernunft. Das Postulat rationaler Welterklärung und universaler Menschheitsethik erscheint dann nicht als generell gültiger Maßstab, sondern als ein Ausdruck europäischer Stammesideologie, die sich zeitweise anmaßte, für die Menschheit zu sprechen. Menschenrechte etwa sind nicht universal, sondern etymologisch oder kulturell-spezifisch abgewandelt. Chinesische oder islamische „Menschenrechte" sind eben keine europäischen. Gebote der Ethik wie Methoden rationaler Welterklärung werden in kulturellen Bildungsräumen partialisiert. An ihre Stelle tritt die Authentizität und das eigene Recht jeder Kultur oder jeder Ethnie, verankert in der Gefühlswelt, die, sich ihrer je eigenen Traditionen bewußt, nicht hinnimmt, als bloßes Medium von Herrschaftstechnik im Sinne europäischer Politikwissenschaft mediatisiert zu werden. Finkielkraut nennt diese Erkenntnis das Ende der „Moderne", der Aufklärung und den Anbruch einer universalen irrationalen Postmoderne. Finden wir nicht, gegenläufig zur Ausweitung der großen, globalen Organisationen, eine Rebellion gegen das Allgemeine, gegen das Abstrakte, gegen die großen Apparate und Bürokratien, in denen die Menschen sich und ihr Lebensgefühl nicht mehr wiederfinden? Die Schwäche der großen Organisationen, die als friedens- und wohlstandsschaffende Fortschritte der Menschheit anzusehen sind, wie die UNO oder die Europäische Union, zeigt sich allenthalben. In Somalia, in Ruanda, auf dem Balkan, im Irak scheitern globale Versuche, universale Gebote der Vernunft auch „vernünftig", d.h. durch Übereinkunft unter der Norm der Friedenssicherung durchzusetzen, am gefühlsgeladenen Eigenwillen kleiner Volksgruppen, die sich „authentisch", wenn nicht gar autistisch verhalten. Kurz: Es ist nicht verwunderlich, wenn auch das Verhältnis zur Geschichte wieder einen Pendelschlag erfährt, der Gefühl und Unmittelbarkeit, Selbstbestätigung und Identifikation als eigentliches „Geschichtsbegehren" gegenüber dem kognitiven, rationalen Ansinnen bevorzugt, das die Geschichtsdidaktik hierzulande seit den 60er Jahren in ihren verschiedensten Formen geprägt hat – geprägt hat auf dem Hintergrund der Erfahrung mit einer hochemotionalisierten Geschichtsindoktrination des totalitären Systems. Diese Erfahrung des Mißbrauchs, der Gefährlichkeit von Gefühlsappellen ist durch den Generationswechsel verblaßt, ein Defizit an identifikatorischer Fähigkeit besteht.

3.

Sie werden nun nicht erwarten, daß ich ein so weitgespanntes und komplexes Thema systematisch ausleuchte. Ist doch schon höchst unklar, was unter dem Begriff der „Emotionen" überhaupt zu verstehen ist. Fast 100 Definitionen bieten uns die Psychologen an. Die Beiträge in dem genannten Buch des Georg-Eckert-Instituts zeigen eine bunte Palette von jeweils gemeinten Gefühlen: angefangen von haptischen Gefühlen, deren Magie wir bisweilen in Museen nachfühlen können, wenn wir einen alten Gegenstand anfassen möchten, bis zu allgemeinen menschlichen Grundgefühlen wie Angst oder Haß, über höchst private Gefühle der Empathie oder des Schauderns bis zu komplexen Syndromen, in denen sich ganz unterschiedliche Gefühle, Wertungen, Interessen, Erfahrungen und Hoffnungen mischen, wie etwa dem Nationalgefühl der Völker des 19. Jahrhunderts oder jenen Gefühlsuniversalien aus dem Erbe der Aufklärung, wie die Teilnahme für Gleichheit der Völker, Rassen und Geschlechter, der Freiheit und Selbstbestimmung, der Gerechtigkeit: nichts, scheint es, was nicht durch irgendein Gefühl abgedeckt werden könnte, wenn wir uns mit Vergangenheit befassen.

Da es sich hier um ein Kolloquium handelt, darf ich mich darauf beschränken, nach diesen grundsätzlichen Bemerkungen in fünf Thesen Aspekte des Themas zu erläutern, die mir besonders wichtig erscheinen, wenn man eine Diskussion um diese Thematik führen will.

1. These
Gefühle als Zustände oder bewegende Faktoren in der Geschichte sind ein legitimer, aber außerordentlich schwieriger Gegenstand von Geschichtswissenschaft und Geschichtsunterricht. Das Wahrnehmen solcher Gefühle in der Geschichte ist zu unterscheiden von Gefühlen angesichts der Geschichte, die der gegenwärtige Rezipient empfindet.

Diese These bedarf nur einer kurzen Erläuterung. Legitim ist der Versuch, Gefühle als historische Kräfte wahrzunehmen und in Rechnung zu stellen, weil sie von großer realgeschichtlicher Bedeutung sein können: sei es in historischen Umwälzungen wie Revolutionen, wo sie eruptiv erscheinen, sei es als Grundierung historischer Zustände in bestimmten sozialen oder politischen Systemen. Eine Untersuchung über die Rolle der Angst im Verhalten der römischen Oberschicht der späten

Kaiserzeit zeigt, wie dieser psychische Faktor in verschiedener Weise die Stabilität des Herrschaftssystems eine Zeitlang sicherte. Schwierig, fast unmöglich ist jedoch oft der emotionale Nachvollzug solcher Gefühle: Religiös fundierter Fanatismus oder Fatalismus, das Gefühl des Ausgeliefertseins an Naturmächte wie bei den frühen Völkern, aber auch zeitlich viel nähere Gefühlssyndrome wie das Nationalgefühl der europäischen Völker des 19. Jahrhunderts; verstehen doch kaum die jüngeren Generationen die Gefühlslagen ihrer Eltern oder Großeltern, wenn etwa die Zeit des NS auf die gefühlsbezogene Begriffe „Verführung und Gewalt" gebracht wird. Zu der Frage, wie dennoch über Wort und Bild eine Vorstellung fremder Gefühlswelten vermittelt werden kann, ohne daß vordergründig die eigenen Gefühlsschwingungen in die Vergangenheit transponiert werden, will ich hier nur soviel sagen, daß ein unmittelbares sich „Hineinversetzen" meistens fehlgeht und nur Ausgangspunkt einer kognitiven Annäherung sein kann, die in der Regel uns alle, erst recht die Schüler, überfordert, wenn es um mehr als Grundgefühle wie körperlichen Schmerz oder kreatürliche Freude o.ä. geht. Ich benutze diese erste These nur zur Ausgrenzung dieses Komplexes von dem Folgenden: Nämlich von der Frage nach den Gefühlen, die uns selbst in der Gegenwart bei der Begegnung mit der Vergangenheit bewegen.

2.These
Gefühle angesichts der Geschichte sind vermittelte Gefühle.

Vergangenheitserfahrung enthält immer beide Komponenten, die emotionale und die rationale. Die Färbung und Mischung beider Elemente ist von Mensch zu Mensch verschieden, wechselt je nach historischem Objekt, ist aber vorprogrammiert durch die Art der Präsentation von Geschichte. Zwar gibt es die Unmittelbarkeit des Gefühls angesichts historischer Überreste oder Zeugnisse: Wagners Ergriffenheit von einem alten Pergament im „Faust" oder Rilkes in den Appell umschlagende Empfindungen vor dem „Archaischen Torso Apollos". Dies sind seltene Phänomene – auch dort, wo sie in Museen und Ausstellungen evoziert oder provoziert werden sollen, ist es bereits die Art der Vermittlung, der Auswahl, der Kontexte – also die Arbeit dessen, der Geschichte präsentiert, wodurch diese Gefühle konditioniert werden. Die Regel sind die vermittelten Emotionen. Nicht die Geschichte selbst, also das, was wir von ihr unmittelbar sehen oder erfahren können, sondern die Geschichten, die von ihr erzählt werden, die Bilder, die Darstellungen verschiedenster Art vermitteln Gefühle. Der Erzähler, der Sänger der alten Zeit bewegt die Herzen – und bis heute ist es die Kunst, wenn sie sich der Geschichte bemächtigt, die unsere Empfindungen Kraft ihrer Darstellung bewegt. Aber es ist nicht nur die Kunst: es kann auch die Agitation, die Überredung, die Suggestion oder – am häufigsten – die Illusion sein, die Historisches an uns heranträgt, und ihre Grenzen zur Fiktion sind fließend. Noch stärker als solche auf Gefühle zielende Vermittlung ist die funktionale: die generellen Ansichten, die Urteile und Vorurteile, die schon in der Sprache aufgehobene Deutung. Die Psychologen sagen uns, daß sich das „kognitiv-affektive Bezugssystem", dem wir unsere Weltdeutung verdanken, sehr früh bildet als das Ergebnis einer durch die Lebenswelt gegebenen Situation – und daß es an den Lebensnerv geht, wenn dieses Bezugssystem infrage gestellt wird. Geschichtsgefühle sind Teil dieses Systems, und sie grundieren unser Geschichtsverständnis vor aller bewußten Belehrung, sortieren vielmehr solche Belehrung als bestätigende oder auch als abzulehnende Geschichtssicht. Diese funktionale, lebensweltliche Konditionierung wirkt ständig. Täglich sind wir Objekte solcher Vermittlung von Geschichte, konfrontiert mit historischen Beweisführungen oder Anspielungen, Bildern oder Behauptungen. Bisweilen bedrängt, manchmal beflügelt oder bedrückt, sind wir bewußt oder unbewußt umstellt von vermittelter Geschichte, die uns affektiv wie kognitiv anspricht.

Der Geschichtsunterricht ist nur ein schmaler Sektor in diesem lebensweltlichen Vermittlungsprozeß. Aber er ist institutionalisiert, hat Kontinuität, formulierte Ziele und Methoden – und zu fragen ist, welche Aufgabe ihm im Insgesamt der uns umlagernden Vermittlung von Geschichte zugewiesen wird.

3. These
Der Geschichtsunterricht als eine öffentliche Institution hat die Aufgabe, zu einem öffentlich verantwortbaren Umgang mit historischen Wertungen, Urteilen und Einsichten zu befähigen.

Was kann das im Zusammenhang dieser Fragestellung heißen? Nur dies: Er muß die Beobachtungs- und Denkfähigkeit ausbilden, die es erlaubt, die lebensweltliche Präsentation von Geschichte, die an uns herantritt, in ihrem sachlichen Informationsgehalt zu erkennen, nach ihrer Bedeutung zu beurteilen und nach dem Maß und der Qualität, in dem sie uns betrifft oder betreffen soll, zu bewerten. Die Angemessenheit unserer kognitiven wie emotionalen Geschichtsvorstellungen ist durch einen rationalen Umgang mit ihrem Gegenstand zu erkennen. Dies geschieht auf doppelte Weise: Zunächst, indem man fragen lernt, was denn der historische Sachverhalt, dessen Darstellung unsere Emotionen weckt, eigentlich gewesen ist, ob die Art seiner Darstellung unser Gefühl überwältigen, den Verstand überspielen will oder ob sie Gefühle weckt, die dem Vergangenen angemessen sind; sodann selbstkritisch, ob unsere Gefühle dem Gegenstand gegenüber mehr unser eigenes, lebensweltlich geprägtes Wertsystem ausdrücken als sie dem historischen Ereignis gerecht werden, ob uns Geschichte nicht nur zum Katalysator unseres eigenen Empfindens und Wollens wird, d.h., welche Einstellungen, Werte wir an den Gegenstand herantragen. Beispiele solchen Geschichtsbewußtseins liefert uns die Historiographie, aber auch der populäre Umgang mit Geschichte. Es gibt grobe und sublime. Ein grobes, zeitgenössisches sind die Aufmärsche der Rechtsradikalen am Grabe von Rudolf Hess oder neuerdings ihre makabre Zelebration des 20. April; sublimer, aber immer noch in Absicht und Wirkung kräftig zu fassen, ist der Umgang mit Nationalhelden, z.B. Hermann dem Cherusker oder „Hermann dem Deutschen", wie man ihn genannt hat. Das nationale Bedürfnis hat sich in ihm eine Kultfigur geschaffen, die sich selbst, könnte sie es, höchst befremdet in solcher historischen Rolle wiederfinden würde. Wer schon als Kind zum Denkmal nach Detmold gefahren ist, vorbereitet durch Legenden nationalen Stolzes, vielleicht Scheffels Lied von den frech gewordenen Römern sang oder eines der zahllosen Hermanns-Dramen las – dem fällt eine solche Entzauberung und damit die Umpolung eines Gefühls nicht leicht – aber in diesem Fall ist es durch die gut belegte Geschichte des Denkmals doch möglich, die Unangemessenheit des Objekts für unser Gefühl zu erkennen. Schwierig und verwickelt ist für uns heute die Frage nach der Bedeutung des Nationalen als Bauelement des Sozialkörpers in Deutschland und Europa überhaupt; eine Rückfrage an die Geschichte, die so beladen ist mit gegensätzlichen Gefühlen und Erfahrungen. Nur durch genaue Kenntnis und Abwägung des Urteils durch Perspektivenwechsel zwischen den Lagern, nicht durch platte, voluntative Identifikation oder radikale Verwerfung aller nationalen Bindungen kann ein differenzierter nationaler Konsens in den Gegensätzen erarbeitet werden. Die Gefühle selbst sind in direkter Weise öffentlich schwer oder gar nicht verhandelbar oder gar verwandelbar, auch nicht in der Öffentlichkeit der Klasse; verhandelbar aber sind die rationalen Operationen, mit denen wir gefühlsbeladenen geschichtlichen Phänomenen näher treten: die Kenntnisse, die Analysen und Urteile. Ihre Validität ist überprüfbar, und auch dann, wenn er nicht zu einhelligen Antworten führt, gestattet der kognitive Zugriff den Diskurs verschiedener Positionen, weil es Kriterien für das Richtige, das weniger Richtige und für das ganz Falsche gibt. Das Gefühl selbst ist weder richtig noch falsch, aber die Einsicht kann geweckt werden, ob es sich an einem Sachverhalt festmacht, der dies Gefühl wert ist.

Aus diesen Andeutungen folgt, daß die Lernziele des Geschichtsunterrichts nicht die direkte Erweckung oder Bestätigung oder gar Steigerung der herrschenden kollektiven Gefühle, sondern die Förderung zur Kontrolle unserer Gefühle durch Begegnung mit der Geschichte sein müssen.

Dies ist angesichts der Geschichte des öffentlichen Geschichtsunterrichts eine unerhörte Zumutung. Denn sein Ziel, seit es ihn in den modernen Staaten gibt, also seit etwa 200 Jahren, war die emotionale Identifikation des Heranwachsenden mit seinem Staat oder gar seinem Fürsten oder seiner Nation. Geschichtsunterricht baute eine symbolische Sinnwelt durch Auswahl und Färbung dessen, was im historischen

Horizont des Schülers systematisch an Kenntnis und Haltung auftauchte, er wollte ihn zum treuen Untertanen, zum loyalen Bürger, zum Volksgenossen machen. Er tat dies, indem er die Kenntnisse und die Urteile, die er als Einsichten und Wahrheiten vermittelte, in den Dienst einer solchen Identifikation stellte.

Ein frühes Beispiel: Als nach der ersten polnischen Teilung die Adelsrepublik daran ging, sich zu reformieren und dazu auch eine Edukationskommission einsetzte, gab Jean Jaques Rousseau in einem Schreiben an diese Kommission den Rat: „Der junge Mensch, wenn er lesen lernt, soll lesen, was zu seinem Vaterland in Beziehung steht; mit 10 Jahren soll er alle Erzeugnisse seines Vaterlandes kennen, mit 12 Jahren alle seine Provinzen, Straßen, Städte, mit 16 alle seine Gesetze. Es soll keine schöne Tat und keinen berühmten Mann in Polen geben, wovon nicht sein Kopf und sein Herz voll sind und wovon er nicht auf der Stelle Rechenschaft zu geben vermag." Es ist bekannt, wie zu dieser positiven Identifikationsbildung sehr bald eine negative am Feindbild des anderen hinzutrat, wie sich diese erzeugte Liebe zum Vaterland mit dem Hass auf die Feinde des Vaterlandes verbinden konnte und welche Mühen, oft vergeblicher Art, es die Europäer nach dem Ersten Weltkrieg sich kosten ließen, die Geschichtsbücher ihrer Schuljugend zu versachlichen, d.h. von solcher Gefühlsmanipulation freizuhalten. Denn es ist nicht mehr die alte einfache Welt geschlossener Stämme mit einheitlichen Erfahrungen und archaischer Lebensweise, in der die Einheit des begrenzten Lebens- und Geschichtsgefühls alle verband und die historische Unterweisung nur die lebensweltliche Identifikation zu bestätigen hatte. Komplexe Gesellschaften in mondialer Verflechtung können sich nicht das Geschichtsgefühl von Hirtenstämmen leisten; sie umfassen unterschiedliche Lebenswelten, Interessen, Ideologien und heterogene Sozialisationswege. Schon das Indoktrinieren des nationalen, einheitlich zentrierten Geschichtsbildes mit emotionaler Grundierung im 19. Jahrhundert war ein künstlicher Überbau, konnte als Manipulation auftreten und nach außen wie innen Legitimation für Aggressionen liefern. Modernen Gesellschaften bleibt nur der schwierige Weg, die „naturwüchsigen" Geschichtsvorstellungen und -gefühle in ihrer Bedingtheit zu erkennen und methodisch zu prüfen. Wenn wirklich ein neues Paradigma des Geschichtsunterrichts von dieser Maxime Abschied nähme und sich mit der Frage: „was hat das mit mir zu tun?" sich wieder der Befriedigung „authentischer" oder autistischer Geschichtsgefühle zuwenden würde, wäre das eine vernunft- und friedensgefährdende Erscheinung.

Kommen wir aber damit vor ein Dilemma – vor das sokratische nämlich: denn die affektive Grundstruktur ist ja nicht nur die Quelle von Verzerrungen, sondern auch von Teilnahme und Geschichtsinteresse. Man kann sie nicht kognitiv durch die Zurückweisung jeden Gefühls austreiben – das gäbe ein steriles Geschichtsbewußtsein – oder gar keins – so, wie der trockene Bericht über die Chronologie der orientalischen Reiche, dem Bettina glücklich entsprang.

4. These
Geschichtsunterricht soll und kann Emotionen weder übersehen noch auslöschen; er muß sie klären.

Diese These ergänzt notwendig die vorige. Daß die kognitive Lernzielsetzung des Geschichtsunterrichts leeres Stroh dreschen würde, wollte sie so tun, als ob Gefühle beim Lernen von Geschichte keine Rolle spielten, liegt auf der Hand. Ich rede nicht von den persönlichen und privaten Gefühlen, die sehr vielfältig und unterschiedlich bei der Präsentation historischer Sachverhalte entstehen können, für die im Geschichtsunterricht Raum zur Aussprache bleiben soll und mit denen behutsam umzugehen eine Aufgabe pädagogischen Taktes ist. Ich rede vielmehr von den kollektiven Gefühlen, von den Gruppengefühlen, die vorhanden sind und benannt werden müssen, damit sie im Medium der Sprache überhaupt erkennbar werden. Ganz offensichtlich haben wir – ein naheliegendes Beispiel – bei der Asyl- und Ausländerthematik eine solche Gefühlslage vor uns, die sich von Vernunft und Ethos selbständig macht, und zu, milde ausgedrückt, Abwehrreaktionen führt. Dabei denke ich nicht an die Fälle brutaler Gewalt, an deren Ursachen kein Unterricht mehr heranreicht, sondern an jene Masse von diffusen Abneigungen, die sich als ein Syndrom aus Fremdheitserfahrung, Bedrohungsgefühlen, Selbstbewahrungswillen und vielleicht auch hier und da unangenehmen Erlebnissen zusammensetzt. Dies ist nur vordergründig ein gegenwärtiges, politisch-soziales, nicht historisches Thema. Migrationen sind in Wahrheit ein „großes Thema" der Geschichte: Ein- und Auswanderungsbewegungen, Kulturvermischungen von der Antike bis in die jüngsten Völkerverschiebungen und Vertreibungen. Wir entdecken es erst jetzt wieder an gegenwärtigen realen Erfahrungen und in emotionaler Betroffenheit. Ein Unterricht, der diese Gefühlsbefindlichkeit nicht zur Sprache brächte und ihre Aussprache und Überprüfung veranlaßte, stünde in Gefahr, folgenloses Wissen weiterzugeben. Geschichtsbewußtsein angesichts dieses Themas würde dagegen heißen, die eigenen Wertungen und emotionalen Dispositionen mit solchen historischen, sekundären Erfahrungen zu konfrontieren, sie in ihrem Lichte zu überdenken und zu prüfen.

Eine Didaktik des Geschichtsbewußtseins – ich kann das hier nicht ausführen, es ist aber längst wiederholt gedruckt – verlangt, die Emotionen der Schüler in Form ihrer Wertungen, Parteinahmen, Stellungnahmen und Empfindungen – also alles das, was uns ganz unmittelbar mit einem historischen Prozeß als Interesse und Gefühl verbindet, zum Ausgangs- und Bezugspunkt jener rationalen Operationen der Analyse und Urteilsfindung zu nehmen, von denen ich sprach. Denn in diesem Bereich gefühlsgeladener Bewertungen gegenwärtiger Probleme mit meist sehr tiefem historischen Hintergrund liegt der Ursprung unserer Fragen an die Geschichte: in gefühlsbetonter Erfahrung.

Das Entscheidende und das Schwierige ist nun – ich wiederhole es –, daß der Geschichtsunterricht nicht solche kollektiven Gefühle zu bestätigen, gleichsam zu rationalisieren hat, wie es so oft geschah – lesen Sie in Hitlers „Mein Kampf" seine lobenden Äußerungen über den nationalen Geschichtsunterricht –, sondern daß er sie an der historischen Untersuchung und Analyse der Sachverhalte sowie an der Bedeutung der Phänomene zu messen hat. Dann zeigt sich, daß die Frage „was hat das mit mir zu tun?" plötzlich einen weiten Horizont bekommt, nicht eine bloße Selbstbestätigung persönlicher oder kollektiver Meinung verlangt – „Geschwätz" nach Hegel –, also etwa die Geschichte der eigenen Nation oder die Geschichte der Unterdrückten oder auch die Frauengeschichte zur einzig relevanten Geschichte erklärt. Geschichtsgefühle sind wichtig als Anstöße zu methodischen Fragen über unseren unmittelbaren Erfahrungskreis hinaus – an die Geschichte überhaupt, deren Antworten helfen, unsere Einstellungen und Wertungen, die immer emotionsgetragen sind, zu klären, zu erweitern oder, wie Kant sagt, die „Affekte zu kultivieren". Das ist der einzige Weg, im öffentlichen Unterricht mit Gefühlen in komplexen Gesellschaften verantwortlich umzugehen.

5. These
Emotionen entziehen sich einem unmittelbaren Lernzielzugriff.

Sie könnten fragen: Warum der Umweg über das Denken? Lassen sich nicht besser anstelle der unerwünschten bösen Gefühle gute Gefühle einpflanzen? Diese These sagt, daß es fatal wäre, wollte man eine Skala von Lernzielen für bestimmte, für erwünschte, für gute Gefühle aufstellen und diese Ziele direkt zu operationalisieren sich anschicken. Eine fatale Vorstellung wäre es, den öffentlichen Lehrer und den öffentlichen Unterricht als Hersteller eingeübter Affekte ansehen zu müssen. Hier ist die Grenze unmittelbaren lehrenden Einflusses erreicht. Nur im Leben, im engen Zusammenleben in der Familie, mit Freunden, in unmittelbaren Erfahrungen der Lebenswelt, die jenseits der Unterrichtsmöglichkeiten liegen, bilden sich echte Gefühlsdispositionen. Wir haben schlechte Erfahrungen mit kognitiv ungezügelter emotionaler Schulerziehung. Gefühle suchen ihre polaren Ergänzungen: Zur Vaterlandsliebe gesellt sich der Haß auf die Feinde. Daß auch der Feind ein Vaterland hat und es liebt, das lernt man nicht über das Gefühl, sondern über Reflexion sekundärer Erfahrung, wenn man keine Primärerfahrung machen kann. Der mit Recht empfohlene Perspektivenwechsel historischer Betrachtung läuft nicht unmittelbar über Gefühlsaustausch, sondern über Einsicht und Verständnis, vielleicht und erst spät, über Erfahrung. Aber zur Gefühlskultur kann und soll historisches Lernen einen Beitrag leisten. Wenn man überhaupt in diesem Bereich nach einem Lernziel fragt, so kann nur generell angestrebt werden, daß gesellschaftlich vermittelte Geschichtsgefühle nicht das Denken und Urteilen oder gar das Handeln unmittelbar beherrschen, sondern in durch Erkenntnis und Urteil begründete Wertungen transponiert werden. Diese Rückbindung der Gefühle an das Denken und Erkennen macht es möglich, auch ganz andere, vielleicht entgegengesetzte Gefühle wahrzunehmen, und zwar auch auf mittelbare Weise. Das gilt im Geschichtsunterricht für Gefühlswelten fremder Zeiten, die uns nur in Überresten übermittelt sind, das gilt aber auch für fremde Gefühlswelten unserer eigenen Zeit, mit denen wir nur indirekt Kontakt haben. Vielleicht kann auf diese Weise eine Gefühlskultur der Sensibilität entstehen: Denn die nach innen auf uns selbst als Individuum oder Kollektiv gerichteten Gefühle machen in höchstem Grade unsensibel, wenn es um die Gefühle anderer geht. Der Zusammenhalt einer Gesellschaft im Kleinen wie im Großen aber beruht auf einer Sensibilisierung für fremde Gefühle. Das autistische Gefühl, um den Extremfall zu nennen, ist das Ende des Sozialen.

Allerdings: Ob der Unterricht das Ziel erreicht, im Geschichtsbewußtsein Gefühl und Verstand zusammenzubringen, läßt sich in der Schule nicht evaluieren. Wieweit man lernt, Emotionalität und Rationalität in der höheren Einheit der Vernunft zu verbinden – wenn auch nur von Fall zu Fall – das zeigt sich erst im Leben. Aber was wäre das für ein Unterricht, der nur an seinen zensierbaren Ergebnissen zu messen ist! Jede Erziehung, jeder Unterricht ist letztlich gegründet auf Hoffnung – und Hoffnung ist nicht nur ein Gefühl, sondern, wie wir wissen, auch ein Prinzip.

BEFUNDE

Der Geschichtslehrer im Spannungsfeld von Politik, Erziehung und Wissenschaft[1]

1.

Der Verband der Geschichtslehrer Deutschlands existiert – mit einer Unterbrechung von 15 Jahren – ein Dreivierteljahrhundert. Das ist keine lange Zeit für eine Institution – und dennoch fragen wir angesichts der Brüche und Verwerfungen der deutschen Geschichte, ob uns heute noch eine Kontinuität mit den Anfängen verbindet, die es rechtfertigen kann, ein Jubiläum zu begehen. Folgen wir vielleicht nur der Suggestion des Kalenders, die uns einen Zusammenhang vorspiegelt, der nicht mehr besteht?

Allerdings: die Stimme jener Geschichtslehrer, die sich vor dem Ersten Weltkrieg um die Klärung von Grundfragen unseres Faches bemühten, reichte noch in unsere Gegenwart nach dem Zweiten Weltkrieg. Ernst Wilmanns, um nur einen Namen zu nennen, der seine ersten methodischen Aufsätze 1913 in der Zeitschrift des Verbandes veröffentlichte, suchte 1949 bei der Wiedergründung des Verbandes in München mit seinem Vortrag über „Geschichtsunterricht, Weltanschauung und Christentum" ein Fundament für einen neuen Geschichtsunterricht nach der deutschen Katastrophe zu legen; sein Werk zur „Grundlegung der Methodik des Geschichtsunterrichts" von 1949 hat meine Generation durch die schwierigen Anfänge des Geschichtsunterrichts nach 1950 begleitet.[2] Nimmt man es nach beinahe 40 Jahren wieder zur Hand, geht im Rückblick auf, mit welcher Intensität diese Generation der Gründer des Verbandes auf die Frage nach dem Sinn historischen Lernens eine Antwort suchte. Das war für sie keine akademische Angelegenheit, sondern eine Frage ihrer beruflichen, d.h. auch ihrer persönlichen Existenz als Erzieher. Mehrfach schien die erlebte Geschichte der ersten Hälfte unseres Jahrhunderts Grundelemente ihres Selbstver-

---

[1] Festvortrag, gehalten aus Anlaß des 75jährigen Bestehens des Geschichtslehrerverbandes am 12. Oktober 1988 auf dem Historikertag in Bamberg.

[2] Ernst Wilmanns, Geschichtsunterricht, Weltanschauung und Christentum, in: GWU 1 (1950), S. 65-80; ders.: Geschichtsunterricht. Grundlegung seiner Methodik, Stuttgart 1949 (Neubearbeitung unter Mitwirkung von Gerda Wilmanns, Grundlagen des Geschichtsunterrichts, Stuttgart 1962). S. dazu Hermann de Buhr, Ernst Wilmanns (1882-1960), in: Siegfried Quandt (Hg.), Deutsche Geschichtsdidaktiker des 19. und 20. Jahrhunderts, Paderborn 1978, S. 309-326.

ständnisses widerlegt zu haben: die Überzeugung von der inneren Moralität politischen Handelns, von der Wahrhaftigkeit der Wissenschaft, von der auf Humanität gegründeten Autonomie von Bildung und Erziehung. Wo war im Abgrund der Geschichte übermittelnswerter Sinn, wo war der Gegenwart dienliche, die Zukunft leitende Erinnerung, wo also war erzieherische Substanz zu finden? War Geschichte für die Orientierung in der Gegenwart noch brauchbar? War in der Wissenschaft noch verläßliche Wahrheit über Vergangenheit zu finden? War der Anschauung des Gewesenen noch Sinnhaftigkeit für das Kommende zu entnehmen? Diese dreifache Frage danach, ob, und wenn, auf welche Weise das Lehren und Lernen von Geschichte für die Gesellschaft der Gegenwart von Nutzen, auf wissenschaftlich verläßliche Erkenntnis von der Vergangenheit gegründet und zugleich von bildendem Wert für die Gestaltung der persönlichen und allgemeinen Zukunft sein könne, stand in wechselnden politischen Konstellationen drängend hinter dem Denken und Handeln derer, die sich im Verband organisatorisch, in seiner Zeitschrift wissenschaftlich und methodisch engagierten oder im Unterricht praktisch als Erzieher planten und handelten. Durch die Diskussion der Geschichtslehrer seit dem Beginn unseres Jahrhunderts zieht sich die Frage nach der Möglichkeit einer Balance in diesem Spannungsverhältnis; man kann sie als Leitthema der intellektuellen, mentalen und organisatorischen Geschichte des Verbandes bezeichnen. Unsere Antworten auf diese Frage werden anders lauten als die unserer Vorgänger – aber die Frage nach dieser Balance bleibt uns wie ihnen aufgegeben: Das ist die Kontinuität, die uns berechtigt, der Gründung des Verbandes deutscher Geschichtslehrer unter dem Anspruch des tua res agitur zu gedenken.

Sie werden von mir nicht die Vermessenheit erwarten, im vermeintlichen Besitz einer Antwort auf diese Fragen eine Balanceformel präsentieren zu wollen. Aber ich möchte rückblickend an Grundzüge der Diskussion unserer Themafrage erinnern und versuchen, daraus einige Konsequenzen zu ziehen. Nehmen Sie das als einen Versuch, in Identifikation mit und in Emanzipation von der Vergangenheit des Verbandes seine gegenwärtigen Aufgaben zu bedenken.[3]

2.

Ich nehme die drei zentralen Begriffe des Themas, der lebensweltlichen Sprache der Historiker folgend, so unscharf und weit, wie wir sie im

---

[3] Ich erinnere eingangs an den Aufsatz von Karl Dietrich Erdmann, Geschichte, Politik und Pädagogik – aus den Akten des Deutschen Historikerverbandes, in: GWU 19 (1968), S. 2-21, der das Thema dieses Vortrags bereits vor 20 Jahren im Hinblick auf die Geschichtswissenschaft anschlug und später weiter verfolgte (s. Anm. 16). Diesen Arbeiten verdanke ich wesentliche Anregung.

Alltagsgebrauch vorfinden, d.h. aber auch so flexibel, daß sie aus dem jeweiligen historischen Kontext ihre spezifische Bedeutung gewinnen. Zwar könnte man versuchen, definitorisch zu erfassen, welche Anforderungen an den Geschichtslehrer aus der Politik, aus der Wissenschaft, aus der Pädagogik herantreten, und etwa sagen: Politisch kann eine Anforderung an den Geschichtsunterricht dann genannt werden, wenn sie durch Geschichtsdeutung gesellschaftliche Zustände, Programme oder Handlungen, gleichviel ob sie einer bestehenden oder einer erstrebten Ordnung nützen, legitimiert sehen möchte; wissenschaftlich ist eine Anforderung an den Geschichtsunterricht, die Aussagen über Vergangenheit dem Kriterium methodischer Richtigkeit und Überprüfbarkeit unterwirft; pädagogisch ist eine Anforderung an den Geschichtsunterricht dann, wenn aus dem Verständnis von Vergangenheit dem individuellen und dem kollektiven Dasein für die Zukunft bedeutsamer Wert, normative Einsichten und Haltungen erwachsen sollen. Ein Einklang zwischen diesen Forderungen bestünde, wenn die politischen sich mit Wahrhaftigkeit und Werthaltigkeit, die wissenschaftlichen sich mit politischer Brauchbarkeit und pädagogischer Normhaftigkeit, die pädagogischen sich mit wissenschaftlicher Korrektheit und politischer Dienlichkeit ohne Leugnung ihres eigenen Prinzips vertrügen; wenn dagegen die Politik agitatorisch, die Wissenschaft pedantisch, die Pädagogik utopisch wären und jede für sich einen Absolutheitsanspruch auf die Zielsetzung des Geschichtsunterrichts erhöbe, würde Geschichtsunterricht politisch gefährlich, wissenschaftlich unhaltbar, pädagogisch sinnlos.

In der Wirklichkeit befinden wir uns zwischen solchen Extremen – und eben vor dieser Wirklichkeit versagen die Definitionen. Pädagogik, Wissenschaft und Politik sind als Einflüsse auf historisches Lehren und Lernen so reinlich nicht zu trennen. Sie ruhen auf der gleichen Basis lebensweltlicher, historisch geprägter Vorgegebenheiten, sind Aspekte eines Lebenszusammenhanges. Politische, wissenschaftliche, pädagogische Anforderungen und Aufgaben, wenngleich bestimmten Instanzen zugeordnet, begegnen sich als Prinzipien einander ergänzend oder konkurrierend im Kopf und auch im Herzen des Politikers, des Wissenschaftlers und des Lehrers selbst. Der Geschichtslehrer steht als Bürger seines Landes, als wissenschaftlich ausgewiesener Fachmann und als Erzieher zugleich unter seinen Schülern. Brauchbarkeit, Richtigkeit, Werthaltigkeit sind unzertrennbare und dennoch nicht identische Postulate bei Planung und Vollzug des Unterrichts. Man kann sie nicht gegeneinander ausspielen, es sind keine Alternativen – aber ihr Verhältnis ist kaum in allgemeiner Weise zu beschreiben. Es beruht auf tief gestaffelten historischen Gegebenheiten und Interpretationsweisen.

Lassen wir es genug sein mit diesem Versuch einer definitorischen Abgrenzung der Komponenten unseres Spannungsfeldes. „Definieren kann man nur", hat Nietzsche einmal bemerkt, „was keine Geschichte hat."

3.

Gehen wir also empirisch vor und erinnern uns in Kürze, wie sich die historischen Bedingungen unserer Problematik entwickelten. Moderner Staat, moderne Wissenschaft, moderne Pädagogik sind in Konzeption und Wirklichkeit Erscheinungen einer geistigen, sozialen, politischen Revolutionsbewegung, gleichzeitig als Konzeption, ungleichzeitig in der Realität. Ihr Verhältnis zueinander ist der übergreifende Zusammenhang, in dem die Geschichte des Verbandes deutscher Geschichtslehrer eine Facette darstellt. Anfangs schien das Verhältnis zwischen ihnen harmonisch, wirkten sie doch in gleicher Richtung gegen die zähe Lebenskraft überlieferter ständischer und zünftlerischer Verhältnisse und Mentalitäten, die sich der Rationalität der Staatsverwaltung, den Prinzipien der kritischen Wissenschaft und dem Postulat der allgemeinen Menschenbildung entgegenstellten. In dieser progressiven Harmonie von Staat, Politik und Pädagogik prägte noch vor der Französischen Revolution Peter Villaume, Theologe und Lehrer am Joachimsthalschen Gymnasium in Berlin, die Formel, die in den letzten Jahren wieder so aktuell wurde. Er empfahl dem Pädagogen in einer Abhandlung über den Patriotismus, was schon Rousseau den Reformern des polnischen Staates nach 1772 ans Herz gelegt hatte: „Es bedarf keines anderen Kunstgriffs, den Patriotismus zu erwecken, als daß der Lehrer seinen Schüler mit dem Staat identifiziert. Er darf nur sagen: Wir haben dies und jenes getan. Es sollte mich sehr wundern, wenn dieser einzige Kunstgriff nicht jeden Buben zum eifrigen Patrioten machen sollte ... Ziehe also, wenn du deinen Zögling zum Patrioten machen willst, ziehe die Vorzüge, sie mögen nun reell oder eingebildet sein, ziehe jede Eigenheit seines Vaterlandes hervor, rühme ihm solche ... ich gebe es dem Erzieher auf, daß er seine Zöglinge dahin vermöge, sein Vaterland vor allen anderen Staaten zu lieben – gerade das Vaterland soll es sein, in welchem er sich am besten befindet."[4] Der aufgeklärte Staat des Reformabsolutismus schien also für den Theologen und Schulmann Villaume ein würdiges Identifikationsobjekt. Aber bald darauf emigrierte der Verfasser aus seinem Vaterland vor den Repressalien im Gefolge des Wöllnerschen Religionsedikts[5] – er war einer der ersten in der langen Reihe der Emigranten und Verfolgten aus dem Lehrstande, die im

---

[4] Peter Villaume, in: Allgemeine Theorie, wie gute Triebe und Fertigkeiten durch die Erziehung erweckt, gestärkt und gelenkt werden müssen. 30. Kapitel: Vom Patriotismus, in: Allgemeine Revision des gesammten Erziehungswesen, Theil 4, Braunschweig 1788, S. 571f.; Jean Jacques Rousseau, Überlegungen über die Regierung von Polen und ihre geplante Neugestaltung. Politische Schriften, Übersetzung und Einführung von Ludwig Schmidt, Bd. 2, Paderborn 1977.

[5] S. Rosemarie Wothge, Ein vergessener Pädagoge der Aufklärung: Peter Villaume, in: Wiss. Ztschr. d. Martin-Luther-Universität, Ges. u. sprachwiss. Reihe, Bd. 6, Halle-Wittenberg 1956/57 und Paul Schwartz, Der erste Kulturkampf in Preußen um Kirche und Schule (1788-1789), Berlin 1925.

Vaterland keine Möglichkeit fanden, ihre Vorstellung vom Verhältnis zwischen wissenschaftlicher Redlichkeit, Menschenbildung und Patriotismus in Einklang zu bringen, weil der Staat begann, in der Schule ein Instrument der Herrschaftssicherung zu entdecken. Das Bündnis für den Fortschritt, das zwischen Reformabsolutismus, Wissenschaft und Pädagogik möglich schien, zerbrach. Ich erinnere an klassische Beispiele: wie Kant aus Königsberg gegen das Druckverbot einer seiner Schriften das Recht auf volle Publizität der Wissenschaft gegenüber der Politik einklagte, weil er nur so eine allmähliche Verbesserung der Staaten erhoffte;[6] wie der junge Wilhelm von Humboldt der Politik des absolutistischen Staates jeden Einfluß auf Bildung verwehrt sehen wollte, weil Bildung nur in Freiheit möglich sei. Der in Freiheit gebildete Mensch, so forderte er 1792, „müßte in den Staat treten und die Verfassung des Staates sich gleichsam an ihm prüfen. Nur in einem solchen Kampfe würde ich wahre Verbesserung der Verfassung durch die Nation mit Gewißheit hoffen ... ".[7] Hier wird die freie Bildung des Menschen zum Maßstab für den Wert der Verfassung; die restaurative Staatspädagogik machte umgekehrt die Verfassung zum Maßstab der Bildung. Die Karlsbader Beschlüsse, das erste gesamtdeutsche Universitäts-, Bildungs- und Pressegesetzeswerk, sind Ausdruck dieser staatspädagogisch-politischen Anforderungen an die wissenschaftlichen und pädagogischen Institutionen. Der österreichische Kaiser Franz II. hat drastisch in seiner Ansprache an die Professoren zu Laibach den Prioritätsanspruch der Politik über Wissenschaft und Erziehung ausgedrückt: „... ich brauche keine Gelehrte, sondern brave, rechtschaffene Bürger. Die Jugend zu solchen zu bilden, liegt Ihnen ob. Wer mir dient, muß lehren, was ich befehle. Wer dies nicht tun kann oder mir mit neuen Ideen kommt, der kann gehen, oder ich werde ihn entfernen."[8]

Der „Widerspruch von Herrschaft und Bildung"[9] war dem modernen staatlichen Unterrichtswesen in die Wiege gelegt. Die Bildungsreformer in Preußen versuchten sich allerdings an dem schwierigen Kunststück, mit den Mitteln der Politik die Freiheit der Wissenschaft und der Bildung zu organisieren. Humboldts Mitarbeiter Johann Wilhelm Süvern hat das Verhältnis von Politik und Pädagogik, wie es beschaffen sein und politisch gestaltet werden sollte, auf diese Formel gebracht: „Poli-

---

6 Immanuel Kant, Der Streit der Fakultäten. Werke in 10 Bänden. Hg. v. Wilhelm Weischedel, Bd. 9, Darmstadt 1968, S. 281, S. 290, S. 292, S. 338; Schwartz (Anm. 4), S. 28ff.

7 Wilhelm von Humboldt, Ideen zu einem Versuch, die Grenzen der Wirksamkeit des Staates zu bestimmen. Ges. Schriften, Bd. 1, Berlin 1903, S.149; zu der Gesamtproblematik s. Karl-Ernst Jeismann, Das preußische Gymnasium in Staat und Gesellschaft, Stuttgart 1974, T. 1, Kap. 3 (Die Ära Wöllner).

8 Zitiert nach Silvester Lechner, Gelehrte Kritik und Restauration. Metternichs Wissenschafts- und Pressepolitik und die Wiener „Jahrbücher der Literatur" (1818-1849), Tübingen 1977, S. 104.

9 Heinz-Joachim Heydorn, Über den Widerspruch von Bildung und Herrschaft, Frankfurt a.M. 1970.

tik und Pädagogik", sagte er, „haben beide denselben ... Gegenstand, den Menschen. Ihn wollen sie bilden, die Erziehungskunst den Einzelnen zu einer sich selbst immer vollkommener entwickelnden lebendigen Darstellung der Idee des Menschen, die Staatskunst Vereine von Menschen zu einer Darstellung der Vernunftidee von einer vollkommen organisierten Gesellschaft ... Beide sind hilfreich füreinander und stehen in Wechselwirkung, die Erziehungskunst, indem sie die Menschen so bildet, daß sie als Glieder in das große Kunstwerk der Staats-Organisation eingreifen können ... die Staatskunst, indem sie der Pädagogik nicht subjektive, eigensüchtige Zwecke aufdringt, sondern ihr alle Hilfsmittel und Erleichterungen verschafft, ihr Geschäft als freie Kunst zu üben ..."[10] Unter dem übergreifenden Gedanken, daß die Menschheit im Prozeß ihrer Geschichte an das Ziel der Humanität gelangen müsse, ließ sich der Gegensatz zwischen politischem Anspruch auf Bildung des brauchbaren und rechtschaffenen Bürgers und pädagogischem Anspruch auf Bildung des freien Menschen vereinen. Insofern dieser Weg zur Humanität als geschichtlicher Prozeß verstanden wurde, wuchs den historischen Wissenschaften und dem Geschichtsunterricht eine zentrale Bedeutung für die Bildung zu.

Dies hat einer der ersten Didaktiker des Geschichtsunterrichts – Friedrich Kohlrausch – als Gewißheit formuliert. „Der Geschichtsunterricht verknüpft im Bewußtsein des Schülers dessen individuelles Dasein mit der Existenz der Menschheit; Geschichtsunterricht ist in diesem höchsten Maße bildend, indem er den Schüler mit der Verpflichtung identifiziert, die er als Mensch hat, denn die Geschichte als Wissenschaft und Unterricht ist das das ganze Leben der Menschheit begleitende Bewußtsein des Lebens."[11]

In dieser Sicht ist Geschichte als Wissenschaft und Unterricht – weit über allen bloß informierenden, kontemplativen, exemplarischen Belehrungszweck hinaus – eine pädagogisch unabdingbare und eine politisch notwendige Bildungsmacht. Die Pflicht zur „politischen Pädagogik", wie sie Theodor Mommsen formulierte, ist kein additum, sondern die Substanz historischer Lehre. Ihre engagierten Vertreter – Kohlrausch selbst, Friedrich von Raumer, Georg Gottfried Gervinus, um nur die bekanntesten zu nennen – stießen denn auch mit den von solcher Geschichtsdeutung sich bedroht fühlenden politischen Instanzen zusammen;[12] aber selbst Leopold Rankes behutsame, solche Zusammen-

---

[10] Johann Wilhelm Süvern, Vorlesungen über die politische Geschichte Europas seit Karl dem Großen (1807/08), in: Hans-Georg Große-Jäger, Karl-Ernst Jeismann, Johann Wilhelm Süvern, Die Reform des Bildungswesens. Schriften zum Verhältnis von Pädagogik und Politik. Paderborn 1981, S. 42f.

[11] Friedrich Kohlrausch, Bemerkungen über die Stufenfolge des Geschichtsunterrichts an den höheren Schulen, Halle, Berlin 1818, S. 1.

[12] Kohlrausch mußte auf Anordnung des Ministeriums die Darstellung des Wartburgfestes in seiner „Teutsche(n) Geschichte" ändern, s. Ernst Weymar, Das Selbstverständnis der Deutschen. Ein Bericht über den Geist des Geschichtsunterrichts der höheren Schulen

stöße meidende, politische Parteinahmen zurückweisende Geschichtsschreibung blieb dieser Sicht verpflichtet, wenn er der Universalgeschichte ein gemeinsames menschheitliches Prinzip „vindizierte",
„nämlich die Bildung, Erhaltung und Ausbreitung der Kulturwelt"[13] –
wobei er Kultur und Bildung mit Politik und Krieg, Wirtschaft und Verfassung eng verflochten sah. Der Geschichtsunterricht, bei allen Unterschieden im einzelnen, folgte bis weit über die Reichsgründung diesem
Muster.

Ich entziehe mich der schwierigen Erörterung der Frage, warum diese universalgeschichtliche Sicht in Wissenschaft und öffentlicher Meinung an Kraft verlor. In das so entstehende Vakuum drang der politische Zeitgeist als Interpret und suchte die Richtung der Pädagogik zu
bestimmen. In der Aufbruchsstimmung der imperialistischen Epoche
war Modernisierung des Erziehungswesens in Organisation und Inhalt
angesagt, und das hieß im letzten Jahrzehnt des Jahrhunderts Nationalisierung des Lehrplans in Stoff und Bildungsziel.[14] Es ist bekannt, wie,
ermutigt durch die Vorstöße des jungen Kaisers selbst, neue politische
Anforderungen an die Schule, an den Geschichtsunterricht insbesondere, herangetragen wurden. Junge Deutsche gelte es zu bilden, fähig, die
Zukunft der Nation zu gestalten. Konkret hieß das Konzentration des
Stoffes auf das Relevante. Relevant in diesem Betracht war nicht mehr
die Antike, die Basis der Universalgeschichte, sondern die Nationalgeschichte. Ziel des Unterrichts sollte nun die Erfüllung mit Staatsbewußtsein im Sinne dieser aus preußischer Wurzel gedeuteten deutschen
Nationalgeschichte sein. Pädagogik wurde zum Instrument politischer
Konditionierung im Sinne eines nationalen Integralismus. In Frage gestellt war die leitende Idee der Bildungsreform des Jahrhundertbeginns,
daß Bildung zur Nation nur eine Konkretisierung der Bildung zur
Menschheit, also zu universalen Werten sein könne. Jetzt war die Bildung zur „Deutschheit" der Bildung zur „Menschheit" als Forderung
politischer Erziehung entgegengestellt. Diese Abwendung von der universalgeschichtlichen pädagogischen Substanz, die Hinwendung zur
national-integrativen Zielsetzung, war der Anlaß zu einer zwei Jahrzehnte dauernden Auseinandersetzung um die Gegenstände und Ziele
des Geschichtsunterrichts.[15]

---

im 19. Jahrhundert, Stuttgart 1961, S. 37, Anm. 105; zu Friedrich von Raumers Konflikt mit dem Königshaus nach seiner Rede auf Friedrich den Großen von 1847 s. Karl-
Erich Born: Der Wandel des Friedrich-Bildes in Deutschland während des 19. Jahrhunderts, Diss. Köln 1953, S. 26ff.; über den Hochverratsprozeß gegen Gervinus, ausgelöst
durch seine „Einleitung in die Geschichte des 19. Jahrhunderts" s. Walter Boehlich
(Hg.), Der Hochverratsprozeß gegen Gervinus, Frankfurt a.M. 1967.

13 Leopold von Ranke, Weltgeschichte, 5. Aufl. Leipzig 1882ff., VIII. Teil, S. 4.
14 Zum allgemeinen bildungspolitischen Hintergrund s. James C. Albisetti, Secondary
School Reform in Imperial Germany. Princeton, New Jersey 1983.
15 S. dazu zusammenfassend Gerhard Schneider, Der Geschichtsunterricht in der Ära Wilhelms II. (vornehmlich in Preußen), in: Klaus Bergmann, Gerhard Schneider (Hg.), Gesellschaft, Staat, Geschichtsunterricht. Beiträge zu einer Geschichte des Geschichtsun-

4.

Eine unmittelbare Reaktion auf diese Versuche politischer Instrumentalisierung des Geschichtsunterrichts war die erste Versammlung deutscher Historiker in München 1893, welche die Besorgnisse der Teilnehmer vor „solchen politischen Tendenzen, in deren Dienst der Geschichtsunterricht gestellt werden soll" ausdrückte.[16] Freilich war die Front der Historiker nicht geschlossen. Es gab eine bedeutende Gruppe, die der nationalen Politisierung des Geschichtsunterrichts beipflichtete, weil sie in den „Macht- und Völkerkämpfen" der rivalisierenden Nationen auch für die wissenschaftliche Behandlung der Vergangenheit das maßgebliche Deutungsmuster erblickte. Dagegen standen freilich bedeutende Gelehrte, die in der Wissenschaft ein internationales „gemeinsames Gut" sahen und ihr, wie Adolf von Harnack sagte, die rationale und methodische Kraft zutrauten, „die Verbrüderung der zivilisierten Nationen um einen Grad der Verwirklichung näher zu führen".[17] Aber auch die führenden Vertreter des Schulfaches gingen

---

terrichts 1500-1980, Düsseldorf 1982, S. 132 -189. Der Beitrag folgt allerdings der im Vorwort ausgesprochenen Tendenz, „die dauernden Gefährdungen und Vereinnahmungen der Geschichtsdidaktik und des Geschichtsunterrichts ... und die ideologischen Beeinflussungen von Schülern wie eine ständige Mahnung und Warnung sichtbar" zu machen. (Vorwort, S. 9) In dieser Absicht, die nicht zu tadeln ist, wenn sie die Forschung motiviert, ohne deren Ergebnisse vorwegzunehmen, sind die Quellen m.E. tendenziell und verkürzt interpretiert oder gar nicht wiedergegeben worden; s. dafür die Deutung der Verhandlungen über den höheren Unterricht vom Juni 1900, vor allem aber die Wiedergabe von Passagen des preußischen Lehrplans für den Geschichtsunterricht vom 6. Jan. 1892. Hier erfolgt eine Desinformation der Leser durch Auslassungen, welche geeignet sind, die Schulpolitik des Kaiserreiches in die Nähe der Indoktrinationsmaßnahmen des Nationalsozialismus zu rücken. Ich zitiere im folgenden Schneiders Zitation aus dem Lehrplan und füge die darin durch drei Punkte gekennzeichnete Auslassung in Klammern ein. (Schneider a.a.0., S. 147, Centralblatt 1892, S. 242): „Je mehr (hierbei jede Tendenz vermieden, vielmehr der gesamte Unterricht von ethischem und geschichtlichem Geiste durchdrungen und gegenüber den sozialen Forderungen der Jetztzeit auf die geschichtliche Entwickelung des Verhältnisses der Stände unter einander und der Lage des arbeitenden Standes insbesondere in objektiver Darstellung hingewiesen,) der stetige Fortschritt zum Bessern und die Verderblichkeit aller gewaltsamen Versuche der Änderung der socialen Ordnungen aufgezeigt wird: um so eher wird bei dem gesunden Sinn unserer Jugend es gelingen, dieselbe zu einem Urtheil über das Verhängnisvolle gewisser sozialer Bestrebungen der Gegenwart zu befähigen."

[16] S. Erdmann (Anm. 2), S. 6f.; Peter Schumann, Die deutschen Historikertage von 1893 bis 1937. Die Geschichte einer fachhistorischen Institution im Spiegel der Presse, Göttingen 1975; zur ersten Versammlung von 1893, S. 13-35; Bericht über die 1. Versammlung deutscher Historiker in München, 5.-7. April 1893, herausgegeben im Auftrage des Münchener Lokal-Ausschusses von Schriftführer Dr. Max Lollen, München 1893.

[17] Dazu Karl Dietrich Erdmann, Internationale Schulbuchrevision zwischen Politik und Wissenschaft, in: Internationale Schulbuchforschung 4 (1982), S. 252 und jetzt ausführlich ders., Die Ökumene der Historiker. Geschichte der internationalen Historikerkongresse und des Comité International des Sciences Historiques, Göttingen 1987; zu der differenzierten Grundhaltung der Historiker s. vor allem S. 64ff.

auf deutliche Distanz gegenüber einer nationalen Pathetik und der phrasenhaften Benutzung des Begriffes der „Deutschheit". Oskar Jägers Wort an der Jahrhundertwende verdient auch heute wörtliche Zitierung: „Wenn man fragt, wie sich unser Unterricht national, nationaler, am nationalsten, deutsch, deutscher, am deutschesten gestalten lasse, so antworten wir einfach – indem man sich bemüht, ihn immer wahrer zu gestalten."[18]

Auf der zweiten vom Preußischen Kultusministerium einberufenen Konferenz über die Neugestaltung des Unterrichts an höheren Schulen im Juni 1900 wurde für den Geschichtsunterricht ein Fazit der bisherigen Diskussion gezogen: Gegenüber der These, der Geschichtsunterricht habe „das Staatsbewußtsein als die allbeherrschende, verantwortungsvolle Pflicht gegen den Staat zu lehren und zum unverlierbaren Besitz des einzelnen zu machen", habe sich – so der Referent für den Geschichtsunterricht – die Überzeugung durchgesetzt, „daß der Geschichtsunterricht der Vorbereitung für das öffentliche Leben am besten diene durch Lösung seiner eigenen Aufgabe, d.h. der Erzeugung historischen Wissens und der Entwicklung historischen Sinnes". Daß Vaterlandsliebe und strenges Pflichtbewußtsein gegen den Staat erweckt werde, dürfe als selbstverständliche Folge, als ethische Wirkung eines solchen Betriebes angesehen werden, aber dem Unterricht sei „alles fernzuhalten ..., was auf die Erzeugung einer bestimmten politischen Richtung systematisch abzielt, ... da einmal die historische Wahrheit dabei ins Gedränge komme, andererseits der abschüssige Weg zum Chauvinismus eingeschlagen werden könne".[19]

Diese Position stand in der Defensive. Stärker als Eingriffe des eher zurückhaltenden Ministeriums war der von Verbänden und publizistischen pressure groups ausgeübte Druck auf die direkte Politisierung des Unterrichts.[20] Die Geschichtslehrer sahen sich bald durch die Forderung nach einem eigenen Fach für die politische Bildung, nach dem Fach „Staatsbürgerkunde", vor eine Verdrängungskonkurrenz gestellt, nicht nur organisatorisch im Lehrplan, sondern unmittelbar im Hinblick auf den bildenden Sinn des Faches. In dieser Situation waren die Gründung der Zeitschrift 1911 und die Gründung des Verbandes Deutscher Geschichtslehrer 1913 ein Mittel der Selbstverständigung über die Aufgaben des Faches und der Vertretung seiner Bedeutung nach außen. In dem bezeichnenden Titel der Zeitschrift „Vergangenheit und Gegenwart" hielten die Geschichtslehrer fest, daß, wie Fritz Friedrich, einer der Herausgeber, 1911 schrieb, die „Erweckung historisch-kritischen Sinnes am besten befähige, an den Kulturaufgaben der Gegenwart in

---

[18] Weymar (Anm. 11), S. 222.
[19] Verhandlungen über Fragen des höheren Unterrichts, Berlin, 6. bis 8. Juni 1900 nebst einem Anhange von Gutachten. Hg. im Auftrage des Ministers der geistlichen, Unterrichts- und Medizinalangelegenheiten, 2. Aufl. Halle a.S. 1902, S. 355ff.
[20] Vgl. Klaus Bergmann, Imperialistische Tendenzen in Geschichtsdidaktik und Geschichtsunterricht ab 1890, in: Bergmann, Schneider (Anm. 14), S. 197ff.

wahrhaft vaterländischem Sinne mitzuarbeiten". „Gegen die Tyrannei des Schlagworts und der Parteiphrase", solle der Geschichtsunterricht lehren, „auch an die Aufgaben der Gegenwart mit historischer Auffassung und historischer Kritik heranzutreten ..., indem er dem Geiste weltgeschichtliche Zusammenhänge erschließt" und ins Bewußtsein ruft, daß die Gegenwart „nach Form und Inhalt das Ergebnis einer Jahrhunderte, ja Jahrtausende währenden Entwicklung ist". Der Geschichtsunterricht „erzieht zum Staatsbürger, indem er zum Menschen erzieht".[21]

In dieser Formulierung meldete sich noch einmal die universale Auffassung vom Bildungssinn der Geschichte zu Wort und wies die Verkürzung historischer Kenntnisvermittlung und Sinndeutung auf Partialitäten wie die Nation zurück. Gleich im ersten Heft kamen Rudolf Eucken und Erich Brandenburg zu Wort; der erste verteidigte die Kantsche Vorstellung von der Weltgeschichte als einem Prozeß der Erschließung und allmählichen Verwirklichung universaler Vernunft gegenüber nationalistischen und vulgärdarwinistischen Auffassungen in der öffentlichen Meinung und begründete die pädagogische Relevanz geschichtlichen Lernens mit dieser geschichtstheoretischen Position; der andere fragte nach dem Nutzen der Geschichte für den Politiker und sah ihn in der Erkenntnis, „daß es keinen Stillstand gibt, daß namentlich im Staatsleben jedes zähe Festhalten an veralteten ... Formen verhängnisvoll ist" und daß historischer Unterricht die Staatsbürger befähigen müsse, in dieser Einsicht Verantwortlichkeit für die Zukunft als „die Seele aller wahren und echten Politik" zu begreifen.[22] Diese Überzeugung des Einklangs von wissenschaftlich erforschbarer Wahrheit und Sinnhaftigkeit der Geschichte war die Basis, von der aus direkte politische Instrumentalisierung im Kaiserreich zurückgewiesen werden konnte. Friedrichs Wort: „Es gibt nur eine geschichtliche Wahrheit, und wie die Forschung sie zu erarbeiten sich bemüht, muß die Schule sie zu lehren bestrebt sein"[23] bezeichnet dieses Verständnis des Geschichtsunterrichts, bestimmte seine Methodik und vor allem sein Ziel.

Wissenschaftliche Objektivität: das war in dieser Sicht nicht nur der Glaube an die Möglichkeit vorurteilsfreier Erkenntnis; es war auch die Überzeugung, daß sich geschichtliche Wahrheit nicht in der Verkürzung auf wenige Jahrhunderte von Nationalgeschichte, sondern nur im tiefen zeitlichen und weiten räumlichen Zusammenhang erkennen lasse.

---

[21] Vergangenheit und Gegenwart (VuG). Zeitschrift für den Geschichtsunterricht und staatsbürgerliche Erziehung in allen Schulgattungen. Hg. v. Dr. F. Friedrich und Dr. P. Rühlmann, 1 (1911), S. 2f.; s. zu Friedrich Jochen Huhn, Fritz Friedrich (1875-1952), in: Quandt (Anm. 1), S. 257-279.

[22] VuG 1 (1911), S. 13f., S. 25f.

[23] VuG 1 (1911), S. 4. Vgl. die ins einzelne gehende Auswertung der Zeitschrift bei Michael Riekenberg, Die Zeitschrift „Vergangenheit und Gegenwart" (1911-1944). Konservative Geschichtsdidaktik zwischen liberaler Reform und völkischem Aufbruch, Hannover 1986 (= Theorie und Praxis. Eine Schriftenreihe aus dem Fachbereich Erziehungswissenschaften 1 der Universität Hannover, Bd. 7).

Dies erlaubte eine Zurückweisung der direkten politischen Zumutungen tages- oder parteipolitischer Tendenz und der Forderung nach national zentrierter Verengung des historischen Verständnisses. Dieser Widerstand, der im Rückbezug des Unterrichts auf wissenschaftlich gesicherte Erkenntnis ein Gegengewicht zur politischen Beanspruchung der Erziehung ermöglichte, bleibt in der Geschichte unseres Faches angesichts der Stärke nationalpolitischer Anforderungen aus dem Trend des Zeitgeistes eine beachtliche Leistung und gehört zur positiven, verpflichtenden Überlieferung aus der Verbandsgeschichte. Aber diese Haltung war keineswegs unpolitisch. Dahinter stand die Gewißheit, daß sich die nationale Geschichte mit Notwendigkeit auf dem Wege zu einem weltgeschichtlich gerechtfertigten Ziele der Entwicklung und Ausfaltung deutscher Macht und deutscher Kultur befinde. Das wird an den Ausgrenzungen deutlich: Die sozialdemokratische Geschichtsschreibung und Geschichtsdeutung wurden als wissenschaftlich unhaltbar und politisch gefährlich zugleich abgelehnt. Aber auch der späte Historismus mit seiner Wertrelativität galt den einem Neukantianismus und Neuidealismus zuneigenden Didaktikern als „Kennzeichen ... für ein Erschlaffen der schöpferischen Fähigkeiten, ein mattes Epigonentum", das vor den Aufgaben der künftigen Nationalgeschichte versagen müsse und wahre historische Bildung nicht hervorzubringen vermöge.[24] Allerdings: Die eigene Position scheint mit ihren Möglichkeiten und Grenzen nicht das Ergebnis einer selbständigen geschichtstheoretischen Bemühung, sondern eher die Folge kaum eingehend reflektierter Übernahme solcher geistigen Strömungen der Zeit gewesen zu sein, die das wissenschaftliche und das pädagogische Ethos der Geschichtslehrer zu stützen geeignet waren: lebensweltlich „eingeatmete" Überzeugung, angewiesen auf den Fortbestand dieser Lebenswelt.

Diese Überzeugung vom Einklang zwischen dem Sinn der Nationalgeschichte, dem Gang der Weltgeschichte und der historischen Wahrheitsfindung, auf der die Möglichkeit eines erziehenden, politisch bildenden und wissenschaftlich begründeten Geschichtsunterrichts beruhte, schien nach 1918 durch die Realgeschichte widerlegt.[25] Als Basis des Geschichtsunterrichts blieb nun nur noch die Wissenschaft – während sich der Sinn der Geschichte verdunkelt hatte. Statt des „Aufstiegs des Reichs" sah man nun eher einen Verfall seit der Aufklärungszeit, der zu den Unzuträglichkeiten moderner Parteienherrschaft in der ungeliebten parlamentarischen Republik führte. Allenfalls das Bemühen, die echten Werte deutschen Staats- und Volkstums aufzuzeigen und hinter der gegenwärtigen Erscheinung als zukünftige Möglichkeit bewußt zu halten, konnte noch als politische Bildungsfunktion des Geschichtsunterrichts gelten. D.h. aber: Der Rückzug auf

---

[24] S. Riekenberg (Anm. 22), S. 21, 39, 61.
[25] F. Friedrich, P. Rühlmann, Revolution und Geschichtsunterricht, in: VuG 9 (1919), S. 1ff.; Riekenberg (Anm. 22), S. 49.

Wissenschaft wurde eine Abwehrstrategie gegen demokratische, politische Bildungsanforderungen. Zugespitzt: Der Verband sperrte sich gegen die Möglichkeit, in Anknüpfung an Positionen der Aufklärung die nationalgeschichtliche Verengung zu überwinden, weil die Weltgeschichte dem vermeintlichen Ziel der Nationalgeschichte nicht entsprochen hatte. Ehe man das Bild von der Geschichte der Nation korrigierte, sah man die Weltgeschichte aus der Bahn gewichen.

In der historischen und politischen Situation des Kaiserreichs hatten die Sprecher des Verbandes und die Herausgeber der Zeitschrift eine Position eingenommen, in der wissenschaftliche, pädagogische und politische Voraussetzungen, Ziele und Bedingungen des Geschichtsunterrichts – allerdings streng innerhalb des Rahmens des konstitutionellen Systems – in einem Verhältnis wechselseitiger rationaler Beziehung und Ergänzung standen. Dieses spannungsvolle Verhältnis war keineswegs starr, sondern barg deutlich evolutionäre Energien. Der Widerstand gegen nationalistische Verengung und Instrumentalisierung des Unterrichts gibt das Recht zu der Vermutung, daß bei fortschreitender Entwicklung der gesellschaftlichen und politischen Verhältnisse diese auf universalgeschichtliche Perspektive und auf wissenschaftliche Korrektheit bezogene Position mit deutlichem Einschlag liberalen Denkens im konservativen Gewebe auch die Abgrenzungen gegenüber internationalistisch-pazifistischer Geschichtstendenz gelockert hätte – mochte auch der Gedanke eines Wertpluralismus angesichts der Geschichte als pädagogische Chance dieser Geschichtsdidaktik noch fern liegen.[26] Die jähen mentalen und politischen Auf- und Abschwünge des Ersten Weltkrieges hatten diese Möglichkeit mindestens subjektiv abgeschnitten. Zu tief war das politische und pädagogische Selbstverständnis in diesen Kreisen verletzt. Man zog sich auf den vermeintlich festen Boden der positiven Wissenschaft zurück und verteidigte von hier aus nach dem „Diktat von Versailles" wenigstens moralisch und historisch die realgeschichtlich verlorenen oder bedrohten politischen Positionen des Reichs.

Dies zeigte sich kraß in der Art, wie Bemühungen zurückgewiesen wurden, in internationaler Zusammenarbeit die Geschichtsbücher von Feindbildern zu befreien. Die Bemühung um Völkerversöhnung – ein Verfassungsgebot (Art. 148) – durch Klärung der Geschichtsbilder wurde als pazifistische Politikeinmischung in die Vermittlung wissenschaftlicher Wahrheit abgetan, ein engagierter Kollege – Siegfried Kawerau – expressis verbis ausgegrenzt.

Diese Berufung auf wissenschaftlich erhärtete Wahrheit gegenüber pazifistischen Zumutungen war nun zum Vorwand einer Politik mit pädagogischen Mitteln geworden, die gegen den Kriegsschuldparagra-

---

[26] S. Michael Riekenbergs zutreffende, die einseitige Vorstellung vom „Geschichtsunterricht in der Ära Wilhelms II.", in: Bergmann, Schneider (Anm. 14) zurechtrückende Bemerkung (Anm. 22, S. 25), der freilich der Zuweisung einer „Mitschuld" an „gesinnungsmäßiger Indoktrination" (ebd. S. 45) kaum entspricht.

phen kämpfte. Die deutschen Bücher, hieß es, seien Extrakt wissenschaftlicher Forschung, orientiert an Rankescher Objektivität; die fremden Bücher hingegen seien Ausdruck politischer Aggression.[27]

Allerdings enthielten auch die französischen Geschichtsbücher Verzerrungen und Feindbilder. Aber in Frankreich erreichte die Lehrergewerkschaft mit ihrem Verbandsorgan „L'Ecole Libératrice" durch eigene Initiative, daß 26 Geschichts- und Lesebücher, die Haß gegen den ehemaligen Kriegsgegner predigten, vom Markt zurückgezogen werden mußten.[28] Es ist ein Gebot der Gerechtigkeit, einmal vor der Verbandsöffentlichkeit das Andenken Georges Lapierres zu ehren, des langjährigen Geschäftsführers der französischen Lehrergewerkschaft, der nach dem Ersten Weltkrieg Pädagogik, Politik und Wissenschaft jenem gemeinsamen Nenner anzunähern suchte, der Verständigung heißt. Georges Lapierre, der sich bemüht hatte, das Feindbild vom bösen Deutschen aus den französischen Lehrbüchern zu tilgen, kam im Zweiten Weltkrieg in einem deutschen Konzentrationslager um. In seiner Biographie liegt eine stärkere Aussagekraft über das positive und das negative Verhältnis von Pädagogik, Politik und Wissenschaft als in den abertausend Seiten theoretischen Nachdenkens über das Verhältnis von Erziehung, Staatskunst und Wahrheit.[29]

Ein weiteres Defizit der Verbandsgeschichte nach dem Ersten Weltkrieg war der bewußte, ja stilisierte Verzicht auf theoriegeleitete Reflexion über den forschenden und lehrenden Umgang mit der Vergangenheit. Der Rückzug auf das Leitbild wissenschaftlicher Wahrheit hatte zu einer schlichten Abbilddidaktik geführt. „Wer Historiker ist, wird es richtig machen",[30] dieses beruhigende Credo des Herausgebers ging an allem vorüber, was an wissenssoziologischer, geschichtstheoretischer oder erziehungswissenschaftlicher Reflexion vorlag. Man war Historiker und Unterrichtspraktiker, baute eine methodische „Brücke"[31] zwischen Wissenschaft und Unterricht. So fehlte es nicht an nützlicher und bis heute wichtiger methodischer Diskussion im Verbandsorgan. Aber wozu und mit welchen Wertungen Vergangenheit in der Gegenwart in bildender Absicht bewußt zu machen sei, in welchen sozialen und politischen Kraftfeldern man bei der Lehre von Geschichte stand, was es

---

[27] S. dazu Jochen Huhn, Siegfried Kawerau (1886-1936), in: Quandt (Anm. 1), S. 280-303, besonders S. 287ff. und ders., Politische Geschichtsdidaktik. Untersuchungen über politische Implikationen der Geschichtsdidaktik in der Weimarer Republik und in der Bundesrepublik, Kronberg/Ts. 1975, S.141ff.

[28] Ernst Schüddekopf, 20 Jahre Schulbuchrevision in Westeuropa, Braunschweig 1966 (= Schriftenreihe des Internationalen Schulbuchinstituts. Hg. v. Georg Eckert, Bd. 12), S. 14f. Es waren allerdings vornehmlich die „Instituteurs", weniger die „Agregés", die dieser Linie der internationalen Verständigung folgten; s. dazu auch Huhn, Politische Geschichtsdidaktik (Anm. 26), S. 138ff.

[29] Heinrich Rodenstein, In memoriam Georges Lapierre, in: Internationales Jahrbuch für Geschichtsunterricht, Bd. 1 (1951/52), S. 4f.

[30] VuG 10 (1920), S. 144.

[31] Riekenberg (Anm. 22), S. 35.

heißt, von historischer „Wahrheit" zu sprechen, welchen Vorannahmen man dabei folgte, das fand kein Interesse – kurz, eine Geschichtsdidaktik, die notwendig nach dem theoretischen Fundament der Ziele und der Methoden des Unterrichts fragt und über die Geschichtsforschung hinaus Wissenschaften berücksichtigen muß, die sich mit den individuellen und sozialen Lernvoraussetzungen und -bedingungen befassen, war nicht gefragt.[32]

Das frappierendste Beispiel dafür ist die scharfe Ablehnung, auf welche die bildungstheoretische und geisteswissenschaftliche Geschichtsdidaktik Erich Wenigers stieß. Eine „schwere Lektüre" urteilte die Zeitschrift, „es wird das Buch eines Theoretikers für den Theoretiker bleiben".[33] Die Geschichtslehrer des Verbandes betraten den Weg zur reflexiven Didaktik nicht oder zu spät. Die am Ende der Weimarer Republik in der Zeitschrift einsetzende Diskussion grundlegender Fragen der Bestimmung des Geschichtsunterrichts angesichts der Situation der Wissenschaft und der politischen Bedingungen der Zeit blieb in den Anfängen stecken.[34] Sie ließ das Verhältnis wissenschaftlich fundierten Unterrichts zu den drängenden Fragen der Gegenwart ungeklärt: Es gab keine ernsthafte Auseinandersetzung mit dem progressiven Flügel, allerdings auch kein Abgleiten in den irrationalen Vitalismus der völkischen Richtung; aber der Verband entwickelte nicht die intellektuelle Widerstandskraft gegen den nationalsozialistischen Radikalismus, der sich so ungescheut mit national-konservativen Federn schmückte. Am Ende der Weimarer Republik war bei den im Verband und in der Zeitschrift führenden Geschichtspädagogen von einer – wie immer begrenzten – autonomen Selbstbestimmung des erzieherischen Wertes von Geschichtsunterricht in Auseinandersetzung mit wissenschaftlichen und politischen Forderungen, wie sie vor dem Ersten Weltkrieg zu beobachten war, nicht mehr die Rede: Der Objektivitätsbegriff war schwankend, wenn nicht leer geworden, die universale Sicht der engeren nationalen Selbstrechtfertigung gewichen.[35]

---

[32] Zur Diskussion um die Didaktik s. Huhn, Politische Geschichtsdidaktik (Anm. 26), S. 151ff.

[33] Riekenberg (Anm. 22), S. 73ff.

[34] Huhn, Politische Geschichtsdidaktik (Anm. 26) zum Beginn der Diskussion erkenntnistheoretischer Fragen in VuG im Jahr 1929, S. 223ff.

[35] Der Vorsitzende des Geschichtslehrerverbandes, Arnold Reimann, drängte bei der Vorbereitung des internationalen Historikertreffens in Oslo zwar auf die Einsetzung einer internationalen Kommission zur Überprüfung der Schulbücher, aber ein Jahr zuvor hatte er Kaweraus Bemühungen in dieser Sache sehr scharf kritisiert und die deutschen Bücher gegen Kritik tabuisiert (Anm. 16). Sein Vorschlag scheint auf eine Rechtfertigung der deutschen Bücher – insbesondere im Hinblick auf die Kriegsschuldfrage – gezielt, also eher ein Stück pädagogisch-politischer Offensive gewesen zu sein. Der Vorsitzende des deutschen Historikerverbandes, Karl Brandi, empfand Reimanns Vorgehen im Hinblick auf die volle Wiederaufnahme der deutschen Geschichtswissenschaft in die „Ökumene der Historiker" als unvorsichtig und schädlich, seine Thesen als „unmöglich"; s. Riekenberg (Anm. 22), S. 84ff. Zum Osloer Kongreß überhaupt s. Erdmann, Ökumene (Anm. 16), S. 183-188.

Als die Zeitschrift 1933 die Geschichtslehrer zum „politischen Absprung" drängte[36], fiel der Verband aus der Politikabstinenz ins andere Extrem der politischen Indoktrination ohne ängstliche Rücksicht auf die Wissenschaft. Allerdings, die national gesonnenen Wissenschaftler und Lehrer, die man eine Zeitlang für diesen Übergang noch benutzt hatte, wurden bald von den nationalsozialistischen Geschichtspädagogen aus der Redaktion der Zeitschrift gedrängt. Als Dietrich Klagges 1936 auf der Ulmer Geschichtstagung die Gedanken seines gerade erschienenen Werkes „Geschichte als nationalpolitische Erziehung" vortrug, wurde das Verhältnis zwischen Politik, Pädagogik und Wissenschaft von neuen Definitionen geprägt: Gegen die traditionellen, zünftlerischen Historiker solle „die deutsche Schicksalsgemeinschaft" mit der „eindrucksvollen Lehre unserer Geschichte unterbaut und in der Gedankenwelt vor allem unserer Jugend verankert werden". Die Erziehungsordnung hänge von der politischen Ordnung ab, die Wissenschaft wiederum sei den Zielen der Erziehung zur Volksgemeinschaft untergeordnet. Damit war das Spannungsverhältnis zwischen Wissenschaft, Politik und Pädagogik zugunsten einer funktionalen Ableitung von Wissenschaft und Pädagogik aus politischen Wertvorgaben aufgehoben. Es war konsequent, daß ein autonomer Fachverband mit eigener Interpretationskompetenz keine Existenzberechtigung mehr besaß. Der Geschichtslehrerverband wurde in den NSLB integriert und aufgelöst. Hatte man sich zuvor in enger Begrenzung auf die Fachwissenschaft gegen die Fachdidaktik gesträubt, so war sie jetzt durch politische Schulung überflüssig geworden. Es bedurfte keiner wissenschaftlichen Didaktik mehr, sondern nur noch einer Methodik, die geeignet war, die Dogmen einer politischen Weltanschauung unterrichtspraktisch umzusetzen.[37]

Der Verband war angetreten, um aus eigener Kompetenz die Aufgaben des Geschichtsunterrichts angesichts seiner wissenschaftlichen Fundierung und der politischen Anforderungen zu bestimmen; er hat diese Aufgabe in der Weimarer Republik nicht wirklich in Angriff genommen, sich wie in einem Betäubungszustand in die Wagenburg unreflektierten Wissenschafts- und Praxisbezugs geflüchtet. Ich habe eingangs das Werk Wilmanns' von 1949 als eindrucksvolles Zeugnis persönlichen Engagements und intensiven Nachdenkens erwähnt; diese Wertung bleibt richtig – aber richtig ist auch, daß es in einem seltsam abstrakten Normengerüst verharrte, der Glaube an die Werthaltigkeit der Geschichte, jenseits der Geschichte angesiedelt, fast als Ersatz für eine konkrete Einlassung mit der Geschichte erscheinen konnte.[38] Als

---

[36] Riekenberg (Anm. 22), S. 117ff.

[37] Ebd., S. 125ff. s. auch Helmut Genschel, Geschichtsdidaktik und Geschichtsunterricht im nationalsozialistischen Deutschland, in: Bergmann, Schneider (Anm. 14), S. 274ff.

[38] Darin zeigt sich eine eigentümliche Übereinstimmung mit den Vorschlägen Friedrich Meineckes in seinem 1948 erschienenen Buch „Die deutsche Katastrophe"; auch Meinecke empfiehlt dort ein „Wunschbild" der Rettung verbliebener Substanz des deut-

1949 der Verband wieder gegründet wurde und seine Zeitschrift den vorsichtigeren, nicht mehr Vergangenheit und Gegenwart, sondern Forschung und Lehre aufeinander beziehenden Titel „Geschichte in Wissenschaft und Unterricht" wählte, stand radikaler und dringender als je zuvor die Frage an, wie in wissenschaftlicher, politischer und pädagogischer Verantwortung Geschichtsunterricht möglich sei.

Es ist hier nicht die Zeit, der Frage nachzugehen, warum trotz unüberhörbarer Mahnungen – etwa Felix Messerschmids und Erich Wenigers – im Ganzen gesehen die Traditionen des Selbstverständnisses fortlebten, die der Verband in der Weimarer Republik entwickelt hatte. Man lese etwa die Auseinandersetzungen an Gymnasien und Universitäten nach, die der Versuch auslöste, 1960 ein kooperatives Fach Gemeinschaftskunde einzuführen. Es gab nachdenkliche und fordernde Stimmen, aber auch Fachgenügsamkeit und Platzbehauptungswillen, das Verschanzen hinter den Mauern der Wissenschaft und das auf die eigene Sphäre zurückgebogene Interesse an methodischer Bewältigung der Unterrichtsprobleme.[39] Dies brachte die Geschichtslehrer und ihren Verband zunehmend in Legitimationsschwierigkeiten angesichts der drängender werdenden Fragen nach dem gegenwartserhellenden und zukunftsweisenden, also politischen und pädagogischen Nutzen der Beschäftigung mit der Geschichte. Diese Periode dauerte länger als die Weimarer Republik; es stünde uns also schlecht an, uns über unsere Vorgänger zwischen den beiden Weltkriegen zu mokieren.

Ich brauche die Wende der späten 60er und frühen 70er Jahre hier nicht zu charakterisieren.[40] Um Geschichte wird in der Absicht politischer Selbstbehauptung gestritten, nicht nur in der Wissenschaft, sondern in Verbänden und Gewerkschaften, Parteien, Parlamenten und vor Gericht. Schon seit der Fischer-Kontroverse, unabweisbar aber seit dem

---

schen Volkes: die Verlebendigung ewiger, übergeschichtlicher Werte in der Religion und in der „Verinnerlichung" (S. 168) unseres Daseins durch Rückbesinnung auf die große deutsche Literatur in Goethegemeinden. Dies ist – trotz der Berufung auf „geschichtliches Denken" (etwa S. 157) Ausdruck einer Verzweiflung an der Geschichte und Ausweg „zu den höchsten Sphären des Ewigen und Göttlichen" (S. 177). – Diese Hinweise können noch nach 40 Jahren verdeutlichen, wie tief die Erschütterung durch die Zeitgeschichte war, die Historiker als Forscher und Lehrer nach einem festen Punkt außerhalb der Geschichte suchen ließ.

[39] S. dazu Huhn, Politische Geschichtsdidaktik (Anm. 26); Joachim Rohlfes, Geschichtsunterricht und Geschichtsdidaktik 1953 bis 1969, in: Bergmann, Schneider (Anm. 14), S. 381-414, eine sorgfältige und abgewogene Bestandsaufnahme der wesentlichen Problem- und Diskussionsbereiche bis in die frühen 70er Jahre.

[40] S. dazu Erich Kosthorst, Von der „Umerziehung" über den Geschichtsverlust zur „Tendenzwende". Selbstverständnis und öffentliche Einschätzung des Geschichtsunterrichts in der Nachkriegszeit, in: GWU 29 (1978), S. 566-584; zur Entwicklung des Geschichtsunterrichts in der Nachkriegszeit s. jetzt auch eingehend „Geschichtsunterricht und Geschichtsdidaktik vom Kaiserreich bis zur Gegenwart". Hg. v. Verband der Geschichtslehrer Deutschlands durch Paul Leidinger. Festschrift des Verbandes der Geschichtslehrer Deutschlands zum 75jährigen Bestehen, Stuttgart 1988, die Beiträge von Ulrich Mayer und Joachim Rohlfes, S. 142-170.

Kampf um die Hessischen Rahmenrichtlinien und ähnliche Entwürfe, seit der politischen Auseinandersetzung um die deutsch-polnische Beziehungsgeschichte anläßlich der deutsch-polnischen Schulbuchempfehlungen, um die Art, wie wir den 8. Mai 1985 begehen sollten, bis hin zu den Kontroversen um die Museen in Berlin und Bonn und zum jüngsten Historikerstreit vermischen, ja verwirren sich die wissenschaftlichen und politischen, die moralischen und die pädagogischen Argumente. Der Geschichtslehrer, vor einer durch die Medien informierten und kritischen Jugend, beraubt der vermeintlich festen Burg der Berufung auf objektive Wissenschaft, sieht sich im offenen Feld dem Ansturm heterogener Anforderungen ausgesetzt. Wie kann er angesichts einer sich immer schneller ändernden Welt, immer neuer politischer und gesellschaftlicher Herausforderungen in wissenschaftlicher Redlichkeit und politischer Verantwortung seinem erzieherischen Auftrag nachkommen, Geschichte für eine Generation zu lehren, die mit dem Gelernten in das nächste Jahrtausend mit seinen unbekannten Herausforderungen gehen muß? Und was kann der Verband tun, auf diese Fragen Antworten finden zu helfen?

5.

Dazu gestatten Sie mir abschließend einige Hinweise als einen Versuch, aus der hier notgedrungen sehr verkürzt skizzierten Problematik der Geschichte des Verbandes Nutzanwendungen für seine Gegenwart und Zukunft abzuleiten.

1. Das öffentliche Interesse an der Geschichte und die Sicherung des Unterrichtsfaches im Lehrplan sind kein Anlaß, sich wieder zufrieden im Gehäuse einer Abbilddidaktik niederzulassen und erneut die Praxis gegen die Theorie auszuspielen. Wer heute Geschichte unterrichtet, kann gerade angesichts der politischen Ansprüche, die an Vergangenheitsdeutung gestellt werden, nicht umhin, sich der Erkenntnisvoraussetzungen der Wissenschaft und der Lebensgebundenheit historischen Lernens zu vergewissern, muß die schwierige Einsicht aushalten und in seiner Lehre deutlich machen, daß Wissenschaft perspektivengebunden ist und doch zugleich methodisch überprüfbare Aussagen über Vergangenheit erlaubt, die man zwar nicht verabsolutieren, aber auch nicht als beliebig und ideologisch manipulierbar abtun kann. Ein Unterricht, der den alten Grundsatz seiner Rückbindung an Wissenschaft aufgibt, ist ebenso wie ein Unterricht, der die Ambivalenz dieser Rückbindung nicht thematisiert, mehr denn je in Gefahr, Geschichtsbildern aufzusitzen. Sie werden uns suggestiv sowohl von der emanzipatorischen wie von der identifikatorischen Didaktik in verschiedenen Tonlagen angeboten. Man kann und darf beim Versuch, sich in der Gegenwart durch Vergangenheitskenntnis zu orientieren, Begriffe nicht besetzen, Erinne-

rungen nicht füllen in der Absicht direkter, politischer Gestaltung der
Zukunft durch pädagogische Mittel – einerlei ob in progressiver oder
konservativer Richtung. Dann wird die Vergangenheit zur bloßen Staf-
fage der Gegenwartsdeutung oder der Zukunftsprojektionen. Nicht Geschichtsbilder, seien es zurückhängende, seien es vorwegspringende, zu
implantieren, sondern Geschichtsbewußtsein zu vermitteln,[41] d.h. zu
versuchen, Schülern einen reflektierten Umgang mit Zeugnissen und
Deutungen der Vergangenheit als einen Komplex von methodisch-em-
pirischer Forschung, konstruktiver Deutung und gegenwartsbezogener
Wertung erkennen zu lehren: Das bedeutet, grundsätzlich die Legiti-
mität verschiedener Vergangenheitsdeutungen und zugleich die Möglichkeit ihrer rationalen Überprüfung und also diskursiver Auseinandersetzung anzuerkennen; es verlangt vor allem die Bändigung des
elementaren Triebs, recht haben zu wollen, also das Eingeständnis der
Irrtumsfähigkeit, die Bemühung um Verständnis der anderen Position
und den Willen, sich selbst in ein begründbares, urteilendes und wer-
tendes Verhältnis zu Erscheinungen und Deutungen der Vergangenheit
zu setzen. Dies ist zunächst eine Forderung an die Reflexionsfähigkeit
und -willigkeit des Lehrers – muß aber dann in elementarer Form auf
Zielsetzung und Methode des Geschichtsunterrichts zurückwirken.
Man hat dies eine „geradezu elitäre" didaktische Position genannt.[42] Sie
stellt in der Tat Ansprüche. Aber ein anspruchsloser Geschichtsunterricht wird im besten Falle überflüssig, im schlimmsten Falle gefährlich.
Es hilft nichts, die prinzipiellen Ansprüche zu ermäßigen; es gilt, methodische Wege zu finden, sie mit Hilfe von elementaren bis zu differenzierten Lernverfahren im Unterricht so weit wie möglich einzulö-
sen.[43]
Wie soll – um einen konkreten Bezugspunkt zu nennen – der Lehrer
oder Schüler und Student, wenn er diese Unterscheidungsfähigkeit
nicht entwickelt und reflektierend einsetzt, sich mit dem Phänomen des
Historikerstreites und dem dahinter liegenden Dissens um die Bedeutung der deutschen Geschichte für uns heute auseinandersetzen? Wie
kommen wir anders aus der fatalen politischen Moralisierung der Positionen heraus, in der offenbar alle Beteiligten ein altes Stück deutscher
Mentalitätsgeschichte lebenspraktisch fortsetzen? Wenn der Streit um
die Deutung des NS zum Vehikel politischer Verdächtigungen, nicht
aber zur Katharsis, d.h. zur besseren Einsicht auf der Basis genauer
wissenschaftlicher Prüfung, zur umfassenderen Deutung und damit zur

---

[41] Vgl. Karl-Ernst Jeismann, Geschichtsbewußtsein. Überlegungen zur zentralen Kategorie eines neuen Ansatzes der Geschichtsdidaktik, in: Hans Süssmuth (Hg.), Geschichtsdidaktische Positionen, Paderborn 1980, S. 179-222.

[42] Joachim Rohlfes, Geschichtsunterricht und Geschichtsdidaktik von den 50er bis zu den
8oer Jahren, in: Geschichtsunterricht und Geschichtsdidaktik (Anm.39), S.167.

[43] Dafür gibt Joachim Rohlfes selbst in den methodischen Kapiteln seines Buches „Geschichte und ihre Didaktik", Göttingen 1986, dem Lehrer eine breite Grundlage und
viele Anregungen.

geklärten – nicht notwendig unisonen – Wertung führt, leistet er unserer ohnehin nicht sehr gefestigten demokratischen politischen Kultur einen Bärendienst. So stehen denn schon an den linken und rechten Rändern der konsenstragenden Überzeugungen, die unserer Verfassung zugrunde liegen, die autoritären Kräfte bereit, die aus diesem Streit ihr dogmatisches Geschichtsbild in politische Kraft umzusetzen trachten: jene, die die Nation als höchsten politischen und moralischen Wert wieder verherrlicht sehen und die deutsche Geschichte als ein eigenes Metaphysikum wiedergewinnen möchten, und jene, die sie nur als eine Geschichte der Defizite und Perversionen begreifen und in selbstgerechtem Rigorismus jede Erinnerung denunzieren, die nicht zur direkten Aktion wird.[44]

Müssen wir, um nicht der Irrationalität zu verfallen, den Schüler zu reflektiertem Umgang mit ihm angetragenen Geschichtsdeutungen befähigen, so müssen wir vom Geschichtslehrer, erst recht vom Geschichtsforscher verlangen, daß er sich der politischen Tragweite, auch der Möglichkeiten des politischen Mißbrauchs seiner historischen Lehre und Reflexion in der Öffentlichkeit bewußt ist. Der Geschichtslehrer in der Schule stände auf festerem Grund, hätten die Hauptkontrahenten des Historikerstreites wissenschaftliche und politische Tugenden nicht nur angemahnt, sondern überzeugender geübt.[45]

2. Lange haben die Gründer und Vordenker des Deutschen Geschichtslehrerverbandes, eine unverzichtbare Tradition unserer Geschichtsschreibung bewahrend, daran festgehalten, daß die bildende Substanz historischen Lernens in seiner universalgeschichtlichen Perspektive liegt. Universalgeschichte: Das ist nicht nur ein geographischer Begriff, sondern vor allem ein substantieller; er meint, daß es der Menschheit aufgegeben sei, in der Geschichte Verhältnisse zu schaffen, die ihr als Gattung von Vernunft und Sittengesetz vorgeschrieben werden. Dieser Begriff der Bildung in und durch Menschheitsgeschichte ist ihnen unter der Hand leer geworden, unfähig, den inhumanen Sinnzuweisungen zu widerstehen, zu denen eine Verengung der Geschichtsdeutung, sei es

---

[44] Ein jüngstes Beispiel dafür liefern in diesen Tagen die „Geschichtswerkstätten", die zu Demonstrationen gegen das ehrende und trauernde Gedenken an die Gefallenen des Zweiten Weltkrieges aufgerufen haben – eine neue Version der „Unfähigkeit zu trauern": Geschichtswerkstatt. Gewalt – Kriegstod – Erinnerung. Die unausweichliche Wiederkehr des Verdrängten, H. 16, Okt. 1988, S. 5. – Die lange Zeit subkutaner Geschichtsverfälschungen der neuen politischen Rechten werden in Zukunft eine offensivere Auseinandersetzung verlangen als bislang.

[45] S. dazu unter den vielen Beiträgen zum sog. Historikerstreit zwei Veröffentlichungen, die sich dadurch auszeichnen, daß es ihnen nicht um Behauptung der eigenen und Diskreditierung der anderen Position geht, sondern um diskursive Abwägung der Argumente und wissenschaftliche wie politische Verantwortung für eine demokratisch-liberale Verfassung von Gesellschaft und Staat: Christian Meier, 40 Jahre nach Auschwitz. Deutsche Geschichtserinnerung heute, München 1987; und Imanuel Geiss, Die Habermas-Kontroverse. Ein deutscher Streit, Berlin o.J. [1988].

auf das Volk, sei es auf die Rasse, am Ende immer führt. Die um uns geschehende Geschichte der auch faktisch immer enger zusammenwachsenden Menschheit demonstriert in aller Deutlichkeit und Realität, welche Substanzen die Geschichte als Menschheitsgeschichte charakterisieren. Es sind die Bemühungen um Frieden, um Freiheit und Selbstbestimmung der Menschen, um Menschenrechte und um Rechtssicherheit als Voraussetzungen dafür, daß Armut, Unterdrückung und Not sich vermindern und menschliche Lebensqualität vom Alltagsdasein bis zu Kunst und Wissenschaft sich entfalten können.

In dieser Perspektive läßt sich didaktisch gewichten, was an Alltagsgeschichte, an Lokal- oder Regionalgeschichte, an National- oder an Weltgeschichte substantiell zu lehren sich lohnt und auf welche Weise es zu lehren ist: Denn je allgemeiner und werthaltiger die Sinnpostulate sind, die wir an die Geschichte herantragen – und nur sie machen aus den Trümmern der Vergangenheit ein Sinngefüge, dem bildende Kraft innewohnt – um so größer ist die Gefahr, Geschichte nicht zur besseren Erkenntnis, sondern zur Stützung der eigenen Interessen heranzuziehen und partielle Positionen vor Kritik zu tabuisieren. Die Forderung nach Erziehung zum kritischen Geschichtsbewußtsein ist um so wichtiger, je universaler unsere Wertgesichtspunkte sind. Denn die geschichtlichen Erscheinungen verhalten sich zu ihnen ambivalent oder sperrig, sind nicht in gut und böse, in „schwarze und weiße Linien" säuberlich zu trennen. Historische Bildung muß erfahren lassen, wie schwierig und widersprüchlich sich die Normen der Menschheitsgeschichte in der Wirklichkeit darstellen – wie Freiheit und Frieden, Recht und Menschenwürde sich kontrovers auseinander, ja gegeneinander stellen konnten – wie aus den besten Vorsätzen schlimme Folgen kamen. Wer durch historisches Lernen einen Beitrag zur Friedenserziehung leisten, eine Ermutigung zum Eintreten für Menschenrechte bewirken will, darf Geschichte nicht als Argument zur Legitimierung bestimmter, d.h. immer auch bedingter, politischer Positionen der Gegenwart einsetzen. Politische Positionen müssen sich durch ihre Motive, Ziele und Mittel selbst rechtfertigen. Geschichtliche Vergewisserung kann dazu beitragen, die Vertretung politischer Positionen umsichtiger und besonnener und in dieser Weise wirksamer und überzeugender zu machen. Nicht durch pure Bestätigung kann die Geschichte die Gegenwart lehren, sondern durch den Hinweis auf Widersprüchlichkeiten, durch Kontingenzerfahrung. Dadurch wappnet Geschichtsbewußtsein sowohl gegen fanatische Selbstüberhebung aus vermutlich bester Überzeugung wie gegen Entmutigung durch Enttäuschungen und also in beiden Fällen gegen den Umschlag von politischem Idealismus in politischen Zynismus. Wenn überhaupt sekundäre Erfahrung über ihren Erkenntnis- und Bildungswert („Weisheit für immer") hinaus das Urteilen und Verhalten in der Gegenwart klären und angemessener machen kann („klüger für das nächste Mal"), dann nur in dieser vermittelten Weise. Wer direkt in den Spiegel der Geschichte greift, faßt nur die eigene Nase.

Ich denke, daß auch der Streit um die Bedeutung unserer nationalen Geschichte für historische Bildung die Kriterien findet, mit denen er sinnvoll geführt werden kann. Wir sollten bei der Behandlung der deutschen Geschichte und auch bei der historischen Erörterung der Frage der deutschen Einheit uns nicht nationalgeschichtlich nach innen und nach rückwärts einigeln, sondern die Zukunft unserer Nationalgeschichte mit der Zukunft der Menschheitsgeschichte verbinden, ohne Fixierung auf Restauration vergangener Formen, wohl aber in Aufnahme jener Traditionen und Elemente, die uns die Geschichte unserer Nation im Rahmen der Geschichte der Menschheit wert machen.[46]

3. Die dritte Anmerkung ist praktischer Natur und unmittelbar ein Appell an den Verband und seine gewählten Vertreter: Er ist ein standespolitisches Organ und muß eine Vielzahl oft sehr konkreter Interessen vertreten; aber er muß nach innen und außen deutlich machen, daß sein zentrales Interesse die Entwicklung und Klärung der Geschichtsvorstellungen in unserem Lande ist. Seine Bedeutung und Wirkung werden sich daran messen lassen, ob er ein Forum für die Auseinandersetzung um die Wege zu diesem Ziele bleibt und, wenn möglich, in noch stärkerem Maße wird – in den Landesverbänden, auf Bundesebene und zunehmend im internationalen Kontakt. Nur solches Bemühen kann die relative Autonomie beanspruchen und ausfüllen, die der Erziehung gegenüber der Politik ihrem Wesen nach zusteht. Dieses ist um so dringlicher, als die wünschenswerte Einsicht in die politische Bedeutung geschichtlicher Vergewisserung die Kehrseite einer unguten Politisierung der Richtlinien oder der Lehrbuchzulassungen mit sich bringt, die zu einer weder pädagogisch noch wissenschaftlich zu legitimierenden Differenzierung zwischen den Bundesländern zu führen beginnt. Diesem Prozeß einer Kleinkarierung der politisch-historischen Bewußtseinsbildung sollte sich der Verband in wissenschaftlicher, pädagogischer und politischer Verantwortung widersetzen. Die Kulturhoheit der Länder hat ihren guten Sinn; sie begründet aber keinen Anspruch auf Herrschaft der Unterrichtsadministration über das Geschichtsbewußtsein und politische Selbstverständnis der Deutschen mittels verbindlicher Lernzielkatalogen, die der Lehrer nur noch zu operationalisieren, zu exekutieren hätte. Hier haben wir unter Berufung auf den Sinn unserer politischen Ordnung den Freiraum der Erziehung auszufüllen; erst dieser Freiraum legitimiert die Einforderung der intellektuellen und politischen Verantwortung des Lehrers vor Wissenschaft und Staat.

Diese Bemerkungen lassen sich in einer grundsätzlichen Frage zusammenfassen: Wird es möglich sein, den Widerspruch von „Bildung und Herrschaft" in ein Verhältnis fruchtbarer Balance politisch-gesell-

---

46 Vgl. dazu die Beiträge des Bandes „Einheit, Freiheit, Selbstbestimmung. Die Deutsche Frage im historisch-politischen Bewußtsein", hg. v. Karl-Ernst Jeismann, Bonn 1987 (= Schriftenreihe der Bundeszentrale für politische Bildung, Bd. 255) und Frankfurt a.M., New York 1988.

schaftlicher, wissenschaftlicher und pädagogischer Ansprüche an den Geschichtsunterricht, an das historische Lernen überhaupt zu verwandeln? Das ist nicht nur eine Frage an den Staat als Schulherrn, es ist eine Frage an unsere politische Kultur. Ihre regulative Idee liegt gleichermaßen unserer staatlichen und gesellschaftlichen Ordnung, der modernen Wissenschaft und der Pädagogik zugrunde. Sie ist ein historisches Ergebnis der Aufklärung, das wir uns nicht halbieren oder stillstellen, aber schon gar nicht durch die Verlockungen eines Vernunft und Wissenschaft verachtenden neuen Irrationalismus zerstören lassen wollen. Soweit die politischen Kräfte in Staat und Gesellschaft in allen Kontroversen an der gemeinsamen Norm festhalten, Bedingungen für eine Existenz in Menschenwürde im moralischen, geistigen und materiellen Sinne des Wortes, für eine Existenz der Freiheit und der Selbstbestimmung zu schaffen, werden sie von Wissenschaft und Erziehung mit Zuversicht erwarten und fordern dürfen, daß sie dieser politischen Verpflichtung in Forschung, Lehre und Unterricht um so gewisser nachkommen, je weniger politische Instanzen oder gesellschaftliche Gruppen regulierend in diese Sphären einzugreifen trachten; denn Wissenschaft und Erziehung sind in diesem einen Punkt selbst politisch engagiert: sie sind interessiert an der Herstellung und Bewahrung der politischen und gesellschaftlichen Bedingungen ihrer Existenz.

Die Geschichtslehrer besitzen im Verband ihre autonome Interessenvertretung. Ihr zentrales Interesse und die Voraussetzung der Wirksamkeit des Verbandes sind politische Zustände, die ein Balanceverhältnis zwischen Politik, Wissenschaft und Pädagogik in Freiheit und wechselseitiger Verpflichtung nicht nur zulassen, sondern fordern.

Erstveröffentlichung in: Geschichte in Wissenschaft und Unterricht 40 (1989), S. 515-533.

„Identität" statt „Emanzipation"?

Zum Geschichtsbewußtsein in der Bundesrepublik

I.

„L'Allemagne fédérale se penche sur son passé". Unsere Nachbarn nehmen es aufmerksam zur Kenntnis: Eine Gesellschaft, die sich bislang weder um ihre Vergangenheit noch um ihre Zukunft zu kümmern schien – wenn man für das eine den Grad des öffentlichen Geschichtsbewußtseins und für das andere die Geburtenrate als Maßstab nimmt –, beugt sich wieder über den Spiegel ihrer Vergangenheit! So eröffnete der Leiter der Mission Historique Française in Göttingen, Etienne François, einen scharfsinnigen Bericht für seine Landsleute in der Revue d'Histoire. Er konnte eine stattliche Reihe von Belegen anführen: ehrgeizige Verlagsprojekte für vielbändige Gesamtdarstellungen der deutschen Geschichte, ein sich sprunghaft steigerndes historisches Interesse in vielen Lebensbereichen und gesellschaftlichen Gruppen, eine erstaunliche Ausweitung der etablierten Forschung in bislang vernachlässigte Gebiete mit neuen Methoden, das Phänomen der „Alltagsgeschichte" und der nicht-professionellen „Geschichtswerkstätten".

Erstaunlich für den französischen Beobachter ist, daß diese neue Hinwendung der Nation zur Geschichte die verschiedenen Lager, Gruppen, methodischen Schulen keineswegs diskursiv zusammenführt, sondern die „divisions politiques" kraß hervortreten läßt. Am deutlichsten zeigen sie sich dort, wo über die Konzepte der Präsentation nationaler Geschichte für die Öffentlichkeit gestritten wird – also bei den Planungen für die beiden neuen Geschichtsmuseen in Berlin (für die gesamte deutsche Geschichte) und in Bonn (für die Geschichte der Bundesrepublik).

Von der Potenzierung dieses inneren deutschen Streites um die Geschichte durch die Konkurrenzsituation zur DDR einmal abgesehen, deren Zugriff auf „Tradition und Erbe" zielstrebig und kompetent sich verstärkt, geht es in der Bundesrepublik ganz elementar um die Frage, ob die deutsche Geschichte kritisch mahnend, warnend oder gar anklagend von ihrer dunklen Seite als Last, oder ob sie bestätigend oder gar harmonisierend von ihrer hellen Seite als Schatz der Nation darzustellen sei. Der Lokalstreit in Göttingen um die Gestaltung der Rathaustüren demonstrierte dem französischen Beobachter diesen Gegensatz am Ort ad oculos; die Auseinandersetzung um die richtige Art, des vierzigsten Jahrestags der deutschen Kapitulation zu gedenken, war eine differenziertere Entsprechung der kommunalen Frontstellung im nationalen Rahmen.

II.

Hinter diesem Kampf um die Sicht der deutschen Geschichte verbirgt sich eine widersprüchliche Beurteilung der deutschen Gegenwart und eine unterschiedliche Option für die Zukunft. Dies ist in jeder Nation normal – die Frage ist nur, ob sich diese Widersprüche auf der Basis einer fundamentalen Gemeinsamkeit des Selbstverständnisses entwickeln, die es erlaubt, sowohl die Deutung der Gegenwart wie die Option für die Zukunft als Variationen der Geschichte des gleichen Subjekts zu begreifen, oder ob unversöhnlich einander gegenüberstehende „Geschichtsbilder" die Auszehrung des Grundkonsenses der Nation als historischer und also eine Gefährdung ihrer Substanz als politischer und kultureller Gemeinschaft ankündigen.

Wer in den fünfziger oder sechziger Jahren den „Verlust der Geschichte" beklagte und sich von der „Wiedergewinnung der historischen Dimension" als selbstverständliche Folge eine Sicherung der nationalen Identität erhofft hatte, muß seine Erwartungen korrigieren. Zwar scheint die Geschichte „gerettet" – sei es durch Gerichtsbeschluß für den Unterricht wie in Hessen, sei es durch kulturpolitisches Engagement oder durch ein neuerwachtes öffentliches Interesse. Wann hat z.B. je ein Berufsverband – die Philologen – „die Geschichte" zum Schwerpunktthema des Jahres gemacht! Aber all dies führte nicht zu einer Beschwörung der historischen Gemeinsamkeit der Deutschen. Vielmehr löste es ein neues Feldgeschrei aus: „Geschichte – aber richtig". So glossierte die FAZ am 19. Februar 1986 die Ankündigung des Philologenverbandes und meinte, daß alle Bemühungen um Geschichte in der Schule nichts nützen, wenn die Lehrer nicht in großen Vorlesungen die Zusammenhänge der Geschichte zu sehen gelernt hätten und also sie zu lehren fähig geworden seien. Das ist der Ruf nach Sinnstiftung statt spezialisierter Einzelforschung, nach dem zusammenhängenden Geschichtsbild: Als „Die Qual mit der Geschichte" bezeichnete ein Leitartikel der „Zeit" vom 10. Januar 1986 das Fehlen eines nationalen Konsenses im Umgang mit der Geschichte. Einer unserer engagiertesten Historiker hat im gleichen Monat eine „neue Polarisierung des Geschichtsbildes in der Bundesrepublik Deutschland" diagnostiziert (H. Mommsen). Aber während er zugleich auf eine „übergreifende Erfahrung gemeinsamer Geschichte" verwies und darin „die konsensstiftende Funktion historischer Erinnerung" erblickte, befand ein Fachkollege, daß es gerade nicht kontrovers genug hergehe und die Polarisierung schärfer pointiert werden müsse.

Unschwer lassen sich in diesem Streit, betrachtet man seine gröbsten und daher politisch und publizistisch wirksamsten Aufgipfelungen anläßlich geschichtlich evozierender Ereignisse oder Veränderungen, die Gegensätze zwischen den sich eher als konservativ oder als progressiv empfindenden Lagern festmachen – wobei von Links und Rechts im extremen Sinne nicht gesprochen werden kann, weil die radikalen

Gruppierungen auf der Rechten ein subkutanes neonazistisches Geschichtsbild pflegen, die marxistisch, syndikalistisch oder anarchistisch linken Gruppierungen ihre Sektenkämpfe um die Auslegung des historischen Materialismus austragen, während das orthodoxe kommunistische Geschichtsbild von der offiziellen DDR-Sprachregelung in sichere Obhut genommen worden ist. Der eigentlich bedeutende Dissens um das Bild der deutschen Geschichte in der Bundesrepublik verläuft zwischen den großen politischen Lagern und ihren Sympathisanten, weist viele Differenzierungen und Übergänge auf, reicht erkennbar auch in die Geschichtswissenschaft und den Geschichtsunterricht hinein. Man kann ihn an den zwei Schlagworten der Überschrift festmachen: Unter den wie Feldzeichen gebrauchten Schlagworten „Emanzipation" und „Identität" vollzog sich seit den späten sechziger Jahren der Wiedereinzug der Geschichte in das politische Bewußtsein der Bundesrepublik.

III.

Die folgenden Bemerkungen sind nur ein Zwischenruf zu dieser Diskussion ohne den geringsten Anspruch systematischer oder gar erschöpfender Beschreibung der Themen und Positionen. Der Begriff „Geschichtsbewußtsein" wird hier in einer spezifischen Zuspitzung verstanden. Es geht nicht um die Breite der historischen Forschung innerhalb und außerhalb der Universitäten, um die Fülle der organisierten historischen Interessen, um die bunte und breite Rolle der „Geschichte in der Alltagswelt" (R. Schörken); das Interesse an Geschichte überhaupt, das Geschichtsverständnis und die Geschichtskenntnis in der Gesellschaft sind in ihrer Vielfalt nicht zu erfassen oder gar zu beschreiben. Hier geht es nur um jenen Punkt, an dem *das öffentliche politische Selbstverständnis der Gegenwart sich mit der Deutung der Vergangenheit unmittelbar verbindet*, wo es sich auf die Geschichte beruft und sich von dort her Orientierung, Legitimation, Selbstgewißheit erhofft oder besorgt. An diesem Schnittpunkt erwächst nach Theodor Mommsens Wort dem Historiker die Pflicht der „politischen Pädagogik", stellt sich die Publizistik in den Dienst historischer Aufklärung, interpretieren sich Parteien, Verbände, Firmen, Institutionen als entstandene, sich in der Veränderung gleichbleibende Gebilde, stellt sich der Staat selbst in Denkmälern, Jubiläen, Ausstellungen, symbolischen Zeichen und Gesten in die Kontinuität seiner die Generationen übergreifenden Existenz, befindet er als Schulherr darüber, wie mit der Lehre der Geschichte das Bewußtsein der Besonderheit und Zusammengehörigkeit seiner Bürger begründet wird.

Dieses Geschichtsbewußtsein ist nicht in die individuelle Beliebigkeit des einzelnen gestellt; es ist auch nichts, was angeboren oder natürlich sich entwickelt; es ist immer das Ergebnis funktionaler und intentionaler Erziehung, entsteht durch Erfahrung in der Umwelt und durch Lehre, durch Zeichen und Erzählung, wird im weitesten Sinne des Wortes „gelernt". Diesem Lernprozeß kann sich niemand entziehen, ob er darauf reflektiert oder nicht. In ihm stellt sich jenes Mindestmaß von Sinndeutung des zeitlichen Prozesses her, auf das einzelne wie die Gesellschaft insgesamt angewiesen sind, um sich selbst begreifen und erklärbar halten zu können. Geschichtsbewußtsein in diesem engeren Sinne spiegelt also den intellektuellen, moralischen, emotionalen Zustand der Gesellschaft, in der es sich formt, ist Bestandteil und Ausdruck ihrer „politischen Kultur". Gemessen am gelehrten Geschichtsverständnis handelt es sich um recht grobe Muster der Selbstdeutung – ihre einfache Struktur erzeugt jedoch Plausibilität und breite öffentliche Wirkung.

IV.

Die Feststellung, daß es in den ersten beiden Jahrzehnten der Bundesrepublik an Geschichtsbewußtsein gemangelt habe, ist ungenau. Auch die Verweigerung, aus bestimmten Epochen unmittelbare politische Verbindungslinien zur eigenen Zeit zu ziehen, sich in ihrer Kontinuität zu begreifen, ist noch in der Negation eine Form von Geschichtsbewußtsein. Last und Schuld der Geschichte können ein Ausmaß erreichen, daß „Bewältigung" nur durch „Verdrängung" möglich erscheint. Die These, daß der materielle und politische Neubau eines als Rechts- und Sozialstaat funktionierenden Gemeinwesens nur mit dem Blick auf Gegenwart und Zukunft, nicht aber in radikaler Abrechnung mit der Vergangenheit möglich war und allen noch so berechtigten politisch-moralischen Einwänden zum Trotz mit fast instinktivem Lebenswillen so begonnen wurde, hat einige pragmatische Plausibilität für sich (H. Lübbe).

Das politische Selbstverständnis der Bundesrepublik baute sich auf in voluntativer, aber auch praktisch-politischer Emanzipation von der deutschen Geschichte seit 1933 und zugleich in einer ebenso voluntativen, selektiven Interpretation der Geschichte der ersten deutschen Republik. Das der Kanzlerzeit Ludwig Erhards zugeschriebene Wort „Wir sind wieder wer" enthält in seiner simplen Plakativität genau diese Bedürfnisse an Geschichtsbewußtsein des „Modells" Bundesrepublik: das Abstreifen der Vergangenheit vor 1945 und den Stolz auf die Erfolgsgeschichte seit 1949. Den erwachsenen Bürgern in den fünfziger und sechziger Jahren war es eine unmittelbare Erfahrung, daß die Lebensqualität nicht nur im materiellen, sondern auch im politisch-rechtlichen und kulturellen Bereich unvergleichlich höher war, als sie es je vorher erlebt hatten oder gar 1945 erwarten konnten. Die pejorative Bezeichnung jener Jahre als „Restauration" ist außerhalb intellektueller Zirkel in der Bevölkerung daher auch nie verstanden oder gar akzeptiert worden. Vielmehr stehen jene Jahre im Begriff, sich in der Erinnerung zur

„guten, alten Zeit" zu verklären, die sich durch breiten Konsens, durch Effizienz und Zukunftsgewißheit von den siebziger Jahren wohltuend zu unterscheiden scheinen.

Zwar ist die nach dem Holocaust-Film häufig zu hörende Ansicht, die Deutschen seien in Schule und Medien über den Nationalsozialismus und über die Judenverfolgung zuvor nie hinreichend unterrichtet worden, eine Selbsttäuschung oder eine Schutzbehauptung. Seit den fünfziger Jahren setzte eine intensive zeitgeschichtliche Forschung ein, wurde in Schule und in Medien dokumentarisch intensiv über das „Dritte Reich" unterrichtet. Es fehlte nicht an Information; aber es fehlte an Betroffenheit. Die Herrschaft des Nationalsozialismus wurde vielmehr nur als ein Gegenbild zur eigenen Wirklichkeit und also als Bestätigung der neuen politischen, sozialen und wirtschaftlichen Ordnung wahrgenommen. Verstärkt wurde diese Wahrnehmung durch die Feindbilder des Kalten Krieges. In dieser Hinsicht verhielt sich das offizielle Geschichtsbewußtsein der beiden deutschen Staaten gleichsam spiegelbildlich: Wie in der DDR der Faschismus als Erscheinung des Kapitalismus historisch aus dem eigenen „Erbe" ausgeschieden und ganz der Bundesrepublik zugewiesen wurde, so sah in breiter Übereinkunft die bundesrepublikanische Öffentlichkeit in der DDR den totalitären Nachfolger des nationalsozialistischen Regimes, der zwar die Interpretation, nicht aber die Form der Herrschaft geändert hatte.

So gehörte zu jenem politischen Minimalkonsens der demokratischen Parteien in den Anfangsjahrzehnten der Bundesrepublik auch die Ausklammerung des Problems der Kontinuität der deutschen Geschichte nach 1945 – ungeachtet aller staats- und völkerrechtlichen Positionen zur deutschen Einheit, dem juristischen und rhetorischen Festhalten an der Existenz des Deutschen Reiches und auch den sich aus dieser Rechtsauffassung ergebenden Anstrengungen zu Wiedergutmachungen nationalsozialistischen Unrechts im Innern wie nach außen. Vor dem „Geschichtsbewußtsein" lag die Epoche des Nationalsozialismus wie ein Sperriegel. Historische Forschung über das Jahrtausend deutscher Geschichte vor dieser Zeit, Bemühungen um die europäische Geschichte, um die Universalgeschichte, breites Interesse an geschichtsphilosophischen Gesamtentwürfen (Toynbee, Guardini, Freyer, Jaspers) – das spielte auf einer Metaebene historischen Interesses, von der es keine Verbindung zur unmittelbar zeitgeschichtlichen Gegenwart gab. Die Bundesrepublik war als politischer Körper mit der Erinnerung eines Halbwüchsigen ausgestattet. Die Geschichte der Nation schien ihr als weiterwirkende Vergangenheit zu entgleiten, so wie die Zukunft lediglich als ein Ausbau oder eine Verbesserung des Bestehenden im Blick war.

Diese Situation fand ihre theoretische Erklärung und Rechtfertigung, die sich keineswegs auf die besondere deutsche Situation, sondern auf einen vermeintlichen Zustand der modernen Gesellschaft bezog. Interpreten glaubten die Industriegesellschaft in ein „posthistoire" eingetreten, in dem die Naturwissenschaften, die Technik und die Sozialwissenschaften die Erklärung und Regelung des gesellschaftlichen Lebens zu leisten hätten. Nicht die Geschichte, sondern die Planung der Zukunft war zur kollektiven Lebensbewältigung gefragt, „als kybernetisches Modell, als systemtheoretisches Konstrukt, als Komplex von abhängigen und unabhängigen Variablen" (W. Weidenfeld). Helmut Schelsky brachte 1963 die Abwendung von der Geschichte auf den Begriff: Nicht mehr „der historischen Ideenführung ..., sondern den Gesetzen der ‚Rekonstruktion' der Welt durch die zur Technik gewordenen Natur- und Sozialwissenschaften" folge die gesellschaftliche Entwicklung. „Die Notwendigkeit, sich im politischen und sozialen Tun historisch verstehen zu müssen", sei damit aufgehoben.

So schien es, als seien alle Konflikte der Vergangenheit stillgestellt oder hätten sich in technizistisch zu lösende Sachzwänge transformiert, über die ideologiefrei, pragmatisch, berechenbar in rationalen Entscheidungsverfahren befunden werden könne.

Dem von Alfred Heuß beklagten „Verlust der Geschichte" als Unterbrechung des Kontaktes zwischen der Geschichtswissenschaft und dem öffentlichen Bewußtsein war damit eine Art Legitimation verliehen, habe doch die Geschichtswissenschaft sich durch die „Aufarbeitung und Entmachtung der Gewalt der Tradition" als Führungswissenschaft selbst aufgehoben. Und hatte nicht der Altmeister der deutschen Geistesgeschichte, Friedrich Meinecke, in seinem Buch „Die deutsche Katastrophe" als Heilmittel nur noch den Weg hinaus aus der konkreten Verarbeitung der Geschichte „zu den höchsten Sphären des Ewigen und Göttlichen" empfohlen, etwa zur Lyrik „von jener wunderbaren Art, wie sie in Goethe und Mörike gipfelt", also die „Hilfe für den deutschen Geist" nicht aus einer Aufarbeitung der Geschichte, sondern aus einer Wesensschau des Ewigen erhofft?

Kritiker dieser Dispensation des politischen Selbstverständnisses von der historischen Kontinuität hat es stets gegeben; ihr Einfluß blieb gering. Eine eigentümliche, im modernen Systemdenken nicht zu erklärende Vorliebe für „Altes", das nicht mehr nur als das Veraltete erschien, zeigte sich mehr als Modetrend denn als bewußter historischer Rückgriff am Ende der sechziger Jahre – aber es blieb unklar, ob diese nostalgische Mode nicht nur eine neue Spielart der Verbrauchsgesellschaft war, die sich nun anschickte, auch Geschichte dinghaft zu konsumieren.

V.

Das Verhältnis zur Geschichte änderte sich beinahe über Nacht, als der pragmatische Konsens der Gründerjahre der Bundesrepublik, der die tief in der deutschen Geschichte wurzelnden Gegensätze eingeebnet oder verdrängt hatte, brüchig wurde. Ein den westlichen Industriegesellschaften allgemeiner Protest gegen das „Establishment" gewann in der Bundesrepublik besondere Schärfe. Jetzt zeigten sich die Schwächen eines historisch so oberflächlich verwurzelten Gemeinwesens. Die Kritiker machten bewußt, daß „die grundlegenden politischen und gesellschaftlichen Entscheidungen der späten vierziger und fünfziger Jahre ... auf teilweise geborgten geistigen Grundlagen gefällt" worden waren (W. J. Mommsen). Dem mit normativem Gültigkeitsanspruch auftretenden liberal-demokratischen System und der sozialen Marktwirtschaft stellten sie historisch begründete Alternativen gegenüber, die eine Zeitlang eben deshalb wie ein Faszinosum wirken konnten, weil auch sie in ihrem historischen Kontext nicht oder nur einseitig verklärend aufgearbeitet waren.

Unzufrieden mit der offenbar stagnierenden gesellschaftlichen Ordnung, mit einem erstarrenden System der politischen Willensbildung, abgestoßen vom politischen Lob des Kompromisses begann ein Teil der Studentengeneration der späten sechziger Jahre, angeführt von potenten Mentoren, getragen von einer anfänglich breiten Sympathie in wichtigen Medien, wieder radikal die Frage nach der „richtigen" Ordnung der Gesellschaft zu stellen. Ein Kult der Unzufriedenheit grassierte, eine unruhige und ausschweifende Suche nach einer besseren, gerechteren, freieren Zukunftsgesellschaft begann und produzierte auf dem Hintergrund immer noch florierenden wirtschaftlichen Wachstums einen Schub an Forderungen, aber auch an konkreten gesetzgeberischen Maßnahmen, welche die Ausweitung der Partizipation, die Abschleifung autoritativer Verhaltensmuster, die Egalisierung des sozialen Systems zum Ziele hatten. Im Protest gegen den Vietnam-Krieg gewann diese Bewegung nicht nur ihren symbolischen Ausdruck, sondern auch ihre innere, politische Selbstgewißheit und ein Feindbild, das zugleich Kapitalismus, Imperialismus und parlamentarische Demokratie umgriff. Nicht nur die in der Bundesrepublik „herrschenden Zustände", sondern insgesamt ihre enge Bindung an das westliche Modell parlamentarisch-kapitalistischer Provenienz wurden in Frage gestellt – unter der Forderung nach mehr Demokratie verbarg sich dabei ein deutlicher Impuls nationaler Rückbesinnung auf deutsche oder europäische Alternativen zum importierten angelsächsischen Herrschafts- und Wirtschaftssystem.

Alternativen von Links! Neomarxistische Kategorien breiteten sich aus und man entdeckte faschistoide Züge im politischen und ökonomischen System der Bundesrepublik; das geistige Rüstzeug der Frankfurter Schule hebelte die pragmatische und eher biedere politische Selbstinterpretation der Bundesrepublik rhetorisch ohne große Mühe aus den Angeln und wirkte mit breiter Suggestivkraft auch dort, wo es weder verstanden noch eigentlich akzeptiert wurde. Verbale oder tatsächliche Reformbereitschaft griff um sich. Die neue Ostpolitik brach lange herrschende Tabus und überwand Berührungsängste – kurz, die Bundesrepublik begab sich im Innern wie innerhalb der internationalen Politik auf neue, ungewisse Wege.

Mit dem Streit um die rechte politische Ordnung im Innern und die richtige Politik nach außen ging nun ein Rückgriff auf die Geschichte einher – kamen doch die geistigen Grundlagen der Kritik im wesentlichen aus der historisch orientierten Gesellschaftsphilosophie, die sich mit der positivistischen Schule der Soziologie erbitterte wissenschaftstheoretische, im Kern politische Kämpfe lieferte. Das „Geschichtsbewußtsein" im oben bezeichneten Sinne erfuhr eine erhebliche Ausweitung. Die Tradition der Aufklärung im geistigen wie im praktisch-politischen Sinne wurde wieder in das gegenwärtige Selbstverständnis hineingeholt. Dies geschah auf sehr unterschiedlichem Niveau und mit ganz verschiedenen Auswirkungen. Es ist hier nicht darzustellen, daß aus diesen Anstößen auch die deutsche Geschichtswissenschaft ihre bislang belebendsten Impulse nach dem Kriege gewann. Neue Fragestellungen und neue Methoden einer breit verstandenen Sozialgeschichte trugen dazu bei, jenen geistig-moralischen Sperriegel zu durchbrechen, Kontinuität und Brüche in der Geschichte der deutschen Gesellschaft seit der Französischen Revolution genauer zu analysieren und die Geschichte der Bundesrepublik, wenn auch auf eine umstrittene Weise, wieder in den Zusammenhang der deutschen Geschichte zu rücken.

Außerhalb der Geschichtswissenschaft wurde mit gröberen Waffen gefochten. Der Rückgriff auf Geschichte war verbunden mit dem Angriff auf die gleichsam „geschichtslose" politische Ideologie des frühen politischen Grundkonsenses der Bundesrepublik. Wie vergessene oder verdrängte Geschichte nun als Argument im politischen Kampf gebraucht wurde, ist ein Lehrstück für die Funktion von Geschichtsbewußtsein. So wie es um die „richtige" politische Ordnung ging, so ging es auch um die Konstruktion einer „richtigen" Geschichte. Sie stellte sich unter den Leitbegriff der „Emanzipation", einer historisch ehrwürdigen und tief fundierten Idee, die jetzt als Emanzipation von „überflüssiger Herrschaft" verstanden wurde. Genaugenommen war es eine über den Erdball schweifende politische Befreiungshistorie, welche in der Geschichte ein zwar langwieriges, aber schließlich erfolgreiches Abschütteln von Knechtschaft als leitendes Prinzip entdeckte und damit das eigene Handeln in die Zukunft hinein legitimierte. In eigentümlicher Weise mischten sich hedonistische Zukunftserwartungen mit utopischem Voluntarismus und scharfsichtigen Analysen. Und diese Geschichte weckte Emotionen: Alte Lieder wurden wieder lebendig, Helden und Märtyrer zu neuer, personaler Vorbildwirkung gesteigert, aktionistische Triebsätze längst vergangener Zeiten wieder als scharfe Munition verwendet.

Es ist eine schwerwiegende Verkennung, wenn dieser buntgemischten politisch-ideologischen Opposition der späten sechziger und frühen siebziger Jahre Geschichtsfeindlichkeit oder Geschichtsfremdheit unterstellt wird. Vielmehr hat diese Bewegung die Geschichte wieder ins politische Selbstbewußtsein der Bundesrepublik hineingebracht – freilich auf eine verfremdende Art. Denn dieser Rückgriff auf die Geschichte wandte sich nicht nur gegen die technokratische Geschichtslosigkeit, sondern auch gegen die traditionelle Sicht bürgerlicher Nationalgeschichte, die sich bereits vor diesem Angriff an den Rand der gesellschaftlichen Aufmerksamkeit gedrängt sah und, ehe sie in produktiver Verbindung mit den Sozialwissenschaften neue Antworten auf die Herausforderungen fand, eine Zeit der Verblüffungsstarre in Wissenschaft und Unterricht durchmachen mußte.

Der Streit um die Hessischen Rahmenrichtlinien für Gesellschaftslehre half, die Fronten zu klären. Der Versuch, das Geschichtsverständnis auf eine neue Weise der Entwicklung einer erhofften Zukunftsgesellschaft dienstbar zu machen – nichts anderes war die Einordnung des Faches Geschichte in den Bereich der Sozialkunde –, verwies die politischen Gegner ihrerseits auf die Geschichte und trieb sie aus der nicht mehr haltbaren Bastion der Geschichtsverleugnung in das offene Feld einer neuen Auseinandersetzung um die Bewertung der deutschen Geschichte.

Diese Mobilisierung und Polarisierung des Geschichtsbewußtseins hat die Politiker der Bundesrepublik, die Publizisten, die Historiker und die Lehrer wieder zu der Erkenntnis geführt, daß das Geschichtsbild ein Politikum ist, ebenso notwendig zur Selbstvergewisserung wie nützlich zur Denunzierung des politischen Gegners. Seit dieser Zeit befassen sich Landtage mit Richtlinien für politisch und historisch bedeutsame Fächer, stellen Parteien Anträge zum Geschichtsunterricht, geben Bundespräsidenten programmatische Erklärungen zur Geschichte ab, formieren sich politische Lager als Hüter unterschiedlicher Traditionen, wird die Geschichtsforschung wieder zur spannenden und umkämpften öffentlichen Angelegenheit. Zwar hat sich der Pulverdampf der großen Schlachten um die richtige Bildungspolitik und darin vor allem um Art und Ausmaß des Geschichtsunterrichts mit dem Stillstand oder dem Zurücknehmen des Ansatzes zur großen Bildungsreform verzogen. Aber die öffentliche Auseinandersetzung um die „richtige" Deutung der Geschichte hat sich nicht abgeschwächt. Kein großer Gedenktag verläuft mehr in Routine oder Harmonie, keine bedeutsame politische Auseinandersetzung ohne polemische Indienstnahme von Geschichte. Die Geschichtswissenschaft, wie immer die Impulse ihrer Fragen aus gegenwärtigem Interesse mitbestimmt sind, läßt sich unter den einfachen Gegensatz von „Emanzipation" und „Identität" nicht subsumieren; aber beide Begriffe bezeichnen unterschiedliche Dispositionen der Mentalität, durch welche die Aufnahme und Bewertung ihrer Ergebnisse in der publizistischen und politischen Öffentlichkeit geprägt wird. Und wenn nicht alles täuscht, reichen diese „lebensweltlichen" Prägekräfte direkt bis in die wissenschaftliche Produktion hinein – wenn auch das bedenkliche Auseinanderklaffen von nationalpädagogischem Motiv und Wahrheitsstreben nicht immer so konkret und so bedenklich faßbar ist wie etwa bei der Schuldzuweisung für den Reichstagsbrand (W. Hofer).

Die emanzipatorisch-kritisch gestimmte Sicht der deutschen Geschichte wird am besten durch die zu geflügelten politischen Worten gewordenen Buchtitel von der „Verspäteten Nation" (H. Plessner) oder der „Verspäteten Demokratie" (W. Röhrich) bezeichnet. Für diese Vorstellungen geben die politischen und gesellschaftlichen Entwicklungen der westlichen, vornehmlich der angelsächsischen Länder das Vorbild ab. Gemessen am Modell dieser politischen Nationen erscheint die deutsche Geschichte als „Sonderweg" und zwar, anders als deutsche Intellektuelle es vor und nach dem Ersten Weltkrieg sahen, in negativer Wertung: ein Weg, auf dem die deutsche Nation zielstrebig in das „Dritte Reich" marschiert sei; ein Irrweg, von dem man sich abzukehren habe durch Abschüttelung der historischen Bedingungsfaktoren des Nationalsozialismus. Die Suche nach solchen Bedingungen greift dann weit ins 19. Jahrhundert, ja in die frühmoderne deutsche Geschichte zurück, die, dadurch in ein Zwielicht getaucht, für eine unbefangene Identifizierung der lebenden Generation mit ihren Vorvätern bis über das dritte Glied zurück nicht mehr viel hergibt – eine sozialpsychologisch bedenkliche Erscheinung, die das breite Selbstverständnis der Nation von Tradition und Überlieferung lösen und vielmehr auf deren Kritik gründen möchte. Daß diese These eine so breite, bewußte Akzeptanz und als eine unterschwellige Einstellung so viel Zustimmung findet, macht deutlich, daß ihr eine weithin aufgenommene Tradition anderer Art zugrundeliegt, nämlich die Entscheidung von 1949 – die nicht nur außenpolitische, sondern in einer Grundstimmung der politischen Mentalität fundierte „Westorientierung" der Bundesrepublik. Insofern stützt diese kritische Geschichtsperspektive insgesamt die ideologischen Prämissen der Existenz der Bundesrepublik, die es progressiv weiterzuentwickeln, aber nicht zu suspendieren gilt.

Die radikale Variante einer emanzipatorischen Geschichtssicht, die das Grundgesetz als „Diktat der Alliierten und des Kapitals" verteufelt, im Jahr 1949 einen neuen Irrweg beginnen sieht, der von den genuin deutschen und europäischen Traditionen rätedemokratischer oder sozialistischer politischer Ordnungsentwürfe abführte, blieb auf kleine Zirkel beschränkt. Aber in der emotional durchtränkten Abwehr der Fremdbestimmung Mitteleuropas durch die Weltmächte, verbunden mit der Ablehnung übermächtiger administrativer und ökonomischer Komplexe deutet sich hier eine neue, positive Sonderwegsideologie an, die in der Friedensbewegung über die Systemgrenzen hinweg wieder eine nationale Identität beschwört, die nun nicht aus einem besonderen Anspruch auf Weltmacht, sondern aus dem Bewußtsein der Ohnmacht ihre Kraft zieht.

Die emanzipatorische Geschichtssicht hat ihre Kritiker selbst wachgerüttelt. Durch die emphatische Verkündigung einer durch Erziehung und Aufklärung zu verwirklichenden, erst wahrhaft demokratischen „Realutopie" herrschaftsfreier Gesellschaft, verbunden mit symbolischen oder tatsächlichen Angriffen gegen institutionalisierte Ordnungen, Gewohnheiten und Sitten, weckte sie die Sorge, daß die Gesellschaft, insbesondere die Heranwachsenden, durch Lösung aus Traditionen, Gewohnheiten und unbestritten anerkannten Werten zur manipulierbaren Masse für eine emanzipatorische Demagogie werden könne. Unhistorisches Denken, gegründet auf den Anspruch nach Selbstbestimmung aus dem eigenen Verstand, durch moralischen Anspruch in der Gewißheit der eigenen Überzeugung gestärkt, schien im Begriff, die geschichtliche Verankerung, auf der auch die Bundesrepublik ruht, loszureißen. Nicht eine solche rhetorische Programmatik, die zu ungewissen und gefährlichen Entwicklungen führen könne, sondern die Geschichte sei „das Bezugsfeld, in dem wir unsere Identität finden". Durch historische Bildung müsse „dem Identitätsverlust und der Massengesellschaft" entgegengewirkt werden; das sei eine „eminent politische Aufgabe" – so die Thesen Alfred Dreggers und der hessischen CDU zu Geschichte und Geschichtsunterricht.

Auch diese identifikatorische Sicht auf die Geschichte stützt die ideologischen und institutionellen Fundamente der Bundesrepublik, aber nicht so sehr als zu entwickelnde Ausgangspositionen, sondern als zu bewahrende Errungenschaften. Von der Erfolgsgeschichte der Bundesrepublik fällt in dieser Perspektive – strukturell sehr ähnlich dem Perspektivenwechsel in der DDR – wieder ein mildes Licht auf die Geschichte der deutschen Nation. Mit dem Gewicht des neuen Staates und seines Selbstbewußtseins wächst das positive historische Potential, das Bewußtsein seiner historischen Eigenständigkeit, wird die 1933 und 1945 so tief diskreditierte nationalliberale und konservative Traditionslinie wieder akzeptabel. Dem „Wir sind wieder wer!" entspricht ein „Wir waren schließlich einmal wer!" Die kompromißlose Ablehnung der nationalsozialistischen Periode verstärkt in dieser Sicht den Drang nach Relativierung jener Jahre durch die historische Gesamtperspektive, das heißt, nach Wiedergewinnung einer Möglichkeit genuin deutscher historischer Selbstvergewisserung. Hatte Heinemann als Bundespräsident dazu aufgerufen, spezifische demokratische Traditionen aus der deutschen Geschichte normativ zu präsentieren, so wiesen Scheel und Carstens in derselben Funktion nachdrücklich auf die gesamte deutsche Geschichte als erinnerungswürdig hin – eine sinnfällige Darstellung des gegensätzlichen Musters deutscher Geschichtsrezeption.

Es ist nicht ganz leicht festzustellen, wie randscharf sich diese auf die Anerkennung der Bundesrepublik zielende historische Perspektive von den Versuchen absetzt, die deutsche Geschichte in einer neonationalen Weise neu zu schreiben und dabei, mehr oder minder offen, auch den Nationalsozialismus mindestens partiell wieder zu exkulpieren – einerlei ob dies in regressivem Zugriff (H. Diwald) oder harmonisierender Historienmalerei (W. Venohr) geschieht. Aber durch eine scharfe Trennungslinie ist die neonazistische, revisionistische Geschichtssicht von ihr geschieden – sie berührt sich allerdings in fataler Weise in ihrer Aggression gegen die Supermächte mit der neutralistisch-linken

Position; ihre konzeptionelle und emotionale Distanz von jeglicher Friedensbewegung zeigt freilich, daß die Extreme sich doch nicht so einfach berühren, wie man oft meint.

VI.

Diese beiden Grundmuster des neuen Zugriffs auf die Geschichte innerhalb des Rahmens der Normen und Wirklichkeiten der Bundesrepublik bestimmen nun weithin die Art des Umgangs mit der Geschichte in der politischen Auseinandersetzung. Nur andeutungsweise sei auf einige Beispiele hingewiesen.

– Die Widerstandsforschung ist zu komplex, als daß sie in den genannten Grundmustern aufginge; aber seit Hans Rothfels' Monographie über „Die deutsche Opposition gegen Hitler" (1948/49) zeigt sich ein Wandel in der Bewertung der Widerstandsgruppen, der nicht allein der Logik der Forschung, sondern auch den Bedürfnissen der politischen Selbstverständigung folgte. Er führte von dem Versuch, durch positive Identifizierungsangebote den Deutschen der Nachkriegszeit jedenfalls ein Stück historisch-politischen Selbstbewußtseins zu geben, bis zur kritischen Auseinandersetzung mit jenen Widerstandskreisen, deren Zukunftsbild dem Weg nicht entsprach, den die Bundesrepublik eingeschlagen hatte. In gleichem Maße wurde als eine Art ausgleichender Gerechtigkeit im Selbstverständnis der Nation der Widerstand von Links, der Kommunisten, Sozialdemokraten, Gewerkschaften aufgewertet oder angemessener und gerechter begriffen. Der Differenzierungsprozeß der Forschung war zugleich ein Vorgang, in dem sich Legitimationsmuster verschoben – zugunsten des „demokratischen", auf Kosten des „traditional autoritären" Widerstandspotentials.

– Auf die Deutung der nationalsozialistischen Periode schlägt dieses polare Grundmuster noch deutlicher, freilich auch viel komplizierter durch. Das gilt für die Versuche einer Gesamterklärung des Phänomens ebenso wie für die Auseinandersetzung um die konkreten Ursachen der „Machtergreifung" oder für die Analyse des Herrschaftssystems selbst. Das Aufbrechen des „Riegels" (M. Broszat), der den Zugang zur deutschen Geschichte vor 1933 und ihre Verbindung mit der Gegenwart nach 1949 versperrte, erfolgte durch die „emanzipatorische" Kontinuitätssuche, die sich nicht mehr mit außerhistorischen Kategorien wie Unglück, Tragik oder Zufall bei der Erklärung des Phänomens begnügen mochte. Die ernsthafte Forschung hat mit diesem Ansatz einen erheblichen Beitrag zur genaueren Erschließung der politischen und vor allen Dingen der gesellschaftlichen Geschichte des 19. Jahrhunderts geleistet; ihre popularisierende Auf-

nahme oder der sie begleitende Schwarm politisch motivierter ei-
fernder Traktate hat diesen Zugriff zu einer denunziatorischen Polit-
historie verkommen lassen, die mehr oder minder direkt ganze Gruppen des deutschen Volkes, seine staatlichen Institutionen, seine
politische Philosophie und erst recht seine politischen Mentalitäten
als präfaschistisch denunziert und, dem emanzipatorischen Ansatz
gemäß, den Schluß nahelegt, eigentlich habe man seit der Französischen Revolution, vielleicht gar seit Luthers Reformation, aus der
deutschen Geschichte nur noch emigrieren dürfen.

Dem entspricht fast spiegelbildlich die Abwehr dieser Position. In der
politischen Selbstverständigungshistorie verweist man auf die von der
anderen Seite gern vernachlässigte außenpolitische Bedingtheit der deutschen Geschichte im 19. und 20. Jahrhundert „mitten in Europa". Auch
auf hoher Ebene der engagierten Reflexion wird „Versagen und Ver-
hängnis" (A. Heuß) in der deutschen Geschichte mit aller Entschiedenheit in der hier beobachteten Polarität beschrieben. In scharfer Wendung
gegen die Sozialgeschichte (und am Rande natürlich gegen die Didaktiker) kann Alfred Heuß in der Realgeschichte des Deutschen Reiches die
äußeren Gefahren als dominant hervorheben und zugleich auf der Ebene
des Bewußtseins den wissenschaftlichen (und doch wohl auch politischen) Antipoden vorwerfen, daß sie Geschichte und Geschichtsverständnis geradezu „auf den Kopf gestellt hätten" – zweifellos eine Entlastung der deutschen Innenpolitik seit der Reichsgründung und eine
Erhöhung des nationalen Identifikationspotentials in politischer Absicht.
  Bei der unmittelbaren Schuldzuweisung für die „Machtübernahme"
wird die Historie in der politischen Auseinandersetzung noch unbefan-
gener als Knüppel eingesetzt. Die Zuweisung der Schuld am Aufkommen Hitlers, wechselweise der Wirtschaft und dem nationalistischen
Kleinbürgertum oder aber den zum Nationalsozialismus übergelaufe-
nen Arbeitermassen zugeschrieben, ist in dem Slogan „Freiheit oder
Sozialismus" unter die Toleranzlinie eines noch diskutablen Umgangs
mit Geschichte in der politischen Auseinandersetzung gerutscht. Die
Frage nach den dominanten Kräften des Herrschaftssystems des Nationalsozialismus, nach der Gewichtung der Bedeutung Hitlers oder der
ihn politisch und gesellschaftlich unterstützenden Personen und Institutionen zeigt nicht minder jene Anfälligkeit für politische Instrumentalisierung: Je größer die Rolle Hitlers und seines Herrschaftssystems, desto entschuldbarer die deutsche Gesellschaft; je schwächer die Figur
Hitlers, je verworrener sein Herrschaftssystem, je einflußreicher und
stützender für das Dritte Reich Wirtschaft, Verwaltung, Justiz, Armee,
Lehrerschaft usw., um so notwendiger die „Emanzipation" aus dieser
deutschen Geschichte.

– Diffus wird das Spektrum bei den besonders belastenden Themen. Es
  wäre eine genaue politische und sozialpsychologische Untersuchung

wert, die gegenwärtige Einstellung deutscher Intellektueller und Politiker zur „Judenfrage" zu eruieren. Hier durchkreuzen sich die Positionen auf eigenartige Weise. Es gibt das forsche, neokonservative Abschütteln von Schuld mit dem Hinweis auf den Fortgang der Geschichte und die unbelastete Generation; es gibt den verräterischen Gebrauch von Redewendungen, die deutschen Politikern, ob in Kommune, Land oder Staat, nicht mehr von den Lippen gehen dürften; es gibt aber auch die intellektuell und ästhetisch verbrämte Wiederbelebung der nationalsozialistischen Plutokratismusthese von vermeintlich progressiver Seite, der das „Grundrecht auf freie Meinungsäußerung" (Th. Sommer) zugestanden wird, obgleich sie sich erklärtermaßen politische Stellungnahmen gestattet, die vor dem Hintergrund der deutsch-jüdischen Geschichte gefährlicher sind als dumme oder zynische Sprüche im politischen Geschäft und, wie man aus dem Zusammenhang von Faschismus und Ästhetik wissen sollte, durch den Hinweis auf die Freiheit der Kunst nicht politisch außer Verantwortung gesetzt werden (Fassbinder, „Die Stadt, der Müll und der Tod"). Wo es um Schichten deutscher historischer Schuld und Erfahrung geht, vor denen letztlich nicht mehr Verständniskategorien des historischen Prozesses, sondern metahistorische, moralische Kriterien Geltung beanspruchen, verwirren sich die Fronten der historischen Deutung eines bestimmten politischen Selbstverständnisses, verliert die Strukturierung des historischen Urteils durch die politische Position an regulativer Kraft.

– Ganz anders hingegen bei der Berufung auf Geschichte im Zusammenhang mit der Ostpolitik. Die politische Polarisierung dominierte die historische Orientierung so stark, daß die Debatten des Deutschen Bundestages ein Musterbeispiel für die Verwendung von „Geschichte als politisches Argument" (W. Bach) lieferten. Die systematische Untersuchung dieses Zusammenhanges hat gezeigt, in welcher Weise historische Argumentationsformen, Inhalte, Bilder und Stereotype politisch funktionalisiert werden können. Je höher der Grad dieser Funktionalisierung, um so irreführender wird die so benutzte Geschichte für das politische Urteil. Da wird Geschichte unbefangen, so wie es nützt, als Beispielsammlung verwendet, werden Analogien fragwürdiger Art der politischen Rhetorik dienstbar gemacht, werden vor allem Kontinuitätsbehauptungen aufgestellt, die willkürlich Entwicklungen an den Stellen beginnen oder enden lassen, wo es gerade in das politische Konzept paßt. Bei dieser beliebigen Verwendung erscheint Geschichte als „der unversiegbare Dorfbrunnen, aus dem jeder das Wasser des Beispiels schöpft, um seinen Unflat abzuwaschen" – ein altes, von Koselleck wiederentdecktes deutsches Sprichwort. Abstrakt ausgedrückt: Die der eigenen gegenwärtigen Position als Bestätigung dienende Darstellung historischer Fakten, nicht aber die Bemühung um genaue Kenntnis und gerechtes Urteil bestimmt die Deutung von Geschichte.

– Am Beispiel der Auseinandersetzung mit Empfehlungen für die Inhalte und Urteile in Geschichtsbüchern für die Schulen zeigt sich der
Zusammenhang von politischer Position, historischem Selbstverständnis und innen- und außenpolitischen Feindbildern besonders
kraß. Es ist interessant, daß die deutsch-französischen Schulbuchempfehlungen, die in den zwanziger Jahren empörte Kritik und
Sanktionen gegen den Initiator hervorriefen, in den fünfziger Jahren,
als das alte Papier nur geringfügig überarbeitet wieder vorgelegt
wurde, wohlwollende Aufnahme fanden – ein Zeichen des durch die
politische Entwicklung gewandelten, die historische Betrachtung
umprägenden Selbstverständnisses.

Ganz anders die Aufnahme der deutsch-polnischen Schulbuchempfehlungen in der publizistischen und politischen Öffentlichkeit unseres Landes. Vordergründig zeigte sie die Fortsetzung des innenpolitischen Kampfes mit historischen Mitteln zwischen den Regierungs- und
Oppositionsparteien bis in die Landtage und die Kommunalparlamente
hinein. Dahinter aber entwickelte sich eine die Parteiräson überschreitende historisch-politische Besinnungsintensität, die langfristig die agitatorische Benutzung historischer Aussagen im politischen Kampf zurück-
drängte. Das polare Muster von „Emanzipation" und „Identität" war
zunächst überdeutlich: Die Zustimmung zu den Schulbuchempfehlungen
gründete sich bisweilen emphatisch auf die Aufrechnung besonderer
deutscher Schuld gegenüber Polen in den vergangenen Jahren und auf die
Hoffnung eines Neubeginns deutsch-polnischer Beziehungen durch die
Anerkennung der nach 1945 geschaffenen Tatsachen. So konnten einige
durchaus problematische Passagen des Empfehlungstextes nicht als das
analysiert werden, was sie waren: der vorsichtige Beginn eines nicht sehr
belastbaren Dialogs, sondern als historische Rechtfertigung einer politisch erwünschten Befreiung von der als Last verstandenen deutschen
Geschichte im Osten. Auf der anderen Seite wurde die Ablehnung nicht
minder scharf und polemisch formuliert, lief doch die Arbeit an den
Empfehlungen und deren Ergebnis einer alten deutschnationalen Perspektive der polnischen Geschichte und des Polentums sowie der deutschen Kulturmission im Osten zuwider. Die historisch-nationale Identitätsbildung ganzer Generationen schien in Frage gestellt, der
Erfahrungs- und Interpretationshorizont der Vertriebenen seines selbst-
verständlichen Geltungsanspruches und seiner politisch-historischen Se-
mantik entkleidet. Die Vorwürfe der Geschichtsfälschung und des Aus-
verkaufes deutscher Interessen waren der Ausdruck des Festhaltens an
alten Vorstellungen und Verhältnissen: nicht nur im Sinne der staats-
rechtlichen These von der Kontinuität des Deutschen Reiches, des historischen und rechtlichen Anspruchs auf seit siebenhundert Jahren deutsche
und deutschgeprägte Landschaften, sondern auch im Sinne des Wachhal-
tens eines historisch-politischen Interpretationsmusters, das ein wesentliches Element nationalen deutschen Selbstverständnisses geblieben war.

Es überrascht nicht, daß beide Seiten den kurzen Text nur selektiv, bisweilen entstellend in ihre politisch-historische Argumentation einbrachten. Der Politiker ist kein Historiker, sondern ein „Histrione" (W. Bach). Aber es überrascht, daß diesseits der antagonistischen Polemik quer durch alle Parteien hindurch Zug um Zug ein bisweilen nur verhüllt eingestandener Konsens entstand, der letztlich auf eine tiefgreifende Veränderung des deutschen historischen und politischen Selbstverständnisses im Hinblick auf die Volksrepublik Polen zielte. Eigentümlich, wie in dieser Verarbeitung von Geschichtsbewußtsein auf dem Boden zeitgeschichtlicher Erfahrungen und rationaler Zukunftsperspektiven sich die Repräsentanten der deutschen „Neustämme" voneinander unterschieden – die alte Beobachtung, daß im Heimatlande Kants Rationalität und Liberalität, die Fähigkeit zu nüchterner und verantwortungsvoller Politik besonders stark ausgebildet waren, schien sich in der unterschiedlichen Reaktion der verschiedenen Landsmannschaften der Vertriebenen zu bestätigen. Insgesamt wuchs in Öffentlichkeit und Schule das Interesse an genauerer Kenntnis der deutsch-polnischen Beziehungsgeschichte und der gegenwärtigen Zustände des Nachbarlandes. Auch eine andere Konstante der deutschen Geschichte, die Polensympathie, wurde in der Bundesrepublik wieder lebendig: unvergleichlich stärker als in der DDR, wo die freundlichen Beziehungen zum Nachbarn eher im offiziellen Bereich verharren. Die in diesem Klima mögliche Differenzierung, Vertiefung und wissenschaftliche Absicherung der Verständigung über die Deutung der gemeinsamen Geschichte, den der Empfehlungstext darstellte, ist nicht nur ein bedeutsamer Fortschritt im wissenschaftlichen Dialog; der Text ist auch ein Beitrag geprüften Geschichtsbewußtseins zum politischen Selbstverständnis und insofern das genaue Gegenstück der Instrumentalisierung von Geschichte im Dienst der Politik.

– Wie stark auf die politische Position durchschlagende historische Deutungsmuster wirken, zeigt der Verlauf der Debatten um das Preußenbild. Einerseits erfüllt es eine „Sündenbockfunktion", die eine genaue Umkehr der Legende von der deutschen Sendung Preußens darstellt. Andererseits hält sich die Hochschätzung Preußens als des aufgeklärten, reformfähigen, effizienten Staats der Bildung und Verwaltung, des trotz allem durchdringenden Fortschritts und schließlich des sozialdemokratischen Hortes gegen das autoritäre und nationalsozialistisch werdende Reich. Die hinter dem Versuch wissenschaftlicher Klärung des komplexen und ambivalenten Themas liegenden politischen Positionen werden hartnäckig verteidigt; das zeigt die unverständliche Ausladung eines Historikers von einem Symposium zur preußischen Geschichte, nachdem die Veranstalter sein Manuskript gelesen hatten. Wie das historische Preußenbild auch noch den Hintergrund der Diskussion um die sowjetischen Noten zur Deutschlandpolitik von 1952 und die heutige

Perspektive der Ostpolitik bestimmen kann, enthüllt der Dissens zwischen Marion Gräfin Dönhoff und Gerd Bucerius in der „ZEIT" (21. und 28.3.1986), der ein erstaunliches Maß an tiefsitzenden Vorurteilen und eine schon schmerzhafte Simplifizierung des Preußenbildes im „Umgang mit der Geschichte ... unter Freunden" ans Tageslicht brachte.

– Als letztes sei auf die Evokation von Geschichte verwiesen, welche die Reaktion auf die Teilung des deutschen Nationalstaats veranlaßt hat. Hier ist das Bündel einander ausschließender Perspektiven des Wünschbaren und Möglichen, des historisch Gewordenen und des künftig zu Planenden so verwickelt geschnürt, daß die auf anderen Feldern sichtbaren Fronten der politischen Lager in der historischen Deutung nicht einfach wiederzufinden sind, zumal sich im Laufe der letzten dreißig Jahre die Positionen innerhalb der Parteien und zwischen ihnen durchaus verschoben haben. Man sollte nicht vergessen, daß gegen Adenauers politischen Weg die Sozialdemokraten und die Liberalen die Einheit der Nation als Priorität deutscher Politik betonten. Die Inanspruchnahme von Geschichte in diesem Kontext ist besonders massiv und widersprüchlich. Es ist ein Beispiel für die historisch willkürliche Festsetzung einer Kontinuitätslinie, wenn sich mit juristischen Argumenten die Wiedervereinigungsforderung nach dem Modell des Bismarck-Staates auf die Entscheidung von 1866 und 1871 bzw. 1919 gründet. Es ist eine durch die politischen Zwänge verständliche, aber wenig Überzeugungskraft ausstrahlende Vision der kommenden Geschichte, daß eben dieser deutsche Nationalstaat, gegründet in einer Situation extensiver Schwäche der europäischen Flügelmächte, wiederentstehen soll im Rahmen eines unter der Herrschaft des liberal-demokratischen Staats- und Gesellschaftsmodells nicht mehr gespaltenen Europa. Es ist auch ein Widerspruch, wenn auf dem Wege dahin die Bundesrepublik im Rahmen einer westeuropäischen Union eben die Souveränitätsrechte aufgeben soll, die sie befähigen würden, die Wiederherstellung des deutschen Nationalstaates auf den Gebieten der Bundesrepublik und der DDR anzustreben. Die scharfe Polemik gegen diese Konzeption gründet sich auf eine historische Deutung Europas als einer politischen Region, die sich eben durch die Existenz und Interdependenz souveräner nationaler Staaten konstituiert (W. Seiffert). Die Verbindung der schwierigen Frage, was Europa eigentlich ausmache, mit der Frage, wie ein künftig vereinigtes Deutschland aussehen soll, läßt weder historisch eindeutige noch politisch klar formulierte Antworten zu.

Auf der anderen Seite ist der historische Verweis auf den herkömmlichen politischen deutschen Pluralismus zur Abstützung der politisch bequemen These eines geregelten Nebeneinanders dreier deutscher

Staaten (Bundesrepublik, DDR, Österreich) wenig überzeugend. Die Teilung ist keine Reaktivierung historischer partikularstaatlicher Organisation. Sie ist auch, anders als die Gebietsverluste im Osten, keine zwingende Folge einer „debellatio", sondern durchaus eine Neustrukturierung der deutschen politischen Landkarte – es ist blanker Voluntarismus, wenn populäre Bildbände zur Erklärung der Grenze zwischen beiden deutschen Staaten anführen, daß diesseits der „Bruchlinie im geographischen Mitteleuropa" mit zwei Ausnahmen alle freien Reichsstädte gelegen hätten, jenseits der Absolutismus sich seine Bastion geschaffen habe, hierzulande also Freiheit und Demokratie ein historisches Gut, dort der autoritäre Staat eine Überlieferung sei („Schönes Deutschland", 1977). Solche Konstruktionen sind untauglich zur historischen Begründung des politischen Selbstverständnisses in der Deutschen Frage. Die Stellungnahmen zu dieser oder jener historischen Begründung der Möglichkeit oder der Unmöglichkeit deutscher Wiedervereinigung weisen eher auf innenpolitische Gegensätze zurück: Wo man in der Beschwörung des nationalen Konsenses ein Aggressionspotential gegen den freiheitlichen Verfassungsstaat vermutet, wo man andererseits in der Distanz zur engagierten Verfechtung des Wiedervereinigungsgebotes einen Abschied von der Nationalgeschichte oder gar ein verfassungswidriges Verhalten unterstellt, trägt der Rückgriff auf die Geschichte zur Orientierung in der nationalen Frage nichts mehr bei.

Dieser Polarisierung stehen jedoch tiefer greifende Besinnungen auf die deutsche Geschichte im wissenschaftlichen, politischen und publizistischen Diskurs entgegen – nicht zuletzt beflügelt durch die Intensität der wendungsreichen Diskussion der nationalen Frage in der DDR. Diese breite Diskussion um die „Deutsche Frage", um die „Identität der Deutschen", hat den bemühten Kompromiß der Kultusminister um eine allgemeine Regelung der Behandlung der Deutschen Frage im Unterricht längst hinter sich gelassen – einen Kompromiß, der durch die vorangestellte rechtspolitische Dogmatik eher eine Versteinerung und damit ein Absterben als die beabsichtigte Stärkung des nationalen Engagements bewirkt. Die politische Komplexität der „Deutschen Frage" läßt, aufs Ganze gesehen, auch das Bündel ihrer historischen Divergenzen wieder bewußt werden. Die intensive und weit verbreitete historisch-politische Befassung mit der Deutschen Frage gibt die Chance, nie völlig vergessene, aber überlagerte, verschiedenartige Identitätsbezüge innerhalb der deutschen Geschichte als Bestandteile und nicht als Defizite der Nation zu entdecken: Regionale, konfessionelle, ideologische, sozial verschiedenartige historische und politische Erfahrungswelten und vorgeprägte Einheiten lassen es nicht mehr zu, eine homogene nationale Identität als Bezugspunkt politischen Denkens zu definieren und eine auf sie fixierte absolute Loyalität zu verlangen.

Die Deutsche Frage ist nicht nur „offen" hinsichtlich einer politischen Überwindung der deutschen Teilung; offen ist sie vor allem hinsichtlich einer historisch-politischen Selbstbestimmung dieser Nation mit ihrer konkreten Geschichte und ihren Traditionen – im Guten wie im Bösen sind sie uns vor- und aufgegeben. Sie lassen sich nicht sortieren wie die Erbsen im Märchen. Vor allem sind sie nicht zu „bewältigen" durch den sozial-psychologisch so verständlichen Wunsch nach „Schlußstrich" oder „Neubeginn". Wer in der Deutschen Frage für welche politische Lösung auch immer ein eindeutiges Modell in der Geschichte sucht, wird notwendig danebengreifen. Die deutsche Einheit ist kein Monolith, sondern die spannungsreiche Kommunikation historisch gewordener, unterschiedlicher Identitäten, deren Recht nicht aus der „Nation" abgeleitet werden kann; sie konstituieren vielmehr in gemeinsamer Sprache und gemeinsamer Geschichte erst die Nation durch den politischen Willen. Dieser Wille würde durch den Zwang, sich als „une et indivisible" zu begreifen, gelähmt.

Wie schwierig an diesem Thema die Verbindung des politischen mit dem historischen Bewußtsein ist, zeigen die Diskussionen um die Art, wie der 8. Mai 1985 in der Bundesrepublik angemessen zu begehen sei. Greift die Politik bei der Erklärung des Beginns der Herrschaft Hitlers noch relativ unbefangen zur Geschichte als Argument, so lösen sich angesichts der Erinnerung an das Ende dieses Reiches die Fronten von „emanzipatorischem" und „identitätsstiftendem" Zugriff auf die Geschichte auf. Die Bewertung dieses Tages ist vielmehr eine Folge der Entscheidung für bestimmte und oft widersprüchliche „Identitäten", die sich in der deutschen Geschichte durchdrangen oder gegenüberstanden – Identitäten oder Traditionsstränge, die nicht in der kurzen Geschichte der Bundesrepublik, sondern in der deutschen Geschichte des 20. und 19. Jahrhunderts ihre Aktualisierung gewannen, historisch aber weiter zurückreichen. Sie wirken und sind unempfindlich nach innen wie nach außen gegenüber bemühten symbolischen Gesten in Konzentrationslagern oder auf Soldatenfriedhöfen. Sie bestimmen, ob gewollt und verstanden oder nicht, auch die Positionen der politischen „Enkel" der Gründungsväter der Bundesrepublik. Die in diesem Sinne „offene" Deutsche Frage richtet sich an unsere Fähigkeit, das oft beschworene „Selbstbestimmungsrecht" auch angesichts der Geschichte auszuüben.

Die Radikalität, Extensität und Intensität, mit der die deutsche Geschichte unter dem Hakenkreuz aus dem zwar überall und immer verletzten, aber doch anerkannten europäischen politischen Moralkodex ausgeschert ist, verbietet es, die Geschichte, wie bei allen Nationen oft recht unbedenklich üblich, als Instrument der Entschuldung oder Selbstbestätigung zu benutzen. Das gilt vor allem für jenes direkte oder mittelbare Aufrechnen von Ermordeten und Vertriebenen, von wechselseitigen Zerstörungen, von beiderseitigen politischen Lügen, für das Beschwören von Schuld auf der anderen Seite zum Zwecke der eigenen Entlastung. Wer dieser Verführung einer oft nur dosiert dargebotenen Geschichtsaufrechnung folgt und damit auf elementare Sozialinstinkte in politischer Absicht spekuliert, versäumt die Chance, eine

durch Vernunft und Moral vor Geschichte und Zukunftserwartung trag-
fähige Antwort auf die Deutsche Frage zu finden. Eine solche Antwort
liegt ganz gewiß nicht bei einem der beiden Pole der bundesdeutschen
Attitüde gegenüber der Geschichte. Keine Realutopie, kein persönliches Unschuldsbewußtsein, kein gutes demokratisches Gewissen, keine moralische Entrüstung über die Bosheit anderer „hinten, weit in der
Türkei" kann eine Emanzipation von dieser Geschichte und einen unbefangenen Aufbruch zu neuen Ufern begründen; kein pauschaler Ruf
nach „Identität" kann andererseits vergessen machen, daß die deutsche
Geschichte kein Schatzkästlein ist, das es nun wieder zu öffnen gälte,
und keine feste Burg, die uns Sicherheit böte oder Ansprüche schützte.

VII.

Bei genauerem Hinsehen zeigt sich, daß die Beschreibung des politisch
mobilisierten Geschichtsbewußtseins in der Bundesrepublik nach dem
Muster des Gegensatzes von „Emanzipation" und „Identität" – oft vereinfacht oder polemisch als Widerspruch zwischen „fortschrittlicher"
und „konservativer" Geschichtssicht gedeutet – vordergründig bleibt.
Genauer ist eine Differenzierung nach den unterschiedlichen Identitäts-
bezügen des historischen Selbstverständnisses, also nach den Kriterien
der historischen Urteilsbildung und Wertung.

Je deutlicher sich jene Polarisierung manifestiert, um so ungenauer
und fragwürdiger wird der Umgang mit Geschichte, um so mehr spricht
aus der so zurechtgerückten Geschichte „der Herren eigner Geist". Das
Wesen geschichtlicher Erscheinungen hingegen ist es, „daß das, was
wir mögen, und das, was wir nicht mögen, ihnen zugleich eigen ist, daß
sie sich unserem Verlangen, das Positive auf derselben Seite zu finden:
Freiheit und Friede gerade nicht fügen ..." (Th. Nipperdey).

Die Abwägung von historischen Identitätsangeboten in der Perspektive politischer Pragmatik und Normativität unter gegenwärtigen Bedingungen, die von denjenigen Verhältnissen verschieden sind, unter denen diese Traditionen entstanden, auf die man sich beruft – das ist das
eigentliche Problem des „Geschichtsbewußtseins" im politischen Kontext. Es gibt Traditionsstränge, die durch die Geschichte *sans phrase*
diskreditiert sind. Was sich in die Überlieferung der nationalsozialistischen Perversion deutscher Geschichte stellt, aber auch, was aus dem
noch brodelnden Topf eines erst seit dem späten 19. Jahrhundert in der
deutschen Geschichte politisch virulenten völkisch-populistischen Integralismus und Fremdenhasses schöpft, sollte seine Kraft im historischen und politischen Bewußtsein verspielt haben. Aber nicht alles aus
der Überlieferung, worauf sich der Nationalsozialismus usurpatorisch
berufen hat, ist mit diesem gleichzusetzen. Eine schlimme Folge des
Eklektizismus dieser Ideologie und ihrer unbedenklichen Ausbeutung
und Verschleuderung der deutschen Geschichte ist es, daß sich heute in

der politischen Auseinandersetzung eine Demagogie bemerkbar machen kann, die den jeweiligen Gegner in die diskreditierende Nähe zum Nationalsozialismus zu rücken pflegt.

Die berechtigte Frage nach der Identitätstoleranz bei der Berufung auf die Geschichte jenseits solcher Extreme läßt sich zuverlässiger als durch den Verweis auf die Inhalte durch das Kriterium des Anspruchs beantworten. Wo er absolut gesetzt wird, keine Identitätskonkurrenz duldet (zunächst in der Interpretation der Geschichte, dann in der Praxis der Politik), ist er falsch. Wo sich Identitätsbehauptungen absolut setzen, entsteht kein Geschichtsbewußtsein. Dann werden „Geschichtsbilder" produziert. Geschichtsbilder sind der Feind des Geschichtsbewußtseins. Sie sind einfach, unverrückbar und falsch. Daß auch komplexe Gesellschaften die Neigung haben, wie die Hirtenstämme alter Zeit ihr Selbst- und Fremdverständnis in solchen Bildern zu deuten, ist eine elementare Bedrohung ihrer Existenz. Die fatale deutsche Geschichte in der Zeit des Nationalsozialismus und die ungelöste Frage nach der politischen Möglichkeit eines deutschen Nationalstaats bieten die Chance, diesem sozialpsychologischen Zwang der Selbstbestätigung zu entkommen, sich von der Magie der Geschichtsbilder zu befreien, die nach dem Ersten Weltkrieg so große und verhängnisvolle Macht gewinnen konnten.

Wir brauchen die Fülle an historischer Substanz, die Bewahrung verschiedener Identifizierungssubjekte, deren jedes ein partielles Recht hat und zu verschiedenen Fragen bedenkenswerte Antworten bereithält. Wer hätte in den sechziger Jahren gedacht, daß „Kulturpessimismus" anders denn als „politische Gefahr" (F. Stern) betrachtet werden könne und zu den verderblichen irrationalen Elementen des deutschen Sonderweges gehörte? Heute kann ernsthaft darüber diskutiert werden, ob das gepriesene Fortschrittsmodell noch das leitende Muster der historischen Betrachtung und der Planung für die kommende Geschichte sein darf, ob nicht der Irrationalismus gerade in der elefantenhaften Rationalität der großen administrativen und industriellen Komplexe steckt. Wenn selbst in der Fragwürdigkeit des „antimodernistischen" Affekts und der Zivilisationskritik des späten 19. Jahrhunderts doch ein Stück bedenkenswerter Richtigkeit enthalten war, so mahnt das zu sorgfältigem Umgang mit den verschiedenen Traditionen und ihren Trägern. Dem Historiker wie dem Politiker steht die Attitüde des Staatsanwalts schlecht an.

Wir brauchen die unterschiedlichen Traditionsstränge regionaler, konfessioneller, ideologischer, politischer, sozialer Traditionsbestände auch und gerade als Substanzen unterschiedlicher politischer Willensbildung und legitimen gegenwärtigen Selbstverständnisses. Ihre Ergänzung, wechselseitige Infragestellung und Kritik, Herausforderung und Kompromißfähigkeit hinter allem Streit gehören zur Tradition deutscher Geschichte. „Deutsche Identität" ist um so glaubhafter und fester gegründet, je intensiver sie in solcher Auseinandersetzung und Vielfalt ruht.

Ist unsere politische Kultur zur Entwicklung eines solchen Geschichtsbewußtseins fähig, das genau dem Anspruch einer pluralistischen demokratischen Gesellschaft korrespondiert? Machthaber sind allzu gern Rechthaber. Der administrative Fanatismus, der durch die Hessischen Rahmenrichtlinien die Geschichte im Erziehungsprozeß in den Dienst eines bestimmten Geschichtsbildes zwingen wollte, fand sein Gegenstück in der administrativen Borniertheit, mit dem die öffentliche Kritik an den baden-württembergischen Lehrplänen im Amtsbereich des Ministers unterdrückt werden sollte – böse Beispiele, nicht einmal aus der Hitze politischen Kampfes, sondern aus der Kühle der Amtsstuben. Daß deutsche Volksvertreter das Nachdenken über die Zukunft der Deutschen Frage in die engen Grenzen des Bundesverfassungsgerichtsurteils von 1973 bannen wollen, sofern dieses Nachdenken auf Kongressen erfolgt, die aus öffentlichen Mitteln finanziert werden, ist ein weiteres Beispiel dafür, wie durch die Art des Rückgriffs auf Geschichte wirkliche deutsche Identität verspielt werden kann.

Die Unverbindlichkeit abstrakt-vager Formulierungen, wenn es um die Benennung deutscher Schuld oder Verursachung von Leid geht, ist oft gerügt worden. Es macht schon einen Unterschied, ob man von dem „ungeheuren Elend" spricht, das 1941 „über die Russen gekommen" sei, oder ob man das ungeheure Leid als Folge des deutschen Angriffs, der Führerbefehle und ihrer Befolgung bezeichnet. Nur solch *genaues* Sprechen ist der Geschichte angemessen und gibt uns das Recht, es auch da einzufordern, wo von der anderen Seite die Rede ist. Auch die historisch-politische gemeindeutsche Formel, daß „von deutschem Boden nie wieder Krieg ausgehen" dürfe, macht sich solcher vagen Verschleierung schuldig. Der Boden war wahrhaftig unschuldig und sollte nicht abermals als Metapher herhalten müssen. Deutsche Regierungen und Entscheidungsträger aller Art, nicht der „Boden" sind aufgerufen zur Politik der Friedenserhaltung, zur Vermeidung jedes politischen und militärischen Übergriffs, zur Anerkennung der Priorität der Versöhnung gegenüber allen friedensgefährdenden Ansprüchen. Das erfordert die Bildung eines Geschichtsbewußtseins als Bestandteil der politischen Mentalität, in der sich für eine andere Politik keine Mehrheit findet. Eine Alleinzuständigkeit dafür gibt es weder aus historischer Kontinuität noch aus politischer Programmatik – wohl aber reiches Anschauungsmaterial für gefährliche Entwicklungen politischen Denkens in allen Lagern bei verschiedenen Gelegenheiten.

Eine „neue Polarisierung des Geschichtsbildes in der Bundesrepublik Deutschland" mag manchen Heißspornen wohl recht sein; sie ist aber nichts als der Wunsch nach einer Klärung der Fronten zum Zweck der geistigen und politischen Majorisierung des Gegners und darum ebenso bedenklich wie eine Harmonisierung des Geschichtsbewußtseins, die die Gegensätze verdeckt und damit Geschichte belanglos macht.

Es ist ermutigend, daß der Bundespräsident in seiner Rede zum 8. Mai 1945 ein Zeichen des Geschichtsbewußtseins gesetzt hat, das die billige Polarisierung und die vage Harmonisierung hinter sich läßt. Gewiß werden nicht alle im In- und Ausland, die ihm zustimmten, ihren eigenen Umgang mit Geschichte im politischen Feld danach richten. Aber Voraussetzungen sind vorhanden, die nationale Identität durch ein Geschichtsbewußtsein zu artikulieren, das ihren Besonderheiten Rechnung trägt, vielen Solidaritäten Raum gewährt, regionale, politische, religiöse, soziale Spannungen erträgt und verarbeitet, transnationale Beziehungen ebensowenig abschneidet wie lokales Sonderbewußtsein. Ein breites, gesellschaftliches Interesse der verschiedensten Gruppen – Kirchen, Gewerkschaften, Parteien, Frauen, Kommunen, Stadtviertel, Schulen, Regionen –, die nach ihrer Geschichte fragen, hat das Wissen um die Vielfalt von Erfahrungen vermehrt und auch der deutschen Geschichte eine neue Zuwendung gebracht. Daß sie in verschiedenen, umfassenden Synthesen unter dem Eindruck der jüngsten Zeitgeschichte auf wissenschaftlichem Fundament neu geschrieben wird, ist Notwendigkeit und Chance angesichts der Produktion populärer rechter oder linker „Geschichtsbilder", die sich in die Lücke zwischen politischem Denken und Gesichtsbewußtsein geschoben haben, welche die Geschichtsschreibung durch die Bevorzugung spezialistischer Themen zu lange offengelassen hatte.

VIII.

„L'Allemagne fédérale se penche sur son passé"! – Diese Hereinnahme der Geschichte in das politische Bewußtsein bedarf keiner Wende von der „Emanzipation" zur „Identität". Sie bedarf vielmehr der Genauigkeit und Unterscheidungskraft vor der Geschichte und vor allem der Bescheidenheit hinsichtlich des eigenen Gewißheitsanspruchs. Angesichts der historischen Vielfalt von Identitäten, die in der deutschen Nation zusammengelebt haben und künftig miteinander leben müssen, ist die Frage an die Norm des Geschichtsunterrichts und der politischen Bildung: „Erziehen wir eigentlich Deutsche oder Bürger der Bundesrepublik?" (D. Wunder) falsch gestellt. Diese beiden Identitätsbezeichnungen stehen nicht alternativ, sondern komplementär zueinander.

Das Problem des politischen Selbstverständnisses in historischer Perspektive besteht darin, eine Balancierung der Identitäten (E. Kosthorst) auf dem fundamentalen Konsens auszubilden, daß nämlich diesem Spektrum „deutsche Geschichte" als identifizierbares dichtes Kommunikationsgefüge zugrunde liegt, als Last und als Fundus der Vergangenheit, als Aufgabe der Gegenwart angesichts einer offenen Zukunft.

Die identitätsstiftende Leistung von Geschichtswissenschaft und Geschichtsunterricht besteht in der Ausbildung eines Geschichtsbewußtseins, das zu einer solchen Spannungen aushaltenden Balanceleistung befähigt, wenn die Gegenwart sich ihrer Geschichte vergewissert. Forschung und Lehre aber richten wenig aus, wenn nicht im politischen Umgang selbst Beispiel und Vorbild zu finden sind.

Erstveröffentlichung in: Aus Politik und Zeitgeschichte. Beilage zur Wochenzeitung Das Parlament, B 20-21/86 (17. Mai 1986).

Die deutsche Geschichte als Instrument
im politischen Streit

1.

Vor 140 Jahren tagte in einer brisanten, vorrevolutionären Situation in
Berlin der Vereinigte Landtag. Eine starke liberale Gruppe hatte wiederholt an die nie eingelösten Verfassungsversprechen des Königs erinnert und behauptet, daß das preußische Volk 1813 in einen „Freiheitskrieg" gezogen sei, um einen verfassungsmäßigen Zustand zu
erkämpfen. Der konservative Abgeordnete Otto v. Bismarck hielt dies
für einen „schlechten Dienst" an der „Nationalehre". „Ich habe immer
geglaubt, daß die Knechtschaft, gegen die damals gekämpft wurde, im
Ausland gelegen habe: soeben bin ich aber belehrt, daß sie im Inland
gelegen hat, und ich bin nicht sehr dankbar für diese Aufklärung." Das
Protokoll verzeichnet Murren und lautes Rufen im Lager der Liberalen.
Die Glocke des Präsidenten ging im Lärm unter, während Bismarck am
Rednerpult die Spenersche Zeitung entfaltete und las, bis er weiter-
sprechen konnte.

Diese Szene zeigt wie im Brennglas die Verhaltensweisen, die auch
unser „Historikerstreit" aufweist: es geht 1847 um eine politische
Grundentscheidung: liberaler Verfassungsstaat oder ständisch-absolute
Monarchie. Die jüngst vergangene Epoche wird kontrovers für die eine
oder die andere Richtung in Anspruch genommen: Wurde 1813 in einem „Freiheitskrieg" oder in einem „Befreiungskrieg" gekämpft? Niemand allerdings ist interessiert an der sachlichen Klärung dieser Frage,
niemand will vom anderen „Aufklärung"; jeder will seine Geschichte
als Legitimation seiner Überzeugung und seines politischen Zieles. Wer
die Geschichte anders erzählt, ruft lautstarke Empörung hervor, die
wiederum bei dem Zweifler ostentativ gezeigte Mißachtung dieser
Empörung provoziert.

2.

Dieser öffentliche Gebrauch von Geschichte folgt nicht den Regeln der
Logik der Forschung, sondern denen der politischen Rhetorik. Hier
geht es nicht um eine möglichst zutreffende Vorstellung von der Vergangenheit. Es geht überhaupt nicht um die Vergangenheit. Dieser öffentliche Geschichtsgebrauch im politischen Kontext folgt vielmehr
dem Druck elementarer Bedürfnisse nach Selbstbestätigung und Selbstvergewisserung in der Gegenwart. Die Geschichtlichkeit als Grundbe-
dingung unserer Existenz verweist einzelne und Gruppen, die ihr ge-

genwärtiges Dasein, ihr Wollen, Urteilen und Verhalten sich selbst und
anderen begreiflich machen wollen, immer wieder darauf, der Zeit, also dem Geschichtsprozeß, einen Sinnzusammenhang zu geben. Die
vergangene Geschichte als Deutung und die kommende Geschichte als
Erwartung sind deshalb der Horizont des gegenwärtigen Selbstverständnisses und darum wichtige Elemente der „gesellschaftlichen Konstruktion der Wirklichkeit" (Berger, Luckmann). Wie eine Gesellschaft
sich nach innen versteht und nach außen zu anderen in Beziehung setzt,
wie sie ihre Art des Daseins und ihre Aktivitäten rechtfertigt, wie sie
ihren Nachwuchs in diese Sinnstiftung integriert, auf welche Weise sie
erklärt, wie sie zu dem wurde, was sie ist und was sie in Zukunft sein
will und auch was sie nicht sein will: das sind die Fragen, die beim öffentlichen Gebrauch von Geschichte anstehen. Die Antworten auf diese
Fragen bilden die politische Deutungskultur, die mit den politischen In-
teressenkonstellationen realer Art eng verbunden, aber nicht ihr bloßes
Abbild ist. Wer diese politische Deutungskultur beherrscht, wer für seine Deutung von Geschichte Zustimmung findet, bestimmt unmittelbar
oder vermittelt die leitenden Begriffe und Normen des politischen Handelns, die Maximen der politischen Organe und Institutionen. Deshalb
sind Machthaber immer zugleich auch Rechthaber im Hinblick auf die
Geschichte – sei es eines Volkes und Staates, sei es einer Firma, einer
Partei, eines Vereins; umgekehrt streben oppositionelle Rechthaber danach, künftig Machthaber zu sein. Damit gerät der öffentliche Gebrauch von Geschichte zugleich zum Instrument der Machterhaltung
oder des Machterwerbs.

Diese elementaren Motivationen steuern die Darstellung von Geschichte auf unterschiedlichste Weise: als Formen und Themen in
Kunst und Literatur, als Regelungen des öffentlichen Unterrichts, als
Kraftfelder der politischen Pädagogik, als Wellenschläge der Publizistik und Elemente der politischen Rhetorik und Polemik, als verinnerlichte, kaum noch bewußte Einstellungen und Wertprägungen.

3.

In diesem Kraftfeld steht auch die Geschichte als Wissenschaft und Unterricht. Idealiter freilich befinden sie sich in einem Querstand zu diesem öffentlichen Nutzwert von Geschichte für die politische Deutungskultur. Die historische Wissenschaft löst die sinngebenden Stereotypen
auf, zeigt statt eindeutiger Bilder vielfältige Prozesse, knüpft die Wertungen an empirische Analysen und zeigt die Problematik einfacher,
positiver oder negativer Urteile, stellt liebgewordene Traditionen in Frage, zersetzt ideologische Konstrukte und liefert also keinen Stoff für
Identifikation, Legitimation oder Entlastungen von der Vergangenheit.
Sie schafft Distanz. Das heißt, sie verhält sich geradezu „asozial" gegenüber dem Verlangen nach eindeutiger historischer Sinnstiftung.

Nicht anders verfährt ein Unterricht, der nicht Wertungen und Deutungen indoktrinieren, sondern die Fähigkeiten entwickeln will, sich mit solchen historischen Deutungen auseinanderzusetzen, der statt eines Geschichtsbildes ein reflektiertes Bewußtsein von der Bedeutung der Geschichte und vom Umgang mit ihr entwickeln will. Diese Art des Umgangs mit Geschichte in Wissenschaft und Unterricht ist bei denen nicht wohlgelitten, welche die Macht haben und behalten oder welche sie nicht haben, aber erringen wollen.

In der Wirklichkeit sind die theoretisch klaren Fronten zwischen dem öffentlichen Gebrauch von Geschichte im politischen Kampf und in der akademischen Sphäre der Wissenschaft nicht so klar gezogen. Wie jeder Bürger unterliegt auch der Wissenschaftler oder Lehrer dem elementaren Bedürfnis nach historischer Sinnbildung. Zwar sollten Wissenschaft und Erziehung als aufklärendes Korrektiv gegenüber sozialpsychischen Mechanismen wirken – bisweilen aber stellen sie sich, sei es freiwillig, sei es genötigt, als Rationalisierungen in den Dienst solcher vorrationalen Sinngebungszwänge des lebensweltlichen Geschichtsbedürfnisses. Dann sehen wir den Wissenschaftler oder Lehrer als Anwalt einer Sinngebungspartei, sei es als Notar des Bestehenden, sei es als Seher des Kommenden, als Lobsprecher oder als Scharfrichter der Vergangenheit. Aber selbst wenn er sich in methodischer Bewußtheit der Verpflichtung zur Orientierung und Aufklärung gemäß geprüfter Erkenntnis verpflichtet weiß, wird das, was er schreibt und sagt, in den Dienst der Interessen gestellt, auf seine Brauchbarkeit – d.h. auf seine Nützlichkeit oder seine Gefährlichkeit – hin abgeklopft und in der Regel selektiv zur Munition in der politischen Auseinandersetzung.

Dabei ist dann das ausschlaggebende Kriterium eine auf die gegenwärtigen Positionen bezogene Wertung der Vergangenheit. Diese Wertungen werden in einem solchen Streit nicht methodisch auf historische Sachurteile oder gar Analysen der Quellen und Rekonstruktion der Fakten zurückgeführt und daran geprüft; vielmehr wird umgekehrt die Darstellung und Verknüpfung von Fakten, die Rekonstruktion von Zusammenhängen vor den Richterspruch der Wertungen gezogen. Es zählt also die Überzeugung davon, was Geschichte im gegenwärtigen Interesse gewesen sein soll.

Diese Dominanz der Wertungsebene, d.h. der Beziehung von Deutungen der Vergangenheit auf uns selbst, macht dann auch im politischen Streit eine genaue Kenntnisnahme und Abwägung der Sätze der Historiker überflüssig, ja geradezu störend. Es genügen wenige semantische Zeichen, die Reduktion historischer Aussagen auf Reizwörter. Daraus ergibt sich als unverkennbares Merkmal solchen Streites die Beimischung von Verdächtigungen, die allesamt darauf hinauslaufen, daß die bekämpfte Position um der gegenwärtigen politischen Wirkung willen die Vergangenheit verzerre, verharmlose oder verketzere, während die eigene Wertung für sich den Anspruch der wissenschaftlich gesicherten Wahrheit erhebt.

Deshalb ist es auch politisch vergeblich, in einem solchen Streit dem Gegner nachzuweisen, daß er falsch zitiert habe, wissenschaftliche Ergebnisse nicht zur Kenntnis nehme, einzelne Äußerungen eines Autors aus dem Zusammenhang seines Oeuvres reiße. Ein solches Verfahren, wie kürzlich die Erwiderung Hillgrubers auf Habermas' Vorwürfe, verkennt das Schlachtfeld, auf dem hier gekämpft wird. Es verkennt auch die Rolle des Kontrahenten. Ihm geht es nicht um wissenschaftliche Korrektheit, sondern um rhetorische Wirkung. Sie braucht plakative, die Emotionen berührende Bilder – „Entsorgung", „Schadensabwicklung". Genauigkeit gilt hier seit Demosthenes als kleinlich. Diese Verflechtung von Wahrheitssuche und politischem Interesse, die der Wirkungsgeschichte der Historie anhaftet, mag man als Wissenschaftler bedauern; sie gehört aber zum Lebenselement der historischen Wissenschaft. Ohne diese Verknüpfung würde sie in der Lebenswelt belanglos und es käme zum beklagten „Verlust der Geschichte". Deshalb kann sich der Wissenschaftler nicht entrüstet von der Wirkung seiner Arbeit im Medium politischer Auseinandersetzungen abwenden; er hantiert mit feuergefährlichem Stoff. Aber wie kann Geschichte zugleich politisch belangvoll und wissenschaftlich verantwortbar geschrieben und gelehrt werden?

4.

Der gegenwärtige Historikerstreit ist im Zusammenhang der zeitgeschichtlichen politischen Auseinandersetzung nur der letzte Abschnitt einer jahrzehntealten, an verschiedenen Themen und mit unterschiedlichen Frontverläufen geführten Polemik. Ich nenne nur einige Stichworte dazu. Als sich in den sechziger Jahren die Vorstellung auflöste, daß nach dem Inferno des Dritten Reiches die Bundesrepublik eine gelungene und im Prinzip unveränderbare politische, ökonomische und soziale Form gewonnen habe, ein gelungenes Modell der Problemlösung sei, das mit Sozialwissenschaft und Sozialtechnik erhalten und entwickelt werden könne, war die Geschichtsmüdigkeit der fünfziger Jahre bald verflogen. Plötzlich war die Welt wieder in Bewegung: wirtschaftliche Einbrüche, die Auflösung der starren Fronten des Kalten Krieges, die langsam ins Bewußtsein tretende fundamentale Bedeutung des Verhältnisses zur Dritten Welt, die mißlungenen und bekämpften militärischen Konfliktlösungsversuche stellten auch die Legitimation der politischen Ordnung in der Bundesrepublik in Frage. Stillgelegte Veränderungsenergien belebten sich. Es wurde deutlich, daß die Bundesrepublik keine Schöpfung der Stunde Null war, sondern aus einer anderen Vergangenheit kam und wohl auch eine andere Zukunft haben würde. Diese Energien formierten sich links und rechts vom frühen Verfassungskonsens der Anfangsjahre der Bundesrepublik. Die radikale rechte Kritik, politisch formiert in der zeitweise an Stärke gewinnenden NPD, aber mit einem ins betont Antidemokratische verfließenden nationalistischen Rand, blieb weit zurück hinter dem Argumentationspotential, der konzeptionellen Kraft und der Öffentlichkeitswirkung der fundamentalen Absage von links. Beide aber veränderten die Deutung der deutschen Geschichte. Sieht man auf die radikalen Ränder, so ging es rechts um eine Entlastung, wenn nicht gar eine Heroisierung des Nationalsozialismus: die Bundesrepublik galt als der erbärmliche, liberaldemokratische Feind der besseren deutschen Vergangenheit. Links erschien die Bundesrepublik dagegen als eine Fortsetzung des Nationalsozialismus, als strukturell faschistoid, fremdbestimmt vom Kapitalismus. Mit einem instrumentalisierten Faschismusbegriff operierend, konnte man das Grundgesetz als „Diktat der Alliierten und des Kapitals" denunzieren. Auf beiden Seiten rückte man von dem ab, was sich für die Verfassung und die innere Ordnung der Bundesrepublik in der Trikolore Schwarz-Rot-Gold symbolisiert. Beide Seiten gebrauchten in einem scharfen Antiliberalismus höhnisch das Kürzel von der FDGO für „Freiheitlich Demokratische Grundordnung".

Differenzierter verlief die Aufarbeitung der Geschichte diesseits der radikalen Randgruppen. Eine gewisse Meinungsführerschaft in der politischen Deutungskultur gewann jene Geschichtssicht, die, gestützt auf die kritische Theorie, die deutsche Geschichte am emanzipatorischen Maßstab einer immer fortschreitenden Partizipation und Herrschaftsfreiheit maß. Die westlichen Demokratien galten als weit voraus geeilte Modelle. Die alte These vom deutschen Sonderweg, einst von deutschen Professoren positiv gemeint zur Kennzeichnung einer Formation zwischen westlichem Demokratismus und östlichem Autokratismus, wurde nun als eine Abwegthese verstanden. Geschichte, zumal deutsche Geschichte, erschien als eine Geschichte von Defiziten, als eine dunkle Folie, auf der die konkrete Utopie herrschaftsfreier Gesellschaft sich leuchtend ausnahm. Daher war alles Konservative von Übel, das Progressive ein Kriterium, an dem nun auch die Deutung der Geschichte sich ausrichtete. Unter diesem Kriterium wurde etwa Hans-Ulrich Wehlers Buch über das Bismarck-Reich verfaßt, und der Verfasser konnte an anderer Stelle die neue, sozialwissenschaftliche Schule der Historie politisch zu „liberal-sozialdemokratische(n) Einstellungen" in eine geistige Affinität setzen. Emanzipatorische Pädagogik und Geschichtsdidaktik definierten Erziehung als Qualifizierung zur Überwindung der Geschichte; die Hessischen Rahmenrichtlinien versuchten, diese neue Deutung der Geschichte unter gesellschaftspolitischen Fragestellungen mit emanzipatorischem Lernzielraster zu institutionalisieren.

Dieser, neue Geschichtsvorstellungen verordnende allgemeine Zugriff auf das Erziehungswesen in einem Lande, wo sich der Streit um die politische Führung mit dem Streit um den richtigen Geschichtsunterricht unmittelbar verband, rief zuerst und am kräftigsten die politische Gegenposition auf den Plan. Früh und nachdrücklich hat die CDU in Hessen auf die Bedeutung des Geschichtsunterrichts verwiesen – nicht als eine die Köpfe aufklärende Veranstaltung, sondern als eine identifikatorische Kraft, die den Grundkonsens in der Gesellschaft herzustellen geeignet sei. Der Begriff der „Identität" stemmte sich gegen den der „Emanzipation". Der Wille, die gegenwärtigen Verhältnisse zu verändern, setzt die Erzählung einer negativen deutschen Geschichte voraus – der NS ist darum ihr Muster und Ziel; der Wille, die Verhältnisse zu erhalten, braucht eine zu akzeptierende Vergangenheit; der Periode des Nationalsozialismus, die geeignet war, die historische Identität der Deutschen radikal in Frage zu stellen, setzte man darum die tausend Jahre gleichsam normaler deutscher Nationalgeschichte entgegen, um sich nicht um einer utopisch vorentworfenen kommenden Geschichte willen die Basis einer haltbaren Vergangenheit nehmen zu lassen.

Dem innenpolitischen Streit um die Deutung der deutschen Geschichte, wie er sich damals früh in der Kritik von „Wehlers Kaiserreich" in Nipperdeys Rezension zeigte, trat der außenpolitische Aspekt des Streites zur Seite, als die deutsch-polnischen Schulbuchempfehlungen die nationalkonservative Kritik an der sozialliberalen Ostpolitik auf das historische Gebiet herüberzuspielen gestattete. Die Auseinandersetzung in Presse und Parlamenten zeigte alle Züge des Kampfes um die politische Macht mit historischen Argumenten. In dieser Auseinandersetzung wurde auf politische Weise deutlich, daß die Revision des alten, wissenschaftlich, politisch und durch die zeitgeschichtliche Erfahrung unhaltbar gewordenen historischen Deutungsmusters der Nationalgeschichte den einen längst nicht weit genug, den anderen aber viel zu weit gegangen war. Sah man hier noch starke Bastionen gefährlicher, diskreditierter nationaler Positionen, fürchtete man dort eine Erosion des historischen Potentials deutscher Selbstvergewisserung, die Auflösung eines deutschen Selbstbewußtseins durch Destruierung der deutschen Geschichte. Dieser Konflikt erhielt durch die Planung des Museums für deutsche Geschichte in Berlin politischen und parteipolitischen Auftrieb. Dies gab den Anstoß zum „Historikerstreit". Er handelt von der politisch motivierten Frage: Welche Deutung der deutschen Geschichte soll die deutsche Gegenwart akzeptieren?

5.

Ich nehme nur zu zwei, allerdings zentralen Aspekten dieser Frage Stellung: der Frage nach der Singularität oder Vergleichbarkeit des organisierten Mordes an den europäischen Juden und der weiter greifenden Frage, in welcher Weise wir uns nach dem „noch immer nicht überwundenen Zivilisationsschock" (Istvan Deak) der nationalsozialistischen Herrschaft ins Verhältnis zur deutschen Geschichte setzen sollen.

Die alte Frage nach der Singularität des Völkermordes an den europäischen Juden durch die Machthaber und die ausführenden Organe des deutschen Reiches im Zweiten Weltkrieg berührt das sensibelste Feld des deutschen Selbst- und Geschichtsverständnisses. Hier nur einige Sätze, die sich auf die Methode beziehen, zu historischen Ereignissen Analogien zu suchen.

– Der administrativ organisierte Mord an den deutschen Juden war eine Singularität in der deutschen Geschichte, und zwar sowohl im Sinne des Historismus, der jeder geschichtlichen Erscheinung Einmaligkeit zuschreibt, wie auch in einem grundsätzlichen moralischen Sinne: es war ein Bruch mit der europäischen Zivilisation.

– Aus dieser Singularität, die zu bestreiten absurd oder zynisch wäre, folgt nun aber kein Verbot für die historische Wissenschaft, Vergleiche anzustellen. Massenmord an bestimmten Gruppen ohne Ansehen der Person ist in verschiedensten Formen in der Geschichte leider nicht einmalig gewesen. Nur durch Vergleiche kann Einmaligkeit überhaupt erkannt und begründet werden. Dieser methodisch wissenschaftliche Umgang mit der Analogie meint ja mit dem Vergleich nicht die Gleichsetzung, sondern die Untersuchung und Bestimmung von Verschiedenheiten, Ähnlichkeiten, Besonderheiten. Wer solche Vergleiche nicht zulassen möchte, muß sich fragen lassen, ob er dieses Vergleichsverbot allein auf den Holocaust bezieht und ihm damit eine außergeschichtliche, gleichsam metaphysische Qualität zuschreibt oder ob ihm Vergleiche in ihrer politischen Wirkung, also gleichsam nationalpädagogisch oder politisch, unerwünscht sind.

– Die Kategorie der Analogie unter politischen Verdacht zu stellen, ist dennoch nicht ohne Plausibilität. Denn der Vergleich ist nicht nur eine wissenschaftliche Kategorie, sondern eine sozialpsychische Grundoperation. Er dient im außerwissenschaftlichen, lebensweltlichen Umfeld elementaren Bedürfnissen der eigenen Entlastung oder der Belastung anderer. Die Empfindung ist ebenso zynisch wie geläufig, daß gleichartige Fremdschuld eigene Schuld nicht nur erklärt, sondern minimalisiert, das Gewissen beruhigt, das Wohlbefinden stärkt, Vorwürfe vom Leibe hält oder zu erwidern gestattet.

– Es gibt allerdings deutliche Unterscheidungsmerkmale zwischen dem alltäglichen, lebensweltlichen und dem wissenschaftlichen Gebrauch der historischen Analogie. Politisch motivierte Analogie zielt immer auf Gleichsetzung, wissenschaftliche Komparatistik auf die Unterscheidung des Verglichenen; politischer Vergleich ist nur an partiellen Zügen interessiert, die für das Wesentliche erklärt werden; nur so dient dieser Vergleich der Entlastung; wissenschaftlich verwendete Analogie dagegen differenziert durch Vergleich ihre Gegen-

stände mit dem Ziel genauerer Erkenntnis. Es läßt sich also sehr
wohl unterscheiden, ob Analogie als Waffe im politischen Kampf
oder als Methode im Erkenntnisprozeß gebraucht wird. Aber offenbar besteht eine Grauzone zwischen beiden, die es erlaubt, wissenschaftlich gemeinte Analogie politisch zu verdächtigen oder politisch
gemeinte Analogie mit Zügen wissenschaftlicher Seriösität auszu-
statten. Ernst Noltes den Historikerstreit auslösender Artikel, der
Auschwitz mit dem Archipel Gulag verglich, und diesem ein fakti-
sches und logisches prius zuschrieb (ohne zu sagen, daß sich dieses
nur auf die Psyche Hitlers beziehen sollte), bewegte sich in dieser
Grauzone; er verband mit einer problematischen Verwendung der
Analogie eine nicht minder fragwürdig angesetzte Kausalitätsandeu-
tung – und die Kategorie der Kausalität (die Frage nach Ursache und
Folge) ist nicht minder wie die des Vergleichs sowohl der wissenschaftlichen Erkenntnissuche wie der lebensweltlichen, funktionalen
Selbstrechtfertigung zugehörig. Der scharfe Widerspruch war nicht
ohne Veranlassung. Die beiden Aufsätze in dem vom Verlag unter einem Titel „Zweierlei Untergang" zusammengefaßten Bändchen von
Andreas Hillgruber, beide für sich schon ein Jahr lang veröffentlicht
und ohne Widerspruch geblieben, rechtfertigen jeder für sich einen
solchen Vorwurf nicht. Aber die Zusammenfügung unter diesem Titel und ein problematischer Klappentext (eine mißverständliche Passage zur historischen Perspektive) rückten diese Veröffentlichung
doch in die Verdachtzone, hier solle völlig Unvergleichbares nicht
nur im Zusammenhang der miteinander verflochtenen Gleichzeitig-
keit dargestellt, sondern aufrechnend parallelisiert werden.

– Wer bei einem wissenschaftlichen, methodisch angesetzten Vergleich, das ergibt sich wohl als eine der Lehren aus dem Historikerstreit, sich nicht dem Verdacht aussetzen will, auf direkte oder sublime Art die Vergangenheit, wie der Vorwurf lautete, „entsorgen" zu
  wollen oder, schlimmer, der in einer bestimmten Publizistik und
  rechtsradikalen Blättern seit Jahrzehnten unentwegt vertretenen
  Rechtfertigung des nationalsozialistischen Regimes seriösen Vorschub zu leisten, wird seinen Vergleich von der sozialpsychischen
  Funktion der Analogie sorgfältig abzusetzen haben. Selbstverständlichkeiten gibt es hier nicht, Hinweise auf das gesamte Werk sind
  vergeblich. An Ort und Stelle muß gesagt werden, daß es nicht um
  Schuldabschiebung, sondern um Erkenntnis der Bedingungen, Elemente, Mechanismen des Verbrechens geht. Das Triviale ist nicht immer selbstverständlich.

– Auf der anderen Seite wird der, der jeden Vergleich auf diesem Fel-
  de ablehnt, weil er in ihm nichts als einen getarnten Entsorgungsver-
  such sieht, sagen müssen, was und wie denn aus diesem Stück der
  deutschen Geschichte historisch oder politisch gelernt werden soll.

Wie soll Wiederholungen vorgebeugt werden, wenn es sich um ein singuläres, schauriges Ereignis handelt, unvergleichbar in seinen Bedingungen und Strukturen mit geschichtlichen und politischen Dispositionen an anderer Stelle in der Vergangenheit und unübertragbar auf die Zukunft? Gelernt werden kann nur, wenn die Epoche des Nationalsozialismus und auch die Judenvernichtung begriffen wird als Folge einer Konstellation der Geschichte der modernen Industriegesellschaft, deren Verwerfungen, Brüche und Widersprüche unter bestimmten Bedingungen an vielen Stellen in Europa inhumane, illiberale Entwicklungen und unter den besonderen Verhältnissen der deutschen Geschichte nach 1918 eine tödliche Konstellation hervorbringen konnte. Die moralische Energie, die nötig ist, um solche politisch notwendige Erkenntnisarbeit historisch zu leisten, kommt gerade aus der vergleichenden Wahrnehmung für sich singulärer Verbrechen an Gruppen, die aus der Gesellschaft ausgestoßen wurden. Eine Strategie der Entlastung durch Analogien hingegen stellt diese moralische Energie still und entzieht uns die Möglichkeit, den einzigen Gewinn aus dieser Periode wahrzunehmen: die standhaltende Erkenntnis. Die Verweigerung des Vergleichs jedoch entzieht der moralischen Empörung die Möglichkeit der Erkenntnis. Wegschiebende Entlastung wie singuläre Fixierung machen blind. Beide provozieren den Verdacht, daß es nicht um die Auseinandersetzung mit der Vergangenheit, sondern um politische Selbstrechtfertigung in der Gegenwart geht.

6.

Umfassender ist die Frage, ob es nach der Epoche des Nationalsozialismus überhaupt noch eine Vorstellung von deutscher Geschichte insgesamt als traditionsbildender Kraft, als Basis unserer gegenwärtigen Existenz geben kann. Es gibt die Ansicht, die Hans Mommsen mit seinem historiographisch gemeinten Diktum zugespitzt vertreten hat: „Die Nation ist tot." Alle Suche nach nationaler Identität, nach der „verlorenen Geschichte" geht danach irre, wenn sie sich anschickt, nationale Traditionen für das Selbstbewußtsein der Bundesrepublik wieder lebendig zu machen. Im Gegenteil: dies erscheint gefährlich. Denn die Beschwörung der nationalen Geschichte, wachgehalten durch die Forderung nach Wiedervereinigung, kann nach dieser Auffassung nur undemokratische Muster des Denkens und Verhaltens vitalisieren, Revisionismus oder gar Revanchismus nach Osten schüren, den bundesrepublikanischen Verfassungspatriotismus unterhöhlen. Insgesamt sieht man hier in der „Sucherei nach Identität" eine ideologische Entsprechung der politischen Wende und hat damit das Verhältnis zur deutschen Geschichte wiederum instrumentalisiert im politischen Streit.

Jürgen Habermas hat es in einem Bilde deutlich ausgedrückt: Die nationalsozialistische Periode sei der Filter, durch den die Traditionen der deutschen Geschichte hindurch müssen. Ist mit seiner Formulierung gemeint, daß der NS als Ergebnis deutscher Geschichte die Kriterien liefere, nach denen alles vorherige zu beurteilen sei, so ist dies nicht nur faktisch unmöglich, sondern auch gegen alle Selbstverständlichkeiten historischer Wissenschaft.

Dies ist eine Umkehrung der gleichen, wenn auch primitiveren Denkfigur, die den Aufstieg des deutschen Nationalstaates in einer Linie von Luther über Friedrich und Bismarck bis zu Hitler führen sah. Es ist eine beliebte historische Konstruktion, einer großen Linie alles zuzuordnen, was in der Geschichte geschah, und dies dann positiv oder negativ zu werten. Diese historische Eindimensionalität ist mit umgekehrten Vorzeichen politisch auf der linken wie auf der rechten Seite dominant. Wo man die tausend Jahre der deutschen Geschichte gegen die zwölf Jahre des Nationalsozialismus gleichsam als heile Vergangenheit stellt, sitzt man ihr nicht minder auf wie dort, wo man durch den Nationalsozialismus die gesamte deutsche Geschichte diskreditiert sieht.

Ich halte den Vorwurf, die methodisch behandelte Frage nach der „Identität der Deutschen" sei ein antidemokratischer Versuch, populistischen Nationalismus zu erwecken, für ein politisches Argument – ebenso wie die entgegengesetzte Behauptung, eine intensive Auseinandersetzung mit der Periode des Nationalsozialismus und ein Bewußtmachen von bestimmten Kontinuitäten der deutschen Geschichte, die diese Periode vorbereiteten und ermöglichten, wolle die deutsche Nation in ein Büßergewand stecken und mit Schuldbesessenheit infizieren. Beides ist schlechte politische Rhetorik, die politische Kultur unseres Landes vergiftende Verdächtigungen. Die Geschichte ist so einfach nicht zu handhaben. Das Bündel unterschiedlicher Traditionsstränge, das historische Eigengewicht unterschiedlicher Perioden lassen sich nicht wie eine Pappelallee ausrichten, die auf den Nationalsozialismus hinläuft; der Nationalsozialismus andererseits ist kein Einbruch von außen in eine heile deutsche Geschichte.

Die Geschichtswissenschaft kann gar nichts anderes fordern als eine sorgfältige Bemühung um eine breite und differenzierte Rekonstruktion der widersprüchlichen deutschen Traditionen, um eine kritische und diskursive Bemühung um das Verständnis der deutschen Geschichte in ihren Zusammenhängen. Da hinein gehört auch die Frage nach der deutschen „Identität". Politisch auf einen integralen Nationalismus verengt, ist dieser Begriff von hoher Gefährlichkeit; wissenschaftlich verstanden als Kürzel für die Vielzahl oft in Spannung und Gegensatz sich aufbauender Identitäten, denen man als Deutscher zugehört und die allemal mehr sind als bloß die eine, kompakte nationale Identität, gehört diese Frage in den Prozeß der Klärung unseres Selbstverständnisses. Man kann nicht nur nicht aussteigen aus der Geschichte des Nationalsozialismus; dies gilt auch für die vorhergehenden Perioden der deutschen Geschichte. Wir können nicht gleichsam unter uns selbst hinwegtauchen und sagen, es hat uns – als Deutsche – ja gar nicht gegeben, dafür haben wir jetzt aber eine erfolgreiche Demokratie. Martin Broszat, der Direktor des Instituts für Zeitgeschichte in München, wahrlich nicht neokonservativer Tendenzen verdächtig, hat in seinem Plädoyer für eine Historisierung des Nationalsozialismus die „Blockade des deutschen Geschichtsbewußtseins" in gleicher Weise als moralisch, politisch und wissenschaftlich bedenklich erklärt und gegen die Abschottung der „vor- und außernationalsozialistischen Bestände deutscher Geschichte" gesprochen. Ich wüßte keinen anderen Weg, mit der gesamten deutschen Geschichte umzugehen als den einer solchen Historisierung. Vergangenheit „vergeht" dabei nicht, sie wird der Gegenwart begreiflich.

7.

Ich habe eingangs die Geschichtswissenschaft und die Geschichtsdidaktik insofern als „asozial" charakterisiert, als sie sich nicht, ihrem Anspruch nach, den Zumutungen politischer Konditionierung oder den elementaren Bewußtseinszwängen sozial-psychischer Harmonisierung fügen, als Waffen im politischen Kampf ebensowenig brauchbar sind wie als Integrationsideologie. Dieser Querstand zu politischen und sozialen Zwängen macht nun, meine ich, ihre eigentliche politische Kraft aus. Die oft beschworene politische Funktion der Aufklärung können historische Wissenschaft und Geschichtsunterricht nur wahrnehmen, wenn sie nicht in die politische Rhetorik mit historischen Argumenten einstimmen. Die Erfahrung, daß eine „kämpfende Geschichtswissenschaft" die Politik irreleitet, indem sie sie bestätigt, sollte als Erkenntnis der Geschichte des Dritten Reiches nicht verloren gehen. Wissenschaft hat nicht Begriffe zu „besetzen", sondern zu klären; und wenn sich der Philosoph auf „Aufklärung" beruft, muß er der methodischen Rationalität der Aufklärung gehorchen. Diese Bedingung, die den Streit dem Konsens der Verpflichtung auf methodische Rationalität unterwirft, ist zugleich als Element des gesellschaftlichen Bewußtseins Teil des politischen Systems, das zu erhalten ist, soweit es schon besteht, und zu entwickeln, wo es noch unvollkommen ist: eines politischen Systems, das Konflikte anerkennt und ihren Austrag in den Formen rechtsstaatlicher Auseinandersetzung regelt und erfordert, weil der politische Gegner nicht als das schlechthin Böse, sondern als der Kontrahent betrachtet wird.

Wie kann historische Wissenschaft und Lehre gleichzeitig politisch belangvoll und wissenschaftlich verantwortbar sein? Indem sie zeigt, wie sich unterschiedliche Auffassungen auf dem gemeinsamen Boden methodischer Vernunft auseinandersetzen. So kann sie vielleicht ihren bescheidenen Teil dazu beitragen, daß der politische Gebrauch historischer Argumente sich prüfen lassen muß – nicht an seiner Funktionalität im politischen Kampf, sondern daran, ob er den Erkenntnissen der Wissenschaft entspricht. Ich sehe keinen anderen Weg, aus der Geschichte zu lernen.

Es gehört zu den negativen Seiten dieses Streites, daß der wissenschaftliche Diskurs lädiert wurde – sei es nur dadurch, daß die Kontrahenten vor dem wissenschaftlichen Forum des Historikertages nicht zusammenzubringen waren. Die ohnehin dünne Trennwand zwischen Geschichtswissenschaft und politischer Rhetorik könnte porös werden. Das wäre ein Zeichen dafür, daß auch der politische Grundkonsens brüchig wird, auf dem die Bundesrepublik steht: der mit der Ablehnung des nationalsozialistischen Regimes und dessen historischen Wurzeln verbundene Verfassungspatriotismus. Von links wird Habermas schon wegen dieses Bekenntnisses zum Verfassungspatriotismus bekämpft. Auf der nationalsozialistischen Rechten kann Nolte zum Zeugen für Mohlers Thesen verfälscht werden. Bis in die Reihen des Bundestages wurde Ablehnung der Rede des Bundespräsidenten zum 8. Mai 1985 artikuliert, weil er das Verständigungsgebot widerstreitenden Rechtsansprüchen überordnete. Die streitenden Historiker sollten erkennen, daß sie auf einem gemeinsamen Boden stehen, der nicht so haltbar ist, daß man sorglos seine Erosion fördern dürfte. Richard von Weizsäckers knappen Kommentar zu unserer Problematik halte ich politisch wie wissenschaftlich für zutreffend: „So unsinnig die Forderung nach dem Büßerhemd ist, so unverantwortlich ist nach meiner Überzeugung der Ruf nach einem Schlußstrich unter die Vergangenheit."

Erstveröffentlichung in: Die Neue Gesellschaft. Frankfurter Hefte 34 (1987), S. 362-369.

Die Einheit der Nation
im Geschichtsbild der DDR

I. Die deutsche Einheit – politisches Ziel
oder taktisches Spiel der DDR-Politik?

„Was ist des Deutschen Vaterland?" – diese Frage gewinnt offensichtlich im politischen Bewußtsein innerhalb der Bundesrepublik wieder an Gewicht und an Schärfe. Die Auseinandersetzungen um die „Lage der Nation" in der Gegenwart, um ihre Entwicklung in der Zukunft und also auch um die Deutung ihrer Vergangenheit sind auf dem besten Wege, wieder zum „großen Thema" der politischen Publizistik und der Geschichtsschreibung zu werden.[1]

Der in vielen Facetten und Kontroversen schillernden Auseinandersetzung um die „Deutsche Frage" in der Bundesrepublik soll im folgenden eine Skizze zur Seite gestellt werden, die den Umgang mit dem Begriff der deutschen Nation und dem Bild der Nationalgeschichte im Unterricht der DDR während der letzten 30 Jahre in knappen Strichen andeutet. Da dem Geschichtsunterricht in der DDR eine außerordentlich hohe politische Bedeutung zugemessen wird, zeigen die ihm zugrundeliegenden Bücher und methodischen Anweisungen in einer vereinfachten, holzschnittartigen Form die Grundlinien des politisch-historischen Selbstverständnisses, wie Partei- und Staatsführung sie als gültig verbreitet sehen möchten.

---

[1] Die folgende Skizze beruht auf einem an der Universität Münster zusammen mit den Herren Prof. Dr. Kosthorst und Dr. Wolf bearbeiteten Sektor eines vom Ministerium für innerdeutsche Fragen geförderten Forschungsprojekts, das die Darstellung der „Deutschen Frage" in den Schulbüchern beider deutscher Staaten seit 1949 untersucht. Es wird Ende 1983 abgeschlossen sein. Die Materialerschließung und -ordnung verdanke ich der gemeinsamen Arbeit; die Deutung ist nicht abgestimmt und gibt – vor Abschluß des Projekts – allein mein eigenes Urteil wieder. Aus der inzwischen reichhaltig gewordenen Literatur über die Behandlung der Deutschen Frage in der DDR, insbesondere im Unterricht, seien hier nur einige wichtige Titel genannt:
Gebhard Schweigler, Nationalbewußtsein in der BRD und der DDR, Düsseldorf 2. Aufl.1974 (= Studien zur Sozialwissenschaft, Bd. 8); Dieter Riesenberger, Geschichte und Geschichtsunterricht in der DDR, Göttingen 1973; ders., Zeitgeschichte in der DDR, in: GWU 28 (1977); Hans Georg Wolf, Die Entwicklung des Geschichtsunterrichts in der DDR 1955-1975 (ungedr. Diss. PH Westf. Lippe, Münster 1979); ders., Sozialistisches Geschichtsbewußtsein und Geschichtswissenschaft in der DDR, in: GWU 28 (1977); ders., Politik, Schule und die Deutsche Frage im Unterricht, in: Geschichte/Politik und ihre Didaktik 7 (1979); Dietmar Waterkamp, Die Deutschlandpolitik in der politisch-historischen Bildung in der Bundesrepublik und der DDR, in: Deutschlandarchiv 12 (1979); Karl Schmitt, Politische Erziehung in der DDR. Ziele, Methoden und Ergebnisse des politischen Unterrichts an den allgemeinbildenden Schulen in der DDR, Paderborn 1980 (= Studien zur Didaktik, Bd. 2); Horst Siebert, Der andere Teil Deutschlands in Schulbüchern der DDR und der BRD, Hamburg 1970.

In einer frappierenden Kehrtwendung hat die SED auf dem VIII. Parteitag im Juni 1971 die Einheit der deutschen Nation aufgekündigt. Der Artikel 1 der Verfassung von 1968, der die DDR als „sozialistischen Staat deutscher Nation" bezeichnete, wurde abgeschafft, das Wiedervereinigungspostulat im Art. 8 ersatzlos gestrichen, die Wahrung der „Lebensinteressen der Nation" als Erklärung aus der Präambel der Verfassung entfernt. Der Text der Nationalhymne – „Deutschland, einig Vaterland" – wird nicht mehr gesungen; sie wird nur noch intoniert. So hat die DDR gleichsam die Leinwand zerrissen, die bis dahin das eine Bild der deutschen Nation zusammengehalten hat.

Hat sie es wirklich und unwiderruflich? Kurt Hager, Mitglied des Politbüros und Sekretär des ZK der SED, formulierte im Dezember 1982 einen bemerkenswerten Satz: „Auch im Geburtsland von Karl Marx und Friedrich Engels hat der Sozialismus gesiegt".[2] Er tauscht das bis dahin unbedenklich gebrauchte Wort „Vaterland" aus – aber auch mit dem Begriff „Geburtsland" hielt er in dieser Verbindung Deutschland als Einheit fest. Denn Trier und Wuppertal, das Erzbistum oder das Bergische Land können nicht gemeint sein, ebensowenig Preußen und noch weniger die Bundesrepublik; der Satz ergibt nur Sinn, wenn Deutschland als Ganzes begrifflich und gedanklich festgehalten wird.

Die Zurechnung von Marx und Engels zu „unserem Volk" kann nur eine Zurechnung zum gesamten deutschen Volk, nicht zu einer separatistischen „Klassennation" sein. Liegt hier ein Widerspruch zur Deklaration der „sozialistischen Nation", deren Deutschtum nur noch eine Nationalitätenbestimmung ist?

Die DDR-Führung leistet sich keinen unbefangenen oder gar laxen Umgang mit Begriffen. Hagers Formulierung ist im eigenen Verständnis durchaus kein Widerspruch zur Aufkündigung der Gemeinsamkeit der deutschen Nation vom Jahre 1971. Sie ist dagegen ein Hinweis auf den neuen Anspruch dieser sozialistischen Nation auf die nationale Geschichte. Hatte die DDR sich in den vorhergehenden Jahrzehnten historisch durch scharfe Betonung der sozialistischen und kommunistischen Vorläufer ihrer eigenen Programmatik auf einen streng selektierten Teil der deutschen Geschichte berufen, so nimmt sie jetzt als „historisches Erbe und Tradition" die gesamte deutsche Geschichte in Anspruch und betrachtet sich als „deren Ergebnis". Also gehören geographisch gesehen Trier und Wuppertal wie Königsberg und Breslau oder Salzburg und Straßburg zum historischen Erbe und zur Geschichte der DDR. Aber nicht nur geographisch, sondern auch vom Klassenstandpunkt beschränkt sich die DDR nicht mehr auf die bislang bekannte Selektion. Die Rückführung des Denkmals Friedrichs des Großen an seine alte Stelle, die Rehabilitierung, mehr noch, die nationalbetonte Aufwertung

---

[2] Kurt Hager, Geschichte und Gegenwart, in: Geschichtsunterricht und Staatsbürgerkunde 25 (1983), S. 292.

Luthers zeigen das deutlich.[3] Man steht am Anfang einer historischen Neuorientierung, deren Ergebnis und Ende noch manche Überraschungen bringen kann.

Probleme zeigen sich jetzt schon. Eine Nation erkennt sich als eine gewordene Identität, die sich von anderen unterscheidet, in ihrer Geschichte. Bezieht sich nun die DDR auf die gesamte deutsche Nationalgeschichte, „an der wir ... als Deutsche unseren Anteil haben", ist sie durch die Nationalgeschichte – sieht man von den vergangenen 30 Jahren ab – von der Bundesrepublik nicht mehr unterscheidbar. Da hilft auch nicht die Lösung des Dilemmas, die Walter Schmidt, der Theoretiker des „Geschichtsbewußtseins" in der DDR, anbietet. Er stellt fest, daß nur gemeinsam erlebte Geschichte die Generation der Mitlebenden national zusammenbinde; vergangene Geschichte hingegen sei immer über ein Geschichtsbild vermittelt und nur in dieser Vermittlung ein Integrationsfaktor. Die Vermittlung des Geschichtsbildes aber ist standortgebunden. Notwendig werde also eine deutsche Nationalgeschichte, geschrieben vom Boden der DDR, die ein anderes Geschichtsbild vermitteln könnte, wenngleich es sich auf dieselbe objektive Grundlage der Vergangenheitsüberlieferung stütze. So wie zwei Nationen entstanden seien, würden auch zwei Nationalgeschichten entstehen. „Die gleiche Geschichte bedeutet eben nicht dasselbe, wenn sie von verschiedenen Menschen unter verschiedenen gesellschaftlichen und staatlichen Bedingungen betrachtet und angeeignet wird."[4]

Diese Argumentation leuchtet nur auf den allerersten Blick ein. Bei genauerem Hinsehen auf die „Nationalgeschichte" wird jedoch deutlich, daß es sie in dem monolithischen Sinne, den Schmidt mit den Begriffen einer „Sozialistischen Nationalgeschichte" versus „Kapitalistische Nationalgeschichte" unterstellt, nie gegeben hat und bis heute nicht gibt. Dies gilt zunächst für sehr unterschiedliche, gleichzeitige Standorte und Wertungskategorien, von denen aus gesehen Nationalgeschichte immer ein vielfältiges und nicht einheitlich gedeutetes Phänomen bleibt. So räumt Walter Schmidt auch ein: „Niemand in der DDR kommt auf den Gedanken, der sozialistische deutsche Staat habe allein Anspruch auf progressive Tradition deutscher Geschichte." Auch fortschrittliche Kräfte der Bundesrepublik beriefen sich „selbstverständlich auf die gleichen progressiven Traditionen, denen die sozialistische DDR verpflichtet ist".[5] So gäbe es, nach Schmidt, schon mindestens drei deutsche Nationalgeschichten: die „sozialistische", die „bürgerlich-

---

3 Siehe dazu Fritz Kopp, Das Luther-Bild der SED – Vom „Bauernfeind" zu einem der „Größten Söhne des deutschen Volkes", in: Beiträge zur Konfliktforschung 13 (1983) 2; Wolfgang Jacobmeyer, Luther und die Reformation in den Geschichtsbüchern der DDR und der Bundesrepublik Deutschland, in: Aus Politik und Zeitgeschichte, B 3/83, S. 33-46.

4 Walter Schmidt, Deutsche Geschichte als Nationalgeschichte der DDR, in: Geschichtsunterricht und Staatsbürgerkunde 25 (1983), S. 302.

5 Ebd., S. 303.

progressive", die „reaktionäre". Vielleicht gibt es noch mehr? Dann wäre jener Zustand beschrieben, der längst existiert hat: Das „historische
Erbe" der deutschen Geschichte ist immer schon unterschiedlich ausgelegt worden und läßt sich nicht auf einen polaren Gegensatz reduzieren. Die deutsche Nationalgeschichte bleibt in ihrer vielfältigen, unterschiedlichen und kontroversen Vermittlung eben „gemeinsames Erbe"
– wer sich in dieses gesamte Erbe hineinstellt, mag die deutsche Nation definieren wie er will; er entkommt ihr nicht – eine Feststellung, die
für die anderen sozialistischen Nationen eine Selbstverständlichkeit ist.[6]

Nation und Nationalgeschichte sind aber nicht nur in der jeweiligen
Gegenwart von unterschiedlichen Erfahrungen, Perspektiven, Wertvorstellungen her unterschiedlich vermittelte Phänomene, ohne darum aus-
einanderzufallen; sie erscheinen auch im Nacheinander des historischen
Prozesses in verschiedenen Beleuchtungen. Diese Veränderung in der
Kontinuität ist ein Zeichen ihrer unterschiedlich zu interpretierenden,
aber durch Interpretation nicht aufzulösenden Existenz.

Der Umgang der offiziellen DDR-Interpretation mit der Frage der
Einheit der deutschen Nation bietet selbst ein Exempel für dieses Faktum. Zwar ist die offizielle Interpretation der Deutschen Frage in der
DDR zur gleichen Zeit immer von dem Bemühen um einheitliche
Sprachregelung geprägt; über Jahrzehnte hinweg zeigt der Wandel dieser Sprachregelung sowohl zur Deutschen Frage insgesamt wie zu einzelnen ihrer Phänomene bemerkenswerte Unterschiede. Mehr noch:
Selbst für die Zukunft deutete Erich Honecker eine abermalige Wendung dieser Interpretation an: der Sozialismus werde um die Bundesrepublik keinen Bogen machen – dann stelle sich die Frage der deutschen
Einheit wieder neu.

Nationen sind keine Ewigkeitsphänomene; sie entstehen und können
sich auflösen – in langfristigen historischen Prozessen, in Jahrhunderten oder im „Jahrtausendbezug".[7] Ihre territoriale, politische, soziale
und kulturelle Substanz ist mittelfristig Wandlungen unterworfen.

Ist ihre Existenz aber auch von kurzfristig sich ändernden Interpretationen und Deklarationen abhängig? Oder haben jene Beobachter
Recht, die den Aussagen der DDR-Führung zur Nation keinen entspre-

---

6 Die Diskussion um „Erbe und Tradition" findet sich verstärkt seit 1981 in der Zeitschrift für Geschichtswissenschaft; s. in Jg. 1981, Nr. 5, Horst Bartel, Erbe und Traditi-
   on in Geschichtsbild und Geschichtsforschung der DDR; Gerhard Lozek, Die Tradi-
   tionsproblematik in der geschichtsideologischen Auseinandersetzung; Walter Schmidt,
   Nationalgeschichte der DDR und das territorialstaatliche historische Erbe (1981) 5;
   Horst Bartel, Walter Schmidt, Historisches Erbe und Traditionen – Bilanz, Probleme,
   Konsequenzen (1982) 9; Günter Benser, Wortmeldungen zur Diskussion um die DDR-
   Geschichte (1983) 3, mit einer Auseinandersetzung mit weiteren Artikeln, sowie im
   gleichen Heft den Bericht über eine Tagung des Rates für Geschichtswissenschaft der
   DDR: „Historisches Erbe und Tradition – Probleme und Konsequenzen".
7 Vgl. Klaus Zernack, Polnische Geschichte im Jahrtausendbezug. Standards und Kriteri-
   en wissenschaftlicher Geschichtsdarstellung, in: Karl-Ernst Jeismann, Siegfried Quandt
   (Hg.), Geschichtsdarstellung. Determinanten und Prinzipien, Göttingen 1982, S. 8ff.

chenden politischen Inhalt oder Willen zuschreiben, sondern darauf hinweisen, daß diese Interpretationen taktisches Spiel um innenpolitischen Legitimitätsgewinn bedeuten – also nur indirekt und funktional zu verstehen sind?[8]

II. Die Konstanten der Darstellung der „Deutschen Frage" im Geschichtsunterricht der DDR

Der Versuch einer Antwort auf diese Frage wird eine bemerkenswerte Tatsache nicht übersehen dürfen: ZK-Beschlüsse, Parteitags- und Akademieverlautbarungen, Artikel in methodischen Zeitschriften mit Anweisungscharakter, Lehrpläne, Lehrbücher und „Unterrichtshilfen" legen ein außerordentlich großes Gewicht auf die „Deutsche Frage". Durch die aufgezählten Instanzen und Medien öffentlicher Meinungsbildung geht ein von oben nach unten sich fortsetzender einheitlicher Zug, der lediglich durch den Phasensprung, den die Umsetzungszeit verursacht, gebrochen ist. Die Intensität dieser formierten Meinungsbildung läßt sich an der Quantität ablesen, die in den Abschlußbänden der Bücher für den Geschichtsunterricht der deutschen Geschichte gewidmet wird. Diese Abschlußbände behandeln das 20. Jahrhundert seit 1917, später seit 1945, reservieren im Unterricht also für die allerjüngste Geschichte den Zeitraum eines Jahres und den Umfang von ca. 250 Seiten. Ca. 45 Prozent dieses Umfangs sind der deutschen Geschichte gewidmet – ein krasser Unterschied zu den herkömmlichen Jahresbänden der Geschichtsbücher in der Bundesrepublik; die Quantitäten hielten sich ungeachtet wechselnder Interpretationen, Verschiebung von Schwerpunkten und Veränderung im Schulsystem. Diese Betonung der Nationalgeschichte wird für die Zeit nach 1945 nochmals dadurch verstärkt, daß über drei Viertel dieses Umfangs der Entwicklung in der DDR gewidmet sind.

Wichtiger als die Feststellung der gleichbleibend hohen Quantität ist eine konzeptionelle Kontinuität. Sie läßt sich wiederum quantitativ ausdrücken: Etwa einen gleichgroßen Raum, wie ihn die deutsche Geschichte einnimmt, beansprucht die Geschichte der sozialistischen Staatengemeinschaft. Man kann von einer bipolaren Aufteilung des Buches sprechen: Die beiden großen, einander korrespondierenden Themen sind die Geschichte der DDR und die Geschichte des sozialistischen Weltsystems. Die übrige Geschichte – vornehmlich die Geschichte der

---

8 Wilhelm Bleek, Einheitspartei und nationale Frage 1943-1955, in: Der X. Parteitag der SED – 35 Jahre SED-Politik. Versuch einer Bilanz, Köln 2. Aufl.1982; siehe ferner zu dieser Frage der Interpretation des nationalen und staatlichen Selbstverständnisses in der DDR: Rüdiger Thomas, Modell DDR, Die kalkulierte Emanzipation, München 8. Aufl.1982, und Christoph Kleßmann, Die doppelte Staatsgründung. Deutsche Geschichte 1943-1955, Bonn 1982.

imperialistischen Welt – muß sich mit ca. 10 Prozent des Umfanges begnügen.

Obgleich bei genauerer Untersuchung des Inhalts deutliche Akzentverschiebungen in der Betonung der nationalen Geschichte oder der sozialistischen Weltgeschichte festzustellen sind, bleibt doch die Anlage
im Prinzip gleich. Man darf ungeachtet inhaltlicher Verschiebungen daraus entnehmen, daß von Anfang an die DDR die deutsche Geschichte in
ihrem für sie wesentlichen Teil auf die Geschichte des sozialistischen
Weltsystems und seiner Entwicklung bezogen hat und bezieht und sie in
diesem Kontext deutet. Anders: Die Geschichte der Nation steht im engsten Zusammenhang mit der Geschichte des Klassenkampfes; die nationale Frage ist im Kern eine soziale Frage; ihre Lösung wird mit der
Ausbreitung des sozialistischen Weltsystems eng verknüpft.

Eine weitere Invariante der Präsentation der „Deutschen Frage" im
Unterricht ist ihre Einbettung in ein weltgeschichtliches Verlaufsmo-
dell. Die Art, wie dieser Zusammenhang konstruiert wird, wechselt in
den verschiedenen Phasen der Interpretation der nationalen Frage; konstant bleibt die Legitimation der Existenz der DDR und einer Lösung
der nationalen Frage in ihrem Sinne durch das Konstrukt des historischen Fortschritts. Anders als in der Bundesrepublik hat sich in der
DDR die Geschichtsschreibung, und in noch schärferer und elementarer
Weise die Schulgeschichtsschreibung, darum bemüht, den eigenen
Staat in eine ungebrochene Kontinuität zur Vergangenheit zu setzen und
damit zugleich eine sichere Perspektive für die Zukunft zu gewinnen.

Dies ist im Rahmen der herrschenden marxistischen Geschichtsauffassung nicht verwunderlich; die Historizität gehört zum System. Die
Herstellung einer positiven Kontinuität aus der deutschen Nationalgeschichte für die DDR gelang zunächst durch die „Halbierung" der deutschen Geschichte. Die eine „Hälfte", die kapitalistische, militaristische,
imperialistische, feudalistische schied man aus der Traditionslinie aus;
die andere „Hälfte", die radikaldemokratische oder sozialistische der
fortschrittlichen Bourgeoisie und vor allem der Arbeiterbewegung und
insbesondere der KPD, nahm man für sich allein in Anspruch. Auf diese Weise konnte man einen entlastenden Bogen um die gesamte Geschichte der „herrschenden Klassen" machen, insbesondere um den Nationalsozialismus und die Kaiserzeit. In dieser Sicht war die DDR die
aus der Schattenseite der deutschen Geschichte nunmehr ans Licht ge-
tretene Verkörperung ihrer „besten Traditionen" – dank des Sieges der
Sowjetunion von 1945. So wurden denn auch die beiden Jahreszahlen
1945 und 1949 zu den Höhepunkten der deutschen Geschichte erklärt.

Dieser Vorgang stellt in der gesamthistorischen Philosophie einen
notwendigen weltgeschichtlichen Fortschritt dar, auf den nur weitere
Fortschritte in die gleiche Richtung folgen können. So legitimiert die
Vergangenheit sowohl den gegenwärtigen Zustand wie die Bemühungen der Staatsführung, ihn in die Richtung einer sozialistischen und
dereinst kommunistischen Gesellschaft fortzuentwickeln.

Auch wenn sich der Zugriff auf die deutsche Nationalgeschichte veränderte und, wie eingangs angedeutet, von der selektiven Halbierung befreite, blieb die historisch argumentierende Rechtfertigung der Existenz der DDR unverändert. Kritischen Einwänden aus der Bundesrepublik, die dieses starke Bestreben um die Herstellung nationalgeschichtlicher Kontinuitätslinien im weltgeschichtlichen Zusammenhang als Bemühung um die Behebung eines historischen Defizits beurteilten, konnte Kurt Hager gewiß mit voller Überzeugung entgegentreten: „Ich muß sagen, daß wir das angebliche Defizit einer historischen Legitimation unseres Staates in keiner Phase seiner Entwicklung empfunden haben. Die Deutsche Demokratische Republik hat verwirklicht, wofür die Revolutionäre vergangener Zeiten gekämpft haben ... Ist das nicht die beste historische Legitimation, die ein Staat haben kann?"[9]

Diese drei Konstanten des nationalen Geschichtsbildes – die Zuweisung eines dominierenden Platzes der nationalen Frage, die Verbindung der Geschichte und Gegenwart der DDR mit dem sozialistischen Staatensystem, die Konstruktion einer nationalgeschichtlichen historischen Kontinuitätslinie mit weltgeschichtlicher Perspektive – sind so evident, daß man in ihnen nicht eine bloß funktional gemeinte Reaktion historisch-politischer Propaganda auf bestimmte und sich ändernde Legitimierungsbedürfnisse erblicken kann. Diese Konstanten bezeichnen vielmehr die Grundlinien des politischen Selbstverständnisses der DDR-Führung. Sie dienen nicht jeweils spezifischer, sondern prinzipieller Rechtfertigung. Keines dieser Elemente könnte die DDR für die Bildung des politischen Selbstverständnisses ohne Gefahr für die ideologische Geschlossenheit aufgeben. Den starken nationalen Akzent braucht sie nicht nur angesichts der üppigen Nationalismen des sozialistischen Lagers; sie braucht ihn auch angesichts der Nachbarschaft zur Bundesrepublik: Solange sie nicht aus der gemeinsamen deutschen Nation ausscheren konnte, mußte sie den nationalen Anspruch auf sich ziehen, um nicht als der kleinere nationale Rest eines künftigen geeinten Deutschlands zu erscheinen; nachdem sie die nationale Gemeinsamkeit gekündigt hat, braucht sie den Rückgriff auf die gesamte Geschichte, um sich als sozialistische Nation von der „kapitalistischen Nation" genetisch und prinzipiell, nicht nur für die Zeitspanne einer Generation, abheben zu können. Die Verbindung der so gesehenen Nationalgeschichte mit dem sozialistischen Staatensystem ist zweifellos eine durch die Machtpolitik diktierte Notwendigkeit; sie gehört aber zugleich zur ideologischen Festigung der SED-Herrschaft, die sich im Willen der eigenen Bevölkerung nicht gesichert weiß. Die Konstruktion eines historischen Gesamtzusammenhanges, innerhalb dessen die DDR im Rahmen des sozialistischen Systems aus der Vergangenheit heraus als der fortschrittliche deutsche Staat der gesamten Nation eine notwendigerweise sozialistische Zukunft bereitet, gehört zur existenznot-

---

9 Hager (Anm. 1), S. 293.

wendigen Legitimierung aller Maßnahmen, welche die sozialistische Umgestaltung in Gesellschaft, Wirtschaft, Politik, Kultur begründen und die Herrschaft der SED rechtfertigen – das ist die DDR-Variante einer „deutschen Ideologie".

Der Nationalismus der DDR beruht also auf einem dichotomischen und einem teleologischen Grundprinzip. Die Dichotomie liegt in der messerscharfen Gegenüberstellung des sozialistischen Staatensystems, in das man die eigene Nationalgeschichte einordnet, und des kapitalistischen oder imperialistischen Systems, das zugleich als antisozialistisch und antinational dargestellt wird. Das teleologische Prinzip liegt in der Konstruktion einer universalgeschichtlichen Linie, die notwendig zum Sieg des Sozialismus führt. In diesem dichotomischen und teleologischen System hat die nationale Frage ihren unverrückbaren Platz: Mit dem Sieg des Sozialismus wird auch die deutsche Wiedervereinigung in einer sozialistischen Nation unausweichlich.

Je klarer sich diese Determinanten der Interpretation der nationalen Frage in der Abfolge der Schulgeschichtsschreibung herausstellen, um so deutlicher treten die Variablen in ihrer taktischen Funktionalität hervor: die Propagierung eines antifaschistisch-demokratischen Gesamtdeutschlands; die Propagierung der Volkskongreßbewegung zur Herstellung eines solchen politischen Zustandes in ganz Deutschland; die Unterstützung der Konföderationspläne und – wenn auch überrascht und widerwillig – der sowjetischen „Friedensnote" zur Neutralisierung Gesamtdeutschlands; das immer stärker werdende Bestehen auf der eigenen staatlichen Souveränität der DDR und schließlich auch die Deklaration einer eigenen „sozialistischen" Nation. Es sind nach außen wie nach innen gemeinte taktische, der jeweiligen Situation angepaßte, „geschmeidige" Wendungen. Die historische Dialektik erlaubt, sie jeweils wieder zurückzunehmen oder zu verändern.

Freilich nicht ohne erhebliche Bemühungen. Die Umschreibung der Lehrpläne und der Lehrbücher zeigt dieses erstaunliche und konzentrierte Bemühen, die jeweils neuen Akzentsetzungen zu begründen und plausibel zu machen. Ohne Anspruch auf Vollständigkeit sollen einige dieser sich verändernden Argumentationen in ihrer historischen Abfolge am Beispiel der Materialien für den Geschichtsunterricht aufgeführt werden.

III. Die Variablen der Darstellung der „Deutschen Frage" im Geschichtsunterricht der DDR

1. Die „antifaschistisch-demokratische", unteilbare deutsche Republik

Die Art, wie im Geschichtsunterricht der DDR die Frage der deutschen Einheit dargestellt werden soll, hat sich im Laufe der vergangenen 30 Jahre in deutlich erkennbaren Phasenschüben gewandelt. Diese Phasen sind durch politische Ereignisse gekennzeichnet, die jeweils eine Akzentverschiebung der Beurteilung der Deutschen Frage nach sich zogen.

Die erste Phase, vor der Gründung der DDR, ist deshalb besonders interessant, weil in der SBZ noch vor dem Verlust der politischen Einheit des deutschen Staates der Kampf um seine innere, gesellschaftliche und ökonomische Einheitlichkeit im Sinne der Politik der KPD und späteren SED begann. In der „antifaschistischen" Vorphase der Gründung der DDR wurde ein Lehrplan erarbeitet, der noch an Traditionen des Geschichtsunterrichts in der Weimarer Republik anknüpfte, aber bereits derart von kommunistischen Grundvorstellungen beherrscht war, daß er von den drei westlichen Besatzungsmächten in Berlin für ihre Sektoren abgelehnt wurde. Seine zweite Auflage wurde 1947 in der SBZ verbindlich.[10] Vor der Entfremdung zwischen den Siegermächten entstanden, zeigt er noch nicht die Polarisierung zwischen den Westmächten und dem Lager der Sowjetunion. Die Siegermächte werden noch als „demokratische Weltmächte" zusammengenommen. Für Deutschland unterscheidet dieser Lehrplan allerdings scharf zwischen den „demokratischen" und den „reaktionären" Kräften, propagiert neben der „Säuberung des öffentlichen und wirtschaftlichen Lebens" vor allen Dingen die Bodenreform, die Wirtschaftsreform und die Schulreform. Er ruft auf zur gemeinsamen Arbeit „aller demokratischen Kräfte am Wiederaufbau" Deutschlands. Die Potsdamer Beschlüsse mit ihren Forderungen nach einer Neuordnung der gesellschaftlichen Strukturen in Deutschland werden dabei im Sinne des Kommunismus ausgelegt, und allein diese Neuordnung wird als „demokratisch" verstanden. Die Wiederherstellung der deutschen politischen Souveränität, der „Wiederaufbau" Deutschlands verlange nun, nachdem der Kapitalismus und die Reaktion Deutschland zweimal in die Katastrophe geführt habe, die Einheit der Arbeiterklasse.

Für diese Behauptung, die in unmittelbar legitimatorischem Bezug zur zwangsweisen Vereinigung von KPD und SPD steht, wird die historische Linie mitgeliefert. Bismarcks Einigungswerk, einer politisch fortschrittlichen Tat, habe allerdings ein reaktionärer Klassencharakter angehaftet; nun komme es darauf an, durch die demokratische Neuordnung, durch die Erzeugung eines „echten demokratischen Nationalbewußtseins" die Einheit der Nation im Innern erst zu stiften: „Weil unser Vaterland bis heute nie zu einer wirklichen Demokratie wurde, wurden wir nie zu einer wirklichen Nation."[11]

Schon 1949 wurde ein Unterrichtsmodell mit dem Thema „Deutschlands Kampf um Einheit und gerechten Frieden" entwickelt. Es konstatiert schon die Gefährdung der Einheit Deutschlands durch die Politik

---

[10] Lehrpläne für die Grund- und Oberschule in der SBZ. Geschichte, 2. Aufl., 1.9.1947.
[11] Alfred Meusel, Der Kampf um die Einheit in der deutschen Geschichte, in: Geschichte in der Schule, 1 (1948/49) 1/2, S. 13.

der Westmächte, welche die Potsdamer Beschlüsse, als die einzige
Rechtsgrundlage der Einheit Deutschlands, nicht beachten und die demokratische Umgestaltung in ihren Zonen verhindern. Die Einigkeit
und den gerechten Frieden könne man nicht von den USA erwarten, die
als imperialistischer Staat nur an die eigenen materiellen Interessen
dächten. „Nur die Sowjetunion kann uns dabei helfen."[12]

Zu dieser Zeit gab es noch keine Unterrichtsbücher. Erst 1951 wurde
unter Zugrundelegung sowjetischer Lehrbücher ein deutsches Ge-
schichtswerk in der DDR erarbeitet. Seine vier Bände entwickeln einen
streng der Systematik der Klassenkampfabfolge verpflichteten Lehrgang von der Urgeschichte bis in die Gegenwart. Sie ruhen noch auf
den Gedanken der antifaschistischen Phase, gehen aber in Darstellung
und Deutung der Existenz der Bundesrepublik und der DDR darüber
hinaus.

Die Darstellung der deutschen Geschichte nach 1945 behandelt die
deutsche Spaltung unter dem Motto: „Der Kampf um die Einheit
Deutschlands".[13] Für die Einheit Deutschlands kämpfen die Parteien
der SBZ und der DDR mit Unterstützung der Sowjetunion. Auf der Le-
gitimationsbasis des Potsdamer Abkommens, so wird gezeigt, vollzieht
sich in der sowjetischen Besatzungszone und dann in der DDR die
„Demokratisierung", d.h. die Entmachtung der Kapitalisten und Groß-
grundbesitzer, der Aufbau eines demokratischen Schulsystems – alles
mit dem Ziel der inneren, gesellschaftlichen Einigung Deutschlands in
einer demokratischen Nation. Auf fast 20 Seiten wird dieser Aufbau in
der DDR gepriesen; auf knapp acht Seiten wird „die Politik der imperialistischen Mächte in Westdeutschland" als eine Kette von Verstößen
gegen das Potsdamer Abkommen angeklagt, die in ihrer Konsequenz
zur wirtschaftlichen und politischen Abspaltung der Westzonen vom
demokratischen Weg Deutschlands geführt hätte. Die Klassenfrage erscheint schon hier als die eigentliche nationale Frage: Imperialistische
und kapitalistische Reaktionen durch die drei Westmächte spalten die
politische Einheit einer deutschen Zukunft, auf die hin sich die DDR
bewegt.

Diesen Vorgängen wird ihre historische Erklärung hinzugefügt in der
nunmehr breiteren und genaueren Ausmalung der Klassengegensätze
der deutschen Geschichte seit dem frühen 19. Jahrhundert und der Revolution von 1848: Das deutsche Bürgertum, das 1848 aus Furcht vor
dem vierten Stand seiner nationalen und demokratischen Aufgabe ent-
sagt hätte, wurde reaktionär; die deutsche Arbeiterklasse, welche nach
dem Ersten Weltkrieg die demokratische Einheit hätte schaffen können,
wurde durch die Schuld der rechten Sozialdemokratie gespalten. Bürgertum und rechte Sozialdemokratie stellten auch jetzt wieder der Re-

---

[12] Hinze, Richter, Meyer, Deutschlands Kampf um Einheit und gerechten Frieden, in: Geschichte in der Schule 1 (1948/49) 6, S. 24.
[13] Lehrbuch für den Geschichtsunterricht, 8. Schuljahr, Berlin 1952, S. 362-377.

aktion ihre Kräfte zur Verfügung und setzten die Spaltungstendenz Deutschlands fort.

Diesen Tendenzen gegenüber werden im Geschichtsbuch alle Bewegungen und Maßnahmen breit ausgemalt, welche auf die Einheit Deutschlands zielten: die Potsdamer Beschlüsse, die Politik der „nationalen Front", die Volkskongreßbewegung. Die Westmächte hingegen hätten, nachdem der eigentlich fundamentale Gegensatz der Weltgeschichte nur zeitweise durch die Kriegskoalition überbrückt gewesen sei, ihr altes Ziel, Deutschland zur Speerspitze gegen die kommunistische Welt zu machen, nunmehr mit der Gründung der Bundesrepublik teilweise erreicht. Demgegenüber hält die DDR an der Wiedervereinigung eines „friedliebenden und demokratischen Deutschland" fest: „Die nationale Front des demokratischen Deutschlands ist unaufhaltsam. Sie wird siegen, ganz Deutschland befreien und wiedervereinigen."[14]

Der Begriff der „einheitlichen, friedliebenden, demokratischen Nation" wird schon ganz mit Symbolen der DDR besetzt. Die Sprache, in der der Aufbau der DDR geschildert wird, ist integrativ bis verherrlichend. Alle positiv besetzten Substantive und Adjektive werden Ereignissen und Personen der DDR zugeschrieben. Im Gegensatz dazu steht die Darstellung der Bundesrepublik in einem durchgehend negativen sprachlichen Kontext. Die Westmächte und die führenden Kräfte der Bundesrepublik werden stets pejorativ benannt: Imperialisten, Kapitalisten, Konzernherren, Junker, Militaristen. Positive Identifikationen mit dem eigenen Lager einerseits, den Aufbau von Feindbildern andererseits bezweckt diese Sprache; dem dient auch die Bildauswahl. Während nur positive Fotos – seien es Portraits, seien es Szenen aus Wirtschaft oder Politik – für die DDR gezeigt werden, findet sich die Bundesrepublik lediglich in Karikaturen repräsentiert. Mehr noch als die Inhalte zeigt also die Art der sprachlichen und bildlichen Darstellung, daß es der Führung der DDR nie um einen demokratischen Kompromiß, um einen Ausgleich verschiedener Auffassungen von gesellschaftlichen, ökonomischen und politischen Gestaltungsperspektiven ging, sondern um taktisch unterschiedlich angesetzte Strategien der Durchsetzung ihres Konzepts für ganz Deutschland. Wiedervereinigung Deutschlands hieß unmittelbare oder aber in Stufen sicher erreichbare Ausdehnung der „Herrschaft der Arbeiterklasse" bzw. ihrer Avantgarde, der SED, auf ganz Deutschland.

2. Die DDR als „Bollwerk des Sozialismus"

Dieses Unterrichtswerk blieb bis 1959 im Gebrauch. Die politischen Interpretationen der Deutschen Frage entwickelten sich jedoch weiter.

---

[14] Ebd., S. 377.

Zumal seit der Erlangung der Souveränität durch die DDR – 1955 – brachten sie Akzentverschiebungen, die auf die pädagogischen Anweisungen für den Geschichtsunterricht durchschlugen. Dies geschah zunächst in neuen Lehrplänen, Vorläufern des großen „Lehrplanwerks" von 1959, das der Umgestaltung des Bildungswesens parallel lief.[15] Das neue Buch von 1960, das 1961 auch für die neue Oberstufe zugelassen wurde, spiegelt die Veränderungen im politischen und historischen Selbstbewußtsein der DDR-Führung.

Die Bücher aus der Generation von 1951 hatten die Staatsgründung der DDR als eine notgedrungene, fast erzwungene Antwort auf die Spaltungsmaßnahmen der Westmächte und auf die Gründung der Bundesrepublik angegeben. Darin klang noch der ursprüngliche Wunsch einer gesamtdeutschen politischen Ordnung nach dem Muster der „antifaschistisch-demokratischen" Parole nach, die für ganz Deutschland den Weg zum Sozialismus vorbereiten sollte. 1959 dagegen bezeichnet der Lehrplan die Gründung der DDR „als gesetzmäßiges Ergebnis der gesellschaftlichen Entwicklung und als wichtigste Lehre aus der deutschen Geschichte". Unverkennbar ist in die Darstellung der Frage der deutschen Teilung die Bemühung eingedrungen, das Staatsbewußtsein der DDR zu stabilisieren. 1952 hatte durch offiziellen Beschluß der Aufbau des Sozialismus in der DDR begonnen. Die folgenden Jahre zeigten die propagandistische Tendenz, den ständigen Fortschritt auf diesem Wege bewußt zu halten. Das DDR-Staatsbewußtsein erhielt als Erziehungsziel Vorrang vor einem gesamtdeutschen Nationalbewußtsein – in der Formulierung, daß das deutsche Nationalbewußtsein auf dem DDR-Staatsbewußtsein aufbaue. Beides aber vereinigte sich unter dem Begriff des „demokratischen Nationalbewußtseins".

Das Lehrbuch von 1960 führt die verschiedenen Strategien des „Kampfes um die Wiedervereinigung" zwar ausführlich auf – die Potsdamer Beschlüsse, die Volkskongreßbewegung, die sowjetische Note von 1952 und die Konföderationspläne –, behandelt sie nun aber eindeutig als Geschichte, spricht ihnen auch unverholen den taktischen Zweck zu, die Einfügung Westdeutschlands in das imperialistische Lager zu verhindern. Die DDR dagegen habe sich durch den Gang der Geschichte als der westlichste Vorposten des sozialistischen Systems herausgestellt, als das „Bollwerk" gegen den Versuch, im geographischen wie im politischen Sinne ein „roll back" zu versuchen. Das Ziel der nationalen Wiedervereinigung wird zwar festgehalten – jedoch unter der ausdrücklichen Vorbedingung, daß sie „nur auf demokratischer Grundlage" erfolgen könne.

Wie diese Grundlage aussieht und auf welche Weise sie geschaffen wurde, wird in einer ausführlichen Darstellung der inneren Geschichte

---

[15] 1955 erschien ein neuer Lehrplan für die Grundschulen, 1954 für die Oberschule und dazu ergänzend eine „Direktive" von 1956. Am 1. September 1959 trat parallel zur Einführung der zehnklassigen allgemeinbildenden polytechnischen Oberschule ein umfassendes „Lehrplanwerk" in Kraft, das die organisatorische Neuordnung didaktisch ausfüllte.

der DDR gezeigt. Sie liest sich wie eine Abfolge gelungener Demokratisierungsprozesse im „ersten deutschen Arbeiter- und Bauernstaat". Etwas versteckt, noch fast wie eine Entschuldigung für die Eigenentwicklung, klingt der Hinweis, daß die Vorgänge in der Bundesrepublik ein längeres Hinauszögern der sozialistischen Umwälzung – mit Rücksicht auf die Einheitlichkeit Deutschlands – verboten haben.

Dem strahlenden Bild der DDR steht nun, erheblich verschärft gegenüber dem alten Buch, die Bundesrepublik als ein Feindbild gegenüber. Im Geschichtsbuch von 1960 gibt die DDR ihre eigene Geschichte seit 1945 bereits als eigentliche nationale deutsche Geschichte aus. Die Geschichte der Bundesrepublik ist nur noch als ein negatives Element der Verzögerung eines welthistorischen Fortschrittes vorhanden.

Allerdings wird das Bild der Bundesrepublik polarisiert. Die imperialistischen Westmächte finden in der Schicht der westdeutschen Kapitalisten Helfershelfer, die gegen den Widerstand breitester Volksmassen eine antifaschistische Neuordnung verhinderten und die Bundesrepublik ins Lager der Westmächte führten. Restaurierung der „kapitalistischen Ausbeuterordnung" geht Hand in Hand mit der Klerikalisierung durch die CDU-Vormacht und der Militarisierung nach der Einführung einer „Söldnerarmee". Mittels politischen Terrors halte sich dieses militaristisch-klerikale Regime gegen demokratische Parteien wie die KPD und gegen breite Volksbewegungen wie die Bewegung gegen „Militarisierung und Atomtod". Die „Adenauer-Clique", unterstützt von den „rechten Sozialdemokraten", habe also im eigenen Interesse nicht nur alle Wiedervereinigungsmöglichkeiten von sich gewiesen, vielmehr keine Gelegenheit ausgelassen, den Aufbau der DDR zu stören oder gar die DDR sich militärisch einzuverleiben. In diesem Zusammenhang wird auch, zum ersten Mal im Geschichtsbuch, der Aufstand von 1953 erwähnt. Hier erscheint er als „faschistischer Putsch", ausgeführt von „Rowdies aus halbfaschistischen Organisationen, arbeitsscheuen und kriminellen Elementen", die von den Westsektoren Berlins nach Ostberlin eingeschleust worden seien. Die „klassenbewußten" Werktätigen" hätten den Putsch leicht niedergeschlagen, während die Truppen der Sowjetunion den militärischen Überfall von außen und damit einen neuen Krieg in Europa verhindert hätten.[16]

Die Westmächte und die Bundesrepublik erscheinen also in einem dreifachen Sinne als obgleich zwar machtlose, so doch bösartige Kräfte: Sie sind gegen die Demokratie, gegen die Einheit der Nation und gegen den Frieden.

Diesen Mächten gegenüber kann die Erziehung nicht neutral bleiben. Wie sie zur Liebe zum eigenen Volk und zum Sozialismus erziehen soll, so muß sie Haß erzeugen gegen dessen Feinde. Diese pädagogische Ziellehre spiegelt genau die Polarität der Weltsicht, die scharf zwi-

---

16 Lehrbuch für Geschichte der 10. Klasse der Oberschule, Berlin 1960. Alle Hinweise und Zitate im Teil C, 1950 bis Gegenwart.

schen Freund und Feind unterscheidet. Die Deutsche Frage ist in diesen manichäischen Kampf hineingestellt: Die DDR, die sich auf dem Wege zum Sozialismus befindet, ist die einzige Hoffnung auf eine Wiedervereinigung der Nation, die sich lohnt und zu verantworten ist: die sozialistische Wiedervereinigung. Da ihr Zeitpunkt nicht abzusehen ist, gilt es vordringlich, die DDR zu stärken.[17]

Dazu gehörte die Vertiefung und breitere Verankerung dieses Staates in der deutschen Geschichte im allgemeinen Bewußtsein. Durch Ulbrichts offizielle Verlautbarungen zieht sich wie ein roter Faden seine Bemühung um historische Legitimation. Nicht allein die Geschichte der deutschen Arbeiterbewegung, die im kommunistischen Sinne so wenig Erfolg aufzuweisen hatte, sondern die Geschichte der deutschen Revolutionäre überhaupt sollte vermittelt werden. Als die Partei 1955 von den Historikern verlangte, ein geschlossenes marxistisches Geschichtsbild der deutschen Geschichte auszuprägen, gab sie zugleich die für die „revolutionären Traditionen" wichtigen Geschehnisse an, die auch die Struktur des Geschichtsbildes bestimmen sollten: den Bauernkrieg, den Befreiungskrieg gegen die napoleonische Fremdherrschaft, die Revolution von 1848, die November-Revolution und den Kampf der deutschen Arbeiterklasse gegen Imperialismus, Faschismus und Krieg. Aber auch „die Freiheitskämpfe der Germanen gegen die römischen Sklavenhalter, die Klassenkämpfe der deutschen Bauern in der Periode ... des Feudalismus und die Aufstände der Bauern und Plebejer während des 17. und 18. Jahrhunderts, die demokratischen Bewegungen während der dreißiger und vierziger Jahre des 19. Jahrhunderts sowie der Kampf der Werktätigen für die demokratische Einheit Deutschlands in den fünfziger und sechziger Jahren des 19. Jahrhunderts" sollten in den Vordergrund gestellt werden.[18]

---

[17] Eine sehr deutliche, differenzierte Auflistung des Lernziels „demokratisches Nationalbewußtsein" findet sich schon 1950 bei Wolfgang Groth, Zur Frage der Erziehung zum demokratischen Patriotismus, in: Geschichte in der Schule 3 (1950) 6, S. 19: „1. Liebe zum eigenen Volke als Quelle eines echten Nationalstolzes; 2. Freundschaft mit allen Völkern, insbesondere mit der Sowjetunion und den Völkern, die im antiimperialistisch-demokratischen Lager einen erbitterten Kampf gegen die Weltreaktion führen; 3. Haß gegen die Reaktion als Motiv des Kampfes gegen die rückschrittlichen Traditionen im eigenen Volke und gegen die inneren und äußeren Feinde der wahren und friedlichen Interessen der deutschen Nation; 4. Aktivitäten bei der friedlichen Aufbauarbeit der Heimat aus eigener Kraft und Bereitschaft, die demokratischen Grundlagen und die Erfolge dieser Arbeit gegen alle störenden Einflüsse oder feindlichen Angriffe zu verteidigen: ‚Bereit zur Arbeit und zur Verteidigung des Friedens'; 5. Bewußtsein, daß die Interessen des Volkes mit den Interessen seiner Staatsführung untrennbar verknüpft sind, als Quelle der Liebe zum Präsidenten der Deutschen Demokratischen Republik und des Vertrauens zu den Vertretern des werktätigen Volkes in seiner Regierung; 6. Einsicht in die geschichtlich begründete Führungsrolle der Arbeiterklasse bei der Sammlung aller patriotischen Kräfte und dem gemeinsam von diesen Kräften geführten Kampf der Nationalen Front des demokratischen Deutschland."

[18] Beschluß des Politbüros der SED vom 5.10.1955: Die Verbesserung der Forschung und Lehre in der Geschichtswissenschaft der DDR, in: Dokumente der SED, Bd. 5, Berlin 1956, S. 348.

So zeigt sich schon in dieser Phase die doppelte Bewegung: Je stärker sich die DDR als Staat eigenen Rechtes und eigener Ordnung empfindet, um so umfassender wird der Zugriff auf die deutsche Geschichte. Die Gegenwart wird in einen Horizont von Zukunft und Vergangenheit gestellt. Die Zukunft der nationalen Geschichte wird als Einheit der geeinten, sozialistischen Nation betrachtet; die Vergangenheit wird so zurechtgerückt, daß diese Zukunft als aus langer Kontinuität notwendig sich ergebende Konsequenz erscheint.

3. Die DDR als „Kernstaat" der künftigen deutschen Einheit

Als die Lehrbücher mit dieser Deutung der Deutschen Frage und ihrer Geschichte erschienen, war die Diskussion schon eine Stufe weiter gediehen. Bisher wurde die Ursache für die Spaltung der deutschen Nation vornehmlich im selbstsüchtigen Handeln der Westmächte gesehen, das die Herrschaft der „Adenauer-Clique" überhaupt erst möglich gemacht habe. Seit 1960 beginnt die SED, die Spaltung der deutschen Nation nicht mehr in dieser Fremdbestimmung nach 1945, sondern in einem „Grundwiderspruch" der deutschen Geschichte selbst zu sehen. Die Geschichtswissenschaft erhielt den Auftrag, „den Nachweis zu erbringen, daß der deutsche Imperialismus und Militarismus ein nationales Unglück für unser Volk bedeutet". Der Klassengegensatz in der deutschen Geschichte sei die eigentliche Ursache der Spaltung. Wer meine, durch diplomatische Beschlüsse die Spaltung Deutschlands überwinden zu können, verwechsle Ursache und Wirkung. Erst müsse der Grundwiderspruch der deutschen Geschichte überwunden sein; dann ergebe sich die Einheit von selbst. Diese Überwindung aber sei allein eine Sache des deutschen Volkes.
   Jetzt werden die Bemühungen stärker, sich mit der von Stalin entwickelten Theorie der sozialistischen Nation zu befassen. Man ergänzt, erweitert, kritisiert sie und gewinnt folgendes Bild: Die deutsche Nation befinde sich in einem Übergangsstadium zur sozialistischen Nation. Während dieser Übergang gewöhnlich im gesamtnationalen Maßstab vor sich gehe, könne er aus äußeren Gründen in der deutschen Nation zunächst nur in einem Teil geschehen – Korea und Vietnam vergleichbar. Dieses sei aber nur eine Frage des Weges. Ganz unwissenschaftlich sei es, dieses Durchgangsstadium zu verabsolutieren und zur Grundlage einer Theorie von zwei deutschen Nationen zu machen. Die gegenwärtige Spaltung werde durch die Herausbildung einer einheitlichen sozialistischen Nation überwunden werden, sobald sich der Grundwiderspruch in der deutschen Geschichte gelöst haben werde.[19]

---

[19] Die Erklärung des „Grundwiderspruchs" zuerst in der programmatischen „Erklärung des Vorsitzenden des Staatsrates der Deutschen Demokratischen Republik", Walter Ulbricht, vor der Volkskammer am 4.10.1960, in: Neues Deutschland, 5.10.1960; s. zum

Auf dem Boden dieser Anschauung wird nun die Geschichte der deutschen Teilung akzentuiert. Sie reicht über das Jahr 1949 weit zurück bis in die Mitte des 19. Jahrhunderts. Man kann sie geradezu personalisieren: Bismarck – Wilhelm II. – Hindenburg – Hitler – Adenauer einerseits, Bebel – Liebknecht -Thälmann – Pieck – Ulbricht – Grotewohl andererseits. Das kommunistische Manifest erscheint nun als der eigentliche Ursprung der Entwicklungslinie zur DDR. Damit stellt sie sich in den welthistorischen Kampf um die Durchsetzung des Sozialismus. So konnte Kurt Hager 1962 feststellen, daß sich in der gesamten deutschen Nation „eine tiefgreifende Wandlung zu einer sozialistischen Nation" vollziehe. Was in der DDR bereits verwirklicht werde, werde morgen auch „gesetzmäßig und unvermeidlich" Westdeutschland erfassen.[20]

Diese Wendung verschiebt auch die Erziehungsziele. Statt eines demokratischen Nationalbewußtseins wird nun ein „sozialistisches Staatsbewußtsein" angestrebt. Der verbale Kampf gegen die Bundesrepublik wird um eine Stufe verschärft und gleichsam „nationalisiert", indem die welthistorisch „bösen" Eigenschaften ganz in Westdeutschland konzentriert gesehen werden. Der „deutsche Imperialismus und Militarismus" ist der Hauptfeind. Ohne seine Entmachtung gibt es keine glückliche Zukunft einer deutschen Nation.

In die Lehrpläne und Lehrbücher dringen diese Akzentverschiebungen erst 1966 voll ein. Ihre Analyse zeigt den Höhepunkt einer historisch-ideologischen Anstrengung, mit der Behauptung der Entwicklung einer sozialistischen Nation in der DDR die Behauptung der Existenz einer gesamtdeutschen Nation zu verbinden. Je souveräner-sozialistisch sich die DDR versteht, um so gesamtdeutsch-nationalistischer werden ihre Ansprüche auf der anderen Seite. Aus dem „Bollwerk" des Sozialismus ist der „Kernstaat" der künftigen deutschen Einheit, das „Modell DDR" geworden. Die ideologische Abgrenzung von der Bundesrepublik provoziert geradezu die ideologische Okkupation der Zukunft der gesamten deutschen Nation. Je eindeutiger der Anspruch, Kernstaat künftiger nationaler Einheit zu sein, erhoben wurde, um so aggressiver und heftiger fiel die Verurteilung des anderen deutschen Staates aus. Die Lehrpläne von 1966 und 1970/71 sind Beispiele einer ausgefeilten Anweisung zur Bewußtseinsformung, einer politischen Konditionierung des Staats- und Nationalgefühls durch eine Überzeugungsdidaktik. Die positive Verknüpfung zwischen den politischen Höchstwerten der Entwicklung des Sozialismus, der Wiederherstellung der deutschen Einheit und der Bewahrung des Friedens ist nunmehr zur Vollendung

---

Begriff des „Durchgangsstadiums" Alfred Kosing, Illusion und Wirklichkeit in der nationalen Frage, in: Einheit 17 (1962), S. 5.

[20] Kurt Hager, Wissenschaft und nationale Politik, in: Sonntag (1962) 26, S. 3. In der „Einheit" 17 (1962) 4, S. 8, konnte Ernst Hoffmann formulieren: „Die Deutsche Demokratische Republik verkörpert bereits heute die zukünftige geeinte sozialistische deutsche Nation."

gebracht. Das Negativbild des westdeutschen Imperialismus und Kapitalismus, die die Nation spalten und den Krieg wollen, ist perfekt.[21]

Dies zeigt sich am Beispiel der Darstellung des Mauerbaus. Nach einer ausführlichen Darstellung der Sicherung des Friedens in Europa durch die Nationale Volksarmee werden Pläne der Militaristen der Bundesrepublik, durch Karten und Texte „belegt", enthüllt, die auf eine Kriegsvorbereitung gegen die DDR im Frühjahr 1961 schließen ließen. Abwerbung von Fachkräften, Sabotageakte, Ausnutzung der offenen Grenze gegenüber West-Berlin, um die DDR zu schädigen: alles das sollte die DDR für die Bundeswehr „sturmreif" machen. Nato-Manöver probten im Sommer 1961 einen begrenzten Krieg gegen die DDR und andere sozialistische Staaten. Strauß sprach im August 1961 in den USA die letzten Einzelheiten ab. Die Nato-Truppen wurden in Alarmbereitschaft versetzt – da ergriff die DDR Gegenmaßnahmen und riegelte die bis dahin offene Staatsgrenze ab. „Als am Morgen des 13. August die Sonne über Berlin aufging, waren die Sicherungsmaßnahmen im wesentlichen abgeschlossen. Im Westen breiteten sich Verwirrung und Bestürzung aus, während die Bevölkerung der DDR Geschenke und Blumen an die Staatsgrenze brachte, um ihren Dank den bewaffneten Schützern und den Arbeitern am antifaschistischen Schutzwall auszudrücken."[22]

Dies ist zugleich ein Beispiel, welche Verdrehung der Tatsachen die politischen Argumentationszwänge den DDR-Geschichtsbüchern auferlegten. Der „antifaschistische Schutzwall" erschien in diesem Denkansatz nicht als weitere Trennung, sondern als Voraussetzung einer künftigen sozialistischen Vereinigung. Er bedeutete einen neuen Abschnitt der Auseinandersetzung zwischen Sozialismus und Imperialismus; er hat den Sozialismus gestärkt; er hat also die künftige sozialistische Wiedervereinigung befördert. Auf dem VII. Parteitag hielt Ulbricht noch einmal die beiden Pole der Argumentation in der Deutschlandfrage zusammen: „Wir deutschen Marxisten und Leninisten haben niemals den einheitlichen, friedliebenden, fortschrittlichen, den demokratischen und antiimperialistischen deutschen Staat abgeschrieben und werden das auch niemals tun ... Was der Imperialismus gesprengt hat, wird die Arbeiterklasse der beiden deutschen Staaten im engsten Bündnis untereinander wieder einen."[23]

---

21 Diese Diskussionsstufe spiegelt der neue Lehrplan für das Fach Geschichte insbesondere für die Klassen 8-10 der Oberschule und 9-10 der Erweiterten Oberschule sowie für die Klassen der Berufsausbildung und Volkshochschule. Der dann folgende Lehrplan von 1970/71 differenziert den Lehrplan von 1966. Dem Lehrplan von 1966 entspricht eine Neufassung des Geschichtswerkes für die Schulen; für die 10. Klasse erscheinen jetzt zwei Bände, 1968 und 1969.

22 Geschichte. Lehrbuch für Klasse 10, Teil 1, 1969 (1. Auflage 1967) „Die Sicherung des Friedens durch die Schutzmaßnahmen der DDR vom 13. August 1961", S. 215ff.

23 Dieses Zitat aus der Rede Walter Ulbrichts aus dem Jahre 1967 wurde in das neue Lehrbuch für Geschichte, Klasse 10, Teil 2, 1969, S. 51, aufgenommen – in den überarbeiteten Fassungen nach 1971 steht es nicht mehr.

Bis dahin ist die Darstellung der Deutschen Frage in den DDR-Geschichtsbüchern zwar variiert worden; sie blieb sich aber in der Grund-
linie gleich. Diese läßt sich in folgenden Stufen beschreiben:

– die deutsche Einheit auf dem Boden einer „antifaschistisch-demokratischen" Staats- und Gesellschaftsverfassung, auf dem die Arbeiterklasse in allen Besatzungszonen die sozialistische Umgestaltung
   erzwingen kann;
– die deutsche Wiedervereinigung durch den Zusammenschluß der beiden Staaten in einem neutralisierten Gesamtstaat, wie es die sowjetische Note von 1952 vorsah, oder durch Konföderation beider Staaten;
– die deutsche Einheit als Zukunft des deutschen Volkes nach dem
   Modell der sozialistischen DDR.

Die Abfolge dieser Vorstellungen zeigt als Konstante die sozialistische
Umgestaltung von Staat und Gesellschaft, als Variable die den jeweiligen Umständen entsprechende Interpretation der nationalen Frage. Sie
zeigt zugleich die steigende Identifizierung mit dem eigenen Staat auf
pädagogischem Wege, die von einer ausgreifenden Einbeziehung der
deutschen Geschichte in die Traditionslinie der DDR begleitet wird.

4. Die „sozialistische Nation"

Wie fügt sich die vorerst letzte Stufe der Behandlung der Frage der
deutschen Einheit in diese Skala ein, die durch die schon erwähnte Erklärung Erich Honeckers vom Ende der einheitlichen deutschen Nation
auf dem VIII. Parteitag der SED von 1971 betreten wurde? Erschien die
Kraftanstrengung, mit der Ulbricht das gesteigerte Staatsbewußtsein
der DDR mit einem gesamtdeutschen Nationalbewußtsein zusammen-
halten wollte, zu risikoreich? Bot sie vielleicht ideologische Einbruchs-
stellen für die neue Ostpolitik? War die Kündigung der Einheit der Nation die Antwort auf die Parole der sozial-liberalen Koalition, die
„Wandel durch Annäherung" schaffen wollte? Konnte also die Legitimation des eigenen Staates zu diesem Zeitpunkt nur noch durch ent-
schlossene Abkehr von der Idee einer gesamtdeutschen Nation glaubwürdig vertreten werden, zerbrach also die Kongruenz der politischen
Höchstwerte – Sozialismus und Nation?
   Die Aufkündigung der Einheit der Nation war nicht die einzige ideologische Veränderung seit 1971. Der betonte deutsche Nationalismus
der späten Ulbricht-Phase wurde auch an anderen Punkten zurückge-
nommen. Ulbrichts Erklärung, daß der Sozialismus „eine relativ selb-
ständige sozialökonomische Formation" sei und daß in ihm eine „sozialistische Menschengemeinschaft" – d.h. eine nichtantagonistische
Gesellschaft – entstanden sei, hatte der DDR im welthistorischen Pro-

zeß und gegenüber den anderen, älteren sozialistischen Staaten, insbesondere der Sowjetunion, eine eigene nationale Dignität gegeben. Diese Interpretationen werden nun als falsch erklärt. Die DDR tritt in der Beschreibung ihres Standpunktes im historischen Prozeß wieder deutlich hinter der Sowjetunion zurück; sie rückt politisch wieder eng an das sozialistische Lager als eine seiner „Abteilungen" heran. Sie wächst damit aus dem deutschen „Nationalverband" eindeutig heraus; denn die sozialistische Staats- und Gesellschaftsordnung ist verbindender als die Nationalität. Als neue, sozialistische Nation gewinnt die DDR einen weltpolitischen und welthistorischen Platz; in dieser Perspektive verliert die nationale Frage ihre alte Bedeutung.

Entsprechend erscheint nun die Bundesrepublik nicht mehr als der einstmals zu erlösende Teil derselben Nation, sondern ebenfalls als eine Abteilung des „imperialistischen Lagers". Nicht mehr die Linie des Klassenkampfes in der deutschen Geschichte, sondern die welthistorischen und weltpolitischen Antagonismen sind für das Verständnis der Situation beider Staaten wichtig.

Konsequent werden nun auch die bisher im Rahmen der Nationalgeschichte behandelten Vorgänge unter universalhistorischen Aspekten gesehen. Die innere Spaltung der deutschen Nation, der „Grundwiderspruch", wie er in der vorigen Phase beschrieben wurde, wird zum welthistorischen Widerspruch zwischen Sozialismus und Kapitalismus. Die negative Traditionslinie, wie sie oben genannt wurde, tritt als typisch deutsche Linie zurück. Selbst die Hitler-Diktatur erscheint nun als eine Marionette des Weltkapitalismus.

In dieser Betrachtungsweise ist die nationale Einheit eindeutig der Festigung und Ausdehnung der sozialistischen Herrschaft untergeordnet. Die Gründung der DDR ist in diesem weltgeschichtlichen – und nicht mehr nationalen – Rahmen nicht allein ein Wendepunkt in der Geschichte Deutschlands, sondern in der Geschichte Europas. Sie ist ein wesentlicher Erfolg der Ausbreitung des sozialistischen Lagers: „Dem deutschen Imperialismus und Militarismus war ein Drittel seines Herrschaftsgebiets entrissen."[24]

Offenbar hat es mancherlei Schwierigkeiten bereitet, diese neue Maxime der Selbstinterpretation in einer für Lehrer und Schüler überzeugenden Weise in Lehrpläne und Unterrichtsmittel hineinzutragen. Der nunmehr geforderte „proletarische Internationalismus" mußte mit dem lange propagierten Gedanken der Einheit der deutschen Nation nach sozialistischem Muster zusammenstoßen. Die Debatten um den Ausgleich zwischen proletarischem Internationalismus und sozialistischem Patriotismus sowie sozialistischem National- und Staatsbewußtsein brachten unterschiedliche Interpretationen hervor. Erst 1974 konnte eine noch unbefriedigende Umarbeitung des Lehrbuchs von 1971 erfolgen, welches noch zu sehr der Ulbricht-Linie verpflichtet war. Es dau-

---

[24] Geschichte. Lehrbuch für Klasse 10, 1977, S. 161.

erte bis 1977, ehe in neuen Lehrplänen und einem neuen Unterrichtswerk über die neueste Geschichte die ideologische Kehrtwendung in der Frage der Einheit der Nation in einen plausiblen Zusammenhang gebracht werden konnte.[25]

Die Bundesrepublik spielt auch in diesem Werk von 1977 die Rolle des am nächsten gelegenen und gefährlichsten Feindes. Die Verantwortung dafür tragen zwar nicht die Deutschen als Deutsche, sondern die Kapitalisten. Aber ihr Einfluß wird darum nicht minder gefährlich. Abgespalten vom deutschen Nationalverband, ganz ein Werkzeug imperialistischer Revanchisten, wird diese Bundesrepublik – mit der die DDR gerade den Grundlagenvertrag geschlossen hat – weiterhin als der undemokratische, antinationale und potentiell kriegerische Gegner dargestellt. Auch die Ostpolitik der sozialliberalen Koalition erscheint nur als eine besonders geschickte, aber bösartige Variante der imperialistischen Politik gegenüber dem Sozialismus. „Entspannung" findet im Geschichtsbuch nicht statt.

Demgegenüber sind die verbalen Retuschen in Lehrplänen und Geschichtsbüchern eher zweitrangig: Wo man kann – im eigenen Staatsnamen geht es nicht – vermeidet man das Wort „deutsch". Die DDR hat nun nicht mehr, wie in der Zeit Ulbrichts, die größte nationale Aufgabe durch sozialistische Wiedervereinigung zu lösen; ihre sozialistische Entwicklungsstufe ist vielmehr ein Schritt im welthistorischen Siegeslauf des Sozialismus.

Es bedarf sehr genauer Lektüre der Lehrpläne und Schulbücher, um hinter dieser Absage an die Gemeinsamkeit der Nation die verborgenen Bindungen an die aufgekündigte Einheit – auch noch in der Polemik – zu erkennen. Man mag es unterschiedlich deuten, daß das DDR-Geschichtsbuch von 1977, das bis 1981 im wesentlichen unverändert aufgelegt wurde, einer Fixierung auf die Bundesrepublik nicht entkommt, nicht die Gelassenheit aufbringt, mit der man die Geschichte einer anderen Nation betrachten könnte. Aufschlußreicher ist, daß Ulbrichts Versuch, die Verbindung von DDR-Staatsbewußtsein und gesamtdeutschem Nationalbewußtsein aufrechtzuerhalten, sich in eigentümlicher Metamorphose auch unter der neuen Linie wiederholt. Die Absetzbewegung von der „imperialistischen Bundesrepublik", die Aufkündigung der Nation führte seit den späten siebziger Jahren zu der eingangs erwähnten breiteren Hinwendung zur gesamten deutschen Geschichte und ihrer Kontinuität. Der Staat, der sich nicht mehr als Teil der „deutschen Nation" versteht, braucht die gesamte deutsche Geschichte –

---

[25] Die Umsetzung der neuen Interpretation des Zustandes der Nation erfolgte nur zögernd. Der Lehrplan von 1971 wurde erst 1977 ganz der neuen Linie angepaßt. Das Lehrbuch von 1974, das als Überarbeitung der Bücher von 1968/69 im alten Rahmen eine Glättung und Anpassung versuchte, mußte 1977 durch ein neues Buch ersetzt werden. S. dazu auch die Ausführung von Dietmar Waterkamp, Die Deutschlandpolitik in der politisch-historischen Bildung in der Bundesrepublik und der DDR. Rückblick und Vergleich, in: Deutschlandarchiv 12 (1979) 4, S. 405-422.

nicht mehr nur die auf ihn zulaufenden Klassenlinien –, um sich selbst und anderen gegenüber ein hinreichendes Selbstverständnis zu entwickeln. Ist er nicht mehr nur die Antithese im „Grundwiderspruch" der deutschen Geschichte – versteht er sich schon als deren sozialistische Synthese?

Dieser neue Zugriff auf die gesamte deutsche Geschichte hat sich noch nicht in den Unterrichtsmitteln niedergeschlagen. Man wird auf diese „Umsetzung" gespannt sein dürfen.

IV. Schlußfolgerung

Eine Analyse der historisch-politischen Selbstinterpretation der DDR-Führung in den von ihr unmittelbar gesteuerten Unterrichtsmaterialien läßt die eingangs gestellte Frage nach Funktionalität oder Intentionalität der deutschlandpolitischen Äußerungen nicht abschließend beantworten. Wenn in den Unterrichtsmaterialien der instrumentale Gebrauch so eindeutig hervortritt, daß sich jede Wendung der Interpretation der Deutschen Frage zugleich auf Legitimationszwecke angesichts zeitgeschichtlicher Erscheinungen zurückführen läßt, so liegt dies nicht zuletzt am politischen Zweck des untersuchten Materials. Geschichtsbücher dienen immer auch der Legitimation von Herrschaft und der Identifikation der Heranwachsenden mit ihr – in sozialistischen Staaten in einem weit über das normale Maß hinausgehenden Grade; die politischen Intentionen müssen sie nicht offenbaren; schon gar nicht spiegeln sie die Meinungskämpfe innerhalb der Elite. Sie sind das auf die Kernpunkte hin komprimierte Resultat solcher offiziellen Meinungsbildung, ihr allgemein verpflichtendes Produkt.

Seine Analyse legt allerdings nahe anzunehmen, daß sich bei der „Einschätzung" der nationalen Frage durch die DDR-Führung stets das gleiche Ergebnis einstellte: Alle nacheinander entwickelten Akzentuierungen der Deutschen Frage dienten dem übergeordneten Ziel des Ausbaus und der Sicherung der Herrschaft der SED und des sozialistischen Systems. Die Sicherung der sozialistischen Ordnung hat Vorrang vor der Herstellung nationaler Einheit. Dieses Sicherungsbemühen verband sich zunächst offensiv mit dem Einheitspostulat für ganz Deutschland; die Forderung nach der Einheit der Nation war ein Instrument der Ausdehnung des Sozialismus. Später diente sie – defensiv – der ideologischen Absicherung der sozialistischen Umgestaltung und der entsprechenden Herrschaftsordnung in der DDR selbst. Als das politische Ziel der deutschen Einheit auf dem Höhepunkt der Entspannungspolitik die Stabilität und Glaubwürdigkeit dieser Ordnung keinen Vorschub mehr leisten, sondern eher Abbruch tun konnte, wurde die nationale Einheit aufgekündigt. Der separaten „sozialistischen Nation" wird ein höherer Funktionswert beigemessen als der Einheit der deutschen Nation. Diese Wendung stärkt die Vermutung, daß auch das nationale Pathos der Ulbricht-Ära instrumentalen Charakter hatte.[26]

Da die Nation eine lange Geschichte hat, manövriert es sich jedoch schwer mit schnell wechselnden Verknüpfungen von Vergangenheit, Gegenwart und Zukunft. Die historisch-ideologischen Manöver im Geschichtsbuch enthüllen den Grundwiderspruch dieser Verknüpfung: Das jeweilige Selbstverständnis der DDR bedarf der gesamten deutschen Geschichte um so mehr, je stärker es sich von der Gemeinsamkeit der deutschen Gegenwart und Zukunft separiert.

Der Zusammenhang von Geschichtsbild und Herrschaft ist in der DDR von Anfang an nicht nur deutlich beschrieben, sondern auch praktisch gestaltet worden. Im „Arbeitskreis für Geschichtsdidaktik" in der Bundesrepublik wurde kürzlich anläßlich von Reflexionen über die temporale und soziale Integrationsfunktion für wahr ausgegebener „Geschichten" formuliert: „Wer die Macht hat ..., stabile Geschichtenerzählsituationen einzurichten ..., der hat auch die Macht über die in Geschichten konstruierten Kontinuitäten, mithin über die Gemeinsamkeit der Handlungsorientierungen ... Absolute Macht wäre es, sowohl das Handeln als auch das Geschichtenerzählen so bestimmen zu können, daß eben von dem Handeln auch künftig nur solche Geschichten sollen erzählt werden können, die die Zukunft dieser Machtstrukturen sichern."[27] Die DDR hat die Macht, im Geschichtsunterricht „stabile" Erzählsituationen anzuordnen – ob die Abfolge wechselnder stabiler Anordnungen aber nicht ein höheres Maß von Labilität erzeugt als die Konkurrenz unterschiedlicher, gleichzeitiger Geschichtsdeutungen und die institutionalisierte Auseinandersetzung um sie, wird die Geschichte selbst lehren müssen.

---

[26] Ein ebenso intimer wie distanzierter Kenner der deutschen Geschichte, Gordon Craig, urteilt entsprechend: „Die Art, wie die SED-Propagandisten die Wiedervereinigungsfrage benutzten, war stets durch taktische Überlegungen beeinflußt ..." (Über die Deutschen, München 1982, S. 339). Es wird schwer sein, außerhalb eingehender Biographien führender Persönlichkeiten den Grad dieser Beeinflussung durch taktische Überlegungen einerseits, den politischen Ernst der Wiedervereinigungsforderung andererseits genau gegeneinander abzuwägen.

[27] Kurt Röttgers, Geschichtserzählung als kommunikativer Text, in: Siegfried Ouandt, Hans Süssmuth (Hg.), Historisches Erzählen, Göttingen 1982, S. 41.

Erstveröffentlichung in: aus politik und zeitgeschichte. beilage zur wochenzeitung das parlament, B 32-33/83 (13. August 1983), S. 3-16.

II. BILDUNGSGESCHICHTE

BILDUNG ALS HISTORISCHE „POTENZ"

„Bildungsgeschichte"

Aspekte der Geschichte der Bildung und der historischen Bildungsforschung[1]

1.

Das zunehmende Interesse an der Geschichte der Bildung ist eine Folge der wachsenden Bedeutung, die seit den sechziger Jahren den Organisationsformen und den Inhalten der Erziehung beigelegt wird. Die politische Aufmerksamkeit, die dem Erziehungswesen zuteil wird, ist eine universelle Erscheinung. Am Beispiel der Dritten Welt zeigt es sich in seiner elementarsten Form: Erziehung gilt hier als Mittel zur Behebung von Not, zur Modernisierung und zugleich zur menschenwürdigeren Gestaltung der ökonomischen, sozialen und politischen Zustände. Bildungsförderung ist die aufwendigere, langfristigere und auf Befähigung zur Selbsthilfe setzende Parallele zur Hungerhilfe; sie ist zugleich der Versuch, durch Verstärkung der internationalen Bildungskommunikation zwischen den Völkern und Kulturen Verständigung zu fördern, Austausch zu intensivieren, Feindbilder abzubauen und also die Friedensfähigkeit in der Welt zu stärken. Daß eine Unterorganisation der UNO – die Unesco – Bildung zum zentralen Gegenstand einer globalen Tätigkeit macht, ist Ausdruck einer Vorstellung, die die Be-

---

[1] Die Skizze erhebt nicht den Anspruch einer umfassenden Würdigung der bildungsgeschichtlichen Forschung oder einer Auseinandersetzung mit verschiedenen Positionen, sondern will auf Fragestellungen und Zusammenhänge hinweisen, die für die Bedeutung dieser Forschungsrichtung für die Geschichtswissenschaft sprechen. Die umfangreiche Literatur, der sie verpflichtet ist, kann nicht im einzelnen aufgeführt werden. Ich beschränke mich auf Nachweise der im Text direkt genannten oder zitierten Werke sowie auf Hinweise, die unmittelbare, exemplarische Bedeutung für eine Textpassage haben. Ausführliche Literaturhinweise siehe jetzt in: Karl-Ernst Jeismann, Peter Lundgreen (Hg.), Handbuch der deutschen Bildungsgeschichte, Bd. 3:1800-1870, München 1987; auf dem Stand von 1979 gibt der Beitrag von Willy Strelewicz, Artikel „Bildungssoziologie", in: Rene König (Hg.), Handbuch der empirischen Sozialforschung, Bd. 14. 2. Auflage, Stuttgart 1979, S. 85-237 eingehende bibliographische Nachweise; die laufenden Forschungsvorhaben sind seit 1974 dokumentiert in: Informationen zur erziehungs- und bildungshistorischen Forschung (IZEBF). Hg. v. Vorstand der Historischen Kommission der Deutschen Gesellschaft für Erziehungswissenschaft, Hannover 1974ff. (H. 1ff.)
Für hilfreiche Hinweise zur Gestaltung des Textes und der Anmerkungen bin ich Frau Sigrid Bormann-Heischkeil, M.A. zu Dank verpflichtet.

förderung der Bildung als notwendigen Faktor einer positiven und erwünschten künftigen Geschichte der Menschheit ansieht.[2]

Förderung der Bildung gilt als ein Mittel, defizitäre Gesellschaftszustände und politische Mißstände zu überwinden: Dieses Vertrauen brachten auch die industrialisierten Gesellschaften der Ersten Welt auf. Wir alle waren Zeitzeugen einer eruptiven Veränderung gesellschaftlicher Mentalitäten und Organisationsstrukturen, in deren Zentrum eine Erweiterung der Distribution von Wissen, der Anspruch auf breite Partizipation aller an Wissenszuteilung und an Wissensverwendung und der Umbau überkommener „hierarchischer" in egalitäre Bildungsorganisationen standen. Aus der veränderten Arbeitswelt traten neue Forderungen an die Erziehung heran. Es brach sich die Meinung Bahn, daß die Strukturen und die Anforderungen des Beschäftigungssystems den Leistungen des Bildungssystems davongelaufen seien. Aus dieser Divergenz prognostizierte man eine „Bildungskatastrophe", die zu einem ökonomischen und schließlich auch einem politischen Desaster führen könne.[3] Bildungsökonomie war als politische Aufgabe formuliert. Ein Bundeskanzler der CDU – Ludwig Erhard – schrieb der Bildungsfrage in unserem Jahrhundert die gleiche Bedeutung zu, die der sozialen Frage im 19. Jahrhundert zugekommen sei. Bildungsinvestitionen bislang unbekannten Ausmaßes waren die Folge; „Revision" des Erziehungswesens war angesagt.[4] Das Pro und Kontra der Auseinandersetzungen um die richtige Erziehungsorganisation ergriff die Parteien und die Parlamente in ungewohntem Maße.

Diese Vorgänge der Zeitgeschichte provozierten das Interesse an der Entstehung und Entwicklung des Bildungswesens und der Kräfte, die seinen gegenwärtigen Zustand prägten. Historische Bildungsforschung wurde zur Begleiterscheinung gegenwärtiger Bildungspolitik. Die bildungsgeschichtliche Forschung wies sehr schnell im einzelnen nach, was in diffuser Weise wohl immer bewußt war: Die Bedeutung, die der Erweiterung, Modernisierung, Umverteilung von Bildung beigemessen wird, steht in einer bisweilen verdeckten, aber deutlichen Kontinuität, die das Verhältnis von politischem System und Erziehungswesen seit dem späten 18. Jahrhundert kennzeichnet. Ohne die spezifischen Konstellationen, in welche die geistige, die materielle und die politische Kultur seit der Aufklärung traten, wäre die Bedeutung, die der Bildung in den letzten beiden Jahrhunderten zuwuchs, nicht erklärbar. Bildung ist seither mehr als individuelle Besonderheit oder Auszeichnung; sie wurde ein allgemeiner kultureller, sozialer und politischer, aber auch

---

[2] Siehe Philip H. Coombs, Die Weltbildungskrise, Stuttgart 1969 (= Texte und Dokumente zur Bildungsforschung).

[3] Georg Picht, Die deutsche Bildungskatastrophe. Analysen und Dokumente, Freiburg 1964.

[4] S. Hans Ulrich Rehn, Die Regierungserklärungen der Bundesrepublik Deutschland, München, Wien 1971. – Ludwig Erhard, Regierungserklärung v. 18.10.1963, S. 133; s.a. Willy Brandt, Regierungserklärung v. 28.10.1969, S. 217ff.

ökonomischer Faktor. Wird der Mensch, und sei es nur postulatorisch, als Vernunftwesen betrachtet, die Perfektibilität des einzelnen wie der Menschheit in materieller und sittlicher Hinsicht zur Grundannahme, stellt sich Bildung nicht nur gedanklich, sondern mit all den Vorkehrungen, die zu ihrer Realisierung in der Gesellschaft getroffen werden, als das eigentliche Mittel zum Fortschritt aus unvollkommenen Verhältnissen dar; wird darüber hinaus der menschlichen Vernunft eine Affinität zur richtigen und erfüllten Ordnung der Welt zugeschrieben, kann Bildung als movens eines Prozesses verstanden werden, in dem die Menschheit schließlich das Ziel ihrer Geschichte erreichen wird. In diesem Verständnis erscheint Bildungsgeschichte als die Innenseite der Geschichte der Menschheit.[5]

Die Bildungsforschung zeigte zugleich, daß auch die Widersprüche und die Widerstände, mit welchen die gegenwärtige Bildungspolitik es zu tun bekam, eine lange Geschichte haben. Wer seine politische Hoffnung auf Bildung der Menschen setzt und zu diesem Zweck die Bildungsinstitutionen verändert, macht sich daran, mit historischen Bleigewichten zu hantieren. Inhalte, Verfahrensweisen, Organisationsformen von Bildungsprozessen sind tief verästelte und kaum entwirrbare und nach Plänen zu ordnende Elemente der alltäglichen Lebenswelt. In sie sind die Divergenzen und Konvergenzen der menschlichen Gesellschaft, die Vielfalt kultureller und sozialer Interaktionen, widersprüchliche Zielsetzungen des individuellen Lebens und des gemeinsamen Daseins verflochten. Selbst wenn ein günstiger geschichtlicher Augenblick diese Verhältnisse verflüssigt und grundlegende Bildungsreformen akzeptabel erscheinen, zeigt sich beim Übergang vom Entwurf in die Praxis die historisch beladene Vieldeutigkeit des umfassenden Begriffes „Bildung" und seines Bedeutungsgehaltes.[6] Widerspruchsfreie, allerseits überzeugende Bildungsreform im fundamentalen Sinne gibt es nicht. Die scharfen Auseinandersetzungen und Rückschläge, die Unvollendbarkeit der Reformen oder gar ihr Scheitern waren vor dem Hintergrund der bisherigen Geschichte der Bildung kaum überraschend. Die historische Bildungsforschung hat gezeigt, daß alte Fragen in neuem Gewand vor uns stehen: Soll die Bildung den Ansprüchen der „Lebenswelt" entsprechen oder sich als intentionale Bildung durch eigene Institutionen solchen funktionalen Bildungsprozessen entgegenstellen? Geht es um Qualifizierung oder um Kultivierung des Individuums – in der Terminologie des 18. Jahrhunderts: um Erziehung zur „Brauchbarkeit" oder um „Veredelung" des Menschen? Ist Erziehung dem Bestand der politischen und sozialen Verhältnisse untergeordnet, folgt sie, wie Aristoteles im achten Buch der „Politik"

---

5   Vgl. „Aufklärung" 2 (1987): Aufklärung als Prozeß.
6   Rudolf Vierhaus, „Bildung", in: Otto Brunner, Werner Conze, Reinhart Koselleck (Hg.), Geschichtliche Grundbegriffe. Historisches Lexikon zur politisch-sozialen Sprache in Deutschland, Bd. 1, Stuttgart 1972, S. 508-551.

forderte, der Verfassung, oder soll sie mehr sein als „Sozialisation" und den konkreten Formen gesellschaftlichen und politischen Daseins den Entwurf einer besseren Welt entgegensetzen, das Bestehende zum Transzendieren treiben? Wenn ja, ist es nicht ein Widerspruch in sich, wenn von Staats wegen Bildungsreform betrieben wird?[7] Wenn alle Menschen vernunftfähig sind, hat dann die Bildungsorganisation zum Ziel, die Unterschiede zwischen ihnen auszugleichen, die Entstehung einer „Bildungsgesellschaft" des herrschaftsfreien Diskurses zu befördern, oder muß sie nicht vielmehr umgekehrt zur Differenzierung menschlicher Fähigkeiten führen, die zum Nebeneinander spezialisierter Funktionsgruppen bei steigendem Unverständnis der Gesamtverhältnisse beiträgt, die die Menschen selbst geschaffen haben? Führt eine gesamtgesellschaftliche Anstrengung zur Vermehrung und Verbreiterung des Wissens, zur Universalisierung der Bildung, schließlich zum Zweifel an ihrem Sinn? Brauchen wir die Rückkehr zur Natur, ein „New Age", symbolische Eindeutigkeiten, um der „Barbarei der Reflexion" und der Diktatur der Apparate Herr zu werden, steht also die Aufhebung der Schule, das „Ende der Erziehung" am Ausgang der Bildungsreform – oder brauchen wir nicht vielmehr die äußerste Bildungsanstrengung jedes Menschen, um im Funktionalismus der Moderne den Bildungsprozeß der Menschheit, den Fortschritt der Kultur erkennbar und beherrschbar zu machen? Grundfragen, die Pläne und einzelne Maßnahmen jeder Bildungsreform, konkretes Erziehungshandeln wie allgemeines Bildungsplanen begleiten und sich in unzählige einzelne Fragenkomplexe ausfächern. Die historische Bildungsforschung kann solche Fragen nicht beantworten, aber sie kann sie aus der Beobachtung des Ganges der Geschichte der Bildung als Problemzonen auch der Gegenwart und Zukunft kenntlich machen. Ohne jeden Anspruch auf Systematik oder gar Vollständigkeit sollen im folgenden einige Bemühungen dieser bildungsgeschichtlichen Forschung skizziert werden. Sie setzen bei verschiedenen historischen Erscheinungen an, führen aber in die gerade angedeuteten Grundfragen des Verhältnisses von Bildung und Gesellschaft.

II.

Bildungsgeschichtliche Fragestellungen traten im Zusammenhang der Modernisierungsforschung früh hervor. In der Deutung des Transformationsprozesses, in der die Veränderungen der traditionalen Verhältnisse von Staat und Gesellschaft seit dem späten 18. Jahrhundert als „Modernisierung" zusammengefaßt werden, spielen Veränderung und Ausbreitung von gesellschaftlich wichtigem Können und Wissen eine

---

[7] Zu dieser Frage siehe Gerhardt Petrat, Schulerziehung. Ihre Sozialgeschichte in Deutschland bis 1945, München 1987.

wesentliche Rolle – unabhängig von den unterschiedlichen Modernisierungstheorien und der Kritik, die an ihnen geübt werden kann. Als Forschungshypothese gab das Modernisierungskonzept den Anstoß zu einer soziologischen und sozialgeschichtlichen Untersuchung der Entwicklung der Bildungsorganisationen und Bildungsintentionen in den sich modernisierenden Gesellschaften – und zwar im Vergleich.[8] Das führte zunächst zu einer Dominanz soziologisch geprägter historischer Bildungsforschung – mit dem fruchtbaren Effekt der Erhebung umfangreicher quantitativer Daten, perspektivischer Erweiterung der historischen Erziehungswissenschaft und ihrer Verbindung mit der an sozialen und mentalen Prozessen immer stärker interessierten Geschichtswissenschaft.[9]

Die amerikanische Sozialwissenschaft hat ein analytisches Modell für die politischen Entwicklungen des Modernisierungsprozesses als Grundlage ihrer empirischen Untersuchungen entwickelt, das die universellen Funktionen des politischen Systems in der Umstrukturierung der Leistungen, Prozesse und Legitimierungen zusammenstellt. In diesem Modell der Erklärung des Modernisierungsprozesses und seiner Krisen findet die Beobachtung der Bildungsentwicklung einen wichtigen Platz. Sie ist ein Mittel der Umpolung von Identitäten, der Legitimation und Sicherung neuer Herrschaftsformen, der Mobilisierung von intellektuellen Ressourcen. In einer viel beachteten Arbeit hat Peter Flora 1974 das Modernisierungskonzept methodisch und analytisch auf der Grundlage quantitativer Erhebungen auf seine Erklärungsleistung hin überprüft und wesentliche Fragen der historischen Bildungsforschung aufgegriffen: Fragen nach dem Zusammenhang von Urbanisierung und Alphabetisierung sowie nach der Rolle des institutionalisierten Bildungswesens im Prozeß der Umformung von Staaten und der Neubildung von Nationen.[10] Der Ansatz einer vergleichenden Analyse der historischen Entwicklung des Bildungswesens in Preußen, England, Frankreich und Rußland war ein wesentlicher Schritt zur Entwicklung der modernen historischen Bildungsforschung mit sozialwissenschaft-

---

[8] Peter Flora, Indikatoren der Modernisierung. Ein historisches Datenhandbuch, Opladen 1975 (= Studien zur Sozialwissenschaft, Bd. 27); Fritz K. Ringer, Education and Society in Modern Europe, Bloomington, London 1979; Konrad H. Jarausch (Hg), The Transformation of Higher Learning 1860-1930, Stuttgart 1983; Detlef K. Müller, Fritz K. Ringer, Brian Simon (Hg.), The Rise of the Modern Educational System. Structural Change and Social Reproduction 1870-1920, Cambridge 1987.

[9] Siehe dazu jetzt Detlef K. Müller, Bernd Zymek unter Mitarbeit von Ulrich Herrmann (Hg.), Datenhandbuch zur deutschen Bildungsgeschichte. Bd. II: Sozialgeschichte und Statistik des Schulsystems in den Staaten des Deutschen Reiches, 1800-1945, Göttingen 1987.

[10] Peter Flora, Modernisierungsforschung. Zur empirischen Analyse der gesellschaftlichen Entwicklung, Opladen 1974; ders., Die Bildungsentwicklung im Prozeß der Staaten- und Nationenbildung, in: Peter Christian Ludz (Hg.), Soziologie und Sozialgeschichte, Opladen 1972 (= Kölner Zeitschrift für Soziologie und Sozialpsychologie, Sonderheft 16); Samuel N. Eisenstadt, Stein Rokkan (Hg.), Building States and Nations. Models and Data Resources, Bd. 1, Beverly Hills, London 1973.

lichen Methoden. Die Zusammenhänge zwischen der Ausweitung von Bildung und der Modernisierung der Gesellschaft erwiesen sich dabei keineswegs als eindeutig parallel progressiv. So hatte England zu Beginn des „take off" seiner industriellen Revolution im 19. Jahrhundert im europäischen Vergleich einen wesentlich geringeren Alphabetisierungsgrad aufzuweisen als zwei Jahrhunderte zuvor; das Maß höherer Bildung, das um 1630 herrschte, wurde erst nach dem Ersten Weltkrieg wieder erreicht.[11] Es besteht also kein einfacher kausaler Nexus zwischen Bildungserweiterung und wirtschaftlicher Expansion; vielmehr muß ein komplexeres Abhängigkeitsverhältnis angenommen werden, das durch eine Reihe anderer Faktoren variiert wird; immer aber erscheint „Modernisierung" zugleich als staatliche Penetration der Gesellschaft mit Institutionen des Unterrichts. Bildung ist in diesem Prozeß ein die Gesellschaft aktiv umformender, aber zugleich von ihr bestimmter Faktor der materiellen Entwicklung sowie der sozialen und politischen Kohäsion. Die sozialwissenschaftliche Forschung kümmerte sich dabei weniger um die Inhalte dieser Bildung als vielmehr um das, was sie gesellschaftlich bewirkte. Die Frage nach der Funktionalität von Bildung steht seit dieser Zeit im Zentrum des Interesses der historischen Bildungsforschung.[12]

Auch die Geschichtswissenschaft hat stärker als zuvor den Prozeß der Ausweitung von Bildung und Erziehung in die Erforschung der Geschichte seit dem 18. Jahrhundert zu integrieren versucht und dabei ältere Forschungen aus dem Anfang des 19. Jahrhunderts wieder vergegenwärtigt. Die Auffassung der Erziehung, der Wissenschaft und der Kunst nicht nur als Gegenstände der Geistes- oder der Institutionengeschichte, sondern als Faktoren des gesellschaftlichen Wandels forderten einen anderen methodischen Zugriff und eine andere Zentrierung der Fragestellungen. So fand im Handbuch der deutschen Sozialgeschichte die Bildungsbewegung einen eigenen Abschnitt; in den neueren Synthesen zur deutschen Geschichte zum 18. und 19. Jahrhundert werden Bildungsprozesse stärker als zuvor berücksichtigt und in den allgemeinen historischen Kontext eingeordnet.[13] Solche Synthesen können zurückgreifen auf Einzelforschungen, welche Bildungsinstitutionen

---

[11] Flora, Modernisierungsforschung (Anm. 10), S. 147, S. 157.

[12] Siehe dazu exemplarisch Pierre Bourdieu, Jean-Claude Passeron, Die Illusion der Chancengleichheit (dt.), Stuttgart 1971 und Detlef K. Müller, Sozialstruktur und Schulsystem. Aspekte zum Strukturwandel des Schulwesens im 19. Jahrhundert, Göttingen 1977 (= Studien zum Wandel von Gesellschaft und Bildung im Neunzehnten Jahrhundert, Bd. 7).

[13] Siehe Werner Conze, Artikel „Sozialgeschichte 1800-1850" und „1850-1900", in: Hermann Aubin, Wolfgang Zorn (Hg.), Handbuch der deutschen Wirtschafts- und Sozialgeschichte, Bd. 2, Stuttgart 1976, S. 484ff., S. 670ff.; Thomas Nipperdey, Deutsche Geschichte 1800-1866. Bürgerwelt und starker Staat, München 1983, Kap. IV; Rudolf Vierhaus, Staaten und Stände 1648-1763, Berlin 1984 (= Propyläen Geschichte Deutschlands, Bd. 5), S. 141ff. Hans-Ulrich Wehler, Deutsche Gesellschaftsgeschichte, Bd. 1, München 1987, S. 210ff., S. 281ff., S. 472ff.; Bd. 2, S. 210ff., S. 478ff.

oder Bildungsvorgänge nicht neben sozialen und ökonomischen Gegebenheiten behandeln, sondern sie als Teileelemente gesellschaftlicher und politischer Entwicklung betrachten. Weit fortgeschritten ist die französische Geschichtswissenschaft mit Untersuchungen der sozialen Rolle, des politischen Selbstverständnisses und der Auswirkung von Bildungsinstitutionen. Sie erfaßt nicht nur die hauptstädtischen Initiativen und Institutionen, sondern auch die Filiationen und deren Eigenbewegungen in den Provinzen; sie erfaßt die „république des lettres" als ein eigenes kulturell-soziales Milieu, eine „culture académique", die einen autonomen Einfluß auf die Modernisierung nicht nur der Wissenschaft und der Künste, sondern auch der Technik und der Formen des politischen Systems gewinnen konnte.[14] Davon angeregt, zugleich in der Auseinandersetzung mit der sozialgeschichtlichen Geschichtsschreibung, sind Untersuchungen zur Universitätsgeschichte in diesen Fragehorizont gestellt worden: Welcher Teil der Bevölkerung von wissenschaftlicher Bildung erfaßt wird, wie über soziale Karrieren sich auf dieser Bildungsleiter ein neuer Sozialkörper, eine neue Schicht, konstituiert, welcher Art deren soziale und politische Stellung, ihre mentale und kulturelle Verhaltensweise und die von ihr ausgehenden Rückwirkungen auf die Gesellschaft sind, das interessiert eine Forschungsrichtung, die institutionelle, soziale und ideengeschichtliche Fragestellungen kombiniert und zugleich immer intensiver auf regionale und lokale Verhältnisse anwendet.[15]

Der Ausweitung und Differenzierung wissenschaftlicher Bildung korrespondiert mit zeitlicher Verzögerung eine schnelle Veränderung der Bildungsweisen und Bildungsinhalte des Volkes. Die herkömmliche, bedeutendste soziale Trennung nach den beiden Bildungsschichten der Literati und der Illiterati setzt sich dabei auf eine ganz neue Weise fort. Eine anschauliche Metapher dafür hat Disraeli mit seinem Roman „Sybil or the Two Nations" literarisch gestaltet: Geburts- und Wirtschaftsaristokratie auf der einen Seite, die aufstrebende, schon organisierte Arbeiterbewegung auf der anderen Seite, normannischer Herkunft die eine, angelsächsischer die andere, treten einander im wörtlichen Sinne nahe – auf ihre Weise „gebildet" sind beide: Das Volk oder dessen Avantgarde ist nicht mehr unwissend, sondern hat sich durch eine bestimmte Art des Wissens jene Bildung angeeignet, die es ermöglicht, in die politischen und sozialen Kämpfe diskursiv und aktiv einzugreifen. Die Bildungsgrenze, so sehr sie noch spürbar bleibt, verwandelt sich von einer Grenze zwischen Unbildung und Bildung in eine Grenze zwischen verschiedenen Arten des Wissens und zwischen verschiedenen

---

[14] Daniel Roche, Le siècle des lumières en province. Académies et académiciens provinciaux, 1680-1789, 2 Bde. Paris, La Haye 1978.

[15] Fritz K. Ringer, Bildung, Wirtschaft und Gesellschaft in Deutschland 1800-1960, in: Geschichte und Gesellschaft 6 (1980), S. 5-35; Konrad H. Jarausch, Students, Society and Politics in Imperial Germany. The Rise of Academic Illiberalism, Princeton 1982. Ders., Deutsche Studenten 1800-1970, Frankfurt a.M. 1984.

Wertstrukturen, die dieses Wissen ordnen und als Handlungsdisposition zubereiten. In dieser Weise treten die verschiedenen Formen des Wissens in den Dienst gesellschaftlicher Interessenkämpfe; so bedeutet Wissen, wenn nicht selbst schon „Macht", so doch die Fähigkeit, Macht zu verteidigen oder zu erorbern. Die „zwei Völker" nähern sich, was den Grad der Bildung betrifft, unterscheiden sich aber in der „Deutungskultur". Sie ist kontrovers – die in den Roman eingeflochtene Liebesgeschichte zeigt allerdings symbolisch die Möglichkeit, die Kontroverse zu überwinden.

Die historische Bildungsforschung kann die Entwicklung der Gewerkschaften, insbesondere der englischen, als eine Bildungsbewegung verstehen, die in langer Perspektive den Zustand überwinden könnte, den Walther Rathenau als das Grundübel „in allen Ländern des Zivilisationskreises" bezeichnet hat: die Existenz von zwei Völkern in einer Nation, die „doch gleichen Staates, gleicher Sprache, gleichen Glaubens, gleicher Sitte" seien, aber getrennt würden durch „gläserne Mauern ... durchsichtig und unübersteiglich ... Die Schlüssel des verbotenen Landes heißen Bildung und Vermögen, und beide sind erblich."[16]

III.

Auf die Arbeiterbildung als einen besonderen Strang der Bildungsgeschichte und ein Thema der historischen Bildungsforschung wird noch hinzuweisen sein; historisch tiefer wird diese Tendenz zum Ausgleich des Bildungsgefälles von einem anderen Ansatz erfaßt: Die Alphabetisierungsforschung ist der Blick von unten auf einen Vorgang, der, nicht ohne Nachhilfe und Zwang, sich als Bildungszumutung und als Bildungschance den illiteraten Schichten der Gesellschaft verstärkt seit der zweiten Hälfte des 18. Jahrhunderts auferlegt. Alphabetisierungs- und Literarisierungsprozesse des Volkes sind Schritte zur Überwindung der Kluft zwischen Illiterati und Literati, die freilich nicht zur Aufhebung von Bildungsgrenzen, sondern zur Ausfächerung und Veränderung ihres Verlaufs führen. Der Abstand zwischen Gebildeten und Volk bleibt trotz zunehmender Alphabetisierung durch die ständige Ausweitung und Spezialisierung des Wissens bestehen; aber er wird undeutlicher, nicht mehr prinzipiell unüberbrückbar. Der Eintritt in die schriftliche Kultur schafft die Voraussetzungen zur Teilhabe an Bildung überhaupt und eröffnet damit die Chance zum sozialen Aufstieg, sobald Bildungsnachweise für den sozialen Stand von Bedeutung werden. Insofern erfaßt die Alphabetisierungsforschung einen wesentlichen Vorgang der

---

[16] Brian Simon, The Two Nations and the Educational Structure 1780-1870, London 1974; ders., Education and the Labour Movement 1870-1920, London 1974; Walther Rathenau, Von kommenden Dingen, in: ders., Schriften und Reden. Auswahl und Nachwort von H. W. Richter, Frankfurt a.M. 1964, S. 33.

Modernisierungsprozesse. Sie untersucht, wie schnell oder wie langsam, mit welchen regionalen und sozialen Unterschieden sich die Grundfertigkeit verbreitete, die eine Voraussetzung der Kommunikation aller mit allen, das heißt der potentiellen Gleichheit passiver und auch aktiver Partizipation an den materiellen und kulturellen Gütern und schließlich auch an den politischen Grundentscheidungen, ist. Diese über Generationen sich ausbreitende Fähigkeit der Beherrschung der wesentlichen Zeichen, durch welche die Gesellschaft sich orientiert und lenkt, ermöglichte zugleich die Integration großer Massen in breite Informationsprozesse und Legitimierungsverfahren und erlaubte den Zugriff auf die Gesamtheit der Sprachnation. Daraus folgte die Steigerung der Bedeutung des gedruckten Wortes für den Vorstellungskreis und die Verhaltensweisen und damit eine allmähliche Lösung von immer mehr Menschen aus traditionalen, symbolischen Deutungs- und Verhaltensmustern. Breite Massen wurden zugänglich für politische Argumentation, für Programme, für Diskurse: die Voraussetzung für die Existenz der modernen, auf Öffentlichkeit angewiesenen politischen Systeme.[17]

Dennoch zeigen die bisherigen Ergebnisse der Alphabetisierungsforschung, wie wenig einheitlich dieser für die Integration großer Gruppen wichtige Vorgang verlief. Eine Reihe von Einzelstudien belegt, wie das Lesen- und Schreibenkönnen durch viele verschiedene Bedingungen ermöglicht oder verhindert wird. Konfessionszugehörigkeit, Besiedlungsdichte, Urbanisierung, Wirtschaftsstruktur, Nähe oder Ferne zu politischen Zentren lassen die Alphabetisierungskarte des späten 18. und frühen 19. Jahrhunderts als ein buntscheckiges Gebilde erscheinen. Es spiegelt keineswegs die Erfolge oder Mißerfolge staatlicher Schulpolitik wider, zeigt vielmehr über Jahrhunderte hinweg von den verschiedensten Bedingungen geprägte Kulturräume, die gleichsam unterhalb der sich im 19. Jahrhundert immer stärker ausbildenden scharfen nationalen Grenzen lagen. Der Modernisierungsprozeß ist im Bereich der Bildung also nicht als eindimensionaler Vorgang der Durchsetzung des Neuen zu begreifen, sondern stellt sich immer auch als Reaktivierung überkommener unterschiedlicher Gegebenheiten dar, die nicht nur einen Gleichschritt der Modernisierung unmöglich machten, sondern sich selbst als wesentliche Elemente in die neuen Verhältnisse einbrachten.[18]

---

[17] Lucian Hölscher, Artikel „Öffentlichkeit", in: Geschichtliche Grundbegriffe (Anm. 6), Bd. 4, S. 413-467.

[18] Ernst Hinrichs, Zum Alphabetisierungsstand in Norddeutschland um 1800. Erhebungen zur Signierfähigkeit in zwölf oldenburgischen ländlichen Gemeinden, in: Ernst Hinrichs, Günter Wiegelmann (Hg.), Sozialer und kultureller Wandel in der ländlichen Welt des 18. Jahrhunderts, Wolfenbüttel 1982, S. 21-42; ders., Lesen, Schulbesuch und Kirchenzucht im 17. Jahrhundert. Eine Fallstudie zum Prozeß der Alphabetisierung in Norddeutschland, in: Mentalitäten und Lebensverhältnisse. Beispiele aus der Sozialgeschichte der Neuzeit. Rudolf Vierhaus zum 60. Geburtstag, Göttingen 1982, S. 15-33; Etienne François, Alphabetisierung in Frankreich und Deutschland während des 19. Jahrhunderts. Erste Überlegungen zu einer vergleichenden Analyse, in: Zeitschrift für Pädagogik 30 (1983), S. 766-768.

Diese Erforschung regionaler Besonderheiten ist als Korrektiv einer Bildungshistorie nötig, welche Bildungsgeschichte verkürzt als die Entwicklung des staatlichen Unterrichtswesens begreift. Neben der methodisch ebenso interessanten wie schwierigen Alphabetisierungsforschung bewahrt davor auch die Aufmerksamkeit, die den nicht aus staatlicher Initiative, sondern aus gesellschaftlicher Spontaneität hervorgegangenen Bildungsvereinigungen zuteil wird. Außerhalb der ständischen Grenzen der frühmodernen Gesellschaft organisierten sich im sozialen Bereich der „gebildeten Stände" Vereine oder Clubs. Sie schufen eine quasi private Öffentlichkeit mit dem Ziel, über die individuelle Weiterbildung hinaus im Austausch der „arbeitenden Geselligkeit"[19] patriotische, gemeinnützige Aktivitäten für das Gemeinwesen zu entwickeln. Diese im Innern nach dem Prinzip der Gleichheit aller Mitglieder organisierten Vereine, Inseln der künftigen, erhofften freien Weltbürgergesellschaft, spielerische Vorwegnahme demokratischer Meinungs- und Willensbildung, gewannen seit der späten Aufklärung große Bedeutung für die Erprobung einer gesellschaftlichen Organisation, die auf dem gleichen Recht aller beruht. Zugleich sind sie mit ihrem Eifer, durch Aufklärung sich selbst und die Mitmenschen klüger und besser zu machen, der Veredelung der Sitten und dem allgemeinen Nutzen zugleich zu dienen, Zeugnis für die spontane Entstehung einer neuen Art von Öffentlichkeit in den gebildeten Schichten, die auf die Erweiterung von „Publizität" auch in die ungebildeten Schichten hineindrängt. Zwischen Bildungsinstitutionen, die zu reformieren der aufgeklärte Staat sich bemüht, und das Volk, das zu lesen beginnt, treten als Vermittlungsglieder diese sich im 19. Jahrhundert erheblich vermehrenden und differenzierenden Vereinigungen, deren Zweck Nutzen durch Bildung auf vielfältigste Weise ist. Keineswegs in revolutionärer Absicht, aber doch mit der Überzeugung, daß Mensch, Staat und Welt verbesserungsbedürftig und verbesserungsfähig seien, daß dazu der öffentliche Gebrauch der Vernunft gehöre und daß jedem Vernünftigen die Kompetenz, ja, die Pflicht dazu zufalle, stellen sie Monopolansprüche in Frage, die in Sachen des Glaubens der Kirche, in Sachen der Politik und Verwaltung der Regierung allein zuzustehen schienen, und problematisieren schließlich die geltenden Herrschaftsformen generell, indem sie sie einer „vernünftigen" Betrachtung zu unterziehen beginnen.[20]

---

[19] Wilhelm Roessler, Die Entstehung des modernen Erziehungswesens in Deutschland, Stuttgart 1961.

[20] Hans Hubrig, Die patriotischen Gesellschaften des 18. Jahrhunderts, Weinheim 1957; Otto Dann (Hg.), Lesegesellschaften und bürgerliche Emanzipation. Ein europäischer Vergleich, München 1981; Peter Christian Ludz (Hg.), Geheime Gesellschaften, Heidelberg 1979 (= Wolfenbütteler Studien zur Aufklärung, Bd. 5); Rudolf Vierhaus, Aufklärung und Freimaurerei in Deutschland, in: ders., Deutschland im 18. Jahrhundert. Politische Verfassung, soziales Gefüge, geistige Bewegungen. Ausgewählte Aufsätze, Göttingen 1987, S. 110-125; Wolfgang Ruppert, Bürgerlicher Wandel. Die Geburt der modernen deutschen Gesellschaft im 18. Jahrhundert, Frankfurt a.M. 1984.

Lesegesellschaften, Leihbibliotheksbewegungen, Volksbildungsvereine verbreitern und popularisieren diese gesellschaftliche Bildungsbewegung im 19. Jahrhundert. Dank des steigenden Alphabetisierungsgrades erweisen sich die in hohe Auflagen gehenden Druckerzeugnisse nun als ein flexibles und verästeltes Medium der Ausbreitung von Unterhaltung und Bildung.[21] So entsteht ein breiter Bildungsmarkt, der sich bald fürsorglichen Versuchen einer Lenkung durch Kirche, Staat oder aufgeklärte Bildungsreformer entzieht. Kein institutionengefiltertes, sozial zugeteiltes, normativ geordnetes Wissen, sondern die Fülle heterogener Informationen und Lebenshilfen, Wahrheit und Dichtung, Kunst und Kitsch, praktische Aufklärung und sektiererische Indoktrination machen sich als Einwirkung auf die Bildung von Kenntnissen und Vorstellungen immer stärker bemerkbar und spotten der ohnehin immer schwächer werdenden Zensur. Neben diesem marktgebundenen Geschäft der Beeinflussung durch Lesen bedienen sich immer mehr gesellschaftliche Gruppen, Vereine, Parteien dieses freien Mediums der Druckschriften. Insbesondere die Arbeiterbewegung, vom staatlichen Schulwesen nicht befriedigt, bedient sich dieses Bildungsmittels. Der „lesende Arbeiter", der nicht zu Unrecht meint, daß Wissen auch Macht bedeuten könne, und der ein aufmerksamer und kritischer Begleiter des Zeitgeschehens, aber auch der eigenen Führung wird, ist ein historisch besonders wichtiges Produkt dieser Strömung in der Geschichte der Bildung.[22] Es entstehen neue Zirkel von Lesergemeinden, die offene soziale Organisationsformen darstellen, die sich, sei es schichtenspezifisch, sei es schichtenunabhängig und interessengebunden, als ein vielfältiges Muster schließlich quer durch den gesamten Sozialkörper ziehen, Milieus oder „Kulturen" formieren, die sich den herkömmlichen Gliederungsbegriffen der Gesellschaft immer mehr entziehen.

Die Untersuchung dieser gesellschaftlichen Lesegewohnheiten in ihrem Entstehungszeitraum, die Erforschung des Verhältnisses von Volk und Buch ist eine Fortsetzung und inhaltliche Erweiterung der Alphabetisierungsforschung; sie erfaßt über die bloße Fähigkeit, eine Kulturtechnik anzuwenden, auch die Inhalte, welche die Schrift in den Köpfen abbildet: die Kenntnisse, die technischen Fertigkeiten, die Urteile, die sozialen Normen und ethischen Werte, die Wünsche, die Hoffnungen und die Träume, kurz, alles was man zum mentalen Haushalt

---

21 Rudolf Schenda, Volk ohne Buch. Studien zur Sozialgeschichte der populären Lesestoffe, Frankfurt a.M. 1970; Rolf Engelsing, Analphabetentum und Lektüre. Zur Sozialgeschichte des Lesens in Deutschland zwischen feudaler und industrieller Gesellschaft, Stuttgart 1973.
22 Michael Vester, Die Entstehung des Proletariats als Lernprozeß, Frankfurt a.M. 1970; Gerhard A. Ritter (Hg.), Arbeiterkultur, Königstein 1979 (bibliograpischer Anhang von Klaus Tenfelde); ders., Arbeiterkultur im 19. Jahrhundert, in: Geschichte und Gesellschaft 5 (1979); Eckhard Dittrich, Arbeiterbewegung und Arbeiterbildung im 19. Jahrhundert, Bensheim 1980; Wolfgang Ruppert (Hg.), Die Arbeiter. Lebensformen, Alltag und Kultur von der Frühindustrialisierung bis zum Wirtschaftswunder, München 1986.

rechnet. Dabei verbinden sich Individualisierungsprozesse von Bildung mit neuen Sozialformen des Bildungserwerbs aufgrund der gemeinsamen Sprache; das führt zu jener angedeuteten, außerordentlich wichtigen Funktion der Medien im kulturellen und politischen Formierungsprozeß des modernen nationalen Staates. Wie eng durch die Entwicklung neuer, privater Bildungsmöglichkeiten die Erweiterung von Freiheit mit dem Ausgeliefertsein an neue, undurchschaute Zwänge verbunden ist, wie die Möglichkeiten der Selbstbestimmung sich mit solchen der Fremdbestimmung verbinden, wird gerade auf diesem Sektor der Bildungsgeschichte deutlich. Nur hinzuweisen ist darauf, daß in dieser bildungsgeschichtlichen Entwicklung die Ergänzung oder gar die Verdrängung der Druckmedien durch die audiovisuellen, elektronischen Medien eine Epoche heraufgeführt hat, die nicht nur die Vermittlungsformen und die Inhalte der Bildung tiefgreifend verändert, sondern auch jene für die Nationenbildung konstituierende Form der Schriftsprache wieder aufhebt, die der Lesekultur eigen war – eine mediengeschichtliche Entsprechung der Ausweitung nationaler Kommunikation auf allen Gebieten in multinationale Verbindungen.

IV.

Auf eine längere Forschungstradition können sich Untersuchungen stützen, die sich den staatlichen Bildungsinstitutionen zuwenden. Sie überschreiten allerdings den Rahmen der Geschichte von Schularten oder einzelnen Schulen, Universitäten, Schulverwaltung und Schulpolitik – und interessieren sich dafür, wie Bildung als institutionell vermittelter und geprüfter Bestand von Kenntnissen, Fertigkeiten, Wertsystemen zu einem Merkmal der sozialen Schichtung, der Ämterverteilung, der geistigen und politischen Kompetenz oder Einflußstärke wird. Auch in diesem Bereich ist die Frage zentral, wie sich die ständische Gesellschaft im 18. Jahrhundert in die bürgerliche Gesellschaft hineintransformierte und welche Rolle die Bildungsinstitutionen für die Konstituierung bestimmter sozialer Gruppen, ihrer Denkweisen, ihrer Einstellungen und ihrer Bedeutung im geistigen und politischen Haushalt der Nation spielten.

Das Bündnis des aufgeklärten absolutistischen Staates mit den Trägern der Bildung, die Symbiose von Gebildeten und Amtsträgern zu Beginn des 19. Jahrhunderts brachte das staatliche Unterrichtswesen hervor, das in fortlaufendem Ausbau und ständiger Differenzierung die Gesellschaft erfaßte und durch die genaue Verbindung von Bildungskarrieren mit dem Beschäftigungssystem mittels des Berechtigungswesens durch Bildung bestimmte soziale Formationen schuf. Diese deckten sich keineswegs mit den im Zuge der Industrialisierung entstehenden neuen ökonomischen Klassen und standen ebenso quer zu den noch weiter wirksamen sozialen Trennungslinien der ständischen

Gesellschaft. So bringt die Bildungsgeschichte einen wichtigen Einschlag in der sozialen Gesamtstruktur des 19. Jahrhunderts zur Kenntnis, ohne den die „feinen Unterschiede" der Mentalitäten und des sozialen Status nicht adäquat zu erfassen wären. Man kann das komplizierte staatliche Unterrichtswesen als ein Instrument verstehen, mit dem die moderne staatliche Verwaltung zunächst die soziale Stabilität der ständischen Gesellschaft aufzulösen trachtete und später die weitergehende soziale Dynamik abzuwehren suchte, die sie Jahrzehnte zuvor selbst ausgelöst hatte. Aber die Breite der Bildungsbewegung, die Heterogenität ihrer Träger und ihr intellektueller und sozialer Überschuß über den Bereich der Staatsdiener hinaus läßt diese einfache Deutung nicht plausibel erscheinen. Kanalisierung, Segregation einerseits, Öffnung und Verbreiterung der Bildungsinstitutionen andererseits waren innerhalb der Verwaltung, der gebildeten Öffentlichkeit und der politischen Gruppen zunehmend umstrittene Positionen.

Diese Erkenntnis führt zu der Frage, was denn eigentlich genau unter den „Gebildeten" oder unter dem im späteren 19. Jahrhundert entstehenden „Bildungsbürgertum" zu verstehen ist. Man kann von dieser Gruppe zunächst nur sagen, daß sie zusammengehalten wird durch eine in vornehmlich staatlichen Institutionen vermittelte und geprüfte Bildung, die Karrieren im öffentlichen Dienst oder seinem Umfeld eröffnet und entsprechenden sozialen Rang und Lebensstil zur Folge hat. Im übrigen ist diese soziale Gruppe nicht nur durch Stufen der Bildung und Grade der sozialen Position, sondern auch durch zunehmende Spezifizierung der beruflichen Standessphäre und durch zahlreiche Konkurrenzen in sich getrennt. Die Untersuchung der „Professionalisierung" verschiedener Berufsgruppen, ihrer standesmäßigen Formierung zeigt eine starke soziale Dynamik innerhalb dieses „Bildungsbürgertums".[23] Die Universität als oberste Stufe dieses soziale Formationen erzeugenden Bildungssystems hat besonders intensive Untersuchungen gefunden. Die soziale und politische Geschichte der Gelehrten in Deutschland, der „Mandarine", ist ein interessantes Beispiel der Verbindung von Wissenschafts- und Sozialgeschichte mit der politischen Kultur. Wenn der „Niedergang" dieser mit hohem gesellschaftlichen Prestige versehenen, gegen den Aufstiegsdrang der Massen ins Reich der Bildung vergeblich ankämpfenden Gelehrten als ein nationaler Sonderfall der Sozialgeschichte beschrieben wird, so hat man Grund, diese

---

23 Hansjoachim Henning, Das westdeutsche Bürgertum in der Epoche der Hochindustrialisierung. Soziales Verhalten und soziale Struktur, Teil 1: Das Bildungsbürgertum in den preußischen Westprovinzen, Wiesbaden 1972; Rudolf Vierhaus, Umrisse einer Sozialgeschichte der Gebildeten in Deutschland, in: ders., Deutschland im 18. Jahrhundert (Anm. 20), S. 167-182; Werner Conze, Jürgen Kocka (Hg.), Bildungsbürgertum im 19. Jahrhundert, Stuttgart 1985, Teil 1: Bildungssystem und Professionalisierung in internationalen Vergleichen; Ulrich Engelhardt, Bildungsbürgertum. Begriffs- und Dogmengeschichte eines Etiketts, Stuttgart 1986; Jürgen Kocka (Hg.), Bürger und Bürgerlichkeit im 19. Jahrhundert, Göttingen 1987; ders. (Hg.), Bürgertum im 19. Jahrhundert. Deutschland im europäischen Vergleich, 3 Bde. München 1988.

These als außerordentlich zugespitzt zu bezeichnen; richtig daran ist aber, daß in Gesellschaften mit vom Staat geprägten Bildungs- und Erziehungsinstitutionen universitäre Wissenschaft in den Händen der durch Kooptation und staatliche Bestätigung streng ausgewählten Gruppe der Gelehrten nicht nur als Festung des Geistes, sondern vor allem auch als soziale Burg besonders gut armiert war.[24] Wie sich die Studentenschaft rekrutierte, wie sie sich auf die Fakultäten verteilte, welche Karrieren ihr gelangen, wie ihre soziale Stellung, ihre politische Mentalität beschaffen war und wie sie sich wandelte, welche Rolle also die „Akademiker" mit Hilfe und infolge ihrer Bildung zu spielen fähig waren, ist eine Frage der Bildungsforschung, die infolge der relativen Geschlossenheit dieser sozialen Formation mit interessanten Ergebnissen untersucht werden konnte.[25] In der sozialen Vielfalt des Bildungsbürgertums sind jene Gruppen schwieriger zu erfassen, die nicht durch die Universität gingen, sondern nach dem Abitur oder schon nach dem „Einjährigen" direkt ins Erwerbsleben übertraten. Hier wird die Grenze des Bildungsbürgertums zu anderen bürgerlichen Gruppen osmotisch. Es bedarf regionaler Studien, um seine Verbindungen und seine Abgrenzungen zum Wirtschaftsbürgertum einerseits, zur Aristokratie andererseits aufzuzeigen. Es fehlt auch noch an Studien, die die eigentümlich sperrige Symbiose des Bildungsbürgertums mit der neuen technischen Intelligenz und dem unteren und mittleren Management, der sozialen Gruppe der Angestellten, näher untersuchen.

Am Beispiel dieser im besonderen Maße durch staatlich geprägte Bildung bestimmten sozialen Gruppe läßt sich der Zugang zur Beschreibung und Erklärung der Organisation des öffentlichen Schulwesens finden. Daß der Staat allmählich seit dem späten 18. Jahrhundert sich zum „Schulherrn" machte, ist eine komplementäre Erscheinung zum Aufstieg der Gebildeten zur Amts- und Funktionselite. Die Art der Organisation des Bildungswesens durch den Staat prägte den Prozeß der Entstehung sozialer Formationen, die durch unterschiedliche Bildungswege bestimmt wurden.

Dieser Zusammenhang von leitenden Bildungsideen, Unterrichtsorganisation und gesellschaftlichen Prozessen hat schon bald nach der Jahrhundertwende Emile Durkheim in seiner Geschichte und Soziolo-

---

24 Fritz K. Ringer, Die Gelehrten. Der Niedergang der deutschen Mandarine 1890-1933. (dt.) Stuttgart 1983.

25 Konrad H. Jarausch, Die neuhumanistische Universität und die bürgerliche Gesellschaft 1800- 1870. Eine quantitative Untersuchung zur Sozialstruktur der Studentenschaften deutscher Universitäten, Heidelberg 1981 (= Darstellungen und Quellen zur Geschichte der deutschen Einheitsbewegung im 19. und 20. Jahrhundert, Bd. 11), S. 11-57; Sigrid Bormann-Heischkeil, Karl-Ernst Jeismann, Abitur, Staatsdienst und Sozialstruktur. Rekrutierung und Differenzierung der Schicht der Gebildeten am Beispiel der sozialen Herkunft und beruflichen Zukunft von Abiturienten preußischer Gymnasien im Vormärz, in: Karl-Ernst Jeismann (Hg.), Bildung, Staat, Gesellschaft im 19. Jahrhundert. Mobilisierung und Disziplinierung, Stuttgart 1988 (= Nassauer Gespräche der Freiherrvom-Stein-Gesellschaft, Bd. 2), S. 155-186.

gie des gelehrten Unterrichts in Frankreich thematisiert.[26] Was Pierre Bourdieu als „akkumulierte Geschichte" in der Zusammenschau von „ökonomischem Kapital, kulturellem Kapital, sozialem Kapital" beschrieben hat,[27] haben schon am Beginn der Entstehung des staatlichen Schulwesens die Kameralisten des späten 18. Jahrhunderts mit ihren Begriffen formuliert. Alle drei Formen dieses „Kapitals" waren ihnen schlummernde Kräfte, zu erwecken durch eine rationale, auf die Hebung des materiellen und des sittlichen Wohls, auf die „Glückseligkeit" des Volkes und des Staates gerichtete Tätigkeit der Staatsverwaltung. Dazu gehörte die Aufklärung der Untertanen durch eine Verbesserung des Unterrichtswesens. Das Problem dieser aufgeklärten Erziehungsreform war die Zumessung der notwendigen und nützlichen Bildung für die verschiedenen „Classen"; ihr Instrument war der „Schulplan", der aus dem lokal und ständisch bestimmten frühmodernen Schulwesen eine auf den Staat hin zentrierte zusammenhängende Schulorganisation machen sollte. Dies war eine Signatur der neueren Bildungsgeschichte, typisch für die Staaten des „Reformabsolutismus", die im 18. Jahrhundert am deutlichsten in der Habsburger Monarchie zu beobachten ist.[28]

Dieses etatistisch gedachte Bildungsprogramm stand von Beginn an in der Auseinandersetzung mit dem spontanen Bildungsdrang in der Gesellschaft, der sich als sozialer Aufstiegswille beschreiben läßt. Joseph von Sonnenfels brachte eine verbreitete Klage zu Papier, als er von „der allgemeinen Neigung aller Väter, ihre Söhne den Studien zu widmen" sprach. Diese „allgemeine Studienbegierde" entziehe „anderen Gewerben die besseren Köpfe" und überschwemme den Staat mit Müßiggängern. Die stereotype, wenig wirksame Feststellung, daß jeder Stand achtenswürdig sei, war eine Beschwichtigungsformel angesichts des Widerspruchs zwischen Bildungsdrang und politisch-sozialer Stabilität. Sonnenfels zitierte zustimmend den Vers des Schweizers Albrecht von Haller: „Die Ordnung der Natur zeugt minder Gold als Eisen – der Staaten schlechtester ist der von lauter Weisen."[29] So steht der früh erkannte „Widerspruch von Bildung und Herrschaft"[30] als Grundspannung der

---

26 Emile Durkheim, Die Entwicklung der Pädagogik. Zur Geschichte und Soziologie des gelehrten Unterrichts in Frankreich, Weinheim, Basel 1977.

27 Pierre Bourdieu, Ökonomisches Kapital, kulturelles Kapital, soziales Kapital, in: Reinhard Kreckel (Hg.), Soziale Ungleichheiten, Göttingen 1983 (= Soziale Welt, Sonderband 2).

28 Helmut Engelbrecht, Geschichte des österreichischen Bildungswesens, 4 Bde, Wien 1982-1986; Gerald Grimm, Die Schulreform Maria Theresias 1747-1775. Das österreichische Gymnasium zwischen Standesschulen und allgemeinbildender Lehranstalt im Spannungsfeld von Ordensschulwesen, theresianischem Reformabsolutismus und Aufklärungspädagogik, Frankfurt a.M. u.a. 1987.

29 Joseph von Sonnenfels, Politische Abhandlungen, Wien 1777 (Neudruck Aalen 1964), Buch 2, S. 143ff.; siehe auch ders., Handbuch der inneren Staatsverwaltung, Bd. 1, Wien 1792, § 141, S. 309.

30 Heinz-Joachim Heydorn, Über den Widerspruch von Bildung und Herrschaft, Frankfurt a.M. 1970.

Bildungsgeschichte am Anfang der modernen staatlichen Wissenschafts-
und Unterrichtspolitik. Die Diskurse, Programme und Maßnahmen dieser Bildungspolitik bieten seit der Französischen Revolution überall
dort, wo Europa von ihrer geistigen und materiellen Wucht erfaßt wurde
und darauf zu reagieren gezwungen war, faszinierende Beispiele für diese Widersprüchlichkeit. Sowohl die liberal-emanzipatorischen wie die
totalitär-integrierenden Pläne der Erziehungsreform in Frankreich ende-
ten im staatsautoritären napoleonischen Bildungssystem; die Bildungsreformen der süddeutschen Staaten trugen von Anfang an einen staats-
pädagogisch-etatistischen Charakter; die preußische Bildungsreform,
gedacht als ein Weg zum Mündigwerden der Nation in einem Bildungs-
und Verfassungsstaat, der die Partizipation gebildeter Bürger forderte
und ertrüge, wurde in der Restaurationszeit in die Richtung einer Staatspädagogik abgebogen: Die Karlsbader Beschlüsse sind das erste Produkt einer gesamtdeutschen Bildungspolitik.

Das öffentliche Unterrichtssystem, das im Zeitalter der Restauration
entstand, enthielt noch die emanzipatorischen, dynamisierenden Wirkungen des Ansatzes der Bildungsreform, geriet aber, funktional in den
absolutistischen Verwaltungsstaat eingebunden, immer mehr in Distanz
zu seinem Ursprung. Statt der gleichartigen, nur nach Stufen unterschiedenen „Nationalerziehung", wie sie den Reformern als Prinzip der
staatlichen Unterrichtsorganisation vor Augen stand, blieben die herge-
brachten Trennungen zwischen der Elementarschule und der Gelehrtenschule auch zwischen dem neuen Volksschulwesen und dem Gymnasium deutlich markiert, verschärften sich eher noch, weil gleichzeitig
mit der Verbesserung der Volksschule das Anspruchsniveau des Gymnasiums erheblich stieg. Die Ausfüllung dieses Abstandes durch höhere Bürgerschulen und Realschulen, wie sie vom Gewerbebürgertum
gewünscht wurden, fand wenig Gegenliebe bei der staatlichen Unterrichtsverwaltung. Vor der Industrialisierung konzipiert, auf der Grundlage einer überzeugungsstarken und den Interessen der Staatsverwaltung wie der gebildeten Stände adäquaten Bildungsidee fand das
„moderne" staatliche Bildungswesen nur durch schwere konzeptionelle,
administrative und soziale Auseinandersetzungen über ein Jahrhundert
hinweg einen angemessenen Raum für höhere Anstalten mit realisti-
schem Bildungskonzept. Die Distanz zwischen „humanistisch" und
„für das Leben" Gebildeten blieb als soziale und mentale Trennungslinie noch lange sichtbar. Bildungsabschlüsse wurden zu Laufbahnvoraussetzungen und also zu umkämpften Bastionen zwischen den Sozial-
interessen verschiedener Bildungsgruppen. Dies ist ein deutliches
Beispiel dafür, wie die Art der Organisation des staatlichen Schulwesens ein Faktor der Prägung gesellschaftlicher Formationen wird – einer Prägung, die nicht in der Realität der Wirtschafts- und Arbeitswelt,
sondern in der Realität der Bildungskonzeption, der ihr entsprechenden
Bildungsinstitutionen und der mit ihrem Besuch verbundenen sozialen
Chancen ihre Ursache hatte.

Noch schärfer als der Gegensatz zwischen der von der staatlichen Kultusverwaltung geförderten allgemeinen humanistischen höheren Bildung und der von den Städten bevorzugten Form der Realschulen war der Abstand beider zu den berufsbildenden Anstalten, die im 19. Jahrhundert zwischen den Erfordernissen einer sich ändernden, selbst aber von Widersprüchen geprägten Arbeitswelt, den Förderungsmaßnahmen der staatlichen Gewerbeämter und der restriktiven Haltung des Unterrichtsministeriums ihren Weg suchen mußten. Das Schwergewicht von Traditionen wird in dieser merkwürdigen Erscheinung sichtbar: Die Dominanz des seit der Reformation ausgeprägten Gelehrtenschulwesens hat sich durch die Metamorphosen der Reformen der Aufklärung und des Neuhumanismus auch noch im Zeitalter der Industrialisierung lange erhalten und trotz zahlreicher Forderungen nach Ausweitung der Berufsbildung seit dem Zeitalter des Merkantilismus die den ökonomischen Bedürfnissen angemessene, schnelle und vielfältige Entwicklung eines Berufsschulwesens lange verzögert.[31] Schließlich zeigt die Geschichte des höheren Mädchenschulwesens die Verkoppelung der alten Tradition, daß öffentliche höhere Schulen und Universitäten dem männlichen Geschlechte vorbehalten waren, mit den Interessen des modernen Staates nach Ausbildung einer Elite für Wissenschaft und Verwaltung. Hier kamen aus der Berufswelt selbst, zunächst aus dem Mangel an Lehrpersonal, die Anstöße, die der Forderung der frühen Frauenbewegung Nachdruck verliehen, für Mädchen in höhere Berufe führende Bildungswege zu eröffnen. Noch stärker vielleicht war der gesellschaftliche Druck, der auf den Frauen des Mittelstandes lastete, die breiten Schichten der Armut und die kleinen Kreise des Reichtums nicht betraf: Die standesgemäße Ehe und ihr Bestand waren, solange in höhere Berufe führende Bildungswege verschlossen blieben, die einzige Garantie der Frauen des Bürgertums für eine angemessene Lebenshaltung.[32]

Aber auch abgesehen von diesen Problemzonen geriet das staatliche Bildungssystem auf seinem eigensten Gebiet in Schwierigkeiten, weil es nicht gelang, die Erzeugung von Bildungsqualifikationen und die Bedürfnisse der Berufsgesellschaft nach bestimmten Fähigkeiten miteinander in Einklang zu halten. So entstanden die „Qualifikationskrisen", die einen Wechsel von Regressionen und Schüben des Bildungssystems zur Folge hatten.[33] Die Unzufriedenheit mit den ständig

---

[31] Karlwilhelm Stratmann, Die Krise der Berufserziehung im 18. Jahrhundert als Anspruchsfeld pädagogischen Denkens, Ratingen 1967; Herwig Blankertz, Bildung im Zeitalter der großen Industrie. Pädagogik, Schule und Berufsbildung im 19. Jahrhundert, Hannover 1969. Christiane Schiersmann, Zur Sozialgeschichte der preußischen Provinzialgewerbeschulen im 19. Jahrhundert, Weinheim, Basel 1979.

[32] Jürgen Zinnecker, Sozialgeschichte der Mädchenbildung, Weinheim 1973.

[33] Hartmut Titze, Überfüllungskrisen in akademischen Karrieren: eine Zyklustheorie, in: Zeitschrift für Pädagogik 27 (1981), S. 187-224; ders., Die zyklische Überproduktion von Akademikern im 19. und 20. Jahrhundert, in: Geschichte und Gesellschaft 10 (1984), S. 92-121.

schärfer reglementierten staatlichen Unterrichtsanstalten wuchs; oppositionelle Bildungskonzepte und -bewegungen entstanden im Bürgertum und in der wachsenden Arbeiterbewegung; zugleich griff der Staat am Ende des Jahrhunderts in national-integrativer Absicht schärfer als zuvor auf das Bildungswesen zu, das sich zugleich durch zunehmende Differenzierung den Bedürfnissen der Arbeitswelt und dem sozialen Aufstiegsdrang weiter öffnete. Dies führte zu der von der modernen Bildungsforschung immer deutlicher diagnostizierten Epoche, welche die neuen Signaturen der Bildungsgeschichte des 20. Jahrhunderts bis in unsere Tage bestimmte.[34]

Diese Krise des fast ein Jahrhundert alten deutschen Bildungssystems lag ungefähr zeitgleich mit den großen Reformen des Bildungswesens in den westeuropäischen Industriestaaten. Die Beobachtung der Ungleichzeitigkeiten von Bildungsreform, industrieller und politischer Revolution in den verschiedenen Ländern Mittel- und Westeuropas läßt die Bildungsgeschichte in generelle historische Fragen des Vergleichs der Entwicklung dieser Gesellschaften münden. Gerade die frühe Fortschrittlichkeit des lange als Modell betrachteten Bildungswesens in den deutschen Staaten könnte einer der Gründe für die enge Symbiose zwischen Bildungsbürgertum und Staatsautorität in der zweiten Hälfte des 19. Jahrhunderts sein, die nicht die ökonomische und technische Effizienz, nicht die Entwicklung der Wissenschaft, wohl aber die Entwicklung der politischen Institutionen zur Ausweitung der Partizipation, der Parlamentarisierung, entgegen den Ursprungsmotiven behindert hat.

Diese These erlaubt von der Bildungsgeschichte her einen Einstieg in die hier nicht zu führende Debatte über einen deutschen „Sonderweg".

V.

Kehren wir zu den Anfangsfragen zurück. Die mit jeder Geschichte der Bildung verbundene Fragestellung, was die Verbesserung des Erziehungswesens geleistet habe, um die Menschen von materieller Not, von sozialem Zwang, von politischer Fremdbestimmung zu befreien, führt vor einen ambivalenten Befund. Emanzipatorisch engagierte bildungspolitische Retrospektiven kultivieren eher den Verdacht, daß die Hoffnung auf Emanzipation mittels Ausweitung der Bildung durch die Perversion des Bildungswesens im Interesse von Herrschaftsschichten zunichte gemacht wurde; die Eliten seien zwar an der Brauchbarkeit der Menschen zur Bewältigung großer administrativer, technischer, wissenschaftlicher, kriegerischer Aufgaben interessiert gewesen, nicht aber an der Hebung ihrer Selbständigkeit und der Erweiterung ihrer Partizipation, hätten also die Aufklärung der Menschen halbiert. Unter

---

[34] Heinz-Elmar Tenorth, Zur deutschen Bildungsgeschichte 1918-1945. Probleme, Analysen und politisch-pädagogische Perspektiven, Köln, Wien 1985.

dem Einfluß einer solchen politischen Verdächtigungsmentalität entstand eine bildungshistorische Traktatliteratur ohne solide Quellenbasis, aber mit deutlicher Urteilsstruktur auf der Linie einer Disziplinierungs- und Verknechtungsthese. Bildungsgeschichte wird in dieser Perspektive im Extremfall zu ihrem Gegenteil, zur Enthüllung eines kontinuierlichen Verdummungsprozesses mit Hilfe des in Staatshand geratenen Unterrichtswesens.[35]

Man braucht gegen diese Deutung nicht zu polemisieren; sie ist zu simpel. Fragt man aber, wie es sich gehört, ob dieser Verdächtigungsliteratur ein begreifbarer Anlaß zugrunde liegt, so stößt man auf enttäuschte geschichtliche Hoffnung, die in der Tat einen großen Anlaß und einen plausiblen Grund hatte. Auch die Bildungsgeschichte hat es mit der Erscheinung zu tun, die man als „Dialektik der Aufklärung" formelhaft zu benennen pflegt. Selbst in der ursprünglichen Domäne der Aufklärung, der Bildung, ergaben sich immer wieder durch funktionale Verengung und pädagogische wie administrative Verkennung der Notwendigkeit individueller Freiheit als Voraussetzung aller Bildung Mechanismen der Bevormundung gerade mit Hilfe von Erziehungsorganisationen. Wo sich im öffentlichen Schulwesen die Administration absolut setzt, wo sich in der Pädagogik die Methode verselbständigt, wo politische und soziale Mechanismen Bildung instrumentalisieren, entstehen Deformierungen der Aufklärung. Auf der anderen Seite muß sich Bildung, wenn sie nicht mehr als private, individuelle Veranstaltung begriffen, sondern als öffentliche Macht wirksam werden soll, mit den Bedingungen der „Lebenswelt" in breitestem Maße einlassen, kann sie sich nicht in einer „pädagogischen Provinz" oder in „Einsamkeit und Freiheit" selbst genügen. Diese Problematik ist nicht mit einer Verschwörungsthese abzutun.

Der Mythisierung des absolutistischen Staates als eines manipulatorischen Erziehungsherrn ist kürzlich im Hinblick auf die preußische Volksschule mit überzeugender historischer Genauigkeit entgegengetreten worden.[36] Die Bildungshistorie wird auf den eigentümlichen Zusammenhang von individueller und sozialer Mobilisierung, von gesellschaftlicher Freisetzung und einer damit verbundenen neuen Disziplinierung der Kräfte und des Verhaltens achten müssen. Die Geschichte der Bildung ist gekennzeichnet durch dieses Wechselverhältnis von

---

[35] Vgl. beispielsweise Klaus L. Hartmann, F. Nyssen, H. Waldeyer, Schule und Staat im 18. und 19. Jahrhundert. Zur Sozialgeschichte der Schule in Deutschland, Frankfurt a.M. 1974 (= edition suhrkamp 694); Susanne Godefroid u.a., Bürgerliche Ideologie und Bildungspolitik: Das Bildungswesen in Preußen vom Ausgang des 18. Jahrhunderts bis zur bürgerlichen Revolution von 1848/49. Eine historisch-materialistische Analyse seiner Entstehungsbedingungen, Gießen 1974; Bärbel Gafert, Höhere Bildung als Antiaufklärung. Entstehung und Bedeutung des preußischen Gymnasiums, Frankfurt a.M. 1979.

[36] Wolfgang Neugebauer, Absolutistischer Staat und Schulwirklichkeit in Brandenburg-Preußen, Berlin 1985 (= Veröff. d. Hist. Kommission zu Berlin, Bd. 62).

Befreiung und Bindung, von Emanzipation und Disziplinierung, das sich unter verschiedenen regionalen, sozialen und temporären Rahmenbedingungen unterschiedlich entwickelt.[37] Sie führt nicht ins Reich der Freiheit, sondern schafft mit neuen Möglichkeiten neue Begrenzungen in einem kontingenten Prozeß, in dem sich Absicht und Wirkung nur selten entsprechen. Der Hiatus zwischen Meinungen, Taten und Folgen bleibt auch der Entwicklung des Bildungswesens nicht erspart. Für die historische Bildungsforschung sind solche Divergenzen der erklärungsbedürftige, dunkle Raum der historischen Rekonstruktion.

Und doch würde historische Bildungsforschung vom inneren Kern ihres Gegenstands abweichen, wenn sie als „erkenntnisleitendes Interesse" nicht etwas von jener Hoffnung in sich trüge, die am Beginn der Entwicklung der modernen bildungsgeschichtlichen Tradition stand. Der Historiker erfaßt seither mit bildungsgeschichtlichen Fragestellungen die Zukunftserwartungen vergangener Generationen und ihre Versuche, sie zu realisieren. Durch alle Kontroversen und Hemmnisse dieser Versuche hindurch bleibt das Bemühen um Antwort auf die Frage sichtbar, was der Mensch als Individuum und was die Menschheit als Gattung sein soll. Damit ist Bildungsgeschichte eine säkularisierte Heilsgeschichte, die den Weg der Menschheit nicht mehr zwischen Schöpfung, Sündenfall, Erlösung und Jüngstem Gericht spannt, sondern zwischen Unmündigkeit und Mündigkeit. Diese vielfältig variierten Gedanken der Philosophie und der Dichtung des ausgehenden 18. Jahrhunderts sind die Theorien der pragmatischen, verzweigten, fast unübersichtlich gewordenen Vorgänge, welche die historische Bildungsforschung zu rekonstruieren und zu begreifen sucht. Es ist für den heutigen Leser der Philosophie jener Zeit, der zugleich die Hinterlassenschaft der alltäglichen Quellen der Bildungsgeschichte liest – die Akten, die Berichte, die Schulbücher, die Schülerlisten usw. – ein immer wieder faszinierendes Phänomen, mit welch pragmatischer Nüchternheit und Geschäftskenntnis Wilhelm von Humboldt das Credo der deutschen Aufklärung in Verwaltungshandeln umsetzte: „Das Ziel der Menschheit kann nur die Verwirklichung der durch die Menschheit darzustellenden Idee sein"[38] – dies war die Voraussetzung des fast tollkühn zu nennenden Planes einer Organisation der Bildung, die, obgleich vom Staat ins Werk gesetzt, sich zum Ziel setzte, die jeweilige Verfassung des Staates gemäß der Verwirklichung der Bildung zu revidieren. Bildung als eine Selbstverbesserungsveranstaltung von Staat und Gesellschaft, nicht als ihr Instrument zur Selbstbestätigung! In dieser Sicht hat auch Leopold von Ranke, der doch das Eigenrecht jeder Epoche und jeder Individualität verteidigte, der allgemeinen Geschichte ein ei-

---

[37] Vgl. Bernd Wunder, Privilegierung und Disziplinierung. Die Entstehung des Berufsbeamtentums in Bayern und Württemberg (1780-1825), München, Wien 1978; Jeismann (Hg.), Bildung, Staat, Gesellschaft (Anm. 25).

[38] Wilhelm von Humboldt, Über die Aufgaben des Geschichtsschreibers. Gesammelte Schriften, Berlin 1903ff., Bd. 4, S. 55f.

genes Prinzip „vindiziert": „Das Prinzip des gemeinschaftlichen Lebens des menschlichen Geschlechtes ... man könnte es bezeichnen als die Bildung, Erhaltung und Ausbreitung der Kulturwelt ..." Diese umfasse „zugleich Religion und Staat, die freie, dem Ideal zugewandte Entwicklung aller Kräfte; sie bildet den vornehmsten Erwerb und Besitz des menschlichen Geschlechtes ... Die Universalgeschichte besteht aus der Geschichte unablässigen Ringens um die höchsten Güter der Menschheit; das ist die vornehmste weltgeschichtliche Frage."[39]

In diesen Gleichsetzungen der Bildungsgeschichte mit der Universalgeschichte erreicht auch die Abstraktion, in welcher der Begriff „Bildung" erfaßt wird, ihren Höhepunkt. Dies macht dem empirischen Historiker die Verwendung des Begriffes schwer, und nicht nur unsere Hoffnungen sind bescheidener geworden, sondern auch unsere Skepsis hinsichtlich der Möglichkeit, diesen allgemeinen Gang der Menschheitsgeschichte zu erfassen, ist gewachsen. Scheint es doch schon viel, wenn das Überleben der Menschheit durch die Ausbildung von Vernunft und Moral zu sichern wäre.

Dennoch: Würde die historische Bildungsforschung Erziehung nur als einen gesellschaftlichen Faktor unter anderen auffassen, als ein funktionales Element, beliebig einsetzbar und manipulierbar im Sinne partieller Interessen, reduziert auf die Ideologien bestimmter Gruppen, würde sie zu einer Geschichte von Beliebigkeiten werden. Meiner Ansicht nach widersprechen sich der wissenschaftliche, der politische und der moralische Anspruch an die Bildungsgeschichte nicht, wenn sie zeigen soll, ob und auf welche Weise die Menschen durch Art und Organisation der Bildung sich selbst und ihre Welt zum Besseren zu verändern suchten, in welcher Wechselwirkung dieser Prozeß mit anderen historischen Bewegungen stand, wie er sich in Antagonismen auseinanderlegte, oft selbst seine nächsten Ziele verfehlte, bisweilen Erfolge zeitigte, und wenn sie auf diese Weise über die historische Bestandsaufnahme hinaus das Verständnis für die Schwierigkeit dieses Prozesses und trotz allem das Vertrauen stärkt, Hoffnung für die kommende Geschichte der Menschheit auf das Bemühen um Bildung zu setzen.

Mir scheint, daß diese letzten Überlegungen, welche die Kompetenz der Geschichtsforschung wie der Wissenschaft überhaupt bei weitem überschreiten, dem genius loci des Georg-Eckert-Instituts nicht unangemessen sind. Diese Institution, deren Wissenschaftlichem Ausschuß der Jubilar dieses Symposiums seit Jahren vorsitzt, verdankt ihre Existenz einer solchen mit der Geschichte der Bildung untrennbar verbundenen Hoffnung.

---

[39] Leopold von Ranke, Weltgeschichte, Bd. 8, 2. Auflage, Leipzig 1883, S. 4.

Erstveröffentlichung in: Hans Erich Bödeker, Ernst Hinrichs (Hg.), Alteuropa – Ancien Régime – Frühe Neuzeit. Probleme und Methoden der Forschung, Stuttgart-Bad Cannstatt 1991, S. 175-200.

Bildungsbewegungen und Bildungspolitik seit der Mitte des 18. Jahrhunderts im Reich und im Deutschen Bund

Wechselwirkungen, Übereinstimmungen und Abweichungen zwischen den deutschen Staaten

1.

Im folgenden werden thesenhaft Grundzüge der Bildungsgeschichte im Jahrhundert zwischen dem aufgeklärten Absolutismus im alten deutschen Reich und der Auflösung des Deutschen Bundes zwischen der Revolution von 1848/49 und der Gründung des Deutschen Reiches 1870/71 skizziert.[1]

Dieses Jahrhundert zeigt in allen Staaten Mitteleuropas eine vorher in dieser Intensität nicht vorhandene und nicht thematisierte Wechselwirkung zwischen Politik, sozialer Entwicklung und Erziehungswesen vor dem Hintergrund einer weitgehend gemeinsamen neuen Bildungskonzeption. Für die Staatenwelt Mitteleuropas brachte diese Periode weithin die Transformation der Unterrichtsanstalten und der Unterrichtsinhalte in verschiedenen Hinsichten: Das Bildungswesen wurde aus der Dominanz kirchlich geprägter und ständisch organisierter Erziehungsvorgänge gelöst und in ein staatliches Unterrichtswesen überführt. Seine Intention richtete sich zunehmend auf die Ausbildung nützlicher und verwertbarer Fertigkeiten einerseits, auf die individuelle Vervollkommnung des Menschen andererseits. Erziehungstheorie und Erziehungsorganisation gerieten unter sich, aber auch mit den wechselnden politischen Doktrinen sowie mit den gesellschaftlichen Bedürfnissen in ein konfliktreiches Spannungsverhältnis. Einerseits wurde neben der Militär- und Steuerpflicht nun die Schulpflicht zu einem elementaren, auf die gesamte Bevölkerung ausgedehnten staatlichen Anspruch; andererseits brachte diese neue Bildungsorganisation prinzipiell, aber zunehmend auch faktisch eine die ständischen Grenzen verflüssigende Mobilität in die Gesellschaft. Es erfolgten in unterschiedlicher Schnelligkeit überall die beinahe volle Alphabetisierung der Gesellschaft mit ihren weitreichenden Folgen für die Kommunikationsfähigkeit des modernen Sozialkörpers, eine systematische und rationale, vom Staat her geplan-

---

[1] Die umfangreiche ältere und jüngere Literatur, der dieser Überblick verpflichtet ist, kann hier nicht im einzelnen nachgewiesen werden. Ausführliche bibliographische Hinweise zur historischen Bildungsforschung über das 19. Jahrhundert in: Karl-Ernst Jeismann, Peter Lundgreen (Hg.), Handbuch der deutschen Bildungsgeschichte, Bd. III: 1800-1870, München 1987.

te Unifizierung des Systems der Bildungsanstalten und zugleich ein von gesellschaftlichen Bedürfnissen immer neu initiiertes Differenzierungswachstum im Bildungswesen. Diese Vorgänge waren Faktoren und Begleiterscheinungen der Umwandlung einer feudal bestimmten, ständischen Gesellschaft in die moderne bürgerliche Gesellschaft gleichen Rechts, in der nicht mehr Stand und Geburt, sondern Qualifikation prinzipiell über die soziale Position entschied. Dies bedeutete eine Veränderung der Verhältnisse in der Produktion geistiger und materieller Güter, die immer weniger auf Tradition, immer mehr auf Innovation, d.h. auf Theorie und Wissenschaft gestellt wurde. Zugleich begleiteten und unterstützten diese Vorgänge die Umformung des politischen Systems von einem aufgeklärten oder Verwaltungsabsolutismus zu einem System der Partizipation der Staatsbürgergesellschaft im politischen System – eine Umformung, die eng zusammenhing mit der Entstehung der Nationalstaatsbewegung.[2] „Nationalerziehung" war das Kennwort einer Bewegung, die sowohl wirtschaftliche wie soziale und politische Umwälzungen initiierte. Der Bedeutungswandel dieses Begriffs spiegelt über das hier betrachtete Jahrhundert hinweg die besonders für die Staatenwelt Mitteleuropas bezeichnende Akzentverschiebung: von der geistlichen Dominanz der Erziehungsinhalte über die weltlich nützlichen, auf die individualitäts- und humanitätsbildenden zu den nationalbildenden Tendenzen der Erziehungskonzepte, die sich dem Wechsel der politischen Konzeptionen vom aufgeklärten Absolutismus bis zum konstitutionellen Nationalstaat anpaßten.[3]

Diese Grundzüge des Zusammenhangs zwischen pädagogischen, politischen und sozialen Bewegungen sind den Staaten im deutschsprachigen Mitteleuropa prinzipiell gemeinsam. Aber die Durchsetzung der Konzeptionen von der Standeserziehung über die Staatserziehung bis zur Nationalbildung vollzog sich gegen unterschiedlich starke Widerstände in verschiedenem Tempo und mit differierenden Akzentsetzungen, wobei Phasen konvergierender und divergierender Entwicklung innerhalb der Staaten des Deutschen Reiches und des Deutschen Bundes einander ablösten. Diese regionale und temporale Differenzierung ist nicht nur durch die Unterschiedlichkeit der Vorgegebenheiten in den katholischen oder protestantischen, in den geistlichen oder weltlichen, in den großen oder kleinen Staaten bedingt; sie hängt auch deutlich zusammen mit der Entwicklung der politischen Gewichte innerhalb des Systems der Staaten des Deutschen Reiches und des Deutschen Bundes. Bei allen Unterschieden waren jedoch die enge Kommunikation und der Austausch sowohl der Personen wie der Ideen innerhalb des

---

2 Generell zu diesem Prozeß vgl. Peter Flora, Indikatoren der Modernisierung. Ein historisches Datenhandbuch, Opladen 1975 (= Studien zur Sozialwissenschaft, Bd. 27).
3 Zu den Stufen der Bedeutung des Begriffs der „Nationalerziehung" vgl. Eduard Spranger, Der Zusammenhang von Politik und Pädagogik in der Neuzeit. Umrisse zu einer Geschichte der deutschen Schulgesetzgebung und Schulverfassung, in: Die deutsche Schule 18/19 (1914/15), S. 356-362.

deutschsprachigen Raums ein starker Faktor der Gemeinsamkeit; mit dem Beginn des 19. Jahrhunderts trat die an die Sprache gebundene Dominanz der Nationalbildung immer stärker hervor. So entstand, ungeachtet verschiedenartiger Unterrichtsorganisationen und Lehrpläne, ein Spektrum gemeinsamer Bildungsinhalte, das die „Kulturnation" über alle Staatsgrenzen hinweg zu einer immer breitere Schichten umfassenden Realität werden ließ.[4]

Dieser Gesamtprozeß verlief zwar in tendenziell gleichsinniger Richtung, gleichwohl aber in deutlicher regionaler und temporaler Differenzierung auf verschiedenen Ebenen. Im Bereich der neuen Erziehungsideen, die seit der Mitte des 18. Jahrhunderts intensiv und immer breiter rezipiert und diskutiert wurden, zeigt sich die europäische Dimension des Wandels im Verhältnis von Pädagogik und Politik. Den großen Anregern von Locke bis Rousseau folgte eine breite Schar von Publizisten, schreibenden Schulmännern, Gelehrten und Theologen, aber auch Kameralisten und Staatsbediensteten, die von einer neuen Art der Erziehung gleicherweise eine Verbesserung der Menschen, ihrer Fähigkeiten und Tätigkeiten, der äußeren Wohlfahrt, der materiellen Stärke und zugleich der Moral der Staaten erhofften. Die gesamteuropäische Erscheinung zeigt Zonen der Verdichtung in West- und Mitteleuropa mit Sektoren partieller Ausstrahlung ins südliche und östliche Europa. Dieser weitausgreifenden Bewegung der Ideen und Konzeptionen des aufgeklärten, pädagogischen Jahrhunderts standen außerordentlich unterschiedliche Verhältnisse der Schulwirklichkeit gegenüber. Man faßt sie nur auf der lokalen Ebene. Hier erscheint das konkrete Schulwesen als vielgestaltiges Gebilde, eingebettet in die unterschiedlichsten Rechtsverhältnisse, Stiftungs- und Patronatsbeziehungen und verschiedenartige Finanzierungsmodalitäten. Dies alles differenzierte die Gemeinsamkeit des Herkommens aus dem letzten großen Schub der Erziehungsbewegung vor der Aufklärung, der Reformation oder der katholischen Reform. Das konkrete Schulwesen war eine ständische, gesellschaftliche Angelegenheit und daher über einem gemeinsamen Grundmuster so verschiedenartig wie die gesellschaftlichen Verhältnisse im frühmodernen Europa.

In diese lokale Vielfalt traten nun die universalen, auf weltliche Wohlfahrt und Bildung gerichteten pädagogischen Ideen der Aufklärung, getragen von einer allmählich stärker werdenden neuen sozialen Schicht von Bürgern oder Adeligen, die sich selbst als „Gebildete" begriffen und in diesem Verständnis aus der alten ständischen Gesellschaftsordnung herauswuchsen. Sie forderten energisch eine Realisierung der neuen Vorstellungen einer Menschen- und Bürgerbildung gegen die herkömmlich ständisch-kirchlich gebundene Erziehung und

---

[4] Vgl. dazu Georg Jäger, Schule und literarische Kultur. Sozialgeschichte des deutschen Unterrichts an höheren Schulen von der Spätaufklärung bis zum Vormärz, Bd. I: Darstellung, Stuttgart 1981.

verlangten vor allem, daß der Staat dieses neue, allgemeine Schulwesen schaffe und zu einem einheitlichen Organismus im Rahmen des Staatsganzen umforme. Zuerst als Forderung, im 19. Jahrhundert mehr und mehr als Realität schob sich also zwischen die europäische und die lokale Ebene, Konzeption und Organisation verbindend, die etatistische Struktur, zunächst bezogen auf den dynastischen Territorialstaat, bald aber zum Nationalstaat drängend. Erst auf dieser Zwischenebene erfolgte die reale Umsetzung der pädagogisch-politischen Konzeption des 18. Jahrhunderts zu einem System der Qualifizierung des Nachwuchses für die sich industrialisierende Gesellschaft und die konstitutionellen Staaten.

Wie im einzelnen dieser Prozeß der „Verweltlichung, Verstaatlichung, Verfachlichung"[5] des Schulwesens verlief, war abhängig von dem Mischungsverhältnis, in dem die gesamteuropäische Ideenbewegung, die lokale Realität und die staatliche Politik in den verschiedenen Territorien zueinander standen. Das bestimmte bei aller wechselseitigen Anregung und trotz der Gleichsinnigkeit des Prozesses im ganzen seine unterschiedliche Artikulierung im einzelnen und die verschiedene Akzentuierung seiner inneren Spannungen und Widersprüche in den verschiedenen Regionen. Vor allem die Staaten des alten Deutschen Reiches – ebenso die angrenzenden nordeuropäischen, teilweise aber auch die norditalienischen und die osteuropäischen Nachbarzonen – heben sich aus dem europäischen Umfeld innerhalb dieses Prozesses im 18. Jahrhundert deutlich als ein besonderes Gebiet heraus. Sie treten in diese Epoche der Umwandlung der Erziehungsideen und -strukturen ein als politische Systeme des aufgeklärten Absolutismus oder des „Reformabsolutismus". Gemessen an den Staaten Westeuropas sind diese wirtschaftlich und fiskalisch relativ schwächeren politischen Einheiten in besonderer Weise auf eine effektive Rationalität der Staatsverwaltung angewiesen, glauben ihre Regierungen, durch eine gezielte Entwicklung der Volkskräfte die Landeskultur, die Wohlfahrt der Untertanen, die Macht und Bedeutung der Staaten heben zu können. In den entwickelteren Staaten Westeuropas, wo die Modernisierung des Schulwesens – von gelegentlichen scharfen Reglementierungen, wie im napoleonischen Frankreich, abgesehen – eine Sache der Gesellschaft, der Kommunen, der Kirche blieb und der Staat erst gegen Ende des 19. Jahrhunderts kontinuierlich eingriff, zeigt die Bildungsgeschichte einen ganz anderen Verlauf und Charakter als in Mitteleuropa, wo die Erziehungsreform schon im ausgehenden 18. Jahrhundert zunehmend zur Angelegenheit des Staates wurde. In Übereinstimmung mit den Maximen der Kameralisten und den Prinzipien des Verwaltungsabsolutismus

---

5 Ernst Rudolf Huber, Deutsche Verfassungsgeschichte seit 1871, Bd. 1, 1. Aufl. Stuttgart 1957, S. 260-290. Immer noch wichtig: Friedrich Paulsen, Geschichte des gelehrten Unterrichts (...), Bd. 2, 3. Aufl. Berlin/Leipzig 1921 und, als Überblick: Ders., Das deutsche Bildungswesen in seiner geschichtlichen Entwicklung, 1. Aufl. 1906, Neudruck der 3. Aufl. von 1909 Darmstadt 1966. s. insbes. S. 104ff.

oder des konstitutionellen Systems im 19. Jahrhundert war in den Staaten des Reformabsolutismus das Zusammenwirken von Staat und führenden gesellschaftlichen Gruppen die Signatur der Entwicklung des Bildungswesens. In Ost- und Südeuropa dagegen fanden die Ansätze staatlich gelenkter Bildungsreform erst gegen Ende des 19. Jahrhunderts die wirtschaftlichen und gesellschaftlichen Bedingungen für eine nennenswerte Wirksamkeit.

Die Bildungsgeschichte der Staaten Mitteleuropas, die aus dem aufgeklärten Absolutismus ins 19. Jahrhundert eintraten – also insbesondere die Staaten des alten Deutschen Reiches und des Deutschen Bundes –, läßt sich in einem Phasenverlauf beschreiben, der fünf Abschnitte aufweist. Sie überschneiden sich und verlaufen regional nicht in gleichem Rhythmus, sind aber gleichwohl deutlich voneinander unterscheidbar.[6]

2.

2.1

Schon die zweite Hälfte des 17. Jahrhunderts sah Bemühungen der Landesherren, nach den Zerstörungen des Dreißigjährigen Krieges ihren Ländern materiell und moralisch auch durch Verbesserung des Erziehungswesens aufzuhelfen. Die kleineren Staaten gingen dabei voran – Gotha ist ein immer wieder zitiertes Beispiel. Diese Bemühungen verstärkten sich in der ersten Hälfte des 18. Jahrhunderts. Aber erst nach dem Abschluß der kriegerischen Wirren der Jahrhundertmitte, insbesondere nach dem Ende des Siebenjährigen Krieges, wurden aus vereinzelten Maßnahmen der Landesherren staatlich konzipierte Reformversuche. Sie stützten sich konzeptionell auf das kameralistische Programm der Förderung der „Glückseligkeit" der Individuen dieses Staatsganzen und verlangten eine Anpassung des Erziehungssystems an die sich wandelnden Erfordernisse des Beschäftigungssystems. Dem stand die alte, duale Struktur des Schulwesens im Wege. Sie befriedigte mit dem System der Lateinschulen und gelehrten Schulen einerseits die Bedürfnisse des kirchlichen und staatlichen Apparates, mit den Ele-

---

6 Eine umfassende Untersuchung der Wechselwirkung der Bildungsbewegungen zwischen den einzelnen deutschen Territorien steht noch aus, wäre aber dringend erwünscht. Angesichts der über die am eingehendsten untersuchte Bildungsgeschichte Preußens hinausgehenden neueren Forschungen über die Entwicklung in anderen deutschen Staaten im 18. und 19. Jahrhundert ist zu hoffen, daß eine solche komparative Beschreibung bald möglich sein wird. Insbesondere die Forschungen zur österreichischen Bildungsgeschichte in der großen Synthese von Helmut Engelbrecht, Geschichte des österreichischen Bildungswesens. Erziehung und Unterricht auf dem Boden Österreichs, 4 Bde., Wien 1982-1986, sind als Voraussetzung zur Schließung dieser Lücke unserer Kenntnis wichtig.

mentarschulen andererseits die notdürftige Bildung der breiten Volks-
schichten zu Gemeindemitgliedern. Die Vorbereitung auf das bürgerliche, gewerbliche Leben geschah außerhalb der Schule. So galt als drin-
gendstes Erfordernis die Hebung der Elementarschulen auf dem Lande
zur Vermittlung nützlicher Kenntnisse, welche den Ackerbau fördern
konnten, sowie die Umgestaltung der Lateinschulen und gelehrten
Schulen in Bürgerschulen, welche das kaufmännische und gewerbliche
Leben mit besser ausgebildeten, zu Innovationen fähigen Individuen
versorgen sollten. Moderne Bürgerschulen oder Realschulen – wie sie
schon Leibniz gefordert hatte – waren das Zentrum der pädagogischen
Programmatik dieser Zeit, auf die sich die Hoffnung der Reformkräfte
in der staatlichen Verwaltung auf die Hebung der Landeskultur und seiner Steuerkraft stützte. Daß dabei auch die Verbesserung der gelehrten
Schulen durch eine die alte rhetorische Lateinbildung ablösende, die
Selbsttätigkeit des Geistes fördernde Unterrichtsweise angestrebt wurde, war angesichts der Hauptaufgabe der Förderung bürgerlicher Bildung zunächst eine Nebenerscheinung.

Die zentrale Forderung nach Unterrichtsanstalten für eine bürgerliche
Bildung, von einzelnen Reformern, wie Francke in Halle, schon zu Beginn des Jahrhunderts aus lokaler Initiative heraus erprobt, blieb fortan
eine, wenn nicht die mächtigste Veränderungstendenz, welche die kommende Bildungsgeschichte bestimmte. Freilich stieß sie auch auf die
größten Schwierigkeiten. Sie fand keinen Anknüpfungspunkt im bisherigen Schulsystem, empfing noch wenig Anstöße aus dem schwach entwickelten gewerblichen Sektor, war im Ganzen eine den sozialen und
ökonomischen Realitäten vorauseilende konzeptionelle Forderung. Das
wird am deutlichsten sichtbar im Mangel an Menschen, die eine solche
Bildung hätten vermitteln können. 1789 hieß es in Preußen, es bedürfe
einer „ganz neuen Classe von Lehrern", um solche Schulen ins Leben
zu rufen.[7]

Die Verbesserung der Elementarschulen und der gelehrten Schulen
konnte dagegen an das Vorhandene anknüpfen. Hier galt es, die zahlreichen vereinzelten Verbesserungsversuche zusammenzufassen und in
ein System zu bringen. Dazu bedurfte es der staatlichen Instrumente –
also einer staatlichen Unterrichtsverwaltung. Sie fehlte bis dahin, war
allenfalls ein Appendix der staatlichen Kirchenaufsicht. Die Schulen
wurden von den ständischen Untergewalten getragen und beaufsichtigt;
der Staat hatte nicht einmal eine Übersicht über die Zahl und die Art
der Schulen in seinem Gebiet. Der Reformabsolutismus legte nun die
Grundlage zur Entstehung einer staatlichen Schulverwaltung in der Absicht, ein rationales, der politischen Gliederung angepaßtes Schulwesen

---

7 S. den Plan zur Errichtung von Realschulen, den Gotthold Samuel Steinbart 1787 in
  Berlin vorlegte, in: Karl-Ernst Jeismann, Das preußische Gymnasium in Staat und Gesellschaft. Die Entstehung des Gymnasiums als Schule des Staates und der Gebildeten.
  1787-1817, Stuttgart 1974, S. 89f. Dort auch die Reformmaßnahmen des Freiherrn von
  Zedlitz in Preußen seit 1787.

zu schaffen. In dieser Hinsicht ging Österreich voran. Die Unterrichtsreformen, die Maria Theresia in Gang setzte und ihre energische, wenngleich durch die Weite des Vorgehens und die Tiefe rationaler Eingriffe in lange gewachsene Strukturen problematische Fortsetzung unter Joseph II., waren systematisch wie regional die umfassendsten Maßnahmen der Bildungsreformen im aufgeklärten Absolutismus von Staats wegen.[8] Sie standen jedoch in deutlicher Wechselwirkung mit ähnlichen Versuchen in anderen Territorien des Deutschen Reiches, waren durch sie angeregt und wirkten auf sie zurück. Am augenfälligsten wird diese Verbindung durch das personale Beziehungsgeflecht, in dessen Mittelpunkt Johann Julius Hecker in Berlin, der Gründer des Lehrerseminars und der „Universalschule", und Ignaz Felbiger, der Abt im schlesischen Sagan und spätere Schulreformer in Wien, standen.[9] Listet man die Männer auf, denen sie ihre Anregungen verdankten oder weitergaben, ergibt sich eine Reihe von Vorgängern und Anregern sowie Nachfolgern und Fortsetzern, die zeitlich vom späten 17. bis in die Mitte des 19. Jahrhunderts, regional über viele Staaten des Deutschen Reiches, protestantische wie katholische, reicht, Dänemark und Polen sowie, von Wien ausgehend, Serbien, Ungarn und noch die Hauptstadt Rußlands berührt.[10]

Diese Reformbewegung brachte Staat und Kirche in neue Konstellationen, die sich je nach Konfession und politischem System verschieden darstellten. Am reibungslosesten ließen sich Reformen in geistlichen Herrschaften an – wie in Mainz oder Münster –, wo Kirche und Staat identisch waren. Die „katholische Aufklärung", als staatliche Reform durch die Säkularisation abgebrochen, konnte in dieser Phase relativ erschütterungsfrei und behutsam die geistlichen Territorien ergreifen.[11] In vorwiegend protestantischen Staaten gab es zwar eine Verbindung von Staat und Kirche nicht nur im organisatorischen, sondern auch im konzeptionellen Bereich aufgeklärten Reformdenkens; im Zusammenwirken von Theologen im Staats- und Schuldienst sowie von

---

8 S. dazu allgemein Engelbrecht (Anm. 6), Bd. 3 und jetzt besonders die in umfassender Fragestellung vorgehende Studie von Gerald Grimm, Die Schulreform Maria Theresias 1747-1775, Frankfurt a.M u.a. 1987 (= Aspekte pädagogischer Innovation, Bd. 10). Dort auch ein eingehender Forschungsbericht in Kap. 1, 2.

9 Zu Hecker s. Hugo Gotthard Bloth, Johann Julius Hecker und seine Universalschule, in: Jahrbuch des Vereins für Westfälische Kirchengeschichte 61 (1968), Einzeldruck Dortmund 1968: zu Felbiger umfassend und im Blick auf Preußen wie auf Österreich Josef Stanzel, Die Schulaufsicht im Reformwerk des J. I. von Felbiger 1724-1788. Schule, Kirche und Staat in Recht und Praxis des aufgeklärten Absolutismus, Paderborn 1976.

10 S. den Überblick bei Engelbrecht (Anm. 6), Bd. 3, Kap. 9.6, S. 129ff.

11 Es gibt eine reichhaltige ältere lokalgeschichtliche Forschung über diese Reformschritte in den geistlichen Staaten des Reiches; neuere Untersuchungen, welche die Fragestellungen der historischen Bildungsforschung auf diese geistlichen Staaten anwendeten, sind mir nicht bekannt; dagegen gibt es Forschungen für andere Territorien: Bayern, Württemberg, Braunschweig, Baden, Ostfriesland, die hier nicht aufzuzählen sind; aber die Tatsache zeigt den wichtigen Zusammenhang zwischen Realgeschichte und Geschichtsschreibung!

Pfarrern einerseits, Verwaltungsbeamten andererseits wurden die ersten, grundlegenden Reformschritte in Preußen entwickelt.[12] Aber es gab auch schon den orthodoxen Widerstand gegen die Reformideen aufklärerischer Pädagogik und die Reformmaßnahmen der staatlichen Schulverwaltung, dessen auf lokaler Ebene wirksam werdende Kraft noch wenig erforscht ist. Den vornehmlich katholischen weltlichen Staaten erwuchs bei ihren Reformbemühungen im alten Schulherrn, der Kirche, ein Gegner, den man zugleich brauchte, wenn man die Schule aus einem „ecclasiasticum" zu einem „politicum" machen wollte. So wurden schon im Zeitalter des Reformabsolutismus die Konstellationen geschaffen, die im 19. Jahrhundert zu der Welle von „Kulturkämpfen" führten.[13]

Unterhalb dieser staatlichen Reformebene regten sich in diesem Abschnitt eine Vielzahl lokaler Reformbestrebungen, ausgehend von Patronen oder Magistraten; selbst die auf der gesamtstaatlichen Ebene angeregten Reformen bezogen sich infolge der komplizierten Rechtsverhältnisse in den unter der Dynastie zusammengefaßten „Staaten" häufig auf regionale Teileinheiten – selbst das „Generallandschulreglement" von 1763 in Preußen betraf nur die lutherischen Schulen des Staates außerhalb der Provinz Schlesien. In diesen lokalen oder regionalen Reformansätzen, die eher durch den persönlichen Kontakt ihrer Träger als durch administrative Maßnahmen miteinander in Verbindung standen, manifestierte sich an einer wichtigen Stelle die beginnende bürgerliche Selbstfindungs- und Emanzipationsbewegung, die sich zugleich auch durch literarische, gelehrte, „patriotische" Verbindungen konstituierte. Auf dieser Ebene ergab sich über die Staatsgrenzen innerhalb des Deutschen Reiches hinweg ein breites Netz von Kommunikation, getragen durch ein sich ausbreitendes Zeitschriftenwesen, aber auch durch Reisen und persönliche Bekanntschaften. So formierte sich die stärkste Triebkraft dieser Periode der Bildungsgeschichte im gesellschaftlichen, nicht vom Staat reglementierten, aber gleichwohl auf ihn und seine Unterstützung hoffenden Kreis gebildeter, patriotisch denkender Bürger. Das Verhältnis zwischen dieser sozialen Gruppe und dem Staat sollte hinfort für den Fortgang der Bildungsgeschichte in den Territorien des Deutschen Reiches von zentraler Bedeutung werden.[14]

---

12 S. Manfred Heinemann, Schule im Vorfeld der Verwaltung. Die Entwicklung der preußischen Unterrichtsverwaltung von 1771-1800, Göttingen 1972 (= Studien zum Wandel von Gesellschaft und Bildung im 19. Jahrhundert, Bd. 8).

13 Für die aus solchen Widersprüchen entstehenden bildungspolitischen Kurswechsel ist die bayerische Erziehungsgeschichte der ersten Hälfte des 19. Jahrhunderts besonders aufschlußreich; vgl. Albert Reble, Das Schulwesen, in: Max Spingler (Hg.), Handbuch der Bayerischen Geschichte, Bd. IV, 2, München 1975, S. 949-990.

14 Vgl. zu dieser These Karl-Ernst Jeismann, Friedrich der Große und das Bildungswesen im Staat des aufgeklärten Absolutismus, in: Zeitschrift für historische Forschung, Beiheft 4: Analecta Fridericiana, Berlin 1987, S. 91-113.

2.2

Der Gedanke, daß eine Ausweitung der Bildung die sozialen Strukturen und die politische Ordnung gefährden könnte, hatte zwar schon hin
und wieder die politischen Denker, Verwaltungsbeamten und Regenten
des aufgeklärten Absolutismus gestreift; aber insgesamt war die erste
Phase dieser neuen Bildungsepoche getragen von dem Optimismus,
daß die gesellschaftliche und politische Wohlfahrt mit der Hebung der
Bildung der Untertanen nicht nur vereinbar sei, sondern durch sie befördert werde. Schon vor der Französischen Revolution ging dieser
Glaube an eine prästabilisierte Harmonie zwischen politischer und gesellschaftlicher Wohlfahrt einerseits, Ausweitung der Bildung andererseits jedoch verloren. Die ideologische und praktische Auswirkung einer ungehemmten Aufklärungspädagogik in Schule und Gesellschaft
wurde nun in ihren destabilisierenden Möglichkeiten erkannt. Das
Wöllnersche Religionsedikt von 1788 war ein greller Auftakt dieser
neuen „Staatspädagogik", die nicht nur das Bildungswesen, sondern
auch Religion und Kirche politisch zu instrumentalisieren versuchte. In
seltsamer Weise mischten sich hier die Sorgen der kirchlichen Ortho-
doxie, die Resistenz der ständischen Lokalhierarchien und das politische Kalkül einer auf dieser Sozialordnung gegründeten absolutistischen Regierungsform in der Abwehr der gleicherweise die theologi-
sche Dogmatik, die ständische Rechtsungleichheit und die absolutistische Bürokratie in Frage stellenden Vorstellungen einer aufgeklärten
„Menschenbildung". Die pädagogische Reform erhält nun ihre ersten
Opfer und Emigranten. Die Theologen auf der Kanzel wie die Reformer in den Schulen wurden staatlichen Aufsichtsmaßnahmen unterworfen – und wenn sie auch noch nicht sehr effizient waren, so zeigten sie
doch die künftigen Konfliktlinien zwischen Politik und Pädagogik im
absolutistischen Staat deutlich auf. 1795 scheiterte der am konsequen-
testen und weitesten vorangetriebene staatliche Reformversuch am
kirchlichen und ständischen Widerstand: Der „Edukationsrat" Campe,
als „Revolutionsrat" betitelt, erlebte im Herzogtum Braunschweig am
eigenen politischen Schicksal den „Widerspruch von Bildung und Herrschaft".[15]

Für die staatliche Einstellung gegenüber dem Bildungswesen schienen hinfort nur zwei Maximen vorstellbar zu sein, die beide die Nai-
vität des frühen Aufklärungsdenkens hinter sich ließen und ihrerseits

---

[15] Heinz Joachim Heydorn, Über den Widerspruch von Bildung und Herrschaft, Frankfurt
a.M. 1970; zu Braunschweig s. Ulrich Herrmann, Modell der Schulreform. Das Braunschweigische Schuldirektorium 1786-1790, in: Braunschweigisches Jahrbuch 52
(1971); zum Wöllnerschen Religionsedikt s. Karl-Ernst Jeismann (Anm. 7), Kap. 3;
zum Bildungsbegriff im ideengeschichtlichen und sozialgeschichtlichen Kontext im 19.
Jahrhundert s. Rudolf Vierhaus, „Bildung", in: Otto Brunner, Werner Conze, Reinhart
Koselleck (Hg.), Geschichtliche Grundbegriffe. Historisches Lexikon zur politisch-sozialen Sprache in Deutschland, Bd. 1, Stuttgart 1972, S. 508-551.

eine Antwort auf die Radikalisierung der Aufklärung und ihrer politischen Forderungen waren: Entweder die Bildung als eine gefährliche Sprengkraft in Inhalten und Organisationsformen so wenig wie möglich zu entwickeln und auf dem Niveau der Bedürfnisse jedes Standes zu halten oder aber, da man ihrer zur Entwicklung und zur Stärkung der finanziellen und moralischen Kräfte des Staates zu bedürfen glaubte, die Bildungsorganisationen und die Bildungsinhalte in den Rahmen einer Staatspädagogik einzufügen, in dem eine gebremste Modernisierung, die das politische und soziale System nicht erschütterte, möglich erschien.

Beide Wege wurden fortan eingeschlagen. Der zweite Weg kennzeichnete die preußische Bildungspolitik nach Wöllners Sturz seit 1798, aber auch die Bildungspolitik Leopolds II. in Österreich. Dieser Linie entsprachen die entstehenden Werke zur „Staatserziehungswissenschaft", und die Pläne einer Totalrevision des gesamten Bildungswesens „zur Beförderung des Bürgerwohls und der Regenten Sicherheit".[16] Angesichts der realen Zustände des Schulwesens bedeuteten die Verbesserungen, die in dieser Phase geplant und bruchstückweise auch realisiert wurden, ungeachtet der Unterordnung unter die Staatsräson des Absolutismus einen erheblichen Schritt auf dem Wege der Verbesserung und des Ausbaus der Bildungsanstalten überhaupt. Sie ermöglichten auch den Fortgang der nur indirekt vom Staat abhängigen Reforminitiativen auf lokaler Ebene. Aber es formierte sich in dieser Phase zugleich der geistige Widerstand gegen ein Staatserziehungswesen unter absolutistischem Vorzeichen, ein geistiges „Auswandern" der Bildung aus dem Staat, die Reklamierung des eigenen Rechtes von Erziehung und Bildung gegenüber den Ansprüchen der Gesellschaft und Politik. Nicht nur in dem bekannten Essay Wilhelm von Humboldts von 1792 äußert sich dieser Anspruch auf Priorität allgemeiner Menschenbildung gegenüber politischer und sozialer Disziplinierung durch Erziehung; auch eine Anzahl der mit den Ideen der Französischen Revolution sympathisierenden Erziehungsreformer setzten nun ihre Hoffnungen nicht mehr auf den Staat, sondern auf spontane lokale und kommunale Bildungszellen.[17]

Doch dies blieben Randerscheinungen des beherrschenden Musters der Staatspädagogik – wichtig als frühe Symptome eines auf Autonomie pochenden Widerstandes pädagogischer Protestbewegungen, die sich gegen ein dominierendes Staatsschulwesen im 19. Jahrhundert und bis in unsere Zeit immer wieder formierten. In den Hauptstrom einer neuen Staatspädagogik ordneten sich neben der preußischen Bildungs-

---

16 Christian David Voss, Versuch über die Erziehung für den Staat, als Bedürfnis unserer Zeit, zur Beförderung des Bürgerwohls und der Regenten Sicherheit, 2 Theile, Halle 1797; Heinrich Stephani, Grundriß der Staatserziehungswissenschaft, Weißenfels, Leipzig 1797. Zu diesem Komplex s. Heinrich Busshoff, Politikwissenschaft und Pädagogik. Studien über den Zusammenhang von Politik und Pädagogik, Berlin 1969.

17 S. Jeismann (Anm. 7), S. 132-148.

politik auch die Reformbemühungen der Rheinbundstaaten ein. Nach 1803, insbesondere nach 1806 und wieder nach 1815 ist das pädagogische Reformkonzept dieser Staaten deutlich von aufgeklärter Staatsräson bestimmt, die sehr heterogene Gebiete unterschiedlicher Tradition auf die neuen Staatsgebilde hin zu zentrieren und innerhalb dieser Grenzen einen Modernisierungsprozeß einzuleiten bestrebt war. Die Schulreform Wismayrs in Bayern ist ein Beispiel für einen solchen staatlich gelenkten radikalen Modernisierungsversuch. Abseits solcher Versuche hielt sich der altständische Widerstand selbst gegen eine dosierte und beaufsichtigte, aber eben doch staatlich gedachte, die ständischen Untergewalten mediatisierende Pädagogik. Der anti-absolutistische Affekt, wie er sich so deutlich in den Schriften Ludwig v. d. Marwitz' ausdrückt, führt tendenziell hinter die Aufklärungsperiode zurück. Ideologisch konnte er sich mit den Restaurationsbestrebungen verbinden, wie sie seit 1819 wieder hervortraten und insbesondere die staatliche Bildungspolitik im Österreich Franz I. und Metternichs bestimmten: faktisch blieb diese antistaatliche Konzeption jedoch im Bereich bloßer Programmatik; selbst in der Restaurationsphase des Deutschen Bundes war der etatistische Zugriff auf das Schulwesen, ob er in den verschiedenen Staaten nun eher repressiv oder vorsichtig fördernd geschah, die vorherrschende Form der Bildungspolitik.

2.3

Zwischen die zweite Phase einer von der Staatsräson diktierten Pädagogik seit der Französischen Revolution und ihre Fortsetzung nach der Niederwerfung Napoleons in der Restaurationsperiode schob sich als eine dritte, kurze Phase die von der preußischen Bildungsreform angestoßene Bewegung, die auf ein neues Verhältnis zwischen Staat und Pädagogik zielte. Diese Periode nahm nach 1807 ihre Kraft aus der bürgerlichen Bildungsbewegung, die im absolutistischen Preußen vor 1806 vergleichsweise wenig staatliche Reglementierung erfahren hatte und sich ohne sonderliche Aufmerksamkeit oder Überwachung im Reformbeamtentum wie in breiten Kreisen der gebildeten Stände hatte fest verankern können. Das Friedensjahrzehnt zwischen 1795 und 1805 hatte durch die Philosophie des deutschen Idealismus und durch die deutsche Klassik die geistigen Kräfte dieser Trägerschicht der Bildungsreform, hatte ihre intellektuelle und moralische Autorität und ihre Artikulationsfähigkeit unerhört gestärkt. Aus dem Protest gegen das vergangene Zeitalter absolutistischer Herrschaft und ständischer Sozialkammerung leitete sie ihre Reformideen und ihren Reformanspruch her. So konnte vorübergehend nach 1808 wieder eine grundlegende Reform des Erziehungswesens, jene auf „allgemeine Menschenbildung" orientierte Neuschaffung als notwendige Komponente, ja als Voraussetzung der erstrebten Reform des gesamten Staatswesens gesehen werden. Diese konzeptionelle Harmonie zwischen Bildungsreform und Staatsreform prägte fast ein Jahrzehnt lang diese dritte Phase der modernen deutschen Bildungsgeschichte, deren pädagogisches Programm radikale politische und soziale Konsequenzen in sich barg. Sie wurde getragen von der ersten Generation der Neuhumanisten, die ihre Bildung in jenem „klassischen" Jahrzehnt nach dem Baseler Frieden erfahren hatte. Die „allgemeine Menschenbildung", die „Nationalerziehung" ging von einem neuen Bild von Mensch und Staat aus. Wilhelm von Humboldt wurde zum Symbol dieser Politik, die, längst vorbereitet, auch nach seinem Ausscheiden aus dem Amt ihre Verfechter fand. Die preußischen Bildungsreformer schickten sich an, nicht nur der Idee nach, sondern auch durch organisatorische Maßnahmen ein Erziehungssystem zu schaffen, das auf eine bürgerliche Gesellschaft gleichen Rechtes und auf den konstitutionellen Staat mit breiter politischer Partizipation abzielte, mehr noch, das unter der geschichtsphilosophischen Prämisse der ständigen Verbesserung staatlichen und gesellschaftlichen Zusammenlebens fortschreitend in ihrer Humanität entwickelter Individuen stand. Der Glaube an die „Perfektibilität" des einzelnen wie des Ganzen wurde zu einem Denkmodell wechselseitiger Verbesserung von Individuum und Staat. Politik und Pädagogik galten nach Süverns bekannten Worten als die beiden großen Künste der Menschheit, die sie zu ihrer Vervollkommnung anleiten sollten – nicht durch die Herrschaft der einen über die andere, sondern in freier Wechselwirkung und relativer Autonomie. Dies galt für alle Stufen der Nationalbildung. Die Rezeption Pestalozzis in Preußen mit dem Ziel der Umgestaltung der alten Elementarschulen zu Stätten grundlegender Menschenbildung, die erstaunlich schnelle Veränderung und Verbesserung der Lehrerbildung nach der Seminarkonzeption Natorps, die Reorganisation des Gymnasiums zwischen Elementarschule und Universität als einheitlicher, nur in sich gegliederter Institution höherer Bildung, die Gründung der Universität Berlin als einer Stätte freier Forschung und Lehre erscheinen in der Konzeption als ein einziges, gestuftes Gebäude einer Nationalbildung, die vom Staat ins Leben gerufen und geschützt, aber in Autonomie und Freiheit ihren eigenen Gesetzen folgend, diesen neuen Staat selbst erst ins Leben rufen sollte. Dieses Konzept konnte zwischen 1808 und 1817 als die Lösung der Antinomie erscheinen, welche in der späten Aufklärung als Widerspruch zwischen den Erziehungszielen der „Veredelung" und der „Brauchbarkeit" des Menschen aufgetreten war. Die Staatspädagogik hatte versucht, diesen Widerspruch durch Unterordnung der Menschenbildung unter eine nach den Zwecken des Staats vorgeschriebene Bildung zur Brauchbarkeit zu eliminieren; die ständisch-feudale Mißachtung jeder Bildung konnte, bis zum Zynismus getrieben, gerade in der „Veredelung" des Menschen durch Bildung eine Minderung seiner „Brauchbarkeit" erblicken; hier, in den die preußische Bildungsreform tragenden Grundvorstellungen, schien der Vorrang der Veredelung des Menschen vor seiner Bildung zur „Brauchbarkeit" festgeschrieben, anders, die „Brauchbarkeit" im richtigen Verstande des Wortes nur als eine Folge der „Veredelung" des Menschen erwünscht und möglich zu sein.[18]

Weder von der Trägerschaft noch von der Ausstrahlung her waren diese Vorstellungen der preußischen Bildungsreform im engeren Sinne „preußisch". Zwar wurden sie vornehmlich im gebildeten, protestantischen Bürgertum entwickelt, strahlten aber weit in den nord- und westdeutschen Katholizismus aus, verbanden sich mit dem württembergischen Althumanismus, stießen allerdings auf deutliche Reserve im katholischen Bayern und, wie es scheint, auf eine relative Unempfindlichkeit im Österreich Metternichs.

Insgesamt blieb dieser dritten Periode nach dem optimistischen Beginn, der durch die Diskreditierung der alten gesellschaftlichen Kräfte nach 1806 ermöglicht wurde, inmitten rascher politischer Veränderungen und wirtschaftlicher wie finanzieller Nöte zu wenig Zeit, als daß ihre Intentionen und Maßnahmen die Wirklichkeit des Bildungswesens gleichmäßig in ganzer Breite hätten ergreifen können. Zwar gab ihr die Verbindung mit den ersten organisierten Anfängen der deutschen Nationalbewegung[19] – der Turnbewegung und der Burschenschaft – einen breiten, sozialen Schub über die staatlichen Verwaltungsmaßnahmen hinaus; aber gerade diese Unterstützung provozierte die scharfe Reaktion der Mächte der Heiligen Allianz und der auf die Festigung des „monarchischen Prinzips" bedachten Architekten des Deutschen Bundes in Österreich und Preußen. Die Karlsbader Beschlüsse – das erste gesamtdeutsche Gesetzeswerk, das Bildung, Wissenschaft und Presse betraf – waren ein Doppelschlag gegen die Träger und die Anstalten der neuen Bildungsbewegung und die nationale bürgerliche Publizistik einerseits, die Verfassungsbewegung, die sich auf den Artikel 13 der Bundesakte stützte, andererseits.[20] Pädagogik und Politik wurden von der monarchischen Restauration durchaus als kommunizierende Röhren begriffen. Zwischen dem Aachener Kongreß von 1818 und der Wiener Schlußakte von 1820 wurde die „Nationalerziehung" der dritten Phase wieder eingefangen in eine Periode der Staatspädagogik.

2.4

Die folgende vierte Phase der Bildungsgeschichte in den Staaten des Deutschen Bundes zwischen Reform und Revolution brachte überall ei-

---

[18] Vgl. Clemens Menze, Die Bildungsreform Wilhelm von Humboldts, Hannover 1975 (= Das Bildungsproblem in der Geschichte des europäischen Erziehungsdenkens, Bd. XIII).

[19] Dieter Düding, Organisierter gesellschaftlicher Nationalismus in Deutschland. Bedeutung und Funktion der Turner- und Sängervereine für die deutsche Nationalbewegung, München 1984.

[20] Eberhard Büssem, Die Karlsbader Beschlüsse, Hildesheim 1974.

nen deutlichen institutionellen Ausbau der staatlichen Schulverwaltung und des staatlichen Unterrichtswesens mit sich. Dabei zeigte sich eine seltsame Doppelbewegung von Annäherung und Entfernung zwischen den Staaten des Bundes. Preußen scheint im Zeichen der Karlsbader Beschlüsse bildungspolitisch auf eine Linie restaurativer Staatspädagogik einzuschwenken, die Reformbewegung polizeilich abzuschneiden; gleichzeitig jedoch wurde die Reform des Unterrichtswesens auf allen Stufen pragmatisch fortgesetzt und zwar ausdrücklich im Zeichen der Humboldtschen Wissenschaftsidee auf den Universitäten, der neuhumanistischen Bildungskonzeption auf den Gymnasien und der Fortführung Pestalozzischer Ideen im Bereich der Volksschule. Unter Duldung und vorsichtiger Deckung gegenüber politischen Zugriffen hat das Ministerium Altenstein bis 1840 die Vorstellungen der Bildungsreform, allerdings in fraktionierter Weise, partiell realisiert und in Institutionen fortgeschrieben. Auf der provinzialen und kommunalen Ebene entwickelte sich unter allmählicher, regional unterschiedlicher Aufnahme der modernen, realistischen Anforderungen die bürgerliche Bildungsbewegung weiter.

Die kleineren nord- und mitteldeutschen Staaten, insbesondere die mit einer großen Tradition der Bildung wie Sachsen, die thüringischen Staaten oder die Hansestädte hatten prinzipiell nicht nur keine Schwierigkeiten, dem preußischen System im Gymnasialwesen entweder zu folgen oder ihm ähnliche, parallele Institutionen zur Seite zu stellen, sie standen auch im universitären wie im gymnasialen Bereich in direktem personellen und intellektuellen Austausch mit dem preußischen Unterrichtswesen. Dagegen blieb Württemberg noch lange in der Tradition und Nachwirkung seiner berühmten Lateinschulen, also eher im Schatten des Althumanismus als im Banne des Neuhumanismus.

Die Bildungspolitik Bayerns entspricht in merkwürdiger Weise seiner Lage zwischen den Modernisierungstendenzen des nord- und mitteldeutschen Raumes und dem die Reformtendenzen der Jahrhundertwende eher abstoßenden Beharrungsraum der österreichischen Erblande. Das Königreich verfiel in einen eigentümlichen Zickzackkurs vom utilitaristischen, staatspädagogischen System Wismayrs über die utraquistische Lösung Niethammers bis zum radikal-humanistischen, das preußische Modell noch überbietenden humanistischen Kurs Thierschs. Organisatorisch wurden die der österreichischen Gliederung des mittleren Schulwesens entsprechenden Lyzeen in die Gymnasien integriert, die der württembergischen Organisation entsprechenden Lateinschulen als Vorbereitungsanstalten für das Gymnasium jedoch beibehalten. Schärfer als in Preußen nach dem Tode Altensteins griff dann die politische Reaktion im Vormärz unter dem Ministerium Abel wieder auf die Schulen zu – alles das nicht nur ein Zeichen für die Abhängigkeit der Bildungspolitik von einem sprunghaften König, seinen Interessen und Befürchtungen, sondern auch von den scharfen Gegensätzen innerhalb der neuen Bildungskonzeptionen selbst, von einem widerstrebenden geistlichen Stand, der weite Teile des Volkes hinter sich wußte und trotz der Säkularisation die alten Strukturen kirchlich-katholischer Bildung nicht zugunsten neuer Ideen und neuer Propheten aus dem Norden aufgeben wollte.

Trotz der im Jahrzehnt vor der Revolution sich überall bemerkbar machenden schulpolitischen Restriktion war diese Periode die des Ausbaus sowohl der Universitäten wie der Gymnasien und der Volksschulen. Die Intensivierung der Schuldichte und eine völlig neue Etablierung der Lehrerbildung in Seminaren schufen eigentlich erst die moderne „Volksschule" des 19. Jahrhunderts, die sich insgesamt der rapiden Bevölkerungsentwicklung insbesondere in den Unterschichten und auf dem Lande gewachsen zeigen sollte. Das Gymnasium – mit den erwähnten deutlichen Retardationen in Württemberg und Bayern – wurde zur neuhumanistisch geprägten, jedoch häufig mit Realklassen verbundenen, städtischen höheren Einheitsschule mit der Doppelqualifikation, die Abiturienten für Wissenschaft und Staatsdienerberuf auszubilden, den zahlreichen Frühabgängern hingegen Berufschancen in gehobenen Verwaltungsberufen oder überhaupt den Status des „Gebildeten" zu verleihen; in Preußen war dieser besonders begehrt wegen der damit verbundenen Berechtigung zum einjährig-freiwilligen Dienst. Von Preußen ausgehend, wird der Ausbau des Prüfungs- und Berechtigungswesens der hervorstechende Zug der Epoche. Jetzt wird das Bildungssystem mit dem Berufssystem und damit dem Sozialsystem auf der Ebene der höheren Bildung eng verknüpft. Das bedeutet einerseits den Schutz der Ansprüche, die erworbene und geprüfte Bildung mit sich bringt: auf diese Weise wird die soziale Mobilität gerade im Bürgertum beschleunigt: auf der anderen Seite erweist sich diese Regulierung von Leistung und Anspruch als ein bis heute ungebrochen wirkendes Mittel der Angleichung der Inhalte und Organisationsformen des Schulwesens innerhalb eines Staates und später auch über die Staatsgrenzen innerhalb des Deutschen Reiches hinweg, durch welche die lokalen und regionalen Besonderheiten zwischen den einzelnen Anstalten immer mehr nivelliert wurden. Seit den 30er Jahren setzten sich die vereinheitlichenden Vorschriften insbesondere für das Gymnasialwesen nach und nach durch, ausgehend von der zentralen Stellung, die das Abitur gewann, über vereinheitlichte Lehrpläne und eine Reihe von Verordnungen, welche nach und nach die verschiedenen Prüfungen und die Versetzungen, die Anstellungen, die Beförderungen und auch die Besoldungen der Lehrer regelten.[21]

Die eigentlich dynamische Zone des Unterrichtswesens mit einem offenen und noch unbestimmten Horizont ist aber nicht das Gymnasium, sondern die höhere Bürgerschule oder die Realschule. Ihr allmählicher Aufstieg aus ganz unterschiedlichen Wurzeln und oft im Schoße der

---

[21] Ruth Meyer, Das Berechtigungswesen in seiner Bedeutung für Schule und Gesellschaft im 19. Jahrhundert, in: Zeitschrift für die gesamte Staatswissenschaft 124 (1968), S. 763-776.

Gymnasien ist nicht quantitativ, wohl aber qualitativ schon vor der Revolution das eigentlich Neue. Gefordert von den Kommunen, entwickeln diese Anstalten eine neue Form höherer Bildung, welche die alte Dichotomie der europäischen Schullandschaft – Volksbildung und Gelehrtenbildung – durch ein differenziertes Schulsystem zu überwinden beginnt. Nur unwillig duldet die staatliche Schulverwaltung, auf das Gymnasium als eigentliche höhere Schule fixiert, die Entwicklung höherer Bürgerschulen, fördert sie nur selten, hemmt sie dagegen oft – insbesondere im letzten Jahrzehnt vor der Revolution, als mit diesen Schulen der neue Geist der Opposition, die bürgerliche Emanzipation, sich zu verbinden scheint. In diesen Jahren steht die zu Beginn des Jahrhunderts so progressive staatliche Schulpolitik bereits in der Defensive vor den Ansprüchen der Gesellschaft auf eine Verbreiterung und Differenzierung der Ausbildungswege.[22]

Diese Bewegungen drangen nur in abgeschwächter Form in das vorrevolutionäre Österreich. Von den Miterlebenden, die bald darauf über diesen Teil der Geschichte des österreichischen Bildungswesens im Rückblick berichten, wurde die gegen alle Reformansprüche und -pläne gerichtete staatliche Bildungspolitik deutlich kritisiert: „Damals wurde es üblich", schrieb Adolf Ficker 1873, „alles, was einer nur etwas vorgeschrittenen Richtung huldigte, als revolutionär, anti-kirchlich (speciell-protestantisch) und anti-österreichisch (mit dem gebräuchlichsten Schlagworte: preussisch) zu proscribiren". Man empfand den österreichischen „Sonderweg" auf dem Gebiet des Bildungswesens als „geistige Absperrung vom übrigen Deutschland..." Die Berichte, welche insbesondere über die festgehaltene, alte Lehrart an den Gymnasien vorliegen, lassen es schwerlich gerechtfertigt erscheinen, in dieser Periode die österreichischen Gymnasien als die Bewahrer des alten, wahren Humanismus darzustellen, dessen Kräfte gegen die Verflachung und pädagogische Sterilität des späteren Neuhumanismus sich als Heilmittel hätten anbieten können.[23]

2.5

Die Revolution von 1848/49 beendete diese Phase einer ambivalenten Mischung zwischen Nationalbildung und Staatspädagogik mit fortschreitender Dominanz der letzteren, die sich schon gegen die gesellschaftlichen Oppositionskräfte zu verteidigen hatte. Der revolutionäre Aufbruch, der in der Programmatik schulpolitischer Forderungen einem

---

22 Heinrich Wilhelm Brandau, Die mittlere Bildung in Deutschland. Historisch-systematische Untersuchung einiger ihrer Probleme, Weinheim, Berlin 1959 (= Göttinger Studien zur Pädagogik, N.F., Bd. 2).

23 Adolf Ficker, Bericht über österreichisches Unterrichtswesen. Aus Anlaß der Weltausstellung 1873, 1. Thl.: Geschichte, Organisation und Statistik des österreichischen Unterrichtswesens, Wien 1873, S. 131.

Rückgriff auf die Konzepte der Bildungsreform zwischen 1810 und 1817 unter den Bedingungen der Jahrhundertmitte gleicht, stellte über die Staatsgrenzen innerhalb des Deutschen Reiches hinweg einen nationalen Zusammenhang des Bildungssystems und der Bildungsvorstellungen her, der durchaus eine Parallele zu den politischen Ereignissen darstellt.[24] Die Bewegungen auf diesem Gebiete überwanden die divergierenden Entwicklungen der vorhergehenden Phase. Unter dem Grafen Thun gewann das österreichische Bildungswesen in Organisation und Gehalt prinzipiell wieder die Verbindung mit den übrigen deutschen Staaten, und auch die Sonderformen, die sich in Bayern und Württemberg lange gehalten hatten, glichen sich auf dem Gebiet der Universität wie der Gymnasien dem Stande des Bildungswesens im übrigen Deutschland an. Das gilt sowohl für den organisatorisch-praktischen Bereich wie für die Ebene der Diskurse, des wissenschaftlich-pädagogischen Austausches und der engen personalen Verbindungen. Symptomatisch kommt dies am deutlichsten im Lebenslauf von Hermann Bonitz zum Ausdruck, der zusammen mit Franz Exner die Bildung der Gymnasiallehrer und den Gymnasiallehrplan in Österreich nach 1849 reformierte: Nach der Schulbildung in Pforta hatte er in Leipzig und Berlin studiert, war Lehrer in Dresden, in Berlin und Stettin, wurde dann an die Wiener Universität berufen und kehrte 1867 als Direktor an das Gymnasium Zum Grauen Kloster in Berlin zurück, ehe er 1875 zum Leiter des preußischen Gymnasialwesens im Kultusministerium ernannt wurde. Auf dem Gebiet des Bildungswesens hatte die nationale Bewegung die Grenzen der Partikularstaaten weitgehend überwunden: Als die Reformer des Gymnasialwesens in Österreich mit schweren Widerständen zu kämpfen hatten, hat die Versammlung Deutscher Philologen und Schulmänner in Wien im September 1858 durch ihr Votum wesentlich dazu beigetragen, daß im Jahrzehnt der Reaktion ein Rückschritt in die Zeit des Vormärz verhindert wurde.

Freilich verwirklichten sich nicht die in der Revolution entwickelten Pläne eines neuen Nationalerziehungswesens, nicht einmal die einer Reform des Gymnasialwesens unter Aufnahme der realistischen Fächer. Vielmehr entwickelte sich in den zwanzig Jahren bis zur Reichsgründung bereits das Grundmuster eines differenzierten Schulsystems, das der heraufziehenden Industriegesellschaft offenbar besser angemessen war als der Versuch, höhere Bildung in einem einheitlichen gymnasialen Weg zusammenzuführen. Zwar bedurfte es noch jahrzehntelanger

---

[24] Diese Phase der deutschen Erziehungsgeschichte ist von der historischen Bildungsforschung weitgehend unbeachtet geblieben. Man ist auf ältere Literatur angewiesen: Wilhelm Appens, Die pädagogischen Bewegungen des Jahres 1848. Phil. Diss., Jena 1914; vgl. auch Andreas Flitner, Die politische Erziehung in Deutschland. Geschichte und Probleme. 1750-1880, Tübingen 1957. Erst nach Fertigstellung des Manuskripts erschien die den Forschungsstand vorzüglich zusammenfassende und gewichtende Darstellung von Franzjörg Baumgart, Zwischen Reform und Reaktion. Preußische Schulpolitik 1806-1859, Darmstadt 1990.

Schulkämpfe, ehe sich die realistischen Anstalten ihre Gleichberechtigung erkämpft hatten – aber der Weg dahin war seit dem Ende der 50er Jahre geöffnet und wurde von immer wichtiger werdenden gesellschaftlichen Gruppierungen – z.B. vom VDI – nachhaltig gefördert.

Seit dem Beginn des 19. Jahrhunderts hatte das preußische Vorbild auf dem Gebiet des Universitätswesens als modellgebend gewirkt; die Reform des Gymnasiums wurde aus selbständigen Ansätzen, aber durchaus im neuhumanistischen Geiste, der in der preußischen Reform seinen stärksten Impuls erfahren hatte, in allen deutschen Staaten, wenn auch mit deutlichem Zeitverzug, betrieben. Die Entwicklung eines realistischen Schulwesens geschah hingegen eher aus kommunaler Wurzel als Folge gesellschaftlicher Initiativen insbesondere in den gewerbereichen Regionen des Deutschen Bundes.[25] Wie in Preußen selbst die Anstöße zur pädagogischen Reform keineswegs zentralistisch von Berlin ausgingen, so wirkten auch im Deutschen Bund verschiedene Zentren gestaltend auf die Entwicklung des Bildungswesens ein. Als Beispiel mag die enge Verbindung zwischen Wien und Leipzig gelten, wie sie in Leben und Werk Albert Richters zum Ausdruck kommt, die die gesamtdeutschen Wechselwirkungen auf diesem Gebiet deutlich demonstrieren.[26]

Die Erforschung der Wechselwirkung, die zwischen lokalen, regionalen und staatlichen Impulsen innerhalb des Deutschen Bundes bestand, steht noch durchaus am Anfang. Daß aber im 19. Jahrhundert noch vor dem Ende der politischen Gesamtverfassung in Deutschland ein von den übrigen europäischen Ländern durch besondere Spezifika unterschiedenes Bildungswesen entstand, ist unverkennbar. Ob und wieweit das Ende des Deutschen Bundes diesen Zusammenhang des deutschen Bildungs- und Erziehungswesens als staatlicher Organisation wie als Verbindung fachlich-wissenschaftlich-pädagogischer Vereinigungen einerseits zwischen den Staaten des neuen Deutschen Reiches intensiviert, andererseits zwischen dem Deutschen Reich und der Donaumonarchie gelockert, ob die Bildungsverfassung der Staaten des Deutschen Bundes die politische Teilung der Nation von 1867 bis weit ins 20. Jahrhundert hinein überdauert hat, wäre einer eingehenden Untersuchung wert.

3.

Die skizzierten Grundzüge der deutschen Bildungsgeschichte vom letzten Drittel des 18. bis zum Beginn des letzten Drittels des 19. Jahrhun-

---

[25] Rudolf W. Keck, Geschichte der Mittleren Schulen in Württemberg, Stuttgart 1968 (= Veröffentlichungen der Kommission für geschichtliche Landeskunde in Baden-Württemberg, Reihe B: Forschungen, Bd. 47).

[26] Hartmut Voit, Die Bedeutung der „kulturhistorischen Methode" für die Entwicklung der Geschichtsdidaktik: Untersuchungen zum Werk Albert Richters, Bochum 1988, bes. Kap. III, 3.

derts zeigen das Bildungswesen über die engere pädagogische Ideen-
und Institutionsgeschichte hinaus als Faktor größerer historischer Zusammenhänge:

– Die Entstehung des staatlichen Unterrichtswesens war eine Frage der
  Gestaltung der Verfassung und der Verwaltung und hing infolgedessen aufs engste mit den Perioden zusammen, in denen sich die absolutistische Monarchie zum konstitutionellen und schließlich zum parlamentarischen Staat entwickelte. Gerät das Schulwesen in
  Staatshand, werden die pädagogischen Konzepte zu politischen Programmen. Der scharfe Gegensatz zwischen den Ansprüchen einer
  Nationalerziehung und den Forderungen der Staatspädagogik formte
  das Verhältnis von Pädagogik und Politik während dieses Jahrhunderts in den deutschen Staaten zwar in verschiedener Weise aus und
  führte zu unterschiedlichen Einschnitten und Maßnahmen beim Aufbau des staatlichen Unterrichtswesens. Aber es bestand seit dem späten 18. Jahrhundert ein enger Zusammenhang der pädagogischen
  Diskussion mit der politischen Programmatik und Pragmatik, dessen
  Fragekonstellationen und Wirkungsmöglichkeiten ein spezifisches
  theoretisches und praktisches Verhältnis von Staat und Gesellschaft
  voraussetzen, wie es für diese Region seit dem späten 18. Jahrhundert kennzeichnend war.[27]
– Als Teil der Sozialgeschichte zeigt die Entwicklung des Bildungswesens das Doppelgesicht der modernen Gesellschaft besonders
  deutlich. Sie befreite die Bürger Schritt um Schritt von ständischer
  Gebundenheit, erleichterte die soziale Mobilität, korrespondierte mit
  der wirtschaftlichen Entwicklung im Übergang zum Industriezeital-
  ter. Auf der anderen Seite disziplinierte das neue Bildungswesen in
  vorher nie gekannter Weise die Lebensführung der Jugend, forderte
  Leistungsbereitschaft, spannte die Aufstiegswilligen in ein Prüfungssystem. Emanzipation und Disziplinierung, die beiden als
  Verheißung und als Anspruch an das Individuum auftretenden Signaturen der bürgerlichen Gesellschaft zeigen sich bereits im Bildungswesen, verknüpfen Schullaufbahn und Lebensweg, machen aus der
  Bildungsorganisation ein Element der sozialen Frage.[28]

---

[27] Die Formung einer „staatstragenden" Elite in dem gleichen Bildungssystem, das auch
die oppositionelle Intelligenz hervorbrachte, gehört zu den faszinierendsten Erscheinungen des ambivalenten Verhältnisses von Staat und Bildung, das hier entstand. S. zum
höheren Schulwesen der deutschen Staaten Helga Romberg, Staat und Höhere Schule.
Ein Beitrag zur deutschen Bildungsverfassung vom Anfang des 19. Jahrhunderts bis
zum Ersten Weltkrieg, Weinheim, Basel 1979 (= Studien und Dokumentationen zur
deutschen Bildungsgeschichte, Bd. 11). Zur Problematik der Verstaatlichung der Erziehung s. Gerhard Petrat, Schulerziehung. Ihre Sozialgeschichte in Deutschland bis 1945,
München 1987; ders., Schulunterricht. Seine Sozialgeschichte in Deutschland, München 1979.
[28] Bildung, Staat, Gesellschaft im 19. Jahrhundert. Mobilisierung und Disziplinierung,
Stuttgart 1989 (= Nassauer Gespräche der Freiherr-vom-Stein-Gesellschaft, Bd. 2). Die

– Die mentalgeschichtliche Seite der modernen Bildungsgeschichte ist noch wenig erforscht. Wie Legitimierungen und Identifikationen schulisch vermittelt wurden, ob und wie Erziehung in Inhalt und Organisation zum Kitt der modernen Staatenbildung wurde, ob und wie die Industrialisierung durch „industriösen Geist" und Vermittlung von Disziplin und Qualifikation gefördert hat, ob und wie sie das bürgerliche Partizipationsbegehren im politischen Raum stärkte oder limitierte, ob und wie die Entstehung einer sozial und mental eigentümlich geprägten Meritokratie begünstigte – das sind ebenso wichtige wie unbeantwortete Fragen der modernen Bildungsgeschichte.[29]

– Wieweit schließlich die Besonderheit des historischen Phasenverlaufes, also die Tatsache, daß in den Staaten des mitteleuropäischen, aufgeklärten Absolutismus – vornehmlich also im deutschen Sprachgebiet – erfolgreiche Bildungsreformen den industriellen und politischen Veränderungen des 19. Jahrhunderts vorangingen und nicht, wie in Frankreich oder England, ihnen folgten, die politischen Institutionen und Mentalitäten, die sozialen Formationen mitbestimmt haben, ist ein wichtiger Faktor für die Erklärung der Geschichte der Nachfolgestaaten des alten Deutschen Reiches seit dem späten 18. Jahrhundert bis heute. Wird vom deutschen Sonderweg geredet – wie problematisch diese Formulierung auch sein mag –, so ist diese andere Reihenfolge und Gewichtung der Modernisierungsschübe von bisher wenig beachteter Bedeutung. Der Staat zog daraus als Institution, als moralische Instanz und als sozialer Erwartungsraum eine erhebliche Stärke und gewann, anders als im angelsächsischen Raum, ein besonderes, die gesellschaftlichen Bewegungen gleichsam überwölbendes Gewicht und einen Eigenwert, der seine im 19. Jahrhundert entwickelten Formen stabilisierte und konservierte.[30] Wieweit dadurch die Widersprüchlichkeit von wissenschaftlicher und technischer Modernisierung und politischer Konservierung erklärt wird,

---

sozialgeschichtliche Rolle des modernen Unterrichtswesens ist ein bevorzugter Gegenstand der Bildungsforschung des letzten Jahrzehnts geworden. S. zusammenfassend Wilhelm Strzelewicz, Bildungssoziologie, in: Rene König (Hg.), Handbuch der empirischen Sozialforschung, Bd. 14: Religion, Bildung, Medizin, 2. Aufl. Stuttgart 1979 sowie jetzt: Detlef K. Müller, Bernd Zymek unter Mitarbeit von Ulrich Herrmann, Datenhandbuch zur deutschen Bildungsgeschichte, Bd. II: Sozialgeschichte und Statistik des Schulsystems in den Staaten des deutschen Reiches, 1800-1945, Göttingen 1987.

29 Vgl. dazu Ulrich Engelhardt, Bildungsbürgertum. Begriffs- und Dogmengeschichte eines Etiketts, Stuttgart 1986 (= Industrielle Welt. Schriftenreihe des Arbeitskreises für moderne Sozialgeschichte, Bd. 43). Klaus Vondung (Hg.), Das wilhelminische Bildungsbürgertum. Zur Sozialgeschichte seiner Ideen, Göttingen 1976. Jürgen Kocka (Hg.), Bürger und Bürgerlichkeit im 19. Jahrhundert, Göttingen 1987.

30 Zuerst hat Talcott Parsons, Das System moderner Gesellschaften, dt. München 1972, S. 120ff., S. 169, darauf aufmerksam gemacht. Sehr weitgehende, aber auf unvollkommenen Informationen beruhende Schlüsse vom Erziehungswesen auf die politische Entwicklung zieht Arno J. Mayer, Adelsmacht und Bürgertum. Die Krise der europäischen Gesellschaft. 1848-1914, dt. München 1984, S. 253, S. 242.

wieweit insbesondere die im staatlichen Bildungswesen produzierte Gruppe der „Gebildeten" für die innere Geschichte dieser Staaten wichtig wurde, ist eine wesentliche, von der historischen Bildungsforschung noch nicht hinreichend differenzierte oder gar bearbeitete Fragestellung.

– Schließlich zeigt der Überblick, daß der Erschließung der lokalen und regionalen Verhältnisse im Laufe dieser Periode der Bildungsgeschichte genauere Aufmerksamkeit gewidmet werden sollte. Die These, daß aus der gemeinsamen Wurzel der staatlichen Erziehungsreform im aufgeklärten Absolutismus in Mitteleuropa zwar unterschiedliche, aber ungeachtet regionaler, konfessioneller, staatlicher Unterschiede doch vom übrigen Europa durch ihre Gemeinsamkeit gekennzeichnete Strukturen des modernen Bildungswesens entstanden, verlangt eingehende, komparativ angelegte Untersuchungen der Zusammenhänge und der Wechselwirkungen, der gegenseitigen Anregungen wie auch der „Sonderwege" innerhalb dieser Region. Erst dann können die wichtigen Ansätze einer vergleichenden historischen Bildungsforschung im europäischen Zusammenhang auf eine hinreichende Kenntnis der faktischen Verhältnisse und Entwicklungen gegründet und verläßliche Urteilsstrukturen gewonnen werden.[31]

---

[31] Vgl. Fritz K. Ringer, Education and Society in Modern Europe, Bloomington, London 1979; die Diskussion um Vorgänge und Beurteilung der Entwicklung der Bildungsstrukturen in Deutschland, Frankreich und England um die Wende zum 20. Jahrhundert s. bei: Detlef K. Müller, Fritz K. Ringer, Brian Simon (ed.), The Rise of the Modern Educational System. Structural Change and Social Reproduction. 1870-1920, Cambridge University Press 1987.

Erstveröffentlichung in: Elmar Lechner, Helmut Rumpler, Herbert Zdarzil (Hg.), Zur Geschichte des österreichischen Bildungswesens. Probleme und Perspektiven der Forschung, Wien 1992 (= Österreichische Akademie der Wissenschaften. Philosophisch-historische Klasse. Sitzungsberichte, Bd. 587), S. 401-426.

IDEEN UND INSTITUTIONEN

Preußische Bildungspolitik vom ausgehenden 18. bis zur Mitte des 19. Jahrhunderts[1]

Thesen und Probleme

1.

Die Aufgabe, den regionalgeschichtlichen Einzelforschungen zur Schul- und Bildungsgeschichte des Preußenlandes gleichsam einen gesamtstaatlichen Rahmen voranzustellen, könnte dazu verleiten, einer Spur zu folgen, welche die klassischen Darstellungen der deutschen Bildungspolitik – Paulsen, Heubaum, Spranger – gelegt haben: den Prozeß darzustellen, in dem seit dem späten 18. Jahrhundert zunehmend der Staat zum Herrn der Bildungsanstalten wurde, also die staatliche Bildungspolitik zum eigentlichen Inhalt der Bildungsgeschichte zu nehmen. In der Tat ist es faszinierend zu sehen, wie der Staat zum Schulherrn wurde. Die Entwicklung eines staatlichen „Unterrichtswesens" (Lorenz v. Stein) und unsere eigenen Erfahrungen aus der Alltagswelt legen die Meinung sehr nahe, daß sich im großen Umbruch, der die alteuropäische Schullandschaft in die moderne Bildungs- und Ausbildungsgesellschaft geführt hat, ungeachtet aller politischen Veränderungen und Einschnitte die Verstärkung der staatlichen Bildungsadministration die einzige imponierende Konstante gewesen sei.

Es wäre ein Fehler, diese Konstante zu unterschätzen. Aber es wäre ebenso falsch, diese Perspektive des 19. und 20. Jahrhunderts in das 18. Jahrhundert zurückzuversetzen, und es wäre eine vorschnelle Pauschalisierung, auch im 19. und selbst im 20. Jahrhundert zu übersehen, wie sich in neuer Weise die alte, gesellschaftliche Dominanz über das Schulwesen unterhalb des staatlichen Zugriffs und schließlich gerade in ihm behauptet hat.[2]

---

[1] Das Manuskript lag einem Vortrag auf der Jahresversammlung der Historischen Kommission für ost- und westpreußische Landesforschung in Münster am 20. Juni 1987 zugrunde. Einige aus Zeitgründen gekürzte Passagen sind wieder eingefügt; der Vortragsstil wurde beibehalten.

[2] Die wichtigsten Sektoren bildungsgeschichtlicher Forschung zum 19. Jahrhundert sind jetzt leicht zu überblicken in: Karl-Ernst Jeismann, Peter Lundgreen (Hg.), Handbuch der deutschen Bildungsgeschichte, Bd. III, 1800-1870, München 1987. Für das Folgende wird besonders auf die Abschnitte „Schulpolitik, Schulverwaltung, Schulgesetzgebung" (4, 1) und „Schulsystem" (4, 11) verwiesen. Dort finden sich auch eingehende

Daß eine präsentistisch fixierte Sicht auf den Staat als Schulherrn gerade für das 18. Jahrhundert nicht nur die Möglichkeit der absolutistischen Verwaltung in materieller und rechtlicher Hinsicht falsch einschätzt, ist kürzlich in einer intensiven regionalgeschichtlichen Untersuchung des preußisch-brandenburgischen Schulwesens in der zweiten Hälfte des 18. Jahrhunderts nachgewiesen worden. Im sozialen, kulturellen und politischen Selbstverständnis jener Zeit waren Erziehung und Bildung Sache der Gesellschaft, also der ständischen Formationen. Die Patrone waren die verantwortlichen Vertreter dieser Bildungsansprüche: die Gutsherren oder die Domänenpächter oder die Gemeindevorsteher auf dem Lande, die Magistrate in den Städten, die Stiftungsgremien bei den höheren Anstalten – und der König nur dann, wenn er zugleich Patron war wie bei einigen berühmten Höheren Schulen, etwa dem Fridericianum in Königsberg oder den königlichen Freischulen für die ärmeren Schichten. Nicht der Staat, die ständischen Untergewalten bestimmten den Zustand der Unterrichtsanstalten, förderten oder behinderten ihre Entwicklung und – vor allem – bezahlten den Fortschritt oder verweigerten die kostspielige Unterstützung von Schulreformen. So unterschiedlich und bunt wie die ständischen Herrschaftsverhältnisse und die Subsistenzgegebenheiten waren die Bildungsinstitutionen. Der kleine Apparat der absolutistischen Staatsverwaltung reichte nicht in diese Sphäre. Man wußte nicht einmal, welche Art von Schulen, wieviel Schulen es überhaupt außerhalb des direkten Patronatsbereichs des Königs gab, geschweige denn, wie sie eingerichtet waren und unterhalten wurden. Diese bunte Vielgestaltigkeit eines ganz den ständischen Gliederungen verbundenen Unterrichtszustandes wurde zusammengehalten durch die kirchliche innere Schulaufsicht und durch den in der Reformation noch einmal präzisierten, nicht aber umgestürzten „Lehrplan des Abendlandes" (Josef Dolch). Jahrhundertealte, allgemein-christliche Traditionen europäischen Zusammenhanges bestimmten daher das Schulwesen stärker als die staatlichen, partikularen Zugriffe, obgleich eine indirekte staatliche Schulaufsicht im Rahmen der staatlichen Kirchenbehörden, also des Justizministeriums, über die Konsistorien ausgeübt wurde. Aber nicht als Staatsoberhaupt, sondern als summus episcopus erließ der Herrscher Schuledikte, und sie waren im Rahmen seiner Befugnisse und der verfassungsrechtlichen Grenzen immer auf bestimmte regionale oder konfessionelle Einheiten innerhalb der „preußischen Staaten" bezogen. Selbst das Generallandschulreglement von 1763, das am weitesten greifende Edikt, galt nur für die protestantischen Elementarschulen auf dem Lande außerhalb der Provinz Schlesien. Erst 1794 finden sich im Allgemeinen Landrecht im Titel 12 des 2. Teiles die bekannten Feststellungen: „Schulen und Universitäten sind Veranstaltungen des Staates ..." Dieser Anspruch wurde

---

bibliographische Hinweise. Daher sind die Literaturnachweise im folgenden auf die wichtigsten Angaben begrenzt.

nicht nur durch den subsidiären Charakter des Gesetzbuchs abgeschwächt, er blieb mehr noch durch die realen, materiellen Zustände
und die fehlende Unterrichtsverwaltung ein Postulat. Man verfehlt also
den Rechtszustand und die materielle Wirklichkeit des Schulwesens im
absolutistischen Staat, wenn man es als eine Staatssache betrachtet.[3]

Allerdings: Es ist unverkennbar, daß der Anspruch des Staates auf
Schulhoheit sich zunehmend stärker gegen Ende des 18. Jahrhunderts
bemerkbar machte. Dieser Anspruch wurde von einer breiten gesellschaftlichen Strömung und einer regen Publizistik unterstützt. Man ge-
wöhnte sich langsam an ihn, und der Gedanke, daß neben dem Dorf-
herrn, den Kuratorien, den Magistraten der Staat eigentlich der
Schulherr sei, daß das Unterrichtswesen vom Staate her und auf den
Staat hin in einem Zusammenhang von der Akademie über die Universitäten und gelehrten Schulen bis zu den städtischen und ländlichen
Elementarschulen staatsbezogen geordnet werden müsse, verschaffte
sich nicht nur Gehör, sondern führte auch zur ersten administrativen
Maßnahme in den Staaten des aufgeklärten Absolutismus. Die Gründung des Oberschulkollegiums in Preußen 1787 und die allmähliche Intensivierung seiner Tätigkeit, die Zuordnung der Unterrichtsangelegen-
heit zur allgemeinen Verwaltung, also zum Innenministerium 1808, und
schließlich die Gründung eines immediaten Kultusministeriums mit einem Verwaltungsunterbau eigenen Instanzenzuges 1817 und 1825 bis
in Mittelbehörden hinein zeigen die Verstärkung des rechtlichen und
administrativen Zugriffes des Staates auf die Schule, sie zeigen aber zugleich, daß dieser Zugriff nur sehr langsam und nur partiell die alte, ge-
sellschaftsbestimmte Struktur des Unterrichtswesens verändern und auf
den Staat hin konzentrieren konnte.[4]

So kann nicht eine Darstellung der Bildungspolitik der staatlichen
Verwaltung allein den Rahmen für die bildungshistorische Regionalforschung abgeben; vielmehr ist eine Beschreibung des Mit- und Gegen-
einanders staatlicher und gesellschaftlicher Institutionen und Kräfte bei
der Entstehung des modernen Unterrichtswesens in Preußen nötig. Diesen Prozeß genauer zu erfassen und die Geschichtsschreibung des Bildungswesens über die älteren ideengeschichtlichen und institutionsgeschichtlichen Forschungen zu einer breiter fundierten, auch sozialgeschichtlich ausgreifenden Darstellung zu vertiefen, ist eine noch nicht
oder nur in Ansätzen geleistete Aufgabe der modernen historischen Bil-

---

3 S. dazu im einzelnen jetzt die eingehende Dissertation von Wolfgang Neugebauer, Absolutistischer Staat und Schulwirklichkeit in Brandenburg-Preußen, Berlin 1985 (= Veröffentlichungen der Historischen Kommission zu Berlin, Bd. 62).
4 Manfred Heinemann, Schule im Vorfeld der Verwaltung. Die Entwicklung der preußischen Unterrichtsverwaltung von 1771-1800, Göttingen 1974 (= Studien zum Wandel
   von Gesellschaft und Bildung im 19. Jahrhundert, Bd. 8); Karl-Ernst Jeismann, Das
   preußische Gymnasium in Staat und Gesellschaft. Die Entstehung des Gymnasiums als
   Schule des Staates und der Gebildeten, Teil 1, Stuttgart 1974 (= Industrielle Welt.
   Schriften des Arbeitskreises für moderne Sozialgeschichte, Bd. 15).

dungsforschung. Ich kann in dieser Überblickskizze mehr darauf hinweisen als ihr gerecht werden; liegt es doch auf der Hand, daß ohne eine moderne regional- und lokalgeschichtliche Forschung diese Aufgabe nicht zu lösen ist.[5]

Daß Staat und Gesellschaft am Ende des 18. Jahrhunderts in ein neues, konkurrierendes Verhältnis zum Unterrichtswesen traten, war selbst Folge und Faktor des historischen Wandels: der zunächst langsamen, dann rapide und revolutionär verlaufenden Ablösung des Ancien Régime und der ständischen Gesellschaft ungleichen Rechtes durch die Herausbildung des modernen Staates und der bürgerlichen Gesellschaft. Prinzipiell tendierte die Entwicklung zur Minimalisierung der Bedeutung von Geburt und Stand für den sozialen Ort und den politischen Einfluß zugunsten der Generalisierung von Partizipationsansprüchen und damit zur Steigerung der Bedeutung persönlicher Qualifikation, plakativ ausgedrückt: zum Vorrang der Bildung vor der Herkunft. Die Art, wie künftig Bildung zu erwerben war, von wem und mit welchem Aufwand, nach welchen Programmen und mit welchen Konsequenzen, wurde also aus einer privaten zu einer öffentlichen Angelegenheit elementaren Interesses für den einzelnen, für ganze gesellschaftliche Gruppen wie für den Staat selbst. So wurden seit der Entstehung des öffentlichen Unterrichtswesens, um das sich konkurrierende staatliche und gesellschaftliche Interessen bemühten, Organisation und Inhalt öffentlicher Bildung zu politisch, sozial und ökonomisch wirksamen Faktoren. Andersherum: Weil sich die gesellschaftlichen Verhältnisse und die politischen Strukturen wandelten, wurde individuelle Bildung zu einem sozialen und politischen Potential und die Schule zu einem „politicum" in einem viel weiteren Sinne als das berühmte Wort der Kaiserin Maria Theresia es gemeint hatte, mit dem sie die Schule als Sache des Staates ihrem alten Charakter als „ecclesiasticum" gegenüberstellte.[6] Seit dem späten 18. Jahrhundert wird das Bildungs- und Unterrichtswesen in einem sich allmählich beschleunigenden Prozeß zu einem politischen Faktor von relativer Autonomie und zugleich zu einem Instrument, das der Staat und gesellschaftliche Gruppen gleicherweise im allgemeinen oder partikularen Interesse zu handhaben sich bemühen. Wie diese doppelte Rolle des modernen Bildungswesens ausgefüllt wurde, ist eine im einzelnen sehr unterschiedliche, ja gegensätzliche historische Erscheinung, noch nicht hinlänglich erforscht und

---

5   Als Beispiele dafür s. die Arbeit von Neugebauer (Anm. 2) und Hans-Jürgen Apel, Das preußische Gymnasium in den Rheinlanden und Westfalen 1814-1848, Wien, Köln 1984 sowie ders., Michael Klöcker, Schulwirklichkeit in Rheinpreußen. Analysen und neue Dokumente zur Modernisierung des Bildungswesens in der ersten Hälfte des 19. Jahrhunderts, Köln, Wien 1986 (= Studien und Dokumentationen zur deutschen Bildungsgeschichte, Bd. 25, 30).

6   Für die österreichische Bildungsgeschichte dieser Zeit s. Helmut Engelbrecht, Geschichte des österreichischen Bildungswesens, Bd. 3: Von der frühen Aufklärung bis zum Vormärz, Wien 1984.

schwierig zu beschreiben. Ich will aber diese Grundthese im folgenden wenigstens durch eine andeutende Problemskizze der Perioden der preußischen Bildungspolitik vom ausgehenden 18. bis über die Mitte des 19. Jahrhunderts hinaus zu konkretisieren versuchen.

2.

2.1

Ein kurzer Blick auf die Vorphase der Entstehung des staatlichen Unterrichtswesens ist deshalb notwendig, weil im europäischen Kontext der aufgeklärte Absolutismus preußischer Provenienz unter Friedrich dem Großen eine Sonderstellung einnimmt. Wir finden etwa seit 1760 in den Staaten des Reformabsolutismus Mittel- und Osteuropas nicht nur eine Beschleunigung, sondern auch eine qualitative Veränderung des staatlichen Zugriffs auf das Unterrichtswesen als eines Sektors, der für die innere Staatsräson nun als wichtig erkannt wird. Ich erinnere an die vom persönlichen Engagement der Herrscher und zum Teil von nicht unerheblichem Einsatz der Geldmittel gekennzeichneten, im Plan rigiden Schulmaßnahmen der Donaumonarchie, die in der Allgemeinen Schulordnung von 1774 einen ersten, gesamtstaatlichen Zugriff entfalten und die eine erhebliche Ausstrahlungskraft nicht nur nach Böhmen und Ungarn, sondern auch über die Habsburger Besitzungen hinaus in die serbokroatischen Länder, nach Rußland und nach Polen hin gewannen und zugleich ins Reich zurückwirkten, wo in Bayern, in einer Reihe geistlicher Staaten, insbesondere in Würzburg, Mainz und Münster, aber auch in einem so radikalen Zugriff wie im Herzogtum Braunschweig der Staat das Schulwesen neu zu ordnen versuchte. Am Beispiel der Arbeit der polnischen Edukationskommission nach der ersten Teilung, 1772, läßt sich besonders klar verdeutlichen, daß dieser Zugriff auf die Erziehung ein Teil der Bemühungen von wirtschaftlich und gesellschaftlich im Vergleich zu den großen Monarchien Westeuropas noch wenig entwickelten und politisch geschwächten Staaten war, ihre materiellen und intellektuellen Ressourcen zu stärken. Eine Art „Entwicklungsabsolutismus" bezog neben den Bemühungen um Armee und um Rechtspflege nicht nur die Förderung der Wirtschaft, sondern auch der Erziehung in seine Aktivitäten ein. Dabei stieß er auf die überkommenen ständischen, kleingekammerten Bezugskreise, deren Herkommen und deren Rechtsbastionen es zugunsten des größeren, allgemeinen Ganzen des Staatsorganismus zu überwinden galt. Die historisch gewordenen Verhältnisse unter die Leitbegriffe der Wohlfahrt des Staates und der Glückseligkeit seiner Bewohner zu bringen, war eine Aufgabe, welche eine Allianz zwischen aufgeklärtem Reformbeamtentum und einer sozialen Gruppe Gebildeter erforderte, die sich publizistisch, wissenschaftlich und auch praktisch-gesellschaftlich im Sinne der neuen Ideen der politischen Aufklärung einsetzte. Diese „aufgeklärten Stände", die schon jenseits der alten Ständeordnung sich selbst durch „Aufklärung" oder „Bildung" definierten, glaubten widerspruchsfrei die Macht des Staates, die Sicherheit des Herrschers und die Aufklärung des Volkes miteinander zum Besten aller verbinden zu können. Die politische Philosophie, die Kameralistik vor allem und die Pädagogik diskutierten nicht so sehr ob, sondern vielmehr wie beides zu erreichen sei: die Aufklärung der Köpfe und die Sicherung der Ordnung, eine Steigerung der „Brauchbarkeit" der Bürger und zugleich eine „Veredelung", also auch eine Verselbständigung des „Menschen". Dieser frühen Allianz von aufgeklärter Staatsverwaltung und gebildeten Ständen entsprach eine pädagogische wie politische Philosophie, die im zugleich kollektiven wie individuellen Begriff der „Glückseligkeit" gipfelte und nicht nur die Vereinbarkeit, sondern geradezu den Zusammenfall von Staatsräson und Bildungsreform propagierte und also das Bildungswesen zu einer Staatssache umzugestalten empfahl. Johann Heinrich Campe erhoffte eine große, allgemeine Revolution der Erziehung durch die Herstellung eines in sich zusammenhängenden staatlichen Schulwesens: „Um sie zu bewirken, müßten sich Einsicht, Macht und Geld vereinigen! Welch ein Bündnis! Wird es je geschlossen werden?" (1787)[7]

Die optimistische Konzeption der Theoretiker des aufgeklärt absolutistischen Staates – der Wolff, Justi, Sonnenfels, van Swieten – und der pädagogische Optimismus, wie er im umfangreichen und vom Titel her schon optimistischen Werk der „Allgemeinen Revision des gesamten Erziehungswesens" sich so selbstbewußt äußerte, scheiterte schon vor dem Ausbruch der Französischen Revolution, erst recht aber danach, als der „Widerspruch von Bildung und Herrschaft" (Joachim Heydorn) offenbar wurde.[8]

2.2

Mit dem Scheitern der Bildungsreformpolitik des aufgeklärten Absolutismus – in Österreich langfristig nach dem Regierungsantritt Franz II. (1792), in Preußen vorübergehend seit dem Religionsedikt Wöllners (1788) – trat die Bildungspolitik in eine moderne, das heißt wider-

---

7 Johann Heinrich Campe, Allgemeine Revision des gesammten Schul- und Erziehungswesens, von einer Gesellschaft practischer Erzieher, hg. v. Joachim Heinrich Campe, Teil 7, Hamburg 1787, S. 401.

8 Zusammenfassend s. jetzt für Österreich die wichtige Dissertation von Gerald Grimm, Die Schulreform Maria Theresias 1774-1775. Das österreichische Gymnasium zwischen Standesschule und allgemeinbildender Lehranstalt im Spannungsfeld von Ordensschulwesen, theresianischem Reformabsolutismus und Aufklärungspädagogik, Frankfurt u.a. 1987; aus preußischer Perspektive Karl-Ernst Jeismann, Friedrich der Große und das Bildungswesen im Staat des aufgeklärten Absolutismus, in: Zeitschrift für Historische Forschung, Beiheft 4: Analecta Fridericiana, Berlin 1987, S. 91-113.

sprüchliche Phase – „modern" insofern, als nun Unterricht und Bildung nicht mehr ungeprüft und gleichsam naiv als nützlich und gut für Individuum und Staat verstanden werden konnten. „Bildung" wird nun zum politischen und sozialen Problem, Bildungs- oder Kulturpolitik – obgleich die Begriffe erst ein Jahrhundert später gängig werden – zum politisch umstrittenen Instrument. An die Stelle der noch undifferenziert die Erziehungsreform propagierenden Gruppe der Aufgeklärten tritt nun eine Parteiung innerhalb der führenden Eliten. Es formiert sich schon die konservative, später restaurative Front, die eine Hierarchie der Bildungsstufen und eine Differenzierung der Qualifikationen anstrebt, welche die sozialen Unterschiede auf eine neue Weise bestätigt und die sozial mobilisierenden Faktoren des Bildungserwerbs minimalisiert. An solchem Widerstand scheiterte schon der Freiherr von Rochow auf Reckahn: Wöllners Religionsedikt schuf bereits einige prominente Opfer dieser Reaktion: Gabriel Resewitz etwa und Peter Villaume, die ins dänische Gebiet emigrierten, ehe auch dort eine Reaktion einsetzte. Dagegen artikulierte sich eine bürgerlich-adelige Geisteselite, die nun dem Staat das Recht verweigerte, Bildung zu regulieren. Der junge Humboldt mit seinem bekannten Essay von 1792, dem „Versuch, die Gränzen der Wirksamkeit des Staates zu bestimmen", ist das herausragende Beispiel. Der Hinweis darauf und die Erinnerung an die deutlichen Positionen Kants und Fichtes genügen hier, um zu verdeutlichen, daß sich bereits am Ende des Jahrhunderts der „Gebildete" als Anwalt der „Menschheit" gegenüber dem spätabsolutistischen Staatsanspruch versteht, nützliche Bürger und gehorsame Untertanen zu erziehen. Dagegen wird aus einem neuen Selbstgefühl die Verfassung des Staates und der Gesellschaft an der Norm des gebildeten Menschen geprüft und als verfehlt empfunden.

Zwischen beiden Positionen, den ständisch-konservativen Gegnern einer generellen Verbesserung der Bildung und den Gegnern einer staatlichen Bildungspolitik steht nun die wichtigste Gruppe der Bildungsreformer des ausgehenden Jahrhunderts mit ihrer Programmatik einer benevolenten Staatspädagogik. Gleich weit entfernt vom Ideal einer patriarchalischen Hierarchie wie von der Utopie einer freien Bildungsgesellschaft aller sah sie die tatsächlichen Verhältnisse und konnte daher von ihrer Verbesserung weder eine Unterdrückung des Menschen noch eine Auflösung der staatlichen Ordnung befürchten. In der Amtszeit Justus von Massows hatte sie in Preußen fast ein Jahrzehnt Zeit zur Arbeit. Interessant ist, wie Massow die Kontinuität zur Zedlitzschen Politik in erstaunlich hohem Maße aufrechterhalten konnte, wie sich in Preußen also anders als in Österreich die starke aufklärerische Tendenz in die „Reformen vor der Reform" hinein fortsetzte. Das Wöllnersche Religionsedikt bedeutete eine weniger scharfe Zäsur als die restaurative Umstellung in Österreich. Preußens Bildungspolitik – das gilt nicht nur im Vergleich zu Österreich im 18., sondern auch zu Bayern im 19. Jahrhundert – wies eine größere Kontinuität sozialer Trägerschaft und pädagogischer Programmatik auf. Zwischen Geist und Macht war die Kluft nicht so tief geworden, als daß sie sich nach dem Tode Friedrich Wilhelms II. und dem Abgang Wöllners nicht wieder hätte überbrücken lassen. Aus dieser Periode stammen in Preußen die Impulse, die nach 1808 durch den Reformflügel der Beamtenschaft und die Bildungsreformer in den Provinzen und Städten wirksam wurden. Hier entwickelte sich die in der Reform scheinbar so plötzlich auftretende Einsicht in die Zusammenhänge zwischen Behördenorganisation, Wirtschaftsreform, Militärverfassung, Selbstverwaltung und Bildungsreform. Die leitenden Männer – Stein, Hardenberg, Altenstein, Stegemann, Klewitz oder, auf der Ebene der Provinzen, Vincke, Schön, Sack, Merckel – wurzelten, wenn auch auf sehr verschiedener Weise, in dieser Phase der Bildung ihre politischen Vorstellungen und konnten sich einer verhältnismäßig breiten, fachkundigen Gefolgschaft im gebildeten Beamtentum, bei der Geistlichkeit, bei den Universitäten und bei den gelehrten Schulmännern sicher sein. Ihr Glaube an die vernünftige Allianz von Staat und Bildung, von Pädagogik und Politik, der sich in der Inkubationszeit des Jahrzehnts vor Jena und Austerlitz gebildet hatte, wurde nach der Niederlage in der Hoffnung auf eine grundlegende Reform des Staates gestärkt und zum politischen Programm.

In diesem Jahrzehnt vor der Niederlage von 1806 war die preußische Bildungspolitik durch rege Aktivität der Verwaltungsspitze, des Schulkollegiums, und durch breite gesellschaftliche Schulreformen im lokalen und regionalen Raum gekennzeichnet. Das Neben- und Miteinander, bisweilen auch das Gegeneinander von staatlichen Reformprogrammen und lokalen oder regionalen Reformaktivitäten kennzeichnet dieses Jahrzehnt. Während Massow eine energische Tätigkeit an der Spitze des Oberschulkollegiums entfaltete, Konzepte einer geordneten Verwaltung und Finanzierung auf der Basis einer neuen Gliederung der Schulverwaltung entwarf, regte sich seit 1798 in den verschiedenen Gebieten des preußischen Staates lebhafte Reformtätigkeit, ausgehend von einzelnen geistlichen Schulinspektoren, Gymnasialdirektoren oder Gutsherrn als Schulpatronen, entfaltete sich ein Spektrum unterschiedlicher Reformkonzeptionen in praktischen Maßnahmen. Die Unterschiede waren beträchtlich: Ob, wie in Essen, Bernhard Ludwig Christoph Natorp mit wenig Erfolg versuchte, das konfessionell und organisatorisch zersplitterte Schulwesen der Stadt in ein Gesamtgefüge zu bringen, ob in der Grafschaft Mark aus lokaler Initiative ein Verein der Freunde der Kinder zusammen mit der Geistlichkeit nicht nur einzelne Schulen gründete und verbesserte, sondern auch den Plan einer Schulverwaltung für die ganze Provinz mit Unterstützung der lokalen Behörden entwarf und ein eigenes Schulkollegium erstrebte, ob an einzelnen Schulen wie durch Koch in Stettin, durch Süvern in Thorn und Elbing eine neue Lehrverfassung erprobt wurde oder in Berlin durch Gedike ein Lehrerseminar für gelehrte Schulen entstand, ob in Hagen oder Magdeburg Handelsschulen aus privater Initiative gegründet wurden:

Das alles sind nur Beispiele für eine Reformtätigkeit, bei der die Staatsverwaltung eher nachträglich genehmigend als regelnd die Initiativen aus der gebildeten bürgerlichen Gesellschaft aufnahm.[9] Obgleich Massow einer strengen Staatspädagogik zuneigte, die auf eine frühe Ausbildung bürgerlicher Fähigkeiten und beruflicher Fertigkeiten abzielte und Plänen anhing, die ein berufsbezogenes staatliches Erziehungswesen favorisierten, ließ er doch Alternativkonzepten freie Hand, die eher auf eine allgemeine Bildung als auf eine spezielle bürgerliche Ausbildung zielten.

So war die Zeit bis 1806 eine Periode unterschiedlicher Vorstellungen und Einzelinitiativen. Das utilitaristische, von den Philanthropen übernommene, aber weiterentwickelte Konzept einer Ausbildung für künftige gesellschaftliche Funktionen stand neben einer Reforminitiative, die etwa das Warschauer Lyzeum fast schon in der Vorwegnahme des Lehrplans einer heutigen Gesamtschule mit einer breiten Palette nützlicher fakultativer Fächerangebote ausstattete. Daneben entwickelten sich schon die frühen neuhumanistischen Pläne, die unter Duldung von Gegenständen des Realunterrichts im Lehrplan von Lateinschulen zu einer gleichzeitigen Verstärkung des Gewichts der Muttersprache und der alten Sprachen führten. Neben utraquistischen Entwürfen kündigte sich schon die Dominanz der neuhumanistischen Bildungsdogmatik an. Der Rektor des Conradinums in Jenkau bei Danzig, Reinhold Bernhard Jachmann, hat 1811 die Stufen der Entwicklung in überscharfer Pointierung nachgezeichnet: Zunächst sei die Schule der Welt subordiniert gewesen, habe also den Zwecken von Stand und Beruf gedient. Daher sei sie zerfallen in eine Unzahl von Anstalten je nach den gesellschaftlichen Sonderungen. Dann sei man dazu gekommen, die Schule mit der Welt zu koordinieren, das heißt, die Bildung des Menschen neben den Ausbildungsbedürfnissen des Bürgers zu berücksichtigen. Schließlich habe man die Schule der Welt präordiniert. Dies sei der Zustand, in dem Menschen ohne Rücksicht auf ihre speziellen späteren Tätigkeiten oder Stellungen gebildet würden, die fähig seien, in Staat und Gesellschaft, Beruf und Familie das jeweils Richtige und Menschenwürdige zu erkennen und zu tun. Mit der letzten Stufe bezeichnete er das Programm des frühen und radikalen Neuhumanismus unter dem starken Einfluß Fichtescher Ideen, dessen Bild auch das „Archiv Deutscher Nationalbildung" schmückte, in dem diese Gedanken verbreitet wurden.[10]

---

[9] Gut untersucht sind die Aktivitäten in der Grafschaft Mark; s. Manfred Heinemann, Wilhelm Rüter, Die Landschulreform als Gesellschaftsinitiative, Göttingen 1974; Karl-Ernst Jeismann, Tendenzen zur Verbesserung des Schulwesens in der Grafschaft Mark 1798-1848, in: Westfälische Forschungen 22 (1971), S. 78ff.

[10] Reinhold Bernhard Jachmann, Über das Verhältnis der Schule zur Welt. Erstes Programm des Conradinums, Berlin 1811, in: Rudolf Joerden, Dokumente des Neuhumanismus 1, Weinheim 2. Aufl.1962, S. 88-110. Archiv Deutscher Nationalbildung, hg. v. Reinhold Bernhard Jachmann, Franz Passow, Berlin 1812; unveränderter Neudruck mit einer Einleitung von Heinz-Joachim Heydorn, Frankfurt/Main 1969.

Die erste Phase der staatlich-preußischen Bildungspolitik unter Zedlitz und die zweite im Jahrzehnt Massows sind oft verkannt worden, weil man sie ausschließlich unter den Wertungen der Humboldtschen Bildungsvorstellung betrachtet hat. Legt man die eingangs entwickelte These zugrunde, erscheinen sie in anderem Licht: denn in diesen Phasen zeigte sich eine außerordentlich enge Durchdringung von gesellschaftlichen, lokalen, regionalen und staatlichen Reformansätzen. Hier war eine Bewegung in Gang gekommen, welche autonome Kräfte der Gesellschaft vielfältiger, pädagogisch wie philosophisch undogmatischer in Konkurrenz und im Zusammenspiel mit den staatlichen Behörden für eine neue Gestaltung des öffentlichen Unterrichtswesens aktivierte, als es später bei wachsender Stärke staatlicher Bildungsdoktrin und Bildungspolitik der Fall war. Die Eroberung der bildungspolitischen Kompetenz durch die Schulreformer seit Humboldt kann auch als die Dominanz einer bestimmten gesellschaftlichen Gruppe verstanden werden, welche sich für kurze Zeit des Staates bediente, um ein Erziehungswesen aufzubauen, das zwar programmatisch „den ganzen Menschen" und die „gesamte Nation" meinte, aber faktisch den Vorstellungen und auch den Interessen einer schmalen Gruppe gebildeter Reformbeamten entsprach. Dies war freilich nicht ideologische Verschleierung einer sehr praktischen Absicht, sondern erwies sich erst unter vielfältigen zeitgeschichtlichen Einflüssen als eine der Deutungsmöglichkeiten der preußischen Bildungsreform nach 1808.

2.3

Die nächste Periode der preußischen Bildungsgeschichte, die nach dem Frieden von Tilsit einsetzt, ist eng mit der politischen Zäsur dieses Datums verbunden. Die Bildungsreform wird Teil der allgemeinen Reform auf der Ebene der staatlichen Behörden und Kommunen. Dieser große Umschwung, der eine neue Interpretation des Verhältnisses von Staat und Bürger, von Bürokratie und Selbstverwaltung versprach, brachte auf der Ebene der politischen Philosophie einen Gleichklang zwischen Staatszweck und Erziehungszweck, Staatsreform und Bildungsreform hervor. Dies führte zum „Sieg des Neuhumanismus". Für wenige Jahre galt als offizielle politische Linie die Doktrin vom engen Zusammenhang zwischen Menschenbildung und Staatszweck. Fichte hat in seinen „Reden an die deutsche Nation" die Erziehungsreform geradezu als den Archimedischen Punkt der Staatserneuerung bezeichnet; für die offizielle Bildungspolitik war Süverns Definition des Zusammenhangs von Erziehung und Politik in den Königsberger „Vorlesungen über die politische Geschichte Europas seit Karl dem Großen" bezeichnend; beide, Pädagogik und Politik, sieht er in einem Wechselverhältnis. Die Erziehung soll den Menschen so bilden, daß seine Mitwirkung im Staat dazu beiträgt, „das Höchste, was ein Verein durch Vernunftidee geleiteter

Kräfte erreichen kann, zu bewirken"; die Staatskunst hingegen wird der Erziehung alle Hilfsmittel und Erleichterung gewähren und ihr nicht „subjektive, eigensüchtige Zwecke" aufdrängen, sondern sie in Freiheit ihr Werk tun lassen. „Beide sind demnach verwandt, höhere Künste als sie gibt es nicht; aber die Politik ist die höchste. Denn der echte Staatskünstler leitet die Menschen zum letzten Ziel ihres Strebens in der Geschichte ... Er ist der Erzieher im großen, Vorsteher der großen Bildungsanstalten der Menschheit ..." Wurde das Verhältnis zwischen Staat und Erziehung auf diese Weise gesehen, konnte auch Wilhelm von Humboldt die Kluft zwischen Staat und Bildung, die er 1792 so deutlich definiert hatte, als überwindbar betrachten.[11]

Diese Periode der preußischen Bildungsreform ist am besten untersucht – ich brauche nur auf die klassischen Darstellungen von Paulsen und Spranger und die jüngste Untersuchung von Menze zu verweisen.[12] Unter der Fragestellung unserer These der Wechselwirkung von Staat und Gesellschaft fällt freilich auf, daß mit dieser Periode der sogenannten „Humboldtschen Reform", die man richtiger die „Humboldt-Süvern-Schleiermachersche Reform" genannt hat, vor allem die Ebene des staatlichen Handelns, konkret, die Entwürfe und Maßnahmen der Sektion für Kultus und Unterricht im Innenministerium gemeint sind. Diese Phase, die häufig und mit Sicherheit unzulänglich als die preußische Bildungsreform überhaupt bezeichnet wird, ist die Zeit der großen gesamtstaatlichen Konzeptionen und einiger weniger, allerdings wichtiger Gesetze und Verordnungen. Schon wegen der politischen Verhältnisse waren sie nur in begrenztem Maße in diesen Jahren in die Wirklichkeit zu überführen. In dem Moment, als dieser Prozeß der Realisierung begann, stand er schon unter anderen politischen Vorzeichen. Zwischen 1817, dem Jahr der Gründung des preußischen Kultusministeriums, und 1819, dem Jahr der Karlsbader Beschlüsse, geht diese Periode der preußischen Bildungsreform über in die nächste Phase der Realisierung ihrer Impulse. Diese Realisierungsperiode, die für die Wirklichkeit des preußischen Bildungswesens wichtigere Aufschlüsse gibt als die Betrachtung der großen Reformkonzeptionen und die die Zeit bis zur Revolution von 1848 umfaßt, bringt nicht nur durch die restaurative Innenpolitik wiederum den Staat in Opposition zur Idee der allgemeinen Menschenbildung; in ihr verlagert sich auch die konkrete Ausformung des preußischen Bildungswesens wieder stärker auf die Auseinandersetzung zwischen gesamtpolitischem Willen an der Staatsspitze und gesellschaftlichen Kräften.

Die wichtigsten Signaturen der Periode zwischen 1807 und 1817 sind bekannt; ich kann mich mit einigen Andeutungen begnügen: Die Grün-

---

11 Johann Wilhelm Süvern, Aus Süverns Vorlesungen über Geschichte 1807-1808, in: Mittheilungen aus dem Litterarurarchive in Berlin, Berlin 1901, S. 51f.; s. dazu Jeismann, in: Handbuch (Anm. 1), S. 258ff., S. 324ff.

12 Clemens Menze, Die Bildungsreform Wilhelm von Humboldts, Hannover 1975 (= Das Bildungsproblem in der Geschichte des europäischen Erziehungsdenkens, Bd. XIII).

dung der Universität Berlin (1810) hatte eine Preußen überschreitende, für den gesamten deutschen Sprachraum, aber auch für die europäische Universitätslandschaft richtungweisende Bedeutung. Der neue Wissenschaftsbegriff des deutschen Idealismus hat die schon als obsolet abqualifizierten Universitäten in eine neue innere wie äußere Fasson gebracht. Die Philosophische Fakultät wurde aus einer Vorbereitungsschule zum Zentrum wissenschaftlicher Arbeit, der neuen Grundlagenforschung. Dieser Wissenschaftsbegriff, der in der Universität Berlin eine institutionelle Form gefunden hatte, hat bis heute hin mit erstaunlicher Kraft verhindert, daß die deutschen Universitäten in ein hierarchisches Verhältnis unter sich und in eine Unterordnung unter eine staatliche Akademie der Wissenschaften gebracht wurden. Zwar hat der Kultusminister von Altenstein 1817/1818 ein solches Konzept von Haupt- und Nebenuniversitäten für den gesamten Staat in einer etatistischen Rationalität zu entwickeln versucht. Er scheiterte damit am Autonomieanspruch der Wissenschaft und derer, die sie vertraten. Über die Wissenschaft hat sich in der Universitätsstruktur Deutschlands seit dieser Zeit eine an allen Orten prinzipiell gleichberechtigte und von staatlichen Zwängen prinzipiell freie gesellschaftliche Aktivität entfalten können, die, ohne politische Anweisung, dennoch mit dem geistigen und materiellen Leben der Gesellschaft aufs engste verbunden blieb. Im Universitätsbereich hat sich trotz aller Mängel und Probleme, trotz aller periodischen Eingriffe des Staates jenes freie Verhältnis von Bildung und Politik, das den Reformern vorschwebte, am ehesten verwirklichen lassen. Die Verlegung der Frankfurter Universität nach Breslau, die Schließung kleiner, dem Wissenschaftsbegriff nicht mehr genügender Anstalten wie Duisburg und Münster und vor allem die Gründung einer „geistigen Festung am Rhein", der Universität Bonn, strukturierten das Netz der autonomen Zentren der Wissenschaft in Preußen, das anderthalb Jahrhunderte das Universitätswesen kennzeichnete.

Für das Gymnasium und die Verwaltung des höheren Schulwesens wurden in dieser Periode die Weichen gestellt: Die Gründung des Philologenstandes durch das Prüfungsedikt von 1810, die Neuordnung des Abiturs von 1812, die nur als Empfehlung erlassene, gleichwohl aber normgebende Lehrverfassung für die Gymnasien und Stadtschulen von 1816, die Regelung der Aufsichtsinstanzen durch die nunmehr immediate Kultusbehörde, die Oberkonsistorien und die städtischen Schuldeputationen im Zusammenhang mit der Städteordnung legten die Basis für die Entwicklung des höheren Schulwesens, welches aus der großen Zahl ganz unterschiedlicher Lateinschulen die überschaubare Zahl von zunächst 92 abiturfähigen Gymnasien heraushob und die übrigen Lateinschulen auf Bürgerschulen oder Stadtschulen reduzierte.

Für das unübersehbare Netz der Elementarschulen auf dem Lande und in der Stadt waren Reformpläne am schwierigsten gesamtstaatlich zu entwerfen. Die Reform der Volksbildung lag jedoch den Männern um Humboldt als quantitativ und qualitativ schwierigste und wichtigste Aufgabe besonders am Herzen. Sie setzten den Hebel bei der Lehrerbildung und der Lehrmethode an. Die Rezeption Pestalozzis in Preußen begann in dieser Zeit. Es ist bekannt, daß die Sektion Eleven nach Ifferten schickte, daß sie versuchte, durch das Zellersche Institut in Königsberg die Lehrerbildung zu verbessern, daß um die Konzeption der Lehrerbildung zwischen Schleiermacher und Natorp eine Kontroverse entstand, die schließlich im Natorpschen Sinne gelöst wurde, daß infolgedessen aus den wenigen Lehrerseminaren, die vor 1806 eigentlich aus privater Initiative gegründet worden waren, im Laufe der ersten Hälfte des Jahrhunderts über 40 Volksschullehrerseminare entstanden.

Hinter diesen Bemühungen stand der Plan eines „Nationalerziehungswesens", das sich in Stufen von der Elementarschule bis zur Universität aufbauend dem gleichen Prinzip allgemeiner Menschenbildung verpflichtet wußte. Ein System, dem als Idee nicht die „Staatserziehung", auch nicht die „Berufserziehung" zugrunde lag, sondern die Entwicklung aller Kräfte jedes Menschen in dem Maße, wie es ihm seine Fähigkeit und seine Mittel erlaubten. Hier wurde von der Staatsspitze her der Versuch gemacht, das regional und ständisch heterogene Schulwesen in eine Gesamtordnung und einen inneren Gleichklang zu bringen, also jene Erziehung des „Menschen" mit Hilfe des Staates zu institutionalisieren, die in Freiheit von der Politik doch dem gleichen Zweck auf ihre Weise dienen sollte: der „Veredelung" der Menschheit und der Verbesserung des Staates. Diese Idee hat am Schluß der Periode im Süvernschen Gesetzentwurf für das gesamte preußische Unterrichtswesen eine bis heute hin denkwürdige Form gefunden: denkwürdig deshalb, weil hier allgemeine philosophische und politische Ideen in konkrete Organisationsformen umgesetzt wurden, ein Beispiel, wie der Gedanke zum „Stempel" der Wirklichkeit[13] werden sollte; denkwürdig ferner, weil dabei die Bruchzonen zwischen Entwurf und Realität deutlich wurden – Schwierigkeiten, welche jeder großen Erziehungskonzeption aus einem Guß erwachsen, wenn sie gesellschaftlich vielfältig und anders gewordenen Zuständen auferlegt werden sollen; denkwürdig aber vor allem deshalb, weil trotz dieses gesamtstaatlichen Zugriffs, der gewiß auch ein Instrument der Integration des zwischen Trier und Tilsit so unterschiedlichen preußischen Staatsvolkes sein sollte, dennoch keine Gleichförmigkeit angestrebt, sondern jeder in diesen weiten Rahmen hineinpassenden Eigenentwicklung in Provinz und Regionen Raum gewährt werden sollte. Dieser Unterrichtsgesetzentwurf war unitarisch nur in der Bildungsidee und der ihr entsprechenden Rahmenorganisation, nicht in der konkreten Umsetzung. Noch immer stand dahinter der von Schleiermacher 1814 über das Verhältnis von Schule

---

13 Wilhelm von Humboldt, Aus dem Gutachten über die Organisation der Ober-Examinations-Kommission vom Juli 1809, in: ders., Werke in 5 Bänden, hg. v. Andreas Flitner u. Klaus Giel, Bd. IV, Darmstadt 1964, S. 84.

und Staat formulierte Gedanke, daß nach der vom Staate ausgehenden Gesamtreform die Schulen wieder in „das Eigentum der Nation" zurückgegeben werden sollten.[14]

Denn „Nationalerziehung" war auf die Mitwirkung der lokalen und regionalen Instanzen, der Träger der Schulen und des „Schulpublikums" angewiesen. Im regionalen Bereich, im Königsberger und im litauischen Schulplan, hatte sich der umfassende Gedanke einer solchen Nationalerziehung zunächst konkretisiert. In Süverns Entwurf eines Unterrichtsgesetzes war dieser Zusammenhang von gesellschaftlichen und staatlichen Kräften, von Stadt, Region und Staat mitgedacht.

Der Kampf um den Entwurf des Unterrichtsgesetzes von 1819 spiegelte die gesellschaftlichen und die politischen Divergenzen, die von den unterschiedlichen Auffassungen staatlicher und kirchlicher Unterrichtspolitik über die verschiedenen Interessen des Gewerbebürgertums und des Bildungsbürgertums, der Patrone des Elementarschulwesens und der Magistrate der Städte bis zu den politisch konzeptionellen Divergenzen in der Beamtenschaft selbst und zwischen dem Ministerium und dem Hof reichten. Das Scheitern des Gesetzentwurfes gab freilich der Unterrichtsverwaltung mehr Raum, flexibel ihre eigenen Vorstellungen, soweit es im Kräfteparallelogramm der konkurrierenden politischen Vorstellungen ging, in den nächsten Jahrzehnten zu verfolgen. Aber die Gunst der Stunde, die die Reformer im Jahrzehnt zwischen 1808 und 1817 für sich hatten, war geschwunden. In diesem Jahrzehnt konnte die Wucht der Reform- und Befreiungsideologie die alte ständisch-konservative Fronde zum Schweigen bringen, konnte der neue Staatsidealismus und Humanismus die utilitaristischen Erziehungskonzepte verdrängen und geradezu als bildungs- und freiheitsfeindlich zugleich diffamieren. Dies waren nicht nur Ideenkämpfe; es war der Versuch einer am deutschen Idealismus gebildeten Elite, ihre Vorstellung vom Wesen des Menschen und des Staates herrschend zu machen, der auf die Entwicklung einer liberalen, bürgerlichen Bildungsgesellschaft und eines konstititutionellen Verfassungsstaates zielte – wenn auch nicht auf die Republik wie ein konservativer Kritiker argwöhnte. Diese „Bildungsreligion" provozierte nach dem Verschwinden der äußeren Gefahr nicht nur die ständischkonservative Gegnerschaft, sondern auch das Gewerbebürgertum, und zwar um so heftiger, als es sich vom alten Stadtbürgertum zum neuen, frühindustriellen Bürgertum der Kaufleute und Unternehmer wandelte. Der „Sieg des Neuhumanismus" (Eduard Spranger) war ein Sieg der gebildeten Amtsträger, der Leute von „Bildung und Amt" über die von „Ar und Halm" und von „Handlung und Industrie". Die Verbindung dieser gebildeten Amtsträger mit dem Staat

---

[14] Friedrich Ernst Daniel Schleiermacher, Über den Beruf des Staates zur Erziehung, 1814, in: ders., Pädagogische Schriften, hg. v. Erich Weniger, Bd. 2, Düsseldorf, München 1957, S. 166. Der Unterrichtsgesetzentwurf von 1819 am leichtesten faßbar in: Schulreform in Preußen 1809-1819. Entwürfe und Gutachten, hg. v. Lothar Schweim, Weinheim 1966.

brachte dem Erziehungswesen in der folgenden Epoche einen erheblichen Aufschwung, schuf aber auch ein Geflecht sich verschärfender Spannungen und Auseinandersetzungen um die Form der Schulorganisation, die das gesamte 19. Jahrhundert in unterschiedlichen Konstellationen bestimmten.

2.4

Im restaurativen, absolutistischen Verwaltungsstaat wurde die Vorstellung einer „Staatspädagogik" wieder aktualisiert, wie sie sich schon zwischen der Französischen Revolution und dem Jahre 1806 bemerkbar gemacht hatte und wie sie auch die übrigen großen Staaten Europas seit dem aufgeklärten Absolutismus, insbesondere seit der Revolution, kennzeichnete. Das freie Wechselverhältnis von Politik und Pädagogik wich der Tendenz einer vom Staat autorisierten und begrenzten Erziehung nach Organisationsformen und Inhalten. Diese Staatspädagogik ging in der Restaurationszeit, welche die Realisierungsperiode des staatlichen Schulwesens war, eine eigentümlich spannungsvolle Verbindung mit den Ideen der Reform ein. Die Gedanken und praktischen Konsequenzen der Reformperiode blieben in den Provinzen länger lebendig und konnten sich dort freier entfalten als an der Spitze des Unterrichtswesens, die nicht nur stärker politischem Druck ausgesetzt war, sondern auch selbst zunehmend zum etatistischen, bürokratischen Perfektionismus hinneigte. Insgesamt war es eine Periode vielfältiger Widersprüche, weiterwirkender und abgebogener Reformtendenzen, politischer Zugriffe und pädagogischer Freiräume, in denen sich das neue staatliche Unterrichtswesen auf den verschiedenen Ebenen mit unterschiedlicher staatlicher Regulierung entwickelte.[15]

Das Kultusministerium vermochte auf der Linie eines etatistisch gezähmten Reformkurses den Ausbau des Bildungswesens gegen seine konservativen Kritiker abzuschirmen, indem es zugleich die radikalen Konsequenzen aus der Zeit der Reform beschnitt. Dies geschah auf ei-

---

[15] Im Gegensatz zur Reformperiode ist die Zeit der Verwirklichung eines staatlichen Unterrichtswesens im Restaurationszeitalter trotz einer Reihe von Einzelstudien noch nicht hinreichend als Gesamtphänomen untersucht. Wichtig unter der Frage des Gegensatzes von Allgemeinbildung und Berufsbildung Herwig Blankertz, Bildung im Zeitalter der großen Industrie. Pädagogik, Schule und Berufsbildung im 19. Jahrhundert, Hannover 1969 (= Das Bildungsproblem in der Geschichte des europäischen Erziehungsdenkens, Bd. XV); leicht zugängliche Überblicksdarstellungen mit Literaturhinweisen: Peter Lundgreen, Sozialgeschichte der deutschen Schule im Überblick, Teil 1: 1770-1918, Göttingen 1980; Hans-Georg Herrlitz, Wulf Hopf, Hartmut Titze, Deutsche Schulgeschichte von 1800 bis zur Gegenwart, Königstein/Ts. 1981; als leicht zugängliche Quellenausgabe s. Berthold Michael, Heinz Hermann Schepp, Politik und Schule von der Französischen Revolution bis zur Gegenwart. Eine Quellensammlung zum Verhältnis von Gesellschaft, Schule und Staat im 19. Jahrhundert, Bde. 1 u. 2, Frankfurt a.M. 1973.

ne eigentümliche, aber bis heute noch nicht klar erforschte Weise. Einerseits paßte man sich der neuen Politik an. Die generellen Disziplinarmaßnahmen waren streng, die Nationalerziehungsidee und die Idee „allgemeiner Menschenbildung" wurden weder organisatorisch noch ideologisch vom Ministerium mehr vertreten. An die Stelle der allgemeinen Menschenbildung trat die Formel der „Wissenschaftlichkeit" der Bildung. Während die Universitäten unter dieser Formel – von Altenstein, so weit er konnte, geschützt – ihren Aufschwung nahmen, wurden die Gymnasien konzeptionell immer mehr zu „Wissenschaftsschulen", die ihr Ziel im Abitur, ihre Zöglinge als künftige Studenten und Staatsdiener sahen. Sie entfernten sich zunächst ideell, später auch faktisch von der größeren Aufgabe, die sie als allgemeine höhere Stadtschulen hatten, die alle Kinder von Begabung und mit hinreichenden elterlichen Mitteln, ohne Ansehen ihrer Herkunft, bis zum 14. oder 16. Lebensjahr ausbildeten. Unter der neuen Idee der „Wissenschaftlichkeit" wurde das Abitur zum leitenden Maßstab des Gymnasiums. Seine Ausbildung zur Wissenschaftsschule wurde gefördert; die ohnehin schon hohen Anforderungen insbesondere der aufgewerteten alten Sprachen wurden in der Praxis eher noch erhöht. Das sich entwickelnde Berechtigungswesen drängte das Gymnasium immer mehr dazu, eine Staatsdienerschule zu werden. Es setzte sich damit, im Gegensatz zur Gründungsidee, ab von der Gesellschaft. Die „Gebildeten" tendierten dazu, eine besondere Kaste zu werden, ihr Adelsbrief war das Abitur, ihr Privileg das Studium, ihr Lehen das Amt. Proteste aus der Gesellschaft gegen die Verschärfung dieser höheren Bildung, wie im berühmten Lorinser Streit, führten nur zu immer stärkerer Reglementierung von Lehrplan und Prüfungsordnung. Das Abituredikt von 1834 und der Lehrplan von 1837 blieben, nicht genau in ihrem Inhalt, wohl aber in ihrer Struktur, maßgebend für über ein Jahrhundert preußischer und deutscher höherer Schulen.

Indem das Ministerium so die Staatszwecke viel stärker in die Erziehungspraxis übertrug als Humboldt, Schleiermacher oder Süvern recht gewesen wäre, hat es doch andererseits, ebenfalls unter dem Begriff „Wissenschaftlichkeit", versucht, das Bildungswesen gegen allzu drastische Angriffe und Eingriffe der Vertreter des alten Ständestaats und der kirchlichen Schulaufsicht zu schützen. Nach Altensteins Tod, 1840, griff jedoch unter dem Minister Eichhorn die konservative „Partei" schärfer auf das Unterrichtswesen zu; die Maßregelungen häuften sich; die Spannung zwischen den immer noch lebendigen Impulsen der Bildungsidee der Reform und der staatlichen Schulpolitik wurde größer; sie entlud sich als eines ihrer Begleitmotive in der Revolution von 1848.

Im Volksschulwesen wirkten die Reformimpulse im Windschatten des politisch beargwöhnten höheren Schulwesens und der Universitäten ungebrochen weiter. Die Vermehrung der Zahl der Seminare für Volksschullehrer – von zwei zu Beginn des Jahrhunderts auf über 40 – und die anspruchsvollere Ausformung der Ausbildung ließen einen

Volksschullehrerstand entstehen, der sich in regionalen und lokalen Vereinigungen zusammenschloß, berufsständische Forderungen erhob und schon im Vormärz Zeichen der Opposition erkennen ließ – Aktivitäten, die vom Staat teils geduldet, teils beschnitten, ebenfalls in die revolutionären Bewegungen des Jahres 1848 führten.

Die vielfältigen Aktivitäten auf diesem Gebiet sind noch nicht hinreichend erforscht. Zumal das Zusammenwirken der lokalen weltlichen und kirchlichen Institutionen und Amtsträger mit der provinzialen Schulverwaltung bedarf noch genauerer Erhellung. Hier wird die Bildungsgeschichte Preußens zu einer genuinen Landesgeschichte seiner Regionen und verbindet sich mit der Stadt- und Lokalgeschichte. Für den Bereich der Volksschulen waren die Oberpräsidenten praktisch das, was für die Gymnasien das Ministerium war, die Oberbehörde. Die energische Forderung eines zusammenhängenden Elementarschulwesens in den Provinzen ist das besondere Verdienst solcher Oberpräsidenten, die im Geiste der preußischen Reform ihre Provinz verwalteten, Vincke in Westfalen, Sack in Pommern, Schön in Preußen. Die „Schulordnung für die Elementarschulen der Provinz Preußen" vom 11. Dezember 1845 war ein Musterbeispiel für die Regelung außerordentlich schwieriger Verhältnisse: Schulpflicht, Schuldauer, materielle und rechtliche Verhältnisse der Lehrer, Zusammensetzung des Schulvorstandes, innere Aufsicht, Finanzierung der Schulen. Sie diente den anderen Provinzen als Muster zur Beratung und Vorlage ähnlicher Gesetze. 1847 vom Ministerium genehmigt, hätten sie 1848 von den Provinziallandtagen verabschiedet werden können und, wäre die Revolution nicht dazwischengetreten, das Volksschulwesen in Preußen unter Berücksichtigung regionaler Besonderheiten auf einen „in der Hauptsache einheitlichen Rechtszustand" gebracht. Dies ist ein Musterbeispiel für die Zusammenarbeit zwischen Staat und Gesellschaft, zwischen Verwaltung und Provinziallandtagen beim Versuch, ein modernes Schulwesen einzurichten, das staatlichen Forderungen und gesellschaftlichen Erfordernissen in gleicher Weise entsprach.[16]

Beim Realschulwesen verlief dieser Prozeß komplizierter. Wollte man ihn erfassen, bedürfte es ausführlicher Einzelstudien. Wie die Städte ihre wachsenden Verpflichtungen sozialer Art im 19. Jahrhundert allmählich ausbauten – von der Armen- und Krankenfürsorge über das städtische Polizeiwesen, die wachsende Notwendigkeit materieller Versorgung mit Wasser, Beleuchtung, Abwässerregelung, Straßenbau usw. bis hin zur Bildungsfürsorge ist ein noch viel zu wenig untersuchter Zusammenhang.

Im Bildungsbereich zeigte sich in den Städten der Einfluß der Gesellschaft am deutlichsten. Er mußte sich gegen den Staat geltend ma-

---

16 Die Aktenstücke dazu in: Die Gesetzgebung auf dem Gebiete des Unterrichtswesens in Preußen vom Jahre 1817 bis 1868. Aktenstücke mit Erläuterungen aus dem Ministerium der geistlichen Unterrichts- und Medizinalangelegenheiten, Berlin 1869.

chen. Der Aufstieg der Bürgerschulen, Höheren Bürgerschulen und schließlich der Realschulen verlief als eine zum staatlichen Gymnasium kontroverse Linie. Die Erwerbsgesellschaft formierte sich hier gegen die Bildungsgesellschaft, die Gewerbebürger gegen die Bildungsbürger, die produzierende Gesellschaft gegen den verwaltenden Staat. Die Realschulbewegung ist das eigentlich vorwärtstreibende und modernisierende Element der Schulentwicklung im 19. Jahrhundert. Der Staat hat diese Entwicklung zunächst ganz den Städten überlassen und erst nach und nach, eher widerwillig, Regelungen eingeführt, als das Berechtigungswesen es unumgänglich machte (1832). Bis zum Jahrhundertende hat die Unterrichtsverwaltung dem Vordringen des realistischen Schulwesens ein langes Rückzugsgefecht geliefert.

Anders jedoch sieht die Entwicklung von der städtischen Ebene betrachtet aus. Die Gymnasialdirektoren und Gymnasiallehrer haben häufig in Zusammenarbeit mit dem Magistrat die realistische Ausbildung an das Gymnasium herangezogen. Mehr Gymnasien als wir gemeinhin wissen hatten Realschulklassen oder Realschulzweige, und die Front der dogmatischen Neuhumanisten, die eine realistische Bildung für gar keine Bildung hielten, war enger und schwächer als es nach der Revolution von 1848 schien. Dafür dürften nicht nur materielle Existenzgründe der Schulen entscheidend gewesen sein, obgleich sie nicht zu übersehen sind: Viele Schüler in den unteren Klassen finanzierten die Bildung der wenigen Schüler in den oberen Klassen mit. Das kann aber nicht begründen, warum während der Revolution eine gewählte Konferenz von Gymnasialdirektoren und -lehrern mit Mehrheit die Entwicklung des künftigen höheren Schulwesens durch ein utraquistisches Gymnasium mit gemeinsamem Unterbau und einem humanistischen und einem realistischen Zweig gründen wollte. Die scharfe bildungs-ideologische Opposition gegen diesen Plan, die mit dem Argument der alleinigen Wissenschaftsfähigkeit des an den alten Sprachen Gebildeten geführt wurde, blieb deutlich in der Minderheit – der aus der Reformzeit bis in die Revolutionszeit hinein amtierende Direktor des Fridericianums in Königsberg, August Gotthold, war als ihr Wortführer ein nicht repräsentatives Beispiel für die Entwicklung des neuhumanistischen Pädagogen zum konservativen Staatsdiener.

2.5

Die Revolution bedeutet wie in der politischen, so in der Bildungsgeschichte eine tiefe Zäsur im Bereich der Postulate und Hoffnungen und in ihrem Ergebnis eine deutliche Abwendung von diesen Postulaten, aber zugleich die Vorbereitung neuer, anderer Entwicklungen. Zunächst kehrten die bildungspolitischen Forderungen der preußischen Reformzeit in zeitgemäßer Weise wieder und verbanden sich mit der politi-

schen Programmatik der Revolution: Überwindung des Partikularismus
durch eine deutsche Nationalerziehung – dokumentiert in den Allgemeinen Deutschen Lehrerversammlungen; Überwindung der scharfen
Trennung der Schularten und der Lehrergruppen in einem gestuften,
nationalen Schulwesen; Ausdehnung der Volksbildung und Modernisierung des Bildungskanons; Regelung der gesamten Organisation des
Bildungswesens durch die Legislative und Zurückdrängung der bisher
allein maßgebenden Schulverwaltung. Die Bestimmung in den preußischen Verfassungen, daß ein Gesetz das Schulwesen regeln müsse, ist
bereits Ausdruck des Anspruchs der im Parlament politisch vertretenen
Gesellschaft gegen die Herrschaft des absolutistischen Schulstaates.
Die Auseinandersetzung zwischen den politisch vertretenen gesellschaftlichen Gruppen kündigte sich bereits an. Die Formierung einer
katholischen Partei, die sich insbesondere der Schul- und Kirchenpolitik annahm, zeigte, daß eine stärkere Vergesellschaftung der Legislative
auch dem Schulwesen neue und andere Spannungen bringen würde als
bisher. Der Kampf um die Schulartikel im Frankfurter Parlament hat
auf eine freilich nur rhetorische Weise bereits die künftigen Zonen der
Auseinandersetzung gesellschaftlicher Gruppen und politischer Richtungen um die Schule angedeutet.

Das Scheitern der Revolution leitete eine neue Phase der Bildungsgeschichte in Preußen ein. Das Jahrzehnt der Reaktion hat nachhaltig
die künftige Entwicklung geprägt. Aus dem Schulgesetz wurde nichts;
die Reformkonzeptionen, die im Ministerium 1849 schon gebilligt waren, wurden beiseite gelegt – der Zugriff der Schulverwaltung verstärkte sich abermals. Das humanistische Gymnasium – mit Mißtrauen seiner heidnisch-republikanischen Konterbande wegen betrachtet – wurde,
da seine Umformung zum „christlichen Gymnasium" Ausnahme blieb,
wenigstens von der griechischen Antike stärker auf die lateinische hin
zentriert: immer ein Zeichen konservativer Staatspädagogik. Die realistischen Bildungsgänge wurden nicht, wie geplant, mit dem Gymnasium verbunden, sondern von ihm bewußt separiert und im Berechti-
gungsspiegel niedrig gehalten. Statt des allgemeinen Systems eines
nationalen Erziehungswesens, wie die Revolution es vor Augen hatte,
gab es eine nun bewußte Segmentierung der Bildungsgänge, eine schärfere Trennung der Stadt- und Bürgerschulen vom Gymnasium, so daß
schließlich ein differenziertes höheres Schulwesen entstand, das um
Ansehen und Berechtigungen im wechselseitigen Argwohn bis zur
Jahrhundertwende konkurrierte. Im niederen Schulwesen räumten die
Stiehlschen Regulative (1854) mit dem Bildungsfortschritt der vor-
märzlichen Zeit gründlich auf. Jetzt erst stellte sich auch Zug um Zug
in der Realität ein, was konzeptionell schon angelegt war, die strenge
Trennung zwischen Volksschule und höherer Schule von Beginn der
Schullaufbahn an: Die Zahl der Vorschulen vermehrte sich. Es zog nun
erst der Geist der Disziplinierung in die Schulen ein, der das Netz der
Prüfungen und Berechtigungen noch enger und einheitlicher knüpfte

als zuvor und das Reglement auch zum Maßstab der pädagogischen Arbeit machte.[17]

Der Erziehung wurde der Anspruch, durch Bildung die Welt zu verbessern, gründlich ausgetrieben, und zwar in wörtlichem Sinne. Sieht man die Liste der nach der Revolution suspendierten, verurteilten, emigrierten Lehrer aller Schularten an, die sich hatten beikommen lassen, die Schule als der Welt „präordiniert" zu definieren und ihre Aufgabe als ein Politikum eigener Bestimmung und eigener Würde zu begreifen, stößt man auf die Geschichte der Opfer staatlicher Schulpolitik. Nur beispielhaft sollen genannt sein K. F. W. Wander, der schlesische Volksschullehrer, bis heute bekannt durch seine große Ausgabe deutscher Sprichwörter; Friedrich Kapp, Gymnasialdirektor in Hamm, Vater des bekannteren, gleichfalls zur Emigration gezwungenen, nach 1871 zurückgekehrten Friedrich Kapp und schließlich Gottfried Kinkel, der Bonner Professor, der, durch Karl Schurz aus dem Spandauer Gefängnis befreit, wie Friedrich Kapp in den USA eine zweite Heimat fand. Wie die Kirchengeschichte war auch die Bildungsgeschichte begleitet von Absetzungen, Ausweisungen, Verfolgungen, die sich auf immer breitere Schichten von Lehrern erstreckten: Kann man die Verjagung des Philosophen Wolff aus Halle noch als ein Nachspiel der alteuropäischen Häretikervertreibung betrachten, so war das Schicksal Villaumes zu Wöllners Zeit schon ein Auftakt der modernen, staatspädagogischen Lehrerdispensierungen, die sich über die Schikanen gegen Jahn, den Verdacht gegen Schleiermacher, das Lehrverbot für Arndt, die Verhaftungen nach 1819 und 1830 im Zusammenhang mit den Burschenschaftsbewegungen über das Schicksal der Göttinger Sieben bis in die Lebensläufe der „Achtundvierziger" hineinzogen.[18]

Im ganzen genommen ist dies freilich eine Marginale der Bildungsgeschichte geblieben. Normal war die Anpassung der Schule und der Lehrer an die immer strikteren staatlichen Vorgaben und die Zustimmung zu der Neuordnung des Schulwesens, in der man sich aufgehoben wußte. Gewiß karikierend, aber doch nicht ohne innere Wahrheit hat Wilhelm Raabe durch den Mund der alten Konrektorin Eckernbusch im „Horacker" das neue Verhältnis von Schule und Staat nach der Revolution von der alten Beziehung unterschieden. Erinnern wir uns der Kutschfahrt, auf der sie – man schrieb das Jahr 1867 – ihren Mann, den „letzten Konrektor" mit dem jungen Oberlehrer Dr. Neubauer verglich.

---

[17] Die verfassungsrechtliche Seite arbeitet für die höheren Schulen sehr klar heraus Helga Romberg, Staat und Höhere Schule. Ein Beitrag zur deutschen Bildungsverfassung vom Anfang des 19. Jahrhunderts bis zum Ersten Weltkrieg, Weinheim, Basel 1979 (= Studien und Dokumentationen zur deutschen Bildungsgeschichte, Bd. 11).

[18] Zu diesem Phänomen insgesamt vgl. Heinz-Joachim Heydorn, Über den Widerspruch von Bildung und Herrschaft, Frankfurt a.M. 1970, im besonderen S. 178ff. Zur Schulpolitik im Jahrzehnt der Reaktion Karl-Ernst Jeismann, Die „Stiehlschen Regulative". Ein Beitrag zum Verhältnis von Politik und Pädagogik während der Reaktionszeit in Preußen, in: Dauer und Wandel der Geschichte. Aspekte europäischer Vergangenheit. Festgabe für Kurt von Raumer zum 15. Dezember 1965, Münster 1966, S. 423-447.

Der „elegante Philologe", den wirkliche Geheimräte „lieber Doktor" nannten, wäre gewiß nicht, so meinte sie, schon als Untersekundaner mit auf die Wartburg heraufgezogen. Dazu hätte mehr „heller Sinn, Nachdenken und Freudigkeit gehört ... als mit hunderttausend anderen in Reih und Glied in gleichem Schritt und Tritt zu marschieren" und über die Schlacht bei Königgrätz zu räsonieren, die der Schulmeister gewonnen habe. „Welcher denn, der alte oder neue? Das soll sich erst ausweisen, was für ein Siegergeschlecht die neuen heraufziehen mit ihrem stramm, stramm, stramm – alles über einen Kamm. Die neuen Schulmeister, die den Exerziermeister nicht loswerden von der Wiege über die Schule hinaus in ihr numeriertes kühles Grab."

Wehmütige Subjektivismen, gewiß, über welche die neuen Entwicklungen im letzten Jahrhundertdrittel rasch hinweggingen. Immer mehr Eigenbewegungen traten hervor: Das Mädchenschulwesen, bis ins letzte Drittel des 19. Jahrhunderts, sofern es über die allgemeine Volksschulpflicht hinausging, eine weitgehend private, selten kommunale Angelegenheit wurde Schritt um Schritt zum Teil des öffentlichen Schulwesens und mit bestimmten, sich langsam ausweitenden Berufswegen verbunden. Aus den Bedürfnissen der Städte drängten im Zeitalter der vollen Industrialisierung neue Schulformen nach, welche die zu Höheren Schulen gewordenen alten Realschulen ergänzten: die Mittelschulen und die höheren Bürgerschulen sowie, auf der wissenschaftlichen Ebene, die Technischen Hochschulen. So entstand eine in der ersten Jahrhunderthälfte unbekannte Vielfalt des Schulwesens als Spiegelbild der gesellschaftlichen Differenzierung und Dynamisierung. Dabei gewannen, so scheint es, nun die Westprovinzen die Vorhand – unbeschadet der bedeutenden Stellung der alten Schulregionen in der Hauptstadt Berlin oder im preußischen Sachsen. Vergleicht man mit anderen Ländern Europas, wird man auch in der zweiten Jahrhunderthälfte von einem Vorsprung des preußischen und deutschen Bildungswesens sprechen können. Es gelang, die neuen und notwendigen Qualifikationen in der industrialisierten Gesellschaft zu vermitteln. Die treibende Kraft aber war nur noch mittelbar der Staat; unmittelbar griffen die gesellschaftlichen Interessen, in Verbänden und Parteien organisiert, in die Bildungspolitik ein und trieben die Differenzierung und Ausweitung des Schulwesens voran.

Das alte Gymnasium, einst die progressive Hoffnung der bürgerlichen Gebildeten, war gegen Ende des Jahrhunderts angesichts dieser modernen Bewegungen erstarrt. Nietzsches beißende Kritik an den Bildungsanstalten war nicht nur Ausdruck des Unmuts eines Philosophen über die Bildungsphilisterei. Die Erstarrung innerhalb der amtlichen und offiziellen Bildungssphäre im höheren Bereich gegen Ende des Jahrhunderts trieb breite Protestbewegungen innerhalb der gebildeten Schichten hervor: die Reformpädagogik, die Kunsterziehungsbewegung und insbesondere die Jugendbewegung in ihren Spielarten waren oppositionelle Kräfte, die sich im amtlichen Bildungssystem nicht mehr auf-

gehoben fühlten. Auf der anderen Seite blieb der Vierte Stand der In-
dustriearbeiter weitgehend isoliert vom höheren Schulwesen, welches
wohl das alte Stadtbürgertum, die Handwerker, zünftische Gewerbe wie
die Bergleute und, bis zu einem gewissen Grade, die bäuerliche Bevölkerung aufnahm, die jüngere Industriearbeiterschaft aber kaum mehr
erreichte. Anders als das Wirtschaftsbürgertum hat die organisierte Industriearbeiterschaft vor dem Ersten Weltkrieg nicht die politische Position gewonnen, um das öffentliche Schulwesen ihren Bedürfnissen
anpassen zu können. Sie blieb begrenzt auf die Sphäre der Volksschule,
fand selten Zugang zu den beruflichen Fachschulen der unteren und
mittleren Ebene wie die Söhne der unteren Angestellten oder der Handwerker. Die oppositionellen Bildungsprogramme der SPD griffen daher
programmatisch in Frontstellung gegen die Spätstufe des preußischen
Bildungssystems am Ende des Jahrhunderts zurück auf die Konzeptionen des Jahrhundertanfangs, auf die Pläne der gestuften, organisch verbundenen Nationalerziehung in der „Einheitsschule".[19]

Protestbewegungen und -programme dieser Art hatten vor dem Ersten Weltkrieg keine Chance. Die damals formulierten Forderungen und
Probleme leiteten als Veränderungs- und Entwicklungstendenzen des
staatlichen Schulwesens in die bildungsgeschichtlichen Konstellationen
des 20. Jahrhunderts über und sind bis heute Grundelemente der bildungspolitischen Auseinandersetzung unserer Zeit.

---

[19] Zur bildungshistorischen Forschung mit Rückgriff auf die Fragen am Ende des 19. Jahrhunderts s. jetzt Heinz-Elmar Tenorth, Zur deutschen Bildungsgeschichte 1918-1945,
Köln, Wien 1985, insbesondere S. 34ff.

*Erstveröffentlichung in: Udo Arnold (Hg.), Zur Bildungs- und Schulgeschichte Preußens,
Lüneburg 1988, S. 9-37.*

Friedrich der Große und das Bildungswesen im Staat des aufgeklärten Absolutismus[1]

I.

Die Bemühungen Friedrichs des Großen um das Bildungswesen blieben für die historische Wissenschaft eine Marginale seiner Politik. Ranke verlor in seinem großen Aufsatz für die Allgemeine Deutsche Biographie 1878 kein Wort darüber.[2] Für die im letzten Drittel des 19. Jahrhunderts aufblühende Hohenzollern-Historiographie gilt der gleiche Befund. Friedrichs auswärtige Politik und das wirtschaftliche Retablissement, seine Finanz- und allenfalls noch seine Justizpolitik standen im Vordergrund des Interesses. Erst die umfassende Friedrich-Biographie von Reinhold Koser arbeitete auch des Königs Bemühungen um Wissenschaft und Schule auf. Seine pädagogischen Reflexionen, etwa die konkreten Vorschriften für die Berliner Ritterakademie, die eingehenden Ratschläge für den Unterricht an Universitäten und Gelehrtenschulen sowie eine Reihe von Edikten zur Schulverbesserung, allen voran das Generallandschulreglement von 1763, hat Koser sorgfältig dargestellt und auf die beachtliche Neugründung von Elementarschulen, vor allem in den neugewonnenen Provinzen Schlesien und Westpreußen, hingewiesen.[3] Einen spürbaren Einfluß auf die Historiographie hat dieses Kapitel der Biographie nicht gewonnen. – Otto Hintze betonte 1915, daß die Erziehung „zur wirtschaftlichen Arbeit und zu militärischen und finanziellen Leistungen für den Staat die erste Stelle" in dem „großen Volkserziehungsprozeß" eingenommen habe, als den er metaphorisch die Regierungsweise Friedrichs bezeichnete.[4] Wenn der erste Satz seines auf exzellenter Kennerschaft der inneren Politik Preußens beruhenden Buches „Die Hohenzollern und ihr Werk" erklärt: „Der preußische Staat ist eine Schöpfung der Hohenzollern", so war das Schul- und Bildungswesen stillschweigend ausgenommen. Gerhard Ritter, gewiß nicht hyperkritisch gegenüber seinem Helden, konstatierte, daß „von Reformen des Schul- und Bildungswesens in Friedrichs

---

[1] Überarbeitete Fassung eines Vortrags während der Tagung der Historischen Kommission zu Berlin vom 18.-20. August 1986.

[2] Leopold von Ranke, Friedrich II., König von Preußen, in: Allg. deutsche Biographie, Bd. VII, 656-685: s. auch Sämmtliche Werke, Leipzig 1867-1890, Bd. 51/52, S. 357ff.

[3] Reinhold Koser, Geschichte Friedrichs des Großen. 1. Aufl. 1889; 4. u. 5. erweiterte Aufl. 1912: 6. u. 7. Aufl. 1921 – 25: Nachdruck Darmstadt 1963, Bd. 3, S. 438-484.

[4] Otto Hintze, Die Hohenzollern und ihr Werk. 500 Jahre vaterländischer Geschichte, Berlin 1915, S. 400. Sehr zurückhaltend vermerkt er, der Gedanke der allgemeinen Schulpflicht sei, „wenn nicht verwirklicht, doch im Prinzip festgehalten und, soweit es die dringenderen Aufgaben der Staatsräson gestatteten, weiter gefördert worden".

Regierung wenig zu berichten ist".[5] So gut wie nichts darüber sagen auch die beiden jüngeren ausländischen Biographien von G. P. Gooch und P. Gaxotte. Immerhin erwähnen sie wenigstens noch den Namen des Mannes, dem Friedrich im letzten Drittel seiner Regierungszeit die Sorge für die Reform der Schulen anvertraute; die beiden jüngsten biographischen Darstellungen von Theodor Schieder und Ingrid Mittenzwei hingegen erwähnen Karl Abraham von Zedlitz, den man mit einiger Übertreibung und einem Kern Wahrheit den ersten preußischen Unterrichtsminister genannt hat, nicht einmal mehr im Personenregister ihrer Bücher.[6] Blieb das Preußen Friedrichs des Großen von den energischen staatlichen Zugriffen auf das Erziehungswesen, wie es die Staaten des aufgeklärten Absolutismus gegen Ende des 18. Jahrhunderts kennzeichnet, weitgehend unberührt?

Die Geschichtsschreibung der Pädagogik zeichnet ein anderes Bild. In den Jahren um den 100. Todestag des Königs erschienen eine Reihe bis heute wichtiger Untersuchungen. Friedrich Paulsen hatte schon 1884 ein differenziertes Bild der Bemühungen des preußischen Staates um das Bildungswesen zur Zeit Friedrichs gezeichnet. „Trotz aller Versicherung des Gegenteils", urteilt er, habe der König „unmittelbar ... für Universitäten, Schulen und Volksbildung wenig getan; sein Interesse war diesen Dingen ursprünglich nicht zugewendet, es gehörte der Literatur und Philosophie." Erst in den letzten beiden Jahrzehnten seiner Regierung habe er sich auch jener etwas mehr angenommen. Mittelbar freilich übte der König „durch seinen Einfluß auf die Denkweise seiner Zeitgenossen" eine bedeutsame Einwirkung aus, und immerhin habe er durch den Minister von Zedlitz Reformen vornehmen lassen, die freilich nicht – trotz aller lebhaften literarischen Bekenntnisse des Königs zum Werte der Bildung – die Kassen belasten oder die ständische Ordnung verrücken durften.[7] Conrad Rethwischs Untersuchung über die Tätigkeit des Freiherrn von Zedlitz zeichnete die Schwierigkeiten, aber auch die Aktivitäten des Ministers und die Unterstützung seiner Arbeit durch den König in ihren Impulsen und Grenzen sorgfältig nach.[8] Fast gleichzeitig wurden „Friedrichs des Großen pädagogische Schriften und Äußerungen" in deutscher Übersetzung zusammengestellt und her-

---

[5] Gerhard Ritter, Friedrich der Große. Ein historisches Profil. 1. Aufl. 1936, Neuauflage Heidelberg 1954, S. 205ff.

[6] George Peabody Gooch, Friedrich der Große. Herrscher, Schriftsteller, Mensch (London 1947), dt. mit einem Geleitwort von Willy Andreas. Göttingen 1950; Pierre Gaxotte, Friedrich der Große, erw. und bearb. Fassung der Übers. von H. Dühring, 3. Aufl. Frankfurt, Berlin, Wien 1974; Ingrid Mittenzwei, Friedrich II. von Preußen. Eine Biographie, 3. überarbeitete Auflage, Köln 1983: Theodor Schieder, Friedrich der Große. Ein Königtum der Widersprüche, Frankfurt, Berlin, Wien 1983.

[7] Friedrich Paulsen, Geschichte des gelehrten Unterrichts auf den deutschen Schulen und Universitäten vom Ausgang des Mittelalters bis zur Gegenwart. 1. Aufl. 1884, Bd. 2 (Nachdruck der Aufl. von 1921, Berlin 1965), S. 69.

[8] Conrad Rethwisch, Der Staatsminister Freiherr von Zedlitz und Preußens höheres Schulwesen im Zeitalter Friedrichs des Großen. 2. Aufl. Berlin 1886.

ausgegeben, eine bequeme Grundlage für weitere Darstellungen.[9] Die Panegyrik kam nun voll zu Worte. „Friedrich der Große als Erzieher seines Volkes" nannte Konrad Fischer 1886 seine Untersuchung, in deren Vorwort ein Schulrat Friedrichs Bildungspolitik mit den Bemühungen Karls des Großen verglich. Wie in einem Brennpunkt habe Friedrich das „frische Streben des pädagogischen Jahrhunderts ... zur kräftigsten Wirkung gesammelt".[10] Alfred Heubaums Darstellung der „Geschichte des deutschen Bildungswesens seit der Mitte des 17. Jahrhunderts", deren einziger Band „bis zum Beginn der allgemeinen Unterrichtsreform unter Friedrich dem Großen 1763ff." reicht, brachte die Perspektive voll zur Geltung, die schon in Paulsens Werk deutlich wurde und den späteren Untersuchungen zugrunde lag: die zweite Hälfte des 18. Jahrhunderts erschien als die Entstehungsphase des staatlichen Unterrichtswesens. Vor dem beherrschenden Interesse an der Ausweitung der Kompetenz des Staates als der Triebfeder der Unterrichtsreform, die auf „Verweltlichung, Verstaatlichung, Verbreiterung"[11] zielte, wurde die Geschichte des Bildungswesens im 18. vornehmlich zu einer Vorgeschichte der eingreifenden und regelnden Tätigkeit des Staates im 19. Jahrhundert.

Unter dieser Perspektive konnte aus der vorsichtig abwägenden Beurteilung der Arbeit des Königs für das Bildungswesen die Konstruktion seiner Rolle als Vorläufer der preußischen Bildungsreform und des Aufstiegs des deutschen Bildungswesens im 19. Jahrhundert werden. Mit anderem Vorzeichen wurde diese Perspektive aber auch zum Anlaß schärfster Kritik an den Versäumnissen des Königs angesichts der retrospektiv ihm zugemessenen Aufgabe. Aus der demokratischen Schweiz kam der Widerspruch gegen die Heroisierung des Königs zum Volkserzieher. Robert Seidel veröffentlichte 1885 eine scharfe Polemik gegen die Stilisierung Friedrichs zum Schulreformer.[12] Des Königs schriftstellerische Ausführungen über die Erziehung seien folgenlos für sein Handeln und hinter der Entwicklung der pädagogischen Diskussion des Jahrhunderts zurückgeblieben. Zwar habe er Wolff nach Halle zurückgeholt, aber für die Universitäten nichts getan, von den Professoren nichts gehalten, die neu sich entwickelnde Staatswissenschaft

---

9 Jürgen Bona Meyer, Friedrichs des Großen pädagogische Schriften und Äußerungen. Mit einer Abhandlung über Friedrichs des Großen Schulreglement nebst einer Sammlung der hauptsächlichsten Schul-Reglements, Reskripte und Erlasse, Langensalza 1885.

10 Konrad Fischer, Friedrich der Große als Erzieher seines Volkes. Ein Gedenkbuch zum 100. Jahrestage seines Todes 17. August 1786. Mit einem Vorwort von Dr. Joh. Christ. Gottlob Schumann, Trier 1886.

11 Friedrich Paulsen, Das deutsche Bildungswesen, 1. Aufl. Berlin 1906 (Nachdruck Darmstadt 1966), S. 171: s. auch ders. (Anm. 6), S. 685: Alfred Heubaum, Geschichte des deutschen Bildungswesens seit der Mitte des 17. Jahrhunderts. Bd. 1, Das Zeitalter der Standes- und Berufserziehung, Berlin 1905.

12 Robert Seidel, Friedrich der Große, „der Heros der deutschen Volksbildung und Volksschule", Wien 1885.

eher gehemmt. Künstlerisches und wissenschaftliches Leben am preußischen Hof hielten trotz der Tafelrunde von Sanssouci keinen Vergleich mit anderen Höfen aus – etwa mit der Blüte der Künste im gustavianischen Schweden. Friedrichs Großvater hatte die Akademie gegründet und durch große Männer bedeutend gemacht: Leibniz, Pufendorf, Thomasius. Friedrich hat sie zwar wieder begründet, aber zugleich sterilisiert. Für die Abteilungen der Akademie, die Bedeutendes leisteten, für die Naturwissenschaften, zeigte er kein Interesse. Hatte sein Vater mit religiösem und politischem Eifer das Volksschulwesen wieder aufgebaut und den Grund staatlicher Schulhoheit gelegt, so war Friedrich bei diesem Stand stehengeblieben. Das vielgerühmte Generallandschulreglement, vom pietistischen Geist geprägt und keineswegs der Aufklärung verpflichtet, galt nur für einen begrenzten Sektor. Verglichen mit der Entwicklung des gothaischen Schulmethodus blieb es rückständig. Wo es versuchte, die materiellen Grundlagen der Schulen zu verbessern und die Rechte der Patrone im Sinne der Reformer einzugrenzen, wurde es bald förmlich außer Kraft gesetzt. Den Minister Zedlitz habe Friedrich punktuell flickschustern lassen. Die große Aufgabe, ein ineinandergreifendes Staatsschulwesen zu schaffen oder wenigstens anzustreben, konnte dieser zu Friedrichs Lebzeiten nicht angreifen. Eigentlich habe Friedrich Volksbildung wohl gar nicht gewollt, anders als Joseph II., wie sein zum geflügelten Wort gewordenes Diktum aus dem Kabinettsschreiben an Zedlitz vom 5. September 1779 deutlich zeige: „... sonsten ist es auf dem platten Lande genug, wenn sie ein bisgen lesen und schreiben lernen, wissen sie aber zuviel, so laufen sie in die Städte und wollen Secretairs und so was werden; deshalb muß man auf'n platten Lande den Unterricht der jungen Leute so einrichten, daß sie das Nothwendige, was zu ihrem Wissen nöthig ist, lernen, aber auch in der Art, daß die Leute nicht aus den Dörfern weglaufen, sondern hübsch dableiben."[13]

Der Mangel an Geld, der von den Laudatoren der Bildungspolitik Friedrichs immer entschuldigend angeführt wird, gilt dieser Kritik nicht als Entschuldigungsgrund. Schon Paulsen hat kritisch angemerkt: „Hätte der König die Hälfte von dem, was er für Luxusbauten seit 1763 aufwendete, für die Errichtung von Schullehrerseminaren und die Dotation von Lehrerstellen verwendet, so hätte er seinem Land einen leistungsfähigen Lehrerstand schaffen können."[14] Es gibt pietätlosere Kritik: Zwei Millionen kostete der unnütze Prestigebau, das Neue Palais in Potsdam, 1,75 Millionen Taler war die Sammlung von Tabakdosen und ähnlichem „Schnickschnack"[15] wert, die der König hortete. Das Schulwesen mußte sich mit spärlichen Zinsen aus den in Millionenhöhe ge-

[13] Das Kabinettsschreiben bei Bona Meyer (Anm. 8), S. 167-170.
[14] Paulsen (Anm. 10), S. 70.
[15] Mit diesem Begriff nimmt Rudolf Augstein, Preußens Friedrich und die Deutschen, Frankfurt a.M. 1971 (= Fischer Taschenbuch 1212), S. 109, diese Kritik Seidels (Anm. 11, S. 39-101) wieder auf.

henden Subventionen für den Landadel und gelegentlichen, weit unter dem Beantragten bleibenden Zuschüssen begnügen – umgerechnet aufs Jahr kamen etwa 6-7000 Taler aus königlicher Schatulle dem Schulwesen zugute. Man vergleiche damit die Summe, die Gottfried van Swieten als Präsident der Studienhofkommission unter Joseph II. für die Volksschulen zur Verfügung standen![16] Unter dem Maßstab eines modernen, staatlichen Schulwesens wurde also eine Legitimations- oder Desillusionshistorie geschrieben; sie war den erkenntnisleitenden Interessen der jeweiligen Gegenwart unmittelbar verpflichtet. Eine ähnliche historiographische Doppelfigur hat man am Beispiel der Geschichtsschreibung der theresianischen Reformen festgestellt: „Zwischen Glorifikation und Subversion" pendelt danach schon seit Metternichs Zeit die Deutung der Bildungspolitik der Kaiserin.[17]

---

[16] Robert Seidel macht folgende Rechnung auf (Anm. 11, S. 100ff.): „... Stellen wir die ökonomischen Leistungen Friedrichs für die Volksschule zusammen:
Jährlich 600 Taler für das Hecker'sche Seminar,

gibt zu 5% kapitalisirt	Rtlr. 12,000
1771 stiftete er ein Kapital für die Kurmark von	Rtlr 100,000

dessen Zinsen zur Aufbesserung der Lehrergehalte verwandt werden sollten, und 1772 legte er im neuererworbenen Netzedistrikt, der durch die Teilung

Polens an Preußen gefallen war, einen Fond von	Rtlr. 200,000

zum Ankauf von Schulgütern an, deren Erträge zur Dotirung von Schulstellen bestimmt wurden.

Macht nach Adam Riese Summa Summarum	Rtlr 312,000
während seiner 46-jährigen Regierung, also auf das Jahr rund	Rtlr. 6,782
Der Spassmacher Voltaire aber, wie er ihn selbst nennt, kostete ihn	
während nicht ganz drei Jahren mindestens	Rtlr. 30,000
also im Jahre	Rtlr. 10,000
Für das gesamte Volksschulwesen	Rtlr. 6,782

für einen Spassmacher ein und ein halbmal mehr.

Noch schreiender wird das Missverhältnis, wenn man die Ausgaben für das Heer mit denen für die Volksschule vergleicht.
Nach Friedrich's eigener Berechnung belief sich schon 1752, also noch vor Einführung des französischen Steuerwesens und des Tabak- und Kaffeemonopols und vor Einverleibung Polens, die Gesamteinnahme des Staates auf 13,150,000 Taler. Da nun nach Friedrich's eigenen Worten „die Armee die erste Sorge und das hauptsächlichste Studium eines Königs sein muss" und für ihn auch war, so verwendete er zwei Drittel der Staatseinnahmen darauf, also jährlich ... 8,766,667 Taler oder 1292 mal mehr, als auf die Volksschule. Rechnen wir aber für die spätere Zeit, in der ja auch erst die größern Ausgaben für die Volksschule gemacht wurden, die Staatseinnahmen auch nur auf 15.000.000 Taler, so betragen die Ausgaben für das Heer, welches unter Friedrich von 83.000 auf 200.000 Mann gebracht wurde, 1474 mal mehr als die für den Volksunterricht. Wir denken, diese Tatsachen sind so beredt, dass sie keines weitern Wortes bedürfen." Für den österreichischen Bildungsetat s. Ernst Wangermann, Aufklärung, Staat und staatsbürgerliche Erziehung. Gottfried van Swieten als Reformator des österreichischen Bildungswesens, München 1978, S. 43. Danach erhöhte Joseph II. den zentralen Schulfond zwischen 1781 und 1789 von ca. 100000 auf ca. 700000 Gulden.

[17] Gerald Grimm, Wilhelm Kersche, Elmar Lechner, Zwischen Glorifikation und Subversion. Der Funktionswandel der pädagogischen Historiographie in Österreich am Beispiel der Darstellung der theresianischen Schulreform – systematische Untersuchung

In der modernen historischen Bildungsforschung ist nun mit steigendem Nachdruck die Perspektive, daß der Staat des Absolutismus bereits ein Schulstaat gewesen sei oder es doch hätte sein sollen, durch eine den Zuständen und Vorstellungen des 18. Jahrhunderts angemessenere Auffassung vom Verhältnis zwischen Schule und absolutistischem Staat korrigiert worden. Mit Entschiedenheit hat jüngst Wolfgang Neugebauer gefordert, die Schule im absolutistischen Staat in ihrer realen Existenz unter den Bedingungen ihrer Zeit zu analysieren, nicht Vorstellungen der späteren Jahrhunderte in das 18. hineinzutragen und daraus Urteile und Wertungen zu folgern, die in der historischen Realität keine Entsprechung haben.[18]

Erziehung und Schule im real existierenden Absolutismus waren nicht Sache des Staates und seiner Verwaltung, sondern der Kirche, der Gemeinde, der Patrone, der Eltern oder der sie substituierenden gesellschaftlichen Instanzen. Der Staat war nicht Schulherr. Die Reformpostulate wurden getragen von einer aufklärerischen Gesellschaftsbewegung, die außerhalb des Staates und jenseits der alten sozialen Ständegliederung im gebildeten und lesenden Publikum entstand: Professoren, Schriftsteller, Geistliche, Schulmänner, gebildete Bürger und Adelige, insgesamt eine neue, nicht mehr in die Ständeordnung passende Elite, die sich in Klubs, Gesellschaften und durch publizistische Kommunikation organisierte und nur durch „Personalunion" in die staatliche Verwaltung hineinreichte, soweit gebildete Beamte ihr angehörten.[19] Hier wurde ein Bildungsprogramm entwickelt, das sich als allgemein menschheitlich verstand und zugleich die politischen und so-

---

und Reflexion in Hinsicht auf seine forschungstheoretische Bedeutsamkeit. In: Didaktische Reflexionen und Wissenschaft in einer sich ändernden Welt, Klagenfurt 1984, S. 119-177.

[18] Wolfgang Neugebauer, Absolutistischer Staat und Schulwirklichkeit in Brandenburg-Preußen, Berlin 1985. Vgl. die Einleitung und die Zusammenfassung der Ergebnisse S. 625ff. passim. Dort auch die Verweise zur einschlägigen Absolutismusforschung und die Auseinandersetzung mit jüngeren Untersuchungen zur Schule im 18. Jahrhundert, auf die hier verwiesen werden kann. Die Distanz zwischen Schule und Staat ist schon hervorgehoben bei Manfred Heinemann, Schule im Vorfeld der Verwaltung. Die Entwicklung der preußischen Unterrichtsverwaltung von 1771-1800, Göttingen 1974, s. etwa S. 56, Anm. 53 und Karl-Ernst Jeismann, Das preußische Gymnasium in Staat und Gesellschaft. Die Entstehung des Gymnasiums als Schule des Staats und der Gebildeten, Stuttgart 1974, S. 46ff.

[19] Aus der breiten Literatur vgl. Ulrich Herrmann (Hg.), Das pädagogische Jahrhundert. Volksaufklärung und Erziehung zur Armut im 18. Jahrhundert in Deutschland, Weinheim, Basel 1981 und ders. (Hg.), Die Bildung des Bürgers. Weinheim, Basel 1982; Otto Dann (Hg.), Lesegesellschaften und bürgerliche Emanzipation. Ein europäischer Vergleich, München 1975; Wolfgang Ruppert, Bürgerlicher Wandel. Die Geburt der modernen deutschen Gesellschaft im 18. Jahrhundert, Frankfurt 1981. Aus der älteren Literatur vgl. Hans Geerth, Die sozialgeschichtliche Lage der bürgerlichen Intelligenz um die Wende des 18. Jahrhunderts. Ein Beitrag zur Soziologie des deutschen Frühliberalismus, Berlin 1935 und Hans Weil, Die Entstehung des deutschen Bildungsprinzips, Berlin 1930 (2. Aufl. 1967). Vgl. Horst Möller, Wie aufgeklärt war Preußen?, in: Geschichte und Gesellschaft, Sonderheft 6: Preußen im Rückblick (1980), S. 176-201.

zialen Interessen dieser Gruppe ausdrückte. Mit dem Staatswohl berührte sich diese Bewegung insofern, als durch Hebung der Bildung eine gesteigerte Brauchbarkeit und gehobene Moral der Bürger in Aussicht gestellt und, etwa in den Programmen der Kameralisten, gleichsam als Produktivfaktor eingeschätzt wurde.[20] Im übrigen aber waren sowohl die staatlichen Behörden wie vor allem die ständischen Gewalten, auf die der Staat sich in seinen lebenswichtigen Sektoren stützte, offene oder potentielle Gegner moderner Bildungsreformen. Eine Verbesserung des Unterrichts kostete überall Geld und entzog Arbeitskraft. Die Frage war, wie weit die aufklärerische Bildungsbewegung eine aufgeklärte Beamtenschaft oder gar einen aufgeklärten Herrscher zum Bundesgenossen gegen diese, das Schulwesen weitgehend beherrschenden Untergewalten mobilisieren konnte.

Auf diese soziale und geistige Bewegung konzentriert sich die neue bildungs-, sozial- und mentalgeschichtliche Forschung zum 18. Jahrhundert. Die Frage nach der Rolle des Monarchen scheint zunehmend unergiebiger zu sein.[21]

Freilich: die alte Perspektive der pädagogischen Geschichtsschreibung im späten 19. und frühen 20. Jahrhundert war nicht ohne jede Berechtigung. Der aufgeklärte Absolutismus war die Inkubationszeit des staatlichen Bildungswesens. Mochte die Wirklichkeit der Schule der staatlichen Einwirkung nicht oder nur punktuell zugänglich sein, programmatisch wurde der Zugriff des Staates auf das Schulwesen zunehmend fordernder. Auch die Bildungsreformer selbst drängten gegen Ende des Jahrhunderts mit größerer publizistischer Kraft den Staat in die Schule hinein. Eine „Revolution" versprach sich Joachim Heinrich Campe von der Verbindung zwischen Staat und Bildungsbewegung: „Um sie zu bewirken, müßten sich Einsicht, Macht und Geld vereinigen. Welch ein Bündnis! Wird es je geschlossen werden?"[22]

Die Bündnisbedingungen wurden im späten 18. Jahrhundert getestet. Ob das Verhältnis der Partner eine societas leonis der Bildungsbewegung mit dem Staat wurde, ob der Staat sich ein trojanisches Pferd in die Mauern seiner politischen und sozialen Ordnung zog, ob beide ihren Vorteil in freier Wechselwirkung finden würden, dieses Verhältnis

20 Vgl. Karl-Heinz Osterloh, Joseph von Sonnenfels und die österreichische Reformbewegung im Zeitalter des aufgeklärten Absolutismus. Eine Studie zum Zusammenhang von Kameralwissenschaft und Verwaltungspraxis, Lübeck, Hamburg 1970. 2. Teil. Kap. VII, S. 234ff. und Ingrid Mittenzwei, Preußen nach dem Siebenjährigen Krieg. Auseinandersetzungen zwischen Bürgertum und Staat um die Wirtschaftspolitik, Berlin 1979, Kap. IV, S. 2, Der Kameralismus an preußischen Universitäten, S. 208ff. Zum Gesamtzusammenhang s. Erhard Dittrich, Die deutschen und österreichischen Kameralisten, Darmstadt 1974, insbes. Kap. VI.

21 Vgl. insgesamt den Artikel von Rudolf Vierhaus, „Bildung", in: Otto Brunner, Werner Conze, Reinhart Koselleck (Hg.), Geschichtliche Grundbegriffe. Historisches Lexikon zur politisch-sozialen Sprache in Deutschland, Bd. 1, Stuttgart 1972.

22 Allgemeine Revision des gesammten Schul- und Erziehungswesens. Teil 7, Hamburg 1787, S. 401.

wurde in der Inkubationszeit durch die Stellung des Staates zum Bildungswesen und also auch durch die Haltung des aufgeklärten Fürsten mitbestimmt. So ist die Frage nach der Stellung des Monarchen zur Entwicklung des Bildungswesens im 18. Jahrhundert vielleicht doch nicht obsolet oder eine bloße Reverenz vor dem Jubiläum des Jahres 1986.

II.

Eine so verästelte, eigentümlich und tief in der Gesellschaft verankerte, jedermann in seinem Hause aufgetragene und berührende Angelegenheit wie die Erziehung der Kinder, die, obgleich durch Schulen oder Universitäten gestützt und gefördert, doch immer eine Angelegenheit der Eltern blieb, lag weder faktisch noch rechtlich im Rahmen der Kompetenzen des absolutistischen Staates – schon gar nicht dort, wo auf dem Land der überwiegende Teil der Heranwachsenden mit der Schule nur in wenigen Wintermonaten, wenn überhaupt, in sporadische Berührung kam. Zwar prätendierte der Landesfürst als summus episcopus die Fürsorgepflicht für die Bildung der Landeskinder und benutzte das landesherrliche Kirchenregiment, durch Reglements und Edikte Mängel des Schulwesens zu beheben. Aber als Schulherr konnte er sich nur dort verhalten, wo er als Patron einer Schule die gleiche Funktion hatte wie andere Patrone[23], Magistrate oder durch Stiftungen gegründete Gremien auch. Die Dorfschulen standen unter den Domänenpächtern; selbst berühmte Gymnasien fanden nur selten die Aufmerksamkeit des Königs.[24] Nur dort, wo eine Bildungsanstalt in unmittelbarer Nähe zum Hof stand und seinem Glanz diente, wie die Ritterakademie in Berlin oder die Akademie der Wissenschaften, wurde sie Gegenstand seines persönlich teilnehmenden Interesses. Friedrich stand in der absolutistischen Fürstentradition, wenn er die von seinem Vater aufgelöste Akademie der Wissenschaften 1744 wieder einrichtete – eher als eine Sache des Herrschers, der sie im eigentlichen Sinne regierte, als eine Einrichtung des Staates. Hier fühlte er sich als Schriftsteller und Denker, als Mitglied einer gelehrten Gesellschaft. Hier trug er auch – 1772 – jene Ansichten vor, die so positiv von der Bedeutung der Bildung und Wissenschaft handelten.[25] Hier sprach und schrieb der Philosoph; der Landesherr zog daraus nicht die Folgerung, eine staatliche Bildungspo-

---

23 Vgl. Neugebauer (Anm. 17) und die kurze Darstellung des gleichen Verfassers, Verwaltungsstaat und Bildungswesen, in: Preußens großer König. Leben und Werk Friedrichs des Großen, hg. von Wilhelm Treue, Würzburg o.J. (eine Ploetz-Biographie), S. 70-80.

24 Vgl. den Bericht über das Gespräch des Königs mit dem Direktor des Joachimthalschen Gymnasiums, Meyer-Otter, bei Koser (Anm. 2), Bd. 3, S. 475.

25 Rede über den Nutzen der Wissenschaften und Künste in einem Staate, Bona Meyer (Anm. 8), S. 231-238; die Instruktion für die Direktion der Ritter-Akademie zu Berlin, S. 194-200.

litik zu treiben oder gar ein staatliches Unterrichtswesen zu errichten. Wie hätte das ohne Umbau der Staatsverwaltung geschehen sollen? Gab es doch nur zwei Minister, die sich ohne behördlichen Unterbau oder Fachpersonal mit dem Schulwesen als einem Nebengebiet des Kirchenwesens, das seinerseits dem Justizdepartement zugeordnet war, befaßten und sich allein auf die Konsistorien als geistliche Behörden stützen konnten. Wissenschaft und Bildung galten dem aufgeklärten König als für Staat und Mensch höchst wichtige Errungenschaften – sie in die Regie einer staatlichen Erziehungsorganisation zu nehmen, lag außerhalb einer realistischen Einschätzung der administrativen und finanziellen Möglichkeiten des Staates, so wie er war. Und verändern wollte Friedrich ihn offenkundig nicht!

Wohl konnte der Monarch für Schule und Wissenschaft wirken, wenn er seinen Beamten, den Patronen und Magistraten zeigte, daß er die Bedeutung der Schulen hoch schätzte und Verdienste auf diesem Gebiet auszeichnete. Daraus folgte das für den absolutistischen Staat typische Eingreifen in Einzelfällen. Wohlwollender Zuspruch, gutgemeinter Ratschlag, Mißfallensäußerungen im einzelnen, bisweilen auch Vorschriften aufgrund eingegangener Berichte gehörten zur Attitüde der absolutistischen Bildungspolitik, waren die Form, in der „ein weiser Fürst all seinen Eifer daransetzen muß, um in seinem Staate nützliche und tugendhafte Bürger zu erziehen".[26] Dieses Interesse bedeutet nicht, daß Friedrich die Preisfrage seiner Akademie von 1780, ob der Staat sich in die Erziehung mischen solle, im Sinne der Etablierung des modernen Staatserziehungswesens entschieden hätte. Der aufgeklärte Fürst richtete in das Gebiet jenseits seiner Rechts- und Machtbefugnisse Appelle, ermunterte durch sein Eintreten die Ausbreitung der Wissenschaft und der höheren Erziehung, vor allem dort, wo auf Universitäten, Ritterakademien oder Gelehrtenschulen der Nachwuchs der Funktionselite erzogen wurde.

Das bekannte Kabinettsschreiben vom 5. September 1779 an Zedlitz zeigt diesen unsystematischen Zugriff. Mit bisweilen sehr konkreten Überlegungen zum Lehrplan verbinden sich kurze Charakterisierungen

---

26 Brief eines Genfers über Erziehung an Herrn Burlamaqui, Professor in Genf; Bona Meyer (Anm. 8), S. 220. Der König schickte diese Flugschrift von 1769 dem Minister des geistlichen Departements, v. Münchhausen, zur Kenntnis. Er begann damit das mit dessen Nachfolger, dem Freiherrn v. Zedlitz, fortgesetzte Gespräch über die Reform der Schulen. Kosers Urteil, daß der König hier, stärker eingreifend als in der Justizreform, „dem neuen Unterrichtsminister ... für seine Aufgabe auch die leitenden Gedanken mit auf den Weg" gab (Koser [Anm. 2], Bd. 3, S. 469), übergreift wohl die Bedeutung des Einflusses des Königs (s. Anm. 25). Eher trifft zu, was Johann Heinrich Gottlob Justi in seinem Werk „Staatswirtschaft" 1758 bemerkte (Zweyter Theil, 2. Aufl. 1758, § 512, S. 611): „... eine gnädige Audienz, eine kurze Unterredung, oder wenn Boileau in die Liste des kleinen Gefolges des Königes gesetzt wird, ist von mehrerer Wirkung zu Anreizung geschickter Köpfe, ob es gleich nur von mäßigem Aufwande begleitet wird, als wenn man große Summen zu Beförderung der Wissenschaften bey der Cammer auszahlen läßt, und dabey zu erkennen giebt, daß man sich aus verdienstvollen Gelehrten nicht das geringste machet."

einzelner Schulen oder Regionen und die allgemeine Aufforderung, von Fall zu Fall die „landesväterliche Intention" durchzuführen – ganz offensichtlich in Einzelmaßnahmen, die je nach Lage unterschiedlich sein mußten.[27] Auch die Edikte, die in einzelnen Provinzen das Schulwesen regeln sollten, waren in Fortführung der Maßnahmen Friedrich Wilhelms I. Einzelvorschriften.[28] Selbst die weitgreifendste Maßnahme, das Generallandschulreglement von 1763, war keineswegs gesamtstaatlich, war überdies von einem vorsichtigen Realismus und nicht von einer staatlichen pädagogischen Regulierungssucht geprägt. Dennoch stieß es auf Widerstände, die der absolutistische Staat Friedrichs nicht überwinden konnte oder nicht überwinden mochte.[29] Selbst dort, wo der König als Patron selbst der Schulherr war, oder wo in den neu gewonnenen Provinzen, Schlesien und Westpreußen, die rechtlichen Verhältnisse für einen Zugriff weniger hemmend waren oder zu sein schienen, blieb es bei den schon von Friedrich Wilhelm I. praktizierten Maßnahmen des preußischen „Wohlfahrtsstaates"[30]: der Einrichtung einzelner neuer Schulen zum Zwecke der Verdichtung des Landschulnetzes, einzelnen, wenig wirksamen Visitationen und dem ebenso dringlichen wie erfolglosen Versuch, die Lehrerbildung generell zu verbessern.[31] Das war weder ein Vorgriff auf die kommende Staatsschule noch ein Zurückfallen hinter die Absichten und Maßnahmen Friedrich Wilhelms I., noch ein Beleg für „das merkwürdige Janusgesicht Friedrichs"[32]; es handelt sich um die Fortführung herkömmlicher Herrschaftstechnik im absolutistischen Staat. Daß dabei die Förderung der Volksbildung, der Gelehrtenschulen und der Wissenschaft immer den Maximen der inneren Staatsräson untergeordnet blieb, daß die Förderung der Bildung weder die Statik der Ständegliederung verändern noch die Liquidität des Fiskus schmälern durfte, war selbstverständlich und zeigt, daß das Bildungswesen innerhalb der politischen Aufgaben für Friedrich eine sekundäre Rolle spielte. Dies läßt sich nicht nur aus seinem Räsonnement über die Landschulen und die Grenzen ihrer Bildungshöhe ablesen, sondern etwa auch aus dem wiederholten Verbot, an „ausländischen" Universitäten zu studieren.[33]

---

[27] Bona Meyer (Anm. 8), S. 167-170.

[28] Ebd., Schul-Reglements, Kabinetts-Reskripte und Ministerialerlasse von allgemeinerer Bedeutung, S. 89-183.

[29] Zur Erarbeitung und Ausführung des Generallandschulreglements vgl. Eduard Clausnitzer, Zur Geschichte der preußischen Volksschule unter Friedrich dem Großen. Eine archivalische Studie, in: Die Deutsche Schule 5 (1901), S. 342-366, S. 411-428. Über die Widerstände und die Zurücknahme insbesondere der finanziellen Folgen S. 362ff.

[30] Reinhold August Dorwart, The Prussian Welfare State before 1740, Cambridge (Mass.) 1971, S. 167ff.; Ferdinand Vollmer, Friedrich Wilhelm I. und die Volksschule, Göttingen 1909.

[31] Neugebauer (Anm. 17), 2. und 3. Kapitel, zur Rekrutierung, Besoldung und Bildung der Lehrer an Stadt- und Landschulen.

[32] Seidel (Anm. 11), S. 71.

[33] Die erste generelle Verordnung vom 19. Juni 1751, „daß die Landeskinder hinführo blos auf einheimischen Universitäten, Gymnasien und Schulen studieren sollen", bei Bona Meyer (Anm. 8), S. 92f.

Der Ausgabenetat, Probierstein der politischen Prioritätensetzung, zeigt am deutlichsten, daß Unterricht und Wissenschaften nicht als Angelegenheit des Staates galten. Nicht nur gemessen an dem Finanzbedarf der Armee, den Ausgaben für die Hebung der Landwirtschaft, die Entschuldung der Güter, die Bauten oder die Remontenanstalten, sondern auch gemessen an den als sparsam gelobten Ausgaben für die Hofhaltung blieben die den Schulen gewährten Zuschüsse Bagatellbeträge.

Aber ist es ein „Widerspruch" im Regierungskonzept des Königs, wenn er Wissenschaft und Bildung hochschätzte, ohne deshalb jedoch einen Schulstaat oder eine Bildungsgesellschaft heraufführen zu wollen? Friedrich blieb hier – wie sonst – theoretisch und praktisch innerhalb der Grenzen der politischen und sozialen Ordnung seiner Zeit. Innerhalb dieser Grenzen dazu beizutragen, „die Unwissenheit und Vorurteile zu bekämpfen, die Köpfe aufzuklären, die Sitten zu bilden und die Menschen so glücklich zu machen, als es sich mit der menschlichen Natur verträgt und als die Mittel gestatten, die ich darauf verwenden kann" ist die zutreffende, eigene Deutung der Intentionen Friedrichs II.[34]

III.

Pierre Gaxotte hat als „aufgeklärten Absolutismus" – ein Begriff, den deutsche Historiker im 19. Jahrhundert prägten – jenen Komplex politischer Ideen bezeichnet, „von der sich alle für Reformen eingenommene Herrscher, Minister und Schriftsteller dieser Zeit tragen ließen. Zu ihnen gehören außer Friedrich noch Katharina II., Joseph II., Gustav III., Leopold I. von Toskana ..., Graf Johann Struensee, Anne Robert Turgot ... und die großen Intendanten in der französischen Provinz". Das Adjektiv „aufgeklärt" bezogen sie auf die Begründung und die Art der Herrschaft, die von oben vernünftig für das Wohl des Volkes sorgen sollte: es enthielt nicht die Verheißung umfassender Volksaufklärung und -bildung. Zur gesellschaftlichen Aufklärungsbewegung hatten sie in praktisch-politischer Absicht insofern ein wohlwollendes Verhältnis, als eine Verbesserung der Erziehung geeignet erschien, „... für jedes Fach eine Anzahl von Untertanen [zu] finden, die geschickt und fähig sind, die verschiedenen Ämter, die ihnen anvertraut werden müssen, mit Gewandtheit auszufüllen".[35]

Unter den von Gaxotte aufgeführten Namen steht der des Preußenkönigs nicht deshalb an bevorzugter Stelle, weil der aufgeklärte Absolutismus in Preußen besonders intensiv oder systematisch praktiziert worden wäre, sondern weil Friedrich als roi philosophe und als Literat sich und der Mitwelt über seine Regierungsmaximen Rechenschaft gab und

---

[34] Bona Meyer (Anm. 8), S. 321.
[35] Gaxotte (Anm. 5), S. 341, s. dazu auch Schieder (Anm. 5), S. 284ff.

Mitglied der aufgeklärten literarischen Kommunität war, welche die öffentliche Meinung prägte. Mit seinen Ausführungen über die Erziehung stand Friedrich in der pädagogischen Diskussion der Jahrhundertmitte, berührt von der Wendung zum Realismus in Wissenschaft und Erziehung, aber schon abgestoßen von dem radikaleren Erziehungsprogramm Rousseaus, der das Individuum aus der Gesellschaft herausnahm und autonom setzte. Daß das breite Volk aufklärungsfähig sei, glaubte Friedrich ebensowenig wie die aufgeklärten Köpfe seiner Zeit[36]; daß man es dennoch zu vernünftiger, vom Aberglauben weitgehend freier und moralischerer Lebensführung zu seinem eigenen wie zu des Staates Besten anleiten könne und müsse, schien ihm gleichwohl selbstverständlich.

Das Bündnis zwischen Regierung und pädagogischen Aufklärungsideen war ein typisches Merkmal der Staaten des aufgeklärten Absolutismus. Diese Regierungsform war insofern eine Folge von Defizienz, als der Fortschritt des Landes auf allen Gebieten nicht von entwickelten und kapitalkräftigen gesellschaftlichen Gruppen vorangetrieben, sondern von der Reformbürokratie planerisch befördert und der Gesellschaft auferlegt werden mußte. In welcher Weise sich der Reformabsolutismus nun der Förderung von Bildung und Wissenschaft annahm, ob und wie weit er sich auf gesellschaftliche Bewegungen stützen und sie nur zu ermuntern brauchte, ob er auf starke Widerstände der alten Gesellschaft stieß und infolgedessen den bürokratischen Zugriff verschärfen und systematisieren mußte, ob in der Programmatik der inneren Staatsräson das Bildungswesen eine bevorzugte und also systematisch verwaltete Angelegenheit wurde oder einen niedrigeren Prioritätsgrad einnahm, bezeichnet wichtige Unterschiede zwischen den Staaten des Reformabsolutismus in Mittel- und Osteuropa.

Die systematische Förderung der Bildung durch den Staat gehört zu dem Widerspruchspotential der Epoche des späten 18. Jahrhunderts. Sie produzierte Konflikte zwischen dem Reformabsolutismus und einer Reihe gesellschaftlicher Basisinstanzen, die der „aufgeklärte Despotismus" konservieren mußte, um sein Regierungssystem zu erhalten, und die er doch zugleich delegitimierte: zunächst mit der Kirche, insbesondere mit der katholischen Kirche, die ihre Hand auf dem Erziehungswesen aller Stufen hielt, wie in Portugal, Spanien, Frankreich, den italienischen Staaten und in Österreich – hier führte der ansatzweise oder gründlich unternommene Versuch, das Erziehungswesen

---

[36] Vgl. für manche in ähnliche Richtung weisende Äußerungen den Brief vom 8. Januar 1770 an d'Alembert, wo der König eine fiktive Rechnung anstellt, die beweisen soll, „daß das bischen gesunder Menschenverstand, dessen unsere Gattung fähig ist, nur in dem kleineren Teil einer Nation vorhanden sein kann, daß die übrigen dafür unzugänglich sind ... man muß sich begnügen, für sich selbst weise zu sein, wenn man kann, und den gemeinen Mann dem Irrtum überlassen, während man versucht, ihn von den Verbrechen abzubringen, welche die Ordnung der Gesellschaft stören". Bona Meyer (Anm. 8), S. 330-333.

vom Staate her zu beeinflussen, sofort zum Konflikt –, sodann mit den Ständen, den Gemeinden und Patronen, die als Guts-, Dorf- oder Stadtherren für das Schulwesen zuständig waren und die Kosten trugen. Sie spürten und fürchteten auch am ehesten die mentalen und realen Folgen besserer Bildung und Ausbildung. Die Sorge vor Aufsässigkeit und Mobilität des gemeinen Mannes und vor Auflösung der nicht nur die politische Ordnung, sondern auch die Arbeitsteilung der Gesellschaft sichernden ständischen Grenzen wurde bald nach der Mitte des Jahrhunderts laut. Sie motivierte z.B. die Ablehnung der lokalen, aber keineswegs privaten, sondern ständepolitischen Unterrichtsreformen Eberhard von Rochows – zunächst durch seine Standesgenossen, dann aber, nach anfänglichem Zuspruch, auch von seiten der Staatsbehörde.[37] Das Problem, das es im Sinne einer kameralistischen aufgeklärten Politik zu lösen galt, bestand darin, die Grenzen zu finden und festzuschreiben, innerhalb derer die Verbesserung der Erziehung den Staat wie die Untertanen materiell und moralisch stärkte – also ihr „Glück" als den höchsten Zweck einer staatlichen Vereinigung förderte[38] – ohne daß das Gefüge der Gesellschaft ideell oder materiell ins Wanken kam. Solche Grenzen waren innerhalb des absolutistischen Systems nur zu finden und zu halten, wenn der Staat seine Eingriffe in das weitgehend autonome Gebiet der Erziehung auf vorsichtige Förderung begrenzte, wenn andererseits die theoretische politische und soziale Sprengkraft, die in den neuen Bildungsideen lag, praktisch soweit gezügelt blieb, daß sie nicht zur Gefahr für das politische und soziale System werden konnte. Wenn sich dieses Gleichgewicht nicht herstellte, war, die entsprechenden Rahmenbedingungen vorausgesetzt, die Folge entweder die Veränderung und Umformung des Staates und der Gesellschaft – wie in den Konzeptionen der preußischen Bildungsreform – oder die Etablierung einer Staatspädagogik, die Unterricht, Wissenschaft und geistige Bewegung administrativ in die Grenzen absolutistischer Staatsräson einzuschließen suchte – wofür die Karlsba-

---

[37] S. Rethwisch (Anm. 7). Zur Kritik an Rochow s. Achim Leschinsky, Peter-Martin Röder, Schule im historischen Prozeß. Zum Wechselverhältnis von institutioneller Erziehung und gesellschaftlicher Entwicklung, Stuttgart 1976, S. 395ff. Fischer (Anm. 9), S. 139, gibt ausführlich den Briefwechsel zwischen Zedlitz und Rochow über Höhe und Art der Bildung der Bauern wieder.

[38] In der Entwicklung der theoretischen Konzeption der Kameralistik trat, insbesondere von Justi formuliert, die Trennung zwischen dem individuellen Glück des Untertanen, der privaten Glückseligkeit und dem „allgemeinen Besten" hervor. Ein Ausgleich zwischen beiden verlangt sowohl die Förderung wie die Begrenzung der Bildung der Individuen. Johann Heinrich Gottlob von Justi, Der Grundriß einer guten Regierung in fünf Büchern, Frankfurt, Leipzig 1759, und Joseph von Sonnenfels, Politische Abhandlungen, Wien 1777, bieten Beispiele für diese theoretischen Versuche, Bildung in den Grenzen der Arbeitsteilung und des sozialen Gefüges der Zeit zu fördern und zugleich einzubinden. Vgl. Georg Christoph von Unruh, Theorie und Praxis der Polizei im Schrifttum bis zum Ausgang des 18. Jahrhunderts, in: Kurt Georg A. Jeserich, Hans Pohl, Georg-Christoph von Unruh (Hg.), Deutsche Verwaltungsgeschichte, Bd. 1, Stuttgart 1983, S. 417.

der Beschlüsse als ein schon spätes, besonders bekanntes Beispiel gelten mögen.

Diese nachrevolutionären Entwicklungen des Verhältnisses von Bildung und Staat bildeten sich bereits in der vorrevolutionären, gleichsam noch naiven Periode dieses Verhältnisses in den verschiedenen Staaten des aufgeklärten Absolutismus heraus. Friedrich blieb jenseits dieser kritischen, konfliktträchtigen Grenzscheide. Die Zedlitzschen Reformbemühungen, die nach Friedrichs Tod einen systematischeren Zug bekamen, hielten die Interessen des Staates und der Bildungsgesellschaft in der Waage. Erst das Wöllnersche Religionsedikt (1788) machte den Konflikt offenkundig; aber es blieb ein Zwischenspiel, und Massow konnte mit Billigung und im Auftrag des Königs, unterstützt durch eine breite bürgerliche Bildungsbewegung, an die Zedlitzschen Reformmaßnahmen anknüpfen.[39]

IV.

Wirft man einen vergleichenden Blick auf die Bemühungen des aufgeklärten absolutistischen Verwaltungshandelns um die Hebung der Erziehung in anderen Staaten Europas, tritt das preußische Verfahren in seiner Besonderheit deutlich hervor. In Frankreich oder England, den die philosophisch-pädagogische Bewegung am stärksten beeinflussenden Ländern, hielt sich die zentrale Regierung aus der Erziehung heraus. In Frankreich waren es nicht die leitenden Minister – wenngleich Turgot den Nationalerziehungsplan von La Chalotais positiv als eine Maßnahme zur Reform des Erziehungswesens erwog –, sondern einzelne Provinzialbeamte, welche auf regionaler Ebene Reformversuche befürworteten. Man wird die Regionalforschung befragen müssen, wieweit und ob überhaupt in Frankreich im Sinne der neuen Nationalerziehungspläne faktische Verbesserungsmaßnahmen gegriffen haben.[40] Die Nationalerziehungspläne der vorrevolutionären Phase, wie etwa der von Philippon de la Madelaine, waren mit dem Ausbruch der Revolution Makulatur. Aber auch die neuen, auf die Nation gleichberechtigter Bürger zugeschnittenen großen Erziehungskonzeptionen Condorcets oder Lepetiers und seiner radikaleren Nachfolger blieben Programmatik; das Direktorium und, schärfer noch, Napoleon, erzwangen ein zentralisiertes edukatorisches Gesamtsystem, das den Bedürfnissen des Staates nach der Bildung einer effizienten Elite entsprach. Nirgends so deutlich

---

[39] Vgl. Heinemann (Anm. 17), Kap. 6 und 7; Jeismann (Anm. 17), Teil 1, 4. Kap.

[40] Vgl. Daniel Roche, Le siècle des lumières en province, académies et académiciens provinciaux 1660-1783, Paris 1973. Noch stärker als in Mitteleuropa ist der Staat des Absolutismus im Bereich des Erziehungswesens in Frankreich „plus une tendance qu'une réalité" (Pierre Goubert, L'Ancien régime, Bd. 1, Paris 4. Aufl. 1974, S. 219).

wie in Frankreich folgte die Erziehung den politischen Veränderungen und Bedürfnissen.[41]

Differenzierter ist das Bild im eigentlichen Raum aufgeklärter absolutistischer Herrschaft, in Mittel- und, mit Abstand, in Osteuropa. Generalisierende Aussagen bleiben problematisch. Der Zugriff der staatlichen Gewalt auf das Bildungswesen war innerhalb des Deutschen Reiches von Territorium zu Territorium unterschiedlich. Aus den Bildungstendenzen der Reformation wie der katholischen Reform wirkten landesherrliche Bemühungen um Bildung der Untertanen bis weit ins aufgeklärte Jahrhundert hinein. Einige Bildungslandschaften hoben sich deutlich heraus: die sächsischen und württembergischen Gebiete, Gotha natürlich, das preußische Sachsen und Ostfriesland, Vorderösterreich und Böhmen. Die Reformen des 18. Jahrhunderts, gespeist aus einer Verbindung zwischen aufklärerischem Geist, Pietismus und Staatsräson, griffen jedoch zeitlich zuerst, von Halle ausgehend, in Preußen Platz.[42] Pietistischer Reformeifer und rationalistische Aufklärungsbewegung waren, trotz interner Spannungen, noch vor den staatlichen Maßnahmen die treibenden Kräfte. Das Wirken Johann Julius Heckers ist für dieses Zusammenspiel das deutlichste Exempel. Erst nach dem sichtbaren, dem Staat erwünschten Erfolg der Heckerschen Aktivitäten an der Dreifaltigkeitskirche in Berlin unterstützte der König mit mäßigen Summen das Projekt.[43]

Das Gegenbeispiel bietet Österreich zur Zeit Maria Theresias und ihrer Nachfolger. Zwar kamen die Anregungen aus Preußen: Ignaz Felbiger, der Abt von Sagan, hatte die Anregungen aus dem lokalen und regionalen Schulsystem Johann Julius Heckers in Berlin aufgegriffen und seine konkreten Reformen in Schlesien sowie das schlesische Landschulreglement von 1765 an dem protestantischen Vorbild von 1763 ausgerichtet. Etwa zehn Jahre nach dem Beginn der pragmatischen preußischen Landschulreform seit dem Siebenjährigen Kriege faßte Maria Theresia in Österreich die älteren Einzelreformversuche zusammen. Felbiger, nach Wien berufen, entwarf das Konzept der „Allgemei-

---

[41] S. Frauke Stübig, Erziehung zur Gleichheit. Die Konzepte der „éducation commune" der Französischen Revolution, Ravensburg 1974 und Wiltrud Ulrike Drechsel, Erziehung und Schule in der Französischen Revolution. Untersuchung zum Verhältnis von Politik und Pädagogik in den Reformplänen der Jahre 1792-1794, Frankfurt, Berlin, München 1969.

[42] Vgl. den wichtigen, zusammenfassenden Überblick bei Kurt von Raumer, Zum geschichtlichen Hintergrund und europäischen Kontext der preußischen Bildungsreform, in: Das Vergangene und die Geschichte. Festschrift für Reinhard Wittram zum 70. Geburtstag, Göttingen 1973, S. 42-62. Vgl. auch die breite Präsentation der pädagogischen Bewegung bei Theodor Ballauff, Klaus Schaller, Pädagogik. Eine Geschichte der Bildung und Erziehung, Bd. 2: Vom 16.-19. Jahrhundert, Freiburg 1970, 3. Teil, Kap. 3 u. 4.

[43] S. Hugo Gotthard Bloth, Johann Julius Hecker und seine Universalschule, Dortmund 1968 (Sonderdruck aus: Jahrbuch des Vereins für Westfälische Kirchengeschichte, Bd 61).

nen Schulordnung" von 1774.[44] Hatte in Preußen das Generalland-schulreglement von 1763 wohl die Unterschrift, kaum aber das inhalt-liche Interesse des Königs gefunden, so diskutierten in Wien die Kaise-rin, die hohen Beamten des Hofes, Geistliche und Universitätsprofes-soren die Maßnahmen, die sich zu einer förmlichen Schul- und Univer-sitätspolitik verdichteten. Die Allgemeine Schulordnung brachte die längst theoretisch definierten, kaum aber realisierten Maßnahmen in ein System: Es war der Versuch, im ganzen Land gleichzeitig das Volks-schulwesen aus einem ecclesiasticum zu einem politicum zu machen. Es regelte die Lehrerausbildung, die Schulbuchproduktion, die Metho-dik des Unterrichts, die Einsetzung der Schulaufsicht, die Sicherstel-lung der Finanzierung der Schulhäuser und der Lehrergehälter und pro-grammierte schon einen geregelten Instanzenzug der Aufsicht und eine Hierarchie der Schulen.

Die durch die Auflösung des Jesuitenordens – 1772 – notwendigen Reformen im Gymnasialwesen wurden eine zentrale Sorge der Kaiserin und der Verwaltung und boten die Chance der Verstaatlichung des ge-lehrten Unterrichtswesens. Die ausführlichen Diskussionen um die Richtung und die Einzelheiten der Reform unter persönlichem Engage-ment Maria Theresias und die intensiven Eingriffe in die Universitäten schließen sich mit der Allgemeinen Schulordnung von 1774 zu einer konsequent gedachten Bildungspolitik zusammen.[45] Der Widerstand gegen die Reformpolitik entsprach jedoch der staatlichen Energie und hatte einen längeren Atem. Die zentrale Unterrichtsbehörde, die Studi-enhofkommission, schon 1760 gegründet, spiegelte ungleich stärker als das Oberkonsistorium oder das später gegründete Oberschulkollegium (1787) in Preußen die inneren Widersprüche gegen die Bildungsreform. Die Schaffung einer zentralen Unterrichtsverwaltungsinstanz und ent-sprechender Unterbehörden aktivierte in Österreich eher die Gegen-kräfte, als daß sie ein brauchbares Instrumentarium zur Lösung dieser neuen Staatsaufgabe schuf. Entsprechend härter wurde der etatistische Zugriff. Friedrichs beiläufige Bemerkung über die Bildung der Bauern-kinder klingt wie eine harmlose Marginale verglichen mit den harten Disziplinierungsabsichten gegenüber den Universitäten, wie sie in der Habsburger Monarchie seit dieser Zeit üblich wurden.[46] So kam es in Österreich früher zu einem Spannungsverhältnis zwischen Staat und

---

[44] Joseph Stanzel, Die Schulaufsicht im Reformwerk des J. I. v. Felbiger (1724-1788). Schule, Kirche und Staat in Recht und Praxis des aufgeklärten Absolutismus, Paderborn 1976. Zum Vergleich des Generallandschulreglements von 1763, des Felbigerschen Reglements für Schlesien von 1765 und der Allgemeinen Schulordnung von 1774 s. S. 326f.

[45] Für die Entwicklung des österreichischen Bildungswesens s. jetzt Helmut Engelbrecht, Geschichte des österreichischen Bildungswesens. Erziehung und Unterricht auf dem Boden Österreichs, Bd. 3, Von der frühen Aufklärung bis zum Vormärz, Wien 1984, für die hier erwähnten Vorgänge vor allem die Kap. 8- 10, im Quellenanhang auch die All-gemeine Schulordnung von 1774 (S. 491-501).

[46] Engelbrecht (Anm. 44), S. 197ff.

Bildung als in Preußen. Die liberalen Reformansätze Leopolds II. konnten daran nichts ändern, und unter Franz I. wurde aus der progressiven Pädagogik des Reformabsolutismus die restaurative Staatspädagogik der ersten Hälfte des 19. Jahrhunderts.

Vergleicht man jedoch ungeachtet dessen die Konzeption und die Ausstrahlung dieser ersten groß angesetzten österreichischen Unterrichtsreform mit den gleichzeitigen Maßnahmen in Preußen, so wird man ihr eine erheblich stärkere Vorbildwirkung zusprechen.[47] Von der Wiener Schulreform gingen starke Impulse ins Reich, insbesondere auf die katholischen Staaten und Bistümer aus – u.a. Bayern, Würzburg und Münster. Auch in Sachsen fanden Felbigers Anstöße Nachfolger, und es knüpfte sich eine pädagogische Beziehung zwischen Leipzig und Wien, die auch noch für das 19. Jahrhundert wichtig wurde.[48] Imponierender noch ist die Wirkung der österreichischen Unterrichtsreform nach Südost- und Osteuropa hinein. Die ungarische ratio educationis von 1777, das erste umfassende staatliche Unterrichtsgesetz in Ungarn, sowie die schon 1775 erlassene Organisation des Volksschulwesens gingen ganz auf die Wiener Pläne zurück. In den serbischen Gebieten fand Felbiger einen kongenialen Nachfolger in Theodor Jankovič, der die Schulen in Illyrien mit ähnlichen Maßnahmen der Entwicklung von Schulbüchern, der Lehrerbildung und der Schulaufsicht zu verbessern unternahm, wie Felbiger es in Wien versuchte.[49]

Wie Felbiger aus Preußen, so wurde Jankovič aus Österreich gleichsam entliehen, als sich die Zarin, von Diderot beeinflußt, der Unterrichtsreform annahm. Das „Statut für Volksschulen" von 1786 war eine fast wörtliche Übersetzung der österreichischen Allgemeinen Schulordnung von 1774. In der Hauptstadt wurden eine Anzahl von Schulen gegründet. Jankovič wirkte, ähnlich wie Felbiger, aber bei länger dauernder Gunst des Monarchen noch unter Alexander I. im 1802 gegründeten Ministerium für Volksaufklärung. Die in den nächsten Jahren ergriffenen Maßnahmen des Unterrichtsministeriums hatten den gleichen reglementierenden, hierarchisierenden und systematischen Zugriff, wie

---

[47] Stanzel (Anm. 43), S. 297-325. Interessant ist, daß die schlesische Schulreform Felbigers schon in Tirol übernommen wurde, ehe Felbiger nach Wien berufen worden war. Engelbrecht (Anm. 44), Bd. 3. S. 129ff.

[48] Darauf hat jüngst eine Habilitationsschrift der Erziehungswissenschaftlichen Fakultät der Universität Erlangen an einem wichtigen Beispiel hingewiesen: Hartmut Voit, Die Bedeutung der „kulturhistorischen Methode" für die Entwicklung der Geschichtsdidaktik. Untersuchungen zum Werk Albert Richters. Ein Beitrag zur Erforschung des geschichtsdidaktischen Denkens in der zweiten Hälfte des 19. Jahrhunderts. Masch.schr. Ms. Erlangen 1986, Kap. II.

[49] Für Ungarn s. Domokos Kosáry, Die ungarische Unterrichtsreform von 1777, in: Ungarn und Österreich unter Maria Theresia und Joseph II. Neue Aspekte im Verhältnis beider Länder, Wien 1982, S. 91-100. Bemerkenswert ist daran, daß hier die nach dem Kriege gängige These, die Unterrichtspolitik habe im Dienste der Germanisierung gestanden, mit guten Gründen zurückgewiesen wird. Zu Rußland Peter Polz, Theodor Jankovič und die Schulreform in Rußland, in: Die Aufklärung in Ost- und Südosteuropa, Köln, Wien 1972, S. 119-174.

die Reformen der österreichischen Allgemeinen Schulordnung. Auch die nach der ersten Teilung Polens gegründete „Kommission für Nationalerziehung" in Warschau, nach der Wiener Studienhofkommission von 1760 die älteste zentrale Unterrichtsverwaltung in Europa, war indirekt von Felbigers Vorstellungen beeinflußt.[50]

Überall herrscht das gleiche Prinzip: Getragen von dem Wunsch nach Stärkung der durch Kriege, Finanzschwierigkeiten, politische Schwäche handlungsgehemmten, der Entwicklung zum Gesamtstaat bedürftigen Länderkomplexe wird eine rational geplante Erziehungsorganisation und Unterrichtsmethode verordnet. Eine von Experten ausgearbeitete, vom Monarchen und seinen Beratern geprüfte und gestützte, selbst Einzelheiten des Schulalltags regelnde Reihe von Verordnungen sollte die Volksbildung heben und dadurch dem Staat neue Kräfte zuführen – ein Sektor des Versuchs „einer Anzahl von Staaten an den relativ weniger entwickelten nördlichen, östlichen und südlichen Randzonen Europas, sich mittels der Konzentrierung ihrer Kräfte den entwickelten Staaten anzuschließen".[51]

Der Erfolg blieb regional unterschiedlich, aber überall bescheiden. Die ohnehin schon fortgeschrittenen Gebiete, in denen eine gesellschaftliche Bewegung den Intentionen des Staates entgegenkam, profitierten; die anderen fielen relativ weiter zurück. Die Stellung der Experten am Hofe oder in der Zentralverwaltung blieb prekär gegenüber dem Widerstand der alten Mächte. Das zeigt Felbigers dienstliches Schicksal oder auch das des jüngeren van Swieten in Österreich, sobald die Monarchen entweder anderen Konzeptionen ihre Gunst liehen oder dem massiven Widerstand aus Kirche und Ständen nachgaben.[52] Die Instruktionen für die Aufsichtsbehörden waren nicht oder nur sehr schwierig durchzuführen, bessere Lehrer nicht in wenigen Jahren in hinreichender Zahl auszubilden, die Eltern von den Neuerungen und den damit verbundenen Kosten – etwa für Schulbücher – ebensowenig zu überzeugen wie die Mehrzahl der Magistrate oder Patrone von der Notwendigkeit neuer oder besser unterhaltener Schulhäuser.

Eine so tiefgreifende Veränderung des Erziehungswesens ließ sich schwerlich auf wenige Experten und auf Befehle des Monarchen und Verordnungen der Bürokratie stützen. Das gilt für die Maßnahmen des Reformabsolutismus in Europa überall, wo er schnell, rücksichtslos, systematisch und theoriegelenkt zugriff – nicht nur im Erziehungswesen, sondern auch auf wichtigen anderen Gebieten wie der Agrarreform

---

[50] Engelbrecht (Anm. 44), Bd. 3, S. 138 sowie Stanislaw Litak, Wandlungen im polnischen Schulwesen im 18. Jahrhundert, in: Friedrich Engel-Janosi, Grete Klingenstein, Heinrich Lutz (Hg.), Formen der europäischen Aufklärung, Wien 1976, S. 96-125; Ambroise Jobert, La Commission d'Education Nationale en Pologne (1773-1794), Paris 1941.

[51] Kosáry (Anm. 48), S. 92.

[52] Engelbrecht (Anm. 44), Bd. 3, S. 118: Felbigers Grab in Preßburg „ist heute verschollen, kein Denkmal rühmt ihn in Österreich". Zu Gottfried van Swieten ebd., S. 199ff.

oder dem Steuerwesen. Nicht überall führte das zum Königsmord wie
in Schweden oder zur Hinrichtung des Ministers wie in Dänemark.
Hier hat der Rückschlag gegen Struensees Reformpolitik auch die dänische Bildungsgeschichte, die so eng mit der deutschen verflochten
war, in eine retardierende Phasenverschiebung gebracht und eine Reform, die organisatorisch und geistig längst vorbereitet war, um mehr
als zwei Jahrzehnte hinausgezögert. Geradezu modellhaft scheiterte der
Versuch des Herzogs von Braunschweig, gegen den Widerstand von
Kirche und Ständen seinem Lande mit Hilfe zweier bekannter Erzie-
hungsexperten – Campe und Trapp – eine generelle Schulreform zu
verordnen.[53]

V.

Friedrichs Haltung zur Forderung des Aufklärungszeitalters nach Verbesserung des Erziehungswesens unterschied sich von den im übrigen
mittel- und osteuropäischen Herrschaftsgebiet aufgeklärten Monarchen
großer und kleiner Staaten durch eine andere Art der „Herrschaftstechnik".[54] Seine Reflexionen über die Erziehung, sei es vor der Akademie,
sei es in Briefen, erhöhten die Meinung, welche die schreibende und lesende Mitwelt von diesem aufgeklärten Fürsten hatte; sie ermutigten
darüber hinaus indirekt Reformen, wo sie „von unten" versucht wurden; sie mochten hier und da an Universitäten und Gelehrtenschulen
Anregungen geben, die als vom König sanktionierte Meinung einer gewissen Beachtung sicher sein konnten; in den Anweisungen für die Ritterakademie in Berlin oder für die Erziehung seines Nachfolgers wurden des Königs pädagogische Ideen konkrete Einzelvorschriften; eine
staatliche Bildungspolitik war dies alles nicht. Der Freiherr von Zedlitz

---

53 Ulrich Herrmann, Modell der Schulreform. Das braunschweigische Schuldirektorium
   1786-1790, in: Braunschweigisches Journal 52 (1971).
54 Neugebauer (Anm. 17), S. 37ff., weist nachdrücklich auf die Stellung der Schule in der
   vormodernen, ständischen Gesellschaft hin und beschreibt Friedrichs „Schulpolitik"
   nach dem Typ des alten „Schulregiments", die nur an wenigen, besonders gelagerten
   Fällen durch moderne Zugriffe auf das Schulwesen von diesem Typ abweicht (S.
   296ff.). Unter diesem Aspekt erweist sich „der persönliche Faktor der Herrscherperson
   in der Schulgeschichte als kaum mehr als nur sekundär" (S. 631). Die genaue Untersuchung zeigt „die entscheidend geringe Herrschaftsintensität des preußischen Staates im
   18. Jahrhundert im Vergleich mit der leicht das historische Urteil präformierenden
   Staatlichkeit des bürgerlichen Zeitalters" (S. 626) – und, wie man hinzufügen kann, verglichen mit den fast gleichzeitigen Ansätzen zur Schulreform in den anderen, genannten
   Ländern des aufgeklärten Absolutismus. Insofern stellte das Schulwesen in Preußen
   eher als zum Beispiel in Österreich unter Joseph II. „einen Freiraum im absolutistischen
   Verfassungsgefüge dar" (S. 627), der von Friedrich II. nicht wesentlich durch durch-
   greifende staatliche Maßnahmen eingeengt wurde. Vgl. auch Heinemann (Anm 17), S.
   49 zu der Auffassung in Preußen, daß „der Vielfalt von Bedingungen im Erziehungswesen nicht mit einer imperativen Verwaltungsanordnung adäquat begegnet werden
   konnte".

hat diese Herrschaftstechnik in negativer Weise auf den Begriff gebracht: „.... Wo wir damit anfangen, daß wir alle Schulen umschmelzen
wollten, da müßten wir oft dem Willen des Stifters zuwider andere Einrichtungen machen, Patronatsrechte nehmen, Stellen einziehen, andere
damit einkömmlich machen – das hieße alle Ruhe stören, alle
Gemüther wider die Reformators aufbringen und also weniger als
nichts tun".[55]

Gehörte also der Kontrast zwischen den königlichen Reflexionen
über die Bedeutung der Bildung und dem Mangel an einer systematischen, energisch vorgehenden Bildungspolitik zu diesem „Königtum
der Widersprüche"? Dies stellt sich nur dem ersten Blick als griffige
Formel dar. In Wahrheit blieb der König konsequent in den Grundlini-
en seines Herrschaftssystems. Preußen hatte zunächst für seinen Bestand zu sorgen, also die unmittelbaren und zeitlich in ihrer Wirkung
absehbaren Maßnahmen zu treffen: die Armee schlagkräftig zu erhalten, die Wirtschaftskraft zu steigern, das Finanzwesen gesund zu halten. Schon durch diese Aufgaben waren der staatliche Apparat und die
Leistungskraft des Landes sehr belastet. Langfristige Reformmaßnahmen – wie die Justizreform und die Bildungsreform – lagen zwar in der
Perspektive des Königs, waren aber den unmittelbaren Notwendigkei-
ten unterzuordnen. Wo sie bei löblichster Reformabsicht Unruhe und
Rechtsunsicherheit schufen, Widerstand provozierten oder die Finanz-
masse schmälerten, hatten sie zurückzustehen. Zwar griff der König mit
harter Hand bisweilen in einzelne Prozesse ein; die Arbeiten an einer
grundlegenden Reform des Rechtes in den preußischen Staaten hatte er
langsam wachsen lassen.[56] Selbst in der Kirchenpolitik wollte er lieber
Vorurteile geschont, als die Untertanen beunruhigt wissen. Im Erziehungswesen sah er, „wie sehr die Vernachlässigung der Jugenderzie-
hung der Gesellschaft schadet"; an eine Möglichkeit, die Übelstände
schnell und durchgreifend zu beheben, glaubte er nicht: „Ich reformie-
re die Gymnasien, die Universitäten und selbst die Dorfschulen; aber
30 Jahre gehören dazu, um Früchte zu sehen. Ich werde sie nicht ge-
nießen, aber ich werde mich darüber trösten, indem ich meinem Lande
diesen bisher mangelnden Vorzug verschaffe."[57]

Als eine solche „Vermittlung" ist seine Haltung gegenüber dem Erziehungswesen zu bezeichnen, als eine gebremste Vermittlung dazu,
weit entfernt von jedem Eifer, auf pädagogischem Wege die Menschen
aus der Wurzel verbessern zu können. Seine Skepsis gegenüber der Perfektibilität der „menschlichen Rasse" lag als eine anthropologische
Grundeinstellung dieser politisch systemgerechten Vorsicht gewiß zugrunde[58], aber auch die Auffassung, daß in sittlichen und geistigen Din-

---

55 Rethwisch (Anm. 7), S. 147.
56 Vgl. Koser (Anm. 2), Bd. 3, S. 411ff.
57 Brief an d'Alembert vom 6. Oktober 1772. Bona Meyer (Anm. 8), S. 334.
58 „.... Erziehung wird niemals die Natur ändern". Brief an d'Alembert vom 13. August
   1777. Bona Meyer (Anm. 8), S. 337. Von der Natur des Menschen aber hatte der König,

gen, also in der Menschenbildung, der Staat wenig Positives von sich aus wirken könne. An einem ihm wichtigen, uns eher skurril erscheinenden Beispiel, an der Form und Schönheit der Sprache, hat er dieses Prinzip mit einer kuriosen Bemerkung in seiner Abhandlung über die deutsche Literatur verdeutlicht. Es gebe ein treffliches Mittel, schrieb er, die deutsche Sprache wohlklingender zu machen. Man müsse nur an die Enden der Verben auf -en den vollen Vokal „a" anhängen; aber „wenn auch der Kaiser selbst mit seinen acht Kurfürsten auf einem feierlichen Reichstage durch ein Gesetz diese Aussprache anbeföhle, so würden doch die eifrigen Verehrer des ächten alten Deutsch sich an diese Gesetze gar nicht gebunden halten, sondern allenthalben in schönem Latein ausrufen; ,Caesar non est super grammaticos ...'".⁵⁹

So hat Friedrich gar nicht erst die Grenzen getestet, an denen die Dissonanz zwischen der modernen Bildung und der absolutistischen Staatsräson sowie der Ständegliederung hörbar geworden wäre. Hätte er wie Joseph II. oder Karl Eugen von Württemberg auf diesem Gebiet den absoluten Herrscher herausgekehrt – wieviele Professoren hätten ein ähnliches Schicksal vor Augen haben können wie der Finanzrat Ursinus oder Johann Heinrich Gottlob Justi; deren harte Behandlung half der preußischen Wirtschaft und dem Finanzwesen nichts; im Reich der Bildung hätte des Königs „harte Hand"⁶⁰ eher Schaden gestiftet.

VI.

Das historische Urteil geht fehl, wenn es Friedrich als den „Heros" der preußischen Volksbildung oder auch nur als „Erzieher seines Volkes" preist und nicht minder, wenn es ihn verdammt, weil er eben dies nicht gewesen sei. Es ist nicht sein Verdienst, aber doch wohl eine Folge seiner Art der Herrschaftsausübung im Bereich von Bildung und Erziehung, wenn in Preußen zwischen Staat und Gesellschaft über Fragen der Bildung nicht jene tiefe Entzweiung eintrat, wie wir sie als Folge „despotischer" Bildungspolitik des aufgeklärten Absolutismus anderswo feststellen können. In einer geistigen und politischen Kultur, in der das königliche Beispiel die Verbreitung der Aufklärung sanktionierte und Reformen des Schul- und Bildungswesens auf Wohlwollen der Staats-

---

wie in dem umfangreichen Schrifttum über ihn ziemlich einhellig hervorgehoben wird, keine hohe Meinung, und diese Geringschätzung zeigte sich ohne alle Widersprüche beim König sowohl in seinen Schriften wie in seiner Regierungspraxis. Vgl. neben vielen anderen Stellen die besonders anschaulichen Schilderungen bei Gaxotte (Anm. 5), S. 312ff.

⁵⁹ Friedrich der Große, De la littérature allemande. Ergänzt durch Justus Möser, Über die deutsche Sprache und Literatur; Christian Thomasius, Von Nachahmung der Franzosen, 2. verm. Aufl. nebst Christian Wilhelm v. Dohms dt. Übersetzung, hg. von Ludwig Geiger, Nachdruck Darmstadt 1969, S. 61.

⁶⁰ Schieder (Anm. 5), S. 303, S. 306f., S. 315. Mittenzwei (Anm. 19), S. 39ff., S. 223ff.

gewalt hoffen konnten, ohne durch sie erzwungen zu werden, konnte sich ein breiter Reformwille in den gesellschaftlich artikulationsfähigen Schichten weiterentwickeln – ein Reformwille, der den kurzfristigen Abfall des Staates von den Maximen der Aufklärung im Bildungswesen in der Ministerzeit Wöllners überlebte. Selbst in die politisch, administrativ und geistig so tief veränderten Bedingungen der preußischen Reformzeit ging auf eine neue Weise dieses Verständnis von der Verbindung zwischen Staat und Erziehung ein, das sich im friderizianischen Preußen nicht als Programm, wohl aber als Praxis herausgebildet hatte: Politik und Pädagogik als zwei zwar verbundene, aber jedes für sich autonome Handlungsfelder. Dieses freiere, in wechselseitiger Achtung sich definierende Verständnis vom Zusammenhang zwischen Staat und Bildungswesen, zwischen Politik und Pädagogik kam in der preußischen Bildungsreform zu einem programmatisch definierten und auch praktizierten Höhepunkt.[61] Dieses Verständnis unterschied sie grundlegend von den etatistisch geprägten Bildungsreformen des frühen 19. Jahrhunderts in den Rheinbundstaaten, im napoleonischen Frankreich oder in Osteuropa. Es hat sich auch in Preußen keineswegs unangefochten behaupten können, aber doch als eine weiterwirkende Maxime die deutsche Bildungsgeschichte im 19. Jahrhundert beeinflußt.

Dies kann nicht als Absicht Friedrichs reklamiert werden. Wohl aber war seine Art, das Erziehungswesen literarisch zu würdigen und praktisch nicht staatsunmittelbar zu machen, eine der wichtigen Voraussetzungen dafür, daß sich dieses freie Wechselverhältnis von Politik und Pädagogik nicht nur theoretisch, sondern auch in der staatlichen Schulpolitik Preußens im 19. Jahrhundert zunächst so kräftig bemerkbar machen konnte. Versuche, auch in Preußen das Verhältnis von Bildung und Staat im Sinne einer direkt politisch zugreifenden Staatspädagogik zu gestalten, die in den Karlsbader Beschlüssen und wieder nach dem Tode Altensteins nachweisbar sind, konnten sich auf friderizianische Traditionen nicht berufen. Vielmehr fanden sie in der Beamtenschaft der Aufsichtsbehörden, in den Schulen selbst, im „Publikum" und vor allem bei der liberalen Opposition einen Widerstand, der sich ausdrücklich auf den großen König berief und ihn kritisch gegen seine Nachfolger – insbesondere gegen Friedrich Wilhelms IV. konservativkirchlichen Kurs – als Zeugen freien Geistes beschwor.[62]

---

[61] Jeismann (Anm. 17), Teil II, 1. Kap.: Das neue Verständnis des Zusammenhanges zwischen Staat, Gesellschaft und Erziehung. Leitideen und Programme der Bildungsreform in den Jahren zwischen 1808 und 1814, S. 221ff. und 2. Kap.: Unterrichtswesen und Staatsverwaltung. Das Verhältnis von Staat und Erziehung in den Vorstellungen und Maßnahmen der Reformpolitiker 1807-1808, S. 273ff.

[62] S. Karl Erich Born, Der Wandel des Friedrich-Bildes in Deutschland während des 19. Jahrhunderts, Phil. Diss. Köln 1953, S. 25ff. Vgl. insbesondere die Rede Friedrich von Raumers in der Preußischen Akademie der Wissenschaften vom 28. Januar 1847; ferner Hans Dollinger, Friedrich II. von Preußen. Sein Bild im Wandel von zwei Jahrhunderten, München 1986, S. 124ff.

Das historische Urteil über die Bedeutung der Ansichten und Maßnahmen Friedrichs im Bereich des Erziehungswesens läßt sich daher nicht, wie bisher weitgehend geschehen, in der isolierten Analyse der theoretischen und praktischen Aktivitäten des Königs auf diesem Gebiet begründen. Sie müssen vielmehr als ein Faktor in der viel umfassenderen Bewegung der Entwicklung des modernen Bildungswesens verstanden werden. Dazu gehört die Erkenntnis ihres Stellenwertes im Regierungssystem des aufgeklärten, friderizianischen Absolutismus, die Beschreibung der Besonderheit dieser Herrschaftstechnik im Vergleich mit der Bildungspolitik anderer, gleichzeitiger Herrscher und ihre Einordnung in die historische Entwicklungslinie des Verhältnisses von Staat, Gesellschaft und Bildung. In diesem Zusammenhang erscheint die Rolle des Königs als ein neben anderen und stärkeren Einflüssen wesentliches Element im Bedingungsgeflecht, das die Entwicklung zum modernen Schulstaat in Preußen in der ersten Hälfte des 19. Jahrhunderts in besonderer und von anderen Staaten sich abhebender Weise prägte. Insofern ist es richtig, auf der Spezifik des 18. Jahrhunderts zu bestehen, in der Staat und Schule noch getrennte Sphären waren, und zugleich nicht zu vernachlässigen, daß die unterschiedliche Art, wie der Prozeß der „Verweltlichung, Verstaatlichung und Verbreiterung" des Schulwesens sowohl von der Gesellschaft wie vom Staate her im späten 18. Jahrhundert vorangetrieben wurde, auf das 19. Jahrhundert nachhaltig einwirkte.

Erstveröffentlichung in: Zeitschrift für historische Forschung, Beiheft 4: Analecta Fridericiana, Berlin 1987, S. 91-113.

Ludwig Natorps Beitrag
zur Bildungsreform 1804-1840

I.

Das kalendarische Ereignis, die 150jährige Wiederkehr der Gründung des Lehrerseminars zu Potsdam (1817), bietet einen forschungshistorisch willkommenen und sachlich gerechtfertigten Anlaß, die preußische Bildungsreform unter einer Perspektive zu betrachten, die meist vernachlässigt wird, wenn man auf die Höhenzüge dieser historischen Formation blickt. Die sog. Humboldtsche Reform erscheint aus dem Gesichtswinkel philosophisch-pädagogischer Ideengeschichte, aber auch verwaltungs- und organisationsgeschichtlicher Vorgänge als ein scharfer Schnitt, korrespondierend der inneren Neugestaltung des preußischen Staates nach 1807 – insbesondere dann, wenn man auf die Entwicklung der Universität und der Gymnasien blickt. In der allgemeinen Vorstellung liegt hier eine Epoche, charakterisiert durch ein Programm mit weitem Horizont – ein Programm, das an seinen eigenen Ansprüchen gemessen scheiterte oder doch in der Wirklichkeit vielfach gebrochen wurde. Aus dieser Diskrepanz von Konzeption und Realität nähren sich die negativen Urteile zur deutschen Bildungsgeschichte des 19. und auch noch des frühen 20. Jahrhunderts.[1]

Anders nehmen sich historische Kontinuität und Diskontinuität aus, blickt man auf die zweite Reihe der an der Reform Beteiligten und auf das programmatisch und pragmatisch schwierig zu fassende Feld unterhalb der gelehrten Bildung. Hier zeigt sich eine lange Reformbewegung vor der ‚Humboldtschen Reform‘ im 18. Jahrhundert, ausgehend von der deutschen Spielart der späten Aufklärung in Staat, Kirche und bei den ‚Gebildeten‘ einerseits, und andererseits das Fortwirken ihrer elementaren Schubkraft unabhängig vom Wechsel bildungstheoretischer, verfassungs- und gesellschaftspolitischer Positionen und Präferenzen weit über die preußische Reform hinaus bis ins 19. Jahrhundert – teils im Bunde mit, teils gegen die diese Bewegung so nachhaltig prägende und beflügelnde, sich erst später verengende pädagogisch-politische Doktrin des Neuhumanismus.[2] Ohne Beachtung der längst im

---

[1] Dazu s. zusammenfassend die Einleitungen der Bände III und IV im „Handbuch der deutschen Bildungsgeschichte", München 1978/1991, sowie Franzjörg Baumgart, Der umstrittene Humboldt. Über Parteilichkeit und Objektivität des historischen Urteils, in: Franzjörg Baumgart, Käte Meyer-Drawe, Bernd Zymek, Emendatio rerum humanarum. Erziehung für eine demokratische Gesellschaft. Festschrift für Klaus Schaller, Frankfurt a. M., Bern, New York 1985 (= Studien zur Pädagogik der Schule, Bd. 11), S. 63-82.

[2] Mit Recht hat schon Wilhelm Roeßler „Die Entstehung des modernen Erziehungswesens in Deutschland" (Stuttgart 1961) im letzten Drittel des 18. Jahrhunderts angesetzt

Gange befindlichen vielen ‚kleinen' Reformen und ihrer zahlreichen Träger in Kirche und Schule kann man den schnellen Durchbruch und Fortschritt der ‚großen' Bildungsreform seit 1809 nicht erklären.

II.

Bernhard Christoph Ludwig Natorp repräsentiert diesen Zusammenhang in mehrfacher Hinsicht. Zunächst biographisch-lebensweltlich. Er steht in der Reihe der Theologen, die sich im 18. Jahrhundert verstärkt um Erziehung, Aufklärung und Schule zu kümmern begannen, denen Kirche und Schule, Glaube und Vernunft im engen Wechselverhältnis zu stehen schienen und die selbst in beiden Amtsbereichen tätig blieben. Seine verwandtschaftlichen Verbindungen können dies symbolisieren. Seine Mutter war eine Nichte Johann Julius Heckers, des Gründers der berühmten Realschule (*Universalschule*) sowie des ersten preußischen Lehrerseminars in Berlin und des Verfassers des Generallandschulreglements (1763).[3] Familiäre, persönliche wie berufliche Bindungen zeigen Natorp als einen späten Angehörigen der über das ganze Reich verbreiteten, tendenziell zusammenhängenden „Reformen vor der Reform" (Hintze). Mit seiner eigenen schulreformerischen Tätigkeit als Pfarrer in Essen bald nach 1800 reihte er sich aktiv in diese vielfältigen Aktivitäten ein: der von Hecker in Berlin angeregten Tätigkeit des Abts Felbiger, den die Kaiserin aus Sagan in Schlesien nach Wien holte, die von dort wieder zurückstrahlenden Anregungen der katholischen Aufklärung über Bayern zum Main bis nach Münster.[4]

– eine These, die durch eine Reihe schulgeschichtlicher Untersuchungen in den letzten Jahrzehnten konkretisiert und bestätigt wurde.

3 Dazu im einzelnen die eingehende Biographie von Oskar Natorp, B. Chr. Ludwig Natorp. Ein Lebens- und Zeitbild aus der Geschichte des Niedergangs und der Wiederaufrichtung Preußens in der ersten Hälfte dieses Jahrhunderts, Essen 1894. Weitere Literatur und ein Verzeichnis der Schriften Natorps im Anhang meines Aufsatzes „Christoph Bernhard Ludwig Natorp (1774-1846)", in: Westfälische Lebensbilder, Bd. XV, Münster 1990, S. 132ff. Eine Auswertung des amtlichen Archivmaterials über Natorps Anteil am Süvernschen Schulgesetzentwurf und an der Entwicklung der Seminarkonzeption für die Ausbildung der Volksschullehrer bei Gunnar Thiele, Die Organisation des Volksschul- und Seminarwesens in Preußen 1809-1819. Mit besonderer Berücksichtigung der Wirksamkeit Ludwig Natorps. (Nebst ungedruckten Entwürfen), Leipzig 1912. Die pädagogische Tätigkeit Natorps in Westfalen s. bei Manfred Heinemann, Wilhelm Rüther, Landschulreform als Gesellschaftsinitiative, Göttingen 1975. Natorps Tätigkeit für die Volksschulen der Provinz Brandenburg ist noch nicht aus den Quellen systematisch erschlossen. – Für die allgemeinen Zusammenhänge s. Franzjörg Baumgart, Zwischen Reform und Reaktion. Preußische Schulpolitik 1806-1859, Darmstadt 1990; Michael Sauer, Volksschullehrerbildung in Preußen. Die Seminare und Präparandenanstalten vom 18. Jahrhundert bis zur Weimarer Republik, Köln, Wien 1987; Frank-Michael Kuhlemann, Modernisierung und Disziplinierung. Sozialgeschichte des preußischen Volksschulwesens 1794-1872, Göttingen 1992 (= Kritische Studien zur Geschichtswissenschaft, Bd. 96).

4 S. dazu Helmut Engelbrecht, Geschichte des österreichischen Bildungswesens. Erziehung und Unterricht auf dem Boden Österreichs, Bd. 3, Wien 1984, S. 135ff., 141.

Natorps spätere freundschaftlich-dienstliche Zusammenarbeit mit Overberg, dem man in Münster als ‚Vater der Lehrer' ein Denkmal widmete, setzte diese frühe Reformlinie bis weit ins 19. Jahrhundert fort, ehe sie durch die Zuspitzung der Auseinandersetzung zwischen Staat und Kirche während der Kölner Wirren, durch die Rekonfessionalisierung und schließlich, 1840, sechs Jahre vor Natorps Tod durch die reaktionäre Wende der preußischen Kultus- und Bildungspolitik verdunkelt wurde – wie es in anderen Biographien, etwa der Diesterwegs, deutlich wird.[5]

Kontinuitätslinien, die sich aus dem 18. bis weit ins 19. Jahrhundert erstrecken, lassen sich auch in der pädagogischen Konzeption Natorps erkennen. Student bei Friedrich August Wolf in Halle, der neuen Altertumswissenschaft also durchaus nicht fern, blieb er doch der Aufklärungspädagogik, die er bei Niemeyer hörte, zeitlebens nahe. Pestalozzi hat er selbständig und selektiv benutzt, ohne Pestalozzianer zu werden. Der Pastor in ihm sah immer mehr aufs Konkrete, im Leben Wirksame als aufs philosophisch oder theologisch Allgemeine oder Dogmatische. Die ganze Gemeinde, nicht die künftigen Gelehrten, war ihm Gegenstand erzieherischer Zuwendung, die äußere Organisation und die innere Substanz des Schulwesens sah er im Dienste einer bürgerlichen Emanzipation des Menschen durch Ausbildung seiner Fähigkeiten, der Vernunft vorab, auf der Basis christlichen Glaubens und christlicher Ethik. Diese Leitlinie läßt sich auf den verschiedenen Ebenen seines Tuns finden: im organisatorischen Bereich, in der Neuschaffung von Institutionen der Lehrerbildung und des Ausbaus des niederen und zeitweise, nach 1818 in Westfalen, auch des höheren Schulwesens, im Inhalt und in der Methode insbesondere der Lehrerbildung, wie er sie in seiner eigentlichen Schöpfung, dem Seminar in Soest, zur Richtschnur zu machen suchte, sowie in seinen praktischen unterrichtsmethodischen Schriften. Daß sie insbesondere dem Musikunterricht galten, zeigt wiederum die enge Verbindung von Gemeinde und Schule, von Kirchenmusik und ästhetischer Menschenbildung, die Natorps Wirken kennzeichnet.

Auch auf der dritten, der schulorganisatorischen Ebene läßt sich diese Kontinuität von der Konzeption der Aufklärungspädagogik zu den Planungen um die Mitte des 19. Jahrhunderts zeigen. Der „Grundriß zur Organisation allgemeiner Stadtschulen" zu Essen von 1804 plante, ganz im Sinne der Reformimpulse seit 1798, durch Überwindung der konfessionellen Trennung der Schulen ein ineinandergreifendes Schulsystem, um die finanziellen wie die pädagogischen Ressourcen zu bündeln. Die Zusammenlegung konfessionell getrennter, kaum lebensfähiger Schulen sollte ein Stufensystem des Unterrichts ermöglichen, das

---

5 S. die Zusammenfassung der Position Diesterwegs bei Horst F. Rupp, Zur Verhältnisbestimmung von Pädagogik, Gesellschaft und Politik bei F. A. W. Diesterweg, in: Pädagogik und Schulalltag 45 (1990), S. 687-699.

von der Elementarschule über die höhere Stadtschule – als einer Bürger- oder Realschule – bis zum Gymnasium reichte. Nur der Religionsunterricht der oberen Klasse sollte von den Pfarrern im konfessionellen Sinne erteilt werden.[6] Der Plan fand die Aufmerksamkeit und das Gefallen Julius von Massows: ein Zeichen dafür, daß die Maxime einer ‚allgemeinen Menschenbildung' ungeachtet konfessioneller und sozialer Grenzen nicht erst 1809 zur Geltung kam: Sie hatte ja nicht nur bildungsphilosophische, sondern durchaus praktisch-fiskalische Aspekte.

Dieser Plan von 1804 und seine pädagogischen Schriften hatten Natorp die Aufmerksamkeit staatlicher Kirchen- und Schulverwaltungen eingebracht: so einen Ruf nach Lippe-Detmold, ein Angebot, in Dänemark zu wirken und – in Preußen – die Übernahme des Schulkommissariats, für den Bochumer Schulkreis. An dieser Stelle traf die Gesellschaftsinitiative – wenn man die spontane Reformtätigkeit des Essener Pfarrers, der sich mit ihr in Widerspruch zu anderen starken, konservativen gesellschaftlichen Tendenzen setzte, als eine ‚gesellschaftliche' Initiative von den staatlichen Reformeingriffen absetzen will – mit den Bemühungen um Staatsreform zusammen. Diese Symbiose nicht- oder ‚vor'-behördlicher, an verschiedenen Orten gleichzeitig und gleichsinnig laufender ‚Gesellschaftsinitiativen' mit einer deren Richtungen zusammenfassenden und bündelnden staatlichen Reformtätigkeit scheint überhaupt die Bedingung des Erfolges der Reformen am Beginn des 19. Jahrhunderts zu sein.

Schon in dieser frühen Tätigkeit konzentrierte sich Natorp auf die Elementarschulen und die Bildung ihrer Lehrer durch Konferenzen und Schriften, aber auch durch beratende Teilnahme an der Arbeit eines auf privater Initiative vom Freiherrn von der Reck eingerichteten, mit einer Musterschule verbundenen Ausbildungsinstituts auf Haus Overdyck. Die Mobilisierung von Eigeninitiative wird am deutlichsten im Versuch, durch eine *Gesellschaft von Schulfreunden in der Grafschaft Mark* die Verbesserung des Unterrichts durch Weckung und Lenkung gesellschaftlicher, ‚patriotischer' Initiativen zu bewerkstelligen. Hier war ein Kreis von Reformern verschiedenster Stellung und – später – unterschiedlicher Tendenzen verbunden: Snethlage, damals Direktor des Gymnasiums zu Hamm, später des Joachimthalschen Gymnasiums in Berlin; Rulemann Eylert, erster evangelischer Bischof in Preußen und nach 1817 – mit Snethlage – dezidierter Gegner der Humboldtschen Reform, Peter Harkort, ein Kaufmann und ‚Industrieller', Vater des engagierten Volksschulfreundes Friedrich Harkort; Ludwig Vincke, Kammerpräsident in Hamm, und eben Natorp – von anderen, wie dem Pfarrer Hasenclever in Schwelm, zu schweigen. Der *märkische Pestalozzi*, Eberhard von Rochow, galt ihnen als ein zu übertreffendes Vorbild. Es war eine ‚Gesellschaftsinitiative', die den Staat suchte und bei seinen Beamten Unterstützung fand. Der Vorschlag, ein Provinzial-

---

6   Ludwig Natorp, Grundriß zur Organisation allgemeiner Stadtschulen, Essen 1804.

schulkollegium für die Grafschaft Mark zu gründen, gedieh weit, blieb aber im Gestrüpp der alten preußischen Behördenorganisation hängen.[7]

Natorp glitt hingegen durch seine Aktivitäten als Pfarrer in Essen und Schulkommissar im Kreise Bochum an die preußische Reformpartei und an den preußischen Staatsdienst heran. Sein Einsatz für die Schulreform in der Grafschaft Mark, so schon durch die ersten Pläne zur Etablierung eines Lehrerseminars für Cleve und Mark, die Publikation des Essener Schulplans 1804 und seine rege pädagogisch-publizistische Tätigkeit haben ihn im Westen der Monarchie bekannt gemacht. Persönliche Freundschaften, z.B. mit dem späteren preußischen Wirtschaftspolitiker Maassen oder die Verbindung des Freiherr vom Stein mit der Familie seiner Frau (Heintzmann), vor allem die dienstlichen Berührungen mit dem Präsidenten der Kammer zu Hamm, Ludwig Vincke, führten dazu, daß Natorp 1809 Wilhelm von Humboldt als Mitarbeiter am Werk der Erziehungsreform empfohlen und dem König zur Berufung an die Regierung zu Potsdam und zugleich zum Mitglied der Sektion für Kultus und Unterricht im Innenministerium mit wärmsten Worten vorgeschlagen wurde: Eine erstaunliche Kontinuität der Sympathie von Massow zu Humboldt! Mit dem Titel eines Ober-Konsistorialrates trat Natorp als Regierungs- und Schulrat in die geistliche und Schuldeputation der neugeschaffenen Regierung ein. Mit dieser Berufung nach Potsdam, seiner Tätigkeit in der Provinz Brandenburg und seinem Anteil an dem allgemeinen Süvernschen Schulplan beginnt die Periode der engsten Symbiose von Gesellschaftsinitative und behördlicher Bildungsreform; es folgen die Jahre der größten Nähe Natorps zu den Grundlinien der preußischen Bildungspolitik zwischen 1809 und 1816/17, als er ins Provinzialkonsistorium und -schulkollegium nach Münster, in sein, wie er sagte, „westfälisches Vaterland", berufen wurde und Potsdam verließ.

III.

Die Potsdamer Jahre von 1809 bis 1816 waren die eigentliche Konzeptionsphase des künftigen preußischen Lehrerseminars. In die Auseinandersetzungen um Inhalt und Form der Ausbildung der Schullehrer und also um die Entwicklung eines neuen, eigenständigen Berufes hat Natorp die zukunftsträchtigen Entscheidungen hineingetragen: für eine der eigenständigen Praxis vorangehende, sie fundierende allgemeine geistige und berufsfeldbezogene Grundausbildung gegen die hergebrachte Meisterlehre, sofern es sie überhaupt gab; auch gegen das konkurrierende Modell des Normalinstituts, also der kurzfristigen Ausbildung der Lehrer durch Hospitationen und Übungen an besonderen Musterschulen – eine bloße Systematisierung der Meisterlehre. Natorp ent-

---

[7] Dazu Heinemann, Rüther (Anm. 3), S. 82ff.

wickelte sein Konzept zuerst geschlossen im Plan eines Lehrerseminars für die Kurmark. Auch wenn er nicht Wirklichkeit wurde, so haben seine Prinzipien doch die spätere Seminarentwicklung in Preußen bestimmt; sie prägten die Lehrerausbildung in Preußen formal bis 1926 – in der Praxis bis ans Ende der Weimarer Republik. Die erstaunliche bildungsgeschichtliche Tatsache, daß auf die demographische Explosion, die soziale Umschichtung, die Industrialisierung und Urbanisierung des 19. Jahrhunderts eine – gemessen an der Alphabetisierungsquote in Deutschland um 1900 – in hohem Maße befriedigende Antwort gefunden werden konnte, darf man dieser frühen, die Entwicklung weit vorwegnehmenden Konzeption zuschreiben. Sie ist eins der bedeutenden Beispiele dafür, daß in Deutschland, anders als in den westlichen Industriestaaten, die *Bildungsrevolution* (Parsons) der politischen und der Industriellen Revolution voranging.

Man darf sich durch den auch früher schon gängigen Begriff eines Schulmeisterseminars nicht täuschen lassen: Diese älteren Institute, nicht zuletzt auch das bedeutendste zu Berlin, waren keine selbständigen Anstalten, sondern entweder Anhängsel einer Schule oder aber private Initiativen engagierter Pädagogen, meist Geistlicher, abhängig von ihrem Geschick und von ihrer Amtszeit. Immerhin hatte sich das Heckersche Seminar schon zu einer stehenden Einrichtung verfestigt und, im Gegensatz zu den anderen sog. Seminaren, in den Grundsätzen des Landschulreglements von 1763 auch bereits eine ungefähre innere Form gefunden – jedoch so unvollkommen, daß Natorp über seine Leistungen höchst kritisch urteilte. Es war nicht mehr als eine gewöhnliche niedere Bürgerschule – eine „auf versäumte alte Kinder berechnete Elementarschule" –, innerlich unzusammenhängend, geprägt, wie er sagte, „vom Geist der Geistlosigkeit".[8] Natorps Kennzeichnung der Motivation angehender Lehrer weist zurück auf die gerade ihrem Umbruch entgegengehende ständische Gesellschaft und ihre Normen. Sie besuchten das Seminar, um „der Kantonsrevision zu entgehen, das Privilegium der Freischneiderei zu erhalten und durch eine Schulstelle Gelegenheit zu bekommen, ihre Schneiderprofession bei freier Wohnung und einigen festen Einkünften desto leichter treiben zu können" – Absichten, „bei welcher die höheren und edleren Ideen, die sie auffassen und bei sich nähren sollten, nicht aufkommen können".[9]

Aus Handwerkern Lehrer zu machen mit pädagogischem Geist und aus den Bruchstücken eines Elementarunterrichts eine Volkserziehung durch gebildete und geschulte Lehrer zu schaffen, verlangte in der Tat *radicale* Veränderungen – *radical* ist ein von dem milden und auf pragmatischen Ausgleich bedachten Pfarrer und Konsistorialrat im Zusammenhang mit der Schulreform oft benutztes Wort. Er bezieht es zunächst auf den materiellen Bereich, der am einfachsten zu definieren

---

8 Thiele (Anm. 3), S. 107.
9 Ebd., S. 108f.

und am schwierigsten zu realisieren war. Die Forderung nach einem auskömmlichen Gehalt für die Lehrer, die Ermöglichung einer durch Zwang zum Nebenverdienst ungestörten Vorbereitungszeit, nicht zuletzt durch Unterbringung und Beköstigung ausgewählter Zöglinge von „edlem Gemüt" im Alumnat, waren nicht hinreichende, aber notwendige Bedingungen der Reform der Lehrerbildung, die gleich am Anfang von Natorp formuliert wurden. Ferner, das Innere und den Geist der Anstalt betreffend, die Bestellung besonders tüchtiger Pädagogen zu hauptamtlichen Seminarlehrern und sodann eine feste Organisation der Ausbildung, angefangen bei klaren Kriterien über die Aufnahme von Seminaristen zu bestimmten Terminen, über den Aufbau eines geordneten zweijährigen Kursus und schließlich eine Prüfung zur Feststellung der nötigen Qualifikation. Daß dies in einem eigenen Gebäude mit entsprechender Ausstattung, Sammlungen und vor allem einer Bibliothek geschehen müsse, war eine ebenso unerhörte wie kostspielige Forderung; ebenso wie die Erwartung, die in solcher Anstalt gebildeten Lehrer müßten sich ihr ganzes Leben der Erziehung des Volkes und also der Vervollständigung ihrer Fertigkeiten, der Erweiterung ihres eigenen Wissens und Denkens verpflichtet fühlen: Die Lehrerweiterbildung durch gegenseitige Anregung in Lehrervereinen und pädagogischen Zirkeln, also das lebenslange Lernen einer durch Amt und Bildung sich definierenden Profession war mit diesem Seminarplan untrennbar verbunden – Postulate, die wir, mutatis mutandis, in den Grundzügen wiederfinden, die 1810 im Examen pro facultate docendi für die Gymnasiallehrer aufgestellt worden waren.

Über den Lehrplan des zweijährigen Seminars hinaus, mit dem Natorp den von ihm so drastisch geschilderten Mängeln der Lehrerausbildung abhelfen wollte, ist das Wesentliche veröffentlicht.[10] In 18 Paragraphen regelt er die Aufnahme ins Seminar sowie den Bildungsgang in zwei Kursen über zwei Jahre. Themen dieses viersemestrigen Kurses sind die Gegenstände des Unterrichts für die Volksschulen und ihre methodische Behandlung im Unterricht, die Anleitung zur Schulpraxis, aber dazu eine grundlegende Einführung in Pädagogik, Didaktik und Elementarschulkunde. Die tägliche schriftliche Konzeption des Unterrichts, monatliche Wiederholungen und Prüfungen, ein jährliches Hauptexamen und schließlich die Entlassungsprüfung mit drei Zensuren – notdürftig, gut, vorzüglich gut – werden genau festgelegt; nur die mit einem solchen Examen versehenen Kandidaten werden für wahlfähig durch die Gemeinden erklärt, müssen sich jedoch, je nach ihrer Note, nach bestimmter Zeit noch einmal prüfen lassen, ehe sie fest angestellt werden dürfen – das zweite Examen kündigt sich bereits an. Zwei Jahre lang haben alle entlassenen Kandidaten dem Seminar Erfahrungsberichte einzureichen, schriftliche Arbeiten zu verfassen und die pädagogischen Blätter zu lesen, die vom Seminar herausgegeben

---

[10] Ebd., der Abdruck des Seminarplans S. 145ff.

werden sollen. Die äußere Einrichtung wird für die damalige Zeit ungewöhnlich aufwendig geplant: fünf Lehr- und Sammlungszimmer, Schlafsäle, Speise- und Versammlungsräume, Wohnungen für die Lehrer und den Verwalter; die Einrichtung der Zimmer wird beschrieben und eine genaue Tagesordnung regelt von morgens fünf bis abends sechs das Dasein des Seminaristen. Den Finanzbedarf für ein solches vollständig ausgestattes Seminar berechnete Natorp mit 5.000 Talern – vergleichbar dem Etat eines ordentlich ausgebauten Gymnasiums mittlerer Größe.

IV.

Hatte die Sektion ursprünglich die Normalschule als das Konzept der Lehrerausbildung bevorzugt, so ging sie nach 1810 allmählich auf die Seminar-Idee ein – wohl nicht nur eine Folge der Schwierigkeiten mit dem Leiter der Königsberger Normalschule, Zeller, sondern auch des Einflusses Natorps. Das hieß aber nicht, daß in der Sektion der Plan, den Natorp 1812 vorlegte, auf einhellige Zustimmung stieß. Die, wie wir heute sagen würden, allgemeinsten Lernziele, die er dem Seminar stellte, fanden zwar in ihrer abstrakten Form die Zustimmung der führenden Köpfe der Sektion: das Institut müsse von der Art sein, daß daraus alles hervorgehen könne, was durch Schule und Lehrer „für die Erhebung des Volks geschehen soll"; ihre Konkretion aber zeigte tiefe Meinungsabweichungen.

Natorp verstand, wie schon beim Essener Schulplan, die *Erhebung des Volkes* als einen weder durch die Konfession noch durch den künftigen Stand segmentierten Vorgang allgemeiner Menschenbildung. Daß er ein Simultan-Seminar wollte, in dem Zöglinge aller Konfessionen unterrichtet wurden, führte in der Provinz Brandenburg nicht zum Streit, da bei dem verschwindend geringen Anteil der Katholiken die Konfessionsgegensätze sich auf die lutherischen und die reformierten Bekenntnisse beschränkten, die in der Seminarausbildung wie in der Schule – ungeachtet des Protestes aus der Bevölkerung – nicht mehr zu trennen auch die Auffassung der Sektion war. Daß er aber den alten Unterschied zwischen der Bildung der Literati und der Illiterati durch eine ins Theoretische, in die Anfänge des Wissenschaftlichen ausgreifende Lehrerbildung aufhob, stieß auf Widerstand. Zwar traf er damit die prinzipielle Intention Humboldts und auch Süverns, nicht aber die Ansicht Schleiermachers, Nicolovius' oder gar Schuckmanns. Sie hielten die hergebrachte Vorstellung einer klaren Trennung von Volksbildung und, wie Schleiermacher sagte, *Regentenbildung*, also Gelehrtenbildung nach wie vor für angemessen und wollten die Ausbildung im Seminar streng auf das Praktische, auf die Fähigkeit zur Weitergabe der, um wieder mit Schleiermacher zu sprechen, *lebendigen Tradition* begrenzen. Er hielt es für falsch, mit den künftigen Lehrern eine ausgebreitete Lektüre und Interpretation der Bibel vorzunehmen; statt dessen sollten sie diejenigen Stellen, die für den Unterricht in der Schule wichtig sind, richtig verstehen und erklären können, ohne systematische Unterweisung. Selbständigkeit des Denkens und des Interpretierens, des Weiterlernens aus Büchern erschien ihm als Ziel der Ausbildung künftiger Volkslehrer für weit überzogen; ebensowenig wollte er, bei aller Bedeutung, die er dem Sprachunterricht beimaß, Natorps Vorschlag folgen, mit den Seminaristen die Klassiker der deutschen Literatur zu lesen und zu interpretieren. Davon sei für das, was die Lehrer lehren sollten, wenig gewonnen; sie könnten in eine „falsche schön-geisterische Richtung gehen" und die eigentlichen Klassiker des Volkes, die Kirchenlieder, würden sie dadurch nicht besser und wirksamer zu unterrichten lernen. Auch das Maß der von Natorp empfohlenen Realkenntnisse wollte er wesentlich zurückgeschnitten wissen. Alles in allem schien ihm der Seminarplan „ein reiner Luxus, also nicht nur unnütz, sondern schädlich."[11] Statt dessen rückte er die praktische Ausbildung, die Übung an einer Seminarschule in den Vordergrund, hielt die vielen Prüfungen der Kenntnisse für überflüssig, überflüssig auch die vielen schriftlichen Arbeiten, die der Plan forderte. Selbst in der Zukunft bei besseren Elementarschulen, meinte Schleiermacher, brauchten die Volksschullehrer nicht Leichtigkeit im Schreiben. Nicht aus ihren Schriftsätzen, sondern aus der praktischen Anwendung könne man ihr Talent erkennen, und nur durch Praxis sei es gut zu fördern; denn weder für das Volk noch für seine Lehrer gelte, was für die Gelehrten zutrifft, daß sie sich aus Schriften weiterbilden.

Sieht man auf das kommende Jahrhundert, fällt sofort die Auseinandersetzung um die Stiehlschen Regulative etwa vierzig Jahre später als Parallele auf. Schleiermacher hatte sicher Recht, wenn er den Zustand des Elementarunterrichts, wohl auch die Möglichkeiten seiner Hebung um 1810 und in der näheren Zukunft zum Maßstab der Lehrerbildung nahm. Natorp antizipierte eine Zukunft, die erst in vereinzelten Regungen sich andeutete. War Schleiermacher konservativ im Hinblick auf die Volksschullehrerbildung, so Natorp erheblich progressiv, wenn sein Plan nicht sogar als utopisch erschien. Vierzig Jahre später lagen die Akzente anders, und von einer ‚Parallele' kann man nur vordergründig sprechen. Stiehls Vorschriften einer einfachen, volkstümlichen, nicht literarischen Bildung der Volksschullehrer waren trotz der gewandelten Verhältnisse und der energisch vorgetragenen Programme 1854 zwar immer noch nahe bei der Faktizität, aber doch bereits reaktionär, eine politisch motivierte Gegenbewegung gegen die als Gefahr verstandene Ausweitung der Volksbildung, während Schleiermachers Position und selbst die der konservativen Bildungspolitiker zu Anfang des Jahrhunderts nicht auf Begrenzung, sondern ebenfalls auf Verbesserung der Bildung des Volkes und seiner Lehrer zielte – allerdings in einer anderen

---

[11] Ebd., S. 130.

Richtung als Natorp sie einschlug. Die Kontroverse darüber, ob die Volksbildung ein eigener, prinzipiell anders strukturierter Bereich sei, der von der höheren Bildung nicht nur durch Breite und Tiefe, sondern durch prinzipiell andere Kulturtechniken, andere Weisen der Weltauffassung und Lebensformen geschieden sei – also der Streit zwischen Natorp und Schleiermacher – überdauerte das 19. Jahrhundert. Sprangers Schrift vom „Eigengeist der Volksschule" aus den zwanziger Jahren ist vor diesem Hintergrund zu sehen, und der Streit um die Lehrerausbildung – ob in eigenen Institutionen oder an Universitäten – geht seit der Revolution von 1848 durch die Gemüter und wirkt offen oder subkutan bis heute in den Kultusministerien wie in den Fachbereichen der Universitäten.

Allerdings verlaufen die Linien nicht eindeutig und in puren Gegensätzen. Schleiermachers konservative Position wurde durch seine eigene Stellung zur Real- und Bürgerschule konterkariert: Auch das ein Zeichen seiner auf die wirklichen Zustände der Gesellschaft achtenden pädagogischen Maximen: dort, wo sich zwischen der schlichten Volksbildung und der gelehrten Bildung an Gymnasien das Bedürfnis nach besserer Ausbildung an den Realien regte und in den Städten manifestierte, hat Schleiermacher die Entwicklung der späteren Realschule zwischen *Volks-* und *Regentenbildung* gestützt und damit, hier wiederum in der gleichen Front wie Natorp, den Modernisierungsprozeß der Bildungsinstitutionen weitergetrieben.

Natorp hat sich den Einwänden nicht gefügt, seinen Entwurf nicht nach den Schleiermacherschen Kriterien abgeändert. Als nach den Befreiungskriegen die Mittel für ein Landschullehrerseminar in der Kurmark bereitstanden, wurde, nicht in Berlin wie Natorp gewünscht hatte, sondern in Potsdam ein Lehrerseminar nach der Instruktion eingerichtet, die Türck ausgearbeitet hatte und die den Schleiermacherschen Vorstellungen eher entsprach. Die Ausbildung war stärker an der Praxis orientiert, ließ die Theorie vor den Toren des Seminars und darüber hinaus auch die bedeutenden geistigen Anregungen der Literatur. „Die Schriften eines Goethe, Schiller, Klopstock, Richter gehörig zu lesen, darf man nicht von dem künftigen Landschullehrer fordern."[12] Ehe sich in Preußen die Wirklichkeit der Ausbildung in den nun entstehenden Lehrerseminaren der Natorpschen Linie annäherte, bedurfte es noch mehrerer Jahrzehnte und des Wechsels verschiedener Schübe und Rückschläge. Zu einer generellen Regulierung der Seminarkurse kam es bis zur Mitte des Jahrhunderts – eben bis 1854 – in Preußen nicht. Das Prinzip der Seminarausbildung hatte sich aber, nicht zuletzt dank Natorps Wirken, überall durchgesetzt; seine Ausgestaltung blieb Sache der leitenden Personen sowie der Umstände und Möglichkeiten in den Provinzen. So hat Natorp dann auch nicht mehr für die gesamte Monarchie, wohl aber in seinem späteren Wirkungskreis, der Provinz West-

---

12 Ebd., S. 136.

falen, die Realität der Lehrerbildung seinem Ideal in Soest annähern können und auch auf die katholischen Lehrerseminare der Provinz entsprechenden prinzipiellen Einfluß genommen. Zwar blieb auch der Unterricht am Soester Seminar, das Natorp ständig besuchte und materiell wie pädagogisch zu verbessern nicht müde wurde, hinter dem Ideal seines Entwurfes von 1812 noch zurück; aber es trug in der Provinz schneller als erwartet dazu bei, einen selbstbewußten und sachkundigen Volksschullehrerstand zu schaffen, der sich bereits in Vereinen und Feiern nach innen und außen konstituierte und fähig wurde, in den bewegten Jahren vor der Revolution standespolitische Forderungen zu vertreten – bisweilen freilich auf eine agitatorische Weise, wie der bekannte Lehrer Nehm –, die der alternde Natorp für unangemessen hielt. Denn daß nicht durch allmähliche Reform und vernünftige Verbesserung Schritt für Schritt, sondern auf revolutionäre Weise die Volksschullehrer ihre Sache selbst in die Hand zu nehmen aufriefen, das konnte er bei allem Verständnis für ihre materiellen und institutionellen Sorgen nicht verstehen oder gar gutheißen.

V.

Abschließend will ich Natorps Stellung innerhalb der preußischen Bildungsreform mit dem Blick auf seine Mitarbeit an der Neukonzeption des gesamten preußischen Unterrichtswesens skizzieren, die sich im Laufe von zehn Jahren, von den ersten Entwürfen 1808 bis zum Süvernschen Schulgesetzentwurf 1819 in einem geschlossenen, durchgearbeiteten Konzept niederschlug. Natorps Anteil betraf die innere und äußere Organisation der Elementarschulen, also ein Feld, das er seit seiner Essener Tätigkeit theoretisch wie praktisch, aus Anschauung und im Lichte der damals herrschenden pädagogischen Ideen genau kannte. Wie er im kleinen Bereich der Stadt, in Essen, eine ineinandergreifende Schulorganisation einzuführen bestrebt war, konzipierte er jetzt eine Reform für die gesamte Monarchie; die gesellschaftliche Initiative glitt hier konzeptionell und organisatorisch bruchlos in die neue staatliche Schulpolitik. Sie richtete sich in schroffer Abwendung von der überkommenen ständischen Realität des Schulwesens auf die Schaffung einer ‚Nationalschule‘, wobei der Begriff der ‚Nationalbildung‘ bereits seine letzte Stufe, die der allgemeinen Menschenbildung, der, wie man damals sagte, ‚Humanitätsbildung‘ erreicht hatte. Dabei war Natorp keineswegs von Humboldt beeinflußt. Schon in seinem Essener Schulplan von 1804 lesen wir, daß es Ziel einer allgemeinen Stadtschule sei, „den Menschen zur Humanität zu bilden“, daß die „allgemeine Schule“ nicht einem besonderen Stand, sondern allen dienen müsse – „eine ganz andere Art von Schule [...] einen ganz anderen Geist, der das ganze belebt“ – wünschte er sich damals und fügte schon 1804 hinzu: „Es ist hohe Zeit, daß uns von Staats wegen geholfen werde." Nun war er in der Position, die es ihm erlaubte, für den Bereich der niederen Schulen nicht nur in der Kurmark einzelne Verbesserungen durchzusetzen, sondern für den ganzen Staat eine Forderung von 1804 verwirklichen zu helfen: „Es bedarf einer Radical- und Totalreform."

Im Oktober 1812 erhielt Natorp den von Süvern initiierten Auftrag, eine allgemeine Instruktion über die Einrichtung von Elementarschulen für den ganzen Staat auszuarbeiten. Schon im Dezember reichte Natorp den Entwurf einer solchen Instruktion ein, den er im Januar 1813 um eine inhaltliche Abgrenzung des Lehrplans der Klassen und des Unterrichts der einzelnen Lehrgegenstände ergänzte. Im Februar 1813 erfolgte dann die von Süvern erarbeitete „Gesamtinstruktion über die Verfassung der Schulen", in die der Natorpsche Entwurf mit einigen Modifikationen Eingang fand.[13] Damit begann die komplizierte Entstehungsgeschichte des Schulgesetzentwurfes von 1819 – der Organisationsplan einer ‚Nationalerziehung', deren Basis – die Elementarschule – in den Grundzügen von Natorp entworfen war. Hier sind die beiden Seiten der Natorpschen Planung aufs Engste zusammengefügt, eine von Grund auf erneuerte Lehrerbildung und ein neuer Volksschulunterricht. Die Grundziele der sog. Humboldtschen Reform, Humanitätsbildung auf allen Stufen, werden jetzt konkret an Gegenständen des Unterrichts und ihrer Abfolge festgemacht. Ihre Aufzählung erscheint uns heute trivial, war aber um 1810 nichts weniger als eine Revolution des dürftigen Lese-, Schreib-, Rechen- und Katechismusunterrichts. Allgemeine Bildung aller Kräfte, des Denk- und Erkenntnisvermögens, der Sittlichkeit und Religiösität, des Schönheitssinnes sowie des Körpers sollte durch einen Kreis von Fächern erreicht werden, die, das fügte Süvern der Natorpschen Bestimmung hinzu, ein notwendiges Ganzes bilden und von denen eine Dispensation – außer vom Turnen und vom Religionsunterricht in besonderen Fällen – nicht gestattet werden sollte. Die ‚allgemeine Bildung' als harmonische Bildung aller Kräfte, für die Gymnasialpädagogik seither so häufig in Anspruch genommen, gilt hier in vollem Maße auch als Maxime der zwölf für die Elementarschule konzipierten Lehrfächer. Unter diesen Fächern treten, gleichsam als elementares Modell des auch 1813 entworfenen gymnasialen Lehrplans, der Sprachunterricht und der mathematische Unterricht in den Mittelpunkt. Stimmte Süvern hier mit Natorp ganz überein, so hat er dessen vom konfessionellen Toleranzideal der Aufklärung geprägten Vorschlag nicht übernommen, den Religionsunterricht als allgemeinen Unterricht für die Konfessionen gemeinsam zu geben, das Besondere, Dogmatische hingegen dem kirchlichen Religionsunterricht zu überlassen. Ob sich bereits die neue Konfessionalisierung des 19. Jahrhunderts andeutet, ob Süvern lediglich, und mit gutem Grund, auf die Durchsetzbarkeit seiner Instruktion bedacht war, kann ich nicht entscheiden; jeden-

---

[13] Dazu Thiele (Anm. 3) im Zusammenhang S. 31ff.

falls wurde der Religionsunterricht konfessionell konzipiert. Daß der Gesangsunterricht im Süvernschen Entwurf einen hohen Stellenwert erhielt, ist bis in die einzelnen methodischen Ausführungen hinein Natorps Werk und wörtliche Übernahme seines Entwurfes. Geistlicher Gesang und Volksgesang – der Einfluß der Romantik macht sich schon bemerkbar – waren fortan in der Elementarschule wie auch in der Lehrerausbildung ein zentraler Unterrichtsgegenstand, ganz anders als im Gymnasium, wo der *Singelehrer* stets eine Nebenfigur blieb. Daß schließlich auch der *Industrieunterricht* je nach Möglichkeit des Ortes – vor allem als Unterweisung in der Landwirtschaft – sich im Plan findet, ist eine Aufnahme der gegen Ende des 18. Jahrhunderts lebhaften pädagogischen Forderungen, meint aber in der Instruktion einen in die Praxis sich erstreckenden allgemeinen Unterricht, keine Berufsvorbereitung.

Ich verzichte auf eine weitere Vorstellung des Natorpschen Entwurfes und die relativ wenigen Veränderungen, die er unter Süverns Hand und Schleiermachers Votum erfahren hat: Wie Natorps Seminarplan, so blieb auch, mit dem Süvernschen Schulgesetzentwurf insgesamt, der Grundriß der Elementarschule ein Konzept, dessen Umsetzung schwieriger war und länger dauerte, als die auch schon zögerliche Reform der Gymnasien nach dem Maßstab des Entwurfes von 1813 und seiner Modifikationen in den späteren Jahren.

Sowohl der Entwurf eines neuen Lehrerseminars wie der einer neuen Elementarschule zeigen Natorp in seiner Potsdamer Zeit als unmittelbar Mitwirkenden an den Kodifizierungen, in welchen sich die preußische Bildungsreform als Regel-, Erlaß- und versuchtes Gesetzeswerk niedergeschlagen hat. Daß sie eine *schnelle Reform* gewesen sei, wie bisweilen behauptet wurde, kann sich nur auf diese Ebene der Kodifizierung beziehen. Sie hatte, wie am Beispiel Natorp angedeutet, eine lange Vorgeschichte und eine nicht minder lange Nachfolgegeschichte, die sich bis ins letzte Drittel des 19. Jahrhunderts hineinzog. Natorps Stellung zur Bildungsreform ist dadurch gekennzeichnet, daß er sowohl einen Teil dieser Vorgeschichte, ihre eigentliche Kodifizierungsphase wie auch eine lange Strecke ihrer Nachgeschichte in der regionalen Umsetzung der Impulse von 1810 verkörpert.

Sieht man auf diese Nachwirkung, auf die durch die gegebenen Verhältnisse und durch die politischen wie gesellschaftlichen Veränderungen beeinflußten Abänderungen bei der Umsetzung der Pläne der Reformzeit, wird deutlich, welche schier unüberwindlichen Widerstände dieser Umsetzung im Wege standen. Als Natorp 1816 ins Provinzialschulkollegium nach Münster berufen wurde, hatte er, ehe Kohlrausch in die Behörde eintrat, auch die neun westfälischen Gymnasien zu beaufsichtigen: keines von ihnen entsprach auch nur entfernt den Vorgaben der nur als Empfehlung veröffentlichten Instruktionen von 1813 und von 1816. Es fehlten die Mittel, es fehlten die Lehrer, es fehlte weitgehend auch das Verständnis, um die Humboldt-Süvernsche Reform der Gymnasien voranzubringen, und das bestausgestattete, das Paulinum in Münster, blieb noch bis über 1840 hinaus eine mit Trivialschulen versehene, mit der theologisch-philosophischen Akademie verknüpfte Einrichtung besonderer Art. Noch stärker zeigten die Elementarschulen, daß die Subsistenzmittel eine alles entscheidende Voraussetzung der Schulreform waren. Bis ins letzte Drittel des 19. Jahrhunderts veränderten sie sich kaum; den wirklichen Durchbruch zum modernen Stadtschulwesen auf der Ebene der Elementarbildung brachte erst das Schulunterhaltungsgesetz vom Beginn unseres Jahrhunderts.

In seiner Amts- und Lebenszeit konnte Natorp mit sichtbarem Erfolg dort wirken, wo der Staat selbst unmittelbar sowohl die finanziellen Voraussetzungen wie die inneren Konzeptionen bestimmte: in der Lehrerbildung. Hier hat er an seiner Stelle, wie schon ausgeführt, die Voraussetzung schaffen können, daß ein quantitativ expandierendes Elementar- und Volksschulwesen hinreichend auf personelle Ressourcen zurückgreifen konnte. Insofern ist sein Entwurf für ein Lehrerseminar aus der Potsdamer Zeit der nachhaltigste, originellste und wirksamste Impuls gewesen, den Natorp der Bildungsreform gab. Sein Entwurf für die Elementarschule aber blieb, obgleich noch vor der Revolution von 1848 in den einzelnen Provinzen Elementarschulgesetze entworfen wurden, für ein Jahrhundert mehr eine regulative Idee als ein Stempel der Wirklichkeit. Und als die Elementar- und Volksschulen die Möglichkeit bekamen, sich aus ihrer materiellen Misere emporzuarbeiten, geschah es unter Zeitumständen, welche angesichts einer tiefgreifenden Differenzierung und Segmentierung der Gesellschaft die zugrundeliegende Idee der einen Nationalbildung durch alle Stufen des Unterrichtswesens in der idealistischen Form des Jahrhundertanfangs nicht mehr aufzugreifen erlaubten.

Die entschiedene Wende der preußischen Bildungspolitik nach dem Tode Altensteins in der Ära Eichhorn, die Rekonfessionalisierung und Dogmatisierung, verbunden mit der politischen Tendenz eines erneuerten, christlichen Ständestaates hat Natorp nicht mitvollzogen; kaum vorstellbar, daß er, der sich nach 1816 in den Fragen der Verfassung der evangelischen Kirche, was hier nicht berührt werden konnte, stark engagierte, mit der neuen Kultuspolitik konform gegangen wäre. Kaum vorstellbar aber auch, daß er die politische und ideologische Gegenbewegung, die in der Revolution von 1848 die Postulate einer Nationalerziehung radikalisierte, gutgeheißen hätte. Aber unabhängig von seinen persönlichen Stellungnahmen oder den Vermutungen darüber zeigt sein pädagogisches Denken und Handeln die lange Dauer jener Bildungsbewegung, die im späten 18. Jahrhundert begann und mit sozialen und politischen Veränderungen eng verbunden blieb. Die preußische Bildungsreform im engeren Sinne, die ‚Humboldtsche Reform‘, erscheint vor dem Hintergrund dieser langen Dauer als eine akzentuierte Aufgipfelung. Ihr Abflachen, die Differenzierung ihrer Ansätze in der Mitte des Jahrhunderts war kein Scheitern der gesamten säkularen Bildungsbewegung, sondern ein Teilprozeß dieser mit Gegenläufigkeiten reich versehenen Bewegung. Natorps allem Dogmatischen ferne, der späten Aufklärung verpflichtete Position markiert Grundprinzipien, die bei aller Veränderung der gesellschaftlichen und politischen Struktur seit und nach den industriellen und politischen Revolutionen und auch noch in der Individualisierung der Bildungsprozesse in unserer Gesellschaft als Maximen erkennbar sind. Für den Bildungshistoriker stellt sich die Frage, ob dieses weniger Auffällige, philosophisch, theoretisch und auch organisatorisch hinter Humboldt, Süvern oder Johannes Schulze eher bescheiden im zweiten Glied bleibende Wirken in seiner Art nicht als ebenso bedeutsam zu bewerten ist, wie das der großen Gestalten der preußischen Bildungsreform am Beginn des Jahrhunderts.

Erstveröffentlichung unter dem Titel: Die preußische Bildungsrevolution als Vorläufer industrieller und politischer Revolution. Bernhard Christoph Ludwig Natorp und die Reform der Elementarschulen aus dem Geist des Neuhumanismus, in: Wirtschaft & Wissenschaft 5 (1997), S. 2-9.

Internationale Schulbuchforschung oder nationale Staatsräson?

Gedanken zum 10jährigen Bestehen des Georg-Eckert-Instituts[1]

1.

Am 26. Juni 1975 verabschiedete der Niedersächsische Landtag mit den Stimmen aller Parteien das Gesetz, durch das das Georg-Eckert-Institut für Internationale Schulbuchforschung als Anstalt des öffentlichen Rechts gegründet wurde. Sechs weitere Bundesländer folgten der Einladung zur Mitträgerschaft sogleich – weitere werden folgen. Dank der Hilfe des Landes Niedersachsen, dank der Unterstützung der anderen Trägerländer hat das Institut in diesen 10 Jahren die äußeren Bedingungen seiner Existenz erfreulich verbessern, seine personelle Kapazität verdoppeln können. Drittmittel ermöglichten den Ausbau insbesondere der Schulbuchbibliothek. Das Institut hat in den vergangenen 10 Jahren ein intensives und weit gespanntes Netz internationaler Arbeitskontakte knüpfen können – eine Voraussetzung zur Erfüllung seiner Aufgabe. Diese Aufgabe hat der Gesetzgeber sehr nüchtern beschrieben: „Durch internationale Schulbuchforschung historisch, politisch und geographisch bedeutsame Darstellungen in den Schulbüchern der Bundesrepublik Deutschland und anderer Staaten miteinander zu vergleichen und Empfehlungen zu ihrer Versachlichung zu unterbreiten".[2] Das ist die Umschreibung angewandter Wissenschaft: Wissenschaftlich begründete Kenntnisse und Urteile sollen mit pädagogischen und didaktischen Mitteln ins öffentliche Bewußtsein gebracht werden, und zwar zu dem Zweck, das politische Ziel einer besseren Verständigung zwischen den Nationen durch die Verbreitung der Er-

---

[1] Vortrag am 26. Juni 1985 im Georg-Eckert-Institut für Internationale Schulbuchforschung in Braunschweig. Das Vortragsmanuskript wurde nur leicht überarbeitet. Die Anmerkungen beschränken sich auf den Beleg der Zitate und einige grundlegende Literaturhinweise. Die vielfältigen Anregungen, die ich aus der Literatur und aus Gesprächen während meiner Tätigkeit als Direktor des Georg-Eckert-Instituts empfangen habe, lassen sich nicht im einzelnen nachweisen. Aber den Mitarbeitern des Instituts, den Mitgliedern des Wissenschaftlichen Ausschusses und den vielen in- und ausländischen Teilnehmern an der Institutsarbeit möchte ich nachdrücklich danken für vielfältige Anregungen und Gedanken zu grundsätzlichen Fragen der internationalen Schulbuchforschung. Den Mitarbeitern des Instituts im engeren und weiteren Sinne sind daher die folgenden Überlegungen gewidmet.

[2] Gesetz über die Gründung des Georg-Eckert-Instituts für internationale Schulbuchforschung vom 26. Juni 1975, beschlossen vom Niedersächsischen Landtag. Am leichtesten zugänglich in der Informationsbroschüre des Georg-Eckert-Instituts, § 2 (1), 1.

gebnisse historischer, politischer und geographischer Forschung im Unterricht zu fördern.

10 Jahre sind eine zu kurze Zeit, als daß man eine Jubiläumsfeier veranstalten, Preis- und Lobreden halten könnte. Aber sie reichen hin, einige aus Erfahrung und Reflexion gewonnene Überlegungen einem informierten Kreise vorzutragen. Sie beziehen sich auf die Grundfrage, welche die Existenz des Georg-Eckert-Instituts aufwirft: auf das Verhältnis von Mittel und Ziel in der Institutsarbeit, also auf die Beziehung zwischen wissenschaftlicher Erkenntnis, ihrer pädagogischen Vermittlung und deren politischer Bedeutung oder Wirkung. Zugespitzt ausgedrückt: es geht darum, ob das Gründungsgesetz des Georg-Eckert-Instituts ein bedeutender kulturpolitischer Beitrag der Länder der Bundesrepublik zur Beförderung des Friedens oder die Institutionalisierung des sokratischen Irrtums ist, der darin besteht, daß man den Menschen durch Aufklärung des Verstandes bessern und die kollektive Welt der Staaten und Völker durch die Belehrung von Einzelnen friedlicher machen zu können meint.

Sind das Vermögen der Wissenschaft und das Instrument der Pädagogik nicht zu schwach, als daß sie im Konflikt zwischen Wahrheit und Politik Verständigung durch Aufklärung herbeiführen könnten? Das nächstliegende Beispiel für diese Skepsis aus der Erfahrung des Instituts: die Unmöglichkeit für die sowjetischen Kollegen, in Schulbuchgesprächen die Existenz des geheimen Zusatzabkommens zum Hitler-Stalin-Pakt vom August 1939 zuzugeben, obgleich es in aller Welt bekannt und durch erdrückende Beweise offenkundig ist. Sobald für vital gehaltene politische Belange berührt werden – und die „Reputation" gehört dazu –, läßt die Politik die Wahrheit gar nicht oder nur gebrochen an die Öffentlichkeit oder in den Unterricht der Jugend im staatlichen Schulsystem dringen. Wo „Versachlichung" als Schwächung der eigenen Position empfunden wird, setzt die partikulare Räson des Staates der universalen Räson, der Vernunft der wissenschaftlichen Erkenntnis, die Kapuze auf und läßt ihr nur noch Sehschlitze offen.

Gehen wir also der Frage nach der Angemessenheit von Mittel und Zweck, der Vermittelbarkeit von Wissenschaft und Politik im Medium des Schulbuchs näher nach und beginnen, dem Geburtstag des Instituts angemessen, mit einem Rückblick auf die Tradition, in der es steht.

II.

Ein Stück dieser Tradition ist im Namen des Instituts aufgehoben. Georg Eckert hat das „Internationale Schulbuchinstitut" aus persönlicher Initiative, unterstützt zunächst nicht vom Staat, sondern von Lehrerverbänden, Gewerkschaften, Stiftungen, in einer historisch besonderen Situation unmittelbar nach dem Ende des Zweiten Weltkrieges gegründet. Daß es Bestand und Erfolg hatte, daß es Anerkennung im Inland und

Ausland fand, in letzterem freilich mehr, beweist neben der Fähigkeit und dem Charisma seines Gründers, daß eine politische Tendenz erstarkt war, die in der deutschen wie der europäischen Geschichte vor dem Zweiten Weltkrieg zwar zu Worte, aber nicht zum Zuge gekommen war. Georg Eckert setzte eine Arbeit fort, die in der Zwischenkriegszeit unter der Schirmherrschaft des Völkerbundes als Antwort auf die Hypertrophie nationalistischer Feindbildproduktion im Ersten Weltkrieg entstanden war: den Versuch, Schulbücher von verzerrten Aussagen über andere Völker, von Abneigung oder gar Haß säenden Stereotypen und Klischees zu „reinigen".[3] Dieses stellte sich bald als ein heikles Geschäft heraus, zeigten sich doch die Feindbilder als unlösbar verbunden mit den Selbstbildern. Hier ging es nicht einfach um die jedem Menschenfreund selbstverständliche Bemühung, vom anderen bis zum Beweis des Gegenteils nur Gutes zu reden, ging es nicht um ein philanthropisches Geschäft. Es ging um die Grundmuster des kollektiven Selbstverständnisses, die ins Bild vom anderen, vom Feind, eingewoben sind.

Als während der ersten Jahre der Weimarer Republik der Direktor des Köllnischen Gymnasiums in Berlin, Georg Friedrich Kawerau, es wagte, die deutschen Geschichtsbücher im internationalen Vergleich auf Vorurteile, Fehler, Verzerrungen durchzusehen und zu kritisieren, stieß er auf barsche Ablehnung des Geschichtslehrerverbandes: Die deutschen Geschichtsbücher seien, so hieß es, wahrlich ein objektiver

---

3 Mir sind nur zwei zusammenfassende Monographien über die Geschichte der internationalen Schulbuchforschung bekannt: Otto-Ernst Schüddekopf, 20 Jahre Schulbuchrevision in Westeuropa, 1945-1965, Braunschweig 1966 (= Schriftenreihe des Internationalen Schulbuchinstituts, Bd. 12) und Carl August Schröder, Die Schulbuchverbesserung durch internationale geistige Zusammenarbeit, Braunschweig 1961. Daneben gibt es einige kürzere Problemaufrisse, u. a. Georg Eckert, Internationale Schulbuchrevision, in: Internationale Zeitschrift für Erziehungswissenschaft 6 (1960), S.399-415; s. ferner Karl-Ernst Jeismann, Internationale Schulbuchforschung. Aufgaben und Probleme, in: Internationale Schulbuchforschung 1(1979), H. 1; ders., Internationale Schulbuchforschung, in: Aus Politik und Zeitgeschichte. Beilage zur Wochenzeitschrift Das Parlament B 36/82; ders., Friedensstiftung und Völkerverständigung oder Internationale Schulbuchforschung zwischen Politik und Pädagogik. Gedanken und Erfahrungen, in: Idee und Pragmatik in der politischen Entscheidung. Alfred Kubel zum 75. Geburtstag, hg. v. Bernd Rebe, Klaus Lompe, Rudolf von Thadden, Bonn 1984. Zur Schulbuchforschung generell s. Gerd Stein, Schulbuchwissen, Politik und Pädagogik, Kastellaun 1977 (= Zur Sache Schulbuch, Bd. 10); Schulbuch und Politik. Unterrichtsmedien im Spannungsfeld politischer Interessen, hg. v. Bernard Tewes, Paderborn 1979. Für Denkmuster und Vorgehensweise internationaler Schulbuchrevision s. das von der UNESCO herausgegebene „Handbook for the improvement of textbooks and teaching materials as aids to international understanding", Paris 1949 (deutsche Ausgabe Paris 1951). Im übrigen ist die internationale Schulbuchforschung zu vielen Einzelfragen dokumentiert im „Internationalen Jahrbuch für Geschichts- und Geographieunterricht, Braunschweig 1951-1978, und ab 1979 in „Internationale Schulbuchforschung", Zeitschrift des Georg-Eckert-Instituts, sowie in der „Schriftenreihe des Internationalen Schulbuchinstituts" und ihrer Fortsetzung „Studien zur internationalen Schulbuchforschung". Schriftenreihe des Georg-Eckert-Instituts.

Extrakt wissenschaftlicher Forschung im Geiste Rankes, im Gegensatz zu den Büchern der „uns angreifenden fremden Völker", die verzerrende Propaganda enthielten. Das Feindbild dient also der Selbstrechtfertigung – darum läßt man es sich nicht so leicht nehmen. Kaweraus Kritik galt folgerichtig der großen Mehrheit der Geschichtslehrer und ihrer Verbandsvertreter als nationaler Verrat. Auch der Staat griff ein. Berlin sorgte dafür, daß die deutschen Delegierten in der das Unternehmen tragenden Carnegie-Stiftung den Auftrag an Kawerau zur Untersuchung der Bücher zurückzogen. Man stellte Kritik und Selbstkritik auf administrativem und publizistischem Wege kalt.[4]

Belege für die ungebrochene Fortexistenz dieser Denkmuster muß man nicht lange suchen. Am 24. Juni 1985 las man in einem Leserbrief des Bundestagsabgeordneten Dr. Hupka zu den deutsch-polnischen Schulbuchempfehlungen: „Es steht fest, ... daß die Schulbücher in der Bundesrepublik Deutschland keineswegs bezüglich der Darstellung von Polen einen Nachholbedarf an Objektivität hatten; es sei hierzu auf die gute Ausarbeitung des Kultusministeriums von Rheinland-Pfalz verwiesen. Auf der polnischen Seite wurde und wird immer noch ein einseitiges und damit verzerrtes Bild der deutschen und polnischen Geschichte und der deutsch-polnischen Beziehungen verbreitet."[5]

Ich erwähne diesen Vorgang aus dem Jahr 1923 nicht nur deshalb, weil er im Ton und in der Verfahrensweise eine fatale Ähnlichkeit mit Versuchen zeigt, auch dem Georg-Eckert-Institut mit propagandistischen wie mit administrativen Maßnahmen seinen Auftrag oder die Mittel, ihn zu erfüllen, zu entziehen;[6] er macht darüber hinaus unser Problem in historischem Abstand deutlich.

Nationaler politischer Instinkt und kalkulierte Staatsräson wehren sich massiv gegen die Zumutung, ihre Vorstellungen in Frage stellen zu

---

[4] Zu Kawerau s. Jochen Huhn, Georg Siegfried Kawerau (1886-1936), in: Siegfried Quandt (Hg.), Deutsche Geschichtsdidaktiker des 19. und 20. Jahrhunderts, Paderborn 1978, S. 280-303.

[5] FAZ, 24.6.1985. Bedauerlicherweise verweist Herr Dr. Hupka allein auf ein amtliches Gutachten über vier Schulbücher, das nur im Manuskript vorliegt, und übergeht die ihm gewiß bekannte eingehende Untersuchung des Georg-Eckert-Instituts über polnische Geschichte in deutschen Geschichtsbüchern für den Unterricht, welche der KMK auf ihre Bitte zugeleitet wurde – ohne daß darauf eine Reaktion dieses Gremiums erfolgt wäre. Auch die Analyse polnischer Geschichtsbücher im Hinblick auf die deutsche Geschichte und die Beachtung der Empfehlungen wird von Dr. Hupka nicht erwähnt. Beide leicht zugänglich in „Internationale Schulbuchforschung" 4(1982); s. darin die Beiträge von Enno Meyer, Rainer Riemenschneider, Manfred Mack und Jürgen Vietig.

[6] Es muß an dieser Stelle auf die Versuche von Herrn Dr. Czaja, MdB, hingewiesen werden, durch Briefe an das Auswärtige Amt und an die Regierung des Landes Niedersachsen die Arbeit des Instituts durch Beschneidung seiner Mittel zu erschweren oder gar unmöglich zu machen. Wiederholte Einladungen zu Gesprächen und zum Austausch der Argumente lehnte Dr. Czaja ausdrücklich ab. Da diese Initiativen auch in seinen Wortmeldungen während der Bundestagssitzungen zum Ausdruck kamen, haben sie nicht den Charakter der Vertraulichkeit und sollten einem interessierten Publikum nicht unbekannt bleiben.

lassen; dies geschieht vor allem immer dann, wenn damit die elementare Selbstgewißheit, das Bewußtsein, recht zu denken, recht zu handeln, recht zu haben oder gehabt zu haben, in Frage gestellt wird. Eine kritische Korrektur der Vorstellungen über die Vergangenheit schien 1923 die Position des Deutschen Reiches im Kampf gegen das Versailler Diktat zu schwächen – deshalb konnte nicht als objektiv wahr erkannt und gelehrt werden, was politisch nicht gewollt wurde.

Die Rekonstruktion der Geschichte für das öffentliche Bewußtsein – und in ihm – folgt offenbar nicht vornehmlich wissenschaftlichen Erkenntnissen, sondern hat zunächst eine Funktion im Kampf der Völker um Selbstbehauptung. Ob das Geschichtsbild diese Funktion erfüllt oder nicht, ob es in diesem Kampf ein gutes Gewissen, die Überzeugung von der Gerechtigkeit der eigenen Sache liefert, das allein entscheidet über seine Zulässigkeit. Wer durch Aufdeckung des instrumentalen Charakters von Geschichtsvorstellungen dagegen der Katze die Schelle umhängt, löst einen emotionalen Abwehrmechanismus aus. Die Wissenschaft selbst, gerade die historische, hat sich häufig genug in den Dienst der Rationalisierung solcher politischen Funktionalität gestellt; statt Irrtümer oder Verzerrungen aufzuklären, verlieh sie ihnen den Schein objektiver Wahrheit. Karl Dietrich Erdmann hat beim Festvortrag zur Einweihung des neuen Institutsgebäudes darauf aufmerksam gemacht, wie in der Zwischenkriegszeit Historiker Bemühungen zu einer international vergleichenden Überprüfung der Geschichtsbilder ablehnten. „Das Haupt- und Kernstück der Geschichte" sei die Darstellung der Macht- und Völkerkämpfe; die Erreichung eines einvernehmlichen historischen Urteils im internationalen Rahmen sei daher unrealistisch.[7] Hier war schon vorweggenommen, was später als „kämpfende Wissenschaft" bezeichnet wurde. Freilich ist man selten so offen. In der Regel wird das funktionale Geschichtsverständnis als Ergebnis wissenschaftlicher Forschung dargestellt, als Zeugnis der Objektivität. Gegen das Geschichtsbild der anderen wird das Argument der Wahrheit in Anspruch genommen.[8] Ist also unser Aufklärungsinstrument nicht nur zu schwach, ist es gar untauglich zu dem Zweck, dem es dienen soll, weil es selbst von der Hand der Politik geführt wird?

Nun liegen die Dinge freilich nicht so eindeutig. Wissenschaft muß nicht, nach Kants Metapher, der Politik „die Schleppe nachtragen". Die

---

7 Karl-Dietrich Erdmann, Internationale Schulbuchrevision zwischen Politik und Wissenschaft, in: Internationale Schulbuchforschung 4 (1982), S. 252.
8 Eine Variation dazu sind die Auseinandersetzungen über die deutsch-polnischen Schulbuchempfehlungen. Vgl. Josef Joachim Menzel, Kritik und Alternativen der deutsch-polnischen Schulbuchempfehlungen und Karl-Ernst Jeismann, Zur Problematik der Kritik internationaler Schulbuchempfehlungen, in: Geschichte in Wissenschaft und Unterricht 32 (1981), S.129-161 sowie Josef Joachim Menzel, Friedenspädagogik oder Wahrheitspädagogik? Deutsch-polnische Schulbuchempfehlungen und Alternativempfehlungen und Klaus Zernack, Reklamation der „historischen Wahrheit" und geschichtswissenschaftliche Methoden im politischen Umfeld. Eine Erwiderung, in: Internationale Schulbuchforschung 2 (1980), H. 3, S. 60-66.

Tradition, in der das Institut steht, reicht über die Zwischenkriegszeit ins 19. Jahrhundert zurück. Es gab nicht nur die Verteidiger nationaler Funktionalität von Geschichtsvorstellungen; es gab immer auch deren Gegner. Klangvolle Namen der deutschen Wissenschaft zählen dazu. Sie haben gegen die nationale Verengung des Geschichtsbildes, gegen seine Fixierung auf Staatsbedürfnisse und politische Legitimationen unüberhörbare Argumente ins Feld geführt. In der organisierten Friedensbewegung des 19. Jahrhunderts spielten sie eine bedeutende Rolle. Man darf daran erinnern, daß der Friedenskongreß von 1850 in der Paulskirche unter Beteiligung Alexander von Humboldts bereits die Disposition zum Kriege in der Erziehung überwinden wollte.[9] Diese historische Linie weist direkt zurück in die politische Philosophie der Aufklärung, die der Politik „die Fackel vorantragen" wollte. Kant nennt in seiner Schrift „Zum ewigen Frieden" (1795) explizit die drei Elemente, die seiner Ansicht nach im Zusammenwirken den allgemeinen Frieden befördern könnten: Erziehung der Individuen – republikanische Verfassung der Staaten – Vereinigung aller Staaten im Völkerbund. Erziehung, Verfassung und äußere Politik sah er im Wechselverhältnis, in dem sie das allgemeine, menschheitliche Ziel der Geschichte beförderten: durch Friedenswahrung die Voraussetzung zu schaffen, damit die Menschheit in der Geschichte ihre Aufgabe erfüllen kann, „vernünftige", dem Sittengesetz entsprechende Verhältnisse zu schaffen, den „Naturzustand" zu transzendieren.[10] Die Verabsolutierung der Räson des einzelnen Staates, der einzelnen Nation, als der letzten Bezugsgröße für politische Wertungen und Handlungen, wie sie in der nationalstaatlichen Entwicklung zum späten 19. und 20. Jahrhundert schließlich zur Regel wurde, erscheint vor diesem Postulat als Abfall von dem universalen Auftrag der Menschheit. Dem absoluten Identifikationsanspruch des nationalen Staates, der von seinem Bürger nicht nur verlangt „was des Kaisers ist", sondern auch über seine Vernunft und seine Seele gebieten möchte, setzte sich die Verpflichtung zum „Selbstdenken" des Individuums, setzte sich die Beziehung des einzelnen auf die Menschheit entgegen. Ehe es die das politische Handeln und Urteilen wie die historische Bewußtseinsbildung verschlingende Übermacht nationalstaatlicher Identitätsanforderung gab, gab es die universalgeschichtliche Vorstellung einer Einheit der Menschheit als Ziel der Geschichte und unter ihr eine Fülle von lokalen, regionalen, territorialen, kulturellen Identitäten, deren Vielfältigkeit zwar verzerrende Klischees und Stereotypen vom Nachbarn nicht ausschloß, aber gleichsam zersplitterte.

---

9 Schröder (Anm. 2), S. 42f.; Erdmann (Anm. 2), mit vielen Hinweisen auf Wissenschaftler, die auf die völkerverständigende Kraft der Wissenschaft vertrauen. Siehe S. 251f.

10 Zu Kants Schrift „Zum ewigen Frieden" s. jetzt Gesine Schwan, Der nichtutopische Frieden. III. Imanuel Kant. Zum ewigen Frieden, in: Geschichte in Wissenschaft und Unterricht 36 (1985), S. 75, Joachim Rohlfes, Imanuel Kant: Zum ewigen Frieden (1975), ebd. S. 101ff.; Günther Patzig, Kants Schrift „Zum ewigen Frieden", in: Neue Sammlung, Vierteljahreszeitschrift für Erziehung und Gesellschaft 25 (1985), S. 2ff.

Nur dort, wo im Universalanspruch der Religion das Individuum einer Gruppe mit Haut und Haar verbunden wurde, deren Geschichtsvorstellung, Selbstbestimmung und Zukunftsperspektive dogmatisch teilen mußte, gab es vor der nationalstaatlichen Formierung der Geister einen religiös fundierten Absolutheitsanspruch; der nationalstaatliche war eine Form seiner Säkularisierung, so wie der moderne ideologische Anspruch es ist. Das läßt den Ursprung der Institutsaufgabe in der Auseinandersetzung der Aufklärung mit der zugleich religiösen, politischen wie intellektuellen Dogmatik ihrer Gegner deutlich werden. Es gibt kaum eine schärfere und knappere Charakterisierung dieser Kontroverse als die Auseinandersetzung zwischen Nathan dem Weisen und dem Patriarchen um Seele und Verhalten des jungen Tempelritters in Lessings „dramatischem Gedicht". Instrumentalisierung von Feindbildern zu politischem Gegenwartszweck ist in der Karikatur des Patriarchen auf die Spitze getrieben, der, auf seine Urkunden in den Archiven, auf seine „Rechtspositionen" verweisend, alle Einwände wegwischend, nur immer wiederholen kann: „Tut nichts! Der Jude wird verbrannt." Es hat daher symbolischen Sinn, wenn das Georg-Eckert-Institut seinen Sitz in Braunschweig und Wolfenbüttel vor der Tür hat, wo Lessing, wenigstens auf dem Theater, aufgeklärte Humanität über bornierte Patriarchenmentalität siegen lassen konnte.

Internationale Schulbuchforschung stellt also eine politische Mentalität in Frage, für die ein Staat oder ein System mit seiner Ideologie absoluter Bezugspunkt politischen Urteilens und Handelns ist. Die Existenz eines solchen Instituts ist daher nicht bloß ein Pädagogikum oder politisch allenfalls eine Spielwiese, auf der man luftige Aktivitäten entfesseln könnte, wenn in der großen Politik nichts mehr läuft. Sie ist immer auch und im Grunde ein Politikum. Die Einlösung der Aufgabe dieses Instituts setzt eine Erziehung zum Selbstdenken voraus, nicht eine indoktrinierende Integration der Jugend, eine, mit Kants Worten, „republikanische Verfassung", in der die freie Äußerung kontroverser Positionen und Interessen gesichert ist, und einen Völkerbund oder doch ein Verhältnis zwischen den Völkern, das ihre Interessengegensätze anders als durch Krieg zu schlichten gestattet. Solche Einlösung der Aufgabe setzt einen Umgang mit Wissenschaft voraus, der sich dem allgemeinen Anspruch auf methodisch nachprüfbare Erkenntnis verpflichtet weiß, nicht auf Legitimation bestimmter Positionen aus ist. Die Arbeit dieses Instituts setzt aber solche Bedingungen nicht nur voraus – sie fördert und festigt sie und gibt ihnen konkreten Inhalt in der Auseinandersetzung mit dogmatischen Positionen engverstandener Staatsräson.

III.

Im Zeitalter der Nationalstaatsbildung im 19. und der Nationalstaatszerfleischung im 20. Jahrhundert war das verstaatlichte Schulwesen weithin zum Instrument nationaler Identitätsbildung nach innen und Legitimationsbehauptung nach außen geworden. Dabei wurde die Feindbildproduktion gerade in den Geschichtsbüchern horrend; sie kumulierte im Ersten Weltkrieg. Zwischen den Kriegen steigerte sich aber noch die langfristig angelegte, offensiv oder defensiv gedachte geistige und moralische Aufrüstung nationalen Bewußtseins, zusätzlich überhöht durch den Einstrom transnationaler, aber doch mit der Größe der Nation verknüpfter politisch-historischer Ideologien – sei es in den verschiedenen Faschismen, sei es im sowjetischen Kommunismus, denen allesamt das Freund-Feind-Denken eigen war, weil sie die Herrschaft im Innern durch die Projektion von Aggressionen nach außen abzustützen suchten. Demokratisch verfaßte Staaten machten in der Formierung des politischen Bewußtseins vielleicht graduell und in der Methode, nicht aber im Ziele eine Ausnahme. „Der Lehrer soll dem Offizier das Material liefern, das physisch gestärkt und seelisch gut vorbereitet ist für Kaserne und Schlachtfeld": Das ist kein nationalsozialistischer oder faschistischer Satz, sondern ein Postulat des französischen Generalstabs von 1920.[11]

Gegenwirkung durch internationale Schulbuchrevision konnte in dieser Zeit kein Werk staatlicher Schulbehörden werden. Sie blieb Sache einzelner Wissenschaftler und Lehrer, Sache von Verbänden – insbesondere die französische Lehrergewerkschaft ist hier hervorzuheben – oder von internationalen Organisationen, deren Bedeutung für die nationale Politik und Selbstbestimmung eher marginal blieb. Für die rechte nationale Gesinnung hatte sie immer den degoutanten Geruch pazifistischen Internationalismus; den Regierungen und Kultusverwaltungen war sie unbequeme, ärgerliche Einmischung in ureigenste innere Angelegenheiten.

Vor diesem Hintergrund ist es nun eine erstaunliche Erscheinung, daß das Internationale Schulbuchinstitut Georg Eckerts vor 10 Jahren eine vom Staate eingerichtete Anstalt öffentlichen Rechts wurde. Dadurch ist in das Verhältnis der Faktoren, die unsere Fragestellung bezeichnen – Wissenschaft, Pädagogik, Politik –, eine neue Qualität gekommen. Mit der Institutionalisierung der Kritik unsachlicher Darstellungen in Schulbüchern – die eine Kritik des Selbstverständnisses notwendig mit einschließt – hat der Staat seiner Souveränität über die Sozialisation der Jugend durch öffentlichen Unterricht nunmehr aus freiem Willen eine permanente Instanz der Kritik hinzugefügt. Die das Institut tragenden Bundesländer haben die Wissenschaft als Korrektiv nationaler Selbstdarstellung im staatlichen Unterrichtssystem selbst herbeigerufen und damit der internationalen Gelehrtenrepublik feste Mitsprache verbürgt, die ihrem Wesen nach nur in Freiheit wahrgenommen werden kann. Dadurch ist die nationale Identitätsbildung in ihrem politischen Absolutheitsanspruch relativiert, in Beziehung gesetzt zu anderen Kriterien

---

[11] Schröder (Anm. 2), S. 38.

als denen der Staatsräson. Nicht Unterordnung von Wissenschaft und Erziehung unter die Politik, sondern ein Wechselverhältnis ständiger Herausforderung im nationalen und internationalen Bezug wurde installiert. Die Schwächung der nationalstaatlichen Dominanz nach dem Kriege, die Entwicklung regionalen Selbstbewußtseins, die politische Notwendigkeit transnationaler Verständigung – all dies hat den Mechanismus nationalstaatlicher Legitimationsverbreitung durch Unterricht durchbrochen und fordert im Rückgriff auf die universalen Postulate der Aufklärung eine politische Wahrnehmungsweise jenseits nationaler Feindbilder.

Das ist ein hoffnungsvolles Zeichen. Kann man jedoch annehmen, daß sich bei Regierungen und Parlamenten die Überzeugung durchgesetzt hat, die eigentliche nationale Staatsräson liege eben darin, sie nicht zu verabsolutieren, sondern in die größeren Zusammenhänge regionaler oder gar universaler Friedensordnungen zu stellen? Man muß darauf hinweisen, daß kein deutscher Nationalstaat, sondern deutsche Bundesländer diese Gründung vollzogen haben, nachdem der deutsche Nationalstaat zerbrochen war, und auch darauf, daß es Bundesländer gibt, die gerade in dieser diskursiven Befragung bestimmter Bereiche ihrer Unterrichtshoheit einen Grund zur Bestreitung der Kompetenz und zur Ablehnung der Existenz des Instituts sehen. Wir sollten auch im internationalen Feld nicht zu optimistisch sein hinsichtlich des Lernprozesses, den die Geschichte der beiden Weltkriege ausgelöst haben könnte. In der Ost-West-Konfrontation, die den Gegensatz politischer Systeme in der Form der klassischen Dualität von Weltmächten spiegelt, ist das öffentliche Geschichtsbewußtsein nicht verhandelbar, wie der Abbruch der amerikanisch-sowjetischen Schulbuchgespräche nach dem sowjetischen Einmarsch in Afghanistan zeigte.[12] Auch zwischen Staaten innerhalb der Blöcke bestehen tiefe Gegensätze, die als Selbst- und Feindbilder in den Schulbüchern manifest werden: zwischen Ungarn und Rumänien, zwischen der Türkei und Griechenland, zwischen Polen und der Tschechoslowakei, zwischen ihnen allen und der Sowjetunion. Die differierenden Wahrnehmungsmuster in der westlichen Welt sind deutlich genug, obgleich sich hier Feindbilder mehr verstecken als offen zeigen. Im Fernen Osten haben uns jüngst die chinesisch-japanisch-koreanischen Gegensätze bei der Deutung des Krieges in Schulbuchtexten beschäftigt, die alle Spuren der Legitimationsbeschaffung durch Geschichte zeigen.[13]

---

[12] Vgl. Howard D. Mehlinger, Probleme der historischen Darstellung der USA und der UdSSR in amerikanischen und sowjetischen Schulbüchern: Vorläufige Ergebnisse des amerikanisch-sowjetischen Schulbuchuntersuchungsprojekts, in: Internationale Schulbuchforschung 2 (1980), H. 2, S. 5-18. Ebenfalls vom selben Verfasser, The United States as portrayed in geography and history textbooks in the USSR, in: Social Education 45 (1981), pp. 234-238.

[13] Vgl. zum japanisch-chinesisch-koreanischen Schulbuchstreit Internationale Schulbuchforschung 5 (1983), S. 71ff.

Und wie steht es bei uns selbst? Zwar haben alle Parteien und Bundesländer die 1925 noch so vehement abgelehnte Schulbuchrevision zwischen Deutschland und Frankreich in den 50er Jahren gutgeheißen oder ihr doch wenigstens nicht widersprochen. Aber an anderer Stelle brach die alte legitimatorische Figur der Geschichtsdeutung wieder durch.[14] Fragen wir ohne Rücksicht auf unsere eigenen Legitimationsbedürfnisse danach, warum in der deutschen Öffentlichkeit so strikt auf der Erwähnung des geheimen Zusatzabkommens zwischen Rippentrop und Molotow im Rahmen der deutsch-polnischen Schulbuchempfehlungen bestanden wurde, so zeigt sich hinter dem richtigen Hinweis auf Vollständigkeit und Wahrheit, daß uns die Erwähnung dieses Paktes entlastet, weil sie uns einen Komplizen bei der Entfesselung des Zweiten Weltkrieges und bei der vierten Teilung und Unterdrückung Polens zur Seite stellt. Sie entlastet uns durch Teilung der Schuld der Vergangenheit, sie stellt die Gleichung des schlechten Gewissens mindestens zur Sowjetunion wieder her. Vieles darf ausgelassen werden bei der Behandlung der deutsch-polnischen Geschichte – dieses nicht. Es darf ja auch wirklich nicht ausgelassen werden; die Frage ist nur, welche Gründe man dafür hat – nicht bloß vorgibt, sondern im Innersten hegt. Können wir in der Bundesrepublik so sicher sein, daß die Überzeugung und Einsicht, welche die Gründung des Instituts bewirkten, erkannt oder gar anerkannt sind? Stehen wir nicht vor der Zumutung, die Arbeit des Instituts der auswärtigen Kulturpolitik – also dem Maßstab der Staatsräson – zuzuordnen? Konnte doch ein Kultusminister ohne den Schatten eines Zweifels es für richtig halten, verbündeten Regierungen durch Schulbuchvereinbarungen, also über Belehrung ihrer Jugend und ihrer Lehrer, die Bedeutung des Artikels 7 des Deutschlandvertrages vor Augen zu halten und so dessen Einlösung politisch dringlicher zu machen! Internationale Schulbuchforschung als Bündnisdiplomatie mit anderen Mitteln, als Kronjuristerei auf pädagogischem Feld! Ein neuer Nationalismus oder ein Erstarken des alten könnte schon dazu führen, daß dieses Institut aus dem – nun gebrauche ich dieses Schlagwort mit Bedacht – emanzipatorischen politisch-wissenschaftlichen Zusammenhang gelöst und wieder einer Staatsräson im engeren Sinne unterworfen wird – einer Staatsräson, die sich nur auf sich selbst zurückbezieht und der das 1949 so dringende Verständigungsgebot allenfalls noch selektiv gilt, je nach politischer Konvenienz.

Diese Bemerkungen will ich hier nicht mit konkreten Nachweisen erhärten; aber sie sollen davor warnen, dieses Institut und seine Arbeit (als einer staatlichen Einrichtung) mit zu großer Selbstverständlichkeit als gesichert zu betrachten. Nicht die Kritiker bestimmter Arbeitsergebnisse, wohl aber die Feinde der Arbeit des Instituts überhaupt – und das

---

[14] Siehe die von Wolfgang Jacobmeyer eingeleitete und ausgewählte Dokumentation „Die deutsch-polnischen Schulbuchempfehlungen in der öffentlichen Diskussion der Bundesrepublik Deutschland", Braunschweig 1979 (= Studien zur internationalen Schulbuchforschung, Bd. 26).

zeigt die politische Bedeutung seiner Existenz – folgen einem anderen Konzept politischer Pädagogik als dem der Zukunftsbewältigung durch internationale Verständigung, nämlich dem Konzept der introvertierten Selbstbehauptung durch Vergangenheitsaufrechnung. Schon fiel von dieser Seite gegen das Institut das böse Wort von der Verfassungswidrigkeit – ein moderner Ausdruck für Vaterlandsverrat; schon geistern wieder Anwürfe der „Verzichtspolitik" durch das Land, etwa gegen den Bundespräsidenten, als er das Verständigungsgebot über die Wahrung von selbstaufgebauten Rechtspositionen stellte. Minderheiten – gewiß –, aber sie appellieren an tiefsitzende kollektive Instinkte.[15]

IV.

Dies möchte ich durch einige Hinweise erläutern; denn die Betrachtung der bisher genannten Zusammenhänge zwischen Politik, Wissenschaft und Pädagogik blieb auf der rationalen Oberfläche der Erscheinungen. Es wäre alles sehr einfach, wenn die Manipulation historischer Vorstellungen zu politischen Zwecken die Veranstaltung ebenso kluger wie böswilliger Propagandisten wäre. Internationale Schulbuchforschung, die ihren politischen Zweck auf pädagogischem Wege mit Hilfe der allgemeinen Rationalität der Wissenschaft verfolgt, hätte wenig Schwierigkeiten, wenn ihr nur das rationale Kalkül von Agitatoren oder Funktionären entgegenstände.

So aber ist es nicht. Die Legitimationsbedürfnisse und die Identifikationskräfte sitzen tiefer und wirken elementarer. Das Machthaben- und das Rechthabenwollen sind einander im Fundament individueller und kollektiver menschlicher Existenz eng verbunden – vor aller kritischen, d.h. unterscheidenden Vernunft. Jedes Dasein von Individuen, von Familien, von Vereinen und Verbänden, von Völkern und Nationen, von Bündnissen usw. braucht und produziert ein legitimierendes Selbst- und Weltverständnis. Es entsteht zugleich mit diesen Gebilden, ist ihre Ursache und Folge. Wenn man historisch-politisches Bewußtsein als Reflex auf dieses Bedürfnis versteht, stellt sich die Frage, ob nicht die internationale Schulbuchrevision auch ein solcher Reflex auf mentale Bedürfnisse bestimmter Staaten oder Staatengruppen sein könnte. An-

---

[15] Die Passage der Rede des Bundespräsidenten zum 40. Jahrestag der Beendigung des Krieges in Europa und der nationalsozialistischen Gewaltherrschaft, die einer Politik diametral widerspricht, für die die Abgeordneten Dr. Hupka und Dr. Czaja stehen, sei hier wörtlich zitiert (nach der Ausgabe der Bundeszentrale für politische Bildung und der Landeszentralen für politische Bildung, S. 10): „Gewaltverzicht heute heißt, den Menschen dort, wo sie das Schicksal nach dem 8. Mai hingetrieben hat und wo sie nun seit Jahrzehnten leben, eine dauerhafte, politisch unangefochtene Sicherheit für ihre Zukunft zu geben. Dies heißt, den widerstreitenden Rechtsansprüchen das Verständigungsgebot überzuordnen. – Darin liegt der eigentliche, der menschliche Beitrag zu einer europäischen Friedensordnung, der von uns ausgehen kann."

statt der politischen Staatsräson als eigene, vermittelnde Kraft gegenüberzustehen, wäre sie dann nur unbewußter Ausdruck dieser Räson. Die Postulate universaler Verständigung, so hat man argumentiert, stehen unter dem Vorzeichen der angelsächsischen Weltherrschaft, dienen den Interessen des freien politischen Zugangs, der Durchsetzung spezifisch westlicher Denk- und Wissenschaftsformen auf der ganzen Welt, die Moral und Nutzen so trefflich verbinden.[16] Die sowjetische Initiative zum Internationalen Historikertag in Bukarest 1980 stellte offensichtlich internationale Schulbuchrevision in den Dienst der geistigen Auseinandersetzung des Kommunismus mit der bürgerlichen Welt, in die man eine bestimmte Sichtweise der Geschichte infiltrieren möchte.[17]

Die Konsequenz des Gedankens zwingt zu der schon angedeuteten Frage: War nicht auch die Wiederbelebung der internationalen Schulbuchrevision im Schulbuchinstitut nach dem Zweiten Weltkrieg und ihre politische Unterstützung ein Ausdruck spezifisch deutscher Kollektivbedürfnisse nach Abbau von Feindbildern und der Wiederaufnahme Deutschlands in den Kreis der Kulturmächte? War sie Ausdruck deutscher Interessen, die angesichts der Nachwirkung der Kriegspropaganda und der grellen Beleuchtung der nationalsozialistischen Periode nur gewinnen konnten, wenn man die Geschichte der Völker auf wissenschaftlicher Grundlage miteinander verglich? Wir müssen uns also die Frage gefallen lassen, ob nicht die internationale Schulbuchforschung im Konnex solch nationaler Funktionalität steht – auch wenn die Intentionen ihrer Protagonisten der regulativen Idee des politischen Primats der Verständigung verpflichtet waren.

Internationale Schulbuchforschung kann ihr Geschäft nicht begreifen ohne Kenntnis dieser elementaren gesellschaftlichen Legitimationsmechanismen, d.h. ohne gründliche Auseinandersetzung mit der Wissenssoziologie, der Sozialpsychologie und der Geschichte der Mentalitäten. Der funktionale Einsatz von Historie zur Identifikation und Selbstlegitimation von Gruppen und Völkern und die damit verbundene Produktion von Feindbildern ist nicht vornehmlich ein agitatorischer Mißbrauch oder eine Verleugnung offenkundiger Wahrheit. Er ist ein in der Geschichte ständig wirksamer gesellschaftlicher Prozeß der Herstellung kollektiver Daseinsperspektiven. Er zieht sich von der „ältesten Urkunde des Menschengeschlechtes", wie Herder das Alte Testament genannt hat, bis in die jüngste Zeit.

Diesen Vorgang generell zu beklagen hieße, den Strom zu beschuldigen, daß sein Wasser bergab fließt. Nichts kann den interessierten Zusammenhang zwischen gegenwärtigem Selbstverständnis, Vergangenheitsdeutung und Zukunftsperspektive auflösen. Dies ist schlechthin der Horizont der menschlichen Existenz. Es gibt im Aufbau kollektiven

[16] Schröder (Anm. 2), S. 39.
[17] Vgl. Schüddekopf (Anm. 2), S. 61f. sowie „Der Bildungsauftrag des Geschichtsunterrichts". Eine Kontroverse des XV. Internationalen Historikerkongresses, in: Internationale Schulbuchforschung 3 (1981), S. 37-53.

Selbstverständnisses eine Fülle von überschüssiger Potenz und überflüssiger Aggressivität – seine Standortbefangenheit und Einseitigkeit
sind aber unvermeidbar, sind überhaupt die Bedingung der Bedeutung
von Geschichte im allgemeinen Bewußtsein. Beispiele dafür sind beliebig vorzuführen. Als der preußische Oberschulrat Meierotto über seine
Inspektionsreise durch die Gebiete der polnischen Teilung im Jahr 1799
berichtete, schrieb er, die im Geschichtsunterricht geäußerten Urteile
hätte „der echte Brandenburger nicht gleichmütig hören" können.[18] Ich
will die Regung ähnlicher Gefühle gar nicht verhehlen, als ich jüngst
während der 18. deutsch-polnischen Schulbuchkonferenz in Pommern
polnische Reiseprospekte las, welche die Wojewodschaft Szczecin, also
den alten Regierungsbezirk Stettin, als urpolnisches, befreites Gebiet
ausgaben. Und als ein deutscher Referent biographisch durchaus zu
Recht den Franziskanerpater Maximillian Kolbe, der in Auschwitz ermordet wurde, als einen Nachkommen der deutschen Minderheit des
ehemaligen österreichischen Teilungsgebietes bezeichnete, schien es
mir, als müßten polnische Kollegen ähnliche Empfindungen gegenüber
einer Feststellung unterdrücken, die auch noch an dieser Gestalt der
polnischen Geschichte einen deutschen Besitzanspruch anzumelden
schien. Keine Schulbuchrevision kann diese elementare Verbindung
von Selbstdefinition und perspektivischem Geschichtsverständnis in der
Gesellschaft aus der Welt bringen. Alle Vereinbarungen, die über diese
Untiefen hinweggleiten, haben keine dauerhafte Kraft. Man muß wissen, mit wie gefährlichem und elementarem Stoff man hantiert, wenn
man sich auf dieses Geschäft einläßt. Es gibt im Bereich der Wissenschaft gewiß die „Konsensobjektivität", welche einseitige, in geduldi-
ger Diskussion untersuchte Wahrnehmungen überwinden kann.[19] Wenn
die historischen Beobachtungen und wenn die Feststellungen der Wissenssoziologie recht haben, sind aber die „symbolischen Sinnwelten",
die sich jede Gesellschaft notwendig baut, unaufhebbar. Stoßen sie zusammen, ist der Sieg keine Frage der Wissenschaft, sondern der Macht.
„Wer den derberen Stock hat, hat die besseren Chancen ... was freilich
nicht ausschließt, daß politisch uninteressierte Theoretiker einander
überzeugen, ohne zu massiven Bekehrungsmitteln zu greifen."[20]
Diese skeptische Beschreibung liest sich wie ein Hohn auf Schulbuchgespräche angesichts der Macht sozialer Sinnsysteme, in die sie

---

[18] Zitiert bei Paul Schwartz, Die Gelehrtenschulen Preußens unter dem Oberschulkollegium (1787- 1806) und das Abiturientenexamen, Berlin 1910, Bd. 1, S. 405f. (= Monumenta Germaniae Paedagogica, Bd. 46).

[19] Zu den Begriffen der „Begründungsobjektivität" und der „Konsensobjektivität" vgl.
Hermann Lübbe, Geschichtsbegriff und Geschichtsinteresse. Analytik und Pragmatik
der Historie, Basel, Stuttgart 1977, S. 173ff., 177ff.; dazu Jörn Rüsen, Geschichte und
Norm, in: Normen und Geschichte, hg. v. Willi Oelmüller, Paderborn 1979, S. 126ff.

[20] Peter L. Berger, Thomas Luckmann, Die gesellschaftliche Konstruktion der Wirklich-
keit. Eine Theorie der Wissenssoziologie, Frankfurt a. M. 1984 (= Fischer Taschenbuch
Nr. 662), unveränd. Abdruck der 5. Aufl. (1977) des englischen Originals „The Social
Construction of Reality", New York 1966, S. 117.

nicht, wie auf eine tabula rasa, ihre Empfehlungen einschreiben können. Sie klingt auch wie ein Hohn auf naive Erwartungen, die meinen, sobald Empfehlungen erarbeitet seien, seien die Stereotypen und Verzerrungen nunmehr bei gutem Willen im Unterricht auszumerzen. Dies hieße die Mächtigkeit der Legitimationssysteme und ihre elementare Verwurzelung in Symbolen, Gewohnheiten, Liedern, Begriffen und ihren semantischen Höfen leichtfertig unterschätzen!

V.

Jetzt läßt sich die Frage spitz formulieren, die schon die ganze Zeit im Hintergrund der Überlegungen wartet: Zäumt nicht die internationale Schulbuchforschung das Pferd beim Schwanze auf, wenn sie auf dem Wege der Wissenschaft, also mit dem Mittel der universalen methodischen Vernunft, vorrational wirkende, elementare Vorgänge beeinflussen oder gar ihnen entgegentreten will? Ist nicht dieser Weg zur Verständigung zwischen Völkern ein Holzweg? Ist nicht Verständigung immer nur Folge guter allgemeiner Beziehungen? Ist also internationale Schulbuchrevision, wo sie möglich ist, überflüssig und unmöglich, wo sie nötig wäre?

Chance und Aufgabe der internationalen Schulbuchforschung liegen zwischen dieser überspitzten Alternative. Die „sozialen Sinnsysteme" in modernen Gesellschaften sind keine monolithischen Blöcke. Geschichte und Region, Kultur und Religion, Wirtschaftsweise und Erfahrungswelt, politische Option und kulturelle Prägung machen die modernen Nationen zu hochkomplexen Gebilden. Sie sind daher nicht vergleichbar mit den geschlossenen Systemen einfacher Sozialkörper, die den Soziologen so oft als Modell dienen und auf welche die oben skizzierten skeptischen Sätze über das Verhältnis von Macht und Sinn zutreffen mögen. Die Komplexität, Konkurrenz und Vielfalt zwingen vielmehr zur Ausbildung eines diskursiven Ringens um inneren Konsens, machen den innergesellschaftlichen Diskurs um das Selbstverständnis polyphon und argumentativ, bewegen im Idealfall Träger verschiedener symbolischer Sinnwelten zum Verständnis oder doch zu einer relativen Anerkennung anderer Positionen, erzeugen einen Sinn für rechtliche Regelung von Konflikten. In einem solchen „offenen" System nehmen dann die Feindbilder keinen absoluten Rang mehr ein. Sie finden Widerspruch innerhalb und im Namen der nationalen Gesellschaft selbst; mindestens partiell wird der Dialog über sie möglich. Die Abwesenheit der Tyrannei einer einzigen allgemeinen Identitätszumutung gibt den Spielraum, in dem Verständigungspolitik im konkreten Sinne ansetzen kann – nach innen und außen.

Aber das Leben im Überschneidungsfeld unterschiedlicher symbolischer Sinnwelten ist anstrengend. Es scheint so, als ob die plurale oder gar kontroverse Realität moderner Gesellschaften eine Sehnsucht nach der einfachen Urteils- und Gefühlsstruktur von Hirtenstämmen produziere. Wenn sich mit hochkomplexer, sozial, wissenschaftlich und industriell entwickelter Kultur ein atavistisches Deutungssystem einfacher Selbst- und Fremdverständnisse paart, wird der politische Zustand innerhalb der Staaten und zwischen ihnen explosiv. In Deutschland wurde vor dem Ersten Weltkrieg und in der Zwischenkriegszeit oft und laut über die „Zerrissenheit" der Nation geklagt, der Ausbruch des Krieges 1914 als erlösendes Finden der Einheit begriffen, als Verschwinden der Gegensätze, als Gewinn an Sicherheit in einem eindeutigen Sinn: Diese „Ideen von 1914", diese Sehnsucht nach Einheit war der Sieg atavistischer kollektiver Bedürfnisse über die Fähigkeit, deren eine moderne Gesellschaft bedarf: Spannungen auszuhalten, sie als notwendige und förderliche Vielfalt zu begreifen und sich der Mühe des ständigen Ausgleichs zu unterziehen.

In der modernen Welt gerinnt nun die bewegte Vielfalt sozialer Sinnwelten innerhalb von Nationen oder Kulturen nicht von selbst. Selbst bei so tiefgreifenden Ereignissen, wie es die beiden Weltkriege waren, bedarf es massiver Propaganda, politisch-geistigen Zwanges, polizeilicher Maßnahmen und Überwachung, um „Abweichungen" zu verhindern. Werden schon im Frieden Abweichungen unter Verdikte gestellt, beginnt der Krieg zwischen sozialen Sinnwelten mit den Mitteln von Zensur und politischer Sanktion, dann ist internationale Schulbuchforschung in unserem Sinne nicht mehr möglich. Der Grad ihrer Akzeptanz ist daher ein Maßstab für die Friedensfähigkeit der Welt.

VI.

Ich schließe mit dem Hinweis auf drei Postulate, ohne deren Geltung internationale Schulbuchforschung zu einer marginalen Alibiveranstaltung oder einer massiven auswärtigen Kulturpolitik verkommt.

1. Internationale Schulbuchforschung darf nicht „pragmatische Kunst" allein bleiben, wie der um sie so verdiente Otto-Ernst Schüddekopf formuliert hat.[21] Sie bedarf einer theoretischen Fundierung. Damit meine ich nicht die gewiß wichtige technische Bemühung um die Entwicklung eines methodisch brauchbaren Instrumentariums der vergleichenden Schulbuchanalyse. Ich meine vielmehr die Erkenntnis und die Verdeutlichung der im gesellschaftlichen Bewußtsein wirksamen Mechanismen des Aufbaus eines Selbst- und Fremdverständnisses und des Verhältnisses von aufklärender Wissenschaft zur symbolischen Sinn- und Deutungswelt, in der wir alle leben. Welche Denk- und Vorstellungszwänge sind wirksam, wenn wir unsere Gegenwart mit ihren Zukunftserwartungen in Beziehung setzen zur Vergangenheit? Auf wel-

---

[21] Schüddekopf (Anm. 2), S. 42.

che Weise wirken die Legitimations- und Identifikationszwänge auf die Darstellungen in den Schulbüchern? Erst ein solches Instrumentarium erlaubt es internationaler Schulbuchforschung, die Zentren aufzuspüren, aus denen jene Verzerrungen, Feindbildkonstruktionen und Mißverständnisse im Selbstbild entspringen, die sie korrigieren möchte. Erst wenn man diese Ursprünge definiert und damit dingfest und erkennbar macht, kann die methodische Rationalität der Fachwissenschaft als Korrektiv der hundertfachen konkreten Wirkungen auf Schulbücher und Lehrmittel greifen, die immer neu von diesen mentalen Produktionszentren ausgehen.

2. Die Warnung vor der „Schulbuchdiplomatie". Ich meine damit nicht jenen platten Vorwurf, der in der Schulbuchforschung Leute am Werke sieht, „die sich unbedingt und auf Kosten der historischen Wahrheit wie der wissenschaftlichen Zuverlässigkeit verständigen wollen"[22], auch nicht die immer notwendigen Rahmenverhandlungen, die diplomatischen Geschicks nicht entbehren können. Ich meine vielmehr die Neigung, jene Bezirke des Selbst- und Fremdverständnisses auszuklammern oder durch geschickte Abstraktionshöhe zu überfliegen, in denen sich Selbst- und Fremdverständnis als besonders sperrig oder emotional verankert zeigt. Erst wenn es möglich wird, über die Tabus zu reden, die das offizielle politische Selbstverständnis oder die allgemeine gesellschaftliche Wahrnehmung bestimmen, mit denen vermeintlich die mentalen Sicherheitsbedürfnisse des Daseins geschützt werden, kommt man zu den Themen, über die zu reden sich wirklich lohnt. Offizielle Delegationen sind dazu selten in der Lage – hier berühren wir erneut den Widerspruch zwischen der üblichen Definition von Staatsräson und der Aufgabe internationaler Schulbuchforschung. Voraussetzung für eine solche Arbeit ist eine politische Kultur institutionalisierter Meinungs- und Gedankenfreiheit und der politisch wirksamen Überzeugung, daß es nicht die einzige Wahrheit gibt, wenn man gesellschaftliche und politische Verhältnisse in der Vergangenheit und in der Gegenwart zu erkennen sucht, sondern nur viele Deutungen, Urteile und Wertungen, die stets der Korrektur und Berichtigung bedürftig sind, wenn wir auf der Suche nach Wahrheit nicht der Dogmatisierung des Irrtums anheimfallen wollen.[23]

3. Wie die Friedensbewegung, so zeigt auch die internationale Schulbuchrevision, die ja ein Teil von ihr ist, in ihrer Geschichte eine fundamentale Konstruktionsschwäche. Sie weiß, was sie nicht will; sie kann das Negative, wogegen sie kämpft, genau benennen und an konkreten Einzelfällen aufzeigen: Fehlurteile, Klischees, Voreingenommenheit,

---

[22] Ebd., S. 8.
[23] Vgl. Ralf Dahrendorf, Ungewißheit, Wissenschaft und Demokratie, in: Konflikt und Freiheit. Auf dem Wege zur Dienstklassengesellschaft, München 1972, S. 247ff.

verzerrte Wahrnehmungen, Auslassungen usw. Das allein gibt noch keinen positiven Stand; daraus werden keine neuen Vorstellungen – es ist nur die Politur der alten. Internationale Schulbuchforschung sollte aber dazu beitragen, das Gebäude der Gedanken und Gefühle, der Wahrnehmungen und der Perspektiven im Fortgang der Geschichte um- und neuzubauen, und sich nicht damit begnügen, den Kammerjäger in alten Häusern zu machen. Sie muß nicht nur wissen, was sie nicht will, sie muß wissen – und zwar konkret –, was sie will. Ich erinnere Sie an Thomas Manns Novelle „Mario und der Zauberer". Der Zauberer, der böse Dämon, bringt alle Leute zum Tanzen, die seinem Befehl „balla!" nur das Nichtwollen entgegensetzen können. Erst die Empörung gegen die Erniedrigung, die in der Knechtung des freien Willens liegt, das Eintreten für Würde und Vernunft, der unbedingte Akt der Selbstbestimmung sprengt den Bann auf der Bühne. Internationale Schulbuchforschung muß ihre Kraft aus dem Positiven ziehen, aus dem, was sie eigentlich will, oder – bescheidener – zu dessen Verwirklichung sie ein Beitrag sein könnte. Sie darf nicht nur Verzerrung und Feindschaft aus dem Unterricht hinaus-, sie muß den Willen zum Frieden hineinbringen und als gemeinsames Bedürfnis aller Menschen, als Räson jeden Staates zur Maxime historisch-politischer Pädagogik machen.

Aber wie? Diese abstrakte Forderung zu konkretisieren ist schwer. Es kann nicht allein auf dem sicheren, aber eng begrenzten Terrain der Fachwissenschaft geschehen, die immer nur über das verläßlich reden kann, was bereits ist oder war und methodischem Instrumentarium zugänglich ist. Der Historiker als Wissenschaftler erforscht die Geschichte um der Geschichte willen und tut gut daran. Wir aber gehen in die Geschichte zurück wie Platons Philosoph in die Höhle um dessen willen, was draußen liegt, um der Zukunft willen. Um der Kinder und der Enkel, um der kommenden Geschichte willen muß die Gegenwart die vergangenen Geschichten, mit denen sie sich sooft nur schmückt, die ihr als Panzer oder als Schwert, als Zeughaus geistiger Kriege dienen, so begreifen lernen, daß Zukunft erlebbar wird. Das bedeutet, die sittliche Norm der Erziehung zum Frieden mit der wissenschaftlichen Verpflichtung methodischen Bemühens um Annäherung an Wahrheit auf einem Gebiet zu vereinbaren, auf dem sich Frieden und Wahrheit – und deren Gegenteil – immer nur in wechselnden defizitären, umstrittenen Erscheinungen fassen lassen. Die abstrakte Forderung nach Entwicklung der Friedensfähigkeit heißt in der täglichen Arbeit, die Möglichkeiten zu mehren, andere Menschen, Völker oder Kulturen in ihren Besonderheiten, ihren Bedingtheiten, ihren Interessen, ihren Vorstellungen verstehen zu lehren, am je besonderen Fall fremde „Wahrnehmungsmuster" begreifbar und vermittelbar zu machen. Abstrakte Friedensbekenntnisse sind ebenso wohlfeil und unnütz wie allgemeine Beschwörungen der Wahrheit. Der Wille, den anderen und sein Selbst- und Fremdverständnis zu begreifen, zu respektieren und dann erst mit divergierenden Vorstellungen und Urteilen zu vergleichen auf der Suche nach dem zugleich Richtigen und Verträglichen – das ist das positive Konkretum internationaler Schulbuchforschung. Es greift über die Zielvorgabe des Gründungsgesetzes hinaus. „Versachlichung" ist die notwendige, aber noch nicht hinreichende Bedingung der nicht allein wissenschaftlich, sondern sittlich geforderten Bemühung, bei strenger Sachlichkeit und ohne Beschönigung endlich doch – sit venia verbo – Empathie zu wecken. Wir bedürfen alle dieses Wohlwollens der andern, nicht weil Menschen, Völker und Kulturen so vortrefflich, sondern weil sie alle miteinander so gebrechlich sind. Auf die Frage, was geschehen soll, wenn sich das als richtig Erkannte gerade als das Unverträgliche erweist, brauchen wir uns nicht in die resignative Konstatierung einer Aporie zu flüchten; solch eine sich immer wieder einstellende Diskrepanz zeigt nur die Unvollkommenheit unserer Begriffe des „Richtigen" und des „Verträglichen".

Dies könnte an vielen konkreten Beispielen verdeutlicht werden – etwa daran, wie die Volkstumskämpfe in Ostmitteleuropa so begriffen und dargestellt werden können, daß sich Richtigkeit und Verträglichkeit historischer Wahrnehmung für die kommenden Generationen in der Struktur der Urteile und Wertungen nicht widersprechen. Dazu ist hier nicht der Raum – aber die Veröffentlichungen der Institutsarbeit sind eine Fundgrube für Beispiele dieser Art.

Lassen Sie mich einfach schließen mit einem Wort des italienischen Staatspräsidenten Pertini. Er erzählt: „Einmal, während eines Staatsbesuchs in Frankreich, sagte mir ein Sozialist, ausgerechnet ein Sozialist, daß der französische Nationalismus immer eine bedeutende Kraft im politischen Leben bleiben werde. Ich antwortete ihm nicht direkt. Ich antwortete einen Abend später, während eines offiziellen Banketts. Da hielt ich eine kleine Rede und sah diesem Abgeordneten in die Augen: Wer, fragte ich, hat Jean Jaurès, den größten Vertreter des französischen Sozialismus, ermordet? Das waren die französischen Nationalisten, die camelots du roi. Und wer hat Rathenau, den besten Mann der Weimarer Republik, ermordet? Das waren die deutschen Nationalisten. Und wer hat Matteotti ermordet? Der italienische Nationalismus im Gewand des Faschismus. Wissen Sie, wer wirklich das eigene Vaterland liebt? Das kann nur der, der auch die Väterländer der anderen liebt."[24]

---

[24] Livio Zanetti, Pertini si – Pertini no? Zitiert nach der Wiedergabe im „Zeitmagazin", Nr. 25 vom 14.6.1985, S. 17.

Erstveröffentlichung in der Reihe: Vorträge im Georg-Eckert-Institut, hg. v. Ernst Hinrichs, Braunschweig 1985.

GESELLSCHAFT UND WIRKUNG

Das preußische Gymnasium in sozialgeschichtlicher Perspektive[1]

1.

Das Gymnasium hat seit anderthalb Jahrhunderten stets im Zentrum der bildungspolitischen Auseinandersetzungen gestanden. Das signalisiert seine Position in der Bildungsorganisation: die Gelenkstelle zwischen niederer und höherer, zwischen Volksbildung und wissenschaftlicher Bildung. In sozialgeschichtlicher Perspektive war dies der Ort, wo die schnelle Veränderung der Gesellschaft im 19. und 20. Jahrhundert das frühmoderne Bildungswesen am schnellsten und permanent transformierte. Die Geschichte des Gymnasiums ist daher von Krisen und Konflikten ständig begleitet. Dabei hatten Freund und Feind stets agitatorisch wirksame Klischeebilder zur Hand. Sie sind bekannt: in pejorativer Aufladung galt das Gymnasium als die Schule der Vornehmen und Reichen, Bildungs- und Herrschaftsmonopole vergebend oder verweigernd, gesellschaftliche Trennung konservierend oder produzierend; auf der anderen Seite wurde es als die Schule der wahren Menschenbildung, der Einführung in die geistige Kultur, der formalen Bildung und der Vermittlung propaedeutisch-wissenschaftlicher Qualifikation und damit als die Vorschule derer verteidigt, die einst verantwortungsvolle Positionen ausfüllen sollten. Dieses Doppelklischee hat bis in die Schulkämpfe der siebziger Jahre unseres Jahrhunderts mit mehr oder weniger Modifikationen geherrscht. Seine Stereotypik legte sich auch über die Vorstellung von der Geschichte des Gymnasiums und hat die Wertung seines Bildungsprogramms mitbestimmt.

Mit der Wirklichkeit des Gymnasiums haben diese Vorstellungen wenig gemein. In ihnen ist der Wandel der Gestalt des Gymnasiums getilgt. Es erscheint seit der sog. Humboldtschen Reform als die immer gleiche Schule der künftigen Studierenden, der oberen Gesellschaftsschichten und der Bildung der „Persönlichkeit" an den beiden alten Sprachen. Wie die historische Tiefe reduzieren sie auch die regionale und soziale Komplexität dieser Schulform auf eine einzige Funktion: die Bildung akademischen Nachwuchses. „Das" Gymnasium in diesem verkürzten Sinne gab es nie. Wilhelm Heinrich Riehl sprach am Ende des vorigen Jahrhunderts von den „fein und tief unterschiedenen histo-

---

[1] Der Text lag einem Vortrag bei der Tagung der Arbeitsgemeinschaft zur preußischen Geschichte in Hofgeismar am 30. September 1997 zugrunde.

rischen Persönlichkeiten" der deutschen Gymnasien, die nun allerdings der Staat „über den gleichen Kamm zu scheren" sich anschicke.[2]

Wenn man innerhalb dieser überkommenen Vielfalt gelehrter Schulen das „preußische" Gymnasium heraushebt, so handelt es sich um eine institutionsgeschichtliche, zunächst nur normativ bestimmbare Gruppe von Schulen unterschiedlicher Tradition, ohne Einheit im Lehrplan, von je besonderen Prägungen nach Konfession, Region und Klientel. Viele von ihnen hatten zunächst mehr Gemeinsamkeiten mit Gymnasien in anderen deutschen Staaten als mit denen in einer anderen preußischen Provinz. Was ihre relative Einheit stiftete, war die Arbeit der preußischen Schulverwaltung. Sie verlieh diesen, besser als die vielen anderen Lateinschulen ausgestatteten „Gymnasien" das Recht, die Zugangsprüfung zur Universität abzunehmen. Sie breitete nach und nach ein Regelungsnetz aus: Das Eingangsalter, die Jahrgangszahl, die Klassenfolge, das Fächerspektrum mit der jeweiligen Stundenzahl, die Versetzungsordnungen, die verschiedenen Prüfungen bis zum Abitur wurden einheitlichen Vorschriften unterworfen, so wie auf der anderen Seite die Ausbildung, Prüfung, Anstellung, Befugnisse der Lehrer und Direktoren generell geregelt wurde. Im Prinzip sollte dieses „preußische" Gymnasium das Mittelglied zwischen dem Elementarunterricht und der Universität sein und denjenigen, die es materiell und geistig vermochten, eine „Gesamtbildung" durch die „großen Gegenstände der Menschheit" geben: die Muttersprache, die alten Sprachen und die Mathematik, ergänzt nur durch die sog. Wissenschaften als Informationslieferanten – Geschichte, Geographie, Naturkunde. Das Durchlaufen der höchsten Stufe befähigte dann nach dem bestandenen Examen zum Studium; aber auch die anderen Stufen sollten eine zwar engere, in sich aber vollständige Allgemeinbildung geben. Dieses preußische Gymnasium wurde die vom Staat in ihrer inneren Ordnung regulierte und überwachte, an der Staatsspitze immediat durch das Kultusministerium vertretene, mit Zulassungsberechtigungen versehene höhere Schule.

Es kam ans Ende seiner Epoche, als in der zweiten Jahrhunderthälfte, beginnend mit den Regelungen von 1859, die Realschulen zu anerkannten höheren Schulen aufrückten, ihre Zeugnisse nach und nach zum Universitätsbesuch berechtigten und also eine Variationsbreite höherer Bildung entstand, die schließlich zur Gleichstellung der drei Formen höherer Schulen führte: dem Gymnasium, dem Realgymnasium, der Oberrealschule. Das alte preußische Gymnasium wurde in dieser Auffächerung des Bildungssystems zum „humanistischen Gymnasium", einer in die Verteidigung seiner Privilegien gedrängten höheren Schulform neben anderen. In dieser Verteidigungsposition bildete sich erst jene gymnasiale Defensivideologie heraus, die in Zustimmung oder Ablehnung das verzerrte Bild vom Gymnasium erzeugte, das eingangs

---

[2] Wilhelm Heinrich Riehl, Kulturgeschichtliche Charakterköpfe. Aus der Erinnerung gezeichnet, Stuttgart 2. Aufl. 1892, S. 11f.

angedeutet wurde. Sprechen wir also vom „preußischen Gymnasium" – nicht vom „Gymnasium in Preußen" – so handelt es sich um jene ca. 100-120 höheren Schulen, die seit 1810 aus der Vielzahl von Lateinschulen als abiturfähige Anstalten herausgefiltert und einem staatlich gelenkten Prozeß der Formierung einer allgemeinen Schule höherer Bildung unterworfen wurden, ehe sie zunehmend im letzten Drittel des Jahrhunderts aus ihrer zentralen Stellung weichen mußten.

2.

Diese Hinweise auf die bildungstheoretischen Grundlagen und die institutionsgeschichtlichen Vorgänge definieren die Periode einer „neuhumanistischen Einheitsschule"[3] als die Zeit zwischen der bunten Vielfalt der früheuropäischen Latein- oder Gelehrtenschulen und dem staatlich regulierten differenzierten höheren Unterrichtswesen, also der Epoche zwischen dem Wiener Kongreß und der Reichsgründung, dem Ausklingen der deutschen Klassik und dem Durchbruch der Industriellen Revolution. Die Geschichte dieser Institution und ihrer pädagogischen Konzeptionen hat seit dem späten 19. Jahrhundert immer wieder einzelne Untersuchungen oder zusammenfassende Darstellungen erfahren. Mit wenigen Ausnahmen richteten sich diese Untersuchungen auf die Entstehung der Organisation mit ihren politischen Implikationen und der Bildungsideen mit ihren pädagogisch-didaktischen Folgerungen. Erst die neuere bildungsgeschichtliche Forschung rückt dieses ideen- und institutionsgeschichtlich geprägte Bild in die Perspektive sozialgeschichtlicher Fragestellungen und ist zu wesentlichen Korrekturen und Differenzierungen vorgestoßen. Es ist unmöglich, sie hier insgesamt zu referieren und zu diskutieren.[4] Nur die wichtigsten Aspekte sollen im folgenden vorgestellt werden.

Im Rückblick erscheint es verwunderlich, daß die sozialgeschichtliche Perspektive, wenige Ausnahmen zugestanden, so spät aufgegriffen wurde; denn die Zeitgenossen haben mit wachem Bewußtsein die gesellschaftliche und politische Bedeutung der Bildung und der Bildungsorganisation gespürt, sobald sie im 18., dem „pädagogischen Jahrhundert" als reformbedürftig erkannt und der Ruf nach dem Staat

---

[3] Diese treffende Bezeichnung s. bei Margret Kraul, Gymnasium und Gesellschaft im Vormärz. Neuhumanistische Einheitsschule, städtische Gesellschaft und soziale Herkunft der Schüler, Göttingen 1980.

[4] Einen knappen Überblick zur Geschichte des Gymnasiums im Deutschen Bund und die wichtigsten Literaturhinweise bis 1987 s. in: Karl-Ernst Jeismann, Peter Lundgreen (Hg.), Handbuch der deutschen Bildungsgeschichte, Bd. III: 1800-1870, München 1987. Meine Monographie „Das preußische Gymnasium in Staat und Gesellschaft", 2 Bde., Stuttgart 1996, gibt ein ausführliches Literaturverzeichnis. Auf diese Darstellung weise ich in den Anmerkungen wiederholt hin unter „Jeismann I bzw. II" mit Kapitel- oder Seitenangaben.

als dem Initiator dieser Reform immer lauter wurde. Wie die Volksbildung als Faktor der materiellen und moralischen Hebung der Staatskräfte einzusetzen, wie sie aber zugleich so zu begrenzen sei, daß sie die hergebrachte ständische Ordnung nicht störe, war eines der Hauptprobleme, mit dem sich die Entwürfe der Kameralisten des späten 18. Jahrhunderts befaßten. Ob der Mensch an sich „veredelt" werden oder ob er zu einem „brauchbaren" Mitglied der Gesellschaft erzogen werden sollte: das war fortan eine der fundamentalen Streitfragen der erziehungspolitischen und -organisatorischen Debatte. Der erste Standpunkt setzte auf die prinzipielle Gleichheit aller Menschen als vernunftbegabter Wesen, der zweite auf ihre Stellung und Funktion in einer rechtlich, ökonomisch und sozial prinzipiell ungleichen Gesellschaft. Der erste zielt auf Dynamik, der zweite auf Statik der gesellschaftlichen Verhältnisse. Allgemein bekannt ist das Diktum Friedrichs des Großen, der vor einer zu weitgehenden Bildung auf dem Lande warnte, weil die Bauernjungen sonst in die Städte laufen und „Secretairs und so was" werden wollten – also die ständische Ordnung bis hin zum Kantonwesen durcheinander bringen würden. Das genaue Gegenteil implizierte nach dem Zusammenbruch des Friederizianischen Staates das Bildungsprogramm, das mit den preußischen Reformen verbunden war. „Allgemeine Menschenbildung", also eine Bildung prinzipiell für alle und ohne Rücksicht auf künftige soziale Position, war nicht nur ein Bildungsprogramm für den einzelnen, sondern richtete sich auf die fortwährende Umgestaltung von Staat und Gesellschaft nach dem Bild des zur „Humanität" erzogenen Menschen. Dieser müsse – so W. von Humboldt 1792 – „in den Staat treten und die Verfassung des Staates sich gleichsam an ihm prüfen". Dieser Hoffnung auf „Perfektibilität" von Mensch und Gesellschaft stellten sich in der Restauration erneut entschiedene bildungspolitische Widerstände in den Weg. Der Kampf zwischen diesen Grundpositionen durchzog in mannigfachen Variationen die Schulpolitik des 19. Jahrhunderts und wird, bisweilen mit verkehrten Fronten, bis in unsere Zeit fortgeführt.[5]

Nicht nur im politischen Diskurs, auch in der begleitenden wissenschaftlichen Literatur des 19. Jahrhunderts war die gesellschaftliche Bedeutung des Erziehungswesens präsent. Das galt für konservative

---

[5] S. Jeismann I, Kap. 3, zur Diskussion dieser Problematik im 18. Jahrhundert. Zu Friedrich II. s. die Kabinettsorder bei Jürgen Bona Meyer, Friedrichs des Großen pädagogische Schriften und Äußerungen. Mit einer Abhandlung über Friedrichs des Großen Schulreglement nebst einer Sammlung der hauptsächlichen Schulreglements, Reskripte und Erlasse, Langensalza 1885, S. 167-170; zu den Unterrichtsplänen der Kameralisten s. Ingrid Mittenzwei, Preußen nach dem Siebenjährigen Krieg. Auseinandersetzungen zwischen Bürgertum und Staat um die Wirtschaftspolitik, Berlin 1979, Kap. IV, 2; Karl-Heinz Osterloh, Joseph von Sonnenfels und die österreichische Reformbewegung im Zeitalter des aufgeklärten Absolutismus, Lübeck, Hamburg 1970, 2. Teil, Kap. VII, S. 234ff. Das Humboldt-Zitat aus seiner Schrift „Ideen zu einem Versuch, die Gränzen der Wirksamkeit des Staats zu bestimmen", in: Gesammelte Schriften, Berlin 1903-1936, Bd. 1, S. 144.

Kritiker des Zivilisationsprozesses wie Wilhelm Heinrich Riehl ebenso wie für distanzierte Beobachter der sozialen Bewegung wie Lorenz von Stein. Dieser hat schon in der Mitte des 19. Jahrhunderts nachdrücklich darauf hingewiesen, daß die Bildungsideen der Aufklärung zu Freiheits- und Gleichheitspostulaten führten, zu Ausbreitung der sozialen Ideen und schließlich zum Postulat der „sozialen Demokratie" und damit den „inneren Gegensatz der Idee der Freiheit und der Ordnung der Erwerbsgesellschaft" virulent werden lassen würden.[6] Daß sich in Inhalt und Organisation des Bildungswesens alle Faktoren des gesellschaftlichen Zustandes und seiner Entwicklung bündelten, war auch Friedrich Paulsens Überzeugung, als er sein großes Werk über die Geschichte des höheren Unterrichts in Deutschland plante: „... eine Darstellung der Geschichte des Unterrichtswesens im 18. und 19. Jahrhundert wird ... mehr beitragen können zur Aufhellung aller Dinge, die uns angehen, als irgendetwas, was ich sonst machen kann: philosophische, kirchliche, politische, soziale Entwicklung, alles läuft zusammen in diesen Punkt."[7]

Die sozialgeschichtliche Perspektive ist also nicht eine Entdeckung der jüngeren bildungshistorischen Forschung, sondern begleitet die Entstehung des modernen Bildungswesens von Anfang an. Aber diese Einsichten in den Zusammenhang von Bildung und Gesellschaft blieben aus Beobachtungen und Ansichten entspringende Befürchtungen oder Hoffnungen für die Zukunft. Sie waren nicht auf die Erklärung historischer Zustände und Vorgänge, nicht einmal auf die analytische oder systematische Aufnahme des Gegenwartsbefundes gerichtet, sondern eben „Perspektiven", mit Handlungsanweisungen verknüpfte Warnungen oder Aufrufe. Mit dem Blick auf die sozialgeschichtliche Forschung zum Bildungswesen betritt man ein nach Erkenntnisinteresse und Methoden anderes Feld.

3.

Wenn im folgenden von „Sozialgeschichte" die Rede ist, nehme ich eine Unterscheidung von Jürgen Kocka auf. Sozialgeschichte kann einerseits in der weitesten Bedeutung des Begriffes eine umfassende Geschichte der gesamtgesellschaftlichen Zusammenhänge meinen; andererseits bezeichnet der Begriff die Erforschung sozialer Teilprozesse wie die Entstehung und Entwicklung einzelner gesellschaftlicher Grup-

---

[6] Lorenz von Stein, Geschichte der sozialen Bewegung in Frankreich von 1789 bis auf unsere Tage (1849). Nachdruck der Ausgabe von 1921, Darmstadt 1959, S. 124. Zu Lorenz von Stein s. Peter Martin Roeder, Erziehung und Gesellschaft. Ein Beitrag zur Problemgeschichte unter besonderer Berücksichtigung des Werkes von Lorenz von Stein, Weinheim 1968.

[7] Friedrich Paulsen an Ferdinand Tönnies am 30.7.1880, in: Olaf Klose u.a. (Hg.), Ferdinand Tönnies, Friedrich Paulsen. Briefwechsel 1876-1908, Köln 1961, S. 83.

pen und ihres Zusammenhanges mit anderen historischen Sektoren: der Politik, der Wirtschaft, des Rechts oder eben auch der Bildung.[8]

Zu den umfassendsten Aspekten einer Sozialgeschichte der Bildung kann man, in leichter Abwandlung dieser Bestimmung, jene Untersuchungen rechnen, welche den gesamten Bildungssektor in den Zusammenhang der gesellschaftlichen Entwicklung als integrierten, aktiven oder passiven Faktor einordnen und in seiner Funktion für das gesamtgesellschaftliche Gefüge deuten. Sozialgeschichtliche Forschungen zum Bildungswesen im engeren Sinne untersuchen dagegen einzelne Sektoren des Bildungswesens oder suchen einzelne, durch bestimmte Bildungsgänge gekennzeichnete gesellschaftliche Gruppen in ihrem sozialen Kontext und in ihrer Beziehung zueinander zu erfassen – eine Bemühung, die sich schon wegen der Datenmassen, aber auch wegen der Unterschiedlichkeit der Verhältnisse auf regional begrenzte oder schulformbezogene Analysen stützen muß.[9]

3.1

Der gesamtgesellschaftliche Zugriff einer Sozialgeschichte des Bildungswesens hat eine gewisse Ähnlichkeit mit den älteren hypothetischen Befürchtungen oder Erwartungen für die Zukunft, wendet sie jedoch als Erklärungsmodell auf die Vergangenheit an. Am umfassendsten ist die Einordnung des seit dem späten 18. Jahrhundert sich entwickelnden staatlichen Unterrichtswesens – wobei das Gymnasium den Vorreiter spielte – in eine unter der These der „Modernisierung" zusammengefaßte Beschreibung und Erklärung der historischen Transformation. Rationales, zielbestimmtes Handeln setzt sich in allen Bereichen der Gesellschaft allmählich über traditionales, durch Herkommen fixiertes Verhalten hinweg, formt die politischen Institutionen wie die gesellschaftlichen Formationen um. Aktiver Träger dieser Entwicklung ist die neu entstehende Schicht der „Gebildeten", die in Politik, Wirtschaft und Wissenschaft Innovationen fördern. Diese Schicht schafft, verwaltet und betreibt das moderne Erziehungswesen und formt die alten Gelehrtenschulen zu Gymnasien, die veralteten Universitäten zu modernen Wissenschaftsstätten um. Der Anspruch der „Bildung" und der Gebildeten drängt auf Ablösung der ständisch gegliederten Gesellschaft durch eine Funkti-

---

8   Jürgen Kocka, Sozialgeschichte. Begriff, Entwicklung, Probleme, Göttingen 1977, S. 97ff., S. 82ff.

9   Die Untersuchungen, die den Begriff „Sozialgeschichte" oder sein Adjektiv im Titel führen, sind seit über zwei Jahrzehnten zahlreich. Ich erwähne nur zwei frühe Schriften, die erste wegen ihrer Methode, die zweite wegen ihres synthetischen Zugriffs auf die sozialgeschichtliche Rolle der Schule: Detlef K. Müller, Sozialstruktur und Schulsystem. Aspekte zum Strukturwandel des Schulwesens im 19. Jahrhundert, Göttingen 1977, und: Peter Lundgreen, Sozialgeschichte der deutschen Schule im Überblick, 2 Teile (1770-1980), Göttingen 1980.

onsgesellschaft, in der Aufgaben und sozialer Rang durch Bildung und Leistung, nicht mehr durch Herkunft bestimmt sind. Die neue gesellschaftliche Rangordnung wird mehr als durch Geburt und Vermögen durch die Bildungshöhe bestimmt, an die sich Zuweisung gesellschaftlicher Funktionen knüpft. Die Verwandlung der ständischen in eine bürgerliche Gesellschaft ist mit der Entwicklung immer neuer, spezifizierter Bildungsinstitutionen und mit der Regulierung des sozialen Aufstiegs durch Bildung eng verbunden. Hier hat das Gymnasium seinen sozial- und politikgeschichtlichen Ort in der gesamtgesellschaftlichen Entwicklung.[10] Seine von ihm verliehenen, für die Berufs- und Arbeitswahl wichtigen Berechtigungen ziehen neue Linien durch die Gesellschaft, die quer zu den alten ständischen wie zu den neu entstehenden Klassengrenzen verlaufen. Die Sozialgrenze, die das „Einjährige" durch die Gesellschaft zog, der Charakter des Abiturs, das als „Adelsbrief" apostrophiert werden konnte, sind Elemente einer sozialen Teilrevolution, welche die altständische Gesellschaft gerade in ihrem oberen Sektor langfristig durchdrang und schließlich in Leistungsklassen auflöste. Solchen Leistungs-Aufstieg aus unteren in obere Sozialgruppen gab es auch früher. Das aber waren individuelle Vorgänge; jetzt werden sie zu Gruppenprozessen.

Die Sozialgeschichte der Gebildeten in Deutschland hängt eng mit der Geschichte der Institutionen zusammen, welche diese Gebildeten erzogen, als solche auswiesen und wiederum ihrer bedurften. Dieses Bedürfnis wuchs in der sich explosionsartig entwickelnden Wissenschaft, Verwaltung, in Recht und Medizin, bald auch im technischen und wirtschaftlichen Bereich. Also waren die Marktchancen und die Konjunktur für die Institutionen höherer Bildung trotz aller Schwankungen im einzelnen langfristig günstig.

Natürlich vollzog sich dieser idealtypisch skizzierte Prozeß nicht ohne Widerstände und Brechungen; sowohl die Lebenskraft der älteren geburtsständischen Ordnung wie die auf anderen Prinzipien beruhende neue Klassenschichtung waren stärkere Faktoren, welche die idealistisch prognostizierte „Bildungsgesellschaft" nur partiell zur Entfaltung kommen ließen. Der Zusammenhang von Bildung und Amt wurde immer gekreuzt durch den von Bildung und Besitz und von Amt und Geburt. Aber auch der Adel mußte, um in seine Spitzenstellungen zu gelangen, durch das „kaudinische Joch" des Abiturs, und die Wirtschaftsbürger begannen, nach Bildungspatenten zu streben, noch ehe die Entwicklung der technischen und Wirtschaftswissenschaften auch für sie den Weg durch die Bildungsinstitutionen wünschbar oder gar unumgänglich machte.

---

[10] S. dazu Rudolf Vierhaus, „Bildung", in: Otto Brunner, Werner Conze, Reinhart Koselleck (Hg.), Geschichtliche Grundbegriffe. Historisches Lexikon zur politisch-sozialen Sprache in Deutschland, Bd. 1, Stuttgart 1972, S. 508-551. Zum sozialen Aufstieg durch Bildung s. Konrad H. Jarausch (Hg.), The Transformation of Higher Learning 1860-1930. Higher Education and Social Change. Some Comparative Perspectives, Stuttgart 1983.

Die sozialgeschichtliche Entwicklung der Führungsgruppen im modernen Staat und der bürgerlichen Gesellschaft – schon begriffsgeschichtlich in der Wandlung der Bezeichnungen vom Gelehrten zum Gebildeten, vom Bildungsbürger zum Experten faßbar – läuft mit zeitlichen Verschiebungen der Entwicklung des Gymnasiums und seiner Filiationen parallel. Das preußische Gymnasium im eben definierten Zeitraum ist sozial-, aber auch mentalgeschichtlich dadurch gekennzeichnet, daß es die Einheit des gebildeten Standes und seines normativ verstandenen Bildungswissens zu prägen vorgab, indem es die institutionellen Strukturen bereitstellte, die den Weg zum Gebildeten festlegten und sicherten.

Diese Einordnung des Bildungswesens in eine Makroperspektive der Sozialgeschichte bezieht sich auf Großgruppen, die sich im 19. Jahrhundert als Nationalstaaten konstituierten. Insofern gehört die Entstehung des modernen Bildungswesens, vorab des höheren, zur Geschichte der Entstehung des Nationalstaates im 19. Jahrhundert. Bildungsgeschichte kann deshalb nationalgeschichtliche Vergleiche oder Langzeituntersuchungen über zwei Jahrhunderte anregen. Das führte zu ausgreifenden Synthesen und schlägt auf jüngere Gesamtdarstellungen der Nationalgeschichtsschreibung durch, die dem Bildungswesen heute größere Aufmerksamkeit widmet, als es früher geschah.[11]

Von diesen weitgespannten sozialgeschichtlichen Deutungen des modernen Bildungswesens nenne ich nur noch die umfassende Hypothese, die, in jüngerer Zeit, vor allem durch Talcot Parsons vertreten, die Bildungsgeschichte mit besonderer Bedeutung versieht. Drei große Veränderungen, auch Revolutionen genannt, kennzeichnen den Weg der westlichen Zivilisation in die Moderne: die industrielle Revolution, die Kette der politischen Revolutionen und die Bildungsrevolutionen. Vergleicht man die Verkettung dieser drei langfristigen Modernisierungsschübe, fällt auf, daß in Deutschland eine andere Reihenfolge stattfand als in den westlichen Industrienationen: die „Bildungsrevolution" stand vor den politischen und den wirtschaftlichen Revolutionen.[12] Daraus lassen sich weitgreifende Schlüsse ziehen: Die Entwicklung der Schicht der Gebildeten und ihrer Institutionen ging in Deutschland eher und schneller vonstatten als in den westlichen Industrienationen. Deutschland und insbesondere Preußen im 19. Jahrhundert galten als das in Bildung und Wissenschaft führende Land; es hatte aber auch zur Folge, daß diese vor der demokratischen und vor der industriellen Re-

---

[11] S. als Beispiel Margaret Scotford Archer, Social Origins of Educational Systems, London 1979; dies., Michalina Vaughan, Social Conflict and Educational Change in England and France, 1789-1848, Cambridge 1971; Brian Simon, The two Nations and the Educational Structure, 1780-1870, London 1974; Fritz K. Ringer, Education and Society in Modern Europe, Bloomington, London 1979. Ein Überblick über die Behandlung der Bildungsverhältnisse in den Synthesen zur deutschen Geschichte s. Jeismann I, S. 18, Anm. 9.

[12] Talcot Parsons, Das System moderner Gesellschaften, Eichstätt 1972, S. 120, S. 169.

volution entstandene und etablierte Elite mitsamt ihrem politischen und
sozialen Wertekodex dem Industrialisierungs- und Demokratisierungs-
prozeß ferner stand als die Elite in den Staaten, die ihre Bildungs- und
Erziehungsreform erst am Ende des 19. Jahrhunderts oder zu Beginn
des 20. Jahrhunderts vollzogen. Die einst fortschrittlichen Ausbildungsgänge und die mit der Bildung sich entwickelnden Mentalitäten
und Vorstellungen von Staat und Gesellschaft standen in vorparlamen-
tarischen und vorindustriellen Kontexten, festigten sich und stützten eine politische Form, eine soziale Gesamtvorstellung und eine Herr-
schaftselite, die sich zwar meritokratisch verstand, aber hinter diesem
Anspruch spätfeudale oder frühkapitalistisch-paternalistische Ordnungen konservierte. Schon durch ihre enge Bindung an den Staat hielt die
intellektuelle Elite an der alten Lehre von der Überordnung des Staates
über die Gesellschaft fest und trug dazu bei, die politische Modernisierung in Preußen und Deutschland in der zweiten Hälfte des Jahrhunderts stillzustellen, d.h., das errungene konstitutionelle monarchische
System nicht als Übergangszustand in die parlamentarische Demokratie, sondern als eigenständige politische Form zu betrachten. Bei
gleichzeitiger Förderung der wirtschaftlichen und technischen Effizienz
und der faktischen sozialen Umwälzungen unterhalb der Führungsgruppen des Systems wurden daher Widerspruch und Spannung in die
deutsche Gesellschaft und in ihre politische Verfassung getragen. Diese
Disparität zwischen Herrschaftssystem und Sozialsystem, als politisch-
mentaler Faktor bis in die Weimarer Republik hinein herrschend, erscheint dann als einer der Gründe für die katastrophale Entwicklung
des 20. Jahrhunderts. Das Gymnasium als die Staatsschule der Gebildeten und der Führungsschicht habe diese politisch in den Verwaltungsabsolutismus zurückweisende Mentalität der staatstragenden Kräfte gestützt. Weit entfernt von den emanzipatorischen Impulsen seiner
Gründungszeit habe es die Gebildeten antimodern, konservativ erzogen, sobald die fortschreitende gesellschaftliche Modernisierung die soziale Position der gebildeten Elite bedrohte. So trug das höhere Bildungswesen, früh perfektioniert und verfestigt, dazu bei, die deutsche
Geschichte auf einen vom westlichen Muster abweichenden „Sonderweg" zu führen.

Diese weit gespannten hypothetischen Konstruktionen, die dem Bildungswesen eine fundamentale politische Wirkung zuweisen, mögen
heuristisch fruchtbar werden. So breit ihr geschichtlicher Horizont ist,
so schmal und fragwürdig ist ihre empirische Basis. Je genauer das Bildungswesen und seine Verbindungen mit anderen Sektoren der Gesellschaft sozialgeschichtlich untersucht wird, um so mehr erweisen sich
solche anregenden Entwürfe als problematische Spekulation. Sie über-
fordern die bildungsgeschichtliche Erklärungskompetenz und wohl
auch die geschichtsbildende Potenz der Bildungssysteme überhaupt.
Bei internationalem Vergleich büßen sie ihre Erklärungskraft schnell
ein. So ist es schwer einzusehen, um nur ein Beispiel zu nennen, wa-

rum gerade das nach internationalem Urteil der Zeit miserable englische Schulsystem des 19. Jahrhunderts oder das sozial so eng begrenzte Lyzealsystem Frankreichs der Demokratisierung zuträglicher gewesen sein sollten als das preußische Gymnasial- und Universitätssystem, oder warum das dem deutschen vergleichbare, frühe und gut ausgebaute schottische Unterrichtssystem nicht ähnliche Effekte erzeugte.

3.2

Faßt man die sozialgeschichtliche Perspektive im Hinblick auf das preußische Gymnasium im engeren Sinne, lassen sich fundiertere Erkenntnisse über die Institution und ihr reales Innenleben wie ihre Verflechtung mit sozialen Vorgängen und politischen Ereignissen fassen: so bei dem Verhältnis des Gymnasiums zur früheren Turnbewegung, seiner Stellung und dem Schicksal seiner Schüler während der politischen Restriktionen nach der Revolution von 1830, seiner bewegten inneren Auseinandersetzung seit der Wende der Bildungspolitik nach 1840 und während und nach der Revolution von 1848. Das Verhältnis des Gymnasiums zu anderen Schularten, insbesondere die Auseinandersetzungen mit der eine Verschiebung der sozialen und ökonomischen Verhältnisse signalisierenden Realschulbewegung, vor allem aber die sozialgeschichtlich wichtige Frage nach Herkunft und Zukunft der Klientel dieser sog. elitären Bildungsanstalt, verdeutlichen seine Stellung in Staat und Gesellschaft genauer als reizvolle, aber spekulative Synthesen. Zur sozialen Herkunft und Zukunft der Schüler und zum Verhältnis zur Realschule folgen einige Hinweise.

3.3

Der engere Kreis dieser Klientel, die künftigen „Gebildeten", d.h. die Abiturienten des preußischen Gymnasiums, ist statistisch genauer zu erfassen als die weit größere Schülerzahl, die vor dem Abitur die Schule verließ. Es war eine kleine Gruppe. Mit der Jahresziffer 1828 (1.966) erreichte sie einen Rekord, stagnierte dann bei ca. 1.200 jährlich und gewann erst wieder in den sechziger Jahren den Stand von 1828, um dann während des Kaiserreichs unter anderen Verhältnissen im neuen höheren Schulsystem rapide anzusteigen. Das preußische Gymnasium in seiner Periode hielt also die Zahl der Abiturienten relativ konstant und klein, während seine Gesamtschülerzahl bis zur Jahrhundertmitte um 50% stieg – von ca. 24.500 (1832) auf ca. 32.300 (1852). Schon darin wird deutlich, daß die Organisation gymnasialer Bildung eine Regulierungsfunktion für den wissenschaftlichen Nachwuchs und vor allem für den Nachwuchs an Staatsämtern wahrnahm. Am Begriff der „Qualifikationskrisen" hat man das wechselnde Spiel von Angebot und

Nachfrage ausführlich untersucht.[13] Die Ergebnisse sind im „Datenhandbuch zur deutschen Bildungsgeschichte" zusammenfassend dokumentiert. Das Kriterium der Auslese war prinzipiell nicht die Herkunft,
sondern die Leistung, objektiviert in einem immer umfassender ausgebauten Versetzungs- und Prüfungssystem. Wenn auch das Ministerium
in der bekannten Lorinser-Debatte in den dreißiger Jahren wiederholt
gegen die Neigung der gelehrten Schulmänner und Philologen ein-
schreiten mußte, Schüler zu „überbürden", so hat es doch für die Abiturienten daran festgehalten, daß diese „die Beschwerden, Mühselig-
keiten und die Aufopferung", die ein künftiges, der Wissenschaft, dem
Staate oder der Kirche gewidmetes Leben erforderten, frühzeitig ken-
nenlernten. „Belastbarkeit" war eines der Erziehungsziele des preußischen Gymnasiums.[14]
Sieht man aber hinter dieser Programmatik auf die reale und soziale
Situation, zeigt sich ein differenziertes Bild. Die Motive des frühen Ab-
gangs vom Gymnasium waren seltener Unwille oder Unfähigkeit zur
schulischen Leistung als vielmehr der individuelle Lebensplan. Auch
waren die Gymnasien noch keineswegs so gleichgeschaltet, daß es
schwierig gewesen wäre, von einem als schwer verschrieenen zu einem
als „leicht" gepriesenen Gymnasium überzugehen, selbst wenn dafür
ein Ortswechsel nötig war. Man darf für diese Zeit auch die Auslese-
kraft des Prüfungssystems nicht überschätzen; als Steuerungselement
für eine soziale Schichtenbildung war es weit weniger tauglich als die
Sogkraft oder der Abstoßungseffekt aufnahmefähiger oder überfüllter
Karrieren nach dem Abschluß des Studiums.
Unter sozialgeschichtlicher Perspektive ist besonders die soziale Her-
kunft der Abiturienten des Gymnasiums untersucht worden. Seit der
Einführung des Abituredikts von 1788 stehen uns, freilich ungenaue,
Daten zur Verfügung. Sie zeigen eine doppelte soziale Herkunftslinie.
Die Abiturienten waren zunächst die Söhne der akademisch Gebildeten
im Staats- oder Kommunaldienst, in Kirche, Schule, Wissenschaft und
Armee. Zur Erhaltung des elterlichen Sozialstatus waren sie auf Bildung – auf Examen – angewiesen. Sie stellten von Ort zu Ort, je nach
Struktur der Bevölkerung mit Unterschieden, ca. zwei Drittel der Abiturienten. Ein Viertel der Abiturienten kam, das zeigt die Verankerung
des Gymnasiums im alten Stadtbürgertum, aus dem Kreis der Handwerker, kleinen Kaufleute, unteren kommunalen Beamten – eine erhebliche Quantität, die sich qualitativ durch einzelne Lebens- und Berufs-

---

13 S. zu den Zahlenverhältnissen Jeismann II, S. 30ff., S. 684f. Ein wichtiges Ergebnis sozialgeschichtlicher Forschung ist das „Datenhandbuch zur deutschen Bildungsgeschichte", hier Bd. II: Sozialgeschichte und Statistik des Schulsystems in den Staaten
des Deutschen Reiches 1800-1945, Göttingen 1987, hg. v. Detlef K. Müller und Bernd
Zymek; zu den „Qualifikationskrisen" s. Hartmut Titze, The Dynamics of Expansion.
Enrollment, Expansion and Academic Overcrowding in Germany, in: Jarausch (Anm.
10).

14 Zur „Lorinser-Debatte" s. Jeismann II, S. 219ff.

läufe eindrucksvoll veranschaulichen ließe. Gering war der Anteil der ländlichen besitzenden Schicht und der Adligen, solange das an der Schule abgelegte Abitur noch keine zwingende Voraussetzung zum Universitätsbesuch war.

Väterberufe von Abiturienten 29 preußischer Gelehrtenschulen 1789-1807

Schule	Jahr	Akademiker Beamte Ärzte Offiziere U.-Prof.	Geistl. Prediger u. Lehrer	Kaufleute, Fabrikanten	Handwerker usw.	Gutsbesitzer	Adlige[2]
Friedr.-Werdersch. Gymn., Berlin	1789-1804	42	12	7	6(29)		5
Berl.-Cöllnsches Gymn., Berlin	1789-1801	46	49	8	27(6)	6	9
Gelehrtenschule Prenzlau	1789-1802	15	12	4	9(6)		1
Stadtschule Stendal	1784-1802	3	18	7	4		1
Saldrische Schule Brandenburg	1790-1796	3	12		5		1
Lyceum Brandenburg/Neustadt	1789-1798	7	8	5	11(2)		
Friedr.-Wilh.-Gymn- Brandenbg. Oberschule	1799-1802	5	9		3		
Frankfurt	1789-1802	20	13	6	9(8)	2	
Ref. Friedrichsschule, Frankfurt	1789-1807	10	18	5	7(5)		3
Gelehrtenschule Küstrin	1791-1806	28	10	2	3(3)		2
Stadtschule Kottbus	1790-1805	4	5	3	8(3)		1
Akadem. Gymnasium Stettin	1789-1805	69	57	2	6(3)	4	9
Ratsschule Stettin	1789-1805	35	53	7	20(7)	1	
Stadtschule Anklam	1801-1808	5	8	1	3		
Stadtschule Kolberg	1791-1800		4		1		
Stadtschule Marienburg	1789-1805	12	14	9	3	3	1
Gymnasium Brieg	1789-1794	6	2	3	9(2)		
Gelehrtenschule Schweidnitz	1789-1794	11	10	2	12(1)	2	1

Schule	Jahr	Akademiker Beamte Ärzte Offiziere U.-Prof.	Geistl. Prediger u. Lehrer	Kaufleute, Fabrikanten	Handwerker usw.	Gutsbesitzer	Adlige²
Waisenhaus Bunzlau	1789-1792	9	3	1	7(2)		
Luth. Stadtgymn. Halle	1789-1807	41	16	6	12(6)		2
Pädagogium Halle	1790	6	2			2	4
Gymn. Altstadt Magdeburg	1789-1789	3	3	3	12		
Domschule Magdeburg	1789-1805	74	51	4	27(12)	2	14
Domschule Halberstadt	1789-1807	89	81		11(16)		2
Gymnasium Hamm	1789-1802	29	9	6	1	2	
Gymnasium Soest	1790-1805	21	10	4		2	1
Reform. Gymn. Wesel	1790-1805	5	3	3	1		1
Friedrichs-Gymn. Herford	1789-1802	7	10	3	(1)		
Reform. Lateinschule Emden	1790-1805	21	5		2(1)		
Summe: 1591	%:	40,1	32,5	6,3	14(15,4)	1,7	4

[1] In dieser Rubrik sind mitgezählt: Stadtmusici, Unteroffiziere, Soldaten, „ouvriers", niedere Schullehrer. Die in ( ) aufgeführten Zahlen beziehen sich zusätzlich auf den Beruf Bauer und Tagelöhner.

[2] Diese Zahlen geben die in den anderen Rubriken mitenthaltenen Adligen an, sofern für diese ein Beruf angegeben war: Die wenigen Ausnahmen sind in der Gesamtsumme und also auch in den Prozentzahlen zu tolerieren.

Quelle: Jeismann I, S. 177.

Je nach dem Standort der Stadt und der sozialen Schichtung der Bevölkerung unterschied sich die soziale Zusammensetzung der Abiturienten. Einen punktuellen Einblick, keineswegs einen repräsentativen, bietet die Liste der Abiturienten des berühmten Gymnasiums „Zum grauen Kloster" in Berlin von 1829. Es war eine städtische Schule. Die hohen Staatsbeamten in Berlin neigten eher dazu, ihre Söhne zum Joachimthalschen Gymnasium zu schicken. Am „Grauen Kloster" sind die nicht-akademischen, gewerblichen Väterberufe daher deutlich überre-

präsentiert. Aber die Studienwahl der Abiturienten zeigt, daß sie allesamt in die akademischen Karrieren streben.

Abgänger vom Gymnasium Zum grauen Kloster, Berlin, 1829/30

Abgang an Abiturienten, Michaeli 1829

Vaterberuf	Note	Studienwahl	Schuldauer	Alter
Stadtcassen controlleur	1	Jura	7 1/2	17 1/2
Kaufmann	1	Jura	5 1/2	18 1/2
Kaufmann	1	Jura	5	17 1/2
Hofrat	2	Theol./Phil.	4	20
Prediger	2	Theol./Phil.	2 1/2	19
Kaufmann	2	Medizin	1 3/4	21 1/2
Kaufmann	2 +	Medizin	7 1/2	19 1/2
Rechnungsrat	1	Jura	2 1/2	19
Friseur	1	Theol./Phil.	2	20
Kaufmann	1	Medizin	1 1/2	21
Geh. Ob. Reg. Rat	2	Jura	6	19 1/2
Leutnant a.D.	2	Jura	7	19
Maler	2	Phil./Theol.	7 1/2	18 1/4
Justizrat	2	Jura/Phil.	2	20
Justizrat	2	Jura	8 1/2	18 1/2
Kaufmann	2	Jura	6	-
Kaufmann	2	Theol./Phil.	9	-
dän. Consul Kolberg (Kfm.)	2	Jura	7	21
Schlosser	2	Jura	7 1/2	19
Kaufmann	3	Medizin	6 _	19
dän. Consul Kolberg (Kfm.)	3	Forstwiss.	7	20

Quelle: Jahresprogramm des Gymnasiums Zum grauen Kloster 1830, in: Jeismann II, S.
744.

In größeren Handelsstädten – wie Stettin und Breslau –, aber auch in
kleineren, gewerbereichen Orten wie Bielefeld, Mülheim oder Krefeld
war der Anteil der Söhne des handelnden oder gewerblichen Bürgertums stärker, während in den Hauptstädten der Provinzen, wo die Verwaltung zentriert war, der Anteil der Söhne aus den oberen, aber auch
den subalternen Beamtenfamilien überwog.

Das Gymnasium war also nicht allein eine Standesschule, dazu bestimmt, die Karriere der Söhne auf der sozialen Ebene der Eltern zu ga-

rantieren, sondern ebenso eine Schule des sozialen Aufstiegs des mittleren und kleinen Stadtbürgertums. Blickt man auf die Karrieren der Abiturienten, kann man es allerdings als eine Schule der Bildung der künftigen Akademiker und Amtsinhaber in kirchlichen, staatlichen oder staatsnahen Berufen bezeichnen. Einzelne Versuche langfristiger Datenerhebungen aus Schulprogrammen lassen vermuten, daß durch das 19. Jahrhundert hindurch zwei Drittel bis drei Viertel der Abiturienten den Status ihrer Väter durch Bildung bewahren bzw. – bei subalternen Beamten – auch erhöhen.[15] Ein weiteres Drittel schaffte den Aufstieg aus dem sog. niederen Mittelstand in die Schicht der Gebildeten. Sosehr das Gymnasium also mit dem alten Stadtbürgertum in enger sozialer Verbindung stand, sowenig Kontakt gewann es freilich zur Klasse der sog. ungebildeten Eigentumslosen in den Städten. Es hatte auch später immer zum niederen Stadtbürgertum der Handwerker, kleinen Kaufleute, auch der unteren Beamtenschicht eine soziale Konnexion, kaum aber zum entstehenden „Vierten Stand".

Diese Zahlen zeigen zweierlei: das Gymnasium diente einerseits der Selbstrekrutierung der sozialen Gruppe der Gebildeten und war zugleich ein Medium sozialen Aufstiegs aus dem „ungebildeten" alten und später auch dem „neuen" Mittelstand. Differenziert man das Bild weiter nach den künftigen akademischen Berufsfeldern, zeigen die Theologen und Philologen die engste Affinität zu den Abiturienten, die als erste ihrer Familie zum Studium gelangten. Auch die soziale Verbindung dieser Gruppe über das Konnubium zum mittleren oder unteren Stadtbürgertum ist hier weit stärker ausgeprägt als bei den Juristen, zumal bei ihrer vornehmsten Gruppe, den höheren Verwaltungsbeamten.

Diese Hinweise müssen genügen. Untersuchungen zum beruflichen und sozialen Auf- und Abstieg über zwei Generationen innerhalb der akademischen Berufe sowie über den Zusammenhang von Berufswahl und Konfession – wobei die jüdischen Abiturienten eine besonders herausgehobene Gruppe bilden – vervollständigen dieses Bild der Sozialschichtung innerhalb der Gebildeten[16] im 19. Jahrhundert.

3.4

Zweifellos war die kleine Zahl der Abiturienten im Staatsdienst, in der Justiz, in Wissenschaft und Medizin, in Lehramt und Kirche die Grup-

---

15 S. im einzelnen Sigrid Bormann, Karl-Ernst Jeismann, Abitur und Staatsdienst, in: Karl-Ernst Jeismann (Hg.), Bildung, Staat, Gesellschaft im 19. Jahrhundert. Mobilisierung und Disziplinierung, Stuttgart 1989, S. 155-186.

16 Hier ist auf die enge Verbindung von Begriffs- und Sozialgeschichte zu verweisen, die für die Bildungsgeschichte der letzten Jahrzehnte bedeutsam geworden ist. Für die innere soziale Gliederung der „gebildeten Stände" wichtige Untersuchung s. Ulrich Engelhardt, Bildungsbürgertum. Begriffs- und Dogmengeschichte eines Etiketts, Stuttgart 1986.

pe mit der höchsten Herrschafts- oder Deutungskompetenz. Im Gymnasium hatten sie ein relativ einheitliches Bildungsfundament erhalten. Es ist schwer abzuschätzen, wie weit diese relative Gemeinsamkeit an Inhalten und Formen der Bildung die unterschiedlichsten Sozialisationsfaktoren in Familie und Gesellschaftsschicht überwölbte. Daß Bismarck und Marx Abiturienten preußischer Gymnasien waren, ist noch kein Beweis gegen die Wirksamkeit ähnlicher schulischer Bildungserlebnisse. Denn nicht die politischen oder gesellschaftlichen Deutungen, nicht die Parteinahmen und politischen Orientierungen, wohl aber ein gemeinsamer Verständnishorizont wurde durch diese Bildungsgrundlage geschaffen. Man verstand sich in einem tieferen Sinne, auch wenn man sich politisch bekämpfte.

Aber es wäre falsch – und es ist ein Mangel der älteren pädagogischen Geschichtsschreibung –, die Abiturienten als die Gymnasiasten überhaupt, die anderen aber als die Abbrecher oder Gescheiterten anzusehen. Geht man nach der Zahl der Schüler, war das preußische Gymnasium vornehmlich eine Schule derjenigen, die ihre Schulpflicht nicht auf der Elementarschule ableisten wollten, und jener, die über die Schulpflichtgrenze hinaus ihre Bildung zu vervollständigen suchten, ohne ein Studium ins Auge zu fassen. Schulpflichtige und die nicht mehr schulpflichtigen Schüler des Gymnasiums, die nicht das Abitur machten – zwischen 90% und 95% der Schülerschaft – sind eine nach Herkunft und beruflicher Zukunft schwer zu fassende Gruppe. Erst die neuere sozialgeschichtliche Forschung hat mit Nachdruck darauf hingewiesen, daß das Gymnasium nicht nur die Schule der Abiturienten, sondern vor allem eine Schule bildungswilliger, wenngleich nicht auf akademische Laufbahnen versessener Schüler war.[17] Beobachtungen der Schülerströme an ausgewählten Gymnasien zeigen, daß bis in die Prima hinein die Herkunft aus den städtischen mittleren und unteren Schichten bei der Gesamtschülerzahl numerisch überwog, die soziale Verteilung der Gymnasiasten also deutlich vom Abiturientenspiegel abwich. Das „Graue Kloster" kann wieder als Beispiel dienen.

Ludwig Giesebrecht, eine der markanten Lehrerpersönlichkeiten aus dem Gymnasium in Stettin und Mitglied einer Lehrer- und Gelehrtenfamilie, notierte um 1860 mit Stolz, daß er keineswegs – auch in den oberen Klassen – nur künftige Akademiker unterrichtet habe: „... sämtliche Zivilbeamte, auch die subalternen, haben bei uns den Gang durchs Gymnasium gemacht. Die Postverwaltung, die Regierung, selbst die landrätlichen Ämter nehmen keinen Schreiber an, der nicht das Primanerzeugnis aufzuweisen hat ... auch nicht Beamte, Gutsbesitzer, Fabrikherrn, Kaufleute, Schiffskapitäne, Gewerbetreibende von

---

[17] So zunächst vor allem Müller (Anm. 9) und Kraul (Anm. 3) an ausgewählten Schulen.
[18] S. bei Jeismann II, S. 393, Anm. 57; dazu auch die Hinweise bei Müller (Anm. 9), S. 31f.

Abgang aus Sekunda, 1829/30		
Vaterberuf	gewünschter Beruf	Alter
Oberbürgermeister	Gewerbeschule	16 1/2
Schlosser	Privatstudium	15 1/2
Kaufmann	Postfach (Primareife)	18 1/2
Müller	Baufach	17
Hofrat	Buchhandel	17 1/2
Ober-Inspektor	Militärdienst	18 1/2
Gutsbesitzer	Postfach	20
Kaufmann	Baufach	16
Hofrat	unbestimmt	19
	(Primareife/Geschäftsdienst)	

Abgang aus Großtertia		
Vaterberuf	gewünschter Beruf	Alter
Bäcker	Apotheker	17
Hofgärtner	Ökonomie	16
Kaufmann	Handlung	15 1/2
Superintendent	Ökonomie	19 1/4
Kaufmann	Kaufmann	17 3/4
Möbelhändler	Tierarzneischule	17
Geschäftsmann	Tierarzneischule	16 1/2
Gutsbesitzer	Landwirtschaft	16
Kaufmann	Gewerbeschule	?
Gerber	Gerber	16

Abgang aus Kleintertia		
Vaterberuf	gewünschter Beruf	Alter
Gerber	Gerber	16 1/4
Bäcker	Bäcker	15
Lehrer	Kaufmann	15 1/4
Gutsbesitzer	unbestimmt	17
Holzhändler	Ökonomie	16
Kaufmann	Handlung	15
Kaufmann	Kaufmann	15 1/2
Schneider	Kanzleidienst	17

Quelle: Jahresprogramm des Gymnasiums Zum grauen Kloster 1830, in: Jeismann II, S. 745.

mancherlei Art finde ich unter meinen ehemaligen Schülern."[18] Das Gymnasium als Einheitsschule höherer Bildung bot einer breiten Zahl eine allgemeinbildende Vorbereitung für spezielle Berufe mit höheren Anforderungen oder auch für den Besuch an Fachschulen. Gewiß: als gebildeter Mann zu gelten, gesellschaftliches Ansehen zu haben und in den entsprechenden Kreisen verkehren zu können – das hieß auch, lateinische Zitate und literarische Anspielungen zu verstehen – war gewiß ein Motiv des längeren Besuchs des Gymnasiums. Unmittelbarer und pragmatischer aber griffen die Verordnungen, die den Abschluß bestimmter Klassenstufen des Gymnasiums als Laufbahnvoraussetzungen festsetzten. Dies galt in allen Sparten des öffentlichen Dienstes. Die Primareife war ein begehrter Schlüssel zum Eintritt in die noch nicht streng definierten subalternen Beamtenlaufbahnen. Sie erlaubte ferner den Besuch von Fachschulen – besonders begehrt war die Bauakademie –, aber auch Seefahrtsschulen für künftige Kapitäne, kaufmännischer Anstalten des zentralen Gewerbeinstituts in Berlin und mancher anderer Fachschule. Sie ersparte die Portépeeprüfung für Fähnriche und beförderte die Karriere im Militär.

Genauere Forschungen zur Sozialgeschichte der Gymnasiasten ohne Abitur fehlen. Wichtig ist, daß es nicht die Unterrichtsverwaltung war, die bestimmte Eingangsberechtigungen an die Absolvierung bestimmter Klassenstufen knüpfte; vielmehr waren die anderen Verwaltungen dafür zuständig: Das Handelsministerium, die Postverwaltung, die staatlichen Baubehörden, die Behörden der inneren Verwaltung und das Militär regierten mit ihrer Berechtigungspolitik in die Schulen hinein und übten damit Druck auf eine nach Art und Grad vergleichbaren Bildung an allen Gymnasien aus – ein von der Unterrichtsverwaltung zunehmend beklagter Zwang zur Gleichförmigkeit.

Unter den vielfältigen Berechtigungen war das sog. Einjährige das wichtigste und begehrteste Patent. Diese Berechtigung öffnete den Zugang zu verschiedenen Zweigen des Verwaltungsdienstes, befreite von der dreijährigen Dienstpflicht, bot für das spätere Leben den begehrten Rang des Reserveoffiziers: kurz, das sog. Einjährige galt als die eigentliche Trennungslinie zwischen den gebildeten und ungebildeten Klassen der Gesellschaft. Die Militärverwaltung knüpfte im Laufe des 19. Jahrhunderts diese Berechtigung an unterschiedliche Voraussetzungen und Verfahren. Damit verquickten sich an einer wichtigen sozialen Linie Bildungssystem und Militärsystem bis in das Zivilleben hinein. Wie das Kultusminsterium mit dem Recht, die Abiturprüfung abzunehmen, aus dem großen und ungeregelten Kreis der Lateinschulen des 18. Jahrhunderts die 120 Gymnasien heraushob und mit den Prüfungsordnungen ihre Oberstufe nach und nach normierte, so geschah es für die mittleren Klassen dieser Gymnasien und später der Realschulen mit der Berechtigung zum Einjährig-Freiwilligen Dienst. Sie bildete den zentralen Punkt eines Berechtigungssystems, das Bildungs- und Arbeitsfeld in zunehmenden Maße verknüpfte. Bis heute ist dies eine der wesentlichen sozialgeschichtlichen Nachwirkungen der Ausformung des Gymnasiums.

1814-1818:   Immatrikulation
1818-1822:   Abitur
1822-1831:   1/2 Jahr Untertertia
1831-1859:   1 Jahre Untertertia
1859-1868:   1/2 Jahr Untersekunda
1868-1877:   1 Jahr Untersekunda
1877-1918:   Versetzung nach Obersekunda

Quelle: Peter Lundgreen, Sozialgeschichte der deutschen Schule im Überblick, Teil 1: 1770-1918, Göttingen 1980, S. 68.

Die soziale Herkunft und die Berufswünsche der Gymnasiasten, die entweder gleich nach dem Ende der Schulpflicht oder später – ohne Abitur – in den Beruf traten, zeigt die Polyvalenz der Bildungsgänge des Gymnasiums. Dabei wird eine Staffelung der künftigen Berufsfelder nach dem Abgangstermin vom Gymnasium deutlich. Die kleinere Gruppe der Schüler, die nach der Untertertia in die Arbeitswelt treten, wählt häufig die Berufe ihrer Väter; man kann hier vom Verbleiben in ihrer sozialen Schicht oder von nur geringfügigem sozialen Aufstieg ausgehen. Anders – bleibt man beim Beispiel des „Grauen Klosters" – die Abgänger aus der Sekunda: hier wählt die Hälfte eine Laufbahn im Staatsdienst nach dem Besuch einer Fachschule oder dem Einjährig-Freiwilligen Militärdienst.[19]

Das Gymnasium entließ also mit anerkannten und für die Berufslaufbahn wichtigen Abschlüssen unterhalb des Abiturs eine große Zahl von Schülern in die Arbeitswelt. Man hat es deshalb – und wegen seiner sozialen Offenheit – als „Gesamtschule" bezeichnet.[20] Aber nach Unterrichtsangebot und Bildungsziel war dieses Gymnasium keineswegs Vorläufer einer modernen Gesamtschule. Als Schule der „allgemeinen Menschenbildung" ließ sie keine Beliebigkeit dieser Bildung zu. Auch der künftige Forstmann, der Bergbautechniker, der Verwalter einer Beamtenstelle im Postdienst oder der Reserveleutnant mußten eine Strecke weit durch die altsprachliche Schule. Seinem Programm nach war das Gymnasium eine „Einheitsschule" höherer Bildung mit kanonisiertem Bildungsgang. Erst wer diesen Kreis, wenn auch mit verschiedenem Radius, durchmessen hatte, konnte und sollte sich dem Erwerb der speziellen Fachkenntnisse widmen.

Sieht man aber hinter diese bekannte Bildungsphilosophie und die Verordnungen, die sie organisatorisch im Lehrplan umsetzten, zeigt sich ein abweichendes Bild. Die Realschulbewegung, das wichtigste

---

[19] Obwohl in diesem Jahr auch schon die Abgänger aus der Untertertia zum einjährigen Dienst berechtigt waren, wurde dieser Weg hier nur von Schülern aus der Sekunda gewählt. Ausschlaggebend dafür könnte die pekuniäre Lage der Eltern gewesen sein, die ihre Söhne länger auf der Schule lassen und die Kosten der eigenen Ausstattung tragen konnten, zu der die „Einjährigen" verpflichtet waren.

[20] So Müller (Anm. 9), S. 30ff.

dynamische Element im Schulwesen des 19. Jahrhunderts, begann nicht nur außerhalb der Gelehrtenschule schon im 18. Jahrhundert als ein Gegenmodell; sie entwickelte sich in einem erstaunlichen Maße auch im Schoße der Gymnasien selbst.[21] Zwar kam um das Latein niemand herum, aber der Griechischunterricht konnte durch Französisch- oder Englischunterricht substituiert, selbst der Lateinunterricht um einige Stunden gekürzt werden für solche Schüler, die mehr Realkenntnisse für ihren künftigen Beruf für wichtig hielten. Es gab eine Vielzahl von Kompromissen, die nicht zuletzt durch finanzielle Erwägungen – das Schulgeld war der wichtigste Posten im Etat – gestützt wurden. Weiter gingen Gymnasien und programmatische Forderungen von Gymnasiallehrern, die in solchen Maßnahmen nicht nur ein pragmatisches Zugeständnis an Wünsche der Eltern und an den Finanzbedarf der Schule sahen, sondern die auch die neuen Sprachen und die Realien als originale Gegenstände einer allgemeinen Menschenbildung ansahen. Die neuhumanistische Lehre der „allgemeinen Menschenbildung" war, von der Bindung an die alten Sprachen gelöst, auch zum Credo der Realschulen des 19. Jahrhunderts geworden – die ältere Konzeption der Berufsbildung war völlig verblaßt. Eine Reihe von Gymnasien versuchte, einen eigenen Realschulzweig aufzubauen, der zwar nicht zur Hochschulreife, wohl aber zu allen unterhalb dieser Qualifikation liegenden Abschlüssen führte. Einige waren gar auf dem Weg zu einem „utraquistischen" Lehrplan für die Unter- und Mittelstufen. Je mehr es auf die Jahrhundertmitte zuging, um so heftiger wurden die kontroversen Diskussionen innerhalb der Gymnasiallehrerschaft um den „rechten Weg" der allgemeinen Menschenbildung. Man beobachtet eine energische Suche nach einer Antwort auf die zunehmend empfundene Dysfunktionalität des gymnasialen Lehrplans zu sich wandelnden Bedürfnissen der bürgerlichen Arbeitswelt. Während der Revolution von 1848 brachen Forderungen zu einer Neuordnung der Nationalerziehung hervor, in deren Mittelpunkt – neben dem Streit zwischen Kirche und Staat um die Volksschule – die Neuordnung des Gymnasiums stand.

3.5

Die Realschulen wurden in dem Moment eine attraktive Alternative zum Gymnasium, als sie einige der begehrten Berechtigungen zu bestimmten Laufbahnen unterhalb des Universitätsbesuchs erhielten. Den ersten Schritt auf diesen Weg tat das Ministerium, als es 1832 die Entlassungsprüfungen der Realschulen normierte und den Geprüften das Recht zum Einjährig-Freiwilligen Militärdienst verlieh. Das Edikt löste bei der Militärverwaltung, den städtischen Magistraten und den Provinzialverwaltungen Zustimmung aus, weil es, wie die Regierung in Kö-

---

[21] Jeismann II, S. 487f.

nigsberg formulierte, „einem wahren Bedürfnis unserer und der nachfolgenden Zeit abhelfe."[22] Nur acht Realschulen konnten zunächst den
hohen Ansprüchen des Edikts genügen. Aber nun begann ein Wettlauf
der höheren Bürgerschulen um die begehrte Berechtigung. Schon 1836
waren es 29, im Oktober 1859 bei der endgültigen Regulierung der Realschulen als höhere Anstalten, 56 „berechtigte Schulen". Davon gehörten 26 in die erste Ordnung. Sie hatten einen voll ausgebauten neun-
jährigen Kurs, der mit Ausnahme des Griechischen dem Lehrplan am
Gymnasium sehr ähnlich war. Auch die Realschulen zweiter Ordnung
strebten im Laufe der nächsten Jahrzehnte nach einem solchen Lehrplan – d.h., nach dem Erwerb der finanziellen Mittel für den Ausbau
der Klassen – und nach solchen Berechtigungen. Es ist bekannt, wie sie
schrittweise bis zur Gleichstellung im Jahre 1900 sich die volle Be-
rechtigungsbreite des Gymnasiums in scharfen bildungs- und kulturpolitischen Auseinandersetzungen erkämpften.

Es war für den Verlauf der preußischen und später der deutschen
Schulorganisation von fundamentaler Bedeutung, ob das Gymnasium
unter Beibehaltung seiner Grundprinzipien den Veränderungen der sich
industrialisierenden Welt durch die Aufnahme „moderner" Fächer folgen und durch einen flexibleren Lehrplan die Entwicklung eigener Realschulen überflüssig machen konnte, oder ob es sich durch Dogmatisierung seines Fächerkanons in der vergeblichen Hoffnung auf
Erhaltung seiner bildungspolitischen und staatsgeschützten Privilegien
gegen diese Modernisierung stemmte. Darüber entschieden nicht nur,
vielleicht nicht einmal vornehmlich, bildungsphilosophisch-pädagogi-
sche Erwägungen, sondern standespolitische Interessengegensätze
nicht nur innerhalb der Lehrerschaft beider Schulen – die nach Herkunft und Bildungsgang, nach Fachstudien und pädagogischer Qualifikation austauschbar waren und an beiden Schularten sowie in der
Schulverwaltung gleichermaßen Karriere machten –, sondern auch in
der Schicht der Gebildeten selbst, die am Realienstreit kontrovers Anteil nahm.

Diese Entscheidung hing buchstäblich vom Ausgang der Revolution
von 1848/49 ab. Eine Konferenz gewählter Lehrer aus Gymnasien und
Realschulen, einberufen vom preußischen Kultusministerium, hatte
sich in intensiven Beratungen zu einer kombinierten Lösung durchge-
rungen. Diese, 1849 auch vom Ministerium akzeptierte Entscheidung
wurde im Jahrzehnt der Reaktion kassiert. Unter Befestigung und Dogmatisierung des altsprachlichen Kanons wurde das „humanistische
Gymnasium" nun zu einer der höheren Unterrichtsanstalten Preußens
neben anderen.[23] Zwar blieb es noch einige Jahrzehnte dominant an
Zahl und Prestige, geriet aber im 20. Jahrhundert im sich differenzierenden Unterrichtssystem in eine Randposition.

---

[22] Ebd., S. 492.
[23] Ebd., Teil III, Kap. 2.

Das hatte sozialgeschichtliche Folgen. Schon im Jahrzehnt der Reaktion war die Trennung der Realschule vom Gymnasium mit dem Argument begründet worden, daß man auf diese Weise Schüler vom Gymnasium fernhalten wolle, die nicht die Absicht hätten, zu studieren. Bald folgen die Klagen, daß auf dem Gymnasium Schüler säßen, deren familiärer Hintergrund bildungsfern sei. Jetzt erst betrachtete sich das humanistische Gymnasium als „vornehm" und von der Sexta an schon auf das Abitur und die Wissenschaften ausgerichtet; jetzt galten seine „Frühabgänger" als gescheitert, beanspruchten seine Verteidiger für diese Schule den exklusiven Vorzug „wahrer" Bildung gegen „Halbbildung". Jetzt erst entwickelte sich eine gymnasiale Bildungsideologie, die sich auf Humboldt berief, ohne seine Programme wirklich wahrzunehmen. „Schickt die Burschen, denen Hellas und Rom nichts zu sagen hat, ruhig auf die beiden Realschulen", rief der Germanist Gustav Roethe 1905 vor einer Versammlung der Freunde des humanistischen Gymnasiums in Berlin aus, „aber die kleinere Schar führt auf die Höhe des Lebens ... unbeirrt durch das Stolpern der Schwachen, die sehen mögen, wo sie bleiben."[24] Damit sind wir in der Entstehungsphase der Klischees und Stereotypen, die eingangs erwähnt wurden.

4.

Als durchgeformte Institution mit festem Lehrplan und klaren administrativen Regelungen gehört das preußische Gymnasium in die Epoche des Verwaltungsabsolutismus mit starker Tendenz zum konstitutionellen System, also in die ersten beiden Drittel des 19. Jahrhunderts. Aber die Perioden der Sozialgeschichte schwingen über die institutionellen Zäsuren hinweg. In sozialgeschichtlicher Langzeitperspektive faßt man die Wurzeln des Gymnasiums als des Instruments bürgerlichen Aufstiegswillens und bürgerlichen Leistungs- und Mitspracheanspruchs bereits im letzten Drittel des 18. Jahrhunderts. Die Ausdifferenzierung des höheren Unterrichtswesens, die das humanistische Gymnasium mehr und mehr an den Rand rückte, setzte diese sozialgeschichtliche Tendenz verstärkt fort. Das preußische Gymnasium ist ungeachtet der Veränderung und Modernisierung des Lehrplans organisatorisch und mit dem Prinzip der „allgemeinen Menschenbildung" zum Muster der jüngeren höheren Unterrichtsanstalten geworden. Mit Recht heißen sie in der Bundesrepublik, sieht man von wenigen Experimentierformen ab, alle „Gymnasien"; in sozialgeschichtlicher Perspektive hat sich die breite soziale Offenheit des alten Gymnasiums in das moderne höhere Unterrichtswesen hinein fortgesetzt. Das höhere Unterrichtswesen blieb

---

[24] Gustav Roethe, Humanistische und nationale Bildung. Eine historische Betrachtung. Vortrag, gehalten in der Versammlung der Freunde des humanistischen Gymnasiums in Berlin und der Provinz Brandenburg am 6. Dezember 1905, Berlin 1907.

bis über die Mitte des Jahrhunderts hinaus gekennzeichnet durch die enge soziale Verbindung zu den Nachfolgeklassen der alten Stadtbürgergesellschaft, von den oberen, den Adel einschließenden Rängen und Karrieren bis zum unteren Mittelstand einerseits, durch die Distanz zur Industriearbeiterschaft andererseits. Der Ausweitung des neuen Mittelstandes entsprach die Differenzierung nach Typen, die allmähliche Einbeziehung des höheren Mädchenbildungswesens in das institutionelle System und das Berechtigungswesen sowie die schnelle Steigerung der Zahl höherer Schulen seit dem Ende des 19. Jahrhunderts. Muster dieser neuen höheren Unterrichtsverfassung war das preußische Gymnasium auch im Hinblick auf die Koppelung von Bildungs- und Berufswelt über das Berechtigungswesen und die Einstellungskriterien. Dabei hat sich die quantitativ wichtigste Laufbahnvoraussetzung des alten preußischen Gymnasiums, das „Einjährige", als „Mittlere Reife" erhalten, obwohl der Anlaß längst entfallen war.

Daß diese expandierende Entwicklung gymnasialer Bildungsprinzipien und -formen sich nicht im Schoße des preußischen Gymnasiums selbst vollzog, ist oft bedauert und als „Segmentierung" negativ beurteilt worden. In der Tat konnten sich, unterstützt durch das politische System des Reaktionsjahrzehnts, jene beharrenden Kräfte durchsetzen, die auf die einmal gewonnene exklusive Stellung des preußischen Gymnasiums im Bildungssystem und damit auf ihren Rang pochten, die „Bildung" zu portionieren, Berechtigungen zu monopolisieren, Karrieren zu regulieren. Bewußt oder unbewußt stand die Dogmatisierung des neuhumanistischen Lehrplans im Dienste dieses sozialpolitischen Zweckes. Nimmt man aber eine weitere sozialgeschichtliche Perspektive, zeigt sich die Segmentierungsphase als eine Stufe im Prozeß der Ausweitung gymnasialer Bildungsprinzipien und -organisationen vom Beginn des 19. Jahrhunderts an. Wenn sich heute bis zu 50% der entsprechenden Schülerjahrgänge auf Gymnasien befinden, ist das auf der einen Seite das Ende exklusiver gymnasialer Bildung, auf der anderen Seite eine Fortsetzung der ihrem Prinzip innewohnenden Tendenz. So gesehen ist das Gymnasium das Medium, das den schon im frühen 19. Jahrhundert konstatierten „Bildungsdrang" weiterer Bevölkerungsschichten trotz aller Restriktionen auffing und beförderte. Aus einer Anstalt, die als Schwelle zwischen der „niederen" und der „höheren" Bildung, als die Schleuse zwischen den literati und den illitrati diente, ist ihrem eigenen Prinzip zufolge eine Schule geworden, die diesen Unterschied immer mehr verwischt. Von den Problemen, die mit diesem Transformationsprozeß auftreten, ist hier nicht zu reden. Vielmehr will ich abschließend an die Vision Friedrich Paulsens von 1906 erinnern, der eine erhebliche prognostische Kraft innewohnt: Es war seine Überzeugung, daß das Unterrichtswesen der „Kulturbewegung" folge und daß die „lange Episode in der längeren und hoffentlich immer höher aufwärtsstrebenden deutschen Bildungs- und Erziehungsgeschichte", während der sich der „gelehrte" Unterricht im scharfen Gegensatz zum

Volksunterricht befunden habe, ihrem Ende entgegengehe. „Das Ideal einer wahren Nationalbildung" sah er in Zukunft nicht in der Separierung niederer und höherer Anstalten, auch nicht in der „Gleichheit der Bildung aller, sondern: Auf dem Grunde einer einheitlichen Volksbildung, die selbst wieder als ein Glied der Menschheitsbildung eingeordnet wäre, ein Höchstes von individueller Ausbildung, nach der unendlichen Vielheit der Aufgaben, der Kräfte und Begabungen, welche die schöpferische Natur hervorbringt. Und das Ideal eines nationalen Bildungswesens wäre dies: Daß einem Jeden Gelegenheit geboten würde, zu einem Maximum persönlicher Kultur und sozialer Leistungsfähigkeit nach dem Maß seiner Anlagen und seiner Willensenergie sich auszubilden."[25]

Das ist, seines zeitgebundenen altsprachlichen und philologischen Dogmas entkleidet, das ferne Zukunftsideal der Bildungsreformer um 1810 gewesen. Sie wußten, daß auf dem Wege dahin „Akkomodationen"[26] an die Wirklichkeit unumgänglich waren. Das „preußische Gymnasium" war eine solche Akkomodation. Es stand immer in Spannung zu politischen und gesellschaftlichen Wünschen der Zeit; Kritik und Krise waren seine Begleiter, und die Ambivalenz, in der es zwischen Anpassung und Widerspruch zum politischen System stand, ist nicht zu übersehen. Viele ausländische, sachkundige Beobachter jedoch sahen im Gymnasium eine progressive Kraft. Der liberale Geist, der in seinen Mauern herrsche, das Prinzip, zum „Selbstdenken" zu befähigen oder zu ermuntern, der Aufwand, den das Land für seine Schulen überhaupt bereitstellte und der hohe professionelle Standard der Lehrerschaft, das konnte von außen als eine starke Kraft zur Überwindung der autoritären politischen Strukturen des Vormärz durch eine auf Bürgerrechte gegründete Verfassung gedeutet werden.[27]

So ist es an der Zeit, das „preußische Gymnasium" in seiner Vorgeschichte, seiner wirklichen Gestalt und in seinen Nachwirkungen genauer als bisher zur Kenntnis zu nehmen. Das dient nicht nur dem Verständnis der inneren preußischen Geschichte im 19. Jahrhundert, sondern auch der angemesseneren Beurteilung der Entwicklung des Bildungswesens in unseren Tagen.

---

[25] Friedrich Paulsen, Das deutsche Bildungswesen in seiner geschichtlichen Entwicklung, Berlin 1906, unveränderter Nachdruck Darmstadt 1966, S. 171, S. 185ff.; Jeismann II, S. 16.
[26] S. dazu Jeismann I, Kap. 1, passim.
[27] S. Jeismann II, S. 449f.

Erstveröffentlichung in: Karl Heinrich Kaufhold, Bernd Sösemann (Hg.), Wirtschaft, Wissenschaft und Bildung in Preußen. Zur Wirtschafts- und Sozialgeschichte Preußens vom 18. bis zum 20. Jahrhundert, Stuttgart 1998, S. 139-159.

Zur Professionalisierung
der Gymnasiallehrer im 19. Jahrhundert

1. Vorbemerkung

„Professionalisierung" ist ein aus der angelsächsischen Soziologie übernommener heuristischer Begriff zur Untersuchung der Entstehung und Eigenart von funktionalen und sozialen Eliten in der modernen, wissenschaftsgeleiteten, nach Rationalitätskriterien sich definierenden Gesellschaft. Im angelsächsischen Sprachgebrauch ist „Profession" ein „Expertenberuf". Er entsteht als Antwort auf die wachsende Komplexität der Lebensverhältnisse: in Produktion und Distribution der Güter, Vervielfältigung der Kommunikationsmittel, Entfaltung der Dienstleistung, Ausbreitung von Regeln der Verwaltung und Rechtssetzungen. Die Entstehung und Differenzierung solcher Expertenberufe ist Folge und Ursache des Modernisierungsprozesses und der Überwindung ständischer Gesellschaftsstrukturen, setzt freie Berufswahl ohne geburtsständische Rechtstrennungen voraus. Greifen diese Untersuchungen die historische Dimension auf, führen sie in jene Epoche, wo dieser Vorgang begann, also auf das Ende des 18. und in die erste Hälfte des 19. Jahrhunderts. In dieser Überschichtungsphase von alten und neuen gesellschaftlichen, wirtschaftlichen, staatlichen Formen gewinnt die Professionalisierungsforschung an historischer Komplexität, die sich noch einmal durch regionale Unterschiede steigert.

Im kontinentalen Europa, in Deutschland zumal, ist der Begriff der „Profession" in jener Zeit eher auf handwerkliche Berufe bezogen: Daß sie sich ihrer Profession als Schneider widmen, eine Freischneiderstelle erhalten wollten, sah Ludwig Natorp als die bedauerliche Motivation der Zöglinge des Berliner Lehrerseminars um 1810 an.[1] Im Deutschen muß man das englische „profession" für diese Zeit mit „akademischen Berufen" übersetzen – ein Grund dafür, weshalb Kuhlemann die Entstehung des Volksschullehrerstandes im 19. Jahrhundert nicht als „Professionalisierung", sondern als „Verberuflichung" bezeichnen will.[2] Es ist ein Zeichen dafür, daß sich die aus angelsächsischen Forschungen gewonnenen begrifflichen Annäherungen an diesen Prozeß nicht ohne

---

[1] Zitat bei Gunnar Thiele, Die Organisation des Volksschul- und Seminarwesens in Preußen 1809- 1819. Mit besonderer Berücksichtigung der Wirksamkeit Ludwig Natorps, Leipzig 1912, S. 108f.

[2] Frank-Michael Kuhlemann, Modernisierung und Disziplinierung. Sozialgeschichte des preußischen Volksschulwesens 1794-1872, Göttingen 1992, S. 256. Dort auch die Auseinandersetzung mit der einschlägigen Literatur, insbesondere Edwin Keiner, Heinz-Elmar Tenorth, Schulmänner – Volksschullehrer, Unterrichtsbeamte, in: Internationales Archiv für Sozialgeschichte der deutschen Literatur 6 (1981), S. 198-222.

Einschränkungen auf das kontinentale Europa, insbesondere nicht auf die Staaten des aufgeklärten Absolutismus übertragen lassen. Die politische Verfaßtheit von Staat und Gesellschaft drückt dem Professionalisierungsvorgang ihren Stempel auf. Sind die angloamerikanischen Forschungen vornehmlich auf eine „Gesellschaftskultur" bezogen, in der der Staat nur als „government" auftritt und die Entwicklung der Berufe kaum beeinflußt oder lenkt, so sind in „Staatskulturen" die politischen Anstöße und Bindungen stärker oder gar dominant, die Entstehung akademischer Berufe mit der Staatssphäre enger verbunden. Die deutsche Entwicklung, so meint McClelland, stehe etwa zwischen den Vorgängen in den USA, wo es kaum staatliche Auflagen gab, und denen in Rußland, wo die akademischen Berufe ganz an den Staat gebunden waren.[3] Eine relativ einheitliche Gruppe der akademisch Gebildeten in Deutschland entwickelte ein unterschiedlich enges Verhältnis zum Staat – dienstlich, mental und theoretisch oder philosophisch –, unterlag bürokratischer Förderung und Lenkung, wirkte ihrerseits aber direkt im Staatsdienst oder mittelbar auf ihn Einfluß nehmend auf diese Staatskultur zurück.

Damit ist ein Grundmerkmal, das die angloamerikanische Professionalisierungsforschung den Professionen zuschreibt – nämlich die „Autonomie", also die Selbstregelung des Nachwuchses, der Leistungskriterien, der Berufsorganisation, auch der Berufsehre – nur bedingt als heuristische Vorgabe auf unser Thema anzuwenden. Das wird sofort klar, wenn man den gängigen Begriff des „Amtes" als das Zentrum des Selbstverständnisses der akademischen Berufe, des gelehrten Schulmannes nicht zuletzt, zitiert. „Amt" ist Auftrag von oben oder von außen, ist Bindung und Verpflichtung, erschöpft seine Bedeutung nicht durch gesellschaftliche Dienstleistung, sondern versteht sich immer auch als Instanz zur Sicherung der rechten Ordnung des Ganzen. Jenseits terminologischer Problematisierungen soll der Begriff „Professionalisierung" forthin auch auf den Prozeß der „Verbeamtung" der gelehrten Schulmänner angewendet werden. Die Professionalisierungsforschung gibt – ob es sich um „liberal professions" oder „Amtsprofessionen" handelt – differenziertere Kriterien zur Erhellung dieses Prozesses.

Neben der Autonomie nennt die Professionalisierungsforschung folgende Merkmale einer modernen Profession:

– spezialisierte Ausbildung auf tertiärer Ebene
– ein gemeinsamer, bestimmter Verhaltenskodex
– eine durch Examina markierte Karriereleiter
– ein hohes gesellschaftliches Prestige

---

3 Charles E. McClelland, Zur Professionalisierung der akademischen Berufe in Deutschland, in: Werner Conze, Jürgen Kocka, Bildungsbürgertum im 19. Jahrhundert. Teil I: Bildungssystem und Professionalisierung in internationalen Vergleichen, Stuttgart 1985, S. 234.

– das Streben nach Marktmonopol und schließlich
– eine wirtschaftliche Sonderstellung mit überdurchschnittlichem Verdienst.[4]

Diese Merkmale tauchen in unterschiedlicher Mischung und Akzentuierung als Fixpunkte der Beobachtung auch immer wieder auf, wenn man die Professionalisierung des Gymnasiallehrerstandes in historischer Perspektive betrachtet. Sie ist zugleich – eben weil der Bildungsbereich in den Staaten des aufgeklärten Absolutismus Mitteleuropas viel eher und gründlicher zu einem Politikum wurde als in Westeuropa – ein besonders deutliches Beispiel für die unterschiedliche Entwicklung von akademischen Expertenberufen im angelsächsischen Bereich und in Mitteleuropa und gehört damit zu den Charakteristika, welche die Differenzen, die „Sonderwege" beschreiben und ein Stück weit auch erklären, die diese Gesellschaften in die Moderne führten.

Die „Professionalisierung" der Gymnasiallehrer hat Christoph Führ 1985 unter dem Aspekt des sozialen Aufstiegs der Philologen untersucht – womit er ein wichtiges Merkmal der Professionalisierung ins Zentrum rückte. Ich verweise auf seine ausführliche Literaturliste, die zeigt, daß die Entwicklung des höheren Lehramts in verschiedenen deutschen Staaten wiederholt Gegenstand historischer oder pädagogischer Forschung war.[5] Eine nochmalige Thematisierung könnte nur durch den Versuch interessant sein, anhand der o.g. Kriterien der Professionalisierungsforschung dem Thema neue Aspekte abzugewinnen. Ich beschränke mich dabei auf die preußische Entwicklung in der Entstehungsphase der Profession – nur die bayerische ist vergleichsweise ähnlich intensiv untersucht. Die anderen deutschen Staaten folgten im wesentlichen diesem Weg; nur in Österreich blieb das höhere Schulwesen bis zur Revolution von 1848 in geistlicher Hand, entstand die Profession des Gymnasiallehrers also subkutan.

2. Umfang und Funktion des Berufsstandes

Ein Blick auf die Quantitäten verdeutlicht auch an den Gymnasiallehrern, daß „Professionen" Berufsgruppen der kleinen Zahl sind – mindestens in den Zeiten ihrer Entstehung. Wir finden in der ersten Hälfte

---

[4] S. McClelland (Anm. 3) die Tabelle S. 247; s. generell zur hier angedeuteten Problematik Dietrich Rüschemeyer, Professionalisierung. Theoretische Probleme für die vergleichende Geschichtsforschung, in: Geschichte und Gesellschaft 6 (1980), S. 311-325 und Charles E. McClelland, The Process of Professionalization: Professionalization and Higher Education in Germany, in: Konrad H. Jarausch (Hg.), The Transformation of Higher Learning 1860-1930. Higher Education and Social Change: Some Comparative Perspectives, Stuttgart 1983, S. 293-344.

[5] Christoph Führ, Gelehrter Schulmann – Oberlehrer – Studienrat. Zum sozialen Aufstieg der Philo logen, in: Conze, Kocka (Anm. 3), S. 417-457.

des 19. Jahrhunderts für Preußen allenfalls 1.500 im Beruf tätige Personen; vor Ausbruch des deutsch-französischen Krieges – im Kontext starker Bevölkerungsexplosion – waren es 3.800 und im gesamten Reichsgebiet kurz vor dem Weltkrieg ca. 22.000, worin jetzt etwa 1.000 Lehrerinnen mitzuzählen sind.[6] Professionen in der Entstehungsphase müssen sich, das zeigt sich auch bei den Gymnasiallehrern, einen instabilen Arbeitsmarkt teilen, mit Zyklen der Nachfrage und des Überangebots rechnen. Ihr Interesse geht deshalb eher auf Begrenzung als auf Ausweitung der Zahl und also auf Errichtung hoher Qualifikationshürden. Nachfragesituationen, bei den Gymnasiallehrern im ersten Jahrzehnt nach den Befreiungskriegen und dann wieder in stärkerem Maße zu Beginn der zweiten Hälfte des Jahrhunderts, brachten in der Regel Entwicklungsschübe der professionellen Konstituierung.

Mit der kleinen Zahl kontrastiert die erhebliche Bedeutung des akademischen Berufes. Den Professionen fallen Regelungskompetenzen im weitesten Sinne zu, von deren Ausübung breitere Kreise der Gesellschaft direkt oder indirekt abhängen. Das leuchtet bei den Juristen und den Ärzten, später den Technikern und Ingenieuren unmittelbar ein; man wird es auch für die Theologen gelten lassen, die mit dem Anspruch, Heils- oder Wesenswissen zu verbreiten, ein elementares Bedürfnis bedienten. Gilt es auch für die Gymnasiallehrer? Ihre Klientel im engeren Sinne, die Abiturienten, stellten eine kleine Zahl dar, die zunächst auch wesentlich langsamer stieg als die Gesamtschülerzahl an Gymnasien; man darf aber nicht jene weitaus größere Zahl übersehen, die mit gymnasialen Abschlüssen oder Zeugnissen unterhalb des Abiturs Laufbahnen im Staatsdienst und in Staatsnähe erstrebte. Doch es ist nicht die absolute Zahl der Schüler, aus der sich die gesellschaftliche Bedeutung und Wertschätzung der gymnasialen Laufbahn und also die Funktion des neuen Gymnasiallehrerstandes ablesen läßt, sondern in höherem Grade das steigende Bedürfnis einer breiter werdenden, keineswegs nur akademischen, sondern proto-akademischen, kaufmännischen, handwerklichen Schicht, die ihren Söhnen den Besuch dieser Schule, und sei es nur für einige Jahre, zu ermöglichen wünschte. Der oft mit Sorge konstatierte „Bildungsdrang" machte jene Profession bedeutsam, die sich aus einer alten akademischen Berufsfakultät als ein eigener Stand aussonderte und die Vermittlung höherer Bildung als die Voraussetzung für erstrebte Karrieren als ihre eigene Aufgabe deklarierte. Die Anstalten, in denen Vorbildung für ein Studium zu vermitteln war, traten als eine eigene, innerlich und äußerlich klar organisierte Formation aus der bunten Schulvielfalt des alteuropäischen Unterrichtswesens heraus. Damit wandelte sich die Artistenfakultät aus einer propädeutischen Stufe des Studiums zu einer eigenen berufsbildenden Fakultät mit dem Anspruch, Zentrum der universitären Wissenschaft und Bildung zu sein. Die Entstehung und Entwicklung der Phi-

---

[6] Ebd., S. 417f.

losophischen Fakultät, des modernen Gymnasiums und der Profession der Gymnasiallehrer waren korrespondierende Prozesse. Gesellschaftlich angestoßen, fanden sie ihre Kodifizierung und Ausführung im staatlichen Verwaltungshandeln. Es regulierte einen Markt, dessen Güter Bildungspatente waren, die den Weg in prestigeträchtige Laufbahnen im Staatsdienst oder in seinem Umfeld öffneten.

3. Die Entwicklung einer differenzierten Qualifikationsstruktur

Die Entstehung des Gymnasiallehrerstandes in Preußen wird dem Examen pro facultate docendi von 1810 zugeschrieben – in Bayern gab es ein entsprechendes Gesetz schon ein Jahr eher –, das zum ersten Mal eine berufsqualifizierende Prüfung für Lehrer an gelehrten Schulen etablierte. Eine alte Tätigkeit wurde zu einer neuen Laufbahn jenseits ihres Ursprungs aus der Theologie, sowohl was das Studium wie die späteren Berufserwartungen anging. Das Lehramt war nicht mehr Durchgangsstadium zu einer Pfarre, der gelehrte Schulmann nicht mehr verhinderter oder künftiger Pastor. Der Inhalt dieses einzigen noch während der Amtszeit Humboldts erlassenen Fundamentalgesetzes ist bekannt. Es sanktionierte die „Schulwissenschaften" als einen autonomen berufsbezogenen Kanon. Das Berufswissen der neuen Profession wurde damit von Staats wegen definiert und legitimiert; eine für alle Mitglieder verbindliche Qualifikation, das bestandene Examen, war einerseits Hürde, begründete andererseits einen Anspruch, war das Eintrittsbillett in den neuen Beruf.

In diesem Zusammenhang ist zweierlei wichtig: die Sanktionierung eines eigenen Berufswissens einerseits, die Problematik der Autonomie der neuen Profession andererseits. Das Edikt von 1810 kann als der Endpunkt einer längeren Entwicklung betrachtet werden. Daß Erziehungs- und Bildungsarbeit eine spezifische Kompetenz verlangt, hatte das 18., das „pädagogische" Jahrhundert zur verbreiteten Überzeugung gebracht; der „Sieg des Neuhumanismus" hatte gegen alternative Konzepte die „allgemeine Menschenbildung" als Ziel der Erziehung durchgesetzt. Seine Erfüllung schrieb man der Begegnung mit den neu aufgefaßten alten Sprachen, dem Griechischen zumal, der Muttersprache und der Mathematik zu – als Randfächer dienten neben den Sprachen die „Wissenschaften" und lieferten ergänzende Kenntnisse: die Geschichte, die Geographie, die Naturgeschichte. Damit war ein Berufswissen umschrieben, dessen Beherrschung den künftigen gelehrten Schulmann definierte. Es hatte per se pädagogische Qualität. Als eine Art Wesenswissen oder säkularisiertes Heilswissen verstanden, diente es nicht der Befriedigung einzelner gesellschaftlicher Bedürfnisse, sondern der Bildung des Menschen zur Humanität, also des Grundbedürfnisses jeder Gesellschaft. Von so gebildeten Menschen erwartete man dann Aufrichtung und Entwicklung einer besseren, neuen Ordnung von Staat und Gesellschaft. Insofern galt Bildung als Basis des „Herrschaftswissens". Die Aufgaben des historischen Augenblicks brachten eine erhebliche Schubkraft in den Entstehungsprozeß der neuen Profession.

Das Examen von 1810 wollte daher keine Fachlehrer, sondern den gymnasialen Gesamtlehrer, dessen erzieherisches Wirken sich nicht aus den Spezialkenntnissen, sondern aus der Einsicht in den Zusammenhang des Grundwissens vom Menschen ergeben sollte. Zwar gab es eine horizontale Binnendifferenzierung, aber nicht nach Fächern, sondern nach Leistungshöhe. Nur wer die Prüfung mit der ersten Note bestand, erlangte die Anwartschaft auf die Stellung des „Oberlehrers", d.h. die Lehrbefähigung für die oberen Gymnasialklassen.

Dieses Berufswissen war eng an die Entwicklung der Wissenschaften der Philosophischen Fakultät gebunden, bedurfte dieser Fakultät als Garantie seiner wissenschaftlichen Würde, legitimierte sie aber auch durch den praktischen Beweis des Bildungspotentials dieser Wissenschaften in einem neu geordneten Berufsfeld und lieferte der neuen Fakultät eine Studentenschaft, die sie „autonom" (ohne nachfolgendes Theologiestudium) für den Gymnasiallehrerberuf qualifizierte. Es war damit aber der Differenzierung des Wissenschaftskosmos und schließlich seiner Auflösung in positivistisch sich verselbständigende Disziplinen ausgesetzt. Schon in der Praxis ergab sich vor allem zwischen den Philologen und den Mathematikern sehr bald der Unterschied nach Fachkompetenz, wenngleich es noch erstaunlich lange Gymnasiallehrer gab, die Naturwissenschaften und alte Sprachen gemeinsam lehrten. Die „Entstehung des Mathematiklehrerberufs", so der Titel der eingehenden Arbeit von Schubring, zeigt, wie eine Profession, die sich gerade selbst aus dem alteuropäischen Berufsstand der Theologen gelöst hat, schnell zu weiteren Filiationen gedrängt wurde.[7] Die Prüfungsordnung von 1831 hielt noch, trotz vieler Bedenken aus den Provinzialschulkollegien und den wissenschaftlichen Prüfungskommissionen, am Gesamtlehrer fest. Zugleich vervollständigte sie das Prüfungsszenario durch genaue Beschreibung der folgenden Prüfungen, nämlich die Prüfung pro loco, für die bestimmte Stelle (die damit zur Vorläuferin der Zweiten Staatsprüfung wurde), die Prüfung pro ascensione und das Colloquium pro rectoratu: eine klar beschriebene Leistungs- und Karrierestaffel. Das Berufswissen gliederte sich qualitativ nach Graden, zeigte sich in einer prüfbaren Berufsleistung, gab der neuen Profession die Basis, auf der sie ihre Position und ihr Selbstverständnis gründete, und differenzierte sie zugleich nach Befugnisstufen.

---

[7] Gert Schubring, Die Entstehung des Mathematiklehrerberufs im 19. Jahrhundert. Studien und Materialien zum Prozeß der Professionalisierung in Preußen (1810-1870), Weinheim 2. Aufl. 1991.

Ich übergehe die Erlasse, die das Reglement von 1831 weiter variierten, meistens verschärften, gegen Betrug schützten, verschriftlichten, rechtsförmiger machten und vor allen Dingen immer weiter verfachlichten.[8] Neben den Mathe matiklehrer trat in den vierziger Jahren durch besondere Prüfungsbestimmungen der Religionslehrer, der Naturwissenschaftler löste sich allmählich vom Mathematiklehrer, neben die Altphilologien traten zu Beginn der zweiten Jahrhunderthälfte die Neuphilologien als wissenschaftswürdige Fächer: Der lange Abwehrkampf des Ministeriums gegen die Spezialisierung war in der Neuregelung von 1866 endgültig verloren, als man vier fachliche Schwerpunkte zuließ und daneben nur noch eine Prüfung in Allgemeinbildung vorsah, die aber bei einem guten Abiturzeugnis entfallen konnte: Das Abiturwissen wurde schließlich der Ersatz für die Kenntnisse, die man auf der Universität nicht mehr erwerben konnte. In der Folgezeit, das betrifft schon unsere Erfahrung, wurden immer mehr Fächer zu Hauptgegenständen, die nur noch durch gewisse Kombinationszwänge verbunden waren. Die Prüfung der Allgemeinbildung entfiel, die Prüfung in Philosophie und Pädagogik war eine Nebenprüfung. Die Profession begann, sich in Unterprofessionen nach Fachgruppen aufzugliedern, die einander sachlich und pädagogisch immer fremder wurden, während die alte Schichtung („Unterlehrer" – „Oberlehrer") im einheitlichen Oberlehrer-, später Studienratsstatus, verschwand. Damit problematisierte oder verflüchtigte sich das zuvor als selbstverständlich genommene „Metawissen" – das Wissen um den Sinn des Wissens. Langfristig setzte mit der immer schwieriger schlüssig zu beantwortenden Frage nach der Besonderheit gymnasialer Bildung der Zweifel an der von der übrigen Lehrerschaft getrennten und privilegierten Situation eines Gymnasiallehrerstandes ein.[9]

4. Die Frage der „Autonomie"

Während die innere Einheit durch Diffusion des alten Kanons der „Schulwissenschaften" unsicher wurde, festigte sich im Laufe des 19.

---

[8] Zur Entwicklung der Prüfungsordnung und zur fortschreitenden Differenzierung der Profession s. Führ (Anm. 5), S. 428ff.; Karl-Ernst Jeismann, Das preußische Gymnasium in Staat und Gesellschaft, Bd. 2: Höhere Bildung zwischen Reform und Reaktion 1817-1859, Stuttgart 1996, S. 273-299; Hartmut Titze, Lehrerbildung und Professionalisierung, in: Christa Berg (Hg.), Handbuch der deutschen Bildungsgeschichte, Bd. IV: Von der Reichsgründung bis zum Ende des Ersten Weltkrieges 1870-1918, München 1991, S. 345ff.

[9] Ich übergehe die Entwicklung und Institutionalisierung des technischen Berufswissens, also der Didaktik, Methodik und praktischen Pädagogik – vom Probejahr bis zur langwierigen Etablierung der Vorbereitungsseminare. Das war für die Konstituierung der Profession weniger wichtig als für ihre spätere Kohärenz, ihr Standesbewußtsein und ihren Kampf um Beamtenrechte; s. Führ (Anm. 5), S. 434ff. Udo v. d. Burg, Entstehung und Entwicklung der Gymnasiallehrerseminare bis 1945, 2 Tle., Bochum 1989. „Metawissen" wurde die Pädagogik für diese Profession nie; sie blieb nützliche Zusatzinformation oder Umsetzungshilfe für das Bildungspotential, das man den Gegenständen des Faches, den „Bildungsgütern" zuschrieb.

Jahrhunderts der äußere Stand der Profession. Die Emanzipation vom geistlichen Stand und von der Kirchenverwaltung war im 18. Jahrhundert immer lauter gefordert, im 19. vollzogen worden. Die Verweltlichung war krass: Nicht einmal als Schulfach war Religion im Entwurf des gymnasialen Lehrplans von 1813 vorgesehen; sie wurde erst 1820 wieder eingeführt. Zur fachlichen Autonomie trat bald die administrative, als 1825 die Konsistorien in die Abteilungen für Schule und Kirche getrennt wurden. Mit der Gründung des Ministeriums für Kultus und Unterricht wurde das Schulwesen, mindestens das höhere, eine staatsimmediate Angelegenheit. Das schloß die Geistlichkeit von der Mitsprache in den örtlichen Schulvorständen nicht aus, nahm ihr aber jede Aufsichtsfunktion – abgesehen vom Religionsunterricht.

Hat der Gymnasiallehrerstand seine Autonomie von der Kirche mit der Unterwerfung unter den Staat bezahlt, mehr noch, hat er selbst die Staatsaufsicht erstrebt und damit die eine Abhängigkeit gegen die andere vertauscht? Verfehlte er damit also ein wesentliches Merkmal, das die Professionalisierungstheorie verlangt: die Selbstkonstitution?

Dies ist eine komplizierte Frage. So richtig es ist, daß der Ausbau des Gymnasialwesens und die Förderung des Standes der Gymnasiallehrer vor allem eine Sache der staatlichen Verwaltung war, so richtig ist andererseits, daß diese staatliche Verwaltung, mit Ausnahme der politischen Spitze, bis zu den höchsten fachlich-pädagogischen Regelungen in der Hand der Philologen lag. Mit der Gründung des eigenen Kultusministeriums wurde das Unterrichtswesen staatsunmittelbar, nicht mehr von intermediären Gewalten abhängig. Mochte der Philologe als Oberschul- und Konsistorialrat oder als Ministerialrat dem Direktor oder dem Oberlehrer oft mehr als staatliche Autorität denn als Kollege erscheinen, so ist doch ebenso richtig, daß die leitenden Beamten des Unterrichtswesens auf fachlicher Autonomie des Berufsstandes nicht nur bestanden, sondern sie, mit Ausnahme reaktionärer Zwischenzeiten, zu fördern und zu festigen suchten. Als die Schule zur Angelegenheit des Staates wurde, wurde ein Sektor des Staates zur Angelegenheit der Schulmänner, und es hing von den handelnden Personen, von der Art und Kompetenz der Institutionen, letztlich von der Verfassung des Staates ab, wie die Gewichte in dieser Verbindung verteilt waren.

Diese Beobachtung führt zu einer Bemerkung über das enge Verhältnis zwischen Staat und Bildung, wie es die neuhumanistische Reform trug und als Ideal das Selbstverständnis der Profession weithin prägte. Wenn man sowohl dem Menschen wie dem Staat als Ziel der Entwicklung die Vervollkommnung des einzelnen wie der Verhältnisse zuschrieb, wenn man Perfektibilität als das innere Gesetz der Menschen wie der Staaten annahm, griffen Erziehung und Politik wie Treibräder ineinander, formte die vom Staat im Dienste des Menschheitszweckes organisierte und überwachte Erziehung die Vervollkommnung des Menschen, der dann wiederum, wie Humboldt sagte, die Verfassung des Staates an sich messen würde und so zur Vervollkommnung des

Staates beitragen mußte. In dieser Sicht, die sich auf alte Denkmuster beziehen konnte, waren der Staatsmann und der Pädagoge verwandte, Hand in Hand arbeitende Erzieher der Menschheit, war die Verwaltung des Kulturstaates die Förderin und Beschützerin der pädagogischen Profession. Autonomie vom Staat oder gar eine Selbstorganisation gegen den Staat: Solche Vorstellungen traten nur dann auf, wenn der Staat, wie es hieß, zu selbstsüchtigen Zwecken die Erziehung manipulieren wollte. Solange das nicht der Fall war, mußte der Staat dem Gymnasiallehrer, der gerade jene Klasse von Schülern unterrichtete, die im Staatsdienst oder in seiner Nähe ihre Zukunft suchten, nicht als fremde, sondern als verschwisterte Macht erscheinen.[10]

Dies war ein sehr ideales Bild; es wurde seit den Karlsbader Beschlüssen immer wieder geschwärzt, hatte aber eine erstaunliche Überlebenskraft. Es gab dem Stand eine erhabene, menschheitliche Legitimation über allen gesellschaftlichen Einzelinteressen – säkularisiertes Erbe der theologischen Herkunft. Es hatte einen sehr pragmatischen Hintergrund, weil der Staat, wenn er als Schulherr auftrat, den Gymnasiallehrerstand – später auch die Volksschullehrer – von der ungeliebten Herrschaft der Patrone, meistens der Magistrate erlöste. Staatsaufsicht bedeutete fachliche Autonomie der Profession von den lokalen Gewalten. Sie bedeutete auch eine Befreiung aus der Abhängigkeit der gelehrten Schulmänner von ihrer Klientel, den Eltern und auch den Schülern, d.h. Autonomie nach innen. Sie gab Verfügungsgewalt im Binnenraum der Schule und der Klassenzimmer, die so manches unwürdige Schauspiel der früheren Zeit ablöste und den gelehrten Schulmann aus einer gequälten Kreatur zum – überspitzt gesprochen – Herrn über Leistung und Laufbahn machte und wohl auch zum Schrecken manchen Elternhauses, wo er früher eher als Domestik galt.

So ist die Frage nach der Autonomie dieser Profession differenziert zu beantworten: Alte Abhängigkeiten wurden abgeschüttelt mit Hilfe neuer Abhängigkeitsbeziehungen, die ihrerseits ambivalent waren und deren Freiräume oder Zwänge durch das politische System bestimmt waren, das über die Schule herrschte. Zugespitzt kann man sagen, daß der Staat des aufgeklärten Verwaltungsabsolutismus, dessen leitende Stellen mit durch Gymnasium und Universität gegangenen Gebildeten besetzt waren, dessen Maximen gouvernemental-liberal, dessen Ordnungskräfte ungebrochen waren, für die Entstehung des Standes der Gymnasiallehrer ein ideales politisches Umfeld bot, solange sich die Regierung und der Monarch in vorsichtiger und gemäßigter Reformabsicht neuen Entwicklungen nicht verschlossen. So hat es Leopold von Ranke im „Politischen Gespräch" formuliert, als er den Gebildeten im Staatsdienst die Aufgabe zuschrieb, aus der Kenntnis der Vergangenheit

---

[10] Zu diesen Vorstellungen Jeismann (Anm. 8), Bd. 1: Die Entstehung des Gymnasiums als Schule des Staates und der Gebildeten 1787-1817, Stuttgart 2. Aufl. 1996, Teil II, Kap. 1 und S. 274f.

die Gegenwart zu verstehen und die künftigen Entwicklungen behutsam in die Wege zu leiten – eine Aufgabe, die umfassender, allgemeinmenschlicher Bildung bedurfte. Das Gymnasium, als die Vorbereitungsstätte dieser Elite, gewann in solcher ideal überhöhten Sicht der Herrschaft der gebildeten Meritokratie eine staatstragende Funktion.

Der Entstehung dieser Standes-Profession merkt man ihren vorindustriellen und vorrevolutionären, vordemokratischen Ursprung an. Die höhere Potenz des Staates, die Hegels Philosophie dezidiert der Gesellschaft überordnete, entsprach der Selbstinterpretation des Berufswissens und der Berufsaufgabe. Das zeigte sich auch darin, daß die erste Gymnasialpädagogik, welche die einzelnen Unterrichtsgegenstände in einen Bildungskosmos theoretisch zusammenfaßte, nämlich die von Alexander Kapp von 1841, genau dem administrativ vorgegebenen Lehrplan von 1837 entsprach, ihn bildungstheoretisch überhöhte und, gleichsam von innen, sanktionierte. Das enge Verständnis und Verhältnis zwischen staatlicher Schulaufsicht und der neuen Profession ist auch einer der Gründe dafür, warum, anders als die Volksschullehrer, die Gymnasiallehrer im Revolutionsjahr staatsnäher blieben als die Volksschullehrerschaft.[11]

Das gilt freilich nur grosso modo. Die „bürokratische Pädagogik" des aufgeklärten Verwaltungsstaates und der autoritative Geheimratsliberalismus im Kultusministerium wurden doch vielerorts als Gängelung empfunden. Das hatte Autonomiebestrebungen auch gegenüber den Fachleuten in den staatlichen Aufsichtsbehörden zur Folge. Die frühen Ideen und Konzepte der Reform waren nicht vergessen, die restaurativen Restriktionen, insbesondere seit dem Kurswechsel von 1840, stießen auf Widerstand. In der 48er Bewegung gab es aufflammende Proteste und scharf artikulierte Wünsche nach der Einrichtung eines Nationalerziehungswesens und einer selbständigen oder einer der Mitsprache von gewählten Vertretern unterworfenen Verwaltung. Im Jahrzehnt der Revolution kam es über die Reformkonzepte zu ersten, dezidierten Auseinandersetzungen im noch nicht klar abgegrenzten Kreis der „höheren Lehrer" und „höheren Schulen". Die Gymnasiallehrer fanden weiterhin ihre Stütze in der facheigenen Verwaltung und führten mit ihr zusammen den langen Abwehrkampf gegen die Ansprüche der modernen höheren Schulformen, denen das Recht, Schüler zur Universität zu entlassen und die Qualität einer „wissenschaftlichen Allgemeinbildung" nicht zugestanden wurde. Deren Lehrer, die Realschulmänner, als eine neue Filiation der Profession von Oberlehrern, fanden dagegen die Unterstützung in gesellschaftlich organisierten Verbänden, so im Verein Deutscher Ingenieure. In dieser Auseinandersetzung fand die „Amtsprofession" den Weg in die gesellschaftliche Sphäre und bildete die Instrumente öffentlicher Interessenvertretung

---

[11] Vgl. Jeismann (Anm. 8), Bd. 2, zu Alexander Kapp, S. 519ff.; zum Verhalten in der 48er Revolution, Teil III, Kap. 2/1.

aus. Um die Jahrhundertwende trat sie in eine neue Periode ihrer Geschichte ein. Aber wiederum waren es staatliche Vorgaben, die dafür den Rahmen schufen. Mit der Prüfungsordnung von 1898 wurde die qualitative Binnengliederung – nach Zeugnisgraden – zwischen (einfachem) Gymnasiallehrer und „Oberlehrer" obsolet: der Stand gewann einen einheitlichen Status und damit eine Basis für einheitliche Besoldungsregelung. Zwei Jahre später, 1900, wurde mit der Gleichstellung von Gymnasium, Realgymnasium und Oberrealschule die innere (nicht sogleich die mentale) Trennlinie zwischen den wissenschaftlich ausgebildeten Lehrern an verschiedenen Arten höherer Schulen aufgehoben: es entstand im frühen 20. Jahrhundert ein einheitlicher „Philologenstand" – nur der Name erinnerte noch an den Ursprung der Profession aus dem Emanzipationsprozeß der „gelehrten Schulmänner" im frühen 19. Jahrhundert.

5. Der Beginn der Selbstorganisation des Standes

Dieser neue Philologenstand entwickelte als gesellschaftliche Gruppe eine eigene Form der Interessenvertretung, sah nicht mehr in der staatlichen Unterrichtsverwaltung seine natürliche „Lobby".[12]

Der lange Weg zu dieser eigenständigen Interessenvertretung läßt sich an der Entwicklung spezifischer Organe des Gymnasiallehrerstandes ablesen, der eigenen Fachpresse und einer autonomen Vereinsstruktur.

Der Aufschwung der pädagogischen „Journale" im späten 18. Jahrhundert ist als Begleiterscheinung eines Professionalisierungsprozesses der Pädagogen an gelehrten Schulen zu deuten – als Beispiel sei Campes Allgemeines Revisionswerk genannt, an dem zahlreiche gelehrte Schulmänner mitarbeiteten. Er wurde durch die Französische Revolution und die Napoleonischen Kriege abgebrochen. Das erste umfassende, spezifisch gymnasiale Periodikum nach der Reform waren die Jahresprogramme der Schulen. Bedeutende gelehrte Schulen und ihre Direktoren hatten schon immer Wert darauf gelegt, dem Publikum und der gelehrten Welt sich selbst und ihre Anstalten, meist aus Anlaß der jährlichen Prüfungen, in einer gesonderten Schrift vorzustellen. 1824 aber – typisch für die neue Staatsnähe des Gymnasiums – wurde die Herausgabe eines Jahresprogrammes vom Ministerium allen Gymnasien zur Pflicht gemacht und ihr Austausch organisiert. Die Schulprogramme, bald über den preußischen Rahmen hinaus im nationalen Austausch verbreitet, waren ein Mittel der Selbstdarstellung und der Selbstverständigung des Gymnasiallehrerstandes, auch ein Anreiz zur ständigen Fortbildung und Reflexion, ausgesprochen auch zu dem Zweck geschaffen, „das Bewußtsein, einem großen Organismus anzu-

---

12 S. dazu Titze (Anm. 8).

gehören", zu stärken: dem Organismus einer Profession mit hohem staatlichen Auftrag und mit engem Bezug zur Wissenschaft.

So vielfältig und unzensiert im fachlichen und pädagogischen Bereich diese Programmschriften auch erscheinen – in bildungspolitischen und standespolitischen Fragen und erst recht bei gelegentlich generellen Ausflügen ins politische Feld unterlagen sie als amtliche Verlautbarungen einer inneren Zensur, waren viel obrigkeitsnäher als etwa interne Berichte oder Schreiben von Direktoren an die Behörde, wo sich oft genug scharfe Kritik an der „Pädagogik aus dem Büro" und ein Pochen auf Autonomie pädagogischen Denkens finden. Eine unabhängige Fachpresse mit breiterer Resonanz entwickelte sich in Preußen erst im späten Vormärz – Zeichen einer ersten Krise des Gymnasiums, von der seit 1840 allenthalben die Rede war. 1840 erschien die von Karl Mager und Carl Gottfried Scheibert herausgegebene „Pädagogische Revue" in Stuttgart, fand aber auch in Preußen vor allem unter den nichtkonformen Gymnasiallehrern Verbreitung. Die „Pädagogische Monatsschrift" in Magdeburg trat für die Interessen der Realschulen ein. Das eigentliche Organ der Gymnasiallehrer wurde die seit 1847 in Berlin erscheinende „Zeitschrift für das Gymnasialwesen", die sich bereits als das berufsständische Instrument der Gymnasiallehrer zur Abwehr der Ansprüche der Realschulen bezeichnen läßt. Eine breite pädagogische Fachpresse entwickelte sich erst nach der Aufhebung der Pressezensur in der zweiten Hälfte des 19. Jahrhunderts zugleich mit den standespolitischen Vereinsorganen, die erst jetzt autonome, d.h. nur von den gewählten Vertretern der Profession gelenkte Instrumente der Selbstdarstellung und der organisierten Vertretung von Standesinteressen wurden.[13]

Auch die Entwicklung eigener Standesvertretungen begann bei der Gymnasiallehrerschaft aus staatlicher Initiative. Die heute noch bestehenden Direktorenversammlungen, jetzt autonome Zusammenschlüsse in den Provinzen oder Ländern, hatten in ihrem Ursprung und lange Jahrzehnte danach eine eigentümliche Mittelstellung zwischen behördlich geleiteter Konferenz und kollegialer Zusammenkunft – noch herrschte, wie zur Zeit des ersten Zusammentretens einer solchen Direktorenkonferenz auf Provinzialebene, 1823 in Westfalen in der Privatwohnung des Direktors in Soest, zwischen den Direktoren und den Aufsichtsbeamten ein kollegiales Verhältnis und eine persönliche, ja private Atmosphäre. Die Protokolle dieser Direktorenkonferenzen, die nach und nach in allen Provinzen eingeführt wurden, sind eindrucksvolle Zeugnisse für den Versuch einer autonomen inneren Organisation des Arbeitsfeldes „Gymnasium".[14] Die Autonomie blieb in-

---

[13] Die „Zeitschrift für das Gymnasialwesen" war als erste nicht mehr privat von engagierten Herausgebern getragen, sondern das Vereinsorgan des Berliner Gymnasiallehrervereins.

[14] Wilhelm Erler, Die Direktoren-Conferenzen des Preussischen Staates. (Sämtliche auf ihnen gepflogene Verhandlungen, geordnet, excerpiert und eingeleitet durch eine Darstellung der geschichtlichen Entwicklung dieser Conferenzen), Berlin 1876.

nerhalb der Grenzen des Vorgeschriebenen, aber diese waren noch weit genug gezogen, um Raum für „professionelle" Initiativen zu lassen.[15]

Für die Konstituierung der Profession waren diese, die lokale Gebundenheit des einzelnen Gymnasiums übergreifenden Konferenzen von großer Bedeutung: Die Profession organisierte sich als eine überlokale, auf den Staat bezogene, der eigenen Kompetenz in Wissenschaft und Erziehung verpflichtete Gemeinschaft. Standesvertretungen waren die Direktorenkonferenzen hingegen nicht. Standesvertretungen waren auch die ersten überregionalen Vereinigungen nicht, in denen die gelehrten Schulmänner mit Professoren der Universitäten zusammentraten. Der 1837 gegründete Verein Deutscher Philologen, Schulmänner und Orientalisten dokumentiert nicht die berufsständische, sondern die berufswissenschaftliche Seite des neuen Standes. Die Grenze zwischen Gymnasium und Universität war noch fließend; ein großer Teil der Gymnasiallehrer war nicht nur hin und wieder Autor wissenschaftlicher Untersuchungen, sondern verstand sich selbst als Wissenschaftler, wechselte bisweilen in akademische Karrieren oder kam aus akademischen Karrieren zurück ans Gymnasium. Bis weit ins 19. Jahrhundert hinein blieb dies für das Selbstverständnis des Gymnasiallehrerstandes von Bedeutung: die „Profession" hatte zur Universität eine sehr poröse Grenze; auch von den „Realschulmännern" war sie, trotz wachsendem Konkurrenzverhältnis, nicht klar abgegrenzt; zu den nichtstudierten Volksschullehrern allerdings gab es keine Verbindung durch Zeitschriften oder Vereine. Die lokalen oder regionalen Zusammenschlüsse, die sich im Vormärz – noch unter strengen Auflagen des Staates – bildeten, hatten während der „Lehrerbewegung" in der Revolution nur kurzfristige Gemeinsamkeit. Auf die je eigenen Standesinteressen suchten diese frühen Vereinigungen jedoch Einfluß zu nehmen – so der rheinisch-westfälische Gymnasiallehrerverein in den vierziger Jahren unter bewußter Überschreitung der behördlich gezogenen Grenzen.

Erst im letzten Jahrhundertdrittel kam es zu einer politisch auf die Dauer wirkungsvollen professionellen Interessenvertretung durch Zusammenschlüsse, die nun „autonom" auf Öffentlichkeit, Parlament und Verwaltung Einfluß gewannen, überregionale und schließlich auch die Staatsgrenzen überschreitende Organisationen aufbauten bis zum 1903 gegründeten (erst 1921 so bezeichneten) „Deutschen Philologenverband". Seither kann man auch bei den akademisch gebildeten Lehrern von typisch professioneller Selbstorganisation sprechen, die nicht nur auf Besoldungsfragen (Gleichstellung mit den Richtern 1907), sondern

---

[15] So wurde der erste allgemeine Lehrplan für den Geschichts- und Geographieunterricht in der Westfälischen Direktorenkonferenz angeregt, erarbeitet und später allen preußischen Gymnasien vom Ministerium empfohlen; s. Karl-Ernst Jeismann, Friedrich Kohlrausch (1780-1867), in: Siegfried Quandt (Hg.), Deutsche Geschichtsdidaktiker des 19. und 20. Jahrhunderts, Paderborn 1978, S. 70ff.

auch auf Prüfungsordnungen und Laufbahnregelungen Einfluß gewann.[16]

6. Die Verbeamtung der Profession: Rang und Besoldung

Die Stellung des Gymnasiallehrers in der Beamtenhierarchie zeigt wiederum, und hier im scharfen Gegensatz zu der Entwicklung in den angelsächsischen Ländern, den Zusammenhang zwischen der Entstehung eines „professionellen" akademischen Berufsstandes und der Entwicklung des modernen Staates. Erst der Prozeß der „Verbeamtung" führte – und zwar mit voller Billigung seiner Mitglieder – zur Vollendung der Professionalisierung.[17] Wir stehen hier vor einem eigentümlichen Prozeß: Als der Staat die Schulen an sich zog und die gelehrten Schulmänner und Oberlehrer in der engen Bindung des Gymnasiums an den Staat sowohl eine Garantie für die Erfüllung ihrer pädagogischen Aufgabe wie für die Befriedigung ihrer Standesinteressen sahen, waren sie nur in einem mittelbaren Sinne Staatsdiener.

Wie diese Verbindung idealiter zu Beginn des 19. Jahrhunderts gedacht war, wurde oben berührt. Aus diesem engen Wechselverhältnis folgte der Status des Gelehrten wie des gelehrten Schulmannes als Staatsdiener. Dieses blieb aber lange ohne Bedeutung für Amtsstellung und Besoldung. Denn es war in der Bildungsreform wohl gelungen, die innere Aufsicht über die Gymnasien zu verstaatlichen; ganz unmöglich aber wäre es gewesen, auch den Etat der Gymnasien auf staatliche Fonds zu übernehmen. Sie setzten sich weiterhin, wie in den früheren Jahrhunderten, zusammen aus dem Schulgeld, eventuellen Einnahmen aus Stiftungen und Ländereien sowie aus Zuschüssen der Patrone – d.h. in den meisten Fällen der Magistrate der Städte. Nur hilfsweise kamen bei Schulen nicht-königlichen Patronats Zuschüsse aus der Staatskasse hinzu, mit deren Hilfe der Staat sich zugleich das Mitspracherecht bei Stellenbesetzungen und Lehrverfassungen sicherte. Nach Amtsstellung und Besoldung waren die Gymnasiallehrer bis weit in die zweite Hälfte des 19. Jahrhunderts keine Profession. Ihr Einkommen hing traditio-

---

[16] S. Sebastian Müller-Rolli, Der höhere Lehrerstand im 19. Jahrhundert. Der Gründungsprozeß des Philologenverbandes, Köln, Wien 1992 zusammenfassend und mit weiteren Literaturangaben; Titze (Anm. 8), S. 353ff.

[17] Heute, wo Lehrer in vollem Sinne Beamte sind, wird dieser Zustand offenbar von der politischen Klasse immer weniger verstanden und ungeachtet einer im 19. Jahrhundert noch undenkbaren intensiven Eingriffsverwaltung der Lehrer eher als Anbieter einer freien Dienstleistung ohne besondere Bindung an einen Dienstherren begriffen. Das wechselseitige Verhältnis von Staat und Bildungsorganisation wird also an einem empfindlichen Punkte aufgelöst und – in langer Sicht – Bildung wieder vergesellschaftet. Das hat Konsequenzen einer Bildungs-Diffusion, die man wiederum nicht will, weil sie dem stärksten Antrieb gesellschaftlichen Zusammenhaltes, dem Bedürfnis nach Gleichheit, widerspricht; s. Horst Kübler, Besoldung und Lebenshaltung der unmittelbaren preußischen Staatsbeamten im 19. Jahrhundert, Nürnberg 1976.

nell von der Dotierung ihrer bestimmten Stelle ab, variierte stark von Schule zu Schule und zeigte in der Regel erhebliche Differenzen auch innerhalb eines Kollegiums. In der Besoldungsstruktur blieb die Gymnasiallehrerschaft – wie die Lehrerschaft überhaupt – am längsten den vormodernen, ständischen Verhältnissen verhaftet, in denen das Einkommen an die Stelle gebunden und die Stellen je nach Ort und Zeit ihrer Einrichtung, nach lokalen Verhältnissen und auch jeweiligen Umständen (im Hinblick auf das Schulgeld) ganz verschiedenartig ausgestattet waren. Mobilität gab es im wesentlichen nur bei Beförderungen, also unter den Direktoren.

Eine generelle Aussage über das Einkommen der Gymnasiallehrer ist schwierig.[18] In der Spitzengruppe in großen Städten wurden Gehälter von 1.000 Talern (jährlich) für die Direktoren, von 600-800 Talern für die Oberlehrer oder Gymnasialprofessoren, von 400-500 Talern für ordentliche Lehrer und für die Hilfslehrer häufig nur 150-250 Taler gezahlt. In Westfalen und im Rheinland, wo die Gehälter besonders niedrig lagen, erreichten sie mit Hilfe von staatlichen Zuschüssen einen Durchschnitt von 360 und 420 Talern. Das Interesse des Staates an Steigerung der Besoldung deckte sich mit dem Interesse des Standes, waren doch nur bei angemessener Besoldung gute Lehrkräfte zu gewinnen und zu halten. Aber die Bemühung der Behörden um Erhöhung der Etats stieß meist auf taube Ohren bei den Patronen. Wenn dennoch eine allmähliche Steigerung der Gehälter bis zur Jahrhundertmitte festzustellen ist, so lag das an der drastischen Reduzierung der Zahl der Gymnasien nach 1810 und der Konzentration staatlicher Zuschüsse auf diese kleiner gewordene Gruppe einerseits, an der Steigerung der Schülerzahlen, also des Schulgeldes andererseits. Dennoch sank das Realeinkommen wegen der erheblichen Teuerung der Grundnahrungsmittel; die Petitionen auf individuelle Zuschüsse und um einmalige Beihilfen nahmen zu – ein völlig untypisches Bild für eine „Profession".

Das Ministerium Eichhorn, sonst eher restaurativ gesonnen, unternahm den ersten bedeutenden Schritt zur Einführung einer generellen Regelung. 1845 war der erste Entwurf eines Normaletats für Gymnasiallehrer – die Realschulen blieben außerhalb – fertiggestellt und fand die Billigung des Finanzministers: eine materielle Bestätigung der Einheit der Profession. Es blieb jedoch bei einmaligen Zuschüssen unter Vertröstung auf kommende Jahre. 1863 wurde dann der erste Normaletat genehmigt, blieb aber Richtschnur, wurde nicht verbindliche Vorschrift. Über verschiedene Stufen und nun schon, wie gesagt, unter öffentlichem Druck der neuen Standesverbände kam es in den meisten deutschen Staaten, in Preußen 1909, zu einer gestuften Gleichstellung der verschiedenen Ränge der Gymnasiallehrer mit den entsprechenden Rängen der Richter; nur Mecklenburg-Schwerin wartete damit bis 1920.

---

[18] Jeismann (Anm. 8), Bd. 2, S. 334ff.; Titze (Anm. 8), S. 351ff.

Die unbefriedigende Besoldungslage brachte einen für moderne Professionen untypischen Zug in die Lebenshaltung der Gymnasiallehrer: Sie waren in größerem oder geringerem Umfang auf Nebenverdienst angewiesen und suchten ihn je nach Möglichkeit des Ortes: entweder im professionellen Rahmen durch Nachhilfe oder, bei Erfolg sehr gewinnträchtig, durch das Verfassen von Schulbüchern; recht häufig auch außerprofessionell durch die Aufnahme von Pensionären in den Haushalt, also durch Mitarbeit der Frau und durch eine eigene Tätigkeit, die ironisch bisweilen mit der eines Gastwirtes verglichen wurde. Besonders Tüchtige konnten bei günstiger Gelegenheit auch weiter ausgreifen: So hat der Direktor Eilers in Kreuznach mit Hilfe von Kapitalien seiner Frau mehrere Weingüter gekauft und sich „einem blühenden Weinhandel" gewidmet – ein Geschäft, das er zu seinem Bedauern und zu seinem finanziellen Nachteil aufgeben mußte, als er als Schulrat nach Koblenz ging: Immerhin war aber die Ethik der Profession schon so stark, daß er nicht die lukrative Profession des Weinhändlers der Beförderung vorzog.[19]

Über das Prestige dieser knapp dotierten Profession gibt es unterschiedliche und widersprüchliche Aussagen. Kein Zweifel, daß ihr Ansehen gegenüber dem 18. Jahrhundert deutlich gestiegen war, ihr Berufsfeld vor Schmähungen und Beeinträchtigungen durch die Klientel freier, auch ihr Lebenszuschnitt insgesamt genommen besser geworden war. Dazu trug bei, daß ihnen schon nach dem Allgemeinen Landrecht de jure, später aber auch praktisch der privilegierte Gerichtsstand verliehen war und daß der Staat, wenn auch zögerlich, sich zu der – kostenneutralen – Einordnung der Gymnasiallehrer in die Rangordnung der Beamten herbeiließ, die 1817 zunächst nur für die „Zivilbeamten" eingeführt worden war. Zwar erkannte man im Ministerium, daß die pyramidenförmige Dienstranganordnung mit den fünf Klassen für höhere und vier Klassen für subalterne, nicht akademisch gebildete Beamten auf das Berufsfeld der Gymnasiallehrer nicht zu übertragen war: Sie hatten, nur unterschieden durch fachliche Schwerpunkte und den Einsatz in verschiedenen Stufen, gemeinsame Aufgaben und Verantwortung, vergleichbar den Geistlichen, für die es auch keine Rangordnung gab. Die Verwaltungshierarchie war kein Modell für das Berufsbild des Lehrers oder Pfarrers. Aber die Prestigegesichtspunkte setzten sich allmählich gegenüber den Sachgesichtspunkten durch. Eichhorn machte den Beginn, als er die Direktoren den Professoren an den Universitäten und die Oberlehrer mit Professorentitel den außerordentlichen Professoren gleichstellte, also in die vierte bzw. fünfte Klasse der Zivilbeamten einordnete. Weitergehende Anträge auf rangmäßige Durchstrukturierung der übrigen Gymnasiallehrer lehnte er noch als „Äußerlichkeit" ab; erst die Einführung der nach Rangstufen gestaffel-

---

ten Wohngeldzuschläge im Jahre 1873 gab ein äußeres Unterscheidungsmerkmal: Die Rangstufen wurden zu Besoldungsgruppen.

Eng verbunden mit dieser Binnengliederung war die Titelfrage. Die altständische Ordnung mit den Titeln Rektor, Konrektor, Subrektor oder Kollaborator, oder die einfache Numerierung vom collega prima bis zum collega quinta oder sexta wurde seit 1810 verdrängt durch die Bezeichnung „Oberlehrer"- bewährte Klassenordinarien und zum Unterricht in der Oberstufe befähigte, wissenschaftlich hervorgetretene und bisweilen mit dem Titel „Professor" versehene Kollegen[20] – und „Unterlehrer", ein ungeliebter Begriff, der schließlich durch die Bezeichnung „ordentlicher" Gymnasiallehrer abgelöst wurde. Innerhalb der Profession gab es die Titelkämpfe insbesondere um die Bezeichnung der Nichtphilologen, der Mathematiker also; außerhalb des Titelkampfes blieben die nicht-akademischen Hilfslehrer und die Aspiranten, die Probekandidaten. Der Aufstiegsdrang zum Oberlehrer brachte Spannungen in die Korporation der prinzipiell an der gleichen Aufgabe arbeitenden Mitglieder der Profession. Das beförderte die Tendenz einer deutlicheren Abschließung gegenüber nicht-akademischen oder nicht mit den entsprechenden Prüfungszertifikaten versehenen Lehrer, eine Abschließungstendenz, die auch bei Beschäftigung solcher Lehrer im Gymnasium die feinen Unterschiede nie vergessen ließ. Die Zahl der verpflichtenden Unterrichtsstunden, die Gehaltsunterschiede, die hervorgehobene Funktion des Klassenordinarius und der Einsatz in den Schulstufen kennzeichneten durch Titulatur die Binnengrenzen innerhalb des Standes. Die Tendenz ging jedoch auf Homogenisierung. Die Hierarchie der Titel wurde zunehmend als unbefriedigend empfunden; die Angleichung im Binnenbereich wurde nach außen durch die generelle Einführung des Oberlehrertitels (1896) für alle festangestellten Lehrer gekennzeichnet. Die volle Eingliederung in die Beamtenhierarchie geschah dann auf Druck des Philologenverbandes.[21] So hat sich der Stand über verschiedene Stufen aus der alteuropäischen Vielfalt und Ungleichheit zu einer nach außen klar abgegrenzten, gleichmäßig dotierten, im Innern nur nach Fachgebiet und Aufstiegsposition differenzierten Formation akademisch gebildeter Lehrer an höheren, allgemeinbildenden Schulen entwickelt – ein Prozeß, der auf allen Gebieten

---

[20] Zur Definition des „Oberlehrers" im Zusammenhang mit dem Edikt von 1810 s. Jeismann (Anm. 8), Bd. 1, S. 344f.

[21] 1920 wurde der Titel „Studienrat" für die Oberlehrer allgemein, folglich der des „Studienreferendars" und des „Studienassessors" für die Probekandidaten und die noch nicht Festangestellten üblich, und die weitere Entwicklung zum Oberstudienrat, zum Studiendirektor und Oberstudiendirektor ist uns noch selbst bekannt; erst das letzte Drittel unseres Jahrhunderts hat dann auch den ehrwürdigen Titel des „Oberschulrats" in den Aufsichtsbehörden durch die Verwaltungstitulatur des „Regierungsschuldirektors" ersetzt: Die Profession hat sich auch auf diesem Gebiete immer kompletter nach dem Modell der höheren Verwaltung verstaatlicht – während gleichzeitig die früher selbstverständliche Gewohnheit, daß der Titel auch Anredeformel war, verlorenging und, wenn noch gebraucht, heute schon seltsam, wenn nicht als Ironie anmutet.

durch staatliche Initiativen angeregt oder unter Mitwirkung von Fachleuten konzipiert und sanktioniert wurde. Die im Ausgang des 18. Jahrhunderts entstandene Allianz zwischen Staat und gelehrten Schulmännern hatte sich durch Metamorphosen hindurch bewährt – kein Wunder,
wenn diese Amtsprofession im ganzen durch eine Staatstreue geprägt
wurde, die ihre spezifisch nationale Färbung in ihrer Festigungsphase
während des Kaiserreichs erhielt.

7. Der „Philologenstand": eine transitorische Profession?

Entstehung und Entwicklung der Amtsprofession der Gymnasiallehrer
stehen im Feld der akademischen Berufe zwischen den staatsfixierten
Kameral- und Verwaltungsjuristen und den Richtern einerseits, den
„freien" Berufen der Mediziner oder Rechtsanwälte andererseits und
lange Zeit in enger Nachbarschaft zur „Mutterprofession", den Theologen. Sie bediente den Markt des Nachwuchses aller anderen Professionen, setzte Normen für die Qualifikationen beim Eintritt in die Berufsausbildung in Fächern der expandierenden modernen akademischen
Provenienz – Befugnisse, die sie nur mit der verliehenen Autorität des
Staates wahrnehmen konnte. Als Macht, die weithin unumgehbar
„höhere Bildung" definierte, vermittelte und testierte, hatte sie eine
Schlüsselstellung im Segment der „Bildungsgesellschaft" und konnte
sich sowohl von der Volksbildung wie von der Berufsbildung durch
Selbstverständnis, Laufbahn und soziale Position absetzen. Die Rechtfertigung ihrer privilegierten Existenz lag in der Hypostasierung des
Bildungsbegriffes als dem Synonym für Humanität und wahres
Menschsein: Bildung gleichsam als zweite Schöpfung des zu Höherem
Berufenen. Wenn um die Gegenstände und den Sinn einer solchen Bildung seit der zweiten Hälfte des 19. Jahrhunderts erbittert gestritten
wurde, so mischten sich in die ideellen Gegensätze massive standespolitische Interessen.

Anders als bei Juristen oder Medizinern, Ingenieuren oder Architekten war das gesellschaftliche „Bedürfnis", das die Philologen befriedigen konnten, definitorisch nicht eindeutig faßbar. Es war ein Konstrukt
aus philosophisch-pädagogischen Prämissen von Wesen und Geist des
Menschen, intellektueller, moralischer, kultureller Qualifikation, institutionalisiert in einem administrativ-pädagogischen Regelwerk der Bil-
dungsvermittlung und -testierung. Wurde der Bildungsbegriff fragwürdig[22], reduzierte sich das „Angebot" der Bildungsprofession auf
Wissensvermittlung und Denkschulung oder gar auf den Marktwert der
Zeugnisse. Damit war es dem schnellen Wandel des gesellschaftlich er-

---

[22] S. Rudolf Vierhaus, „Bildung", in: Otto Brunner, Werner Conze, Reinhart Koselleck
(Hg.), Geschichtliche Grundbegriffe. Historisches Lexikon zur politisch-sozialen Sprache in Deutschland, Bd. 1, Stuttgart 1979, S. 508-551.

wünschten und benötigten Wissens und Könnens ausgesetzt. Die Explosion des Wissens und die Differenzierung der Berufswelt wirkten auf die Bildungsinstitutionen zurück – die Gymnasiallehrer mußten ihre Eigenständigkeit im sich differenzierenden Lehrstand verteidigen.[23] Das gelang – wie gezeigt – zunächst durch Zusammenfassung aller höheren Schularten und ihrer Lehrer erstaunlich gut. Aber in der zweiten Hälfte des 20. Jahrhunderts stellt sich die Frage, ob die Gymnasiallehrer innerhalb der Lehrerschaft nach Aufgabe, Selbstverständnis, Bildungsbegriff und Schulform noch eine eigene „Profession" darstellen. Die Differenzierung der Schulsysteme und die Filiationen der Bildungswege, die Akademisierung der Ausbildungsgänge aller Lehrerarten und nicht zuletzt die erhebliche Ausweitung der Klientel der Gymnasien nehmen dieser Profession immer mehr ihr eigenes, herausgehobenes Profil. Wir stehen vor einer tiefgreifenden Neuformierung der lehrenden Berufe – nur das in zwei Jahrhunderten entwickelte rechtliche Rahmengefüge hält noch die alten Unterscheidungen zwischen ihnen fest.

Die Gymnasiallehrer bringen jedoch in diesen Wandel des Berufsfeldes und -bildes eine wichtige Erbschaft ein, die über die bloße Interessenvertretung des Lehrerstandes hinausweist: Die Wissenschaftlichkeit der Ausbildung, die darauf beruhende innere Autonomie und den, wie immer unvollkommen realisierten Anspruch, nicht nur Fertigkeiten, sondern Selbständigkeit und Selbstverantwortung, „Selbstdenken" zu entwickeln. Mag der Bildungsbegriff umstritten sein: daß Schule nicht auszuliefern ist an das, was man jeweils als gesellschaftliche Bedürfnisse ausgibt, daß sich Erziehung nicht in Sozialisation erschöpft, daß der Mensch nicht nur – um mit den alten Begriffen zu sprechen – „brauchbar" gemacht, sondern „veredelt" werden müsse, sollte die Gymnasiallehrerschaft als leitende Maxime und die fundamentale Entstehungs- und Existenzbedingung ihrer Profession auf zeitgemäße Weise in einem sich wandelnden Berufsfeld als Bildungspostulat festhalten.

---

23 S. Heinz-Elmar Tenorth, Zur deutschen Bildungsgeschichte 1918-1945, Köln, Wien 1985, Exkurs: 1890/1900 als bildungsgeschichtlicher Epocheneinschnitt, S. 34ff.

Die Hauptstadt als Bildungszentrum[1]

1.

Schwerlich läßt es sich eine Stadt, die etwas auf sich hält oder die gar eine Hauptstadt ist oder war, anläßlich eines Jubiläums entgehen, ihre Bedeutung als Bildungszentrum darzustellen. So kann man in der Veröffentlichung zur 750-Jahr-Feier der Stadt Berlin – „Berlin im Europa der Neuzeit" – nachlesen, wie die preußische und dann die deutsche Hauptstadt im 19. und frühen 20. Jahrhundert die älteren Weltzentren der Wissenschaft und Bildung: London im 17., Paris im 18. Jahrhundert abgelöst habe; allein die Aufzählung der Wissenschafts- und Bildungsanstalten, welche sich nach und nach in den Mauern der Hauptstadt des deutschen Kaiserreiches versammelten, würde die Zeit überschreiten, die mir zur Verfügung steht, ganz zu schweigen von den Institutionen, die im In- und Ausland von der Hauptstadt aus gegründet und verwaltet wurden. Ein bescheideneres, jüngstes Beispiel: die dreibändige Geschichte der Stadt Münster, aus Anlaß ihrer 1200-Jahr-Feier verfaßt, berücksichtigt ausführlich die Entwicklung ihrer Bildungsinstitutionen. Die Hauptstadt eines geistlichen Territoriums, später die bescheidene Provinzialhauptstadt Westfalens, entwickelte ihr Ensemble an wissenschaftlichen Bildungsstätten ungleich begrenzter als die Reichshauptstadt, aber mit der gleichen Struktur, die für Hauptstädte kennzeichnend ist: Universität – Fachhochschulen und Fachschulen verschiedener Art – Gymnasien und ein in sich differenziertes Feld von Bürger- und Volksschulen; bei bedeutenderen Hauptstädten legt sich darum gleichsam eine de-luxe-Ausstattung mit Akademien, Forschungsinstituten, Bibliotheken, Museen. Nirgends fehlen, Bildungs- und Vergnügungsstätten zugleich, Theater und Orchester! Dazu tritt, hauptstadttypisch seit es ein öffentliches, staatliches Bildungswesen gibt, also seit dem Beginn des 19. Jahrhunderts, die Wissenschafts- und Unterrichtsverwaltung.

Daß Hauptstädte Bildungszentren sind – mehr oder weniger entwickelt und differenziert, je nach Bedeutung des Staates von internationalem, nationalem oder nur regionalem Zuschnitt –, ist die Regel in der neueren Geschichte. Die vielen deutschen Hauptstädte sind Konzentrationspunkte, in denen sich die prinzipiell vollständige, dem Grad nach unterschiedliche Skala der Bildungsinstitutionen von der wissenschaftlichen bis zur elementaren Bildung findet. Konkret läßt sich das Thema Hauptstadt als Bildungszentrum allerdings nur am bestimmten

---

[1] Vortrag, gehalten am 12. Januar 1994 während des Kolloquiums „Hauptstadt. Historische Perspektiven eines deutschen Themas". Die Textform des Vortrags wurde beibehalten.

Fall darstellen. Das ist oft geschehen, und ich werde die umfangreiche Literatur zu einzelnen Hauptstädten und ihren Bildungsinstitutionen hier nicht deskriptiv zusammenfassen.

Ich will dagegen diese offenkundige Symbiose, in der uns die Hauptstadt als Zentrum bedeutender Bildungsinstitutionen erscheint, daraufhin befragen, welches Spannungsfeld sich in ihr aufbaut. Ist es doch keineswegs selbstverständlich, daß Staat und Wissenschaft, Regierung und Bildung, Politik und Pädagogik so bruchlos beisammenwohnen, räumlich und im übertragenen Sinne, wie man es bei den Institutionen der Verwaltung und Polizei, der Justiz, der Finanz, des Militärs usw. annehmen darf. Gelehrsamkeit, Wissenschaft und Bildung als entweder universale oder individuelle Potenzen sind keine originären Elemente der Herrschaft – wieso sollten sie sich in Regierungssitzen konzentrieren? Tatsächlich besteht ein Spannungsverhältnis zwischen hauptstadttypischen Institutionen des Herrschaftsbereichs und Bildungsanstalten.

2.

Die Ambivalenz des Verhältnisses von Bildungsinstitutionen und Hauptstadt zeigt sich schon in der Topographie: Kaum eine der deutschen Hauptstädte ist ohne eine Universität. Wir erleben, wie die Hauptstädte der neuen Bundesländer danach streben, ihre Bildungslandschaft durch eine Universität zu bereichern, wenn sie noch nicht am Orte existierte; aber keineswegs sind alle Universitätsstädte Hauptstädte. Die berühmtesten, ältesten europäischen Universitäten in Bologna, Salerno oder Oxford liegen nicht in Hauptstädten, und die Universität Paris war keine hauptstädtische, von einer Regierung ausgehende Gründung. Für die Stadt war sie lange Zeit bedeutender als der meist abwesende französische König. Bis heute zeigt sich in England und in den USA, obgleich ihre Hauptstädte inzwischen längst Hochschulen haben, der regierungsferne Ursprung der berühmtesten Universitäten des Landes an ihrer Lage. Interessant ist, daß die beiden bedeutendsten Reformuniversitäten im Reich im Zeitalter der Aufklärung, Halle und Göttingen, zwar fürstliche Gründungen, aber nicht in Hauptstädten gelegen waren – wie auch ältere Gründungen: Helmstedt, Wittenberg, Leipzig, Frankfurt/Oder.

Man kann weiter nach der Architektur der Bildungsanstalten und ihrem Bild in der Hauptstadt fragen. Es gibt auf der einen Seite, seit man Universitäten in eigenen Baukomplexen unterbringt, die repräsentative Form, die die Universität schon äußerlich neben die Herrschafts- und Regierungsgebäude stellt, neben die Schlösser, Palais, Justizpaläste, Zeughäuser oder die großen Museen und Bibliotheken, als einen architektonisch sichtbaren Anspruch auf Verbindung des Geistes mit der Macht: Programmatik des 19. Jahrhunderts – in München im Universitätsbau von Friedrich v. Gärtner (1835-1840) imponierend sichtbar.

Es gibt aber auch die Unterbringung der Universitäten und Bildungsinstitutionen als Untermieter oder Nachfolger in ehemalig kirchlichen oder herrschaftlichen Gebäuden, so wie es 1810 mit der Berliner Universität geschah, die nichts Originäres zum Stadtbild beitrug. Die Wahl solchen Domizils kündigte eher, von heute betrachtet, den Verfall höfischer Residenzstrukturen an, so wie die Schlösser in Straßburg, Münster oder in Bonn Bildungsinstitutionen beherbergen, die Nachfolger hauptstadttypischer militärischer Stäbe oder Verwaltungsbehörden in erloschenen Residenzen sind.

Man könnte ferner sozialgeschichtlich fragen, ob die Population der Universität ein integraler Bestandteil oder eher ein Fremdkörper in der Hauptstadt ist. Bleiben die Gelehrten und ihre Adepten unter sich, neben den Repräsentanten der Macht und des Geldes? Heute sind die sozialen Grenzen stark verwischt, die geschichtlich doch eine große Bedeutung hatten: In der galanten Welt der Residenzstadt war die Universitas der Magister und Scholaren, ständisch gemischter Herkunft und als gemeinsam nur definiert durch das Studium, oft aus fremden Ländern, geistlich-bürgerlich oder intellektuell ubiquitär geprägt, eher ein fremdes Element, als pedantisch verspottet oder ein gefürchtetes Unruhepotential, das man nicht immer gerne in der Hauptstadt sah. So legte der bayrische Kurfürst 1800 die von ihm reorganisierte Universität Ingolstadt nach Landshut, statt sie nach München zu holen. Bekannt ist, daß die Bürger der kleinen Residenzstadt Celle, vor die Wahl gestellt, lieber ein Zuchthaus als eine Universität in ihren Mauern sehen wollten. Die Universität kam daraufhin nicht in die kleine Residenzstadt, sondern nach Göttingen.

Und im 19. Jahrhundert: Universitäten und Gymnasien mit ihrem neugewonnenen Prüfungsprivileg erschienen der immer noch herrschenden, adligen Elite wie Zwingburgen bürgerlicher Bildungsarroganz, die ihre Söhne, wie man sagte, durch das kaudinische Joch des Abiturs zwang. Man kann darin auch den Beginn eines Herrschaftswechsels sehen. Eine Bildungselite löst als Bürokratie die alte Standeselite ab; die Hauptstadt wird aus einer Residenz zum Zentrum der Verwaltung im weitesten Sinne. „Wissenschaft" wird zum Hilfsmittel der Regierung und der politischen Planung. Die Ambivalenz von Politik und Bildung verlagert sich in der Hauptstadt des 20. Jahrhunderts in den Binnengegensatz zwischen politischen Funktionsträgern und ihren Kritikern: universitäre Sozialisation verbindet und trennt sie gleichermaßen. Diese Beobachtung führt zur eigentlichen Frage nach dem funktionalen Verhältnis zwischen Bildungsinstitutionen und Hauptstadt als Machtzentrum.

Wie fügen sich Bildungsinstitutionen ein in die Funktionen, welche eine Hauptstadt kennzeichnen: Regierung und Verwaltung eines Staates, Entwicklung und Pflege seiner Ressourcen, Schutz des Rechts und der öffentlichen Ordnung nach innen und der Sicherheit nach außen? Sind sie ein Sektor dessen, was man noch im 18. Jahrhundert als „Poli-

cey" bezeichnete? Sind höhere Bildungsanstalten Stätten der Gelehrsamkeit oder Stützen der Macht, sind sie ein dekoratives Gewand oder
institutionalisierte Provokation oder das alles zusammen? So gefragt,
nimmt man „Hauptstadt" als Metapher für „Regierung" i.w.S. und
schiebt damit unser Thema auf das weite Feld des Verhältnisses von
Staat und Bildung. Sobald und solange sich Regierungsfunktionen und
politische Willensbildung in der Hauptstadt konzentrieren und sie als
Sitz des Souveräns und seines Gefolges oder Apparats gelten konnte,
ist die Frage nach dem Verhältnis von Hauptstadt und Bildungs- bzw.
Wissenschaftsinstitution fruchtbar – also vom Beginn der spätmittelal-
terlichen Territorialherrschaft bis zum Ende des konstitutionellen Zeitalters. Es ist letztlich die Frage nach der Rolle, die Erziehung, Bildung
und Wissenschaft bei der Entstehung des frühmodernen absolutistischen Staates im 18. Jahrhundert und dann des konstitutionellen oder
parlamentarischen Staates in der bürgerlichen Gesellschaft zufiel.

3.

Die europäischen Wissenschafts- und Bildungsinstitutionen sind Töch-
ter der Kirche, älter und universeller als der moderne Staat. Sie paßten
daher schlecht in das Zeitalter des beginnenden Absolutismus. Keiner
der für die Entstehung moderner Forschung maßgeblichen Wissenschaftler des 17./18. Jahrhunderts – darauf hat Otto Gerhard Oexle aufmerksam gemacht – hat einer Universität angehört. Leibniz ist das Beispiel für Deutschland. Viel eher als die alten Universitäten paßten die
neuen Akademien in die Wissenschaftsorganisation der absolutistischen
Staaten und ihrer Hauptstädte. Die Akademiebewegung war eine fürst-
lich hauptstädtische, von der Akademie Française 1635, die Royal Society 1660 oder die preußische Akademie in Berlin und die Petersbur-
ger Akademie 1700 und 1725. Sie waren Sammelpunkte der
hervorragendsten Gelehrten, die schon in Habitus und Welterfahrung
weit eher in die höfische Gesellschaft und in Paläste paßten als die alte
Magister- und Professorenzunft. Akademien galten als Instrumente der
Herrschaft, als moderne Denkfabriken im Dienste der Landeswohlfahrt,
zur Lösung schwieriger, oftmals als Preisaufgaben formulierter Probleme berufen; oft sahen sie den Herrscher und seine Minister selbst in
ihrem Kreis. Die Akademiebewegung hinterließ bedeutende architekto-
nische Spuren im Gesicht der Hauptstädte, die anzeigten, wie sich hier
der geballte Geist des Staates eine organisatorische und zugleich repräsentative Form gegeben hat – ich erinnere nur an das Gebäude der Akademie der Wissenschaften in Wien in der Sonnenfelsgasse, dessen Fest-
saal vor einigen Jahren gerade wieder restauriert und erneut in Funktion
gesetzt wurde. Akademien blieben in ihrer zunehmend sich differenzierenden Organisation auch über das Zeitalter ihrer Entstehung hinaus im
bürgerlichen und industriellen 19. und 20. Jahrhundert als Zentren der

wissenschaftlichen Potenz der Staaten oder der Länder lebenskräftig. Je enger die Verbindung von Herrschaft und Wissenschaft war, um so bedeutender die Stellung der Akademien; ihre Rolle in den Staaten des ehemaligen Ostblocks – eine Hyperthrophie ihrer Anfänge im Absolutismus – zeigt sie als Monopolisten der Forschung, welche die Universitäten zu höheren Lehranstalten degradierten. Sie wurden zu Institutionen wissenschaftlicher Hierarchie, immer elitär und etwas abgehoben von der individuellen Studierstube und vor allem vom kritischen Querdenken im Lande. Der Geist der Regierung förderte und unterwarf zugleich mit den Akademien von der Hauptstadt aus Forschung und Bildung. Die „Akademie der Pädagogischen Wissenschaften" der DDR lieferte ein perfektes Beispiel solcher Unterwerfung der Bildung unter die Macht. Der Warschauer Kulturpalast als Sitz der Zentrale der polnischen Akademie der Wissenschaften ist mir immer als ein architektonisches Sinnbild dieses Verhältnisses erschienen, einem Lande auferlegt, dessen Wissenschaftstradition alles andere als absolutistisch oder monolithisch war. Auch im Westen schufen sich die neuen Bundesländer nach 1949 ihre Akademien, so in Düsseldorf, die aber vorwiegend die Tradition der Betreuung kostspieliger und langfristiger Editionen und wichtiger Publikationsreihen pflegten und gelehrte Diskussionsforen blieben. Sagen wir es pointiert: Akademien in ihrer vollen Ausprägung paßten zum Regierungsmuster absolutistischer Hauptstädte oder Zentralkomitees. Sie dienten der Landeswohlfahrt, der Reputation, der Herrschaftssicherung. Ihre Mitglieder standen in der Nähe der Mächtigen und waren in der Regel über den Verdacht erhaben, die Autorität zu stören.

Ähnlich hauptstadtadäquat kann man die höheren Fachschulen beschreiben, die im 18. Jahrhundert ihren Aufschwung nahmen und in der Hauptstadt oft vor den Universitäten ihren Sitz nahmen. Die vielen Spezialschulen Berlins seit dem 17./18. Jahrhundert gaben dem Regierungssitz einen wissenschaftlichen Rang, ehe die Universität gegründet wurde (die Akademie der Künste und mechanischen Wissenschaften 1696, die Forstakademie und die Tierarzneischule 1790, die Pépinière 1795, die Bauakademie 1799, die Gewerbeschule schließlich 1821). Was macht die Hauptstadt mit der Wissenschaft? Sie leitet ihre nützlichen Erkenntnisse in die verzweigte Kanalisation der untergeordneten Anstalten. Die hohe Karlschule in Stuttgart kann als Beispiel dieser funktionalen Einfügung der Bildungsinstitutionen in den Herrschaftsbezirk des Staates gelten. Nicht nur im Hinblick auf die Inhalte der Bildung, auch in ihrer Organisation waren diese Schulen Anstalten der Regierung, teilweise mit paramilitärischen Gebräuchen.

Eine Variation und Ausweitung der Akademiebewegung weit über ihren Ursprung hinaus im Zeitalter der modernen Industrie und Wissenschaft ist hier wenigstens zu erwähnen: die Kaiser-Wilhelm-Gesellschaft. Der durch Wissenschaftler beratene deutsche Kaiser war der Initiator und Berlin der zentrale Sitz dieser wissenschaftlichen Großorganisation. Es ist nicht ohne symbolische Bedeutung, daß sie nach dem Krieg als Max-Planck-Gesellschaft in München ihren Sitz nahm, nicht etwa in Frankfurt. Die Entstehung dieses Netzwerkes zeigt die Symbiose von moderner, nationaler Industrie- und Wirtschaftswelt einerseits, herrscherlichem und staatlichem Interesse andererseits: Es ging um die Förderung teurer Großforschung, die aus Steuermitteln in Universitäten, technischen Hochschulen und Fachhochschulen nicht mehr zu leisten war, durch Beiträge aus Wirtschaft und Industrie. Von den Produkten dieser Forschungsförderung konnten sie ebenso zu profitieren hoffen wie der Staat als Großmacht im industriellen Zeitalter. Der Kaiser, der diesen Modernisierungsschub energisch förderte, entwarf zugleich mit eigener Hand die pompöse Amtstracht für die in die Akademie berufenen Professoren: lange grüne, pelzbesetzte Talare, in denen sich die berühmten Gelehrten des frühen 20. Jahrhunderts für unsere Augen recht seltsam ausnehmen – modernste Wissenschaftler in Anlehnung ans Mittelalter ausstaffiert, kostümiertes Gefolge des Throns mit der Forschungspotenz des 20. Jahrhunderts.

Während Akademien, Fachhochschulen und Fachschulen, Kinder des Absolutismus, zur Hauptstadt gehören, gingen am anderen Ende der Skala höherer Bildungsanstalten die Gelehrten- oder Lateinschulen, die Gymnasien, nicht in der Hauptstadtfunktion auf. Zwar suchten kleinere Territorialherren die Gelehrtenschulen ihrer Residenzstädte zu universitätsähnlichen Anstalten aufzuputzen, zum akademischen Gymnasium oder Gymnasium illustre, aber die vielen Hunderte von Lateinschulen oder Gymnasien, ganz verschieden nach Größe und innerem Aufbau, waren nie Hauptstadtgeschöpfe; sie waren einerseits Fortentwicklungen von Kloster- oder Domschulen und blieben topographisch wie soziologisch, organisatorisch wie funktional und selbst in ihrer Architektur lange Zeit als kirchliche Bildungsinstitutionen erkennbar – am längsten in Württemberg. Oft baulich eng an die Kirche angelehnt, in einer Kirchennische, im Kloster- oder Stiftsbereich angesiedelt, oder als Nachfolgeinstitution säkularisierter Klöster blieben diese höheren Schulen dezentralisiert, auch als sie seit dem Ende des 18. Jahrhunderts rechtlich und im 19. Jahrhundert faktisch zu „Veranstaltungen des Staates" wurden. Die Standorte der alten Gymnasien zeigen das deutlich – heute noch sichtbar an den sächsischen Klosterschulen, aber auch bei jüngeren Ordens- oder Stiftsschulen wie im florierenden Gymnasium St. Kaspar bei Bad Driburg, um nur eins von vielen Beispielen zu nennen. Jünger, aber bedeutender an Zahl, waren die Lateinschulen der Städte. Seit Luthers Sendbrief „an die Ratsherren deutscher Städte, daß sie christliche Schulen aufrichten und halten sollten" (1524), gehören die aus alten Domschulen zu Archigymnasien umgewandelten gelehrten Schulen im protestantischen Deutschland zur städtischen Gesellschaft, waren lokale und regionale Anstalten, die sich im 19. Jahrhundert nur schwer über den von der Unterrichtsverwaltung in der Hauptstadt geschusterten Leisten schlagen ließen. Magistrate als Patrone waren

Schulherren, die ihre Rechte zäh festhielten, und ihre Klientel war nur zum kleineren Teil zum Kirchen- oder Staatsdienst bestimmt; die meisten Schüler zog es nach einigen Jahren Schulbesuchs in bürgerliche Geschäfte. Auch Landesherren konnten Patrone solcher Gelehrtenschulen sein, ebenso wie Magistrate oder Stände, sie legten sie oft an die Peripherie ihres Herrschaftsbereichs und gaben ihnen ihren Namen, so das Hedwigs-Gymnasium im hinterpommerschen Neustettin, das Fridericianum in Königsberg. Aber in dieser Funktion waren die Landesherren Patrone neben anderen, zuständig nur für ihre Schule. „Gelehrte Schulen" blieben mit eigenen Stiftungsrechten lange Zeit Repräsentanten der Vielfalt gesellschaftlicher, lokaler, konfessioneller, kulturell-ethnischer Verhältnisse, waren mehr dem konkreten Lebenskreis der Kommune oder der Region als dem Staat verbunden. Als sie zu staatlich verwalteten Gymnasien wurden, setzte die sich modernisierende städtische Gesellschaft ihre Bildungsansprüche der staatlichen, von der Hauptstadt aus gelenkten Monopolisierung der Bildungs- und Laufbahnpatente entgegen: in Form eines differenzierten höheren Realschulwesens, das sich mit Mühe staatliche Anerkennung erzwingen mußte.

Eine Variation bilden in diesem Zusammenhang die Ritterakademien und die Jesuitenschulen. Die Ritterakademien waren ständische, nicht fürstliche Anstalten, lagen nicht in Hauptstädten – Liegnitz, Brandenburg, als spätes Beispiel Bedburg; sie wurden nur so lange – auch wenn ihr Name sich hielt – vom Staat gestützt, wie die ständische Sozialordnung das Herrschaftssystem trug. Die Jesuitenschulen waren als Herrschaftsinstrumente der katholischen Reform immer enger mit der weltlichen und geistlichen Macht verbunden als die reformatorischen Gymnasien. Auch in den Neubauten jesuitischer Gymnasien – Münster steht mir als Beispiel wiederum besonders deutlich vor Augen – zeigt sich dieser Wille zu effizienter gelehrter Bildung für Kirche und Staat, die nach der Aufhebung des Jesuitenordens in den verschiedenen deutschen Staaten in unterschiedlicher Weise eine Fortsetzung oder Veränderung erfuhr.

Auch die staatliche Förderung der „eigentlichen", der altsprachlichen Gymnasien im 19. Jahrhundert, in dessen Verlauf, wie man formuliert hat, aus dem „Schulstall" der „Schulpalast" wurde, hat sie nie etatistisch voll funktionalisiert. Aus ihrer kirchlichen Tradition, aus ihrer gesellschaftlichen, kommunalen Rückbindung und dann, im 19. Jahrhundert, aus der zentralen Bildungsidee besaßen oder gewannen die Gymnasien einen Bildungsüberschuß über das, was die Regierung als Qualifikation für den Staatsdienst erwartete: einerseits die Universalien, sei es als religiöse, philosophische, humanistische, allgemeine Menschenbildung, andererseits die lokalen oder regionalen Spezifika und die gewerblich nützlichen Fertigkeiten als Voraussetzung bürgerlicher Berufe. Einer staatspädagogischen Funktionalisierung – sie wurde versucht –, dem formativen, bildungspolitischen Diktat der „Hauptstadt" sind sie nie völlig erlegen. Dem Absolutismus fehlte die Effizienz, der konstitutionelle oder parlamentarische Rechtsstaat setzte sich selbst Grenzen des Einflusses.

Elementar- und Volksschulen – Sache der Gemeinden des flachen Landes oder von städtischen Pfarren, oft auch privater Winkelschulmeister – geraten mit der Hauptstadt durch den Reformeifer des aufgeklärten Absolutismus in Verbindung; hier entstehen im späten 18. Jahrhundert die Musteranstalten und Lehrerausbildungsstätten: Heckers Seminar in Berlin, Felbigers „Normalschule" in Wien – ähnliche Einrichtungen in den Bistümern Würzburg, Mainz, Münster. Generallandschulreglements, Vorschriften, Pläne gehen von hier aus – aber lange Zeit kaum finanzielle Hilfe. Bis tief ins 19. Jahrhundert ist die Realität dieser schulischen Volksbildung von der Kirche und den lokalen Kräften geprägt. Mit staatlicher Obrigkeit kam der Volksschüler erst beim Militär in direkte Berührung.

4.

Die Ambivalenz des Verhältnisses von Hauptstadt und Bildungsinstitution will ich als ein zwar historisch variables, aber durch die Jahrhunderte der europäischen Bildungsgeschichte sich durchhaltendes Phänomen mit einigen Hinweisen auf die Universitäten verdeutlichen.

Die Forschung hat in den letzten Jahren herausgearbeitet, daß die alten europäischen Universitäten – anders als fürstliche Hochschulen und Fachschulen älterer und jüngerer Herkunft – autonome Zusammenschlüsse nach dem Muster der hochmittelalterlichen „Geschworenen-Einungen", der „coniurationes" waren. Die Universitas der Magister und Scholaren in Bologna und Paris schuf sich einen autonomen Rechts- und Friedensbereich – das eben meinte zunächst die „Freiheit" der Universität. Diese „Libertas scolastica" fand ihren Schutz in den Mauern wohlhabender Städte oder auch, wie in Deutschland seit dem 14. Jahrhundert, in der Fürsorge der Territorialherren. Sie besaßen erhebliche, vom Papst garantierte Freiheiten der Kooptation, der Selbstregierung, der Freizügigkeit. Zwar brauchten Kirche und Herrscher, auch wohlhabende Städte akademisch geschulte Diener, Juristen und Geistliche zumal; aber deren Kenntnisse und deren Auslegungen der religiösen und rechtlichen Grundtexte erwuchsen im autonomen Raum der Universitas, wurden dort entwickelt und, wie die klassischen Werke der römischen Rechtskodifikationen und die medizinischen Erkenntnisse der arabischen Kultur, in die europäische Welt übertragen. Die Universität war Schöpfer oder Vermittler brauchbaren Wissens und kompetenter Weltauslegung kraft autonomer Wissenschaft in einem eigenen, kodifizierten und beschworenen Rechtsraum. In diesem Raum entstanden die großen theologisch-philosophischen Kontroversen des späten Mittelalters. Hier trat früh der Schrecken jedes Regierungssitzes auf, der „Intellektuelle", der sich weder geistig noch institutionell noch politisch binden ließ, an keinem Ort, in keiner Gesellschaft – schon gar nicht in der Hauptstadt – zu Hause war. Abälard ist ein frühes, Georg Forster ein spätes Beispiel. Den Ruhm und den Ärger, die Bologna oder Paris von ihren Universitäten hatten, schildern die mittelalterlichen Quellen überraschend eindeutig. Wie die gelehrten Schulen waren Universitäten geistliche Einrichtungen, aber zugleich autonome Verbindungen – anachronistisch gesprochen „gesellschaftliche" Zusammenschlüsse. Das universale und das partikulare Prinzip hatten sich verbunden, ehe das etatistische an sie herantrat.

Die deutschen Universitäten allerdings tragen fast alle die Namen fürstlicher Stifter oder Beschützer; die meisten sind territoriale Herrschaftsgründungen, aber gleichwohl im Kern kirchlich/geistlicher und korporativer Natur. Die älteste von ihnen, Prag (1348), garantierte alle freien Rechte der alten Universitäten, wenn auch zugleich die herrscherlichen Prärogative in den Statuten betont wurden. Die fürstlichen Gründungen zeigen von Anfang an diesen Doppelcharakter der autonomen rechtlichen Freiheit sowie der Fürsorge und des Eingriffs des Herrschers, zeigen also die Ambivalenz des Verhältnisses von Hauptstadt und Universität. Förderung und Zähmung, so läßt sich das Doppelverhältnis von der Regierungsseite her bezeichnen. Wo die Domestizierung oder Territorialisierung der frühneuzeitlichen Universitäten gelang, führte das – um so mehr, je weniger sie eigenes Stiftungsvermögen erhielten – zu einer Provinzialisierung der Wissenschaft oder, wie gesagt, zu einem Auswandern der bedeutenden Wissenschaftler aus den Universitäten. Noch die letzte gelungene Gründung einer Universität im alten Reich in Münster, zeigt die Deformation der Universität durch die Dominanz der territorialen Herrschaftszwecke: zwar verliehen noch Kaiser und Papst die Privilegien, wie das Promotionsrecht – aber Promotionen schienen dem Vertreter des Bischofs überflüssig oder gar ärgerlich. Er strebte nach Qualifizierung des Nachwuchses für das Bistum in Kirche und Staat und wollte sowohl die Scholaren wie die Professoren allein aus Landeskindern rekrutieren; er brauchte tüchtige „Geschäftsmänner" oder Seelsorger.

Überall war der Einfluß des Landesherrn bei der Gründung und der Wahrnehmung der Aufsicht stark. Die Maßregelung Wolffs in Halle durch Friedrich Wilhelm I. oder Kants in Königsberg durch Wöllner sind bekannte Beispiele. Sie zeigen aber zugleich den Anspruch der Universitäten auf eigene Zeit- und Herrschaftskritik – Schlözer in Göttingen, an einer reinen Staatsuniversität, hat sich davon nicht abbringen lassen. Die Universität hauptstadtförmig zu machen, hieß, die nach Rechtsstatus und Wissenschaftsverständnis des späten Absolutismus unmodern gewordenen Universitäten in Fachhochschulen zu verwandeln, so wie es vor 1806 noch in Preußen von Massow erwogen wurde – Wünsche übrigens, die sich in den anderen Zusammenhängen unserer Zeit ähnlich äußern. Wie unter dem Leitbegriff der „Glückseligkeit" der

Mensch zugleich zu „Brauchbarkeit" und zur „Veredelung" zu führen
sei und wo eine weise Regierung die Grenzen der Bildung für die einzelnen Stände zu ziehen habe, das war eine der meist diskutierten Fragen der neu entstehenden „Staatserziehungswissenschaft" im aufgeklärten Absolutismus. Beides – Brauchbarkeit und Veredelung – zu
verbinden, war Ziel aufgeklärter Herrscher.

In dem Augenblick jedoch, als der Staat sich zum Förderer und zum
Herrn der Bildung zu machen und die „Nationalerziehung" in die eigenen Hände zu nehmen begann – am radikalsten in den Nationalerzie-
hungsplänen der Französischen Revolution –, als zugleich die Hauptstadt zum Sitz der Spitze der staatlichen Unterrichtsverwaltung, als die
lokale, ständische Autonomie im Bildungswesen schrittweise minimiert
wurde, da formierte sich auch der Widerspruch gegen die Funktionalisierung der Bildungsinstitutionen unter politischer Vormundschaft.
Rousseaus „Emile" war ein Signal; in Wilhelm von Humboldts Essay
von 1792 über die Grenzen des Staates und in vielen späteren Versionen
setzte sich das Postulat der „allgemeinen Menschenbildung" gegen die
„Staatspädagogik" zur Wehr. Nicht die Verfassung soll die Erziehung
bestimmen, wie schon Aristoteles gemeint hatte, sondern die Verfassung
von Staat und Gesellschaft soll dem frei gebildeten Menschen adäquat
werden – so allein sei die Verbesserung der Menschheit zu hoffen. Einen solchen Staat hatte Wilhelm von Humboldt vor Augen, wenn er die
Erziehung als Perfektibilitätsfaktor dem Staatswesen einpflanzen wollte,
als einen institutionalisierten Widerspruch gegen das bloß Zuständliche.
Er hätte Universitäten und höhere Bildungsanstalten am liebsten, wie er
sagte, der „Nation", d.h. der Gesellschaft wieder zurückgegeben, sie
nicht der „Hauptstadt" untergeordnet, sondern sie nach ihrer Reform in
ein inneres Spannungsverhältnis zur Regierung gesetzt.

Damit wurde in Deutschland ein anderer Weg beschritten, als im
Frankreich Napoleons, wo mit dem Gesetz von 1808 die Unterordnung
aller Bildungsanstalten unter die Zentrale in Paris verordnet wurde. Als
1817 der erste preußische Kultusminister, von Altenstein, auch für das
preußische Universitätssystem eine hierarchische Ordnung konzipierte,
indem er Berlin den Rang der Hauptuniversität, den anderen vorwiegend eine Vermittlungsfunktion zudachte, scheiterte er schon im Ministerium an der Idee der inneren Autonomie jeder wissenschaftlichen
Bildungsinstitution. Nicht nur die Vielzahl der deutschen Staaten, ihrer
Hauptstädte mit ihren Universitäten machten eine Übernahme des französischen Musters praktisch unmöglich; es war das bildungsphiloso-
phisch fundierte Postulat der Freiheit von Forschung und Lehre, das
dieser Autonomie und Vielfalt Substanz gab. Wo es nicht anerkannt
wurde, wie im Österreich Franz' I., konnten Universitäten zu bloßen
Funktionsträgern der Herrschaft werden. Im übrigen Deutschland ist
diese Unterordnung, trotz der Karlsbader Beschlüsse, die den Widerspruch von Bildung und Herrschaft zugunsten der Herrschaft auflösen
wollten, nicht durchgesetzt worden.

Die neuen oder neugestalteten Universitäten – Berlin wurde zum Modell – waren nach dem Willen ihrer Gründer rechtlich durch verliehene Statuten geschützte Stätten freier Forschung und Lehre. Es war ein verwunderliches Geschehen, daß nach einer Philosophie, die Wissenschaft und Bildung, Universales und Individuelles zusammenband, von der Regierung selbst Institutionen geschaffen wurden, die sich in prinzipieller Distanz zu ihr konstituierten. Ein Gedanke, der die Zukunft gegen die Gegenwart, die Bildung gegen den Zustand, die Wissenschaft gegen das Gewohnte, den historischen Prozeß gegen die Tradition setzte. Dazu bedurfte es einer neuen Art der Freiheit. Aus den zünftischen Freiheiten der alten Universitas wurde die bürgerliche Freiheit der Forschung und Lehre. „Freiheit" war jetzt nicht mehr ein ständisches Recht, ein Bündel kodifizierter Privilegien, sondern eine durch staatliche Edikte verliehene, also abgeleitete individuelle Berechtigung für den Forscher und akademischen Lehrer zu erforschen und zu lehren, was er vor dem Ethos wissenschaftlicher Rationalität verantworten zu können glaubte. Zugleich schwand die autonome materielle Existenzgrundlage aus den Erträgen von Fonds, Ländereien oder Stiftungen; der Staat zog die Alimentierung der Universität in seine Finanzhoheit; es schwand die eigene Gerichtshoheit, und so war die neugewonnene Autonomie zunehmend abhängig von der Verfassung des Staates. Wenn er im Sinne eines liberalen Kulturstaates die Freiheit von Wissenschaft und Bildung und damit die exemte Stellung des akademischen Lehrers, der zugleich Staatsbeamter und freier Forscher sein soll, garantierte – eine Exemtion, die Friedrich Paulsen um 1900 auch auf den Stand der Gymnasiallehrer auszudehnen verlangte – konnte die Universität in der Balance zwischen Nähe und Ferne zur Regierung bleiben. Zwar hat einmal ein Rektor der Universität Berlin in erregter Zeit während des Krieges von 1870/71 die Universität als „geistiges Leibregiment der Hohenzollern" bezeichnet, und es war schon als Herrschaftsarchitektur eindrucksvoll, wie das Schloß am Ostende und das Kultusministerium am westlichen Ende der Straße Unter den Linden städtebaulich korrespondierten. Das komplizierte Verhältnis von Regierung und Wissenschaft drohte im 19. Jahrhundert wiederholt aus einer spannungsvollen Balance in ein Unter- und Überordnungsverhältnis umzuschlagen – und keineswegs immer so sublim, wie es sich Hegel dachte, wenn er Preußen als den Staat der Intelligenz bezeichnete. Aber im ganzen gesehen blieb die politische Akzeptanz der Autonomie wissenschaftlicher Lehre und Forschung ein Grundsatz deutscher Verfassungen in konstitutionell-monarchischer wie in parlamentarisch-demokratischer Zeit.

Die moderne Universität – mit ihrem Doppelgesicht als staatliche Anstalt und Körperschaft mit Selbstverwaltung und fachlicher Autonomie – besitzt jedoch ihre Freiheit in Forschung und Lehre nicht kraft eigener Rechte, sondern als abgeleitete aus den Prinzipien eines rechts- und kulturstaatlich verfaßten Staates. Daß sie in den totalitären Regimen des 20. Jahrhunderts unterging, zeigt, wie prekär es um diese auf eine politische Philosophie und auf Verfassungsartikel allein gestützte Freiheit beschaffen ist.

5.

Zu fragen bleibt am Schluß, ob man das Thema „die Hauptstadt als Bildungszentrum" nach Epochen abhandeln kann – wie schon hin und wieder angedeutet:

– die spätmittelalterliche Bürgerstadt, in der Bildungsinstitutionen Sache korporativer Sozietäten unter dem Dach der Kirche waren;
– die barocke Residenzstadt, die Bildungsinstitutionen höfischer Art – und für den Hof und seinen Umkreis – aufnahm, deren Tradition bis heute in den Namen der Stifter, in der Architektur von Universitäten und Theatern sichtbar ist;
– die Hauptstadt des aufgeklärten Absolutismus, die Fachinstitute beförderte, auch schon das Schulwesen zu zentralisieren versuchte und die Akademien förderte;
– die – konstitutionell – bürgerliche Hauptstadt des 19. und frühen 20. Jahrhunderts – in deren Periode alle diese Bildungsanstalten vermehrt wurden, ihre Architektur repräsentative Ausmaße gewann und das verstaatlichte Unterrichtswesen seine Zentralverwaltung in der Hauptstadt etablierte, als die Museums- und Ausstellungskultur die schönen Künste als „mächtiges Bildungsmittel" unters Volk brachte – wie der bayrische König Maximilian I. 1808 in München postulierte.

Ob das Thema unter den Perspektiven, die ich angedeutet habe, auch noch im Kontext der industrialisierten, demokratisch oder diktatorisch verfaßten Massengesellschaften der zweiten Hälfte unseres Jahrhunderts zu behandeln ist, bleibt mindestens fraglich. Einerseits deshalb, weil im Zeitalter enger kommunikativer Vernetzung die Hauptstädte nicht mehr die prägende Kraft der höfischen Residenzstädte oder der Hauptstädte des 19. Jahrhunderts haben. Als Bildungszentrum besitzt die Hauptstadt allenfalls noch ein quantitativ von anderen großen Städten unterscheidbares Profil. Andererseits deshalb, weil in einer auf Effizienz in allen Gebieten bedachten Gesellschaft Forschung, Lehre und Bildung als Faktor der gesamtstaatlichen Kosten-Nutzen-Rechnung sehr wohl begriffen, also politisiert und in höherem Maße als früher fiskalisiert werden. Der demokratische Souverän ist kein Mäzen! Die fruchtbare Widerständigkeit des Verhältnisses von Bildung und Herrschaft ist funktional aufgelöst. Bildung als Widerspruch zur Herrschaft wandert aus – in den Untergrund des Samisdat oder auf den freien Markt. Viel verzweigter und unvergleichlich teurer ist das Netz der offiziellen Bildungsinstitutionen aller Art geworden; nicht mehr nur eine schmale Gruppe von Gebildeten, sondern die breite Mehrheit nutzt sie und und stellt Ansprüche an den Effekt von Bildung für den sozialen Status. Bildung als „Bürgerrecht" – das bedeutet auch den politisch zwingenden Zugriff von unten, von Verbänden, Pressure groups, Organisationen, Parteien. Sind Bildungsinstitutionen überhaupt noch regierbar – selbst planbar – von der Hauptstadt, von der Verwaltung her? Bei den Universitäten wird das fraglich, im Schulbereich ist die Tendenz zur Autonomie, zu privaten Anstalten deutlich. Die Adreßbücher der Städte zeigen eine lange Liste von nicht-staatlichen Bildungsinstitutionen – völlig hauptstadtunabhängig: Volkshochschulen und andere kommunale oder kirchliche oder gewerkschaftliche oder von Parteien getragene und auf Dauer gestellte Bildungsaktivitäten berufsbildender wie allgemeinbildender Art – aber auch eine Vielzahl privater kommerzieller Schulen sind entstanden. Sie vergeben Zertifikate, die, wenn auch nicht im öffentlichen Dienst, so doch in der Privatwirtschaft anerkannt sind; daneben steht eine Vielzahl von Bildungszentren mit sozialen Aufgaben und Betreuungsfunktionen sowie andere, die die Nähe zum Vergnügen suchen. Kurz: sowohl Brauchbarkeit als auch Lebensqualität durch Bildung wird heute neben dem öffentlich-staatlichen Unterrichtswesen in hohem Grade gesellschaftlich, staats- und hauptstadtfern angeboten und wahrgenommen.

Dieser Spontaneität steht im öffentlich-staatlichen Bildungsbereich ein fortschreitender Bürokratisierungsprozeß gegenüber, der sich auf Expertokratie, Herrschaft über den Etat, verwaltungsgerichtliche Normierung stützt. Bildungsfremde, aber wissenschaftlich geschützte administrativ-funktionalistische Denk- und Verfahrensweisen suchen ihre generalisierende Kraft „subkutan", durch Gesetzesauslegung in Verordnungen gegen die autonomen Ansprüche, Mentalitäten, Verhaltensformen vor Ort und zugleich innerhalb der gesellschaftlich initiierten Bildungsreformen oder -bewegungen geltend zu machen. Die Spannung zwischen der Expansion staatsferner Bildungs- und Wissenschaftsinstitutionen und der Intensivierung bürokratischer Regelung von Bildungsansprüchen und -modalitäten wächst und erzeugt ein kompliziertes, antagonistisch aufgeladenes Feld, das weder regional und funktional auf die „Hauptstadt" zentriert ist. Hauptstadt ist entweder überall oder, was das gleiche ist, hat ihr spezifisches Profil als Bildungszentrum verloren. Mir scheint, wir sind in eine neue Dimension des Verhältnisses von Bildung, Herrschaft und Gesellschaft geraten, die nicht mehr von der Hauptstadt her aufzuschließen ist.

Literaturhinweise

Berg, Christa u.a. (Hrsg.), Handbuch der deutschen Bildungsgeschichte, Bd. III-V, München 1987/89.

Brather, Hans-Stephan (Hrsg.), Leibniz und seine Akademie. Ausgewählte Quellen zur Geschichte der Berliner Sozietät der Wissenschaften 1697-1716, Berlin 1993.

Brocke, Bernhard vom/Krüger, Peter (Hrsg.), Hochschulpolitik im Föderalismus. Die Protokolle der Hochschulkonferenzen der deutschen Bundesstaaten und Oesterreichs 1908-1918, bearb. v. B. vom Brocke, Berlin 1994.

Bruch, Rüdiger vom/Müller, Rainer A. (Hrsg.), Erlebte und gelebte Universität. Die Universität München im 19. und 20. Jahrhundert, Pfaffenhofen 1986.

Dollinger, Heinz, Die Universität Münster 1780-1980, Münster 1980.

Hartmann, Fritz/Vierhaus, Rudolf, Der Akademiegedanke im 17. und 18. Jahrhundert, Wolfenbüttel 1977.

Herrmann, Ulrich (Hrsg.), „Die Bildung des Bürgers". Die Formierung der bürgerlichen Gesellschaft der Gebildeten im 18. Jahrhundert, Weinheim/Basel 1982.

Heydorn, Heinz J., Über den Widerspruch von Bildung und Herrschaft, Frankfurt/M. 1970.

Lenz, Max, Geschichte der Königlichen Friedrich-Wilhelms-Universität zu Berlin, 4 Bde., Halle 1910-1918.

Olsen, Donald J., Die Stadt als Kunstwerk, Frankfurt, New York 1988.

Paulsen, Friedrich: Geschichte des gelehrten Unterrichts auf den deutschen Schulen und Universitäten vom Ausgang des Mittelalters bis zur Gegenwart. Mit besonderer Rücksicht auf den klassischen Unterricht. 3. erw. Auflage hrsg. von Rudolf Lehmann, Bd. I., Leipzig 1919; Bd. II, Berlin – Leipzig 1921, unveränd. Nachdruck Berlin 1965.

Prahl, Hans-Werner/Schmidt-Harzbach, Ingrid, Die Universität. Eine Kultur- und Sozialgeschichte, München, Luzern 1981.

Ribbe, Wolfgang/Schmädeke, Jürgen (Hrsg.), Berlin im Europa der Neuzeit. Ein Tagungsbericht, Berlin 1990.

Rößler, Helmut/Franz, Günther, Universität und Gelehrtenstand 1400-1800, Limburg 1970.

Schultz, Uwe (Hrsg.), Die Hauptstädte der Deutschen, München 1993.

Vierhaus, Rudolf/vom Brocke, Bernhard (Hrsg.), Forschung im Spannungsfeld von Politik und Gesellschaft. Geschichte und Struktur der Kaiser-Wilhelm-/ Max- Planck-Gesellschaft, Stuttgart 1990.

Voß, Jürgen, Die Akademien als Organisationsträger der Wissenschaften im 18. Jahrhundert, in: Historische Zeitschrift 231 (1980), S. 43-78.

Erstveröffentlichung in: Hans-Michael Körner, Katharina Weigand (Hg.), Hauptstadt. Historische Perspektiven eines deutschen Themas, München 1995, S. 213-229.

American Observations Concerning the Prussian Educational System in the Nineteenth Century

> All other reforms seek to abolish specific ills; education ministers to universal improvement. Horace Mann, "Reply to the Remarks of Thirty-One Boston Schoolmasters" (Boston, 1844), 3.

"Modernization" is a dominant perspective from which research in educational history in recent decades has examined the development of the educational system since the eighteenth century. The crucial question is whether and to what extent expanding school education contributed to the transition from the old estate society to modern civil society, to advanced industrialization, and to further participatory or even democratic structures. Following Talcott Parsons's definition of the three great revolutions that made the modern world – the industrial, the democratic, and the educational – and whose differential timing also influenced the differentiation of modern nations, one sees that in Germany, in contrast to other Western European states, the educational revolution preceded the industrial and political.[1]

This reversal of phases of modernization can be inferred from the different purposes and directions of the visitors who traveled abroad to study the newest developments. They hurried to Paris for the political revolution at the end of the eighteenth century, and they flocked to England in the first decades of the nineteenth century in order to learn the new technology and economy and to adopt it in their own countries. The same interest drew travelers to those places where modern educational institutions caused a stir. Their favorite destination in the 1830s was Germany and, above all, Prussia. In that respect, their journeys to Germany placed them among the other observers of advanced technologies and forms of organization of political, material, or intellectual culture. Despite the specific problems that the observation, criticism, or even adaptation of the new developments in the three sectors show, the international transfer of experience was not only a vehicle of progress but also evidence of the particular manner in which different nations behaved during the push for modernization.

In German historiography, the reports of the visitors from neighboring countries are well known, especially the famous report of Victor Cousin, written some years after his three-month tour through Germany

---

[1] Talcott Parsons, Das System moderner Gesellschaften, German ed. (Munich, 1972). Concerning educational revolution, see 120ff.

in 1831. Dutchmen and Danes, but also Englishmen (Matthew Arnold being the most famous), followed in his tracks in the nineteenth century.[2] These journeys can be seen as a continuation of the pedagogical travels of the late eighteenth century, when individuals interested in enlightenment, education, and improvement of the human race went to observe those institutions and headmasters whom they viewed as models of pedagogical reforms. With regard to both time and matter, the famous travels to Pestalozzi in Ifferten mark the exact turning point that distinguishes the earlier and more personal travels of the eighteenth century, directed toward particular model schools, from the travels of the nineteenth century. The former still show a touch of the wish to hit upon curiosities; the latter were, above all, political expeditions with a public purpose. The interest no longer focused merely upon the improvement of education but upon the meaning of a general public education for state and society. The educators of the eighteenth century, one of them said, sought to solve the problem of how to ennoble the individual and also to make him a more useful and thereby a happier being in the existing social system.

In the nineteenth century, the double purpose of education became nationalized and politicized. How could a nation become better and at the same time more efficient by means of public school instruction? This was the question of the first half of the nineteenth century. Toward the end of the century, the national education system came to be considered a factor of national competition to increase economic and military efficiency. When William Torey Harris wanted to send a delegation of American educators to the World Exhibition in Paris in July 1889, he justified his application with the hint that it might be useful to observe the intimate connection of industry and education. For this purpose, he maintained that the German model should be paramount, because Germany since Frederick the Great had begun systematically to promote school institutions as an investment in the efficiency of the state. W. T. Harris drew a lesson: Nations that compete against each other and that do not endeavor to adopt new inventions or to educate their people soon fall behind.[3] The era of the so-called new imperialism had begun, and schools became instruments in the military and industrial competition of nations. In the competition over the purposes of public

---

2   Victor Cousin, Bericht des Herrn Cousin ... über den Zustand des öffentlichen Unterrichts in einigen Ländern Deutschlands, und besonders in Preussen, trans. by J. C. Krüger (Altona, 1832, 1833, 1837). It was translated into English one year after its publication. Philipp Wilhelm van Heusde, ed., Briefe über die Natur und den Zweck des höheren Unterrichts (Heidelberg and Leipzig, 1830); E. F. Ingerslev, Bemerkungen über den Zustand der gelehrten Schulen in Deutschland und Frankreich nach Beobachtungen auf einer pädagogischen Reise (Berlin, 1841); Matthew Arnold, Schools and Universities on the Continent (London, 1868; newly edited by R. H. Super, Arin Arbor, Mich., 1964).
3   See Karl A. Schleunes, Schooling and Society. The Politics of Education in Prussia and Bavaria 1756-1900 (Oxford, New York, and Munich, 1989), 236.

education, utility won out over improvement. Education no longer was an end in itself, as it still had been at the beginning of the nineteenth century, but a means.

I will not, however, follow this track, which can be read both from the reports of foreign visitors and from the domestic programs. I shall restrict myself to the early decades of the nineteenth century, which were from the pedagogical point of view still preindustrial and preimperialist, and during which the modern state educational system developed in Germany. Foreign travelers observed the European educational system as engaged educators, who tried to improve their own systems by their experiences. This intention must be taken into account when one examines the reports as a source for the observed circumstances, but it does not spoil the source. Quite the contrary: One may suspect that foreign eyes saw what escaped observations from inside – and those foreign eyes were sharp.

The following remarks are based on the reports of three Americans who traveled through several countries before the revolution of 1848 with the explicit purpose of inspecting educational systems. From 1836 to 1838, Alexander Dallas Bache visited Europe. He reported his observations of England, Scotland, Holland, the German states, and particularly of Prussia, France, and Switzerland, to the trustees of the Girard College for Orphans, on whose behalf he had undertaken his journey.[4] A year earlier, Henry Barnard had traveled to Europe. He first published his observations in 1851[5] but weaved into them publications and reports on the development of the educational system that had been published since 1848, as well as observations on other travelers, such as Bache, Calvin E. Stowe from Ohio, and Joseph Kay, an English scholar and Traveling Bachelor at Cambridge.[6] The third report became much more widely known beyond the United States than the other two because of its author and because of the two controversial discussions that it set off. It was written by Horace Mann, who summed up his observations of a six-month journey in 1843.[7]

---

[4] Alexander Dallas Bache, Report on Education in Europe to the Trustees of the Girard Gollege for Orphans (Philadelphia, 1839). Hereafter cited as "Bache."

[5] Henry Barnard, National Education in Europe. Being an Account of the Organization, Administration, Institution and Statistics of Public Schools of Different Grades in the Principal States, 2nd ed. (Hartford, Conn., 1854). The first edition of 1851 was not available. Hereafter cited as "Barnard."

[6] Calvin Ellis Stowe, married to the author of Uncle Tom's Cabin, wrote his "Report on Elementary Instruction in Europe" after he had traveled to Europe in 1836. In his report, he urged the authorities in Ohio to establish a public educational system after the Prussian model. His report was not available to me.
Joseph Kay, Traveling Bachelor at Cambridge University, wrote The Education of the Poor in England and Europe (London, 1846) and The Social Condition and Education of the People in England and Europe, 2 vols. (London, 1850).

[7] Horace Mann, Seventh Annual Report of the Secretary of the Board of Education (Boston, 1844). Hereafter cited as "Mann."

The three American travelers had a common motive for their observations, namely, to gain experience abroad that could be useful for the improvement of the educational system in their home country. They were above all interested in public education systems, which in the United States were still in their initial stage.[8] That explains why they, especially Horace Mann, paid special attention to the elementary school. Beyond that, their focus of interest lay in orphanages and in schools for the less well-to-do population. Alexander Bache traveled through Europe with a concrete mission from his board of trustees. The orphanage in Philadelphia was to be established as an educational institute comprising all grades from elementary school to college. The well-equipped orphanage had to reorganize its entire educational system, in both the lower and higher grades; the trustees therefore hoped for concrete, practical ideas from Bache's observations. Bache's report on his two-year journey is an intensive description of personal experience and shows distinctly what also characterized the other reports: that the visitors were less interested in philosophical-pedagogical conceptions than in practical ways of organizing school supervision, finance, class division, curricula, means and methods of teaching, school regulations and discipline, medical welfare, and maintenance. Bache's instructions indicated that his report should distinguish clearly "what is really useful from what is merely plausible in theory."[9] Thus all reports were characterized by their decidedly pragmatic approach.

Notwithstanding the common motives, the reports differed immensely in perspective and in tone. Though Horace Mann saw and reported less than Alexander Bache, because he was abroad for only six months, his report, which treated the experience of former travelers in a much

---

8 All three authors hold eminent places in American educational history. Bache, a great-grandson of Benjamin Franklin and a scientist at the University of Pennsylvania, was the first president of the famous Girard Foundation, an orphanage, since 1836 and organizer of the public educational system in Philadelphia; after 1853 he left the pedagogical field and dedicated himself both to his technical and scientific interests as head of the Coast Guard and to his tasks as first president of the National Academy of Sciences and the Smithsonian Institution. The Encyclopedical Handbook of Education of 1903 counts Henry Barnard and Horace Mann among the three major American educational reformers, the third being E. A. Sheldon, who was half a century younger than the two others. Barnard was the first Permanent Under-Secretary for Education in Connecticut. Later, in Rhode Island, he was president of several educational institutes and universities and, in 1867, first Commissioner for Education of the United States. In this office, which had no administrative authority, Barnard established historical educational science. He also endeavored to investigate and describe the development of school education in the most important European states from its beginning and to document this development in source compilations. Horace Mann, the most well known of these three educational reformers, was the most politically active. Through his work as a lawyer, he had already become president of the senate in Boston and, as secretary of the board of education, dedicated himself for more than a decade to the improvement of the public educational system of Massachusetts.

9 Bache, VI.

more vivacious and engaged way than all the others, related his observations to the educational system in Massachusetts and scrutinized
most carefully the relationship between educational system and the
general political constitution in any given place. His report most clearly applied the "Tacitus" effect: He held up a mirror to the educational
system in Massachusetts and, above all, to its teachers, and the image
was not very favorable. The consequence was an extended and
vehement quarrel between thirty-one Bostonian schoolmen and Horace
Mann.[10] This quarrel was, if I am right, the first and most direct influence that the reports of American travelers exerted on the American
educational system.

Henry Barnard's report, though it also served the concrete purpose of
improving the educational system in Connecticut, because of its later
publication and because of its reference to a number of other sources
and reports, has a more detached and scientific character than the other
two reports. Like all of his historical-educational writings, this report
was written with a long-term, more general, and more indirect effect on
the United States in mind. It therefore also contained historical surveys
and perspectives.

The character of these reports, based as they were partly on each
other or on other reports, does not make it seem advisable to analyze
each one individually. I therefore confine myself to their remarks on the
German educational system, although it would certainly be fascinating
to follow the comparative reflections of the observers on the educational system of different European countries. I can only sum up briefly the
extremely detailed reports. I divide this systematic approach into several topics that stand out clearly in the reports: organization of the
public educational system; school forms; lessons; teacher training; and
relation between the constitution and the educational system.

When the American observers used the term "national education," it
did not have the same overtones or the complicated history of meaning
that the term "Nationalerziehung" had in Europe, and especially in Germany, as early as the beginning of the nineteenth century. National education simply meant public education, in contrast to private education –
a school system open to all and accountable to political authorities in
the community and government. This term has a good reputation in a
period in which the insight spread in the United States that education

---

[10] See Remarks of the Association of Boston Masters upon his Seventh Annual Report
(Boston, 1844). Also see Horace Mann, Reply to the "Remarks of Thirty-one Boston
schoolmasters" (Boston, 1840) and Rejoinder to the "Reply" of the Hon. Horace Mann
to the "Remarks" of the Association of Boston Masters (Boston, 1845), as well as other
material concerning the quarrel in the reprint of Mann's twelve most famous Annual
Reports, edited by the Horace Mann League (Boston, 1949).
Massachusetts opened its first teachers' seminary in 1839. In the following fifty years,
almost 200 public and private teachers' seminaries were founded – a development that
can be compared to the development of the Prussian teachers' training in the first half of
the century.

must be a general public affair. Against this background, it becomes understandable that the American travelers were above all interested in an already established education system. In this respect, they viewed Prussia as exemplary.[11]

Bache described carefully the structure of the Prussian school organization. The following elements seemed characteristic to him: general compulsory instruction or compulsory school attendance; establishment of elementary schools throughout the country; and a sufficiently broad availability of secondary school education. Although the Prussian system permitted private schools to exist, public financing of education made them unnecessary. To this system also belonged nationally regulated, systematic teacher training and a national supervisory school authority. Above all, the fact that the Prussian educational minister ranked equally with the minister of the interior or the minister of war impressed Bache. He described minutely the structure of the school administration and concluded that "there is a regular series of authorities from the master of the school up to the minister ... and every part ... takes its direction according to the will of the highest authorities. With such a system, under a despotic government, it is obvious that the provisions of any law may be successfully enforced."[12] Bache repeatedly expressed surprise that, in contrast to France, school regulations, especially the curricula, did not exist merely on paper but were put into practice. Also, within the school the system, of central authority ruled: "[T]he system of organization of the School resembles that of the government."[13]

All observers noted with surprise that these schools, governed by law and administration, "are not reduced to uniformity ... the spirit of system not being allowed to check the growth of what is good." Though there was a tendency toward assimilation, as Bache stated in view of the

---

[11] "Arrange the most highly civilized and conspicuous nations of Europe in their due order of precedence, as it regards the education of their people, and the kingdoms of Prussia and Saxony, together with several of the western and south-western states of the Germanic confederation would undoubtedly stand preeminent, both in regard to the quantity and the quality of instruction. After this should come Holland and Scotland." Ireland, France, and Belgium followed at quite a distance but were on the same path. "England is the only one among the nations of Europe ... which has not, and never has had, any system for the education of its people. Ant it is the country where ... the greatest and most appalling social contrast exists – where, in comparison with the intelligence, wealth and refinement of what are called the higher classes, there is the most ignorance, poverty and crime among the lower." So the Americans were not impressed by the polemics of the 1840s in connection with the discussion of the Factory Bill in England and directed against the Prussian educational system. These polemics appeared to them, with good reasons, to be political and rhetorical arguments in protection against demands to found a public educational system in England. See Mann, 21ff.

[12] Repeatedly they expressed surprise that such a general law did not exist at all; Bache cleared up the error of Victor Cousin, who had believed that the Süvern educational bill of 1819 had come into effect. See 220.

[13] Ibid., 463.

general curricula for secondary schools of 1837, the respective interests of the population in the various regions were guaranteed by the fact that the regulations of the ministers were usually quite general and were only later specified in detail by the provincial authorities and local conditions. But above all, the teachers were free in their choice of methods. There was no prescribed opinion on pedagogical or methodological questions. Despite the standardizing effect that was spread by training and by the prevailing pedagogical views of the headmasters, there existed "some diversity of opinion and action. When we speak, then, of uniformity in the Prussian schools, it must be understood with great limitations, or we give a theoretical view of what might be, instead of a practical one of what is."[14]

How the structure of this educational system came to be was only of marginal interest. There are some references to early reforms in the eighteenth century, but for the American observers the real reform began with the foundation of the Ministry of Spiritual, Educational, and Medical Affairs in 1817. This shortened view may be the reason why conceptual but very real tensions and differences, already articulated in the concurrent German domestic discussion about governmental control of the educational System, were not perceived by the visitors. It is even more interesting to see that in this view, the tensions between the progressive tendencies of the reforms and the reactionary interventions of the restoration in the educational system did not appear at all. Diesterweg and Beckedorff pulled together for the improvement of the educational system as a public affair. Recent research has pointed repeatedly to the fact that during the Vormärz, improvement of the elementary schools in particular represented pedagogical progress, regardless of whether it resulted from a liberal or a conservative attitude. This view finds support in the reports. Generally speaking, and from a far distance, opposites united in a common enterprise: "Prussia seems, for a series of years, to have possessed patriotic and enlightened citizens who devoted themselves to the cause of public instruction and monarchs who have duly estimated and encouraged their exertions in this cause."[15]

The definition of certain school forms and the discovery of their connections with each other was one of the most difficult problems of both educational theory and practical organization that a national educational system suitable for all adolescents faced. In the German states, this question had been disputed since the eighteenth century and had been answered controversially again and again. Today it is still a point of controversy. It also remained controversial how to describe accurately the developing system of the school forms. Therefore, it is interesting to see how Americans described this system.

---

[14] Ibid., 231.
[15] Ibid., 221.

Alexander Bache based his observations on the description of a fundamental choice in educational theory. One possibility is to have all pupils pass through the same course, imparting to all an education identical in principle, whether complete or at least partial, depending upon the time of the pupils' leaving school. Alternatively, additional educational grades are established beyond a common elementary form, gradually differing more and more and in which the pupils can take their place, depending upon their indination and planned careers. Bache believed a segmented system of education beyond elementary school to be both more reasonable and more practical. Thus he implicitly and perhaps unknowingly sided against the concept of the general education of humankind proposed by the neohumanists. This perspective led him to favor strongly a development that pushed the establishment of specific professions in different forms of schools.[16]

He regarded as first-rate the simple elementary schools, which he observed above all and which were generally schools for poor people, though he did not think they were as outstanding as the Dutch ones. The better equipped "Volksschulen", or burgher schools in town, lumped together under the term "middle schools," he described as being excellent and first-rate. "The lower burgher schools ... afford an elevated standard of true primary instruction and Prussia has special reason to be proud of the whole class."[17] He did not criticize the fact that these schools did not represent a higher grade of the general elementary school and that they were attended neither by the children in the country nor by the great number of children belonging to the poorer classes in the big cities because this division was in accordance with the pupils' future professional activity.

Concerning secondary education, the American visitors were interested above all in the higher burgher schools, or middle schools. For Bache, they were also exemplary for the organization of the educational system of the Girard foundation. He carefully described particular models: the Dorotheen school in Berlin and the even better equipped higher burgher school in Potsdam. Today one could call the latter a real comprehensive school, where boys and girls were prepared for different professions in a general way and where, depending upon their interests and their choice of course, they would proceed to commercial or vocational school or even to secondary school. The variety of subjects and grades and the scope of choice impressed the observers, and the schools seemed to be excellent because they accommodated the different needs of the pupils. As with the middle schools, however, Bache was troubled by the Latin courses. The fact that these schools, corresponding to the conception of Humboldt and Süvern, prepared pupils at the same time

---

[16] Ibid., 156.
[17] Ibid., 231.

for secondary school, seemed to him inappropriate and contrary to the system.[18]

Horace Mann was less interested in secondary schools, but Bache and, later, Barnard understood the secondary school as a pure learned institution that prepared pupils for the university. They approved of a dear distinction between university and secondary school, especially the provision for two years in the "prima" class, which actually belonged to the phase of "superior instruction".[19] The Americans did not remark upon the multifunctionality of Prussian secondary schools in their lower and middle grades. The problem for them was less whether and how the complete secondary class imparted a general higher education and much more how the secondary school, preparing students for the university, distributed the humanistic and modern subjects. Here Bache favored the Prussian utraquistic system and defended it against the attacks of the pure humanists and the resolute realists. He thought that the Prussian curricula of 1837 were well suited to prepare for studies at the university: "While the Germans have lost nothing in general literary culture by this system, they have gained much in other departments of knowledge."[20] He particularly approved of the fact that despite all governmental regulations, the state avoided uniformity and allowed a wide scope of tolerance. Bache presented three types of schools as examples of the breadth of variation: the Schulpforta, above all oriented to classical studies; the Cologne Realgymnasium, with its priority on modern subjects; and the Friedrich-Wilhelm-Gymnasium in Berlin, in its endeavor to achieve "due equilibrium". "The spirit of toleration ... constitutes a peculiar part of the excellence of the Prussian gymnasia, and is one source of the superior mental training which they afford".[21]

Bache was more interested in the middle schools than in the secondary schools. Although these schools were not permitted to have final exams until 1832, and although there were only twenty-nine of them in 1837, a little less than a quarter of the number of secondary schools, Bache's report presents them as a similarly important and legitimate part of the higher educational system. He considered the fact that they

---

[18] Ibid., 254f.
[19] Ibid., 362.
[20] Ibid., 455.
[21] Bache, who was in Prussia during the Lorinser quarrel, did not consider plausible the view that these schools, with their wide range of subjects, might overtax the pupils and affect their health. In England and the United States, more weekly hours of mental work would be demanded, and the lessons would be less lively and stimulating than those in the Prussian secondary schools. Bache also regarded the system of yearly promotion and six months' reports to be useful. He generally considered the exams at the higher German schools, which he himself had attended and not only read about in the exams regulations, to be much more appropriate than the French exams, which consisted of mere repetitionary knowledge (see 509). In the two essential issues on the secondary school during the Vormärz, the American visitors sided with the school administration rather than with its critics inside and outside school.

were clearly separated from the secondary schools to be an essential advantage. In the same way that the utraquistic curricula had elevated the secondary schools far above the English grammar schools, the acquired status of the middle schools had led them to the top of the other higher European schools.[22]

Thus the structure of school forms in Prussia already seemed to be a system that, in making distinctions between the main professional branches, had adjusted its basic outlines to modern working conditions. Residual incomplete segmentation, such as offering subjects in preparation for secondary schools, seemed a historically caused disorder that had to be overcome. Knowledge gathered primarily at schools in bigger cities or at model institutions such as the seminar schools in Weissenfels or Berlin undoubtedly did not give an exact picture of the school forms and their development in Prussia; with the strong emphasis on the higher municipal middle school system, however, the observer nevertheless had caught the dynamic of future development and had foreseen what later asserted itself distinctly: the progressive differentiation of the system.[23]

The American visitors attended various forms of school, above all very large and very good schools. If one has some experience in dealing with foreign and expert visitors of schools, one is likely to develop a healthy skepticism about what one is shown. The American visitors already supposed that they had been shown lessons only from the very positive side and, being competent schoolmen, they took precautions.[24] The fact, however, that they reported unanimously, and with obvious surprise, only successful lessons could not have been based on pretense. They were interested in German teaching methods, just as Germans who visited English industry showed interest in new production processes.

I cannot describe here the minute attention with which the visitors took down questions and answers during many lessons, with the obvious intent of presenting the lessons for adoption in American schools. They were, above all, impressed by how much faster reading and writing abilities were developed than at home. They were especially surprised at the teachers' factual and methodological sovereignty, which allowed them to act in a flexible way, depending upon the circumstances and upon the pupils' reactions, and to adjust themselves to each pupil during the lessons. Freedom in choosing the method and control of various methods appeared to the observers to be the essential secrets of success in lessons.

---

[22] Bache, 503ff.

[23] I will cut short the analysis of this aspect; one could continue the analysis with respect to vocational schools or to the carefully examined schools for the disabled or for socially menaced children such as the Rauhes Haus; one would also have to mention the criticism of the lack of any public and governmentally sponsored higher education for girls.

[24] See the passage in Horace Mann in which he describes his procedure; Mann, 134.

The fact that teachers, speaking offhand, built up their lessons systematically, in question-and-answer form, without limiting themselves to merely reading from a book, and that they organized and varied the single stages, depending upon the pupils' cognitive progress, must have been a new experience for the observers. They were impressed by the principle, dating back to Pestalozzi's conception, that pupils should understand what they learned in the lesson, and that they themselves should come up with solutions or ideas. The teacher should, above all, listen and understand how to challenge the pupils' ability to think independently, or even to challenge their contradictions with a little help at the right time.

The American observers admired the fact that German schools taught independence rather than mere knowledge. Horace Mann, otherwise very critical, reported that Dr. Vogel (a civil servant at the supervisory school authority) told him that failure to train pupils to do their own thinking was no mere fault or shortcoming, but rather a sin. "Alas! thought I, what explanation will be sufficient for many of us who have had charge of the young!"[25] Again and again, the observers emphasized German teachers' factual and methodological abilities, either in drawing complicated shapes or in presenting complex contexts. Even in more difficult parts of the lesson, the teacher would move freely in front of the class. He would not read from a book or let it be repeated but would teach entirely without a book in his hand: "[T]he Prussian teacher has no book. He needs none. He teaches from a full mind ... He observes what proficiency the child had made, and then adapts his instructions ... to the necessity of the case. He answers all questions. He solves all doubts. It is one of his objects ... so to present ideas, that they shall start doubts and provoke questions. He connects the subject of each lesson with all kindred and collateral ones."[26]

The consequence was obviously lively participation by the children and excellent discipline, which was unanimously praised as the consequence of the teachers' factual and methodological authority and "of familiar conversations between teachers and pupils."[27] Such a teacher prepared his lessons the way a lawyer or preacher prepares his arguments or sermons. The praise was directed toward elementary school teachers as much as toward learned schoolmen. It was said that a Prussian philologist would be considered as a professor at any American college or university. Prussian teachers felt obliged to work hard not only because they wanted to remain scientifically up-to-date but also because they strove to advance scientific research. This was a tendency that, as they observed rightly and not without skepticism, characterized the pure specialist teachers at secondary schools.[28]

---

[25] Ibid., 119.
[26] Ibid., 123.
[27] Ibid., 117.
[28] Bache, 456, 461.

Not only factual knowledge but, above all, methodological ability and the teachers' zeal called forth the visitors' admiration; in addition, they commented favorably upon the friendly and patient devotion to the pupils (something that they very much missed with Scottish teachers, who were similarly diligent).[29] They praised the teachers' pedagogical commitment and the fact that the teachers took the children seriously. Corporal punishment, thought not forbidden, was quite unusual: "Though I saw hundreds of schools and thousands – I think I may say ... tens of thousands of pupils – I never saw one child undergoing punishment ... I never saw one child in tears from having been punished, or from fear of being punished."[30]

The reports not only give such general descriptions, they also characterize the lessons, teaching aids, and methods used for each subject. I cannot reflect on them here but rather will proceed to the next issue, teacher training, with the question asked by Horace Mann: "Whence came this beneficent order of men scattered over the whole country, moulding the character of its people, and carrying them forward in a career of civilization more rapidly than any other people in the world are now advancing?"[31]

One could draw the indirect conclusion from the reports that in America the situation of teacher training was similar to that found in Germany until the last third of the eighteenth century. Teachers were young men "coming fresh from the plough, the workshop, of the anvil – or, what is no better, from Greek and Latin classics", without training for their profession.[32] Bache emphasized the examination rules for secondary school teachers in Germany, where there were special philological and pedagogical seminaries for the preparation of learned schoolmen and a compulsory examination for mastership, followed by more examinations in the course of their professional career.[33] The fact that even elementary and middle school teachers had to pass through a three-year training period, maintained during this time by large state scholarships and grants, impressed the American observers. Barnard (who quoted approvingly from the extensive reports by Joseph Kay), Bache, and especially Mann agreed in their admiration of the achievement of these teachers' seminaries. They attributed the progressiveness of the Prussian educational system to this kind of teacher training. They commented upon the careful selection of the successful applicants. The teaching profession, they noted, had such a high public reputation that no one who had failed in other activities would think of booking for a

---

[29] Mann, 61ff.
[30] Ibid., 133. Again and again, particular emphasis was placed upon the fact that discipline was excellent. "I never saw the discipline in better condition than in these schools." Bache, 463, 506f. See also Barnard, 145.
[31] Mann, 128.
[32] Ibid., 124.
[33] Bache, 478f.

job as a teacher. "These considerations exclude at once all that inferior order of men, who, in some countries, constitute the main body of the teachers."[34] Common training and examination inspired a class consciousness. The secure social position, the regular (though not high) salary and pension, and the exemption from military service gave teachers social standing. Elementary teachers often came from families of farmers, "but in education and position they are gentlemen in every sense of that term, and acknowledged officers of the county governments."[35] Factual knowledge, methodological competence, and pedagogical ethos, as well as the feeling of dignity derived from their profession and social reputation, were the consequences of this professionalization of the teacher.[36]

Barnard's report remarks, not without an undertone of surprise, that as excellently qualified experts belonging to a respected profession, teachers were looked upon as persons able to represent the interests of the people. Barnard mentioned that teachers were delegates in the parliaments of German states and, after the revolution, also in the Prussian chamber of deputies.[37]

Despite all the praise of the state educational system and of the arrangement of the curricula, there were critical remarks. These criticisms concerned the absence of public secondary school for girls, the lack of physical exercise, the neglect of French, and the function of religious education in the public school system. But one will search in vain for critical remarks regarding the lessons or the training and social rank of teachers. All American reports underlined emphatically that here was an example that should be followed in many European countries and also in the United States. The observers did not even criticize the fact that there were hardly any female teachers and merely a beginning of private training for them.[38]

From the German perspective, these judgements were perceived with some surprise. To be sure, elementary school teachers enjoyed a rapidly advancing professionalization and a distinctly growing self-confi-

---

[34] Mann, 129.

[35] Barnard, 171.

[36] What the church was for Europe in the Middle Ages – namely, the opening of the door to the talented of the lower classes to higher professions – the profession of elementary teacher was in Prussia in the nineteenth century. Quoting Kay, Barnard saw in this an overt political intention:
"The German governments have been wiser ... than our free countries. They have separated the fiery spirits from the easily excited masses, and converted them into earnest, active and indefatigable fosterers of the public morality, and into guardians of the common weal." Barnard, 178. Surprised and ashamed, Horace Mann noted the great number of pedagogical specialist periodicals in the German language: over thirty of them were published, whereas the indifference of the teachers and the absence of public interest in the United States permitted only two such periodicals to survive. Mann, 141.

[37] Barnard, 169.

[38] Mann, 140.

dence, and they frequently maintained excellent factual and human connections with supervisory school authorities – as was reflected clearly in the domain of Natorp in the province of Westphalia. But as early as the 1830s, teachers in the Opposition published protests against the conditions of their existence, their supervision by the parson, and their exclusion from the school committee. In the 1840s, Horace Mann could hardly have failed to notice some of the critical voices and publications, as well as the vehement calls for the promotion of the profession of elementary teachers and for the improvement of elementary school instruction, although he might not have noticed the more extreme critiques such as that of the Silesian elementary teacher Wander. Did the American visitors' wish to exert a stimulating effect in their homeland cause them to color their reports on the instruction and the teachers in Germany so positively, or did they consider the deficiencies marginal, in view of the gap that they noted between the methodological and didactic skills and the pedagogical virtues on the other side of the Atlantic?

The more the visitors from the United States emphasized the merits of the Prussian educational system, the more they had to ask themselves what they thought of the manifest contradiction that existed between Prussia's political and social constitution and its educational system. The sensitivity to the existence of such a connection was clearly developed, though they mentioned it only in passing. They all traveled with the conviction that they came from a free land with advanced political and social circumstances to an underdeveloped Europe that for centuries had gone astray under the sins of feudalism. Horace Mann underlined vigorously this advantage of the Americans, who had broken off from depraved Europe, which though blessed with many riches still was far from freedom and equality in living conditions, and where the masses lived in poverty while a small social stratum lived in abundance.[39]

---

[39] Horace Mann found amusing connections even between daily habits and the political system. During his stay at boarding schools and orphanages, he found a strange practice everywhere: The children slept between an underbed and a quilt, which obviously were both huge feather beds weighing ten to twenty pounds; the respective quilts of the teachers weighed up to forty pounds or more. I surmise that he experienced the same in the guest house where he stayed for the night. Wool blankets were given only at prisons; the denial of feather beds was considered one part of the punishment. "Every respectable man and child sleeps between two feather beds, summer and winter. The debilitating effect of such a practice both upon body and mind must be incalculable. If the leading members of the Holy Alliance wish to abase their subjects into voluntary submision to arbitrary power, – if they design so to enervate their spirits that they will never pant for the joys and the immunities of liberty ... they can do no one thing more conducive to these ends, than to perpetuate this national custom of ... sleeping between feather beds." On the whole, he found the want of hygiene, especially of good ventilation in the schoolrooms, deplorable: "Were one to attempt a philosophical explanation of that lethargy of character, that want of activity and enterprise, for which the Germans are so proverbial, I think he would fail of a just solution of the problem, if he left out of the account the errors of their physical training." Mann, 49.

In several respects, the observers had to explain how the educational system that they depicted could have been established under a despotic government and a feudal-aristocratic social system. The fact that the governmental organization and school authority worked and that the regulations were put into practice could still be reconciled with the efficiency of a disciplined administrative absolutism. However, the fact that, despite all fiscal economy, the state and its administration in the provinces and communities could spend such a great deal of money on the educational system, that it could finance a progressive system of teacher training, that the teacher candidates were modestly but safely provided for and respected, that the governmental supervisory school authorities promoted an instruction that would educate the people to independent thinking, that a high degree of liberality and eccentricity existed and was even encouraged throughout the system in general, and that teachers had great freedom in the use of their methods – all this was difficult to reconcile with the general conception of the political and social constitution and with the preconceptions that the reporters had about the German national character.

It has already been mentioned that the authors did not concern themselves with an explanation of this contradiction by means of historical analysis. Neither the long-term reform tendencies, which were controversial in themselves, nor the political opposition with which they had to contend came into their view. The rejection that resulted from the clash of reform and restoration went unnoted. That was why they perceived the contra-diction as a clear and simple antagonism. For the Americans, two questions arose for the future. The first was directed to Prussia and Europe in general: What future development would result from that contradiction? The second question dealt with the chance of transferring the impulses of an excellent educational system in a despotic and feudal system to America.

Concerning the first question, Horace Mann presented a short formula: "The school is good, the world is bad."[40] With that, he touched on the big issue of the German educational policy discussion of the reform era: The "world" must be improved through the "intellect". The school therefore shapes society, and the reform of society must come from the school. But then Horace Mann described precisely why circumstances prevented the improvement of society through the school. First of all, at age fourteen, children left school far to early. Second, good books were lacking for young people, as was a network of good libraries in the otherwise excellent German literary culture. Journalism, operating under censorship, was poor and stimulated neither further education nor social activity. The most important reason for the inefficacy of good education in state and society was that what was learned at school could not be used in life. Neither the knowledge of the educated nor

---

[40] Mann, 149.

their good will and abilities found a field of activity in the state or community. All was regulated by the authorities: laws, finance, war, and service. The subject could only pay and obey.[41]

To these concrete observations, Mann added a general remark that in his opinion applied not only to Prussia but to all European nations. The vices of the rulers and of the ruling classes, the depraved "cream" of society, which he considered feudal, had a perverting effect on the lower classes, who copied the vices of their superiors. Mann did not mention what these vices were; he took for granted the fact that they existed: "The power of the government presses upon the only partially-developed facilities of the youth, as with a mountain's weight."[42]

The picture that Horace Mann sketched of Europe in social, economic, moral, and political terms was somber; this was especially true for England, where in bigger cities children were born only "to be imprisoned, transported, or hung," and where not even an advanced education could be a counterweight, however weak, against the general grievances, as for example in the monarchical states.[43] Could these defects, having developed through centuries, be overcome through the influence of such an education? "It would be a revolution such as was never yet wrought in so short a period."[44] Horace Mann prognosticated: "No one who witnesses that quiet, noiseless development of mind which is now going forward in Prussia through the agency of its educational institutions can hesitate to predict that the time is not far distant when the people will assert their right to a participation in their own government."[45]

Other authors, such as Bache, Barnard, or Kay, the Briton upon whom Barnard relied for long quotations, who did not bring the contradiction between constitution and education into particular focus, nevertheless were of the same opinion and expected education to promote general progress in state and society. Barnard quoted approvingly Kay, who wrote against the generally accepted view in England that the Prussian teachers were merely instruments of the absolutist authority to educate the people to be passive subjects: "Many of the warmest friends of constitutional progress ... have always been found among the teachers, and, it is a fact, ... that liberal and constitutional ideas never made so rapid a progress in Prussia ... as they have done since the establishment of the present system of education. I believe that the tea-

---

[41] Ibid., 155ff.

[42] Ibid., 159.

[43] Ibid., 187. Mann noted only in Austria an even more negative system because of the connection of a despotic regime with the neglect of public education. See ibid, 144f.

[44] Ibid., 158.

[45] He hoped that it was not true that King Friedrich Wilhelm IV "is adverse to that intellectual movement which is now so honorably distinguishing Prussia from most of the nations in Europe" and that the king "through a peaceful revolution by knowledge ... can save a fiery revolution by blood."

chers and the schools of Prussia have been the means of awakening in that country that spirit of inquiry and that love of freedom which forced the government to grant a bona fide constitution to the country."[46]

If the answer to the first question was that public instruction in Germany was not an instrument of despotism but a means to its conquest, then the second question could also be answered positively. A bad political system did not discredit a good educational system but should incite politically more advanced nations "to a like care in their system of education."[47] Mann again argued more vehemently. If it were possible for an arbitrary government to use an excellent education for its own aims, how much better, then, could the Americans use such an educational system to support and develop their republican institutions? And in his enthusiasm for the improvement of the educational system, he even overcame for a short time his general condemnation of the despotic governments on the Continent. He refuted the argument that a public educational system with general compulsory school attendance could be introduced only in despotic systems by referring to those German states that had constitutions and broader franchises than some states of the United States. And in Silesia, the parliament had enacted a general school law in which the free representatives of a free people embodied general compulsory education. Referring to the Pilgrim fathers, Mann wrote that "we are not the descendants of an ignorant horde", and he appealed to his politically and socially well-advanced countrymen to remember their duty as "the depositaries of freedom and human hopes". If in a political system participation is possible and asked for, then "each child has the right to a public education".[48]

For Prussia it was true that "The world is bad, the school is good"; for the United States, the reverse applied: "The world is good, the school is bad." Prussia had well-educated men who were denied political and public activities; the United States had men who were poorly prepared for the tasks awaiting them. These observations ended with a glowing appeal to the moral message of America, demanding the promotion of education to first place on the political agenda. His countrymen should consider the huge possibilities of the American continent "not as tempters to ostentation and pride, but as means to be converted by the refining alchemy of education, into mental and spiritual treasures." They should not find satisfaction in the expansion of their territory or their agricultural production "but in the expansion and perpetuation of the means of human happiness."[49]

I raise two concluding questions: First, is it possible to detect any effect that these reports had on the development of the educational

---

[46] Barnard, 184.
[47] Bache, 230.
[48] Mann, 193, 197.
[49] Ibid., 198; see the further remarks in Jonathan Messerli, Horace Mann: A Biography (New York, 1972), 404f.

system in the United States? I cannot answer this question myself but must pass it on to my American colleagues. I suppose that there are already studies on that issue in the United States that have not come to my knowledge.[50] Second, could the evaluation of these reports provide new insights into the historical research on education in Germany? I answer this question in the affirmative in two senses: Those reports can both supplement our factual knowledge and differentiate our judgments.

As far as I know, German research has not taken note of these reports as empirical evidence. Perhaps the reports are looked upon as unreliable sources because of their special perspective; perhaps they are denied authenticity because they base their description of acts on contemporary texts that are better and more extensively known to us. One should not, however, underestimate their informational value. The extraordinary precision of their observations of lessons makes them valuable complements to German pedagogical journals and to the reports that were usually drawn upon for the historical reconstruction of instruction in the nineteenth century. In that respect, they are original and broaden our knowledge, because they were written by experts with a different point of view and who at the same time included and compared experience from other European countries.

More important, however, is the evaluation pattern that underlies the reports. The criteria for judgment of the American observers, with their distinctly positive tenor, differ sharply from voices critical of the public educational system that had already been heard before the middle of the century, which escalated in the second half of the century into denunciations of "educational fraud". After the Second World War, this critique culminated in the reproach that the educational system had been politically functionalized to strengthen predemocratic political and social structures. The most resolute critics consider the history of the German educational system since the late eighteenth century to be an important factor in the German Sonderweg, which turned from the perpetuation of the aristocratic-absolutist state in a capitalist and finally imperialist and fascist direction. The extreme version of this theory understands the establishment of the public educational system as an experiment leading necessarily to a catastrophe. The formula of the "contradiction between education and domination government" (Heydorn) views the educational revolution in Germany as precisely not the important third link that Parsons envisioned between the two other revolutions – namely, the industrial and the democratic – but rather as a reactionary force leading to perversion in the hands of the govern-

---

[50] Messerli points to the pedagogic and administrative reforms coming into effect in consequence of the controversy started by Mann's report: "his ideas became institutionalized" – obviously not only to his satisfaction. See ibid., 422ff. He does not refer to special literature.

ment.[51] This crude interpretation is not representative but clearly shows
a thought pattern that one also finds in more balanced judgments, and
one that modern historical research on education shares with the social
criticism of the nineteenth century, regardless of the specific current
fashion: The world is bad. The school can be good only if it educates
the pupil against his time so that he will some day bring forth a better
one.[52]

The pragmatic opinions of the American observers run contrary to
this dualistic-idealistic view of the relation between state and education.
This contrary conclusion resulted from a more pragmatic relation to the
Enlightenment that did not reduce it to dialectical oppositions. The
American reports accepted the fact that a state, although politically
backward, can establish sectors of partial progress. They did not reduce
a "system" to one denominator but were led by their empirical
observations to regard it as a polyfunctional political and social con-
glomerate. So they presumed, quite impartially, a relation between educational system and political structure that postulated a basic but not si-
multaneous parallelism of pedagogical and political progress. They saw
that even where the educational system was established with a conservative intention as a strategy of "defensive modernization" (Wehler), it
could serve the long-term encouragement of progressive forces. That
allowed them an insight into the partial backwardness of free constitutional and social structures. This attitude also made it possible for them
to consider the Prussian public education system as in many respects
exemplary for the establishment of public education in the United
States – an unbiased judgment of which some English observers of that
time were incapable.

Just as the emphasis on the positive side of the German and Prussian
education system was a means to improve it, the liberal critique of the
German educational system served as a means to improve the public
educational system in America. Horace Mann expected such an in-
wardly directed critique to flow from his report and also a willingness
to improve from his American teachers, and he was bitterly disappoint-
ed when they defended the old system.[53]

---

[51] See, for example, Gerhardt Petrat, Schulerziehung. Sozialgeschichte in Deutschland bis 1945 (Munich, 1987).

[52] To word it classically with Schiller: „Eine wohltätige Gottheit reisse den Säugling bei-zeiten von seiner Mutter Brust, nähre ihn mit der Milch eines besseren Alters und lasse ihn unter fernem griechischen Himmel zur Mündigkeit reifen. Wenn er dann ein Mann geworden ist, so kehre er, eine fremde Gestalt, in sein Jahrhundert zurück, aber nicht, um es mit seiner Erscheinung zu erfreuen, sondern furchtbar wie Agamemnons Sohn, um es zu reinigen." Friedrich Schiller, Über die ästhetische Erziehung des Menschen in einer Reihe von Briefen (1794), ninth letter.

[53] Mann, Reply to the "Remarks", 4: "The spirit manifested in the greater part of the 'Re-marks' is not philosophic ... Education is treated not as an advancing, but as a perfected science; and the object of the 'Remarks' seems to be, to arrest and petrify it where it now is."

If for good reason we consider the American reports from a critical point of view, we must not misapprehend the German reports as direct reflections of reality. From the broadened perspective of international comparison, the criteria of judgment become detached from the suggestive polarization of fundamentally opposed constructions of ideas and become open again to the observation that the educational system is relatively autonomous and should be comprehended not only as a function of a political system but also as a factor for change of that system. This understanding, it is true, does not support the idea of a harmonious interlock of the three revolutions in the push toward modernization. The dislocating consequences of the Industrial Revolution and the quashing of the German political revolution through the conservative unification from above aggravated historical tensions and contradictions. A more intensive analysis of the American reports of the first half of the century could presage this outcome, and one can assume that reports from the second half of the century would show this still more clearly.

Erstveröffentlichung in: Henry Geitz, Jürgen Heideking, Jürgen Herbst (ed.), German Influences on Education in the United States to 1917, Cambridge 1995, S. 21-41.

Geschichtsunterricht als „historische Biologie" und „Mythos der völkischen Art"?

Bemerkungen zur „Anklage gegen den heutigen Geschichtsunterricht" durch die ,neue Rechte'[1]

1. Geschichtsdeutung als Legitimation der „Neuen Rechten"

Fundamentale Kritik des Geschichtsunterrichts ist eine Begleiterscheinung prinzipieller Auseinandersetzungen um die Orientierungslinien der politischen Kultur und des politischen Systems. So hat einst eine breite, linksliberal bis neomarxistisch gefächerte Opposition gegen das vorherrschend konservativ-liberale, von Restbeständen der „alten Rechten" nicht ganz freie politische Klima der Bundesrepublik in den 60er Jahren argumentiert – Begleiterscheinung einer umfassenderen Auseinandersetzung um das gegenwärtige Selbstverständnis, um die Maßstäbe, die das politisch-gesellschaftliche Denken und Verhalten leiten. Die Auseinandersetzung zwischen den eher progressiven und den eher konservativen Komponenten unserer politischen Selbstdeutung hat alles in allem in der historischen Forschung, in der Didaktik wie im Unterricht einen höheren Grad an Bewußtheit, Kritikfähigkeit und Sensibilität gegenüber der Bedeutung historischer Interpretation für die politische Kultur im weitesten Sinne hervorgebracht. Im Schatten dieser Auseinandersetzungen hat sich ein anderer Strang politischer Deutungskultur in den letzten Jahren zunehmend stärker bemerkbar gemacht, die „neue Rechte", die von dezidiert neonazistischen Positionen ausgehend bis ins nationalkonservative Spektrum sich ausfächert.[2] Aus diesem Lager wird nun nicht mehr nur beiläufig, was üblich war, sondern systematisch "eine Anklage gegen den heutigen Geschichtsunterricht" erhoben.[3] Die Geschichtswissenschaft wäre falsch beraten, ginge sie über solche Erscheinungen als über eine bloße Subkultur achselzuckend hinweg. Was sich hier zu Worte meldet, sind intellektuelle und mentale Strömungen, die ihre Geschichte hatten und die danach streben, wieder eine Zukunft zu haben.

---

[1] Dieser Beitrag ist zuerst erschienen in der Festschrift für Hans-Georg Kirchhoff, „Am Gespräch des menschlichen Geistes über die Jahrhunderte teilzuhaben ...", hg. v. Klaus Goebel, Johannes Hoffmann, Klaus Lampe und Dieter Tiemann, Bochum 1990 (Universitätsverlag Dr. Norbert Brockmeyer), S. 97-113.

[2] S. dazu den Überblick bei Hans Sarkowicz, Die alte Rechte auf neuen Wegen, in: DIE ZEIT, 9. Januar 1987, S. 39f., und Arno Klönne, Historikerdebatte und „Kulturrevolution von rechts", in: Blätter für deutsche und internationale Politik 1987, H. 3, wieder abgedruckt in: Reinhard Kühnl (Hg.), Streit ums Geschichtsbild. Die „Historiker-Debatte". Dokumentation, Darstellung und Kritik, Köln 1987, S. 317-330.

[3] Ernst Anrich, Leben ohne Geschichtsbewußtsein: Eine Anklage gegen den heutigen Geschichtsunterricht, Tübingen 1988 (zitiert: Anrich 1988).

Zeitgeschichtlich betrachtet handelt es sich um eine indirekte Parallele zu den Wahlerfolgen neuer rechter Parteien. Nicht etwa derart, als ob Wähler der Republikaner durch jene Vorstellungen vom Gang der deutschen Geschichte motiviert wären, die hier entwickelt werden; aber die ganz elementaren Existenzsorgen und -ängste der Menschen, die auf die Schattenseite des Modernisierungsprozesses geraten sind oder zu geraten fürchten und die also populistischen Appellen und national-integrativen Abgrenzungsparolen gegenüber offen sind, finden ein adäquates, intellektuelles Deutungsangebot in der hier verkündeten Sicht der deutschen Geschichte. Es ist nicht von heute, sondern entstand aus analoger, wenn auch nicht gleichartiger antiliberaler und antidemokratischer Frontstellung während der Weimarer Republik. Im folgenden können auf knappem Raum diesem Phänomen nur einige Bemerkungen gewidmet werden, die den breiteren Zusammenhang andeuten, in den es einzuordnen ist.

2. „Vergangenheit, die nicht vergehen will"!

Wir halten uns dabei an das Beispiel, das Ernst Anrich mit seiner Broschüre „Leben ohne Geschichtsbewußtsein: Eine Anklage gegen den heutigen Geschichtsunterricht" 1988 geliefert hat. Es ist ein durch und durch „didaktisches" Produkt: Sein Gegenstand ist das „Geschichtsbewußtsein" der Deutschen, und zwar im Hinblick auf seine Inhalte wie auf Perspektiven, Urteile und Wertungen. Anrich urteilt sowohl über die gesellschaftlich-politischen Bedingungen, die ein solches Geschichtsbewußtsein erzeugen, wie über die Funktionen, die es haben soll. Er sieht dieses Geschichtsbewußtsein als Teil des geistig-politischen Zustandes der Gesellschaft – „des Volkes" würde er sagen – und er deutet mindestens an, welche Lernziele und welche Verfahren ein künftiger, besserer Geschichtsunterricht zugrunde legen müßte. Freilich hält der Verfasser selbst nichts von einem so weiten Didaktikbegriff. Alles dies: die Inhalte, die Ziele, die Bedingungen, die Funktionen des Geschichtsunterrichts sind ihm unmittelbar ableitbar aus der „objektiven Geschichte", scheinen ihm vorgegeben durch „wissenschaftlich" festgestellte historische Gegebenheiten, die weder geschichtstheoretisch noch geschichtsdidaktisch zu hinterfragen sind. Vielmehr hat sich nach seiner Meinung die Didaktik fraglos diesen Vorgegebenheiten zu unterstellen und, als Methodik, diese „objektive Geschichte" in „Hirn und Herz" der Schüler hineinzutragen.[4]

Ernst Anrich ist kein Unbekannter; der 83jährige verkörpert in Schrifttum und Biographie die Kontinuität im Denken der neuen Rechten von heute und der im Nationalsozialismus herrschenden, in der Weimarer Republik entwickelten völkischen Geschichtsauffassung. Als

---

[4] Ebd., S. 23ff., 120.

Historiker und Didaktiker einer dem Nationalsozialismus verpflichteten und durch ihn erst Repräsentanz gewinnenden Geschichtsdeutung ist Anrich bereits am Ende der Weimarer Republik hervorgetreten. Sein geschichtsdidaktisches Schrifttum ist bis in die Endphase des Krieges konsequent und energisch dem Postulat der völkischen Selbstverwirklichung gefolgt – so wie er selbst als NS-Führungsoffizier bis zum Frühjahr 1945 die Truppe ideologisch auf das Dritte Reich einzuschwören versucht hat.[5]

Um Mißverständnissen entgegenzutreten: Es geht nicht darum, die Schrift eines Autors durch den Hinweis auf dessen Ansichten vor einem halben Jahrhundert zu diskreditieren; es geht auch nicht um Vorwürfe an den damaligen jungen Privatdozenten und Professor, der sich, orientiert an Walter Flex’ deutscher Jünglingsfigur des Ersten Weltkrieges, Ernst Wurche, dem „Zeitgeist“ folgend einem elementaren politischen Idealismus und Voluntarismus verschworen hatte. Es geht vielmehr um die Mitteilung und Begründung des Eindrucks, daß das Denken von damals in der Publikation von 1988 eben nicht „vergangen“ ist, sondern sehr lebendig vor uns steht. Zwar hätte Anrich, der in der geistigen Vielfalt der Weimarer Republik sein Studium begann und seine wissenschaftlichen Qualifikationen nachwies, wissen können, daß seine Definition des Deutschtums eine außerordentlich einseitige Rezeption und eine Übersteigerung völkischer Dogmatik war, die seiner eigenen historischen Bürgschaft, der Periode der „deutschen Erhebung“ in der napoleonischen Zeit, wissenschaftlich nicht gerecht wurde. Aber auch viele ältere berühmte Gelehrte sind mindestens anfänglich der Faszination nationa-

---

5 Zu Ernst Anrichs verwickelter Parteikarriere s. Helmut Heiber, Walter Frank und sein Reichsinstitut für Geschichte des neuen Deutschland, Stuttgart 1966, S. 541f. Die wichtigsten, in diesem Zusammenhang herausgegebenen älteren Schriften Ernst Anrichs:
   – Drei Studien über nationalsozialistische Weltanschauung, in: Kulturpolitische Schriftenreihe, hg. von der Deutschen Gildenschaft „Ernst Wurche“, H. 2 (1932) 2. Aufl. 1934.
   – Neue Schulgestaltung aus nationalsozialistischem Denken, ebd., H. 4, 1933.
   – Die Geschichte der deutschen Westgrenze, in: Bausteine für Geschichtsunterricht und nationalpolitische Schulung, hg. v. H. Kersting, Leipzig 1939.
   – Frankreich und die deutsche Einheit in den letzten 300 Jahren, in: Volksschriften der Hansischen Universität, H. 1, Hamburg o.J. (1940).
   – Die Bedrohung Europas durch Frankreich. 300 Jahre Politik aus Anmaßung und Angst. It. Berlin 1940 (= Schriften des Deutschen Instituts für Außenpolitische Forschung, H. 56).
   – Germanien und Europa. Von Ernst Moritz Arndt. Ein Buch an der Schwelle unseres Zeitalters. System, Bedeutung, Einordnung in die Zeit, in: Kulturpolitische Schriftenreihe, hg. v. Ernst Anrich, H. 1, Stuttgart/Berlin o.J. (1940).
   – Universitäten als geistige Grenzfestungen, ebd., H. 6, 1936.
   – Deutsche Geschichte 1918-1939, in: Stoffe und Gestalten der deutschen Geschichte, Bd. 1, H. 6, Leipzig, Berlin 1940, 5. Aufl. 1942 (mit dem Untertitel „Die Geschichte einer Zeitenwende“).
   Nachweise aus diesen Schriften im folgenden mit Verfassernamen und Jahreszahl der letzten Auflage.

ler Wiedererweckung erlegen, die sie in die Bewegung Hitlers hineininterpretierten. Anrich vollzog den engagierten Anschluß an den Nationalsozialismus schon vor der „Machtergreifung"; obgleich er dann sehr schnell über Bonn, Hamburg und Straßburg in Professorenstellen kam, wird man ihm Karrieresucht als Motiv nicht unterstellen müssen. Man kann dem jungen Privatdozenten und Geschichtsprofessor der 30er Jahre echte „Überzeugung" zubilligen – freilich in jenem fatalen Sinne des Wortes, der sich bereits zu Beginn des 19. Jahrhunderts als Säkularisationsprodukt religiöser „Gewissensentscheidung" herausbildete.[6] „Überzeugung" dieser Art gilt einem absoluten, letzten Wert, ist Basis für Denken, Urteilen und Handeln, bedarf keiner weiteren Rechtfertigung, geschweige denn wissenschaftlich „auflösender" Reflexion, sondern rechtfertigt selbst alles, was aus ihr entspringt. Die Überzeugung, daß das Volk, die Nation, ein biologisch-geistiger Körper eigenen Rechts in der Geschichte sei, nur dem eigenen Werden verantwortlich und befugt, das Individuum zu fordern und zu binden, daß nichts neben ihr das Denken, das Urteilen und das Handeln bestimmen dürfe, hat Anrichs Geschichtssicht damals mit einer Energie geprägt, hinter der die Kraft säkularisierter religiöser Unbedingtheit durchaus noch spürbar ist.[7]

Er und seine Gesinnungsgenossen haben unsere Generation, die der heute etwa 60jährigen, die damals als Schüler mehr oder weniger intensiv solchen Lehren ausgesetzt waren, zu prägen versucht – so, daß sie an die Identität von Deutschtum und Nationalsozialismus zu glauben lernte. Der Prozeß der Befreiung von solchen Zerrbildern war schmerzhaft genug – wenn Anrich nun nach 50 Jahren abermals in zeitgemäßer Fortschreibung jener Überzeugung die Deutschen von heute aus ihrer wahren, nur im Zusammenhang mit der europäischen Geschichte und ihrer spannungsreichen Vielfalt zu begreifenden und komplexen Identität herausführen und in das alte, völkische Ghetto steriler Selbstbespiegelung drängen will, wird sich diese Generation existentiell getroffen fühlen. Nach allem, was seit 1933 geschah, ist Anrichs Buch ein bedrückendes Zeugnis für intellektuelle und moralische Unfähigkeit zu lernen und für die Inhumanität jenes Überzeugungssyndroms, das Anrich verkörpert. Hier geht es jedoch nicht um die lebensgeschichtlich angesprochenen Emotionen, die Anrichs Buch auslöst; es geht um Verdeutlichung des fatalen Fortlebens einer Spielart von „Vergangenheit, die nicht vergehen will".

---

6 S. dazu die Bemerkungen bei Ernst Rudolf Huber, Deutsche Verfassungsgeschichte seit 1759, Bd. 1, Stuttgart 1952 (2. Aufl. 1967), S. 729ff.

7 In den „Volksschriften des Ev. Bundes" wurde Anrich (1934) so rezensiert: „Wer kann diese Sturmworte ohne starkes Ergriffensein lesen? Wann jemals außer in der Reformationszeit hat deutsche Jugend so ernsthaft, so leidenschaftlich nach der Kirche, nach einer neuen, nach einer deutschen, aber eben doch einer christlichen Kirche gerufen? Wer hätte bis vor kurzem noch einen solchen Umbruch aus ödem Skeptizismus und Materialismus für möglich gehalten?" (Zur 1. Auflage von 1932, Rückseite der „Kulturpolitischen Schriftenreihe", H. 3, 1932).

3. „Historische Biologie"

Die „Anklage" gegen den Geschichtsunterricht von heute, die Anrich erhebt, ruht auf den gleichen Grundvorstellungen, die Ende der 20er Jahre von jungen Akademikern diskutiert und veröffentlicht wurden, die sich in einer Art Orden – „Die Deutsche Gildenschaft ‚Ernst Wurche'" – zusammengeschlossen hatten. Die Gildenschaft – Anrich war „Gildenmeister" – bekannte sich 1928 „als solche zur nationalsozialistischen Idee" und hatte zum Zweck der Diskussion und der Werbung eine „kulturpolitische Schriftenreihe" begründet. Hier veröffentlichte Anrich seine ersten historisch-politischen Aufsätze, die zugleich als Deutung der Geschichte und als Appell zur Gestaltung eines neuen Deutschland verstanden werden wollten.

Das Organ sprach nicht im Auftrag der NSDAP. Die jungen Akademiker waren spontan zur „Bewegung" gestoßen. Der Nationalsozialismus in seinem diffusen Gemisch populistischen Vokabulars lieferte genügend Anknüpfungspunkte, an denen sich jene Ideen festmachen konnten, von denen man eine Neugestaltung Deutschlands nach dem Zusammenbruch von 1918, eine Überwindung der als trostlos empfundenen Zustände jener Jahre erhoffte. Man sah seine eigenen Vorstellungen in den Nationalsozialismus hinein, lieferte ihm gleichsam einen Überbau philosophisch-historischer Legitimation und machte ihn an den Universitäten hoffähig, sublimierte die Programmatik der Bewegung und hielt schließlich die eigenen Vorstellungen für nationalsozialistisch. So fand man in der „Bewegung" den Anknüpfungspunkt in der realen Politik für die eigene Identitätsstiftung und Sinnsuche – in die diffuse, geistige Eklektik des Nationalsozialismus paßte dies alles hinein. Bezeichnend ist, daß in den Schriften Anrichs aus dieser Zeit und auch später die eigentlich nationalsozialistische Schriftstellerei kaum zitiert wird – weder Hitlers „Mein Kampf" noch Rosenbergs „Mythus". Wenn Anrich 1988 beklagt, daß von „der positiven Hälfte der Idee" des Nationalsozialismus und von jenen, die im Glauben an diese Idee – „der Überwindung des Klassengegensatzes, der Wandlung vom Gegeneinander der Stände, der Gesellschaft von Individualisten in eine Volksgemeinschaft, die Beseitigung der Arbeitslosigkeit, die Sicherung des Bauernstandes ..." ihre ganze Kraft in gutem Glauben eingesetzt hätten, keine Rede mehr sei, so denkt er an jene von ihm und seinen Freunden einst geleistete Interpretation des Nationalsozialismus.[8] Konsequent muß er das eigentliche „geschichtlich Erschütternde" darin sehen, daß Hitler und „einige Hunderte, die sich an ihre Spitze gestellt hatten" die Idee verlassen hätten.[9] Was hier vorliegt, ist die Kontinuität des Mißverständnisses des Nationalsozialismus über alle geschichtlichen „Belehrungen" hinweg und das Festhalten an den

---

[8] Anrich 1988, S. 32.
[9] Ebd., S. 33.

Ideen der „konservativen Revolution" während der späten Zeit der Weimarer Republik.

Die Brücke, über die die „Gildenschaft" in den Nationalsozialismus marschierte, war die „völkische" Ideologie. Wo alle menschliche Geschichte gedacht wird als ein Mit- und Gegeneinander „organischer Ganzheitszirkel", die sich je für sich nach Mythos, Art, Sprache, Kultur, Politik gemäß einem inneren Baugesetz verwirklichen, dort erscheinen die Nationen als die letzten und höchsten Gebilde allen menschlichen Daseins, als Eigenwesen und „Individuen", die in einem unendlichen Werden aus sich selbst ihre Gestalt entwickeln. Das organologische Geschichtsdenken gilt als objektiver Ausdruck des Gesetzes menschlicher Kulturentfaltung. Es liegt aller Geschichte zugrunde, enthüllt sich auch und vor allem in aufsteigender Linie in der deutschen Geschichte. Seine erste große Erscheinung war „das Zeitalter der deutschen Erhebung", der Sieg über die Französische Revolution und Napoleon.

Nun war dieser Rückgriff auf den geistigen und politischen Neuanfang des Zeitalters der Reformen eine verbreitete Erscheinung des deutschen Selbstverständnisses schon vor dem Ersten Weltkrieg, als der Rückblick auf die Reformer auch eine Kritik des gegenwärtigen Zeitalters war, insbesondere aber nach Tilsit Analogien zur eigenen Zeit nahelegte. Eduard Spranger galt das Zeitalter der Reformen als „unser Hellas". Auch die positiv besetzte Vorstellung vom „deutschen Sonderweg" beruhte nicht zuletzt auf dem Einschlag organologischer Deutungsmuster in die Interpretation von Staat, Nation, Verfassung, Geschichte.[10]

Hier aber vollzog sich über diese Tradition hinaus etwas Neues. Bei den geistigen Vätern dieser vorwiegend protestantisch-bürgerlichen Jugend, „Herzensmonarchisten" und „Vernunftrepublikanern", waren die Menschheitsideale der Aufklärung, war die deutsche Klassik in allen Variationen stets lebendig geblieben – gerade hatte Friedrich Meinecke sie gegen Oswald Spenglers historischen Biologismus wieder angemahnt.[11] Die neue Generation aber, jünger als die „Frontkämpfer", verabsolutierte den völkisch-organologischen Einschlag. Scharf setzte Anrich diese ganz auf die „Romantik" sich zurückführende Deutungsweise gegen die statisch immobile Klassik und gegen den individualisierend „zersetzenden" Liberalismus ab. Er entwarf das Bild einer Gesamtheit des Volkes und seiner Geschichte als einer „historischen

---

[10] Deutlich faßbar wird diese kritische Angabe im historischen Rückgriff schon in Friedrich Meineckes Werk von 1900, Das Zeitalter der deutschen Erhebung 1795-1815; zum positiv bewerteten „Sonderweg" s. Bernd Faulenbach, Ideologie des deutschen Weges, München 1980. Vgl. Eduard Spranger, Der Anteil des Neuhumanismus an der Entstehung des deutschen Nationalbewußtseins (1923), in: ders., Volk, Staat, Erziehung. Gesammelte Reden und Aufsätze, Leipzig 1932, S. 34ff., S. 50.

[11] Über Spenglers Geschichtsbetrachtung 1923, in: Friedrich Meinecke, Werke, Bd. IV, hg. v. Eberhard Kessel, Stuttgart 2. Aufl. 1965, S. 181-195.

Biologie der Entfaltung eines leiblich-seelisch-geistigen Organismus".[12] Eine so verstandene „Volksgemeinschaft" war nicht eine Gemeinschaft bewußt gewählter Solidarität, sondern eine naturgegebene Wesensgemeinschaft, die es nur zu erkennen und zu bejahen galt, um sie zu verwirklichen.

4. Didaktik als Propaganda der völkischen Idee

Um solche Verwirklichung hat sich Anrich nachdrücklich bemüht. Zunächst auf wissenschaftlichem Gebiet – und Wissenschaft war ihm zugleich immer auch „Werbung", Propaganda, Formung der Deutschen aus dem einen Urprinzip, an das er glaubte. Das war eine Konsequenz eines „Durchdrungenheitsgedankens": „Alles ist mit allem verfasert, alles durchdrungen vom Einen her: dem Energiemittelpunkt des Universums. Es gibt keine geistige Sphäre an sich und darunter gelagert eine stoffliche, eine der Natur – alles ist Eines."[13] So kennt der Wissenschaftler nicht die kritische, analytische Distanz von seinem Gegenstand, von seinen eigenen Prämissen, von seinen Befunden und Schlußfolgerungen. Er denkt und schreibt aus diesem Wesenskern seines Volkes als einer Besonderung dieses Universalen, nicht kritisch scheidend, sondern dynamisch gestaltend, jene Züge und Erscheinungen der Vergangenheit als bildende Kraft der Gegenwart vor Augen stellend, die ihm dieses Organon des Volkes in der Geschichte zum Vorschein zu bringen scheinen. So entsteht eine hermetisch in sich geschlossene, identifikatorische Geschichtsdarstellung: „Die Nation erzählt ihre Geschichte denen, die sie weiterzutragen haben."[14] In dieser Absicht hat Anrich aus dem großen Ideenkomplex der deutschen Geistesgeschichte an der Wende zum 19. Jahrhundert als wahrhaft geschichtlich bedeutend nun eine einzige, eher marginale Linie hervorgehoben: jene Ansätze, die am ehesten auf die spätere völkische Denkrichtung zuzulaufen scheinen, wie sie sich vor allem in den Schriften Arndts, aber auch in dem Umkreis des „deutschen Volkstums" von Jahn niederschlugen. Er gab die frühe Schrift Ernst Moritz Arndts, Germanien und Europa (1803), in der Vorstellung heraus, hier den Durchbruch des neuen, des „deutschen" Zeitalters zu erfassen, das sich im Kampf gegen Absolutismus und gegen Französische Revolution zu seiner eigenen Form durcharbeitete und in der „romantischen Bewegung", gestützt auf die Vorläufer Hamann und Herder, die organologische Weltanschauung in Politik umsetzte. In Arndts Schriften sah er die klare Wegweisung für das 19. Jahrhundert – eine Wegweisung, die nur vorübergehend durch die Statik des klassischen Denkens, die Restauration und das liberale Gedankengut der Re-

---

[12] Anrich 1934, S. 3ff.
[13] Ebd., S. 18.
[14] Anrich 1934, S. 69.

volution verdunkelt werden konnte. Auch die Gründung des Bismarckreiches brachte noch nicht den vollen Durchbruch jener schon bei
Arndt angelegten „fanatische(n) Ablehnung der rationalistischen und
idealistischen Denkstruktur". „Dem Zweiten Reich fehlt infolgedessen
die wirkliche Volksidee", so heißt es in seiner in bis zu fünf Auflagen
im Kriege gedruckten Schrift „Deutsche Geschichte 1918-1939". Deshalb konnte die Nation des Zweiten Reiches die „Zersetzungserschei-
nungen" nicht ausscheiden. Erst „das Wunder von 1914" brachte „die
Einheit des Volkes" allerdings nur im Feldheer: „der Begriff des alleinigen Handelns aus Deutschtum und nur für das Ganze ..." Es „entsteht
nicht die wahre Volksgemeinschaft, wird nicht der Nationalismus als
Sozialismus erkannt und der marxistische Sozialismus aufgefangen."[15]
So kam es zur Niederlage und zur geistigen und politischen Entschei-
dungsschlacht zwischen „Klasse, Menge oder Volk", die 1933 entschieden wird. Erst mit der Machtergreifung des Nationalsozialismus hat sich
jene Epoche, die sich in Arndts Schrifttum so deutlich ankündigte, zur
vollen Wirklichkeit in Deutschland entfaltet, und 1938 ist mit der Herstellung des Großdeutschen Reiches und dem Münchener Vertrag der
„Reifeprozeß" vollendet. Was nun kommt, ist in Anrichs historischer
Deutung die Gegenwirkung der Feinde – Englands vor allem. Deutschland geht es um die organische Neuordnung Mitteleuropas – die Feinde
zwingen es hinein in einen Kampf um ganz Europa. Nicht Weltherrschaft will das Dritte Reich: „Nein. Großdeutsches Reich, Frieden in
Mitteleuropa und Aufbau einer echten sozialen deutschen Volksord-
nung".[16] Es ist schon erstaunlich, wie noch in der 5. Auflage von 1942
dieser organologische Volkstumsgedanke in aller Unschuld sich aus-
spricht, während schon die Deportationen und die Dezimierungen in
Ostmitteleuropa voll angelaufen sind: die großen Aus- und Umsiedlun-
gen zur Herstellung einer klaren Siedlungsgrenze, damit das polnische
wie das tschechische Volk ihre eigene „in sich gefügte Lebensform" entwickeln können (freilich „nach dem Maß der eigenen Bereitschaft zur
genossenschaftlichen Eingliederung in die Gesetze des Raumes"), die
Rückholung der Deutschen, „damit die Geschlossenheit der anderen
Völker fernerhin nicht mehr gestört wird".[17] – So ordnet sich men-
schenverachtende Brutalität in diese „historische Biologie" als „Harmonisierung" des völkischen Lebensraumes ein.

War Geschichtswissenschaft dieser Art eo ipso weltanschauliche
Schulung, so hat Anrich darüber hinaus auch unmittelbar für Öffentlichkeit und Schule geschrieben. Er entwarf schon vor der „Machtergreifung" den Grundriß für eine „große neue Schulgestaltung aus na-
tional-sozialistischem Denken". Hier wird die Idee der „Völkischheit"[18]

---

[15] Anrich 1942, S. 2ff.
[16] Ebd., S. 154.
[17] Ebd.
[18] Anrich 1933, S. 3.

auf die Organisation, die Ziele und die Inhalte der Bildung übertragen. Die Schulstruktur soll die „organische Einordnung des Schulwesens in die organische Gliederung des Volkes und organische Einordnung der jungen Generation danach in das Schulwesen nach den Forderungen der Leistung für die Nation und der Leistung am möglichst richtigen Platze" ermöglichen.[19] Daß er das „humanistische Ideal" nur sehr distanziert mit dem „demokratischen Humanitätsbegriff" in Verbindung gesetzt sehen will, versteht sich; daß seine Bildungsvorstellungen insgesamt keineswegs mit der nationalsozialistischen Bildungspolitik identisch sind[20], vielmehr eine auf das Völkische verengte und gleichsam nach innen gebogene, um die Humanitätsidee verkürzte Variante aus der Tradition der „Nationalerziehung" darstellen[21], sei nur am Rande erwähnt, weil es die Beobachtung bestätigt, daß der Nationalsozialismus ein Sammelbecken heterogener Konzeptionen darstellte.

Hier interessiert nur der Entwurf des neuen Geschichtsunterrichts. Er bedeutet eine radikale Abwendung von den Traditionen historischen Selbstverständnisses und historischer Unterweisung in Deutschland, nicht nur von den schwachen Ansätzen republikanisch-demokratischer Provenienz, sondern auch von national-konservativen, aber in der Gesamtheit der Überlieferung der deutschen Geschichte stehenden Positionen.[22]

Die Zuspitzung der völkischen Idee hat das Kontinuum nationaler Selbstbesinnung nicht etwa bloß überspitzt; es hat es zerbrochen. Geschichte wird zur Lehre von der Entfaltung des biologischen Volkskörpers und seines „Mythos" in Geist und Kultur. In der Entfaltung der Kultur gipfelt das Volkstum, aber Kultur und Natur sind eins. Zur Bildung gehört das intensive geistige Hineinwachsen in diesen Volkskörper – „die Geschichte fremder Nationen wird nur in allergrößten Umrissen berührt" – denn, „das Werden der eigenen Entfaltungssubstanz ist noch wichtiger als die größte Höhe fremder Entfaltungen". Wo man sich mit anderen Kulturkreisen befassen muß, wie etwa mit

---

[19] Ebd., S. 8.
[20] Vgl. z.B. ebd., S. 29-31, die positive Haltung zur wissenschaftlichen Mädchenbildung.
[21] Vgl. Anrich 1934, S. 17, wo er die völkisch-organologische Bildung von der Idee der Humboldtschen Bildungsreform scharf abgrenzt: „Nicht Humanität, sondern vollendete Nationalität ist also unser Bildungsideal." Was das meint, ist ebd., S. 36 zu lesen: „Bildung ist ... im letzten die Formung jener Kräfte und Bedeutungen, die im Strahlen von Scholle und Blut zum Himmel ihren Knotenpunkt im Menschen finden ..." „Mythos" grenzt sich hier bewußt ab von „liberalistischer" Vernunft.
[22] Zum Geschichtsunterricht, wie ihn der Geschichtslehrerverband während der Weimarer Republik repräsentativ vertrat, s. Michael Riekenberg, Die Zeitschrift „Vergangenheit und Gegenwart" (1911-1944) – Konservative Geschichtsdidaktik zwischen liberaler Reform und völkischem Aufbruch, Hannover 1986; Jochen Huhn, Geschichtsdidaktik in der Weimarer Republik. Konzepte und Bedingungen für den Geschichtsunterricht, in: Geschichtsunterricht und Geschichtsdidaktik vom Kaiserreich bis zur Gegenwart. Festschrift des Verbandes der Geschichtslehrer Deutschlands zum 75jährigen Bestehen, hg. v. Verband der Geschichtslehrer Deutschlands durch Paul Leidinger, Stuttgart 1988, S. 79-98.

der Antike, soll dieser Unterricht eingeordnet sein „der wirklichen Begegnung der deutschen Geschichte mit diesen Kulturkreisen".[23] Anrich entwickelt einen Lehrgang, der auf die Frühgeschichte und die Entstehung der nordischen Rasse ein großes Gewicht legt und die griechische und römische Geschichte erst im Zusammenhang mit den „nordischen Völkerschüben" in das Gesichtsfeld rückt. Sie war gleichsam ein Umweg, der mit dem Jahre 300, dem Beginn der Völkerwanderung, zu einer „Rückkonzentrierung der Geschichte der nordischen Rasse auf die Germanen" und schließlich auf die Bildung der deutschen Nation führt. Die eigentliche Gegenwartsgeschichte beginnt für Anrich mit der den „völkischen Grund" allen Werdens zum erstenmal definierenden Epoche, „die rund um 1800 mit der Romantik einsetzt und die wir die Epoche der erneuten deutschen Reichswerdung durch Einigung und innere artgemäße Staatsgestaltung nennen, also die Epoche, in der wir noch mitten drin stehen, die gerade von der nationalsozialistischen Bewegung aufs Gewaltigste aufgenommen und vorgetrieben ist, und die Epoche, in der also die deutsche Jugend wieder selbst unmittelbar tragend stehen muß". So zieht er eine Linie „innerer Reichswerdung" vom Freiherrn vom Stein über Bismarck und Hitler „bis zur nationalsozialistischen Revolution". Dieses immer stärkere Hervortreten der Nation „unter dem neuen Durchbruch des nordischen Erbelements und des Wissens von dem Gebot dieser bestimmten Verhältnisgesetze der Rassenverhältnisse, des Verhältnisses zum Boden, zum Land ... ist die Erkenntnis, durch die der junge Deutsche sich in das jahrhundertelange Werden der deutschen Nation einordnen kann" und wo historische Einordnung „zur unmittelbaren Umwandlung in Handlung" wird.[24] Dies ist „historische Biologie", wo die naturwissenschaftliche Biologie „in jene höhere biologische Schicht erweitert" wird, in der das geistige Erbe, „die Kampfgesetze der Begegnung von Schicksal und Art- und Willenskraft"[25] eingebunden sind. Nicht ein rationales Kausalitätsdenken soll „einseitig geschult" werden, sondern eben jenes höhere biologische Denken, das den einzelnen in einen zeitenübergreifenden, auf innerem Grund sich entwickelnden Organismus stellt. Anrich wünscht sich ein entsprechendes „Geschichtsbuch der Nation" als ein „Volksbuch". „Dies neue Geschichtsbuch wird so naiver erscheinen als die von Schnabel, Kumsteller usw., aber es wird

---

[23] Anrich 1933, S. 71.
[24] Ebd., S. 75ff.
[25] Ebd., S. 77. „Anrufung und Schulung des Handelns" ist der Gipfel der Lernzielpyramide – insofern besteht eine formale Affinität zur „emanzipatorischen" Geschichtsdidaktik: Kennzeichen von Konzeptionen, die sich ihrer jeweiligen „Geschichtsmetaphysik" völlig sicher sind und die heranwachsende Generation in dieses Koordinatensystem hineinprogrammieren. Gegen die hier wie dort in Anspruch genommene „Totalität" von historischer und politischer Unterweisung s. Karl-Ernst Jeismann, Historischer und politischer Unterricht. Bedingungen und Möglichkeiten curricularer und praktischer Koordination, in: Rolf Schörken (Hg.), Zur Zusammenarbeit von Geschichts- und Politikunterricht, Stuttgart 1978, S. 19-71.

gebundener und metaphysischer sein, kategorischer an den Einzelnen gerichtet."[26]

5. Die Klage um den verlorenen Grund der „Völkischheit"

Nun, nach einem halben Jahrhundert, legt Anrich eine Kritik am heutigen Geschichtsunterricht vor, die nur vor dem Hintergrund seiner völkisch-organologischen Geschichtsmystik aus den Zeiten des Dritten Reiches verständlich wird.[27] Die deutsche Wirklichkeit der Nachkriegszeit scheint ihm nur im materiellen, oberflächlichen Sinne wiederaufgebaut, im geistigen, sittlichen, kulturellen aber pervertiert. Der Grund dieses mißglückten inneren Wiederaufstiegs der Nation ist die versäumte oder verhinderte „Sinngebung, die wieder in geistige wie äußere, verfassungsmäßige wie bauliche, ideenmäßige wie künstlerische Ordnung zu führen vermag". Er konstatiert Perspektivlosigkeit und Sinnlosigkeit, vor allem aber „ein völliges Zerstörtsein oder Erloschensein des Geschichtsbewußtseins". Dieses „nicht erneuerte(n) Greifen in den Grund, darin das nicht erneute sich Verdeutlichen der Geschichte, gar die Abwendung von ihr" – sei nun, so Anrich, nicht eine Folge des Zusammenbruchs, sondern eine bewußte und böswillige Manipulation der Feinde des deutschen Volkes, die nun „mit den Waffen der psychologischen Kriegsführung" die „Zerstörung oder jedenfalls Lähmung des deutschen Volkes" bezweckten und es dazu brachten, statt nach dem „eigenen Grund" zu fragen, Antworten auf die Zeitprobleme „aus fremden Gründen" zu übernehmen. Er meint, die Hinwendung der Deutschen zur individualistisch-demokratischen Idee und zur demokratischen Ordnung habe das eigene, deutsche Denken verschüttet, und dies sei insbesondere durch die Verkümmerung des Geschichtsunterrichts in der Schule bewirkt worden.[28]

Vergegenwärtigt man sich die Grundgedanken, von denen Anrichs Geschichtsbild geprägt ist, ist es nicht weiter verwunderlich, daß er die erheblich gesteigerte Energie geschichtlichen Unterrichts, die ihm in der Auseinandersetzung der verschiedensten Positionen seit den 60er Jahren zugewachsen ist, als Verfall wahrnimmt. Die geschichtsdidaktische Literatur – auch die Schulbücher und Unterrichtsmaterialien – nimmt er nur selektiv zur Kenntnis, wo sie seine These zu stützen scheint. Seine Prämisse, daß der junge Mensch in den biologisch-geistigen Organismus der Volkswerdung hineingenommen werden muß, damit er sich diesem Gesetz des Werdens verpflichtet weiß, macht ihn blind gegenüber allen anderen Konzepten, Geschichte zu deuten und zu lehren. Die deutlichen Differenzen und Gegensätze, die Kontroversen

---

[26] Anrich 1933, S. 79.
[27] S.o. Anm. 2.
[28] Anrich 1988, S. 3ff.; S. 8ff.; S. 11ff.

in der Geschichtsdidaktik laufen für ihn zusammen in einem Rotgrau liberaler, demokratischer, marxistischer, allesamt jedenfalls linker und daher zersetzender Denkweisen.[29] Alle diese Positionen dienen, wie auch die neuen Ansätze der Geschichtswissenschaft, im Grunde einer US-amerikanischen Umerziehungspolitik, einer „Charakterwäsche". So erscheinen ihm die Versuche, Geschichtsunterricht nicht im chronologischen Durchgang, sondern in verschiedenen Zugriffen aufzubauen, nicht als immerhin diskutierbare Wege, die problematische Form dieses Geschichtsunterrichts – die nur die Illusion eines Kontinuums darstellt – zu ergänzen und den Schüler an die Geschichte aus verschiedenen Gesichtspunkten heranzuführen, sondern als „Zerhackung" eines lebendigen „Organismus"[30], der, wie wir aus seinen älteren Schriften wissen, die Entwicklung der „Völkischheit"[31] sein soll. „Emanzipation" muß ihm als ein Sündenfall gegen den Geist der organologischen Einbindung und Einordnung erscheinen – und so polemisiert er unter diesem Begriff gegen die gesamte Geschichtsdidaktik, ungeachtet ihrer verschiedenen Tendenzen. Seine deutliche Polemik gilt dem erweiterten Begriff der „Didaktik der Geschichte".[32] Daß eine Didaktik sich anmaßt, anstatt sich dienend methodisch der objektiven, d.h. organologisch-völkischen Geschichtsmetaphysik zu unterwerfen, über Lernziele, ihre Wirkungen und ihre Bedingtheiten nachzudenken, über Normen zu reflektieren, das Selbstverständnis der Zeit im Spiegel ihrer Geschichtsauffassung zu analysieren: Alles das wird in einem gewaltigen Rundumschlag als Abfall von der deutschen Geschichte erklärt, als ein Heraustreten aus dem deutschen Geist, und geschah, ob bewußt oder unbewußt, im Dienste der Umerziehung, d.h. jener Fortsetzung des Krieges gegen das Deutschtum mit anderen Mitteln: „Der Vertreibung von rd. 15 Millionen Deutschen durch die Sieger aus ihrer seit Jahrhunderten deutschen Heimat ist die Vertreibung durch Sieger und eigene Gestalter von mindestens 60 Millionen Deutschen aus ihrer jahrhundertealten Geschichte gefolgt."[33]

Anrichs „Anklage gegen den heutigen Geschichtsunterricht" entzieht sich einer wissenschaftlichen Auseinandersetzung. Sie ist eine negative Bekenntnis- und Überzeugungsschrift. Sie nimmt die entgegenstehenden Argumentationen nicht zur Kenntnis, sondern belegt sie unterschiedslos als nicht-völkisch mit dem Bann. Was dem Schüler heute – nach Anrich – fehlt, liest sich wie eine Parallele zu dem Plan für den

---

[29] In Anlehnung an Endes „Momo" nennt er die Historiker und Didaktiker die „grauen" oder pointierter die „rot-grauen" Herren, die den Menschen die Zeit stehlen. Ebd., S. 44.

[30] Ebd., S. 17.

[31] Anrich 1933, S. 2f.

[32] Anrich 1988, S. 24, wo ich selbst von dieser „Anklage", die streng genommen auf Volks- und Landesverrat lautet (s. Anm 39), betroffen bin, wo aber auch nur der kleinste Ansatz, diese „feindliche" Position begreifend darzustellen, fehlt – wozu auch bei Handlangern der „Feinde Deutschlands und des deutschen Volkstums" (S. 9)!

[33] Ebd., S. 34.

Geschichtsunterricht, den er schon vor 1933 entwarf: Es fehlt die Kenntnis der „germanischen Vorstufe der deutsche Geschichte, diese Wurzel des deutschen Volkes", es fehlt die Kenntnis der Wurzeln der europäischen Nationen in der Antike, im Christentum, es fehlt insbesondere die Kenntnis vom „Wesen des ‚Reiches'" im Mittelalter, von der Größe und Tragik der imperialen Aufgabe, die „auf das deutsche Volk gekommen und von ihm übernommen worden ist"; es fehlt die Kenntnis „der geistigen (nicht soziologischen) Ursachen der Reformation", es fehlt die Kenntnis der permanenten französischen Feindschaft gegen die Einheit des Reiches, der Raubkriege von Ludwig bis Napoleon, es fehlt die Kenntnis der „deutschen Erhebung" von 1812/13, der Leistung Bismarcks, es fehlt das Wissen um den Diktatcharakter von Versailles als der Ursache des Nationalsozialismus, und es fehlt schließlich dieser selbst insofern, als seine „positive Hälfte" unterschlagen wird, und es fehlt eben das für Anrich „Erschütterndste", der Verrat der nationalsozialistischen Idee durch ihre Führer und damit, so darf man folgern, das Scheitern der Vollendung der völkischen Sendung der Deutschen, die er 1933-1945 zum Greifen nahe oder schon gekommen sah.[34]

Was das „Greifen in den Grund" durch einen Unterricht, wie Anrich sich ihn wünscht, eigentlich bezwecken soll, wird in den langen Ausführungen deutlich, mit denen Anrich, durchaus Verbrechen des Nationalsozialismus nennend, diesen sogleich Verbrechen der Feindmächte gegenüberstellt. Er zählt auf fast 30 Seiten eine lange Liste von Untaten anderer Völker auf.[35] Nicht „um Aufrechnung oder Mindern deutscher Schuld, sondern um Wahrheit und Wissenschaftlichkeit" sei es ihm zu tun – aber seine lange Liste ist so zusammengestellt, daß die massive Schuldabwälzungstendenz nicht übersehen werden kann. Hier geht es wahrhaft um „Entsorgung" der deutschen Geschichte. Die Verbrechen des Nationalsozialismus erscheinen in dieser Gegenüberstellung nicht nur als historisch gleichsam normal, sondern eher noch als gemäßigt oder mindestens verständlich gegenüber den Untaten anderer Völker.

6. Das „Dritte Reich" als tragische Notwendigkeit auf dem Weg zur Vollendung der Deutschheit

Hier liegt die eigentliche emotionale Motivation des Verfassers und das agitatorische Zentrum des Buches: die Rechtfertigung der Geschichte des nationalsozialistischen Deutschland und die Wiederherstellung des guten deutschen Gewissens mit Hilfe der Schuldzuweisung an die anderen. Das Muster dieses historischen „Ausgleichs" läßt sich bei der Verwendung des Begriffes „Holocaust" erkennen: die Umkehrung der

---

[34] Ebd., S. 28-34.
[35] Ebd., S. 50-78.

Vorwürfe. Wer, berechtigterweise, den „menschlich unerhörten Versuch der Gesamtausrottung der Juden" als historische Wirklichkeit erzähle, der müsse auch den „Holocaust" der Fliegerangriffe in gleicher Weise gewichten, als auf Churchills Befehl versucht wurde, die deutschen Heere durch Ausrottung „ihrer Frauen und Kinder nicht anders als durch die Judenverfolgung" zu bezwingen.[36] Diese aus der rechtsradikalen Pamphletliteratur bekannten Argumente liegen in der Mehrzahl weit unterhalb der Ebene, auf der wissenschaftlich diskursive Auseinandersetzung möglich ist. Wichtig aber sind die Funktionen solcher Geschichtsbehauptungen: In massiver Anknüpfung an soziale Rechtfertigungsinstinkte „das deutsche Volk" (auf die DDR fällt allerdings nicht ein einziger Blick) wieder mit sich selbst und seinem Werden ohne hinderliche Reflexionen in einen ungebrochen positiven Zusammenhang zu bringen – so, wie er in längeren und reichlich unklaren Deduktionen das rechte Geschichtsbewußtsein als ein „beanspruchendes Zusammen des Ichs mit dem Objekt" nur in leicht verschobener Begrifflichkeit genauso organologisch definiert wie vor einem halben Jahrhundert. Das, was hier als das bewußte „Mit" der Geschichte(!) beschrieben wird[37], ist nichts anderes als die völkische Vorstellung der organischen Eingebundenheit des Menschen in seine spezifisch volkhafte Struktur. Zwar erwies sich der Nationalsozialismus nicht als das, was Anrich bis 1945 von ihm hoffte: die bislang höchste historische Stufe der Entfaltung dieses Volkstums. Sein Wollen, seine „positive Hälfte", sein Versagen, sein Scheitern ist aber keine Widerlegung dieser Epoche der Entfaltungsgeschichte des deutschen Volkstums, sondern vielmehr eine Stufe, über die es nun hinauszukommen gilt. Dies ist nur möglich, wenn die Deutschheit als historische und zukünftige Aufgabe den jungen Menschen wieder ein Handeln in eigener, nationaler Sache ermöglicht, unbeschwert von fremdbestimmten Normen, gar von Reue über den Gang der deutschen Geschichte seit 1933. Denn was hier an Fürchterlichem geschah, so springt Anrich aus der Geschichte in die Metaphysik, gehört in den Bereich des „Tragischen". Große Taten und große Untaten, auch Verbrechen sieht er, wie im Drama, entspringen aus „gegenseitig widersprechendem letzten Rechts- und Pflichtgebot", aus „schicksalhafter" Fügung „... aus dem Verstricktsein der Nomoi und damit aus den Nomoi selber" kommend. Eine solche Auffassung der deutschen Geschichte führe zur „Katharsis", welche den rechten „Sinnglauben" und die daraus entspringenden Taten „freisetzt".[38]

Dies ist wahrlich eine „Bewältigung" der Geschichte.

---

[36] Ebd., S. 63.
[37] Ebd., S. 38.
[38] Ebd., S. 100.

7. Der „Wille zur Macht"

Anrichs „neuer Geschichtsunterricht" ist die Propagierung eines Geschichtsmythos. Deshalb entzieht er sich der wissenschaftlichen Diskussion, die auf die Anerkennung der Geltung rationaler Kriterien angewiesen ist. Eine fachliche Auseinandersetzung mit diesem hermetischen „Geschichtsbewußtsein" aus Überzeugung – oder, wie schon 1932 bescheinigt und akzeptiert wurde, aus „fanatischem Glauben an Volk und Vaterland"[39] – führt zu nichts. Anrich hat 1971 vom schwierigen und zerklüfteten „Charakter der Deutschen" geschrieben, „in dem neben der Treue die Untreue, neben der Hingabe für das Ganze und das Große die fanatische Überspitzung eines Teilgedankens, neben dem Einstehen für das eigene Deutsche die Neigung zur Weggabe an das – rundum andrängende – Fremde bis zur Vernichtung des Eigenen, ja bis zum Landesverrat tief eingegraben ist."[40] Was immer man von solchen Stereotypen halten mag – das Beispiel für „die fanatische Überspitzung eines Teilgedankens" liefert Anrich selbst in der ungebrochenen Kontinuität seines Schreibens. Die Deutung dieses Phänomens der deutschen Ideologiegeschichte ist in dreifacher Perspektive zu skizzieren:

– Historisch ist es deutlich in seine Ursprungslinien einzuordnen. Es handelt sich um eine eklektische und zugleich außerordentlich selektierte Fortführung der Programmatik, deren Anfänge in Jahns Anhängerschaft, gestützt auf sein „Deutsches Volksthum" in Denken und Tun zu fassen sind. Gegen den Anspruch eines Monopols auf die Deutung dessen, was „deutsch" sei, wurde schon damals von Karl-Adolf Menzel während der „Breslauer Turnfehde", 1818, „Über die Undeutschheit des neuen Deutschtums" geschrieben. Die Entwicklung dieses „völkischen" Denkens im 20. Jahrhundert ist hinlänglich untersucht[41] – in den Kometenschweif dieser Ideologie der „konservativen Revolution" gehört Anrichs Werk in den 30er Jahren; seine Fortsetzung steht heute im diffusen Spektrum der Programmatik der „neuen Rechten". Dies ist eine triviale Feststellung. Nicht trivial, sondern für das historische Verständnis zentral wichtig ist jedoch die Unterscheidung zwischen der an der Bedeutung der Nation festhaltenden, insofern konservativen, aber demokratischen Position in der Bundesrepublik und dieser, nur scheinbar konservativen, in Wahrheit revolutionär ideologischen, radikalvölkischen und antidemokratischen Richtung. In den 30er Jahren haben Anrich und seine Gesinnungsfreunde den Schnitt zu den national-konservativen Überliefe-

---

[39] Rezension von Anrich, 1934 in „Hakenkreuzbanner". Kulturpol. Schriftenreihe (Anm. 4), H. 3, 1932, Rückseite.

[40] Ernst Anrich, Bismarck. Verzerrer oder Gestalter der deutschen Geschichte? Eine Antwort an Herrn Bundespräsidenten Dr. Dr. Heinemann, Hannover 1971, S. 2.

rungen des Kaiserreichs wie der Weimarer Republik sehr deutlich gezogen. Sie wollten keine wie immer konservative Fortführung des deutschen Konstitutionalismus. Sie wollten revolutionär und radikal über das Bismarckreich und seine in Verfassung und Mentalität während der Weimarer Republik noch deutlich nachwirkende Kontinuität hinaus in eine neue „Totalität". Heute ist man eher bemüht, die Grenzen zu den national-konservativen, demokratischen Positionen zu verwischen, Anlehnung und Bundesgenossenschaft bei jenen zu finden, deren politisch-geistige Vorfahren man allenfalls als „Steigbügelhalter" benutzte, deren konservative Exponenten des Widerstands man schließlich gehängt hat. Hier wurde der heute überspielte Gegensatz in aller Grausamkeit klar, und man muß daran erinnern, daß Anrich „eng mit SS und Reichssicherheitshauptamt zusammenarbeitete" und den Kontakt zu Himmler pflegte.[42]

– Die politische Bedeutung dieses Schrifttums, für das Anrichs Buch ein Beispiel ist, ist, anders als die fachliche, ernst zu nehmen. Was hier an Geschichtsdeutung angeboten wird, hat in einer Gesellschaft, in der Freiheit der Wissenschaft und des Wortes möglich ist, keine Chance auf nennenswerte Anhängerschaft – und hatte sie auch vor 1933 nicht. Herrschend werden solche Meinungen nur nach der politischen Durchsetzung des Gesinnungskerkers. Auf die Herrschaft solcher Totalität hinzuarbeiten, hatte sich einst die „Gildenschaft" vorgenommen; genau in die gleiche Richtung, wenn auch aus schwierigerer Position, zielt Anrichs Schrift von 1988. Er bedauert, daß die politische „Wende" vom November 1982 „im geistigen zu dreiviertel vertan" wurde, weil man, durch die „Emanzipation" gelähmt, „das zu Wendende nicht wirklich zu sehen vermochte".[43] Wie kann es zu einer „Emanzipation aus der Emanzipationswelle kommen?" fragt er – und dann wird die Hoffnung auf die eigentliche, die politische Wirkung dieses Schrifttums deutlich formuliert: „Die Wende ist in der Demokratie abhängig von dem Überlegensprozeß (sic!) in der Mehrheit der sie tragenden Menschen. Sie ist beeinflußbar von der Stärke und dem Druck auch schon von Minderheiten, insbesondere Minderheiten, deren Dynamik zum Anwachsen gespürt wird, auf die Überlegung der Parteien, die Überlegung der Abgeordneten, die Auswahl der Abgeordneten nach der Richtung ihres Denkens und ihrer Erkenntnisfähigkeit des Notwen-

---

[41] S. Martin Broszat, Die völkische Ideologie und der Nationalsozialismus, in: Deutsche Rundschau 84 (1958), S. 53ff.; Kurt Sontheimer, Antidemokratisches Denken in der Weimarer Republik, München 1962.

[42] Heiber (Anm. 4), S. 541f. Im „Historikerstreit" stellt sich Anrich – wenn auch beiläufig und gespalten – auf die Seite Noltes; seine Verweise auf Armin Mohlers oder Alfred-Maruice De Zayas' Beiträge in der Zeitschrift „Criticon" verraten jedoch, wie wenig seine Stellung mit den Positionen der Kontrahenten Habermas' zu tun hat. Anrich 1988, S. 75.

[43] Anrich 1988, S. 91.

digen, die Auswahl der Minister, der Bevollmächtigten ...“[44] Dies fügt sich in die Strategie, die durch eine „kulturelle Revolution“ „die politische Revolution“ antizipieren will.[45] Wer auf konservativ-demokratischer Seite über historische „Kontaktstellen“ Verbindung zu dieser Revolution als politische Taktik für möglich hält, muß wissen, mit wem er sich einläßt. Solche Aufklärung in aller wünschenswerten Deutlichkeit zu geben, kann immerhin ein Nutzen der Schrift Anrichs sein, die sich aus dem bisher typischen Themenkreis der „nationalen Wiedergeburt“ hinaus in das Gebiet der Didaktik begeben hat.

– Aus dem Blickpunkt der Geschichtsdidaktik schließlich zeigt sich Anrichs „Neuer Geschichtsunterricht“ in Ziel, Inhalt und Methode als der Versuch einer Introvertierung des historischen Bewußtseins auf einen imaginären „Grund“. Er bedeutet die Einschrumpfung des deutschen Selbstverständnisses auf die kuriose Interpretationsvariante einer marginalen Gruppe, seine Fixierung auf eine kurzlebige völkische Ideologie, die Ende der Weimarer Republik ihren Höhepunkt hatte, dem Nationalsozialismus dienlich war, aber von ihm in der Wirklichkeit des historischen Denkens und politischen Handelns keineswegs zum Maßstab genommen wurde.[46] Deshalb braucht diese Lehre heute auch nicht unter dem Zeichen des Hakenkreuzes präsentiert zu werden, wenngleich sie nur unter seiner Herrschaft eine Wirkungschance hatte. Diese Didaktik ist, wie sie selbst richtig sagt, gegen alles „liberalistische“ Denken: d.h. gegen die wie immer historisch bedingte Erziehung zur Mündigkeit, zum Gebrauch der eigenen Vernunft, zu intellektueller Redlichkeit. Sie schneidet die Deutschen von dem weiten Traditionshorizont ihrer Geschichte ab, isoliert sie a priori von anderen Nationen und propagiert in einer Welt wachsender übernationaler Zusammenarbeit, wirtschaftlichen und geistigen Austausches, transnationaler Verantwortlichkeiten einen radikalen nationalen Egoismus. Von einer Erziehung in diesem Sinne ist nicht nur eine irreale, „fanatische“ Sicht der Gegenwart und der Vergangenheit zu erwarten, sondern auch in der Konsequenz eine schwere Beeinträchtigung der politischen Handlungsfähigkeit der Deutschen. Dem Geschichtsunterricht und der Geschichtsdidaktik wächst aus der Publizität solcher Stimmen die Aufgabe zu, diese Geschichtsdeutung in ihrem historischen Kontext und in ihrer politischen Bedeutung durchschaubar zu machen. Klare und engagierte Gegenwirkung ist gefordert, damit nicht die diffusen Partikel dieser „Weltanschauung“ sich im Kopfe der Schüler zu gefährlichen politischen Ideologien verbinden können angesichts der Orientierungspro-

---

[44] Ebd., S. 90f.
[45] Klönne (Anm. 1) , S. 329f.
[46] Vgl. Karl Ferdinand Werner, Das NS-Geschichtsbild und die deutsche Geschichtswissenschaft, Stuttgart 1967, passim, insbesondere S. 24ff.

bleme, die sowohl im nationalen Bereich wie bei transnationalen Zu-
sammenschlüssen uns gegenwärtig bedrängen und in Zukunft bevor-
stehen.

Erstveröffentlichung in: Internationale Schulbuchforschung 13 (1991), S. 59-75.

Verzeichnis der Schriften
Karl-Ernst Jeismanns

I. Monographien und Herausgeberschriften

1956

Studien zum Problem des Präventivkrieges mit besonderem Blick auf die Bismarckzeit. Münster/Westf., 1956. XII, 179 gez. Bl. Münster, Phil.Fak., Diss. v. 23. Juli 1956

1957

Das Problem des Präventivkrieges im europäischen Staatensystem mit besonderem Blick auf die Bismarckzeit. Freiburg, München: Alber 1957. VII, 200 S. (Orbis Academicus) Zugl.: Diss. Münster 1956

1964

[Hg. mit Gustav Muthmann]: Wort und Sinn. Lesebuch für den Deutschunterricht. Bd. 1-5/6. Paderborn: Schöningh 1964-1971 (weitere Aufl.). Zugl. Bearb. d. 1. Bd. 1964, 1971, 1974, 1977, 1981

1969

[Hg.]: Friedrich Harkort. Schriften und Reden zu Volksschule und Volksbildung. Paderborn: Schöningh 1969. 180 S. (Schöninghs Sammlung pädagogischer Schriften)

[Hg.]: Staat und Erziehung in der preußischen Reform. 1807-1819. Göttingen: Vandenhoeck & Ruprecht 1969. 78 S. (Historische Texte: Neuzeit. 7)

1971

[Mitarb.]: Wort und Sinn. Sprachbuch Oberstufe. Teil 2 = Literatur, Struktur und Funktion. Paderborn: Schöningh 1971. 111 S.

1974

[Hg. mit Joachim Rohlfes]: Geschichtsunterricht, Inhalte und Ziele. Arbeitsergebnisse zweier Kommissionen. Stuttgart: Klett 1974. 192 S., 2. Aufl. 1976. (Geschichte in Wissenschaft und Unterricht; Beiheft 7)

Das preußische Gymnasium in Staat und Gesellschaft. Die Entstehung des Gymnasiums als Schule des Staates und der Gebildeten, 1787-1817. Stuttgart: Klett 1974, 435 S. (Industrielle Welt. Bd. 15) Zugl.: Bochum, Univ., Habil.-Schr. 1971

1976

[Hg. mit Günter C. Behrmann u.a.]: Geschichte, Politik. Unterrichtseinheiten für ein Curriculum. Paderborn: Schöningh 1976-1986

1977

[mit Rudolf Schridde und Gustav O. Kanter]: Der Stufenlehrer – zur Novellierung des LABG. Erklärung der Rektoren der 3 Pädagogischen Hochschulen des Landes Nordrhein-Westfalen. Münster: Pressestelle der PH Westfalen-Lippe 1977. 5 S. (PH-Info: Dokument 8)

1978

[Hg. mit Günter C. Behrmann u.a.]: Geschichte, Politik. Materialien und Forschung. Bd. 1-2. Paderborn: Schöningh 1978-1981

[Hg. mit Günter C. Behrmann u.a.]: Geschichte, Politik. Studien zur Didaktik, Bd. 1-4. Paderborn: Schöningh 1978-1987

[mit Günter C. Behrmann und Hans Süssmuth]: Geschichte und Politik. Didaktische Grundlagen eines kooperativen Unterrichts. Paderborn: Schöningh 1978. 253 S. (Geschichte, Politik. Studien zur Didaktik. Bd. 1)

1979

[Hg.]: Internationale Schulbuchforschung. Zeitschrift des Georg-Eckert-Instituts für internationale Schulbuchforschung. Jg. 1-6. Braunschweig: Westermann 1979-1984

[Hg.]: Schriftenreihe des Georg-Eckert-Instituts für internationale Schulbuchforschung. Bd. 22, 1-7 u. 24. Braunschweig: Georg-Eckert-Institut 1979-1983

[Hg.]: Studien zur Internationalen Schulbuchforschung. Schriftenreihe des Georg-Eckert-Instituts. Bd. 25-39. Braunschweig : Westermann 1979-1984

1980

[Hg. mit Rainer Riemenschneider]: Geschichte Europas für den Unterricht der Europäer. Prolegomena eines Handbuchs der europäischen Geschichte für den Lehrer der Sekundarstufe II. Materialien einer europäischen Konferenz in Münster/Westf., 17.-20.12.1979. Braunschweig: Westermann 1980. 185 S. (Studien zur Internationalen Schulbuchforschung. Bd. 27)

[Hg. mit Hans-Georg Grosse Jäger] Süvern, Johann Wilhelm: Die Reform des Bildungswesens. Schriften zum Verhältnis von Pädagogik und Politik. Paderborn: Schöningh 1980. 143 S. (Schöninghs Sammlung pädagogischer Schriften)

1981

Geschichte als Element politischen Denkens. Braunschweig: Internationaler Arbeitskreis Sonnenberg 1981. 52 S. (Zwischen gestern und morgen. H. 24)

[Hg.] Erich Kosthorst: Zeitgeschichte und Zeitperspektive: Nationalismus – Widerstand – Einheit der Nation im Geschichtsbewußtsein der Bundesrepublik Deutschland. Paderborn: Schöningh 1981. 197 S. (Sammlung Schöningh zur Geschichte und Gegenwart)

1982

[Hg. mit Elfriede Hillers]: Deutschland und Japan im Spiegel ihrer Schulbücher. Braunschweig: Georg-Eckert-Institut 1982. 123 S. (Studien zur internationalen Schulbuchforschung. Bd. 31)

[Hg. mit Hanna Schissler]: Englische und deutsche Geschichte in den Schulbüchern beider Länder. Wahrnehmungsmuster und Urteilsstrukturen in Darstellungen zur neueren Geschichte. Braunschweig: Georg-Eckert-Institut 1982. 109 S. (Studien zur internationalen Schulbuchforschung. Bd. 33)

[Hg. mit Siegfried Quandt]: Geschichtsdarstellung. Determinanten und Prinzipien. Göttingen: Vandenhoeck & Ruprecht 1982. 130 S. (Kleine Vandenhoeck-Reihe 1477)

1984

[mit Erich Kosthorst und Hans-Georg Wolf]: Deutschlandbild und deutsche Frage in den geschichtlichen Unterrichtswerken der DDR. Braunschweig: Georg-Eckert-Institut 1984. 404 S.

[Hg.]: Geschichte als Legitimation? Internationale Schulbuchrevision unter den Ansprüchen von Politik, Geschichtswissenschaft und Geschichtsbedürfnis. Braunschweig: Georg-Eckert-Institut 1984. 148 S. (Studien zur internationalen Schulbuchforschung. Bd. 39)

1985

Geschichte als Horizont der Gegenwart. Über den Zusammenhang von Vergangenheitsdeutung, Gegenwartsverständnis und Zukunftsperspektive. Hg. u. eingel. von Wolfgang Jacobmeyer und Erich Kosthorst. Paderborn 1985. 348 S. (Sammlung Schöningh zur Geschichte und Gegenwart)

Internationale Schulbuchforschung oder nationale Staatsräson? Gedanken zum 10jährigen Bestehen des Georg-Eckert-Instituts. Braunschweig: Georg-Eckert-Institut 1985. 22 S. (Vorträge im Georg-Eckert-Institut)

1986

[mit Siegfried Bachmann u.a.]: Deutschlandbild und Deutsche Frage in den historischen, geographischen und sozialwissenschaftlichen Unterrichtswerken der Bundesrepublik Deutschland und der Deutschen Demokratischen Republik von 1949 bis in die 80er Jahre. Braunschweig: Georg-Eckert-Institut 1986. XL, 607 S. (Studien zur internationalen Schulbuchforschung. Bd. 43)

1987

[Hg.]: Einheit, Freiheit, Selbstbestimmung. Die Deutsche Frage im historisch-politischen Bewußtsein. Bonn: Bundeszentrale für politische Bildung 1987. 232 S. (Schriftenreihe der Bundeszentrale für politische Bildung. Bd. 255) (Studien zur Geschichte und Politik), Nachdr.: Frankfurt: Campus 1988

[Hg. mit Peter Lundgreen]: Handbuch der deutschen Bildungsgeschichte. Bd. 3: 1800-1870. Von der Neuordnung Deutschlands bis zur Gründung des Deutschen Reiches. München: Beck 1987. XV, 442 S.

[mit Erich Kosthorst u.a.]: Die Teilung Deutschlands als Problem des Geschichts-bewußtseins. Eine empirische Untersuchung über Wirkungen von Geschichtsun-terricht auf historische Vorstellungen und politische Urteile. Paderborn: Schöningh 1987. 199 S., 2. Aufl. 1988 (Geschichte, Politik. Studien zur Didaktik. Bd. 4)

1989

[Hg.]: Bildung, Staat, Gesellschaft im 19. Jahrhundert. Mobilisierung und Dis-ziplinierung. Stuttgart: Steiner 1989. 436 S. (Nassauer Gespräche der Freiherr-vom-Stein-Gesellschaft. Bd. 2)

[mit Bernd Schönemann]: Geschichte amtlich. Lehrpläne und Richtlinien der Bundesländer. Analyse, Vergleich, Kritik. Frankfurt/Main: Diesterweg 1989. 196 S. (Studien zur internationalen Schulbuchforschung. Bd. 65)

1990

Geschichte und Geschichtsbewußtsein. Festschrift Karl-Ernst Jeismann zum 65. Geburtstag / gewidmet von Kollegen und Freunden der Univ. Münster, hg. von Paul Leidinger und Dieter Metzler. Münster: Inst. für Didaktik d. Geschichte 1990. 793 S.

Internationale Schulbuchforschung oder nationale Staatsräson? Gedanken zum 10jährigen Bestehen des Georg-Eckert-Instituts. 2. Aufl. Braunschweig: Georg-Eckert-Institut 1990. 22 S. (Vorträge im Georg-Eckert-Institut)

1991

Bildungsgeschichte und historisches Lernen. Symposium aus Anlaß des 65. Ge-burtstages von Prof. Dr. Karl-Ernst Jeismann / Ernst Hinrichs und Wolfgang Ja-cobmeyer (Hg.). Braunschweig, 19. – 21. September 1990. Frankfurt/Main: Die-sterweg 1991. 157 S. (Studien zur internationalen Schulbuchforschung. Bd. 67)

1994

[mit Lech Trzeciakowski]: Polen im europäischen Mächtesystem des 19. Jahr-hunderts. Die „Konvention Alvensleben" 1863. Frankfurt/Main: Diesterweg 1994. 115 S. (Studien zur internationalen Schulbuchforschung. Bd. 82/BI) (Deutsche und Polen – Geschichte einer Nachbarschaft / B. Teil 1)

1996

Die Entstehung des Gymnasiums als Schule des Staates und der Gebildeten, 1787 – 1817. 2., vollst. überarb. Aufl. Stuttgart: Klett 1996. 475 S. (Industrielle Welt. Bd. 15) (Das preußische Gymnasium in Staat und Gesellschaft. Bd. 1)

Höhere Bildung zwischen Reform und Reaktion, 1817 – 1859. Stuttgart: Klett 1996. 797 S. (Industrielle Welt. Bd. 56) (Das preußische Gymnasium in Staat und Gesellschaft. Bd. 2)

1998

[mit Lech Trzeciakowski]: Kwestia Polska w Polityce Mocarstw Europejskich w XIX Wieku. Konwencja Alvenslebena z 8 lutego 1863. Warszawa: Wyd. Sz-kolne i Pedagogiczne 1998. 112 S.

1999

Geschichte und Öffentlichkeit. Historie zwischen Vergewisserung und Verführung. Osnabrück: Landschaftsverband Osnabrücker Land 1999. 36 S.

2000

Geschichte und Bildung. Beiträge zur Geschichtsdidaktik und zur Historischen Bildungsforschung. Hg. u. eingel. v. Wolfgang Jacobmeyer und Bernd Schönemann. Paderborn: Schöningh 2000. 397 S., 14 S. Schriftenverzeichnis

II. AUFSÄTZE

1957

Zum Problem des Friedens im 20. Jahrhundert, in: Aus Politik und Zeitgeschichte 7 (1957) B 50/51, S. 853-858. Ndr. in: Geschichte als Horizont der Gegenwart. Paderborn 1985, S. 305-320

1960

Deutschunterricht und politische Erziehung, in: Das Studienseminar 5 (1960) H. 1, S. 12-35

1961

Rüedegers Schildgabe oder der Gehalt der Modi: ein Unterrichtsversuch, in: Der Deutschunterricht 13 (1961) H. 3, S. 56-62

1962

Zur Themenkritik des Oberstufenaufsatzes, in: Der Deutschunterricht 14 (1962) H. 4, S. 35-48

1966

Die Ausbildung im Studienseminar. Schwierigkeiten, Möglichkeiten, Aufgaben, in: Universität und Studienseminar, Düsseldorf 1966, S. 48-67

Die „Stiehlschen Regulative". Ein Beitrag zum Verhältnis von Politik und Pädagogik während der Reaktionszeit in Preußen, in: Dauer und Wandel der Geschichte. Aspekte europäischer Vergangenheit. Festgabe für Kurt von Raumer. Münster 1966, S. 423-447. Ndr. in: Schule und Gesellschaft im 19. Jahrhundert. Weinheim 1977, S.137-161 und in: Geschichte als Horizont der Gegenwart. Paderborn 1985, S. 125-143

Der thematische Deutschunterricht und das Lesebuch. Didaktische Grundfragen der Lesebucharbeit auf der Unter- und Mittelstufe, in: Der Deutschunterricht 18 (1966) H. 4, S. 23-44

Was verlangt die Höhere Schule von der Universität?, in: Das Studienseminar 11 (1966) S. 49-64

1968

Die Eingabe eines Schwelmer Lehrers an das preußische Innenministerium, Sektion für Kultus und Unterricht, aus dem Jahre 1814, in: Westfälische Zeitschrift 118 (1968) S. 115-133

„Nationalerziehung". Bemerkungen zum Verhältnis von Politik und Pädagogik in der Zeit der preußischen Reform 1806-1815, in: Geschichte in Wissenschaft und Unterricht 19 (1968) S. 201-218. Ndr. in: Geschichte als Horizont der Gegenwart. Paderborn 1985, S. 89-105

1969

Tendenzen zur Verbesserung des Schulwesens in der Grafschaft Mark: 1798-1848, in: Westfälische Forschungen 22 (1969/70) S. 78-97

1970

Gymnasium, Staat und Gesellschaft in Preußen. Vorbemerkungen zur Untersuchung der politischen und sozialen Bedeutung der „höheren Bildung" im 19. Jahrhundert, in: Geschichte in Wissenschaft und Unterricht 21 (1970) S. 453-470. Ndr. in: Schule und Gesellschaft im 19. Jahrhundert. Weinheim 1977, S. 44-61 und in: Geschichte als Horizont der Gegenwart. Paderborn 1985, S.145-158

1972

Volksbildung und Industrialisierung als Faktoren des sozialen Wandels im Vormärz, in: Zeitschrift für Pädagogik 18 (1972) S. 315-337. Ndr. in. Geschichte als Horizont der Gegenwart. Paderborn 1985, S. 107-123

Das Erziehungswesen in seiner Bedeutung für die Entwicklung des modernen Staates und der bürgerlichen Gesellschaft, in: Westfälische Forschungen 24 (1972) S. 64-76. Ndr. in: Geschichte als Horizont der Gegenwart. Paderborn 1985, S. 73-88

1973

[mit Erich Kosthorst]: Geschichte und Gesellschaftslehre. Die Stellung der Geschichte in den Rahmenrichtlinien für die Sekundarstufe I in Hessen und den Rahmenlehrplänen für die Gesamtschulen in Nordrhein-Westfalen, in: Geschichte in Wissenschaft und Unterricht 24 (1973) S. 261-288. Ndr. in: Historisch-politischer Unterricht. Stuttgart 1973 (3. Aufl. 1979) Bd. 1, S. 29-72 und in: Schule am Scheideweg. München 1974, S. 80-124

Landesgeschichte im Unterricht der Schulen. Didaktik zwischen Politik und Wissenschaft, in: Landesgeschichte im Unterricht. Ratingen 1973, S. 14-28

Ziele und Wege des Studiums der Geschichtswissenschaft, in: Geschichte in Wissenschaft und Unterricht 24 (1973) S. 403-409

1974

[u.a.]: Funktion und Didaktik der Geschichte. Begründung und Beispiele eines Lehrplans für den Geschichtsunterricht, in: Geschichtsunterricht. Inhalte und Ziele. Stuttgart 1974, S. 106-193 [mit Erich Kosthorst]: Was sollen Schüler lernen? Anmerkungen zur Replik der Autoren der Rahmenlehrpläne (Gesamtschulen Nordrhein-Westfalen), in: Geschichte in Wissenschaft und Unterricht 25 (1974) S. 94-105

1975

Politischer Unterricht und Geschichte, in: Geschichte, Politik und ihre Didaktik 3 (1975) H. 7/8, S. 19-27

1977

Didaktik der Geschichte. Die Wissenschaft von Zustand, Funktion und Veränderung geschichtlicher Vorstellungen im Selbstverständnis der Gegenwart, in: Geschichtswissenschaft. Göttingen 1977, S. 9-33. Ndr. in: Geschichte als Horizont der Gegenwart. Paderborn 1985, S. 27-42

Eine Disziplin entdeckt ihr Gebiet, in: Geschichtsdidaktik 2 (1977) S. 322-335

Das Mittelalter und das Lernfeld Politik. Bemerkungen zur Diskussion über Funktionen des Geschichtsunterrichts, in: Aus Politik und Zeitgeschichte 27 (1977) B 2, S. 45-48

Verlust der Geschichte? Zur gesellschaftlichen und anthropologischen Funktion des Geschichtsbewußtseins in der gegenwärtigen Situation, in: Geschichte, Politik und ihre Didaktik 5 (1977) H. 3/4, S. 77-86. Ndr. in: Geschichte als Horizont der Gegenwart. Paderborn 1985, S. 11-25

1978

„Amerika, du hast es besser ...". Utopie, Mission, Kritik. Das Amerikabild als Spiegel politischer Positionen im 19. Jahrhundert. Ein Versuch, in: Freundschaftliche Begegnung eines magister ludi. Festschrift für Eberhard Ter-Nedden zum 70. Geburtstag. Münster 1978, S. 128-148. Ndr. in: Geschichte als Horizont der Gegenwart. Paderborn 1985, S. 27-42

Didaktik der Geschichte. Das spezifische Bedingungsfeld des Geschichtsunterrichts, in: Geschichte und Politik. Paderborn 1978, S. 50-76

Friedrich Kohlrausch (1780-1867), in: Deutsche Geschichtsdidaktiker des 19. und 20. Jahrhunderts. Paderborn 1978, S. 41-83

Grundfragen des Geschichtsunterrichts, in: Geschichte und Politik. Paderborn 1978, S. 76-107

Historischer und politischer Unterricht. Bedingungen und Möglichkeiten curricularer und praktischer Koordination, in: Zur Zusammenarbeit von Geschichts- und Politikunterricht. Stuttgart 1978, S. 14-71

Die Stellung der Didaktik im Studium des Faches Geschichte an den Hochschulen, in: Geschichte in Wissenschaft und Unterricht 29 (1978) S. 500-507

[mit Günter C. Behrmann und Hans Süssmuth]: Vorschlag eines Curriculums für den historisch-politischen Unterricht der Orientierungsstufe und der Sekundarstufe I, in: Geschichte und Politik. Paderborn 1978, S. 223-247

1979

Geschichtsbewußtsein, in: Handbuch der Geschichtsdidaktik. Düsseldorf 1979, Bd. 1, S. 42-45. 2. Aufl. 1980, 3. Aufl. 1985, 5. Aufl. 1997

Holocaust – einmaliges oder exemplarisches Ereignis?, in: Internationale Schulbuchforschung 1 (1979) H. 1, S. 46-48

Internationale Schulbuchforschung. Aufgaben und Probleme, in: Internationale Schulbuchforschung 1 (1979) H. 1, S. 7-22

Thesen zur Curriculumentwicklung für die Geschichtslehrerausbildung für die Sekundarstufe I und II, in: Geschichtsdidaktik im internationalen Vergleich. Stuttgart 1979, S. 159-167

Tradition, in: Handbuch der Geschichtsdidaktik. Düsseldorf 1979, Bd. 1, S. 30-32. 2. Aufl. 1980, 3. Aufl. 1985, 5. Aufl. 1997

1980

„Geschichtsbewußtsein". Überlegungen zur zentralen Kategorie eines neuen Ansatzes der Geschichtsdidaktik, in: Geschichtsdidaktische Positionen. Paderborn 1980, S. 179-222. Ndr. in: Geschichte als Horizont der Gegenwart. Paderborn 1985, S. 43-71

Historischer und politischer Unterricht in der DDR. Die „Deutsche Nation" und die Schulbücher, in: Internationale Schulbuchforschung 2 (1980) H. 2, S. 50-52

1981

Bildungsreformen in Deutschland als staatliche Maßnahmen und sozialer Prozeß im 18. Jahrhundert, in: Polen und Deutschland im Zeitalter der Aufklärung. Braunschweig 1981, S. 80-96

Erich Kosthorst zum 60. Geburtstag, in: Erich Kosthorst: Zeitgeschichte und Zeitperspektive. Paderborn 1981, S. 7-9

Das preußische Gymnasium und das Geschichtsbewußtsein im 19. Jahrhundert, in: Geschichte und Geschichtsbewußtsein. Göttingen 1981, S. 47-74. Ndr. in: Geschichte als Horizont der Gegenwart. Paderborn 1985, S. 159-179

Ein Schritt nach vorn. Gemeinsame Empfehlungen einer deutsch-amerikanischen Historikerkommission, in: Auslandskurier 22 (1981) 10, S. 29-30

Stellungnahme zur Vorlage des Berichts über „Die Bedeutung der Geschichte vornehmlich im Schulunterricht für die Bildung des Menschen im 20. Jahrhundert", in: Internationale Schulbuchforschung 3 (1981) S. 48-53

Die Teilung der deutschen Nation in den Schulbüchern für Geschichtsunterricht in beiden deutschen Staaten. Vorläufige Bemerkungen zum Aufbau von Geschichtsbewußtsein in der DDR und in der Bundesrepublik seit 1945, in: Internationale Schulbuchforschung 3 (1981) S. 89-111

Volksbildung, in: Internationales Jahrbuch der Erwachsenenbildung 9 (1981) S. 128-133

Bildungsreformen in Deutschland als staatliche Maßnahmen und sozialer Prozeß im 18. Jahrhundert, in: Polen und Deutschland im Zeitalter der Aufklärung.

Reformen im Bereich des politischen Lebens, der Verfassung und der Bildung. Braunschweig 1981, S. 80-96. Ndr. in: Geschichte als Horizont der Gegenwart. Paderborn 1985, S. 251-258

Zur Problematik der Kritik internationaler Schulbuchempfehlungen, in: Geschichte in Wissenschaft und Unterricht, 32 (1981) S. 147-161

1982

Die Darstellung der Geschichte Englands in der Neuzeit im Geschichtsbuch der DDR, in: Englische und deutsche Geschichte in den Schulbüchern beider Länder. Braunschweig 1982, S. 90-97

Die deutsch-amerikanische Zusammenarbeit auf dem Gebiet der Schulbuchrevision, in: Internationale Schulbuchforschung, 4 (1982) S. 113-123

Einleitung, in: Englische und deutsche Geschichte in den Schulbüchern beider Länder. Braunschweig 1982, S. 7-10

Politische Determinanten der deutsch-polnischen Schulbuchempfehlungen und ihrer Aufnahme in der Öffentlichkeit, in: Geschichtsdarstellung. Göttingen 1982, S. 102-122. Ndr. in: Geschichte als Horizont der Gegenwart. Paderborn 1985, S. 235-249

Internationale Schulbuchforschung. Aufgaben, Arbeitsweise und Probleme, in: Aus Politik und Zeitgeschichte, 32 (1982)B 36, S. 27-37. Ndr. in: Geschichte als Horizont der Gegenwart. Paderborn 1985, S. 181-194

1983

Die Einheit der Nation im Geschichtsbild der DDR, in: Aus Politik und Zeitgeschichte, 33 (1983)B 32/33, S. 3-16

Historische Bildung und politische Kultur. Grundfragen des Geschichtsunterrichts in der Oberstufe des Gymnasiums – ein Kommentar zu den neuen Oberstufenrichtlinien, in: Geschichte, Politik und ihre Didaktik, 11 (1983) S. 44-55

Nationalgeschichte als Lernziel des Unterrichts in Deutschland, in: Nationalgeschichte als Problem der deutschen und der polnischen Geschichtsschreibung. Braunschweig 1983, S. 131-148. Ndr. in: Geschichte als Horizont der Gegenwart. Paderborn 1985, S. 213-233

Zur Kritik an den deutsch-amerikanischen Empfehlungen, in: Internationale Schulbuchforschung 5 (1983) S. 170-172

1984

Das Bild der USA im Unterricht. Wird es von Lücken und Klischees bestimmt?, in: Geschichte, Politik und ihre Didaktik 12 (1984) S. 8-16

Europäische Identität – der Beitrag des Geschichtsunterrichts, in: Informationen für den Geschichts- und Gemeinschaftskundelehrer (1984) H. 28, S. 34-49. Ndr. in: Geschichte als Horizont der Gegenwart. Paderborn 1985, S. 259-279

Friedensstiftung und Völkerverständigung: oder internationale Schulbuchforschung zwischen Politik und Pädagogik. Gedanken und Erfahrungen, in: Idee und Pragmatik in der politischen Entscheidung. Bonn 1984, S. 191-207. Ndr. in: Geschichte als Horizont der Gegenwart. Paderborn 1985, S. 195-212

1985

Einleitung, Schulbuchverbesserung durch internationale Schulbuchforschung?, in: Schulbuchverbesserung durch internationale Schulbuchforschung? Braunschweig 1985, S. 9-11

Geschichtsdidaktik und Forschungskommunikation, in: Geschichtsdidaktik, Geschichtswissenschaft, Gesellschaft. Stockholm 1985, S. 35-62

Immanuel Kant: Zum ewigen Frieden. Ein philosophischer Entwurf (1795). Vom „Naturzustand" zwischen den Staaten zur internationalen Rechtsordnung, in: Geschichte, Politik und ihre Didaktik 13 (1985) S. 143-153

Der Judenpogrom in Deutschland als Herausforderung für das historische und politische Selbstverständnis der Gegenwart. Gedanken zum 9. November 1938, in: Geschichte als Horizont der Gegenwart. Paderborn 1985, S. 293-304. Ndr. in: Geschichte, Politik und ihre Didaktik, 16. Jg. 1988, S. 9-13

Das Schulkollegium am Ausgang seiner Epoche. Gedanken zum Verhältnis von Staat und Gymnasium, in: Geschichte, Politik und ihre Didaktik 13 (1985) S. 77-86

1986

Die deutsche Geschichte als Instrument im politischen Streit, in: Geschichte, Politik und ihre Didaktik 14 (1986) S. 147-153

Didaktik der Geschichte – Bemerkungen zum Zustand der Disziplin, in: Geschichte – Nutzen oder Nachteil für das Leben? Düsseldorf 1986, S. 108-119

„Identität" statt „Emanzipation"? Zum Geschichtsbewußtsein in der Bundesrepublik, in: Aus Politik und Zeitgeschichte 36 (1986)B 20/21, S. 3-16

Mord im Schulbuch. Das Beispiel Rathenau, in: Geschichte lernen und lehren. Festschrift für Wolfgang Marienfeld zum 60. Geburtstag. Hannover 1986, S. 149-173

Verständnis im Miteinander. Welches Bild vermitteln wir der jungen Generation in Deutschland über die Vereinigten Staaten von Amerika?, in: Das Deutschland- und Amerikabild. Melle 1986, S. 74-82

Zusammenfassung, in: Deutschland und Polen von der nationalsozialistischen Machtergreifung bis zum Ende des Zweiten Weltkrieges. Braunschweig 1986, S. 163-168

1987

Begutachtung und Zulassung von Schulbüchern. Ein kritischer Brief, in: Geschichte in Wissenschaft und Unterricht 38 (1987) S. 105-107

The Construction of Capitalism. Modern British History as presented in East Germany's History Textbooks, in: Perceptions of History. Oxford 1987, S. 105-115

Friedrich der Große und das Bildungswesen im Staat des aufgeklärten Absolutismus, in: Analecta Fridericiana. Berlin 1987, S. 91-113. (Zeitschrift für Historische Forschung. Beiheft 4)

Die deutsche Geschichte als Instrument im politischen Streit, in: Die Neue Gesellschaft 34 (1987) S. 362-369

Ernst Horst Schallenberger zum Gedächtnis, in: Internationale Schulbuchforschung 9 (1987) S. 5-6

Geschichtsdidaktik und Forschungskommunikation, in: Geschichte, Politik und ihre Didaktik 15 (1987) S. 63-75

Das höhere Knabenschulwesen, in: Handbuch der deutschen Bildungsgeschichte. Bd. 3, München 1987, S. 152-180

Schulpolitik, Schulverwaltung, Schulgesetzgebung, in: Handbuch der deutschen Bildungsgeschichte. Bd. 3, München 1987, S. 105-122

[mit Bernd Schönemann]: „Wie hast du's mit der Nation?" Die Deutsche Frage als Thema des historischen und politischen Lernens, in: Einheit, Freiheit, Selbstbestimmung. Bonn 1987, S. 62-78

Zur Bedeutung der „Bildung" im 19. Jahrhundert, in: Handbuch der deutschen Bildungsgeschichte. Bd. 3, München 1987, S. 1-21

1988

Die Einheit der Nation im Geschichtsbild der DDR, in: Geschichtswissenschaft in der DDR. Bd. 1: Historische Entwicklung, Theoriediskussion und Geschichtsdidaktik. Berlin 1988, S. 511-533

„Geschichte und ihre Didaktik". Anmerkungen zu Joachim Rohlfes' Aufriß der Geschichtsdidaktik, in: Geschichte in Wissenschaft und Unterricht 39 (1988) S. 92-101

Geschichtsbewußtsein als zentrale Kategorie der Geschichtsdidaktik, in: Jahrbuch für Geschichtsdidaktik 1 (1988) S. 1-24

Positionen der Geschichtsdidaktik. Anmerkungen zum Spannungsfeld des Geschichtsunterrichts, in: Geschichtsunterricht und Geschichtsdidaktik vom Kaiserreich bis zur Gegenwart. Stuttgart 1988, S. 171-185

Preußische Bildungspolitik vom ausgehenden 18. bis zur Mitte des 19. Jahrhunderts. Thesen und Probleme, in: Zur Bildungs- und Schulgeschichte Preußens. Lüneburg 1988, S. 9-37

1989

[mit Sigrid Bormann-Heischkeil]: Abitur, Staatsdienst und Sozialstruktur. Rekrutierung und Differenzierung der Schicht der Gebildeten am Beispiel der sozialen Herkunft und beruflichen Zukunft von Abiturienten preußischer Gymnasien im Vormärz, in: Bildung, Staat, Gesellschaft im 19. Jahrhundert. Stuttgart 1989, S. 155-186

Einleitung, in: Bildung, Staat, Gesellschaft im 19. Jahrhundert. Stuttgart 1989, S. 9-23

Der Geschichtslehrer im Spannungsfeld von Politik, Erziehung und Wissenschaft, in: Geschichte in Wissenschaft und Unterricht 40 (1989) S. 515-533

Geschichtslernen und Geschichtsbewußtsein. Zu dem neuen Buch von Bodo von Borries, in: Geschichte, Politik und ihre Didaktik 17 (1989) S. 211-213

1990

„Lux Veritatis" oder „Filia Temporis"? Zur Frage nach der Wahrheit in der Historie, in: Subjektivität und Objektivität in den Wissenschaften. Münster 1990, S. 51-82

Nichts dazu gelernt und nichts vergessen! Bemerkungen zu Ernst Anrich, Leben ohne Geschichtsbewußtsein. Eine Anklage gegen den heutigen Geschichtsunterricht, in: Geschichte, Politik und ihre Didaktik 18 (1990) S. 63-66

Geschichtsunterricht als „historische Biologie" und „Mythos der völkischen Art"? Bemerkungen zur „Anklage gegen den heutigen Geschichtsunterricht" durch die „neue Rechte", in: „Am Gespräch des menschlichen Geistes über die Jahrhunderte teilzuhaben ..." Festschrift für Hans Georg Kirchhoff zum 60. Geburtstag. Bochum 1990, S. 97-113

Christoph Bernhard Ludwig Natorp, in: Westfälische Lebensbilder. Bd. 15. Münster 1990, S. 108-134

1991

„Bildungsgeschichte". Aspekte der Geschichte der Bildung und der historischen Bildungsforschung, in: Alteuropa – Ancien Régime – Frühe Neuzeit. Göttingen 1991, S. 175-200

Geschichtsunterricht als „historische Biologie" und „Mythos der völkischen Art"? Bemerkungen zur „Anklage gegen den heutigen Geschichtsunterricht" durch die „neue Rechte", in: Internationale Schulbuchforschung 13 (1991) S. 59-75

1992

Bildungsbewegungen und Bildungspolitik seit der Mitte des 18. Jahrhunderts im Reich und im Deutschen Bund, in: Zur Geschichte des österreichischen Bildungswesens. Wien, 1992, S. 401-426

Sind wir ein Volk? Thesen zur Nationalgeschichte als Gegenstand historischen Lernens, in: Geschichte erforschen, erfahren, vermitteln. Rheinfelden 1992. S. 57-69

1993

20 Jahre deutsch-polnische Schulbucharbeit. Experiment – Provokation – Modell, in: Zwanzig Jahre Gemeinsame Deutsch-Polnische Schulbuchkommission. Braunschweig 1993. S. 23-31

1995

American Observations Concerning the Prussian Educational System in the Nineteenth Century, in: German influences on education in the United States to 1917. Cambridge 1995, S. 21-41

Die Hauptstadt als Bildungszentrum, in: Hauptstadt. Historische Perspektiven eines deutschen Themas. München 1995, S. 213-229

1996

Gesellschaft – Staat – Erziehung. Thesen zur „Bildungsrevolution" in Mitteleuropa seit dem späten 18. bis zur Mitte des 19. Jahrhunderts, in: Beiträge zur siebenbürgischen Schulgeschichte. Köln 1996. S. 1-17

1997

Ludwig Natorps Beitrag zur Bildungsreform 1804 – 1840, in: Wirtschaft und Wissenschaft 5 (1997) S. 2-9

Theoretische und konzeptionelle Probleme einer Analyse der Schulstruktur der DDR. Kommentar zum Beitrag von Bernd Zymek, in: Bildungsgeschichte einer Diktatur, Weinheim 1997, S. 55-58

1998

Das preußische Gymnasium in sozialgeschichtlicher Perspektive, in: Wirtschaft, Wissenschaft und Bildung in Preußen. Zur Wirtschafts und Sozialgeschichte Preußens vom 18. bis zum 20. Jahrhundert. Stuttgart 1998, S. 139-159

2000

Rem tene – verba sequentur! Grundfragen historischen Lehrens, in: Jeismann, Karl-Ernst: Geschichte und Bildung. Beiträge zur Geschichtsdidaktik und zur Historischen Bildungsforschung. Paderborn 2000, S. 31-47

„Geschichtsbewußtsein" als zentrale Kategorie der Didaktik des Geschichtsunterrichts, in: Jeismann, Karl-Ernst: Geschichte und Bildung. Beiträge zur Geschichtsdidaktik und zur Historischen Bildungsforschung. Paderborn 2000, S. 54-78

Geschichtsbewußtsein oder Geschichtsgefühl? Thesen zu einer überflüssigen Kontroverse, in: Jeismann, Karl-Ernst: Geschichte und Bildung. Beiträge zur Geschichtsdidaktik und zur Historischen Bildungsforschung. Paderborn 2000, S. 91-103

Zum Verhältnis von Fachwissenschaft und Fachdidaktik – Geschichtswissenschaft und historisches Lernen, in: Jeismann, Karl-Ernst: Geschichte und Bildung. Beiträge zur Geschichtsdidaktik und zur Historischen Bildungsforschung. Paderborn 2000, S. 79-90

Zur Professionalisierung der Gymnasiallehrer im 19. Jahrhundert, in: Jeismann, Karl-Ernst: Geschichte und Bildung. Beiträge zur Geschichtsdidaktik und zur Historischen Bildungsforschung. Paderborn 2000, S. 314-331

"Who is Europe?"– Von der internationalen zur interkulturellen Schulbuchforschung, in: Ursula A. J. Becher u. Rainer Riemenschneider (Hg.), Internationale Verständigung – 25 Jahre Georg-Eckert-Institut für internationale Schulbuchforschung. Hannover 2000, S. 236-251.

III. ANZEIGEN UND REZENSIONEN, in:

Aufklärung; Geschichte in Wissenschaft und Unterricht; Geschichte, Politik und ihre Didaktik; Geschichtsdidaktik; Das Historisch-Politische Buch; Historische Zeitschrift; Internationales Archiv für Sozialgeschichte der deutschen Literatur; Internationale Schulbuchforschung; Internationales Jahrbuch der Erwachsenenbildung; Paedagogica Historica; Westfälische Forschung; Zeitschrift für Pädagogik